TO THE INSTRUCTOR

¡Háblame! is designed to develop a high degree of competency in spoken Spanish while emphasizing, in equal measure, the teaching of verb tenses, vocabulary, grammar, and culture. We believe that this multifaceted approach most adequately reflects the basic purposes of a beginning university course in Spanish; that it meets the needs and desires of most students; and that it produces confident as well as competent Spanish speakers. As authors, we have derived great satisfaction from hearing our students speak Spanish both capably and accurately, and from seeing that they enjoyed doing it. We trust that your aims are similar and that you will experience the same satisfactions.

HOW DOES ¡HÁBLAME! DIFFER FROM OTHER TEXTBOOKS?

The following points highlight the major differences between ¡Háblame! and other first-year Spanish textbooks.

Verb Tenses Appropriate to the Students' Level

Rather than present the entire Spanish verb system, ¡Háblame! helps students master the tenses needed to function up to the Advanced level on the Oral Proficiency Scale (see Testing for Oral Proficiency in the following section). The remaining tenses are presented in Apéndice III-1, Verb Tenses Not Practiced in the Text.

Extensive Core and Personalized Vocabulary

Students acquire an extensive common vocabulary through active practice. They also are led to personalize their own vocabularies through supplementary vocabulary lists found in Apéndices I-1 through I-13.

Student-centered Learning Activities

The teacher no longer needs to orchestrate each student response. Instead, after receiving an orientation from the teacher, students work in pairs and small groups to complete the activities. They spend the greater part of each hour in conversation with classmates. Questions within sets are related and designed to emulate conversations.

Conversational Activities

The activities of each subsection move quickly from exercise to application. Not having to wait until the end of the lesson for such activities is stimulating and rewarding for students and especially effective in moving them to true oral proficiency.

Consistent Context for Verb Exercises

When students are learning a new tense, rather than practicing all the persons of one verb and then moving to another verb, their activities usually begin with first person and work with a number of verbs, then move to another person. Students get a feeling for the context of talking about themselves, then about someone else, which is much more like normal conversation.

Grammar Explanations and Student Manual Designed to Increase Out-of-class Learning

Clear and explicit grammar explanations, complemented and reinforced by Student Manual activities, alleviate the pressure on the teacher to "talk about the language" in the classroom. With appropriate encouragement, students come prepared to perform the activities. Class time is spent developing grammatically accurate oral skills, thus enhancing language acquisition and guarding against "language fossilization" (that is, poor grammar becoming indelible). A Glossary of Grammar Terms has been included in the textbook to aid students in studying on their own. Many of our graduate teaching associates and native speakers of Spanish have applauded the grammar explanations for helping them improve their own understanding of the language.

Dual-Stream, Integrated Cultural Approach

Cultural topics introduced through the **Escenas** are expanded and reinforced through the cultural notes and their accompanying activities. These notes are written in Spanish beginning in Lesson 2. They provide additional reading practice for students and are glossed where necessary. Rather than present a smattering of cultural tidbits from all Hispanic countries, our approach has been to present a more thorough view of one large Hispanic family in typical situations, and to amplify the students' cultural understanding by providing additional information on selected topics introduced in the story. (The breadth and scope of the cultural material can be seen in the "Culture" listing in the Index.)

Integrated Dialogues

All the dialogues or **Escenas** are interrelated and form a story set in Argentina, Mexico, and Spain. Although the language is general Spanish and does not represent any particular region, regional dialect differences are addressed. The power of these integrated dialogues becomes especially evident at review time. Vocabulary, culture, and structure presented in the **Escenas** are recalled easily when the story is reviewed, whether through the **¿Qué pasa con nuestros amigos?** section at the end of each lesson or otherwise. Also, overhead transparencies to accompany the **Escenas** (made from the masters in this Instructor's Edition) and comprehension questions (also in the Instructor's Edition) allow you to focus student attention on salient features of the story. Our students have often become so involved with the characters that they have read ahead to "find out what happens." Students are asked not to memorize the lines but to become very familiar with the content of the story and its vocabulary, phrases, and structure.

Unknown or undecipherable words and phrases frustrate students and proffer little pedagogical value. A side-by-side translation of the **Escenas,** generally colloquial, but literal where warranted, avoids that frustration and helps students learn new structures and vocabulary. Once students know the story, they are able to review the **Escenas** with little need for the translation. As a result, they are able to learn the meaning of virtually every word.

Study Tips for Students

Suggestions on how to study a foreign language, tips for improving reading and listening comprehension, and practice in recognizing cognates and compound words, all located at strategic points throughout the book, help to make *¡Háblame!* a useful, student-oriented textbook. The book shares your burden of encouraging students to study and teaching them strategies for learning a foreign language.

Tapes that Emphasize Real-life Communication

Following the familiarization activities that lay the foundation for listening and speaking practice, students hear tapes of native speakers interacting in the same real-life situations that the students will engage in as they complete the activities in the textbook.

Classroom-tested Materials

¡Háblame! has been used in manuscript form as the basic text for beginning Spanish at Brigham Young University over the past four years. All activities in the final ver-

sion have been refined through continual feedback from more than 2,400 students and 65 teachers.

Efficient Approach to Presenting Verbs

The traditional method of presenting Spanish verbs in two parts, stem and ending, fails to make clear to the student that the real difference between most tenses lies in the first part of the traditional ending, which carries grammatical information and is generally constant for all persons in a given tense. Rather than memorizing 12 to 18 full new forms, often a student has only 2 or 3 significant new facts to concentrate on and to learn well.

This is particularly significant in the present subjunctive, where the traditional approach of beginning with the first-person present indicative creates problems and obscures the whole process. The **yo** form, except for providing certain irregular stems, is the only one in the entire paradigm that does not reveal the class vowel of the infinitive and thus is the least logical starting point. The essential difference lies in the vowel change.

Finally, verbs are introduced in a sequence that promotes development of oral proficiency. For example, the verbals—the infinitive, present participle, and past participle—are relatively easy to form and to use and thus provide important building blocks early in the course. Also, no new tenses other than commands are introduced in the last three lessons, thus allowing students sufficient time to master those introduced before the end of the course. Tenses are introduced as follows:

LESSON	TENSE(S)
1–on	Infinitive and present indicative
4	Stem-changing verbs
6	Present participle and present progressive
7	Past participle and present perfect
7	Reflexive verbs
8	Aspect—contrast imperfect and preterite
8	Imperfect forms
9–10	Preterite forms
13	Subjunctive mood
13	Present subjunctive forms
13	Subjunctive in noun clauses
14	Subjunctive in adverbial clauses
15	Subjunctive in adjective clauses
15	Future tense
15	Conditional tense
16	Commands
Apéndice III-1	Imperfect subjunctive and four remaining perfect tenses

The second semester of a first-year course has been dubbed "the verb semester" because of the tendency to present all the tenses not introduced during the first half of the course. Students become frustrated and turn their attention from oral skill development to memorization of verb forms, mastering neither the forms nor their usage. Many students, if they finish this semester at all, drop out of Spanish altogether. At some time in the future they are heard to lament, "I studied Spanish once, but don't ask me to say anything!" *¡Háblame!* corrects this problem by limiting the verb tenses introduced, and by presenting them in an equally spaced, logical sequence that promotes success. You should not worry about students being ill prepared for the second year. First of all, thanks to the "verb semester," they never have been! Second, students completing *¡Háblame!* have a firm foundation in the verb system—they have mastered the building blocks:

1. simple versus compound verbs (for example, present indicative versus present perfect and present progressive);
2. imperfect versus preterite;
3. subjunctive versus indicative;
4. conditional and future; and
5. commands.

With these building blocks, a much larger vocabulary than traditional texts afford, and a higher-than-normal rating on the Oral Proficiency Scale, students have shown little difficulty in moving onward to second-year courses. Their confidence is greater than usual, and their enthusiasm has increased rather than decreased by the end of the second semester.

For the teacher who is uncomfortable with this approach, the appendix contains an overview of the tenses that we have postponed, and a longer-than-normal study tip in Lesson 18 shows students what they have learned and how it fits into the rest of the verb system.

Unique Approach to Imperfect and Preterite

Perhaps the most difficult grammar principle to master (for English speakers learning Spanish) is the difference between the imperfect and the preterite. Traditional texts present the preterite first, giving the students the false impression that this is "the" past tense. Later, the imperfect is introduced, but students rarely learn to contrast the two well, thus limiting their ability to progress to higher levels on the Oral Proficiency Scale. The approach used in *¡Háblame!* is to present the concept of "aspect" in relation to the use of both tenses. Next, the forms of the imperfect are introduced because they have the same aspect as the present; in the following lesson the preterite forms are presented, first regular, then irregular verbs. Following these two lessons, students work extensively with both sets without interference from new tenses during the next three lessons.

Special Emphasis on Syntactic Functions and on ser/estar

Of equal importance to the verb system is the proper use of forms such as pronouns and prepositions. For example, direct and indirect objects, along with the concepts of transitive and intransitive, are presented in Lessons 4 and 5, expanded in Lessons 10, 11, and 12, and reviewed and summarized in Lesson 18. The use or nonuse of prepositions in relation to infinitives is given much-needed extra treatment. The troublesome verbs **ser** and **estar** receive special consideration in Lessons 1 and 18 and at intervals throughout the text.

Instructions and Cultural Notes in Spanish

Beginning with Lesson 1, all instructions are in Spanish (with English translations and glosses where necessary), and beginning in Lesson 2, all cultural notes are in Spanish. Thus, Spanish becomes not just the object of study but the means of communication in the classroom. Immersion classes and classes taught by teachers who want to use Spanish exclusively in the classroom will find *¡Háblame!* ideally suited to their needs. Page numbers are also written out in Spanish to help students master numbers and to facilitate the use of Spanish as the language of communication in the classroom.

Pedagogical Function of Photographs and Drawings

The art work and photographs have been carefully selected to support the instruction and are captioned (in Spanish) to ensure their pedagogical value and to serve as a springboard to open conversation.

THE STUDENTS' STUDY SEQUENCE

We have provided a complete program that will assist students in acquiring proficiency in speaking, listening and reading comprehension, fundamental writing skills, and knowledge of grammar and important cultural information. To ensure that this occurs, the student is advised to proceed as follows:

1. Prior to class, read the upcoming **Escena** and corresponding vocabulary, culture, and grammar sections.
2. Next, complete the written activities in the Student Manual that correspond to those sections in the text.
3. Correct the written activities by checking responses with the Key included in the Student Manual.
4. Return to the textbook for clarification of any problem areas identified in the check. Redo written activities as necessary.
5. Complete the taped activities.

6. Practice the oral activities with a study partner.

7. Go to class prepared to perform any of the activities the teacher decides to assign.

Students following these steps cannot help but succeed.

FLEXIBILITY AND STYLE

¡Háblame! permits (and invites) a great deal of flexibility in method and style in conducting class. There are, however, certain points that we try to observe.

1. Spanish is the language of the classroom as far as this is possible.

2. Class time is reserved for activities that are best conducted in the class. Grammar explanations and exercises, writing practice, pronunciation drill, and extensive listening practice are all essential, but they do not require the teacher's presence. We are always pleased to see how much our students learn without us.

3. Exercises and activities represent real communication. A certain amount of choral repetition is useful in modeling pronunciation for new material, but we suggest that you leave most of this to the tape program. We feel that pattern drills and choral responses have little carryover to oral proficiency.

4. The teacher is always in charge in a relaxed and friendly atmosphere. We believe it is more productive to spend more time on activities *monitored by* the teacher than on those *directed by* the teacher. Suggestions follow on each type of activity.

5. Teacher's questions are frequently directed to the entire class. The result is not bedlam as you might suppose. Attention is on you, students are relaxed, and no one is on the spot. You can correct errors with general comments, and individual students can ask if they are not certain about their responses. This activity is particularly effective while working with the **Escenas.**

6. All students are engaged in active conversation with the teacher or with each other for almost the entire class period. Following the other steps ensures this, but it is a good idea to check occasionally exactly how the hour has been spent.

SUGGESTED GUIDELINES
CONDUCTING SPECIFIC ACTIVITIES

Experienced teachers should feel free to conduct the activities found in *¡Háblame!* however they like. We have included here specific instructions especially for new teachers and those wanting to broaden their repertoire of techniques. The Instructor's Notes printed in the page margins contain many options for adding variety to your classes. Remember, these are intended as helpful suggestions.

Escenas

Research has shown visuals to be very effective in aiding communication in foreign language classes. Students should be encouraged to use the drawings in reviewing and retelling the story. We have also provided masters for making transparencies of the same drawings. You will find a great deal of flexibility in what you can do using transparencies. They can be used for asking comprehension questions regarding the **Escenas** and for stimulating conversation. Sample questions are given in the last section of each lesson (**¿Qué pasa con nuestros amigos?**) and in the Instructor's Notes accompanying the **Escenas.**

An important step, often omitted by teachers, is the adaptation phase, in which vocabulary, structure, and specific phrases from the **Escenas** are personalized to fit the students. The material presented in the **Escenas** forms the foundation for conversational skills. To bridge set patterns and personalized expression, students must learn to adapt the language of the **Escenas** to their own lives. The Adaptation questions in the Instructor's Notes provide ideas for this phase.

The story of the **Escenas** provides a global context familiar to all the students and facilitates mastery of the vocabulary and structure. This is accomplished by frequent review of the story. Since the personalities in the **Escenas** reappear throughout the text, they become real characters to the students. Then, as people and events that form the story are recalled, the accompanying vocabulary and structures are also remembered. Additionally, as new verb tenses are learned, the **Escenas** form the basis for mastering the relationship of the tenses. For example, questions such as the following can be used to elicit responses from any one of the drawings: *¿Qué pasa aquí? ¿Qué ha pasado aquí? ¿Qué va a pasar después? ¿Qué pasó un poquito antes? ¿Qué pasaba cuando . . .? ¿Qué iba a hacer Fulano?* With such questioning, students gain a feeling for the interrelationships between the imperfect and the preterite, the present and the future, the preterite and the present perfect, and so on.

Vocabulario

In the majority of these sections, vocabulary is presented in a conversational context, thus facilitating the transition from memorized material to conversational ability. The end-of-lesson vocabulary lists show which words and expressions we have intended to be learned for production or active use (**Nivel A**), and which for reception or recognition (**Nivel B**). Many items are Level B the first time they appear and become Level A in subsequent lessons.

Adequate vocabulary is the most important single component of oral proficiency at the lower levels. *¡Háblame!* emphasizes vocabulary. In addition to the main or core vocabulary presented in the body of the text, students are also encouraged to find and use specialized vocabulary in Apéndice I to allow them to talk about their own lives, families, and situations. Feel free to add any vocabulary items you would like your students to acquire.

Bosquejos Culturales

Nearly all of the cultural sketches are followed by a variety of activities that you can use to promote conversation based on a cultural topic or theme. As you desire, you can read through the sketch with your students, have individuals present the material orally, have oral reports given on related material, and so on. Add any information and activities you desire, using slides, films, videotapes, posters, realia, and so on, that you have at your disposal. If you are native Hispanic or if you have visited Hispanic countries, you will want to emphasize those countries and their culture. You should feel at liberty to do so. The more you can share of yourself and your experiences, the more interested your students will become in the language and culture you are teaching them.

Gramática

The rather complete grammar explanations are intended to be self-instructing, and students need to accept their responsibility in the matter. Try to do for them what they cannot do for themselves; your help in developing conversation skills is their greatest need. When there is confusion on a point of grammar during class activities, a direct and brief response normally suffices. Any discussion can be postponed until a few minutes before the end of class or even limited to the time immediately before or after class. To begin class by asking "Do you have any questions on the grammar?" can lead to a lost class period and suggests to the students that they are not really responsible to learn the material assigned.

We have found it effective to organize "help sections" among our teaching associates and professors. Every week, each teacher of a beginning class holds a fifty-minute help section in which students from any section may come and ask grammar questions. This allows us to comply with our "No Grammar in the Classroom" rule and still provide additional grammar help to those who need it. This also reduces greatly the number of students who visit during our office hours for help with grammar.

Actividades para parejas

One key to developing oral proficiency is to move the teacher from center stage and to provide multitudinal opportunities for students to speak the language. This is done very effectively through the two-partner and small-group activities. Students spend the greater part of class time doing these activities with one another. The teacher circulates through the room, helping and encouraging when necessary. Errors are not corrected on the spot. Instead, the teacher makes a mental note of the error and at an appropriate time calls the class together to clarify. Then the conversations continue.

Instructions in the text are given in both Spanish and English in the early lessons. This allows students to perform the activities prior to class with their partners and to ensure that they always understand what they are to do. The Spanish instructions allow you, as teacher, to keep Spanish as the language of the classroom.

Pairs should be rotated from time to time. For example, once in a while students can be asked to work with someone with whom they have not worked before. This allows them to get to know class members better, work with people stronger than they are, and perhaps find new out-of-class study partners.

Minidiálogos

These are used frequently to introduce conversational patterns and new vocabulary. We find it helpful to treat these initially as repetition activities to model the pronunciation for students. They then can be assigned for oral practice by pairs, followed by adaptation questions from the teacher. They can also be assigned for memorizaton, if desired.

Círculo de conversación

This activity comprises three to five personalized questions and is performed in groups of four or five students following this sequence:

1. Any student in the group addresses any other student and asks the first question.

2. The student addressed responds.

3. Steps 1 and 2 are repeated until all in the group have both asked and answered the first question.

4. Steps 1 through 3 are repeated with each of the subsequent questions.

5. Recall: At this point, each student in the circle makes a comment about one or more of the other students using the information obtained in response to the first question.

6. Step 5 is repeated for the remaining questions, one at a time.

Questions are designed to allow students to use third-person forms (in addition to first and second-person forms) while learning about one another, strengthening their speaking skill, and improving their listening comprehension and recall.

Encuestas

Surveys are used from time to time to provide additional listening comprehension practice and to serve as a springboard to conversation. Survey categories can be reproduced on the board or on an overhead. As questions are presented, students may respond by raising hands and giving short answers (for example, *Yo, A mí,* etc.), or by marking their initials on a line or category indicating their position. Follow-up questions can then be asked of individuals, or summary comments made.

Entrevistas

Interviews are especially helpful in promoting longer exchanges of information and interesting conversations. Students should be encouraged to expand on the questions provided, and teachers should follow up when the interviews are completed. Sets of interview questions can also serve as guides for short written assignments. Students write answers to questions in paragraph form, adding any information they desire.

To provide additional practice of the **usted** forms, interview questions can be directed to a "visiting celebrity" (the teacher or another student role-playing). Rules can be established to ensure that the maximum number of students participate.

Hablando con el (la) profesor(a)

This activity allows students to practice the **usted** forms. It also allows them to get to know you better and to improve your rapport with them.

Situación communicativa

Near the end of each lesson is a communicative situation, similar to the situations used in the oral proficiency guidelines (see page I-10), yet designed to utilize the material introduced in the current lesson. They are intended to pull together several elements and to provide practice in role-playing. You should feel at liberty to modify or add to any of these situations.

Audio-Motor Unit

Reference is made in an Instructor's Note on page 506, Lesson 16, to the Audio-Motor Unit. This is a device used by many teachers to develop listening comprehension (see Kalivoda, Morain and Elkins, "The Audio-Motor Unit: A Listening Comprehension Strategy That Works," *Foreign Language Annals,* Vol. 4, No. 4 [May, 1971], pp. 392–400). This is similar to Asher's Total Physical Response, but is viewed as a technique rather than a complete methodology.

The Audio-Motor Unit is a tape-recorded unit developed by the instructor to facilitate student recognition of command forms. A series of commands is tape recorded. When the tape is played in class, students first see the teacher mime the commands. Next, the students themselves follow the commands. A typical set of commands might include those needed to eat at a restaurant, for example, "You are at a restaurant. Open the door, walk in. A waiter asks you where you want to sit. Point at a table in the corner. You are at the table. Pull out the chair and sit down. The waiter hands you a menu. Thank him. Open the menu. Read the menu."

Several units can be prepared for use at varying times throughout the course.

Additional Information

Lesson 1 is intended to emphasize listening comprehension. While it includes important functions such as greetings, dates, time, and so on, students should not be expected to memorize much of the vocabulary presented since all of it reappears many times during the course. Rather, they should become accustomed to hearing you speak in Spanish in the classroom and begin to focus on making sense of what they hear.

You will notice that some lessons are longer or shorter than the norm. We provide extra time at the beginning of the course to permit students to become acclimated to the language and to allow time for establishing policies and procedures for the course. Students who add the class a day or two late do not miss as much. We also allow additional time for Lesson 7, which introduces reflexive verbs, and Lesson 13, which presents the present subjunctive.

REVIEWING, TESTING, AND GRADING

Reviewing

Retelling the story using the drawings and redoing the activities provides meaningful oral review because the material is familiar while also offering possibilities for creativity through variations. You may wish to suggest that students do this type of review outside class in pairs or small groups. In class you can help them review and practice grammar just studied by using it to talk about earlier **Escenas.** For example, after learning present subjunctive in Lesson 13, it is possible to return to several different **Escenas** and express what one person wants another to do. Following are some suggestions.

After Lesson 4: Practice direct object pronouns in **Escenas** E-1B and E-3A.

After Lesson 5: Practice **gustar** in E-1C; descriptions and comparisons in E-3B and E-4C.

After Lesson 6: Using almost any previous drawing, ask *¿Qué pasa aquí? ¿Qué hace (está haciendo)?* for answers in simple present and present progressive.

After Lesson 7: Using drawings, ask *¿Que ha pasado antes?* or *¿Qué ha hecho A?* and *¿Qué va a pasar?* or *¿Qué va a hacer A? (¿ Qué quiere hacer A?).*

After Lesson 8: Using previous drawings, ask *¿Qué pasaba (en ese momento)?* or *¿Que hacía A? (¿Qué estaba haciendo A?);* also practice *¿Qué dijo A que iba a (quería, pensaba) hacer?* in E-1B, E-1D, E-2A, E-4A, E-4B, E-5B, and E-5C.

After Lesson 9: Using drawings, first retell events only (*¿Qué pasó? ¿Qué hizo A?)* of the story; then repeat the story giving events and description.

After Lesson 10: Using past tenses, review third-person direct object pronouns for persons and things in E-3A, E-3C, E-4A, E-4B, E-5B, E-5C, and E-7C.

After Lesson 11: Using indirect discourse (**decir, preguntar, contestar, explicar,** etc.), review indirect object pronouns in almost any **Escena**; practice indirect objects in first and second persons by playing roles of **Escena** characters (*Marisa me preguntó . . . y yo le contesté. . . .*).

After Lesson 12: Practice two object pronouns in E-6A and E-6C.

After Lesson 13: Practice present subjunctive by asking *¿Qué quiere A que haga B?* in E-1A, E-1D, E-2B, E-2C, E-4B, E-4C, E-5B, E-8A, E-8B, E-8C, E-9A, E-10A, E-10B, E-10C, E-11C, E-12A, and E-12B.

After Lesson 15: Practice future by asking *¿Qué hará A?* or *¿Qué dice A que hará?,* and conditional with *¿Qué dijo A que haría?* in E-1B, E-1D, E-2A, E-4A, E-4B, E-5B, E-5C, and E-7A.

Testing

Oral Tests: The oral tests we give for mid-term and final exams are Oral Proficiency Interviews (OPI) (see Testing for Oral Proficiency in the following section). The level attained is assigned a letter-grade score which is later converted to the corresponding percentage of points possible for the oral portion of the test.

The lesson tests are not actual OPIs. Rather, one or more situation cards are devised with corresponding score sheets for the teacher to mark specific errors and to make additional comments to aid the student. These situations are identical in format to the **Situación Comunicativa** sections at the end of each lesson.

Students may be asked to describe illustrations

from the **Escenas** and other drawings or photos from the textbook. We also have successfully tested two students at a time, having each play one part of a given situation (such as the one described above). A series of related questions in the form of an interview is another useful oral testing device.

Testing Grammar: If grammar is to be viewed by students as an important component of the program, it, too, must be tested. We prefer the multiple-choice, discrete-item test for assessing grammar knowledge. It is true that, although good items require additional time to prepare, they score easily, promoting quick feedback to the students, and they provide good diagnostic information on which principles have and have not been mastered.

Vocabulary: Keeping in mind the large volume of vocabulary presented in *¡Háblame!,* you will want to ensure that you focus your test items on the most important vocabulary items—those that get used time and time again. For your benefit, the end-of-book vocabulary list shows the lesson number, boldfaced and in brackets, in which the word or phrase appeared for the first time at Level A (Production or Active). End-of-lesson vocabulary lists show new vocabulary as Level A or B for the respective lesson. Simple translation (Spanish to English or English to Spanish) can be used efficiently to test specific vocabulary items.

Culture: We have found that simple true-false items serve well to test knowledge of cultural concepts presented. We generally reserve such items for the multilesson tests (after every three lessons).

Listening Comprehension: We assess listening comprehension in a "pure" test as well as in the "hybrid" items (which test listening and some other skill or knowledge simultaneously). We favor three separate item types and generally include all three types in our tests.

1. Type I: True–False. We use this type to assess recall of information from the **Escenas**. This allows us to emphasize the need for thorough understanding of the **Escenas** and the need for frequent review. This is hybrid, since students must know the information as well as understand the statement spoken in Spanish. If students miss such an item, it is not clear whether listening comprehension or familiarity with the **Escenas** is at fault.

2. Type II: Multiple-choice. This item type may be hybrid or pure. It is pure if only listening comprehension is assessed. If grammar is also assessed, then the item is hybrid, thus limiting its diagnostic capability. For this test item type students hear a statement or question delivered by one person, followed by three possible responses made by a second person. Students are to circle the letter, a, b, or c, of the most logical response. Each item should be read in its entirety twice before moving on.

3. Type III: Logical-Absurd: Students simply circle "Bien" or "Mal" on their score sheet to indicate whether the two-line exchange between two people was logical or absurd. Each conversation should be read twice in its entirety before moving to the next item.

Grading In order to encourage completion of out-of-class assignments (for example, *Student Manual* activities, practicing with tapes, conversation laboratory where small groups of students converse with natives, conversational activities with companions, and so on), and to reward those students who work hard but do poorly on exams, we have devised a system for keeping track of and awarding points for such activities. We call it the *Informe* and rely on students to supply the information needed on the top of the form relating to their preparation. You may want to use this form as is or adapt it to suit your needs.

INFORME SOBRE MI PROGRESO

Nombre _____

Lección _____ Fecha _____

Asistencia [ ] [ ] [ ] [ ] [ ] [ ]

Manual para estudiantes	(10)	_____
Cintas (Mínimo: dos horas)	(10)	_____
Laboratorio de conversación	(15)	_____
(Mínimo: una sesión)		
Práctica oral con compañeros	(15)	_____
(Mínimo: dos horas)		
Total (50)		_____

Exámenes	Escrito	(50)	_____
	Auditivo	(20)	_____
	Hablado	(30)	_____
	Total (100)		_____

Comentarios: _____

TESTING FOR ORAL PROFICIENCY

If speaking Spanish is to be a major objective of a course, it must be a major part of the testing and grading program. The greatest obstacle to adequate oral testing has been the lack of a valid and reliable test, one that would measure real speaking and give consistent results on repeated tests and by different testers. This major obstacle is now overcome through the oral proficiency interview as developed first by the Foreign Service Institute for government purposes and later modified by the American Council on the Teaching of Foreign Languages, Inc. (ACTFL) and Educational Testing Service (ETS) to meet academic needs. As a test of proficiency rather than of achievement, it evaluates ability to use the language in real-life situations, not the extent of mastery of material presented.

The speech sample obtained in the interview is rated on a scale that distinguishes six significant ranges of functional ability, from 0 (no real functional ability) to 5 (language equivalent to that of an educated native speaker). The ranges are relatively broad areas along a continuum, and distances between ranges become greater and greater as one moves up the scale. The following chart, based on the CIA language school's chart (Functional Trisection of Oral Proficiency Levels), shows a basic profile of each of the six ranges and the correspondence between the academic scale (Novice, Intermediate, Advanced, Superior) and the government scale (Ranges 0, 1, 2, 3, 4, 5).

RANGE	FUNCTIONS/ ABILITIES	FLUENCY/ COHERENCE	TOPICS/ CONTENT	ACCURACY/ QUALITY	PURPOSES/ USES
S 5 U P E R I O	Equivalent to educated native speaker				
R 4	Near-native in all aspects				
R 3	Supports opinion Hypothesizes Manages unfamiliar topics and situations	Discourses at length	Abstract topics: political, social, practical, special, and professional interests	Good at circumlocution Good control of grammar	Professional
A 2 D V A N C E D	Participates fully in conversation Describes and narrates in past, present, and future time	Speaks in paragraphs	Concrete topics: personal, family, travel, recreation, familiar places, current events	Intelligible to almost all natives	Limited work requirements Routine social demands

RANGE	FUNCTIONS/ ABILITIES	FLUENCY/ COHERENCE	TOPICS/ CONTENT	ACCURACY/ QUALITY	PURPOSES/ USES
I 1 N T E R	Creates own sentences Asks questions Answers questions Manages simple situations	Speaks in short, discrete sentences	Simple conversation on familiar topics: survival needs, personal information, family, weather	Intelligible to natives used to dealing with nonnatives	Day-to-day survival Travel
N 0 O V I C E	Has no functional ability Works with memorized material	Uses isolated words Enumerates with no linking	Vocabulary from basic areas	Understood with difficulty	No real uses

Both scales make further distinctions. The government scale creates eleven levels by giving a plus rating for a performance approaching the next higher range; the academic scale distinguishes three levels within each of the two lowest ranges and combines the three highest ranges, as seen in the following chart.

ACADEMIC (ACTFL)	GOVERNMENT
	Level 5
	Level 4+
	Level 4
	Level 3+
Superior	Level 3
Advanced Plus	Level 2+
Advanced	Level 2
Intermediate–High	Level 1+
Intermediate–Mid	
Intermediate–Low	Level 1
Novice–High	Level 0+
Novice–Mid	
Novice–Low	Level 0

ACTFL ORAL PROFICIENCY GUIDELINES (1986)

The following section gives the guidelines as well as other information on grammar and content corresponding to the ranges with which you will be concerned—Novice, Intermediate, and Advanced. The grammar information is taken from the Spanish Grammar Grid printed in the *ETS Oral Proficiency Testing Manual,* published by Educational Testing Service, Princeton, New Jersey. In the guidelines we have taken the liberty to substitute *range* for *level* in certain instances according to our usage above.

Novice (0 to 0+) Range

Above the Novice–Low level, this range is characterized by the ability to communicate minimally with learned material.

Novice–Low Oral production consists of isolated words and perhaps a few high-frequency phrases. Essentially no functional communicative ability.

Novice–Mid Oral production continues to consist of isolated words and learned phrases within very predictable areas of need, although quantity is increased. Vocabulary is sufficient only for handling simple, elementary needs and expressing basic courtesies. Utterances rarely consist of more than two or three words and show frequent long pauses and repetition of interlocutor's words. Speaker may have some difficulty producing even the simplest utterances. Some Novice–Mid speakers will be understood only with great difficulty.

Novice–High Able to satisfy partially the requirements of basic communicative exchanges by relying heavily on learned utterances but occasionally expanding these through simple recombination of their elements. Can ask questions or make statements involving learned material. Shows signs of spontaneity although this falls short of real autonomy of expression. Speech continues to consist of learned utterances rather than of personalized, situationally adapted ones. Vocabulary centers on areas such as basic objects, places, and most common kinship terms. Pronunciation may still be strongly influenced by first language. Errors are frequent and, in spite of repetition, some Novice–High speakers will have difficulty being understood even by sympathetic interlocutors.

Intermediate (1 to 1+) Range

The Intermediate range is characterized by the speaker's ability to: create with the language by combining and recombining learned elements, though primarily in a reactive mode; initiate, minimally sustain, and close in a simple way basic communicative tasks; and ask and answer questions.

Intermediate–Low Able to handle successfully a limited number of interactive, task-oriented and social situations. Can ask and answer questions, initiate and respond to simple statements and maintain face-to-face conversation, although in a highly restricted manner and with much linguistic inaccuracy. Within these limitations, can perform such tasks as introducing self, ordering a meal, asking directions, and making purchases. Vocabulary is adequate to express only the most elementary needs. Strong interference from native language may occur. Misunderstandings frequently arise, but with repetition, the Intermediate–Low speaker can generally be understood by sympathetic interlocutors.

Intermediate–Mid Able to handle successfully a variety of uncomplicated, basic and communicative tasks and social situations. Can talk simply about self and family members. Can ask and answer questions and participate in simple conversations on topics beyond the most immediate needs; for example, personal history and leisure-time activities. Utterance length increases slightly, but speech may continue to be characterized by frequent long pauses, since the smooth incorporation of even basic conversational strategies is often hindered as the speaker struggles to create appropriate language forms. Pronunciation may continue to be strongly influenced by the first language and fluency may still be strained. Although misunderstandings still arise, the Intermediate–Mid speaker can generally be understood by sympathetic interlocutors.

Intermediate–High Able to handle successfully most uncomplicated communicative tasks and social situations. Can initiate, sustain, and close a general conversation with a number of strategies appropriate to a range of circumstances and topics, but errors are evident. Limited vocabulary still necessitates hesitation and may bring about slightly unexpected circumlocution. There is emerging evidence of connected discourse, particularly for simple narration and/or description. The Inter-

mediate–High speaker can generally be understood even by interlocutors not accustomed to dealing with speakers at this level, but repetition may still be required.

Advanced (2 to 2+) Range

The Advanced range is characterized by the speaker's ability to: converse in a clearly participatory fashion; initiate, sustain, and bring to closure a wide variety of communicative tasks, including those that require an increased ability to convey meaning with diverse language strategies due to a complication or an unforeseen turn of events; satisfy the requirements of school and work situations; and narrate and describe with paragraph-length, connected discourse.

Advanced Able to satisfy the requirements of everyday situations and routine school and work requirements. Can handle with confidence but not with facility complicated tasks and social situations, such as elaborating, complaining, and apologizing. Can narrate and describe with some details, linking sentences together smoothly. Can communicate facts and talk casually about topics of current public and personal interest, using general vocabulary. Shortcomings can often be smoothed over by communicative strategies, such as pause fillers, stalling devises, and different rates of speech. Circumlocution which arises from vocabulary or syntactic limitations very often is quite successful, though some groping for words may still be evident. The Advanced-level speaker can be understood without difficulty by native interlocutors.

Some Reasonable Expectations

Students with no previous study of Spanish should be in the Novice–Mid level after the first lesson. Most students will move steadily through the Novice–Mid and Novice–High levels to the Intermediate range, where they begin to create with the language by expressing their own thoughts independently of the words of another speaker. This is a major threshold; most will cross it during the first half of the course and then spend the remainder of the year moving upward within the Intermediate range. Intermediate–High is not an unrealistic expectation for a large majority of a class, which means that they will do a significant amount of work at the Advanced level. An occasional student will reach the Advanced level.

In the Intermediate range vocabulary and content areas increase greatly, and Intermediate speakers should be able to say many things simply. They can manage the situations of everyday living and travel. These include making arrangements for or talking about the following: personal information, personal welfare, hotels, restaurants, purchases and money matters, directions, transportation, meetings, standard social exchanges, the telephone, the post office, one's car, leisure-time activities, the weather, and numbers to 1000. Normally, a role-play situation would be included in the interview.

Progress from Intermediate–Low to Intermediate–Mid consists of increased accuracy, expansion of vocabulary and content areas beyond simple survival, and increasing ability to produce connected discourse. Intermediate–Low speakers can answer questions but tend not to ask them on their own. Intermediate–Mid speakers should be more independent and attempt to carry at least some of the responsibility for the conversation. Intermediate–High speakers will become more independent and add significant areas of the Advanced level, in particular, the function of narration in the past.

Grammar and Content Associated with the Levels

Novice–Mid: Very common adjectives and adverbs; common question words; names of some objects; colors; days of the week; months; telling time; numbers up to 100; nouns for immediate family members.

Novice–High: There is some concept of present tense forms of regular verbs, particularly **-ar** verbs, and some common irregular verbs although use is limited primarily to first person singular.

Intermediate–Low and Intermediate–Mid: Present indicative of regular verbs; stem-changing verbs; **llamarse** and some reflexives; common irregular verbs; **ser** and **estar** with some notion of distinctions; weather expressions with **hacer; ir a** plus infinitive; clear concept of agreement but with many mistakes; some concept of use of articles; possessive adjectives; most common qualifying adjectives; common adjectives and adverbs of quantity; position of common adjectives.

Intermediate–High: Wider range of irregular verbs; basic reflexive verbs; use of **gustar;** basic knowledge of difference between **ser** and **estar;** some knowledge of preterite and imperfect; direct and indirect object pronouns (but not combined); demonstratives and possessives; idioms with **tener;** correct word order for most common adverbs; some autobiographical information; daily routine; simple description and narration; activities.

Advanced: Regular and irregular verbs; reflexive verbs; **saber** vs **conocer;** better command of preterite and imperfect; present subjunctive in indirect commands and with **querer;** comparative and superlative of adjectives; relative, interrogative, prepositional, direct and indirect object pronouns (combined); most prepositions (limited with **por** and **para**): negatives and their affirmatives; correct word order for all pronouns; postion of adjective when change of meaning occurs; good autobiographical information; good description of daily routine, some fair description and narration; hesitant at times and groping for words.

THE ORAL PROFICIENCY INTERVIEW (OPI)

The tester's objective in the interview is to obtain a ratable sample, one that establishes the highest sustained level at which the student can function (the floor) and also demonstrates, by probing beyond the sustained level, the upper limits of the student's ability (the ceiling). The performance of each student is then evaluated by reference to the descriptions of levels of functional ability rather than by comparison between performances of different students. A performance must consistently meet the criteria of a given level in order to be rated at that level. Patterns of strengths or of weaknesses are significant. Isolated errors or occasional occurrences of a higher level function do not form patterns and are not significant in rating.

There are four phases to a standard oral proficiency interview: Warm-up, Level Check, Probes, and Winddown. The Warm-up serves to put the candidate at ease and provide an initial assessment of the candidate's level. The Level Check, by means of appropriate questions (and role-play situations beyond the Novice range), seeks to ascertain that the candidate can indeed function at the level of the initial assessment. The Probes, interspersed with questions of the Level Check, serve two purposes: (1) to determine whether the level selected for the Level Check is actually the floor or if a higher level is appropriate, and (2) to ascertain at what level the candidate's spoken language fails. The Winddown finishes the interview with questions and remarks at the candidate's level.

Progress in language acquisition from level to level requires time, particularly at the Intermediate range and above. Therefore, the regular OPI would not be given frequently but rather at special points during the year's course. At the same time, a brief oral component should be part of the achievement test for each lesson. To avoid making the oral part an achievement test only, it is important to observe certain principles of proficiency testing in every oral test.

Change from Teacher Role to Tester Role

During interviews the teacher needs to assume the role of tester temporarily by learning to wait patiently during pauses and to refrain from correcting. There are sufficient opportunities to help during regular class activities.

Regular Use of Probes to Determine Limits

¡Háblame! makes available a large amount of material and a wide range of possibilities for talking about the story and about the student's own situation. We suggest that you encourage your students to expand their Spanish as fast as they are able and then, by probing, give them the opportunity to demonstrate their proficiency beyond what a test of achievement would measure.

Application of the Four Phases

The four phases of the OPI are applied to regular oral testing as follow:

1. Warm-up: Begin with a greeting and see that students are comfortable without asking if they are nervous.

2. Level Check: The level check tests achievement of the specific oral objectives of the lesson. As possibilities for letter grades, an adequate performance could be in the C range and a (very) good one, in the B range.

3. Probes: Probes beyond the level check for achievement can reveal increased breadth in vocabulary, improved ability to narrate and describe, and greater ease and accuracy in using structures already studied. A particularly good performance in lateral rather than vertical probes would merit an A.

4. Wind-down: It is important for students to finish at a comfortable level, feeling that the test was a success, especially after not being particularly successful in the probes.

Types of Questions and Situations

Oral testing takes time and energy. It is to your advantage to be as efficient as possible. Each of your questions should elicit as much ratable Spanish as possible. Yes–No questions generally produce little. If you wish to use them often, train your students to consider them as invitations to continue speaking. Information questions require more of the student, but at the higher levels they may be too specific and stifle imagination. If you want the student to tell you about a trip, instead of beginning with where, when, or who, simply ask the student to tell you all about the trip. Be more specific only if necessary.

The text provides many situations. These are often suitable as they are for test purposes, or you can invent your own at the same level. These can be written on index cards and given to the student at the appropiate time during the interview. Be sure the student understands who has which role.

SUMMARY

Oral proficiency testing is not a method of teaching a foreign language. However, by evaluating speaking ability, it indirectly evaluates teaching methods and reveals their relative effectiveness in producing oral proficiency. The information given here on oral proficiency testing can serve only as an introduction. If you desire further information or professional training, we recommend that you participate in a workshop conducted by ACTFL-accredited trainers. You will also find the publication *Testing and Teaching for Oral Proficiency* very helpful. This is a kit containing a text and taped interviews developed by Judith Liskin-Gasparro in cooperation with Educational Testing Service and published by Heinle and Heinle. In the meantime, use the proficiency principles presented here in teaching and testing, and let your students know the bases on which you evaluate their progress in learning to speak Spanish.

We invite inquiries regarding development of tests and other supplemental materials. We also welcome comments and suggestions for improvement. Please address correspondence to the authors at the Department of Spanish and Portuguese, Brigham Young University, Provo, Utah 84602.

Lección 1

E-1A   E-1B   E-1C   E-1D

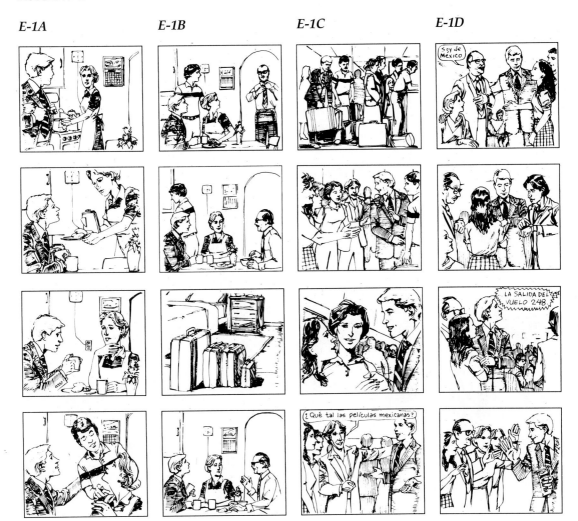

Lección 2

E-2A

E-2B

E-2C

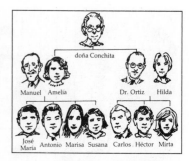

Lección 3

E-3A   **E-3B**   **E-3C**

I-17

Lección 3

E-3A **E-3B** **E-3C**

Copyright © 1988 by Harcourt Brace Jovanovich, Inc. All rights reserved.

Lección 4

E-4A

E-4B

E-4C

Lección 5

E-5A

E-5B

E-5C

Lección 6

E-6A

E-6B

E-6C

Lección 7

E-7A

E-7B

E-7C

(omitted)

I-22

Lección 8

E-8A

E-8B

¿Qué hacía usted hace seis años?

E-8C

Lección 9

Lectura **E-9A** **E-9B** **E-9C**

Lección 10

E-10A

E-10B

E-10C

Lección 11

E-11A

E-11B

E-11C

Lección 12

E-12A   **E-12B**   **E-12C**   **E-12D**

Lección 13

E-13A **E-13B** **E-13C** **E-13D**

Lección 14

E-14A **E-14B** **E-14C**

Lección 15

E-15A

E-15B

E-15C

E-15D

Lección 16

E-16A **E-16B** **E-16C** **E-16D**

Lección 17

E-17A   **E-17B**   **E-17C**

Lección 18

E-18A

E-18B

E-18C

¡HÁBLAME!

INSTRUCTOR'S EDITION

C. DIXON ANDERSON
Brigham Young University

R. ALAN MEREDITH
Brigham Young University

Harcourt Brace Jovanovich, Publishers

San Diego   New York   Chicago   Austin   Washington, D.C.
London   Sydney   Tokyo   Toronto

To our loving wives, Pat and Kathy,
for their unwavering support,
and to our children.
Now, perhaps, we may respond with more than "Más tarde, por favor,"
to their recurring plea of "¡Háblame!"

Cover photo by John Oldencamp

ISBN (Student's Edition): 0-15-530623-5
ISBN (Instructor's Edition): 0-15-530624-3
Library of Congress Catalog Card Number: 87-81144
Printed in the United States of America

THE TITLE AND WHAT IT MEANS TO KNOW SPANISH

¡Háblame! means "Talk to me." That title encompasses the primary objective of this program and points to the purpose of its activities. When people learn that you have studied Spanish, they will invariably ask you to "say something in Spanish." Most people equate "learning" a foreign language with "speaking" a foreign language. The program for which this textbook forms the nucleus is designed to develop primarily your oral proficiency, that is, your speaking skill.

Speaking Spanish without being able to understand spoken Spanish, of course, would not be of much value. As you learn to express your ideas and feelings in spoken Spanish, you will also develop listening comprehension, a skill critical to oral communication.

WHAT ABOUT READING AND WRITING?

In your intermediate and advanced level courses, you will also need to read and write Spanish. The dialogues, or **Escenas** (*Scenes*), as they are called, were written to accomplish several objectives, one of which is the development of your reading skills. You will notice that the nearer you get to the end of the textbook, the longer are the **Escenas.** Page numbers, instructions, and, beginning with Lesson 2, all cultural notes, or **Bosquejos Culturales** (*Cultural Sketches*), are in Spanish, giving you additional practice in reading. Through the activities in the Student Manual and optional activities outlined for your teacher in the Instructor's Edition of this book, you will develop sufficient writing proficiency to allow you to succeed in your intermediate level course.

CAN I REALLY LEARN TO SPEAK SPANISH?

¡Sí!, if you really want to and are willing to work. Just as the dedicated piano student spends many hours between lessons practicing on the piano, you will find your skills advancing rapidly as you practice speaking and preparing to speak between classes. Instead of putting the teacher in the center of every activity, our approach places you in the center and allows you to develop your conversation skills. Any beginning Spanish course requires you to learn many words; as a result, students often feel overburdened by the many verb tenses and forms of Spanish. We believe you will find it more useful to have a reduced number of verb forms to learn in order to increase your general vocabulary. You will receive the vocabulary and grammar to communicate your ideas and feelings at an appropriate rate and in a sequence especially conceived to develop your speaking ability.

WHAT SHOULD I KNOW ABOUT ¡HÁBLAME!?

¡Háblame! was designed with you in mind. The typical lesson comprises three or more **Escenas,** vocabulary sections, cultural notes, grammar lessons, activities for conversation, a communicative situation that "puts it all together," a review of the **Escenas** that emphasizes important grammar and vocabulary, and a list of the vocabulary introduced in the lesson.

HOW CAN ¡HÁBLAME! HELP ME LEARN TO CONVERSE IN SPANISH?

To converse in Spanish you need a broad general vocabulary base, a personalized vocabulary to express your own ideas, a knowledge of the structure of Spanish (that is, grammar), an understanding of the culture that affects communication in Spanish, and the ability to use these orally. *¡Háblame!* is a comprehensive program designed to give you the tools you need to acquire communication skills efficiently and effectively.

Vocabulary

Vocabulary is introduced in the **Escenas,** in the **Bosquejos Culturales** and in the **Vocabulario** (*Vocabulary*) sections. Specialized vocabulary that you need to talk about yourself and your family is found in Appendices I-1 through I-13. The vocabulary lists at the end of each lesson are divided into Levels A and B to help you study. Level A words are for you to use actively in your speech and writing, while Level B words need primarily to be recognized.

Structure

Grammatical patterns and examples are introduced through the **Escenas** and explicated in the **Gramática** (*Grammar*) sections, which are designed for out-of-class study. Notes following the **Escenas** frequently point out new items that will be treated in depth at a later time. A Glossary of Grammatical Terms at the back of the book will assist you in understanding the grammar explanations. Index references will help you locate examples and explanations of specific grammar principles. The exercises in the Student Manual reinforce the principles taught in the textbook and assess your mastery of those principles. (Answer keys are provided in the Manual so you can check your own work as you go.) The **Actividades** (*Activities*) in the textbook help you apply the grammar principles to communication and are to be done with a partner.

Culture

To communicate effectively, you must have a basic understanding of the culture within which the language is used. Culture is presented in *¡Háblame!* through a multilevel approach. The **Escenas** give you a view of the Mexican, Argentine, and Spanish (Spain) cultures. By seeing how members of a family interact with one another, and by becoming involved with their activities and value systems, you begin to appreciate intercultural differences and similarities. Additionally, the **Bosquejos Culturales** focus your attention on cultural aspects that you might otherwise overlook, and they provide information on a wide range of topics. Following each **Bosquejo Cultural,** you are invited to apply the cultural information through an activity. This helps you assimilate the cultural information while increasing your ability to converse in the language.

Study Tips

Learning a foreign language may be a new experience for you. To help, we have provided in each lesson one or more study tips called **Sugerencias** (*Suggestions*). There are three basic types of **Sugerencias:** (1) tips on how to study and how to learn a foreign language more efficiently; (2) tips on how to recognize cognates (words that look the same or almost the same in Spanish and English); and (3) tips on special categories of vocabulary words and expressions to help you communicate better.

Appendices

For your benefit, the appendices include specialized vocabulary lists; an explanation of the alphabet, pronunciation rules, and writing conventions (including rules for use of the written accent); an overview of the Spanish verb system, with special emphasis on tenses not worked with actively in *¡Háblame!*; and a complete vocabulary list for the entire book. Take a look at the appendices now so that you have a clearer idea of what it contains and how it can help you.

Student Manual and Tape Program

A Student Manual has been prepared to assist you in: (1) understanding and applying the rules of Spanish grammar; (2) mastering vocabulary; (3) understanding especially important phrases from the **Escenas;** and (4) developing your writing ability. A tape program is available to develop your comprehension of the spoken language, assist you in perfecting your pronunciation, and help you ease into speaking the language comfortably and confidently.

Preparation Sequence

Prior to each class, you should study carefully the assigned **Escena, Vocabulario, Bosquejo Cultural,** and **Gramática.** Then you should complete and correct any related activities in the Student Manual and check your work against the key in the manual. If needed, review the textbook section to determine what you did wrong. Then redo the Student Manual activity. Next, work with the tape program to ensure that you understand the spoken word and are pronouncing as the native speakers are. Finally, do the oral **Actividades** from the textbook with a partner. By preparing for class in this manner you will be ready to perform well any activities assigned by the teacher. You will attend class with a better understanding and mastery of the material and will retain longer what you study. Your mastery of all four skills (speaking, listening and reading comprehension, and writing) will be assured.

ACKNOWLEDGMENTS

We would like to acknowledge the people who got us started down the road of testing and teaching for oral proficiency: C. Edward Scebold and David V. Hiple of the American Council on the Teaching of Foreign Languages, Protase (Woody) Woodford of the Educational Testing Service, and Judith Liskin-Gasparro of Middlebury College. We appreciate the vision of Albert Richards, our editor at Harcourt Brace Jovanovich, who had faith enough in us and our project to convince others of its worth. We have enjoyed working with HBJ's very professional and well-qualified publication staff: Zanae Rodrigo, manuscript editor; Jon Preimesberger, production editor; Lesley Lenox, production manager; Martha Gilman, designer; Avery Hallowell, art editor; and Karl Nickolason, our artist. We are indebted to our native colleagues who ensured that the Spanish in the textbook was authentic and correct: Marian Babirecki McMaster, Maritza García Karren, Joaquina Valtierra-Hoskisson, and Griselda M. Domínguez Sasayama. Finally, and especially, we extend our appreciation to our department chairman, Ted Lyon, to our teaching associates, and to our students, who, for the past four years, have supported us through several revisions and have given us invaluable feedback that shaped this final version of *¡Háblame!*

C. Dixon Anderson   **R. Alan Meredith**

CONTENTS

🌱 *LECCIÓN 4*

🌱 *LECCIÓN 5*

❦ *LECCIÓN 9* 268

❦ *LECCIÓN 10* 300

❦ *LECCIÓN 11* 334

❦ LECCIÓN 12   362

❦ LECCIÓN 13   390

❦ LECCIÓN 14   424

❦ LECCIÓN 15

❦ LECCIÓN 16

LECCIÓN 1

NOTE: The Contents for each lesson gives students section titles in English. In Lessons 1 and 2 titles appear in Spanish and English throughout to allow teachers to conduct the entire class in Spanish while facilitating out-of-class study for beginning students. Beginning with Lesson 3, subhead titles appear only in Spanish (except for grammar section headings). Students can refer to the Lesson Contents to determine the translation of the Spanish titles. All subsections within a lesson are given a letter code to aid in locating: E = *Escena*; C = Cultural Note; S = Study Tip; G = Grammar explanation; V = Vocabulary section; SC = Communicative Situation; A = Activities for practice.

Izquierda, arriba: En el aeropuerto de Buenos Aires, Argentina. (At the airport in Buenos Aires, Argentina.)
Izquierda: Una casa bonita de Buenos Aires. (A pretty house in Buenos Aires.)

E-1A ESCENA
BUENOS DÍAS, CARLOS. ¿CÓMO ESTÁS?

Escenas are designed to be practiced for familiarization rather than for memorization. Check comprehension of key vocabulary and phrases. Yes–No questions and questions requiring simple one- or two-word answers will be most beneficial in early lessons. COMPREHENSION questions are to verify student understanding and to improve listening comprehension. Simple answers using the lines from the *Escenas* are all that should be expected. New structures will be practiced later in the lesson. Depending on prior student experience, you may need to tailor your questions to varying levels. ADAPTATION questions are designed to personalize the vocabulary and structure of the *Escenas*. They help the students acquire important phrases and vocabulary items. They should be used only after the students have repeated the same question–answer exchanges from the *Escena*.

COMPREHENSION: *¿Empieza la escena en Los Angeles, California o en Buenos Aires?* (Quién has not been used before, tell students it means who.) *¿Quién es Carlos? ¿Es el papá? ¿Quién es el papá de Carlos? ¿Quién es la mamá de Carlos?*

La escena empieza en un barrio de los alrededores de la ciudad de Buenos Aires. Hoy es miércoles, catorce de agosto. Son las seis de la mañana de un día nublado y frío. Es temprano todavía pero en una casa grande y moderna de la calle Labardén hay mucha actividad. Es la casa del doctor José María Ortiz y su esposa Hilda. Su hijo mayor, Carlos, de veinte años, se prepara para hacer un viaje en avión. Dentro de dos horas y media el vuelo 248 (doscientos cuarenta y ocho) de Aerolíneas Latinas va a salir para Lima, Bogotá, México y Los Angeles. La señora de Ortiz está en la cocina preparando el desayuno. Entra su hijo Carlos.

HILDA Buenos días, Carlos. ¿Cómo estás?

CARLOS Estoy bien, gracias, mamá. ¿Y tú? Un poco triste, ¿verdad?

HILDA Sí, un poco. ¿Estás listo para tomar el desayuno?

CARLOS ¿Qué hay para comer?

The scene begins in a district on the outskirts of the city of Buenos Aires. Today is Wednesday, August 14. It is six o'clock in the morning on a cold and cloudy day. It is still early, but in a large, modern house on Labardén Street there is much activity. It is the house of Doctor Jose Maria Ortiz and his wife Hilda. Their older son, Carlos, (of) twenty (years), is preparing (himself) to take an airplane trip. In (Within) two and a half hours flight 248 of Aerolíneas Latinas is going to leave for Lima, Bogotá, Mexico, and Los Angeles. Mrs. Ortiz is in the kitchen preparing breakfast. Her son Carlos comes in (enters).

Good morning, Carlos. How are you?

I'm fine, thanks, Mom. How are you (And you)? A little sad, aren't you (true)?

Yes, a little. Are you ready to eat (take) breakfast?

What is there to eat?

HILDA Hay panecillos y avena.

There are rolls and oatmeal.

CARLOS ¿No hay chocolate?

Isn't there [any] chocolate?

HILDA Sí, y ya está caliente.

Yes, and it's already hot.

CARLOS Yo no voy a comer mucho, sólo chocolate y galletas.

I'm not going to eat much, just (only) chocolate and crackers.

HILDA ¿Qué tienes? ¿Estás enfermo?

What's the matter (What do you have)? Are you sick?

CARLOS No, no estoy enfermo; un poco nervioso, nada más. Por eso no tengo mucha hambre.

No, I'm not sick; (just) a little nervous, that's all (nothing more). That's why (Because of that) I'm not very hungry.

HILDA Sí, comprendo. ¿Dónde está tu hermano? ¿No viene a desayunar?

Yes, I understand. Where is your brother? Isn't he coming to eat breakfast?

CARLOS Ya viene.

He's coming now (already).

On use of parenthesis and **verdad,** note the following:

1.   Parentheses in the **Escenas** serve more than one purpose. Appearing on both English and Spanish sides, they indicate stage directions; on the English side only, they enclose a literal rendering of the Spanish or a brief explanation. Brackets enclose added English words whose exact equivalent is not found in the Spanish.

2.   Notes on the **Escenas** are generally intended only to provide helpful information until a more adequate explanation can be given.

3.   **¿Verdad?** means *Isn't it so?* It is equivalent to the following English tag questions: "Aren't you?" "Isn't it?" "Does he?" "Have we?"

C-1 CULTURA
BOSQUEJO CULTURAL: **TÚ** Y **USTED** (Cultural sketch: **Tú** and **usted**)

Most student-to-student activities require students to address one another in the familiar. Student-to-teacher activities require that students address you in the formal. You should feel free to address students in either the *tú* or *usted* form as you wish.

Speech often reflects social relationships. We greet friends informally with "How's it going?" Yet, a formal "How are you?" seems more appropriate for a professor. When introduced to a person one's own age, a simple "Hi" suffices, but when meeting a parent's employer, something more formal such as "Pleased to meet you" is expected.

Previously the English language used the pronouns *thee, thou*, and *thy* (as well as verb forms for *thou*) to express a less formal relationship. While English has lost this feature, many languages, including Spanish, still retain at least two forms of address: formal and informal.

As a speaker of Spanish you will learn to choose between the two forms. In **Escena 1A,** the Ortiz family uses the familiar or informal **tú** when addressing one another, although some Hispanic families require that children address parents with the **usted** forms. Although you will practice both forms in the exercises and activities of this book, you will generally address your peers as **tú** and your teacher as **usted.** The Student Manual contains an exercise to help you learn when to use each of the forms.

V-1 VOCABULARIO
SALUDOS: BUENOS DÍAS (Greetings: Good morning)

PREPARATION: Model the *Minidiálogos,* having students repeat. Focus attention on proper pronunciation. As students work in pairs, monitor for errors but refrain from interrupting. At the conclusion of the pair practice, clarify any points of confusion for the class as a group.
OPTION: a) Prepare visuals. b) Act out with individual students. c) Have pairs act out for class. d) Using phrases presented, greet several students individually.

A. MINIDIÁLOGOS

Practica los minidiálogos con tu pareja. (Practice the minidialogues with your partner.)

8 A.M.

UNO Buenos días, profesora Flores. ¿Cómo está usted?

DOS Muy bien, gracias. ¿Y tú?

UNO (Estoy) Bien, gracias.

Good morning, Professor Flores. How are you?

Very well, thanks. How about you?

(I'm) Fine, thanks.

3 P.M.

UNO Buenas tardes, Jaime. ¿Cómo estás?

DOS Estoy bien, gracias, profesor Rojas. ¿Y usted?

UNO Muy bien, gracias.

Good afternoon, Jaime. How are you?

I'm fine, thanks, Professor Rojas. And (how are) you?

Very well, thanks.

8 P.M.

UNO Buenas noches, estudiantes. ¿Cómo están (ustedes)?	Good evening, students. How are you?
DOS Bien, gracias, profesora.	Fine, thanks, teacher.

B. VAMOS A SUPONER (Let's suppose or pretend)

The partners choose roles (UNO or DOS); afterwards they reverse the roles. This format will be standard for this type of activity.

UNO It's 1:30 P.M. You are Profesora Espinoza. You meet one of your students and greet her/him.	DOS You respond appropriately when Profesora Espinoza greets you.
It's 9:15 A.M. You meet your Spanish teacher and greet him/her.	You respond as the Spanish teacher.
It's 8:00 A.M. and class is about to begin. You are the teacher. You greet the students and ask how they are.	You respond as one of the students. Use **profesor** (male) or **profesora** (female) according to the gender of your partner.
It's 7:30 P.M. You meet your partner downtown and greet her/him.	You respond to your partner's greeting.

EMPHASIS: Emphasize that male friends shake hands whenever they meet. Females kiss one another on the cheek. (A later Cultural Note will expand these ideas.)

*Unos estudiantes **se saludan** (greet one another) en Costa Rica.*

PREPARATION: Model for pronunciation. Ask several students ¿Cómo estás? Have students raise hands in response to ¿Quién está alegre?, ¿Quién(es) está(n) triste(s)?, ¿nervioso(s)?

OPTIONAL: ¿Cómo está David? ¿Y Susana? ¿Está contento Juan? ¿Y Juanita?

C. ¿CÓMO ESTÁS? *(How are you?)*

Cubre las definiciones, señala un dibujo y pregúntale a tu pareja cómo está. (Cover the definitions, point to a drawing, and ask your partner how he/she is.) Additional vocabulary for this exercise can be found in Apéndice I-1.

UNO ¿Cómo estás?   DOS Estoy _____.

nerviosa *(nervous;* fem.) **nervioso** (masc.)   **contento** *(happy, pleased;* masc.) **contenta** (fem.)   **alegre** *(cheerful, happy, glad)*

triste *(sad)*   **bien** *(well, fine, OK, all right)*   **mal, enfermo** *(sick, ill;* masc.) **enferma** (fem.)   **así, así** *(fair, so-so)*

🖐 S-1 SUGERENCIAS
CÓMO USAR ESTOS MATERIALES *(Study tips: How to use these materials)*

NOTE: Study Tips (*Sugerencias*) are meant to be studied out of class. You may wish, however, to emphasize certain ideas from the Tips. In this case, you might emphasize the need for students to study upcoming sections before coming to class.

Learning a foreign language is an exciting and rewarding experience. It does require, however, a great deal of time spent practicing, reviewing, and using the language. This text is designed to help you acquire the necessary skills to understand the spoken and written language, as well as to speak and write it with confidence.

In order for you to get the most out of class and these materials, you should do the following before each class:

1. Read the **Escenas**, using the translations to help you understand what is being said. Practice the **Escenas** with the tapes, being careful to focus on comprehension and accurate pronunciation. You should become quite familiar with the story of the **Escenas** through multiple readings, but you will not be

required to memorize them verbatim. You should be able to use much of the vocabulary and structure, however, in your own speech.

2. Read through the grammar explanations and then do the corresponding activities in the Student Manual to check your understanding.

3. Work through the oral practice exercises with the tapes and later with a partner. Do the Situations and Activities for Pairs with a partner.

4. Participate fully in class, using the language skills you have been practicing.

G-1 GRAMÁTICA
AVANCE GRAMATICAL (Grammar preview)

NOTE: Grammar explanations are purposely lengthy for out-of-class study. They should not be read in class. You may wish to clarify or emphasize specific points within a grammar section (this could be done best during the last ten minutes of class time), but be certain to allow sufficient class time for oral practice in class.

A. NOMBRES Y ARTÍCULOS (Nouns and articles)

Número: Singular y plural (Number: Singular and plural)   In general, to form the plural, nouns ending in vowels add **-s: casa → casas;** nouns ending in consonants add **-es: actividad → actividades.** Nouns ending in **-s** in an unstressed syllable have no change for the plural: **el miércoles, los miércoles.** Following Spanish spelling conventions, final **-z** changes to **-c: luz → luces; vez → veces.**

Género: Masculino y femenino (Gender: Masculine and feminine)   All Spanish nouns have grammatical gender. Those referring to persons are regularly of the same gender as the sex of the person, but the gender of most nouns is a matter of convention and must be memorized.

   Nouns ending in **-a** are usually feminine and all but a few ending in **-o** are masculine. One exception is **el día.** Other common feminine endings will be given later.

Artículos: Indefinido y definido (Articles: Indefinite and definite)   The number and gender of a noun are reflected in the form of the article accompanying it. Spanish indefinite articles **un** and **una** are also part of the number system and can translate as *one* as well as *a* (or *an*). The plural forms **unos** and **unas** mean *some.*

	MASCULINE NOUNS	FEMININE NOUNS
INDEFINITE ARTICLE	**un** vuelo (*a* [*one*] flight) **un** día (*a* [*one*] day) **unos** días (*some* days)	**una** casa (*a* [*one*] house) **una** actividad (*an* [*one*] activity) **unas** actividades (*some* activities)
DEFINITE ARTICLE	**el** vuelo (*the* flight) **el** día (*the* day) **los** días (*the* days)	**la** casa (*the* house) **la** actividad (*the* activity) **las** actividades (*the* activities)

B. VERBOS: EL INFINITIVO Y LAS FORMAS PERSONALES (Verbs: The infinitive and personal forms)

We normally use the infinitive to refer to a verb in general. English infinitives usually are introduced by *to: to eat, to leave.* Spanish infinitives always end in **-r**, preceded by **-a- (tomar)**, by **-e- (comer)**, or by **-i- (salir)**.

A frequent use of infinitives is in combination with **voy** (*I am going*) and other personal forms of **ir** (*to go*). Several such examples in this lesson are: **no voy a comer** (*I'm not going to eat*), **el vuelo va a salir** (*the flight is going to leave*), and **vamos a ver** (*we're going to see*). The **a** is necessary to introduce the infinitive after forms of **ir**.

We cannot form sentences using infinitives only for verbs. We need to *conjugate* them, which means to give them personal endings that designate a subject. **Estoy, estás, está, voy,** and **tengo** are personal forms. Soon we will learn more about conjugating infinitives to make them carry the information we desire.

We place **no** before a verb to make it negative.

¿No hay chocolate?	*Isn't there (any) chocolate?*
No estoy enfermo.	*I'm not sick.*

C. SER, ESTAR Y HAY (Expressing the ideas of "to be")

Spanish uses several verbs to convey the ideas of English *to be*, the principal ones being **ser** and **estar**. **Ser** is used to describe characteristics and to identify; **estar** shows location and describes conditions; **hay** (from **haber**) translates the English idea of *there is* or *there are*. In these expressions, *there* denotes existence, not location.

From **ser:**	Las casas **son** modernas.	The houses *are* modern.
	Hoy **es** miércoles.	Today *is* Wednesday.
From **estar:**	Hilda **está** en la cocina.	Hilda *is* in the kitchen.
	Estoy bien.	*I am* fine.
From **haber:**	¿Qué **hay** para comer?	What *is there* to eat?
	Hay panecillos y avena.	*There are* rolls and oatmeal.

V-2 VOCABULARIO
LOS DÍAS: ¿QUÉ DÍA ES? (Days: What day is it?)

A. LOS DÍAS DE LA SEMANA (The days of the week)

In Spanish we express the idea of *on* a day (or days) of the week by using the definite article **el** (or **los** for plural) before the name of the day. In English we often omit the word *on* in sentences such as "The test is (on) Friday."

Only **domingo** and **sábado** need to have an **-s** added to make them plural, for example, **los domingos** (*on Sundays*).

OPTION: Using a calendar or diagram on chalkboard or overhead projector (OHP), ask *¿Qué día es hoy? ¿Y mañana? ¿Y pasado mañana? ¿Y ayer? ¿Y anteayer?*

Spanish omits the definite article to identify a given day: **Hoy es lunes.** Note that the days are not capitalized in Spanish.

domingo	lunes	martes	miércoles	jueves	viernes	sábado

B. MINIDIÁLOGOS

Practica los minidiálogos con tu pareja.

UNO ¿Qué día es **hoy**, miércoles?

DOS No, hoy es martes; **mañana** es miércoles.

UNO ¿Hay examen hoy?

DOS No, hay examen el viernes.

UNO ¿Qué días hay clases?

DOS Hay clases los lunes, los miércoles y los viernes.

What day is *today*, Wednesday?

No, today is Tuesday; *tomorrow* is Wednesday.

Is there an exam today?

No, there is an exam (on) Friday.

What days are there classes?

There are classes (on) Mondays, (on) Wednesdays, and (on) Fridays.

C. ACTIVIDADES PARA PAREJAS

You are a day off schedule; your friend helps correct you.

MODELO   **martes**

UNO Mañana es **martes,** ¿verdad?

DOS No, hoy es martes.

Tomorrow is *Tuesday*, isn't it?

No, today is Tuesday.

miércoles	viernes	domingo
jueves	sábado	lunes

You are still a day behind schedule; again your friend corrects you.

MODELO   **lunes**

UNO Hoy es **lunes,** ¿verdad?

DOS No, hoy es martes.

Today is *Monday*, isn't it?

No, today is Tuesday.

martes	sábado	miércoles
domingo	jueves	viernes

👏 *V-3 VOCABULARIO*
LOS NÚMEROS: ¿CUÁNTOS HAY? *(Numbers: How many are there?)*

OPTION: a) Use flashcards to introduce numbers. Shuffle cards and have students recall numbers. b) For LISTENING COMPREHENSION, shuffle cards, call out numbers without showing cards while students write numbers. Check by revealing cards in same order. c) Count students; count male students, females; desks; chairs; lights; etc. *(¿Cuántos estudiantes hay en la clase? ¿Cuántas muchachas hay?)*

A. LOS NÚMEROS DESDE CERO HASTA CIENTO *(Numbers from zero up to one hundred)*

The pattern is essentially the same from **dieciséis** (16) through **noventa y nueve** (99).

0 cero	10 diez	20 veinte
1 uno/un/una	11 once	21 veintiuno
2 dos	12 doce	22 veintidós
3 tres	13 trece	23 veintitrés
4 cuatro	14 catorce	24 veinticuatro
5 cinco	15 quince	25 veinticinco
6 seis	16 dieciséis	26 veintiséis
7 siete	17 diecisiete	27 veintisiete
8 ocho	18 dieciocho	28 veintiocho
9 nueve	19 diecinueve	29 veintinueve
30 treinta	40 cuarenta	70 setenta
31 treinta y uno	41 cuarenta y uno	79 setenta y nueve
32 treinta y dos	42 cuarenta y dos	80 ochenta
33 treinta y tres	43 cuarenta y tres	89 ochenta y nueve
34 treinta y cuatro	49 cuarenta y nueve	90 noventa
35 treinta y cinco	50 cincuenta	99 noventa y nueve
36 treinta y seis	51 cincuenta y uno	100 cien(to)
37 treinta y siete	59 cincuenta y nueve	
38 treinta y ocho	60 sesenta	
39 treinta y nueve	69 sesenta y nueve	

1.   **Ciento** is shortened to **cien** before nouns **(cien tacos)** but retains the longer form elsewhere **(ciento diez,** *110).*

2.   **Uno** becomes **un** before masculine singular nouns and is translated *a (an)* or *one* as required by context. Also, **veintiuno** becomes **veintiún;** treinta y uno, **treinta y un,** and so on, before masculine nouns: **veintiún años, treinta y un días.** Feminine nouns require **una: una chica, veintiuna casas, cuarenta y una horas.**

3.   There are alternate forms for 16–19 **(diez y seis, diez y siete, diez y ocho, diez y nueve)** and 21–29 **(veinte y uno, veinte y dos, veinte y tres,**

veinte y cuatro, veinte y cinco, veinte y seis, veinte y siete, veinte y ocho, veinte y nueve).

OPTION: Have two students model activity in front of class. Stop this activity before all have finished.

B. ACTIVIDADES PARA PAREJAS: JUEGOS CON NÚMEROS (Games with numbers)

		UNO	DOS
1.	Primero van a contar desde cero hasta cuarenta, turnándose. (First you are going to count from 0 to 40 taking turns.)	cero dos	uno etc.
2.	Ahora de cinco en cinco hasta ciento. (Now by fives up to 100.)	cero diez	cinco etc.
3.	De dos en dos desde cero hasta treinta y desde sesenta hasta ochenta—números pares. (By twos from zero up to 30 and from 60 to 80—even numbers.)	cero cuatro	dos etc.
4.	De dos en dos desde uno hasta treinta y uno—números impares. (By twos from 1 up to 31—odd numbers.)	uno cinco	tres etc.

OPTION: Prepare additional problems on flash cards or transparencies.

C. ARITMÉTICA: SUMAR Y RESTAR (Arithmetic: Adding and subtracting)

Van a ayudarse con la tarea de aritmética, siguiendo los modelos. (You are going to help each other with the arithmetic assignment, by following the models.) The first speaker (UNO) asks items 1–6; then reverse roles for 7–12.

MODELO   **5 y (más) 8**

UNO ¿Cuántos son **cinco y (más) ocho?**

How much is (many are) 5 and (plus) 8?

DOS (*Without looking*) Trece.

Thirteen.

1.	2 y (más) 3	2.	6 y 11	3.	10 y 15
4.	4 y 7	5.	4 y 14	6.	20 y 30
7.	5 y 9	8.	7 y 13	9.	35 y 40
10.	7 y 8	11.	8 y 16	12.	40 y 52

The first speaker (UNO) asks 1–5, the second, 6–9.

MODELO   **15 menos 4**

UNO ¿Cuántos son **quince menos cuatro?**

How much is 15 minus 4?

DOS (*Responds without seeing the numbers*) Once.

Eleven.

1.	20 menos 8	2.	15 menos 6	3.	90 menos 50
4.	16 menos 13	5.	14 menos 3	6.	80 menos 80
7.	22 menos 9	8.	50 menos 35	9.	100 menos 8

CULTURE: Many areas in the Hispanic world use fewer than seven digits in telephone numbers, e.g., 23–48–11 (vein-titrés, cuarenta y ocho, once).

D. MINIDIÁLOGOS

Practica los minidiálogos con tu pareja.

UNO ¿Cuál es tu dirección?	What is your address?
DOS La calle Ocho, número 6-0-7.	607 Eighth Street.
UNO ¿Cuál es (el número de) tu teléfono?	What's your telephone (number)?
DOS Es el 3-75-40-21 (3-7-5-4-0-2-1).	It's 375-4021.

OPTION: Have two or three pairs act out situation in front of class, either before or after doing it in pairs.

E. ACTIVIDAD PARA PAREJAS

UNO   You greet a new student (Jose/Ana) who speaks only Spanish. After exchanging greetings, ask for his/her telephone number and address. Then give yours.

DOS   You play the role of Jose or Ana. Then the two of you exchange roles.

 V-4 VOCABULARIO
LAS FECHAS: ¿CUÁL ES LA FECHA? (Dates: What is the date?)

OPTION: a) Use a wall calendar or transparency. Point to several dates, asking ¿Cuál es la fecha? ¿Qué día de la semana es? b) Duplicate a blank scheduling calendar for the month. Have students write in days of week and then fill in their activities for the month (could be done out of class). Have them use these calendars in Activity B. c) Use an academic calendar for your school and ask questions for Activity B.
CULTURE: Some Hispanic countries prefer calendars that begin on lunes.

A. MINIDIÁLOGOS

Practica los minidiálogos con tu pareja.

UNO ¿Cuál es la fecha _____?   What's the date _____?

de hoy	*today*
de la fiesta	*of the party*
del partido de fútbol	*of the football (soccer) game*
del cumpleaños de Jorge	*of Jorge's birthday*

DOS Es el (primero, dos).   It's the (first, second).

UNO ¿Qué día es _____?   What day is _____?

la fiesta	*the party*
el examen	*the exam*
el programa	*the program*

DOS Es el (lunes, martes).   It's (on) _____.

Note that Spanish uses cardinal numbers for all dates except the first—**el primero.**

PREP.: Review meaning and pronunciation of *fiesta, cumpleaños, historia, inglés, música, partido de fútbol.*
EMPHASIS: Silent *h* in *Historia.*

domingo	lunes	martes	miércoles	jueves	viernes	sábado
1	2 Español Historia	3 Inglés	4 Español Conversación	5 Inglés	6 Español	7 Música
8 *Iglesia con Marta*	9 Español Historia	10 Inglés *Composición*	11 Español	12 Inglés *cumpleaños de Rosana*	13 Español *Examen*	14 Música
15	16 Español	17 Inglés	18 Español Conversación	19 Inglés	20 Español	21 Música *Fiesta*
22	23 Español	24 Inglés *Presentación oral*	25 Español Conversación	26 Inglés	27 Español *Partido de fútbol*	28 Música
29	30 No hay clases	31 Inglés				

B. MI CALENDARIO DE ACTIVIDADES (My activity calendar)

UNO   You have a busy schedule this month. In addition to your regular classes Monday through Friday, you have a weekly Spanish conversation class and a music class. You also have other special activities and class assignments. Your friend wants to know when each class and activity is.

DOS   Ask about your friend's activities for this month, using the following questions:

¿Cuál es la fecha de _____?

¿Qué día (de la semana) es _____?

el cumpleaños de Rosana, la fiesta, el examen, la composición, la clase de español (de historia, de inglés), la presentación oral

¿Qué día no hay clases?

¿Qué hay los sábados?

¿Qué hay el viernes 13?

⚫ E-1B ESCENA
¿CUÁNTAS MALETAS HAY?

COMPREHENSION:
¿Quién entra en la cocina? ¿Es profesor el padre de la familia Ortiz?
ADAPTATION: a) *Buenos días todos. Buenos días, (Juan, Elena, etc.). ¿Qué tal tus clases? ¿Muy bien? b) ¿Tienes tus libros, (Paco)? [Hold up a book.] ¿Tienes todo lo que necesitas? c) ¿Cuántos estudiantes hay? ¿Tantos?; ¿Cuántas muchachas hay en la clase? ¿Tantas?; ¿Dónde están? ¿Aquí? d) ¿Tienes tus papeles? ¿Tienes tu dinero también?*

En este momento el padre de la familia Ortiz entra en la cocina. José María Ortiz Rubio es médico.

JOSÉ MARÍA Buenos días, todos. Bueno, Carlos, hoy es el día. ¿Qué tal? ¿Todo listo para el viaje?

CARLOS Creo que sí. Tengo todo lo que necesito. Voy a comprar las otras cosas allí.

JOSÉ MARÍA ¿Cuántas maletas hay?

At this moment the father of the Ortiz family comes into (enters) the kitchen. Jose Maria Ortiz Rubio is a doctor.

Good morning, everyone. Well, Carlos, today is the day. How about it? Everything ready for the trip?

I think (believe) so. I have all that (which) I need. I'm going to buy the other things there.

How many suitcases are there?

CARLOS Hay cuatro: una muy grande, dos medianas y una pequeña.	There are four: one very large [one], two medium [ones], and one small [one].
JOSÉ MARÍA ¡Tantas! ¿Dónde están? ¿Aquí abajo o arriba?	So many! Where are they? Down here (Here downstairs) or upstairs?
CARLOS Están arriba, en mi cuarto.	They're upstairs, in my room.
HILDA ¿Tienes tus papeles?	Do you have your papers?
CARLOS Sí, tengo mis papeles, y el dinero también.	Yes, I have my papers, and the money too.
JOSÉ MARÍA Para llegar a tiempo vamos a salir dentro de media hora.	In order to arrive on time we're going to leave in (within) half an hour.

Note that the possessive adjectives **mi** and **tu** go with singular nouns (**mi cuarto, tu hermano**); plural nouns require **mis** and **tus** (**mis papeles, tus papeles**).

 V-5 VOCABULARIO
COSAS: ¿QUÉ COSAS TIENES? (Things: What things do you have?)

A. NOMBRES DE COSAS (Names of things)

Practica los minidiálogos con tu pareja y señala cada cosa que tienes aquí. (Practice the minidialogues with your partner and point out each thing that you have here.) See Apéndice I-2 for a list of class names.

UNO ¿**Qué** cosas tienes?	*What* things do you have?
DOS Tengo todo lo que necesito. Tengo _____.	I have all that (which) I need. I have _____.

mi libro de español, mis libros	*my Spanish book, my books*
un cuaderno	*a notebook*
unas hojas de papel	*some sheets of paper*
la ropa necesaria, mi ropa	*necessary clothing, my clothes*
un lápiz, dos lápices	*a pencil, two pencils*
una pluma, un bolígrafo	*a pen, a ballpoint pen*
una mochila	*a backpack*
un poco de dinero	*a little money*

UNO ¿**Cuántas** clases tienes?	*How many* classes do you have?
DOS Tengo cinco.	I have five.

UNO ¿**Qué** clases tienes?

DOS Español, inglés, historia, sociolo-
gía y matemáticas.

What classes do you have?

Spanish, English, history, sociology,
and mathematics.

PREP: Model the
Minidiálogos before
assigning to pairs.
OPTION: *¿Cuántos
amigos tienes? ¿Cuán-
tos profesores tienes?
¿Mochilas? ¿Cua-
dernos? ¿Exámenes?*

B. ¿CUÁNTO (CUÁNTOS) TIENES? (*How much [How many] do you have?*)

Practica los minidiálogos, leyendo primero las preguntas en español, después
cubriendo el español y viendo sólo el inglés. (Practice the minidialogues,
reading first the questions in Spanish, afterwards covering the Spanish and
seeing only the English.)

UNO ¿**Cuánto** dinero tienes?

DOS Tengo **poco (mucho).**

UNO ¿**Cuánta** ropa tienes?

DOS Tengo **poca (mucha).**

UNO ¿**Cuántos** libros tienes?

DOS Tengo **pocos (muchos) (varios).**

UNO ¿**Cuántas** clases tienes?

DOS Tengo **pocas (muchas) (varias).**

How much money do you have?

I have *little (much, lots).*

How much clothing do you have?

I have *little (much, lots).*

How many books do you have?

I have *few (many, lots) (several).*

How many classes do you have?

I have *few (many, lots) (several).*

OPTION: *¿Cuántos
minutos hay en una
hora? ¿Cuántas horas
hay en un día? ¿Cuán-
tos días en una se-
mana? ¿Semanas en
un mes? ¿Meses en un
año? ¿Cuántas pala-
bras (preguntas, res-
puestas) hay en la
pizarra?*
REVIEW: *¿Cuántos
muchachos hay en la
clase? ¿Como están?
¿Tristes? ¿Alegres?
¿Nerviosos? ¿Cuántas
muchachas hay?
¿Cómo están? ¿Cuán-
tos(-as) profesores(-as)
hay?* etc.

C. ¿CUÁNTOS (CUÁNTAS) HAY? (*How many are there?*)

Contesta según la situación. (Answer according to the situation.)

UNO ¿Cuántas maletas hay en la sala
de clase?

DOS No hay maletas aquí.

UNO ¿Cuántos muchachos hay en la
clase de español?

DOS Hay _____.

UNO ¿Cuántas _____ hay?

How many suitcases are there in the
classroom?

There aren't any suitcases here.

How many boys are there in the
Spanish class?

There are _____.

muchachas	*girls*	**pizarras**	*blackboards*
profesoras	*female teachers*	**luces**	*lights*
puertas	*doors*	**mesas**	*tables*
ventanas	*windows*	**paredes**	*walls*

DOS Hay _____.

UNO ¿Cuántos _____ hay?

asientos	*seats*	**teléfonos**	*telephones*
profesores	*male teachers*	**relojes**	*clocks*

V-6 VOCABULARIO
LOS MESES: ¿EN QUÉ MES ESTAMOS? *(Months: What month is it?)*

A. LOS MESES DEL AÑO *(The months of the year)*

enero	*January*	**julio**	*July*
febrero	*February*	**agosto**	*August*
marzo	*March*	**septiembre**	*September*
abril	*April*	**octubre**	*October*
mayo	*May*	**noviembre**	*November*
junio	*June*	**diciembre**	*December*

The months, like the days of the week, are not capitalized in Spanish. The **p** in **septiembre** is silent in most dialects.

B. MINIDIÁLOGOS PARA PAREJAS

Practica los minidiálogos con tu pareja.

UNO ¿En qué mes estamos?

What month is it (What month are we in)? (**estamos** from **estar**)

DOS Estamos en _____.

It's (We're in) _____.

UNO ¿En qué meses hay clases?

DOS Hay clases en _____.

UNO ¿En qué meses no hay clases?

DOS No hay clases en _____.

UNO ¿Cuáles son los meses de frío?

Which are the cold months?

DOS Los meses de frío son _____.

UNO ¿En qué mes empieza la historia de Carlos?

In what month does Carlos's story begin (begins Carlos's story)?

DOS Empieza en _____.

UNO ¿Cuándo es tu cumpleaños?

When is your birthday?

DOS Es el diez de febrero. ¿Cuándo es el tuyo?

It's the tenth of February. When is yours?

UNO El mío es el _____ de _____. ¿Cuántos años tienes?

Mine is the _____ of _____. How old are you (How many years do you have)?

DOS Tengo diecinueve años. Y tú, ¿cuántos años tienes?

I am nineteen years old (I have nineteen years). (And) how old are you?

UNO Tengo _____ años.

I'm _____ years old.

UNO ¿Cuántos años tiene Carlos?   How old is Carlos?

DOS Tiene _____ años.

C. ACTIVIDAD PARA PAREJAS: LOS CUMPLEAÑOS (Birthdays)

Escribe los nombres de los miembros de tu familia. Al lado de cada nombre escribe su cumpleaños. (Write the names of the members of your family. Beside each name write his/her birthday.)

MODELO   **David: el trece de noviembre**

Ahora dile a tu pareja los nombres y los cumpleaños. (Now tell your partner the names and the birthdays.)

D. ACTIVIDAD PARA GRUPOS DE CUATRO O CINCO

Pregúntale a cada estudiante del grupo cuándo es su cumpleaños y cuántos años tiene. (Ask each student of the group when his/her birthday is and how old he/she is.)

UNO ¿Cuándo es tu cumpleaños?

DOS Es el _____ de _____. ¿Cuándo es el tuyo?

UNO Es el _____ de _____.

DOS ¿Cuántos años tienes?

UNO Tengo _____ años. Y tú, ¿cuántos años tienes?

DOS Tengo _____.

Be ready to respond if the teacher asks who has a birthday in each of the months.

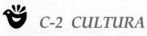

C-2 CULTURA
BOSQUEJO CULTURAL: EL CALENDARIO (The calendar)

The calendar used by most of the modern world originally had only ten months, with the last four bearing the names Seventh, Eighth, Ninth, and Tenth in Latin. During the days of Julius and Augustus Caesar, the calendar was changed to include two additional months. These new months were given the names of the two Caesars, *July* and *August* (**julio** y **agosto**). These new months were placed in the middle of the calendar, rather than at the end, thus offsetting the numeric order of the last four months. The names of the last four months still reflect their original order, as seen in their similarity to the ordinal numbers in Spanish: **septiembre**—séptimo *(seventh);* **octubre**—octavo *(eighth);* **noviembre**—noveno *(ninth);* and **diciembre**—décimo *(tenth).*

S-2 SUGERENCIAS
LOS COGNADOS (Cognates)

OPTION: Model pronunciation of cognates for students. Follow up on assignment to list other exact cognates from a dictionary.

Cognates are words that are similar in form and meaning in two languages. There are several cognates between English and Spanish that will be of great help to you in acquiring a large, useful vocabulary. Since you already know the meaning of these words in English, you will need only to recognize spelling differences and learn how to pronounce them in Spanish.

You will greatly increase your understanding and vocabulary if you learn to recognize them on your own. In this and later **Sugerencias,** you will see how the spelling of cognates differs between the two languages. You will also see several "false cognates," or words that look alike but have very different meanings in English and Spanish.

The easiest cognates to recognize are, of course, those with exactly the same spelling in both languages. Below are some examples found in the first part of the dictionary. Look through a Spanish/English dictionary and list at least ten others.

alcohol	animal	bar	burro
auto	balance	base	cable
actor	banana	brutal	capital

C-3 CULTURA
BOSQUEJO CULTURAL: EL DÍA DE MI SANTO (My saint's day)

OPTION: Help students locate their saint's day (in Appendix). Model pronunciation. Use this opportunity to review dates. Plan celebrations for the students' saint's days that occur during the course.

Every calendar day of the year has been assigned the name of one of the Catholic saints. In the Hispanic culture it is customary to give a newborn child the name of one of the saints. When the saint's day arrives each year, it is celebrated as though it were the child's birthday. In fact, since most calendars published in Hispanic countries show the name of the saint for each day, friends seldom forget the saint's day while often forgetting the birthday.

Below are several common Hispanic names and their corresponding saint's days. The entire list is given in Apéndice I-3.

Ángela—el 27 de enero	Isabel—el 8 de julio
Alberto—el 24 de febrero	Jacobo—el 23 de agosto
Dorotea—el 28 de marzo	Sofía—el 18 de septiembre
Jorge—el 23 de abril	Ángel—el 1° (primero) de octubre
Mónica—el 4 de mayo	Martín—el 11 de noviembre
Antonio—el 13 de junio	Yolanda—el 27 de diciembre

E-1C: ESCENA
ME GUSTA COMER COSAS NUEVAS

COMPREHENSION:
¿Dónde (A qué distancia) está el aeropuerto? ¿Viajan rápidamente o lentamente? ¿A qué hora llegan al aeropuerto? ¿Hay mucha gente o poca en el aeropuerto? ¿Quiénes hacen cola para facturar el equipaje? ¿Quiénes llegan al rato? ¿Quiénes son? ¿Amigos de Héctor?

ADAPTATION:
¡Hola, (Paco, Delia)! ¿Qué tal? ¿Triste? ¿Cansado(-a)? Introduce various students to one another following the pattern in the Escena. Have students respond appropriately. Ya sabes algo de (city or state where your class is held), ¿verdad? Ya sabes algo de español, ¿verdad? ¿Qué tal los chicos (las chicas) de la universidad? ¿Te gustan? ¿Te gusta la comida mexicana (italiana, francesa, americana)? ¿Te gusta comer cosas nuevas? (Simple sí/no answers are all that are needed at this point—me gusta, te gusta, etc., are practiced in the next few pages.)

A los veinticinco minutos los Ortiz suben al coche y salen para el aeropuerto internacional, que está a unos cincuenta kilómetros de su casa. Maneja el Dr. Ortiz. Viajan rápidamente por la avenida Libertador hasta la General Paz. Luego toman la autopista para el aeropuerto, adonde llegan a las siete y cuarto. Hay mucha gente en el aeropuerto. Los señores Ortiz se sientan en la sala de espera mientras Carlos y su hermano Héctor hacen cola para facturar el equipaje. Al rato llegan unos jóvenes. Son amigos de Carlos; entre ellos están Irene, Jorge y Roberto. También en el grupo hay una chica a quien Carlos no conoce.

IRENE ¡Hola, Carlos! ¿Qué tal?

CARLOS ¡Qué sorpresa! Gracias por venir. Son muy amables.

IRENE Carlos, te presento a Elena Walker, una amiga de la universidad. Elena, Carlos Ortiz.

CARLOS Mucho gusto, Elena.

Twenty-five minutes later the Ortizes get into the car and leave for the international airport, which is (at) about fifty kilometers from their house. Dr. Ortiz is driving. They travel rapidly along Avenida (Avenue) Libertador to (as far as) General Paz. Then they take the freeway toward the airport, where they arrive at a quarter past seven. There are many people at the airport. Dr. and Mrs. Ortiz sit down in the waiting room while Carlos and his brother Hector get in line to check the luggage. After a short while some young people come. They are friends of Carlos; among them are Irene, Jorge, and Roberto. Also in the group there is a girl whom Carlos doesn't know.

Hi, Carlos! How [are you]?

What a surprise! Thanks for coming. It's very nice of you (You are very kind).

Carlos, this is (I introduce to you) Elena Walker, a friend from the university. Elena, Carlos Ortiz.

Pleased to meet you (Much pleasure), Elena.

ELENA El gusto es mío, Carlos.

Todos se saludan; luego los jóvenes empiezan a hablar del viaje de Carlos y de lo que va a hacer en México.

JORGE Ya sabes algo de México, ¿verdad?

CARLOS Sí, pero no sé mucho. Recuerdo un poco de nuestra visita y a veces mi papá habla de México. También veo las cosas que hay en las películas.

JORGE ¿Qué tal las películas mexicanas? ¿Te gustan?

CARLOS Me gustan algunas. Francamente, me gusta más la música mexicana.

ELENA ¿Te gusta la comida mexicana?

CARLOS Vamos a ver. Me gusta comer cosas nuevas.

The pleasure is mine, Carlos.

They all greet each other; then the young people begin to talk about Carlos's trip and (about) what he is going to do in Mexico.

You already know something about Mexico, don't you?

Yes, but I don't know much. I remember a little about our visit, and sometimes my dad talks about Mexico. Also I see the things (that) there are in the movies (films).

How about Mexican films? Do you like them (Do they please you)?

I like some [of them] (Some please me). Frankly, I like Mexican music better (more).

Do you like Mexican food?

We'll (We're going to) see. I like to eat new things.

On use of **a** and definite articles, note the following:

1. In Spanish, **a** precedes direct objects that refer to definite persons: Te presento **a Elena Walker**. (I introduce *Elena Walker* to you.)

2. Spanish uses the definite article to designate the whole of the class represented by a noun. English generally uses the noun alone.

¿Qué tal **las películas** mexicanas?   How about Mexican *films?*
Me gusta **la música** moderna.   I like modern *music.*

V-7 VOCABULARIO
PRESENTACIONES: **MUCHO GUSTO** (Introductions: **Pleased to meet you**)

A. MINIDIÁLOGOS

Para grupos de tres estudiantes. Repeat until all have played each role.

UNO (Nombre), te presento a (nombre), un (una) estudiante de mi clase de español.

DOS Mucho gusto, (nombre).

TRES El gusto es mío, (nombre).

B. ACTIVIDAD PARA LA CLASE

Cada uno pasa por la sala de clase para presentarse a varios estudiantes. (Each one moves around the classroom to introduce himself/herself to several students.)

UNO ¿Cómo te llamas?	What is your name?
DOS Me llamo _____. Y tú, ¿cómo te llamas?	My name is _____. What is your name?
UNO Yo me llamo _____.	My name is _____.
DOS Mucho gusto, _____.	Pleased to meet you, _____.
UNO El gusto es mío, _____.	The pleasure is mine, _____.

Note that **¿Cómo te llamas?** and **Me llamo** mean literally *How do you call yourself?* and *I call myself*, respectively. **Llamo** is from **llamar** (*to call*); it does not mean *name*, which is **nombre**. We can also ask **¿Cuál es tu nombre?** and answer **Mi nombre es** _____.

V-8 VOCABULARIO
LOS GUSTOS: ¿TE GUSTA APRENDER COSAS NUEVAS? (Likes: Do you like to learn new things?)

A. ME GUSTA (I like it [It pleases me])

This section discusses singular subjects: nouns in the singular and infinitive phrases.

UNO ¿Te gusta _____? (Do you like _____ [Does _____ please you]?)

Juanita? ¿Te gusta el bolígrafo de Paco? b) On a transparency or chalkboard, place the following responses as a scale (*Sí, me gusta mucho; Sí me gusta; Sí, me gusta un poco; No, no me gusta mucho; No, no me gusta; No, no me gusta nada*). Have students write their names on the scale in response to a given question you select from the list given, e.g., *¿Te gusta la política?*

*¿Te gusta la comida mexicana? Aquí hay tortillas, salsa, **arroz** (rice), enchiladas, tacos y nachos.*

la comida italiana	**la música mexicana**	**el básquetbol**
la comida china	**la televisión**	**el fútbol** (*soccer*)
la música clásica	**la política**	**el fútbol americano**
la música moderna	**el béisbol**	**el tenis**

DOS (*Selecciona una respuesta.* [*Select an answer.*])

Sí, me gusta **mucho** (*a lot*).   No, **no** me gusta **mucho** (*not much*).
Sí, me gusta.   No, no me gusta.
Sí, me gusta **un poco** (*a little*).   No, **no** me gusta **nada** (*not at all*).

UNO ¿Te gusta <u>(infinitivo)</u>? (Do you like _____?)

comer cosas nuevas	*to eat new things*
comprar cosas nuevas	*to buy new things*
hacer cosas nuevas	*to do new things*
hablar español	*to speak Spanish*
leer en español	*to read in Spanish*
cantar en español	*to sing in Spanish*
hacer preguntas	*to ask questions*
contestar preguntas	*to answer questions*
escribir cartas	*to write letters*
preparar el desayuno	*to prepare breakfast*
estudiar con tus amigos	*to study with your friends*
andar con tus amigos	*to go around with your friends*
salir con tus amigos	*to go out with your friends*
tener exámenes	*to have exams*
jugar al tenis	*to play tennis*

llegar a tiempo (tarde)   *to arrive on time (late)*
mirar la televisión   *to watch television*
ir al cine   *to go to the movies*
trabajar los sábados   *to work on Saturdays*

DOS (*Selecciona una respuesta de arriba.* [*Select an answer from above.*])

PREP: Model new vo-
cabulary and phrases
before dividing stu-
dents into pairs.

B. ME GUSTAN (*I like them.* [*They please me.*])

This section presents plural subjects: nouns in plural.

UNO ¿Te gustan _____?   Do you like? (Do _____ please
                                         you?)

tus clases   los **deportes** (*sports*)
tus profesores   los **coches** (*cars*) grandes
las fiestas de cumpleaños   las películas inglesas
los tacos y las enchiladas   las películas italianas
tus **compañeros (compañeras) de
cuarto** (*roommates*)

DOS (*Selecciona una respuesta.*)

Sí, me gustan mucho.   No, no me gustan mucho.
Sí, me gustan.   No, no me gustan.
Sí, me gustan un poco.   No, no me gustan nada.

C. MINIDIÁLOGOS: ¿QUÉ TE GUSTA HACER? (*What do you like to do?*)

UNO ¿Qué te gusta hacer los _____?

lunes   miércoles   sábados
martes   viernes   domingos

DOS Me gusta <u>(infinitivos)</u>.

D. ¿QUÉ VAS A HACER? (*What are you going to do?*)

REVIEW: Follow up
by asking several stu-
dents, ¿Que vas a
hacer el sábado (pa-
sado mañana, el
domingo)?

UNO ¿Qué vas a hacer _____?

hoy   el 30 de este mes
mañana   el 4 de julio
el domingo   el 25 de diciembre
el jueves   el día de tu cumpleaños
el lunes   **pasado mañana** (*day after tomorrow*)

DOS Voy a <u>(infinitivos)</u>.

E. ACTIVIDADES

UNO   Ask your friend what day or days he/she likes to do certain things. Then ask if he/she is going to do each activity on the day stated.

UNO   Ask your friend if he/she likes to do certain activities (write letters, speak Spanish, learn new things, go to movies, work at home, play tennis, and so on). Then ask her/him what day she/he is going to do each activity.

DOS   Answer your partner's questions; then reverse roles.

DOS   Do the same, asking about other activities.

E-1D ESCENA
¿A QUÉ HORA SALE EL AVIÓN?

Después de facturar el equipaje y recibir el número de asiento, Carlos va con los otros adonde están sus padres. Carlos les presenta a Elena.

ELENA Carlos dice que usted es de México.

JOSÉ MARÍA Es cierto; soy de México. Pero hace casi treinta años que estoy en Argentina.

After checking the luggage and receiving the seat number, Carlos goes with the others to where his parents are. Carlos introduces Elena to them.

Carlos says that you are from México.

It's true; I am from Mexico. But I have been in Argentina for almost thirty years (It makes almost thirty years that I am in Argentina).

(Un poco más tarde)	*(A little later)*
JORGE ¿A qué hora sale el avión?	(At) what time does the plane leave?
CARLOS A las ocho y media.	At eight-thirty.
ELENA Oye, Jorge. ¿Qué hora es?	Hey (Hear), Jorge. What time is it?
JORGE No estoy seguro. Mi reloj no anda bien.	I'm not sure. My watch isn't running right.
ROBERTO Y yo no tengo reloj.	And I don't have [a] watch.
CARLOS Son las ocho y diez.	It's ten after eight.
ELENA Gracias.	Thanks.
CARLOS De nada.	You're welcome (For nothing).
HILDA Es tarde. No hay mucho tiempo.	It's late. There isn't much time.
Anuncian la salida del vuelo 248.	*They announce the departure of flight 248.*
JOSÉ MARÍA Bueno, hijo, ya es hora de despedirnos.	Well, son, it's time to say good-bye.
HILDA Vas a escribir a menudo, ¿verdad?	You're going to write often, aren't you?
CARLOS Por supuesto.	Of course.
HÉCTOR Adiós, y buen viaje.	Good-bye, and [have a] good trip.
CARLOS Adiós.	Good-bye.
TODOS Adiós.	Good-bye.
Después de los besos y los abrazos, Carlos sube al avión.	*After the kisses and embraces, Carlos gets on the airplane.*

V-9 VOCABULARIO
LA HORA: ¿QUÉ HORA ES? ¿A QUÉ HORA? (Time: What time is it? At what time?)

A. LA HORA DEL DÍA (Time of day)

One o'clock, plus or minus minutes, calls for the singular **es;** all other hours use the plural **son. La** and **las** agree with **hora** and **horas,** generally left unexpressed.

UNO ¿Qué hora es?   What time is it?

DOS Es la una y cuarto.   It's a quarter after one.
Son las tres y media.   It's three-thirty.
Son las ocho menos diez   It's ten (minutes) to eight.
(minutos).

Traditionally, the number of minutes past the hour is stated as a matter of addition (**y** translates as *plus*); the number of minutes to the next hour is expressed as subtraction (**menos** translates as *minus*). More recently, particularly with the wide use of digital clocks and watches, other systems have come into use.

MINUTES PAST THE HOUR

1:10   Es la una y diez.
5:20   Son las cinco y veinte.
10:30 Son las diez y media. (Son las diez y treinta.)

MINUTES TO THE NEXT HOUR

12:50 Es la una menos diez.
       También: Son las doce (y) cincuenta.
1:45   Son las dos menos cuarto (menos quince).
       También: Es la una (y) cuarenta y cinco.
5:35   Son las seis menos veinticinco.
       También: Son las cinco (y) treinta y cinco.

DISTINGUISHING MORNING, AFTERNOON, AND NIGHT

8:15 A.M.   Son las ocho y cuarto **de la mañana** *(in the morning).*
5:00 P.M.   Son las cinco **de la tarde** *(in the afternoon).*
11:30 P.M. Son las once y media **de la noche** *(at night).*

B. ¿QUÉ HORA ES?

Pregúntale a tu pareja, ¿qué hora es? (Ask your partner, what time is it?) Answer using the clock faces on this page and the traditional system first.

3:20   9:30   1:10   6:45   4:15   9:55

NOTE: a) Remind
students that they are
to read all explana-
tions prior to class. b)
In some countries the
following expressions
are commonly used:
¿Qué horas son?
¿Qué hora(s) tiene(s)?
*Faltan diez para las
cinco.*
EMPHASIS: *¿A qué
hora...?* versus *¿Qué
hora es?*

C. ¿A QUÉ HORA? *(At what time?)*

UNO ¿A qué hora es la clase?   (At) what time is class?

DOS (Es) A la una.   (It's) At one.
    (Es) A las ocho y media.   (It's) At eight-thirty.

UNO ¿A qué hora vas a _____?   What time are you going to _____?

  hablar con el (la) profesor(a)   ir al cine el jueves
  estudiar la lección   llegar a la clase mañana
  mirar la televisión   jugar al tenis el sábado
  salir con _____ el viernes   escribir la composición

DOS Voy a _____ a la(s) _____.

D. ACTIVIDAD PARA PAREJAS

UNO Ask your friend what classes   DOS After answering find out the
he/she has. Then ask (at) what time   same information.
each class is. (¿A qué hora es tu clase
de _____?)

C-4 CULTURA
BOSQUEJO CULTURAL: LA HORA *(Time)*

The 24-hour system of telling time is used throughout the Spanish-speaking
world for announcing schedules and events. Store hours, showtimes, and air-
line schedules, for example, are announced according to the 24-hour system.
It works as follows: all hours from 1:00 A.M. through 12 noon are counted as
1 to 12. Then, 1:00 P.M. becomes 13 **(las trece horas),** 2:00 P.M. becomes 14
and so on. Midnight is the 24th hour.

    In speech, however, the 12-hour system is used. To keep things straight
the expressions **de la mañana** *(of the morning),* **de la tarde** *(of the afternoon* or
evening), and **de la noche** *(of the night)* are added to the hour.

    It should also be noted that due to the ubiquitous digital watch, many
Spanish speakers report time as **las seis y cuarenta y cinco** *(6:45),* or **las ocho
y cincuenta** *(8:50),* and so on, rather than **las siete menos cuarto** or **las nueve
menos diez.**

SC-1 SITUACIÓN COMUNICATIVA
UN(A) ESTUDIANTE NUEVO(-A) *(A New Student)*

EMPHASIS: These
two SCs bring to-
gether many of the

A Spanish-speaking student registers late into your class. Do the following:

1.   Greet the new student and find out how he or she is (feeling).

elements studied in the Lesson. Ensure that students have adequate class time to complete them in pairs under your supervision.

2. Introduce yourself and ask his or her name.

3. Ask his or her address and telephone number.

4. Ask how old the new student is.

5. Ask when his or her birthday is.

6. Ask if he or she likes to speak Spanish.

7. Answer any questions he or she may ask of you.

Unos amigos y **parientes** (relatives) se saludan en México.

🙂 SC-2 _SITUACIÓN COMUNICATIVA_
UN(A) AMIGO(-A) (A friend)

You meet a friend of yours whom you haven't seen for some time. Since it is the first week of classes, you want to find out about your friend. Do the following:

1. Greet your friend and ask how he or she is (feeling).

2. Ask your friend's address and telephone number.

3. Ask how many classes he or she has.

4. Ask what classes your friend has.

5. Ask at what time one of the classes mentioned is (starts).

6. Ask what your friend is going to do on Saturday.

7. Ask what time it is.

8. Thank your friend and say good-bye.

☙ *REPASO DE VOCABULARIO*
(REVIEW OF VOCABULARY)

NOTE: These vocabulary lists are intended for out-of-class review rather than in-class study. When making tests, they will aid you, the instructor, in knowing which items are for recognition versus recall. Avoid testing for obscure items that have been practiced only infrequently.

This section will aid you in reviewing and consolidating newly learned vocabulary. Each lesson's new words fall into two categories:

NIVEL (Level) A: These words and phrases are designated as active or key vocabulary; you should have them at your command in order to express your own ideas.

NIVEL (Level) B: These items are listed as less active or recognition vocabulary; you should be able to understand them and give the English equivalents.

Often an item designated as Level B in a given lesson will reappear in a later lesson at Level A. Once designated as Level A, the item remains at that level.

Instead of containing all new words presented within each chapter, this review section refers you to certain sections of the lesson for additional vocabulary. The content of each section of the lessons with regard to vocabulary is as follows:

ESCENAS: The story is one of the two primary sources of new vocabulary. The vocabulary of the dialogue of the ESCENAS is more frequently Level A than the narrative.

VOCABULARIO: The second primary source of new vocabulary. In general, consider it to be Level A. Principally, it is the vocabulary of these sections that is not repeated in this review section.

GRAMÁTICA: Occasionally these sections have lists of verbs or other forms. They are to be treated as Level A and will be called to your attention in this section.

CULTURA: This is a principal source of recognition vocabulary. By means of the activities associated with these sections, many of the items become active.

SUGERENCIAS: The cognates presented in these sections are generally recognition vocabulary, some of which will become active.

ACTIVIDADES: The main purpose of these sections is practice in speaking and listening. Most new items that occur are listed in this section.

REPASO: This section, beginning with Lesson 2, reviews the story. It contains virtually no new vocabulary.

Words are listed in four sections by part of speech: Nouns and pronouns; Verbs; Adjectives; and Adverbs, prepositions, and conjunctions. Idiomatic expressions and other special phrases form a separate list. Each of these sections is further divided into parts A and B according to the level of activity. Consult the Appendix Vocabulary for words you need to look up. It contains essentially all the words in the book as well as a separate section of grammatical terms and other special expressions found in the instructions and headings.

¿Qué hora es? En Madrid, España, son las cuatro menos veinticinco.

NOMBRES Y
PRONOMBRES
(NOMBRES hereafter)
(Nouns and pronouns):

NIVEL A

V-2, V-4, V-5, V-6

el/la **amigo(-a)**	*friend*
el **avión**	*airplane*
la **casa**	*house*
la **cocina**	*kitchen*
la **comida**	*food*
¿cuál?	*which?, what?*
el **cuarto**	*room, quarter*
el **chocolate**	*chocolate*
el **desayuno**	*breakfast*
el **día**	*day*
el/la **estu-**	*student*
diante	
el **hambre**	*hunger*
(fem)	
la **maleta**	*suitcase*
la **mamá**	*mom*
la **noche**	*night*
el **nombre**	*name; noun*
el **papá**	*dad*
la **pregunta**	*question*
¿qué?	*what?*
el **reloj**	*clock, watch*
el **tiempo**	*time*
todo	*everything, all*
todos	*everyone*
tú	*you* (familiar singular)
un **poco**	*little (bit),* small amount
usted	*you* (formal singular)
la **verdad**	*truth*
el **viaje**	*trip*
el **vuelo**	*flight*
yo	*I*

NOMBRES:

NIVEL B

S-2

la **avenida**	*avenue*
ellos	*they, them*
el **equipaje**	*luggage*
eso	*that* (pronoun)
el **frío**	*cold, coldness*
me	*(to) me; myself*
el **médico**	*doctor*
nada	*nothing*
que	*which, that*
quien	*who(m)*
te	*(to) you; yourself*

VERBOS (Verbs):

NIVEL A

Be sure you can use the active personal verb forms listed here. After this first lesson, personal forms are listed infrequently. You should also learn the infinitives of V-8. Do not be concerned about conjugating them at present.

es (ser)	he/she/it is
estás (estar)	you are
estoy (estar)	I am
gusta	it pleases
gustan	they please
hay	there is, there are
presento	I introduce
recibir	to receive
son (ser)	they are
tengo (tener)	I have
tienes (tener)	you have (familiar)
vas (ir)	you go, are going
voy (ir)	I go, am going

VERBOS:

NIVEL B

desayunar	to eat breakfast
dice (decir)	he/she/it says
empieza (empezar)	he/she/it begins
está (estar)	he/she/it is
estamos (estar)	we are
están (estar)	they are
estar (irr)	to be
necesito (necesitar)	I need
ser (irr)	to be
soy (ser)	I am
tener (irr)	to have
tiene	he/she/it has
va (ir)	he/she/it goes, is going
vamos (ir)	we go, are going
van (ir)	they go, are going
venir	to come
ver	to see

ADJETIVOS (Adjectives):

NIVEL A

V-1, V-3

¿cuánto(-a)?	how much?
¿cuántos(-as)?	how many?
el	the
la, las	the
listo(-a)	ready
los	the
mi(s)	my
otro(-a)	other, another
pequeño(-a)	small, little (size)
¿qué?	what?, which?
tu(s)	your
un, una	a (an), one
uno	one
unos	some

ADJETIVOS:

NIVEL B

amable	kind, nice
este	this
frío(-a)	cold
mayor	older, larger
mediano(-a)	medium, average
medio(-a)	half
mío(-a)	mine
nuestro(-a)	our
seguro(-a)	sure, certain
su(s)	his, her, their
tuyo	yours

ADVERBIOS, PREPOSICIONES, CONJUNCIONES (ADV/PREP/CONJ hereafter) (Adverbs, prepositions, conjunctions):

NIVEL A

a	to, at
aquí	here
¿cómo?	how?
¿cuándo?	when?
¿dónde?	where?
en	in, on
hoy	today
mañana	tomorrow
más	more
menos	less; minus
muy	very
no	no, not
pero	but
que	that
sí	yes
tarde	late
y	and

ADV/PREP/CONJ:

NIVEL B

abajo	downstairs; down, below
arriba	upstairs; up, above
así	so, thus
de	of, from
nada	not at all
para	for, in order to
por	for, through
si	if
sólo	only
temprano	early
todavía	still
ya	already, now

MODISMOS Y EXPRESIONES (Idioms and expressions):

NIVEL A

V-1, V-7, V-9

adiós	good-bye
creo que sí	I think so
gracias (por venir)	thanks (for coming)
¡Hola!	Hi!
¿Qué tal?	How are you? How is (was) it?
un poco triste, enfermo, nervioso	a little sad, sick, nervous
¿Verdad?	Isn't that so? Right? Isn't she?
¿Y tú? ¿Y usted?	(And) How about you?

MODISMOS Y EXPRESIONES:

NIVEL B

Buen viaje.	Bon voyage. (Have a good trip.)
día del santo	saint's day
Es hora de ____.	It's time to ____.
hace treinta años	for thirty years
hacer preguntas	to ask questions
hacer un viaje	to take a trip
lo que	what, that which

No tengo (mucha) hambre.	*I'm not (very) hungry.*	**¿Qué tienes?**	*What's the matter (with you)?*	**tomar el desayuno**	*to eat (take) breakfast*
por eso	*for that reason, that's why*	**todo lo que necesito**	*all that I need*	**un poco de dinero**	*a little money*

LECCIÓN 2

Izquierda, arriba: Una familia muy **feliz** *(happy) y muy simpática de San José, Costa Rica.*
Izquierda: Aquí hay unos estudiantes de la Universidad de Santiago en Chile.

👅 E-2A ESCENA
TODOS NOSOTROS HABLAMOS ESPAÑOL

Carlos Ortiz acaba de subir al avión y busca su asiento. Es el 18F, junto a la ventana. Hay un hombre sentado en el asiento 18D. Por eso, antes de sentarse, Carlos pide permiso para pasar a su asiento.

CARLOS Perdón, señor. Mi asiento es el 18F. Con su permiso voy a pasar.

SEÑOR Pase Ud.

El señor Enrique López, el pasajero del asiento 18D, viaja mucho. Ahora regresa a México de un viaje de negocios a Sud América. Durante el vuelo, él y Carlos hablan de varias cosas.

LÓPEZ ¿Conque vas a México? Pero eres argentino, ¿no?

CARLOS Sí, soy de Buenos Aires.

LÓPEZ ¿Y qué haces en Buenos Aires?

CARLOS Bueno, hago lo que hacen los estudiantes: estudio, trabajo algo,

Carlos Ortiz has just gotten on the airplane and is looking for his seat. It is 18F, next to the window. There is a man seated in seat 18D. For that reason, before sitting down, Carlos asks for permission to pass [by] to his seat.

Pardon [me], sir. My seat is 18F. If you will excuse me, I'll go by (With your permission I'm going to pass).

You go right ahead (Pass).

Mr. Enrique Lopez, the passenger in seat 18D, travels a lot. Now he is returning to Mexico from a business trip to South America. During the flight, he and Carlos talk about several things.

So you're going to Mexico? But you're Argentine (Argentinian), aren't you?

Yes, I'm from Buenos Aires.

And what do you do in Buenos Aires?

Well, I do what (that which) students do: I study, (I) work some, (I) go

ando con mis amigos, cosas así.

around with my friends, things like that.

LÓPEZ ¿Es ésta la primera vez que visitas México?

Is this the first time that you have visited (visit) Mexico?

CARLOS No, la segunda.

No, the second.

LÓPEZ Entonces ya sabes algo del país.

Then you already know something about the country.

CARLOS No recuerdo mucho. Hace más de seis años que fui de visita con mi familia.

I don't remember much. It's been (It makes) more than six years ago that I went *(past tense of **ir**)* on a visit with my family.

LÓPEZ ¿Y qué vas a hacer esta vez?

And what are you going to do this time?

CARLOS Voy a estudiar y a vivir con mis tíos.

I'm going to study and live with my aunt and uncle.

LÓPEZ Vas a ver muchas diferencias entre Argentina y México.

You are going to see many differences between Argentina and Mexico.

CARLOS ¿Ud. habla de las costumbres?

Are you talking about the customs?

LÓPEZ Sí, y también del idioma. Por ejemplo, yo hablo español; tú hablas español; esa chica habla español. . . .

Yes, and also about the language. For example, I speak Spanish; you speak Spanish; that girl speaks Spanish. . . .

CARLOS Naturalmente, y los chilenos y los españoles también hablan español, pero ¿qué quiere decir Ud. con eso?

Naturally, and Chileans and Spaniards also speak Spanish, but what do you mean by (with) that?

LÓPEZ Que el idioma que hablamos todos nosotros a veces es bastante diferente de un país a otro.

[I mean] That the language which we all speak sometimes is quite different from one country to another.

On the use of **Ud.** and **-mente,** note the following:

1.   **Ud.** is the abbreviation of the formal **usted,** which Mr. Lopez first uses with Carlos **(Pase Ud.).** Later, in their conversation, he speaks in the familiar **(tú).** On the other hand, Carlos uses only the formal.

2.   The suffix **-mente,** like *-ly* in English, makes adverbs of adjectives. It is added to the feminine form of the adjective, which retains its stress and its accent mark when the adjective has one. The ending **-mente** has its own stress, giving these adverbs two stressed syllables. (See G-5 for adjective forms.)

OPTION: Model pronunciation of adjectives and adverbs for students to repeat. (*Escena* notes are not intended for in-class study; rather, students should have studied them prior to class.)

ADJECTIVE	FEMININE FORM	ADVERB
natural	natural	naturalmente
franco	franca	francamente
rápido	rápida	rápidamente

C-5 CULTURA
BOSQUEJO CULTURAL: LOS PAÍSES HISPANOHABLANTES (Spanish-speaking countries)

the Caribbean Sea

Hay muchos países en donde las personas hablan español. En la América del Norte, hablan español en México y en los Estados Unidos. En Centroamérica, hablan español en Guatemala, Honduras, El Salvador, Nicaragua, Costa Rica y Panamá. **En el Mar Caribe,** hablan español en Cuba, Puerto Rico y la República Dominicana. En la América del Sur, hablan español en Venezuela, Colombia, el Ecuador, el Perú, Bolivia, el Paraguay, Chile, la Argentina y el Uruguay. En Europa, hablan español en España y en las Islas Canarias. También hablan español en Sahara Español.

OPTION: Display a wall map or a transparency and ask questions such as *Dónde está Cuba? ¿A qué área pertenece Chile?*

NOTE: Students may notice that the definite article forms part of the name of some countries and not of others. Since there is no easily learned rule for this, students will need to memorize them.

PRUEBA (Test)

Indica a qué área pertenecen estos países. (Indicate to which area these countries belong.)

PAÍSES		ÁREA
la Argentina	Estados Unidos	Centroamérica
México	el Paraguay	América del Sur
Cuba	el Ecuador	América del Norte
el Perú	Colombia	el Mar Caribe

	PAÍSES		ÁREA

Costa Rica	la República	Europa
España	Dominicana	la costa de África
el Uruguay	Bolivia	
Panamá	Nicaragua	
Puerto Rico	Venezuela	
Chile	Honduras	
Guatemala	Sahara Español	
El Salvador	las Islas Canarias	

G-2 GRAMÁTICA
PRESENTE DE INDICATIVO DE VERBOS REGULARES EN -a- (Present indicative of regular verbs in -a-)

A. CONJUGANDO VERBOS (Conjugating verbs)

NOTE: Class time is best used when students have studied grammar sections prior to class. When students have questions regarding grammar principles, many teachers withhold discussing them until the last ten minutes of class. This avoids the problem of spending an inordinate amount of time discussing grammar in English.

Every complete sentence needs at least one conjugated or personal verb, a verb with a subject indicator on the end, such as **hablas** and **hablamos**. Most Spanish verbs are regular. This means that they follow fixed patterns; knowing the infinitive, we can then derive any other form of the verb we need. However, many of the Spanish verbs used most frequently are irregular. **Estar** is somewhat irregular; **ser** and **ir** are very irregular.

All Spanish infinitives, whether regular or irregular, fall into one of three classes, based on the vowel (**-a-, -e-,** or **-i-**) that precedes the **-r.** The traditional classification uses **-ar, -er,** and **-ir.** Since the vowel is the distinguishing feature and is accounted for in all forms and tenses, we will refer to these three classes without the **-r.**

We have seen several examples of each class:

Verbs in **-a-:** hablar, comprar, tomar, estudiar, llegar, estar
Verbs in **-e-:** comer, aprender, leer, ser, hacer, tener
Verbs in **-i-:** escribir, recibir, salir, ir, venir

When we conjugate verbs, in addition to using the proper subject endings, we also must take into account this vowel. This part gives grammatical information, such as telling us that a verb form is in the present indicative. At the moment we are concerned with regular verbs in **-a-.**

B. VERBO REGULAR HABLAR (Regular verb hablar)

Conjugated verb forms in Spanish contain more information than their English counterparts. Most divide neatly into three parts, with each part providing specific information.

CONJUGATING REGULAR VERBS IN -a-

	PART 1 LEXICAL MEANING	PART 2 GRAMMATICAL INFORMATION	PART 3 SUBJECT INDICATOR	
habl-		**-o**	—	*I* (**-o** gives grammatical information and also tells who the subject is)
		-a-	**-s**	*you* (**tú;** familiar singular)
		-a	—	*he, she, it,* or *you* (**usted;** formal singular; **-a** also tells who the subject is)
		-a-	**-mos**	*we*
		-á-	**-is**	*you* (**vosotros;** familiar plural)
		-a-	**-n**	*they, you* (**ustedes;** formal plural)

Part 1. The first part of every verb form is the stem, which gives the lexical or dictionary meaning of the verb. **Habl-** has to do with speaking or talking.

Part 2. Changes in the second part of the verb give a variety of grammatical meanings, for example, present or past. The **-a** (or **-o**), for infinitives in **-a-,** signifies present indicative, the tense we use to make statements and ask questions about the present.

Part 3. The third part tells who the subject is. When there is no need to emphasize the subject, these verb endings are sufficient by themselves. For emphasis on the subject, we use either a noun—a person's name, for example—or a subject pronoun—such as **yo, tú,** or **nosotros.** Soon we will learn all the subject pronouns. Until then, we will not need subject pronouns for the verbs of the activities.

HABLAR (*TO SPEAK*) CONJUGATED IN THE PRESENT INDICATIVE

SINGULAR

PLURAL

hablo	*I speak*	**hablamos**	*we speak*
hablas	*you speak* (familiar)	**habláis**	*you speak* (familiar)
habla **habla**	*you speak* (formal) *he, she, it speaks*	**hablan** **hablan**	*you speak* (formal) *they speak*
A noun in the singular takes **habla:** La chica **habla** español.		A noun in the plural takes **hablan:** Los cubanos **hablan** español.	

All regular verbs in **-a-** follow this pattern. You may wish to review the ones learned thus far in the vocabulary lists of Lessons 1 and 2.

NOTE: You may need to help students grasp the irony of this cartoon, which gives the verb paradigm for *amar* (to love) while the characters steal the heart (the symbol of love) from one another.

amar = to love
yo amo = I love

THE VERB CROSS

Hereafter, we will regularly use a double cross, as seen below, to present verb forms as well as certain other forms. Note that **usted (Ud.)** and **ustedes (Uds.)** are second person in meaning but use the same verb forms as the third persons.

SINGULAR	PLURAL
I (first person, person speaking)	*we*
you (second person, familiar; person spoken to) **(tú)**	*you* (familiar) **(vosotros)**
you (second person, formal) **(usted)** *he, she, it* (third person; person spoken of)	*you* (formal) **(ustedes)** *they*

Estos estudiantes están en una clase de computadoras en la Universidad Nacional Autónoma de México (UNAM).

🫦 V-10 VOCABULARIO
LUGARES: ¿DÓNDE ESTUDIAS? ¿ADÓNDE REGRESAS? (Places: Where do you study? Where do you return to?)

The verbs used in these exercises follow the pattern of **hablar.** We will use only the forms for **yo (hablo, estudio)** and **tú (hablas, estudias).** In these exercises we use both **dónde** and **adónde,** the latter with verbs of motion to indicate destination.

A. MINIDIÁLOGOS

Practica con tu pareja. For additional place names, see Apéndice I-4.

MODELO   **en (la) clase** (*in* [*the*] *class*)

UNO ¿Dónde estudias español?   DOS Estudio español **en (la) clase.**

FOLLOW UP: Randomly pose several of the questions to individual students.

PREGUNTAS

¿Dónde hablas inglés?
¿Dónde cantas?
¿Dónde trabajas?
¿Dónde tomas el desayuno?
¿Dónde compras ropa?
¿Dónde miras la televisión?
¿Dónde contestas preguntas?
¿Dónde estudias español?
¿Dónde preparas la lección?
¿Adónde llegas a las ocho?
¿Adónde llegas a las diez?
¿Adónde entras a las tres?
¿Adónde regresas a las seis?

LUGARES (PLACES)

en casa	*at home*
en la iglesia	*at church*
en la oficina	*in the office*
en la cocina	*in the kitchen*
en el centro	*downtown*
en la sala	*in the living room*
en la escuela	*at school*
en la biblioteca	*in the library*
en mi cuarto	*in my room*
a la universidad	*at the university*
a (la) clase	*at class*
al trabajo	*at work*
a casa	*home*

B. ACTIVIDAD

UNO   Ask the same questions again of your partner.

DOS   This time give your own responses to the same questions.

 S-3 SUGERENCIAS
LA IMPORTANCIA DE LOS COMPAÑEROS (The importance of companions)

OPTION: Many instructors have found it helpful to their students to lead out in obtaining phone numbers of students who wish to study with classmates and to provide photocopies of their names and phone numbers. Also, it would be helpful to advise students of tutoring services available on your campus.

You can learn many things on your own with the text, the Student Manual, and the tapes. However, if you are to be successful at speaking and understanding spoken Spanish, you will need to study with other people. Here are some suggestions for finding someone with whom you can study:

1.   Establish friendships early with your classmates and study with those you feel you can work with best.

2.   Have classmates who are willing to study in pairs or groups write their names and telephone numbers on a sheet of paper and photocopy it for all in the group. Your instructor may be willing to coordinate this project.

3.   Talk to friends and roommates to discover other Spanish students who would be willing to study with you. You may find native Spanish speakers through these channels who would be willing to trade help with English for help with Spanish.

4.   Check with the counseling center for free or low-cost tutoring help. Trying to learn Spanish without a partner is tantamount to trying to learn to play the piano without a piano at home.

G-3 GRAMÁTICA
NOTAS SOBRE LOS VERBOS (Notes on verbs)

A. TERCERAS PERSONAS COMO SUJETOS (Third-person subjects)

When not expressed, third-person subjects are determined by the context. For example, a verb in third-person singular, such as **habla, trabaja,** or **está,** has four possible English equilvalents: *he, she, it,* and *you* (**usted** form).

—¿Marisa?	Marisa?	—¿El coche?	The car?
—**Está** en casa.	*She's* home.	—**Está** allí.	*It's* there.
—¿Carlos?	Carlos?	—¿Y yo?	And me? (teacher)
—**Está** arriba.	*He's* upstairs.	—**Está** aquí.	*You're* here.

B. TÚ, USTED, VOSOTROS, Y USTEDES (The four forms of "you")

Every Spanish verb has four forms in the present indicative with subjects that translate as *you.* The forms are used for addressing different people.

1. Familiar singular—for someone you call by the first name:

   Elena, ¿qué idiomas **hablas (tú)?**

2. Formal singular—for someone you do not call by the first name:

   Profesora, ¿qué idiomas **habla (usted)?**

3. Familiar plural—in Spain, for more than one person you call by the first name:

   Juan y Marta, ¿qué idiomas **habláis (vosotros)?**

   This form is heard infrequently in Latin America. Forms referring to the familiar plural appear throughout the text but are not used in exercises.

4. Plural—for more than one person, with the exception just seen for use in Spain:

   Juan y Marta, ¿qué idiomas **hablan (ustedes)?**

   Note that the subject pronouns **usted** and **ustedes** are frequently expressed, even when emphasis or clarification is not required.

C. HACIENDO LOS VERBOS NEGATIVOS (Making verbs negative)

Spanish has relatively simple means for making verbs negative and for emphasizing them.

1. An unmodified Spanish verb has affirmative value:

> Carlos **habla** español.   Carlos *speaks* Spanish.

2. **No** before a Spanish verb makes it negative.

> Carlos **no habla** francés.   Carlos *doesn't speak* French.

3. **Sí** before a verb makes it emphatically affirmative.

> Carlos **sí habla** un poco de inglés.   Carlos *does speak* a little English.

D. TRADUCIENDO LAS FORMAS DEL PRESENTE DE INDICATIVO
(Translating present indicative forms)

Simple present indicative forms have several possible English translations:

Hablo. *I speak. I am speaking. I do speak.*
¿Hablo? *Do I speak? Am I speaking? Shall I speak?*
No hablo. *I don't (do not) speak. I am not speaking.*
Juan habla. *Juan speaks. Juan is speaking. Juan does speak.*
¿Habla Juan? *Does Juan speak? Is Juan speaking?*
Juan no habla. *Juan doesn't (does not) speak. Juan isn't (is not) speaking.*

English uses forms of *to do* to ask certain questions and to make verbs negative or emphatic. This usage has no counterpart in the Spanish verb. Present tense verbs can also refer to events in the near future.

> **Mañana hablo con Luis.**   *Tomorrow I (will) speak with Luis.*
> **Vamos el jueves.**   *We are going (We'll go) on Thursday.*

E. MANDATOS *(Commands)*

NOTE: The information provided here on command forms is intended only to help students recognize these forms in instructions. They are not intended to be tested until they are presented formally in the second half of the book.

Instructions in the textbook for exercises and activities often employ command forms, which differ from present indicative forms.

Regular affirmative commands for **tú** drop the **-s,** which makes them identical to third-person singular, present indicative.

> Statement: **Carlos habla español.**   *Carlos speaks Spanish.*
> Command: **Carlos, habla español.** *Carlos, speak Spanish.*

Command forms for **usted** and **ustedes** reverse the vowels of the indicative: **-a-** becomes **-e-** for verbs in **-a-; -e-** becomes **-a-** for verbs in **-e-** and **-i-.**

> Statement: **Ustedes hablan español.**   *You speak Spanish.*
> Command: **Hablen (ustedes) español.**   *Speak Spanish.*
> Statement: **Ustedes aprenden español.**   *You learn Spanish.*
> Command: **Aprendan (ustedes) español.** *Learn Spanish.*

Do not be concerned about giving commands yet, but notice these forms and try to recognize them when you see or hear them.

✿ A-1 ACTIVIDADES
PARA PAREJAS: CANTO CUANDO ESTOY ALEGRE (I sing when I'm happy)

PREPARATION: You may want to model several of the sentences listed to ensure proper pronunciation and comprehension. It is also helpful to model specific activities to ensure that students understand what they are to do.

NOTE: It is critical that the instructor circulate during the paired activities to assist students having difficulty. Rather than correct individuals by interrupting each pair or group, many teachers feel it is less threatening to make a mental note of the errors students are making and then, at an appropriate moment, point out the errors to the entire class. Students could then resume work in pairs until you feel it is time to move on to a subsequent activity.

A. MINIDIÁLOGOS

Practica los minidiálogos con tu pareja. Trata de decir la verdad. (Practice the minidialogues with your partner. Try to tell the truth.) Respond with the same verb form your partner uses; for the remainder, agree or provide your own response.

MODELO   **canto**

UNO Yo **canto** cuando estoy alegre. ¿Y tú?

DOS *(Agreeing)* Yo también canto cuando estoy alegre. *(Own response)* Yo canto cuando estoy nervioso(-a).

UNO Yo estudio español cuando tengo un examen. ¿Y tú?
Yo miro la televisión cuando tengo tiempo. ¿Y tú?
Yo compro ropa cuando tengo dinero. ¿Y tú?
Yo hablo español cuando estoy con mis amigos. ¿Y tú?
Yo contesto las preguntas cuando estoy **preparado(-a)** *(prepared)*. ¿Y tú?
Yo tomo chocolate en el desayuno. ¿Y tú?
Yo llego a tiempo cuando estoy listo(-a) a las siete y media. ¿Y tú?
Yo ando con mis amigos cuando tengo tiempo. ¿Y tú?
Yo trabajo cuando no hay fiestas. ¿Y tú?

B. MINIDIÁLOGOS

UNO hace preguntas de la lista Acciones Adicionales. DOS responde usando la lista de Posibles Respuestas. (UNO asks questions from the list, Additional Actions. DOS responds using the list of Possible Answers.)

MODELO   **cantar → cantas → canto**

UNO ¿Te gusta cantar?	DOS Sí, me gusta cantar.
UNO ¿Cuándo cantas?	DOS Canto cuando _____.

MODELO   **trabajar → trabajas → trabajo**

UNO ¿Te gusta _____?	DOS Sí, me gusta _____.
UNO ¿Cuándo _____?	DOS _____ cuando _____.

ACCIONES ADICIONALES   POSIBLES RESPUESTAS

estudiar español	estoy triste	no tengo dinero
mirar la televisión	hay tiempo	estudio mucho
hablar español	estoy alegre	hay tiempo

ACCIONES ADICIONALES   POSIBLES RESPUESTAS

contestar preguntas   estoy bien   estoy con mis amigos
tomar el desayuno   hay una prueba   tengo dinero
llegar a tiempo   hay programas buenos   la clase es a las diez
viajar a otros países

C. ACTIVIDAD PARA PAREJAS

EMPHASIS: Ensure
that enough time is
allowed for students
to complete this type
of activity. It is the
most communicative
and least controlled
of the activities and
is critical to the de-
velopment of oral
proficiency. It is also
the activity that re-
quires the closest su-
pervision. Many of
the other activities
are on the audio cas-
settes and can be per-
formed out-of-class;
these cannot.

UNO   You want to know if your
friend likes certain activities, such as
speaking Spanish with the teacher,
answering questions, buying new
things, and so on. Be careful to use
only verbs in **-a-** (like **comprar**). Then
find out when or where he/she does
each activity.

DOS   You also want to know if your
friend likes activities like watching
TV, singing in Spanish, returning
home, and so on. Use only verbs in
-a- (like **mirar**). Then ask when or
where he/she does each of the
activities.

D. MINIDIÁLOGOS: ¿QUÉ HACES CUANDO _____? (What do you do when _____?)

Para cada pregunta selecciona una respuesta de la lista, Posibilidades. Re-
cuerda que tienes que conjugar el verbo. (For each question select a response
from the list, Possibilities. Remember that you have to conjugate the verb.)

MODELO   **estás contento(-a)**

UNO ¿Qué haces cuando estás
contento(-a)?

DOS Cuando estoy contento(-a), canto
(en español). Y tú, ¿qué haces
cuando estás contento(-a)?

OPTION: a) conduct
A-1D as a full-class
activity. b) Follow up
paired activity with
questions to individ-
uals: *¿Qué hace Linda
cuando está contenta?
Paco, ¿qué haces cuan-
do tienes dinero?*, etc.

UNO Cuando estoy contento(-a), estu-
dio mucho. ¿Qué haces cuando
tienes dinero?

DOS Cuando tengo dinero, _____.
Y tú, ¿qué haces cuando _____?

UNO ¿Qué haces _____?

SITUACIONES   POSIBILIDADES

cuando tienes mucho tiempo   estudiar mucho
cuando estás con tus amigos   comprar cosas nuevas
cuando tienes un examen mañana   mirar la televisión
cuando no tienes mucho dinero   hablar español
cuando estás triste   cantar (en español)
cuando estás enfermo(-a)   trabajar
cuando es hora de ir a la escuela   regresar a casa
a las siete de la mañana   **buscar** (*to look for*) mis libros
a las cinco de la tarde   tomar el desayuno

E. HABLANDO DE CARLOS (Talking about Carlos)

The examples give ways to answer when you don't know the information requested.

UNO ¿Qué idioma habla Carlos?   What language does Carlos speak?

DOS Habla español.   He speaks Spanish.

UNO ¿Habla inglés?   Does he speak English?

DOS No sé si habla inglés.   I don't know if (whether) he speaks English.

UNO ¿Dónde trabaja (Carlos)?   Where does he (Carlos) work?

DOS No sé dónde trabaja.   I don't know where he works.

UNO ¿Está enfermo Carlos?

DOS No, no está enfermo; está _____.

Más preguntas **sobre** (about) Carlos:

¿Va a comer mucho en el desayuno?   ¿Dónde estudia (Carlos)?
¿Va a ir a México?   ¿Qué estudia?
¿Va a escribir a menudo?   ¿Trabaja Carlos?
¿Tiene muchos amigos?   ¿Mira mucho la televisión?
¿Qué busca en el avión?   ¿Dónde compra la ropa?
¿Habla con un hombre en el avión?   ¿Adónde viaja Carlos?

F. SITUACIÓN COMUNICATIVA

You run into the brother or sister of one of your childhood friends. You want to know how your friend is doing. Greet this brother or sister and then find out the following:

1.   Where is your friend?

2.   How is your friend?

3.   Where does he or she study?

4.   Where does your friend work?

5.   Does your friend speak Spanish?

6.   What languages does he or she speak?

7.   Does he or she sing? Does he or she sing well?

8.   Does he or she watch television?

9.   What does he or she study?

10. Is he or she happy?

11. Does he or she go to the movies?

12.   Does he or she buy much clothing?
13.   Does he or she travel? To where?
End your conversation politely.

 A-2 ACTIVIDADES
PARA LA CLASE: ¿CÓMO ESTÁ USTED? (How are you?)

A. HABLANDO CON EL (LA) PROFESOR(A): ¿QUÉ QUIEREN SABER USTEDES? (Talking with the teacher: What do you want to know?)

NOTE: This type of activity, wherein students interview the teacher, is often one of the most enjoyable for the students. It is also one of the few activities designed to provide practice of the *usted* form. Although you may normally allow students to address you in the familiar, it would be helpful to the students' development if you were to insist on the formal *usted* for this activity. If necessary, you could assume the role of an important visitor from a Hispanic country and have students interview you.

Remember that the verb forms for **usted** are the same as the third-person forms we used for Carlos. Note that for questions with **gustar,** we use **le** instead of **te.** It is polite to express the subject **usted,** particularly when beginning a conversation. It is not necessary to repeat **usted** in a series of questions or statements. A list of *suggested questions* (**preguntas sugeridas**) follows:

¿Cómo está (usted)?

¿Está (usted) contenta(-o)?

¿Cuántos años hace que enseña aquí? (**enseñar,** *to teach*)

¿Le gusta enseñar aquí?

¿Cuántos idiomas habla?

¿Qué idioma le gusta más?

¿Le gusta mirar la televisión?

¿Cuándo mira la televisión?

¿Qué programas le gustan más?

¿Dónde compra la comida?

¿Le gusta comprar cosas nuevas?

¿Le gusta la comida mexicana?

¿Le gusta cantar?

¿Canta mucho en español?

¿A qué hora llega a la oficina?

¿Llega **a tiempo** (*on time*) a las clases?

¿Le gustan las fiestas?

¿Cuándo vamos a tener una fiesta?

B. VAMOS A HABLAR DE USTEDES LOS ESTUDIANTES (Let's talk about you, the students)

NOTE: This activity will work best if the class as a whole is allowed to respond, rather than call on individuals. It may be necessary to repeat each question and have students respond a second time, once a correct answer has been given. Feel free to ask additional questions of your own making.

PROFESOR(A) ¿Cómo están ustedes?

PROFESOR(A) ¿Qué idiomas hablan?

ESTUDIANTES Estamos _____.

ESTUDIANTES Hablamos inglés y español.

Continúen con las preguntas siguientes:

¿En qué escuela o universidad estudian ustedes?

¿A qué hora llegan ustedes a la clase?

¿Qué idioma estudian (ustedes)?

¿Estudian mucho en **esta** (*this*) clase?

¿Cuándo estudian más?

¿Dondé estudian?

¿A qué hora es la clase de español?

¿Qué hacen ustedes en la clase?

¿Cantan? ¿Trabajan mucho? ¿Contestan muchas preguntas?

¿Miran ustedes mucho la televisión?

¿Dónde miran la televisión?

¿Qué programas miran más?

A-3 ACTIVIDADES
PARA PAREJAS: PARA CONOCERTE (Getting to know you)

PREPARATION: With one of your better students, role-play these two activities in front of the class. Then have students do the activities in pairs.

UNO   You are new in school. Introduce yourself to a student and find out his/her name. Ask how many classes he/she has and which he/she likes best. Find out more about the Spanish class: if the teacher speaks Spanish well, what other languages he/she speaks, if he/she arrives on time, and so on. Find out what time the class is and what the students do in the class.

UNO   You and your partner want to know more about each other's family. Tell how many *persons* (**personas**) there are in your family and about some of the family activities: how much you talk, if you watch TV a lot, *what programs* (**qué programas**) you watch, where you buy food and clothes, at what time you eat breakfast, using verbs in **-a-.**

DOS   You meet a new student who asks your name. He/She asks about your classes and is especially interested in your Spanish class and the teacher. Tell him/her what you do in class even if he/she doesn't ask about specific activities.

DOS   Ask your partner at least three appropriate questions while your partner tells about his/her family. Use only verbs you can conjugate.

REVIEW: Follow up by asking a few students about their families and friends, using the questions given.

A. HABLANDO DE OTRAS PERSONAS (Talking about other people)

Tell your partner about your *parents* (**padres**), your *brothers and sisters* (**hermanos**) or your *friends* (**amigos**). Remember to make verbs plural (by adding **-n**) when you talk about more than one person. The following questions will remind you of things to mention.

¿Dónde están?   ¿Qué programas miran?

¿Cómo están _____ (tus padres, tus hermanos, tus amigos)?

¿Trabajan? ¿Estudian? ¿Dónde?

¿Qué idiomas hablan?

¿Miran mucho la televisión?

¿A qué hora toman el desayuno?

¿A qué hora regresan a casa?

¿Dónde compran la ropa?

¿Cuánta comida compran?

 V-11 VOCABULARIO

NÚMEROS ORDINALES: ¿ES ÉSTA LA PRIMERA VEZ? (Ordinal numbers: Is this the first time?)

OPTION: a) Line up students in groups of ten. Have them sound off using the ordinals. b) Have a relay race with equal-size groups (each group ten or fewer); the task is to write each person's ordinal correctly on the chalkboard and return to the end of the line. Subsequent teammates can correct earlier errors. First team to complete the task without remaining errors wins.

primer(o)(a)	*first*	**séptimo(-a)**	*seventh*
segundo(-a)	*second*	**octavo(-a)**	*eighth*
tercer(o)(a)	*third*	**noveno(-a)**	*ninth*
cuarto(-a)	*fourth*	**décimo(-a)**	*tenth*
quinto(-a)	*fifth*	**último(-a)**	*last*
sexto(-a)	*sixth*		

Primero and **tercero** are shortened to **primer** and **tercer** before masculine singular nouns: **primer** muchacho, **primera** muchacha, *but* Carlos es **el primero.**

A. PREGUNTAS PARA PAREJAS

1. ¿Es ésta la primera vez que tomas una clase de español?

2. ¿Es el primer año que estudias en la universidad?

3. ¿Cuál es el tercer mes del año? ¿Y el sexto? ¿El octavo? ¿El último?

4. ¿Cuál es el primer día de la semana? Si el domingo es el primer día, ¿qué día es el martes? ¿Y el viernes? ¿Y el sábado?

5. ¿Cuántas clases tienes? ¿Cuál es la primera? ¿A qué hora es? ¿Y la segunda? ¿A qué hora es? ¿Y la cuarta? ¿Tienes más de cuatro? ¿Cuál es la última? ¿A qué hora es la última?

 S-4 SUGERENCIAS

LA CARACTERÍSTICA CUMULATIVA DEL APRENDIZAJE DE LENGUAS (The cumulative nature of language learning)

Language learning is cumulative in nature. It builds on what has gone before. The following tips will help you use this feature to your advantage.

1. Make sure you understand the previous lesson before proceeding. If there are things that you did not understand or did not learn well in Lesson 1, now is the time to get help and spend extra time laying a solid foundation for what will come later. Each lesson is written on the assumption that you can recognize and use the material presented in previous lessons.

2. Always review previously presented material to keep it fresh. Review of previously presented vocabulary is built into subsequent lessons. Nevertheless, you still need to review, on your own, the vocabulary and grammar principles presented earlier. Because the **Escenas** introduce new vocabulary, grammar, and culture in context, you should review them thoroughly and frequently. They are one of the unique and powerful tools of this approach. Use them.

3. Use the vocabulary summary lists at the end of each lesson to keep the vocabulary fresh in your mind. Cover the English column and check your recognition of the new vocabulary. Transfer words you have difficulty with to flash cards. Then cover the Spanish column and repeat the exercise.

 E-2B ESCENA
¿QUÉ QUIERE DECIR **MANDE**?

COMPREHENSION: *¿Quiénes hablan? ¿Quién es el señor López? ¿Hablan del inglés? ¿De qué hablan? ¿Hay pocas o muchas diferencias entre el español de Argentina y el español de México? ¿Por ejemplo? ¿Qué significa la palabra mande? ¿Cómo se dice dormitorio en México?*

ADAPTION: *¿Cuáles son algunas diferencias entre el inglés de América y el inglés de Inglaterra? ¿Cómo se dice gasoline en Inglaterra? (Petrol) ¡Qué interesante! ¿Ustedes van a aprender muchas palabras nuevas en este curso?*

Sigue la conversación entre Carlos y el señor López.

CARLOS ¿Cuáles son algunas diferencias entre el español de Argentina y el español de México?

LÓPEZ Vamos a ver. *(Piensa.)* La palabra **mande,** por ejemplo.

The conversation between Carlos and Mr. Lopez continues.

What (Which) are some differences between the Spanish of Argentina and the Spanish of Mexico?

Let's see. *(He thinks.)* The word **mande,** for example.

CARLOS ¿Qué quiere decir **mande** en México?

What does **mande** mean in Mexico?

LÓPEZ Significa lo mismo que **¿cómo?** cuando uno no oye algo.

It means the same as **¿cómo?** (*what?*) when one doesn't hear something.

CARLOS ¡Qué interesante!

How interesting!

LÓPEZ Otra cosa, ¿sabes cómo se dice **dormitorio** en México?

Something else, do you know how you say (one says) **dormitorio** (*bedroom*) in Mexico?

CARLOS **¿Alcoba?**

Alcoba?

LÓPEZ No, se dice **recámara.** Y los **porotos** son **frijoles.**

No, you say **recámara.** And **porotos** (*beans*) are **frijoles.**

CARLOS ¡Qué cosa! Entonces parece que voy a aprender muchas palabras nuevas.

What do you know (What a thing)! Then it looks like (seems that) I'm going to learn lots of new words.

Note that **vamos a** plus an infinitive can mean either *we're going to* or *let's,* depending on context. In E-1C, Carlos intended the first meaning. For *let's see,* **vamos a ver** is frequently shortened to **a ver.**

✹ C-6 CULTURA
BOSQUEJO CULTURAL: MUCHAS PALABRAS DIFERENTES (Many different words)

---

use

from country to country

Muchas personas de muchos países hablan español, pero **usan** palabras diferentes **de país en país.** Aquí hay algunas diferencias en el español que hablan en varios países hispanohablantes.

*Este gaucho **guapo** (handsome) y su **cuballo** (horse) son de la Pampa en el **norte** (north) de la Argentina.*

OPTION: Read through Cultural Notes with students to ensure their comprehension. Pronounce words in the chart for them; have them repeat. Add any additional words you are aware of.

ESTADOS UNIDOS	ARGENTINA	MÉXICO	ESPAÑA
bean	poroto	frijol	habichuela, judía
peanut	maní	cacahuate	maní, cacahuete
bus	colectivo	camión	autobús
farm	estancia	rancho	granja, finca
to play hooky	hacerse la rata o la rabona	pintar venado	hacer novillos

También, la palabra que significa *countryman* (i.e., one who lives in the country) es **campesino** en España, **ranchero** en México, **jíbaro** en Puerto Rico, **guajiro** en Cuba, **huaso** en Chile, y **gaucho** en la Argentina y el Uruguay.

 V-12 VOCABULARIO
EN EL AULA: ¿CÓMO SE DICE? ¿QUÉ QUIERE DECIR? (In the classroom: How do you say it? What does it mean?)

Palabras, frases y preguntas útiles para la clase de español. (Useful words, phrases, and questions for the Spanish class.)

PREPARATION:
Model the pronuncia-
tion of the Spanish
words and phrases,
having students
repeat.
EMPHASIS: a) Focus
on proper pronuncia-
tion. b) Use as many
of the expressions as
feasible in the class
on a daily basis. Stu-
dents should be able
to recognize, rather
than produce, those
phrases specifically
used by teachers;
e.g., ¿Hay preguntas?
Abran sus libros a la
página 55.

A. PRACTICA CON TU PAREJA.

UNO ¿Cómo se dice "please" en español?

DOS Se dice "por favor".

UNO ¿Cómo se dice _____ en español?

DOS Se dice _____.

FRASES Y PREGUNTAS

Thank you	**Gracias**
You're welcome.	**De nada.**
What? (What are you saying?)	**¿Cómo? (¿Cómo dice usted?)**
Repeat, please.	**Repita (Ud.), por favor. Repite (tú).**
Again, slower, please.	**Otra vez, más despacio, por favor.**
I don't know (it).	**No (lo) sé.**
I don't understand (it).	**No (lo) entiendo.**
May I ask a question?	**¿Puedo hacer una pregunta?**
How do you spell (write) _____?	**¿Cómo se escribe _____?**
How do you pronounce _____?	**¿Cómo se pronuncia _____?**
What is the assignment for tomorrow (day after tomorrow) (Thursday) (next Tuesday)?	**¿Cuál es la tarea para mañana (pasado mañana) (el jueves) (el martes que viene)?**
When (What day) is the exam (the quiz)?	**¿Cuándo (Qué día) es el examen (la prueba)?**
On page _____.	**En la página _____.**
See you tomorrow.	**Hasta mañana.**
See you later.	**Hasta luego.**

B. PRACTICA CON TU PAREJA.

UNO ¿Qué quiere decir _____ en inglés? (¿Qué significa _____?)

DOS Quiere decir _____. (Significa _____.)

FRASES Y PREGUNTAS

Perdón.	*Pardon me (I beg your pardon).*
Con permiso.	*Excuse me (With permission).*
¿Hay preguntas?	*Are there any questions?*
¿Dónde estamos?	*Where are we?*
Abran (Cierren) sus libros.	*Open (Close) your books.*
Vean la página _____.	*See page _____.*

Hagan (Preparen) el ejercicio _____ en la página _____.

Do (Prepare) exercise _____ on page _____.

Levanten la mano (si entienden).

Raise your hand (if you understand).

¿Quién falta?

Who is missing?

Note that there are several **ustedes** command forms here; **hagan** from **hacer,** and **vean** from **ver,** are irregular.

OPTION: Use the following questions/commands for Activity C or create your own: *Abran sus libros a la página 55. Saquen una hoja de papel. Escriban su nombre en el papel. Hagan el ejercicio B. Levanten la mano si entiended. ¿Hay preguntas?*

C. ACTIVIDAD PARA LA CLASE

Your teacher will give you some instructions, make a few requests, and ask several questions. Follow as closely as you can and request explanations and ask questions according to your needs.

D. ACTIVIDAD PARA PAREJAS

Repasa (*review*) con tu pareja el vocabulario de la primera lección.

1.   Use **¿Cómo se dice _____ en español?** to review active vocabulary (from English to Spanish).

2.   Ask the question **¿Qué quiere decir** (or **¿Qué significa) _____ en inglés?** to review recognition vocabulary.

S-5 SUGERENCIAS
LOS COGNADOS: VERBOS

In Lesson 1, cognates with identical spelling in Spanish and English were presented. In this and subsequent **Sugerencias,** cognates with minor spelling changes between the two languages will be presented.

The infinitive form of Spanish verbs must end with **-ar, -er,** or **-ir.** This feature is due to the Latin verb form from which the Spanish verbs are derived. English does not use these endings. This is easily seen in the following verbs:

importar	*to import*	**exportar**	*to export*

English also doubles letters while Spanish does not:

aceptar	*to accept*	**afirmar**	*to affirm*

Provide the English counterpart for the following:

presentar	considerar	inventar	formar
responder	depender	experimentar	permitir
pasar	pelar	progresar	recomendar

😊 E-2C ESCENA
¿CÓMO ES CARLOS?

La acción pasa a una sala de espera del aeropuerto internacional de la ciudad de México. Son las cuatro de la tarde del mismo día. Amelia Ortiz de García y sus dos hijas, Marisa y Susana, están esperando la llegada de Carlos Ortiz. Doña Amelia y su marido, don Manuel García Paredes, están casados desde hace veintiséis años y tienen cuatro hijos, las dos hijas que están con su madre y dos hijos. El mayor de los hijos, José María, estudia arquitectura en España, en la ciudad de Barcelona. Antonio, el otro hijo, también estudia y a la vez ayuda a su padre en una oficina del centro. Hoy el Sr. García está muy ocupado. Por eso los dos hombres no pueden estar con las mujeres en el aeropuerto.

Hay otra persona en la familia García. Es la abuela de los muchachos y madre de Amelia, doña María Concepción Flores vda. (viuda) de Ortiz. Todos le dicen doña Conchita. La abuela está en casa esperando la llegada de la familia. Tiene casi ochenta años y no está muy

The action moves (passes) to a waiting room of the international airport of Mexico City. It's four o'clock in the afternoon of the same day. Amelia Ortiz Garcia and her two daughters, Marisa and Susana, are awaiting the arrival of Carlos Ortiz. Doña Amelia and her husband, Don Manuel Garcia Paredes, have been (are) married for twenty-six years and have four children, the two daughers who are with their mother and two sons. The elder of the sons, Jose Maria, is studying architecture in Spain, in the City of Barcelona. Antonio, the other son, also studies and at the same time helps his father in an office downtown. Today Mr. Garcia is very busy. That's why the two men are not able to be with the women at the airport.

There is another person in the Garcia family. It is the grandmother of the children and mother of Amelia, Doña Maria Concepcion Flores (widow of) Ortiz. Everyone calls her Doña Conchita. The grandmother is at home awaiting the arrival of the family. She is almost eighty

COMPREHENSION:
¿Qué hora es? ¿Qué
día es? ¿Qué están es-
perando Amelia y las
dos chicas? ¿Cuántos
hijos tienen doña
Amelia y don Manuel?
¿Quién es el mayor de
los hijos? ¿Quién es la
menor? ¿Dónde está
José María? ¿Qué es-
tudia? ¿Estudia tam-
bién Antonio? ¿Tra-
baja? ¿Con quién?
¿Hay otra persona en
la familia García?
¿Quién es? ¿Dónde
está? ¿Cuántos años
tiene (la abuela)?
¿Cómo está hoy?
¿Quiénes son los nie-
tos de doña Conchita?
¿Quién es el sobrino
de Amelia y Manuel?
¿Con quiénes va a vi-
vir Carlos? ¿Qué está
mirando Susana? Hay
pocos vuelos, ¿ver-
dad? ¿Cuál es el vuelo
de Carlos? ¿Quién es
ese chico del suéter
rojo? ¿Es Carlos?
¿Cómo es Carlos? ¿Es
alto o bajo? ¿Es sim-
pático o antipático?

ADAPTATION:
¿Cuántos hijos hay en
tu familia? ¿Cuántos
años tienen de
casados tus padres?
¿Quién es el mayor de
los hijos? ¿Quién es el
menor? ¿Estudias ar-
quitectura? ¿Trabajas?
¿Ayudas a tu papá en
la oficina? ¿Hay otra
persona en tu familia?
¿Quién es? ¿Cuántos
años tiene? ¿Tienes
sobrinos? ¿Cuántos?
¿Tienes primos?
¿Cuántos? ¿Ya es hora
de terminar? ¡Vamos
rápido! ¿Hay mucha
gente o poca en esta
universidad? ¿Y en
esta clase? ¿Quién es
esa chica del suéter
rojo (blanco)? etc.
¿Cómo es Pedro? ¿Es
alto o bajo? ¿Y
Peggy? ¿Es alta o
baja? ¿Es simpática
or antipática De-
borah? ¿Y el (la)
profesor(a)?

bien hoy. Doña Amelia y el padre de Car-
los son hermanos, hijos de doña Con-
chita. Carlos es nieto de doña Conchita,
sobrino de Amelia y Manuel, y primo de
los cuatro hijos de éstos. Mientras estudia
en la Universidad Nacional Autónoma de
México, la UNAM, va a vivir con la
familia García. Por eso las chicas están
tan interesadas en él. Cuando la vemos,
Susana está mirando el monitor que
anuncia las llegadas y salidas de los
aviones.

and isn't very well today. Doña Amelia
and Carlos's father are sister and brother,
children of Doña Conchita. Carlos is a
grandson of Doña Conchita, nephew of
Amelia and Manuel, and cousin of their
four children (of the latter). While he is
studying at the Autonomous National
University of Mexico, the UNAM, he is
going to live with the Garcia family.
That's why the girls are so interested in
him. When we see her, Susana is looking
at the monitor that announces the arriv-
als and departures of the airplanes.

SUSANA ¡Hay tantos vuelos! ¿Cuál es
el de Carlos?

There are so many flights! Which one
is Carlos's (the one of Carlos)?

MARISA Es el vuelo 248 de Aerolíneas
Latinas, en la puerta 5D.

It's flight 248 of Aerolíneas Latinas,
at gate 5D.

AMELIA Y ya es hora. ¡Vamos rápido!
¡Por aquí!

And it's already time. Let's go
quickly! This way (Through here)!

Llegan a la puerta 5D, donde los pasa-
jeros ya están saliendo de la Aduana y
entrando en la sala de espera.

They arrive at gate 5D, where the pas-
sengers are already leaving Customs and
entering the waiting room.

SUSANA Hay mucha gente.

There are lots of people.

AMELIA Es que el avión ya está aquí.

It's because (that) the plane is already
here.

MARISA Pero todavía no está Carlos.

But Carlos isn't [here] yet.

SUSANA ¿Quién es ese chico del sué-
ter rojo?

Who is that boy in the red sweater?

MARISA No sé, pero no es Carlos.

I don't know, but it isn't Carlos.

SUSANA Mamá, ¿cómo es Carlos? ¿Es alto o bajo?

Mom, what is Carlos like. Is he tall or short?

AMELIA Es alto, y tiene pelo rubio. También es simpático.

He's tall, and he has blond hair. He's also likeable.

SUSANA Entonces, sí está.

Then he is [here].

MARISA ¿Dónde?

Where?

SUSANA Allí. Es el joven alto y guapo, ¿no?

There. He's the tall, good-looking fellow, isn't he?

AMELIA Sí, es él. Háblale.

Yes, it's him (he). Call him (Speak to him).

SUSANA (*Llamando*) ¡Carlos! ¡Aquí estamos!

(*Calling*) Carlos! Here we are!

On the use of titles and **vamos**, note the following:

1. **Doña** and **don** are titles of respect used only before the Christian name, which may or may not be followed by the surname. When the surname appears, they can be translated as *Mrs.* and *Mr.*, respectively; otherwise, there is no English equivalent. The definite article is not used with **don** and **doña** as it is with other titles.

2. **Vamos** can mean either *we are going* or *let's go.*

C-7 CULTURA
BOSQUEJO CULTURAL: LOS APELLIDOS HISPÁNICOS (Hispanic surnames)

not only
but
marries
she adopts / paternal surname / she stops using / married

En los países hispánicos, los hombres y las mujeres usan **no sólo** el apellido de su padre **sino** también el apellido de su madre. Susana, Marisa, Antonio y José María usan los dos apellidos García y Ortiz. Cuando una mujer **se casa, adopta** el **apellido paterno** de su esposo y **deja de usar** el apellido de su madre. La hermana de Carlos, Mirta Ortiz Hoffmann, **se casó con** Hugo Ferrari Ribera. Ahora ella se llama Mirta Ortiz de Ferrari. La hija de Mirta y Hugo se llama Mariana Ferrari Ortiz.

NOTE: 1) *Susana García Ortiz.* 2) *Carlos Ortiz Hoffmann.* 3) *Marisa García de López* (Vigo is the man's maternal surname).

Contesta las preguntas siguientes:

1. ¿Cuál es el nombre completo de Susana?

2. ¿Cuál es el nombre completo de Carlos?

3. Si Marisa se casa con José Antonio López Vigo, ¿cuál va a ser su nombre nuevo?

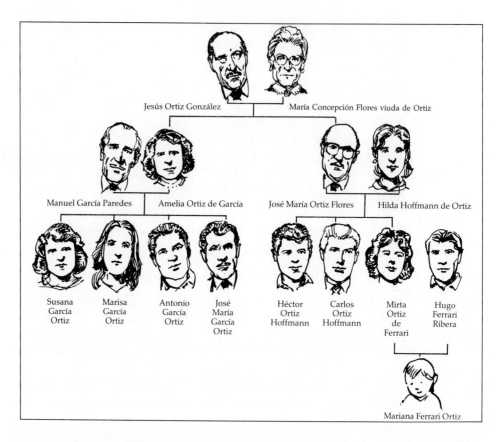

Jesús Ortiz González   María Concepción Flores viuda de Ortiz

Manuel García Paredes   Amelia Ortiz de García   José María Ortiz Flores   Hilda Hoffmann de Ortiz

Susana García Ortiz   Marisa García Ortiz   Antonio García Ortiz   José María García Ortiz   Héctor Ortiz Hoffmann   Carlos Ortiz Hoffmann   Mirta Ortiz de Ferrari   Hugo Ferrari Ribera

Mariana Ferrari Ortiz

Complete the following exercises:

1. Escribe tu nombre completo según el sistema hispánico.
2. Escribe el nombre completo de tus padres.
3. Escribe el nombre completo de tus hermanos.

G-4 GRAMÁTICA
FORMAS VERBALES NO PERSONALES (Nonpersonal verb forms)

We have seen that conjugated or personal verb forms have personal subject endings. Nonpersonal verb forms do not have personal endings and therefore can refer to any person. Spanish has three such forms. The first is the infinitive, with which we are quite familiar. We have also seen examples of the other two, the present participle (**esperando**) and the past participle (**sentado**). English has corresponding forms. Learn to recognize these three forms.

| | PRESENT | PAST |
| INFINITIVE **-r** | PARTICIPLE **-ndo** | PARTICIPLE **-do** |

habla**r** (to speak)   habla**ndo** (speaking)   habla**do** (spoken)
come**r** (to eat)   comi**endo** (eating)   comi**do** (eaten)
vivi**r** (to live)   vivi**endo** (living)   vivi**do** (lived)

The infinitive functions in sentences as a verbal noun, for example, as the subject, **me gusta viajar,** or with a preposition, **voy a comer.** The present participle is primarily an adverb; also, it can combine with **estar** and other verbs to form verb phrases, **Están esperando.** The past participle functions frequently as an adjective; it, too, can combine with other verbs. As an adjective, it agrees with what it modifies. For example:

Present participles: **preparando** (E-1A); **mirando, entrando, saliendo** (E-2C)
Past participles: **sentado** (E-2A); **sugeridas** (A-2); **casados, interesadas** (E-2C)

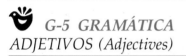

G-5 GRAMÁTICA
ADJETIVOS (Adjectives)

A. CONCORDANCIA DE ADJETIVOS (Adjective agreement)

The majority of Spanish adjectives end in **-o** in the masculine singular and have four forms.

un (el) muchacho alt**o**   una (la) chica alt**a**
unos (los) muchachos alt**os**   unas (las) chicas alt**as**

Most of the adjectives whose masculine singular form does not end in **-o** use the same ending for the feminine and add **-s** or **-es** for the plurals.

un (el) coche grand**e**   una (la) casa grand**e**
unos (los) coches grand**es**   unas (las) casas grand**es**
un (el) coche **azul** (blue)   una (la) casa azul
unos (los) coches azul**es**   unas (las) casas azul**es**

B. COLOCACIÓN DE ADJETIVOS (Placement of adjectives)

1. Adjetivos calificativos (Descriptive adjectives) We place descriptive adjectives after a noun to distinguish that noun from others of its kind.

el joven **alto**   una casa **grande** y **moderna**

2. Adjetivos determinativos (Limiting adjectives) We place limiting adjectives, which include numbers, before the noun.

tres muchachos   **pocas** personas   **muchos** coches   **varios** días

Both limiting and descriptive adjectives can accompany one noun.

muchos coches **grandes**   **pocas** chicas **altas**

Note that unstressed possessive adjectives are also limiting adjectives. We have seen several examples: **mi** familia (*my* family), **tu** hermano (*your* brother), **su** and its plural **sus.** Depending on context, these last forms can mean, *her* (la señora y **su** hija), *his* (Carlos y **sus** padres), *their* (las chicas y **su** primo), and *your* (Ud. y **sus** amigos).

Soon we will learn more about the forms and uses of possessive adjectives. Until then we will use **mi** and **tu** and their plural forms: **mi** cuarto, **mis** amigos, **tu** coche, **tus** hermanas.

 V-13 VOCABULARIO

LOS PARIENTES: ¿CUÁNTOS HERMANOS TIENES? ¿CÓMO SON TUS HERMANOS? (Relatives: How many brothers and sisters do you have? What are they like?)

PREPARATION:
Model pronunciation
of new vocabulary
items before assign-
ing to pairs.

A. MINIDIÁLOGOS: PARIENTES Y MIEMBROS DE LA FAMILIA
(Relatives and members of the family)

Practica con tu pareja.

MODELO   **hermanos—hermana, hermano**

UNO ¿Cuántos hermanos tienes?   How many brothers and sisters do you have?

DOS Tengo tres, dos hermanas y un   I have three, two sisters and one
hermano.   brother.

UNO ¿Cuántos _____ tienes?

hermanos—hermana, hermano	*brothers and sisters—sister, brother*
tíos—tía, tío	*aunts and uncles—aunt, uncle*
primos—prima, primo	*cousins—female cousin, male cousin*
abuelos—abuela, abuelo	*grandparents—grandmother, grandfather*
sobrinos—sobrina, sobrino	*nieces and nephews—niece, nephew*
hijos—hija, hijo	*sons and daughters or children— daughter, son*
nietos—nieta, nieto	*grandchildren—granddaughter, grandson*

*Aquí hay una **familia extensa** (extended family) de Madrid. **Parece** (It seems) que están muy contentos.*

PREGUNTAS

1. ¿Cuántas **personas** (*people, persons*) hay en tu familia?
2. ¿Tienes muchos parientes o pocos?
3. ¿Tienes **esposo** (**marido**) (*husband*) o **novio** (*fiancé, boyfriend*)?
4. ¿Tienes **esposa** (*wife*) o **novia** (*fianceé, girlfriend*)?

B. OTRAS PERSONAS Y UNOS ADJETIVOS: APRENDAN LAS PALABRAS NUEVAS (*Learn the new words*)

1. Nombres de personas

el hombre	*man*	**el niño**	*boy, child*
la mujer	*woman*	**la niña**	*girl, child*
el joven	*young man*	**el nene**	*baby boy*
la joven	*young woman*	**la nena**	*baby girl*
el muchacho (chico)	*boy*		
la muchacha (chica)	*girl*		

2. Adjetivos para describir características   For additional vocabulary, see Apéndice I-5.

bueno(-a)	*good, kind*	**bonito(-a)**	*pretty*
malo(-a)	*bad, mean, evil*	**feo(-a)**	*ugly*

OPTION: a) Have several individuals come to the front of the class and have class members describe them. Use questions to prompt students; e.g., *¿Cómo es esta joven? ¿Es alta o baja? Es muy bonita, ¿no? ¿Tiene esposo? Pregúntenle.* b) Follow up paired activity by asking students to describe family members. Be sensitive to students who prefer not to talk about their families.

alto(-a)	*tall*	**simpático(-a)**	*nice, likeable*
bajo(-a)	*short, low*	**antipático(-a)**	*unfriendly*
joven	*young*	**inteligente**	*intelligent*
viejo(-a)	*old*	**fuerte**	*strong*
rico(-a)	*rich*	**listo(-a)**	*bright, sharp*
pobre	*poor*	**tonto(-a)**	*stupid, silly*
gordo(-a)	*fat*	**alegre**	*cheerful*
delgado(-a)	*slender*	**guapo(-a)**	*good-looking*

C. ¿CÓMO ES TU ABUELA?

Escribe una lista de los nombres de seis o siete parientes tuyos y cámbiala con tu pareja. Luego pregúntale a tu pareja por cada nombre de su lista. (Write a list of the names of six or seven of your relatives and exchange it with your partner. Then ask your partner about each name on his/her list.)

UNO ¿Quién es (un nombre de la lista)?

DOS Es (una mujer, un hombre, una chica, una niña, un nene).
También es (mi tía, mi abuelo, mi prima, mi sobrina).

UNO ¿Cómo es?

DOS Es (inteligente, alto, bonita, guapo).

OPTION: Use additional pictures from your files to stimulate conversation. Use the questions from V-13D as a springboard.

D. ACTIVIDAD PARA PAREJAS: ¿QUÉ HAY AQUÍ?

PRIMERA PARTE

Maria Elena is helping her little brother Pepito with a school assignment that involves talking about pictures in his book. Tell what each says.

MODELO   **dos casas / ¿grandes o pequeñas?**

MARÍA ELENA ¿Qué hay aquí?

PEPITO Hay dos casas.

MARÍA ELENA ¿Grandes o pequeñas?

PEPITO Pequeñas.

MARÍA ELENA Entonces, ¿qué hay?

PEPITO Hay dos casas pequeñas.

1.   Varias chicas / ¿Feas o bonitas?

2.   Cuatro coches / ¿Grandes o pequeños?

3. Una mujer /
¿Baja o alta?

4. Muchos
muchachos /
¿Guapos
o feos?

6. Aviones / ¿Pequeños o grandes?

5. Un hombre /
¿Alto o bajo?

SEGUNDA PARTE

¿Qué hay aquí? Hablen de los siguientes dibujos, usando las mismas preguntas. (Talk about the following drawings, using the same questions.)

E. LOS PARIENTES DE CARLOS

MODELO   **Susana / chica / prima / alegre y un poco gorda**

UNO ¿Quién es Susana?
DOS Es una chica. También es una prima de Carlos.
UNO ¿Cómo es?
DOS Es alegre y un poco gorda.
UNO ¿Quién es _____?

   Héctor / muchacho / hermano / fuerte y delgado
   doña Amelia / mujer / tía / inteligente y amable
   José María Ortiz / hombre / padre / alegre y simpático
   Antonio / joven / primo / listo y simpático

don Manuel / hombre / tío / bueno y guapo
doña Conchita / mujer / abuela / inteligente y buena
Marisa / chica / prima / bonita y lista

 ## C-8 CULTURA
BOSQUEJO CULTURAL: LA FAMILIA

To the Spanish-speaker / but also / extended family / in the same house or in nearby houses / Commonly

Para el hispanohablante la familia es muy importante. Cuando el hispano-hablante habla de su familia, habla no sólo de sus padres y hermanos **sino también** de sus abuelos, tíos y primos. Muchas veces esta **familia extensa** vive **o en una sola casa o en casas cercanas. Comúnmente,** los hispano-hablantes tienen muchas actividades con la familia extensa.

PREGUNTAS, ¿VERDAD O FALSO?

1. Cuando el hispanohablante habla de su familia, habla sólo de sus padres y hermanos.
2. Comúnmente, los abuelos y los tíos no viven en una sola casa.
3. La familia extensa es muy importante para el hispanohablante.

EMPHASIS: Point out the irony of this typical situation where the couple dreams of being alone and comes home to reality with the extended family.

G-6 GRAMÁTICA
ORDEN DE LAS PALABRAS (Word order)

EMPHASIS: Model
for repetition the two
intonation patterns of
information questions
and yes–no questions
(see Student Manual,
Section 1 for exam-
ples).

A. PREGUNTAS QUE PIDEN INFORMACIÓN (Information questions)

These questions contain an interrogative word, such as **cómo, quién, cuál, cuándo,** which requests certain information. The first element in an information question is the interrogative word, together with whatever words belong with it, such as a preposition. Then comes the conjugated verb. Emphasis is an important factor in determining the order of any elements remaining, the more prominent one coming at the end. Thus, the subject, for example, does not have a fixed position.

INTERROGATIVE ELEMENT	CONJUGATED VERB	(SUBJECT)	OTHER ELEMENTS	(SUBJECT)
¿Dónde	estás?			
¿Qué	tiene	el profesor?		
¿A qué hora	es	tu clase?		
¿Quién	habla		español?	
¿Cuántas cosas	tienes		para la clase?	
¿Con quién	va	Marisa	a estudiar?	
¿Con quién	va		a estudiar	Marisa?

B. PREGUNTAS DE SÍ O NO (Yes–No questions)

These questions do not have an interrogative word and can be answered simply with *yes* or *no*. Several arrangements are possible. The most frequent word order has the verb first, but it is also possible to have the subject first. Emphasized or longer elements usually come at the end.

VERB	MIDDLE ELEMENT(S)	EMPHASIZED OR LONGER ELEMENTS
¿Es	simpático	Carlos?
¿Es	Carlos	simpático?
¿Hablan	español	los tíos de Carlos?
¿Estudia	Carlos	en la Universidad de México?

Note that we can place **y** and the subject before the question to ask the equivalent of *how about?* Notice the position of the inverted question mark.

¿Y usted?   *How about you?*

Y tú, ¿estás enferma?   *How about you? Are you ill?*
Y Carlos, ¿qué estudia?   *How about Carlos? What does he study?*

C. ¿VERDAD? ¿NO? (Tag questions)

Verdad and **no** following a statement are the equivalent of English tag questions such as *isn't he? don't they?*

Vas a escribir a menudo, **¿verdad?**   You're going to write often, *aren't you?*

Es el joven alto, **¿no?**   He's the tall fellow, *isn't he?*

No hablan español, **¿verdad?**   They don't speak Spanish, *do they?*

 SC-3 SITUACIÓN COMUNICATIVA
SOY NUEVO AQUÍ (I'm new here)

PREPARATION: Review the questions needed to perform this task successfully.

You are new in school. Act out the following situation.

1. Introduce yourself to another student.
2. Find out his or her name.
3. Ask how many classes the other student has.
4. Ask if he or she likes each class mentioned.
5. Ask which class he or she likes best.
6. Exchange addresses and telephone numbers.
7. Say good-bye.

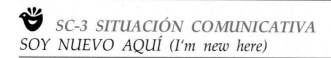 *R-1-2 REPASO*
¿QUÉ PASA CON NUESTROS AMIGOS? (What is happening with our friends?)

NOTE: a) The COMPREHENSION questions found in the Teacher's Notes adjoining the *Escenas* are useful for review at this time. Those that were too difficult when the *Escenas* were introduced should be particularly appropriate at this time. b) These drawings, if projected on a screen via the overhead projector, will

The drawings associated with the section, **¿Qué pasa con nuestros amigos?,** serve a number of purposes. In the first lessons we are limited to describing what we observe *is happening* in a given drawing and what we know *is going to happen* next. The first ideas are labeled **ahora** *(now)* and the latter **después** *(afterwards)*. In Lesson 6 we learn an additional way to tell what *is happening* at the moment of observation. After Lesson 7 we will be able to add what *has happened* before a given scene. These ideas are labeled **antes** *(before)*.

Lesson 8 brings a new dimension, a past point of view. At that time we will be able to think of the drawings as mental images and thus describe our recollections about what *was happening* at a moment in the past. The label will be **entonces** *(then)*. This past point of view is important for reviewing the

be especially help-
ful in guiding con-
versation.
story. In Lesson 9 we begin to narrate by telling what *happened*. Subsequent
lessons will provide additional narrative possibilities.

AHORA: ¿Quién es la
señora? ¿Cómo está?
¿Quién entra en la co-
cina? ¿Quién es el
muchacho sentado?
¿Quién es el otro mu-
chacho? ¿Qué hacen
estas personas?

DESPUÉS: ¿Qué van a
hacer pronto? ¿Qué va
a hacer Carlos?

AHORA: ¿De qué hab-
lan aquí? ¿Qué tiene
Carlos en la **mano**
(hand)?

AHORA: ¿Qué pasa
aquí? ¿De qué hablan?
¿Quién es la chica?
¿Quién no tiene reloj?
¿Quién está sentado?
¿Qué hora es?

DESPUÉS: ¿Qué va a pa-
sar **pronto** *(soon)?*

AHORA: ¿Quién es este
señor? ¿Es argentino?
¿Adónde regresa? ¿De
qué hablan el señor
López y Carlos?

DESPUÉS: ¿Con quiénes
va a vivir Carlos? ¿Qué
más va a hacer en Mé-
xico?

AHORA: ¿Quiénes son
estas personas? ¿Dónde
están? ¿Qué hace Su-
sana? ¿Qué **pregunta**
(asks) Susana?

DESPUÉS: ¿Adónde van
a ir las tres personas?
¿Qué va a pasar
pronto?

REPASO DE VOCABULARIO

NOMBRES:
NIVEL A
V-10, V-13

el **aeropuerto**	airport
algo	something
el **asiento**	seat
la **ciudad**	city
el **coche**	car
el/la **compa-ñero(-a)**	companion
compañero (-a) de cuarto	roommate
la **diferencia**	difference
don	title of respect for men
doña	title of respect for women
el **favor**	favor
la **gente**	people
el **idioma**	language
el **país**	country, nation
la **palabra**	word
el **programa**	program
¿quién(es)?	who?, whom?
la **ropa**	clothing, clothes
el **señor**	man, gentle-man, Mr., sir
la **señora**	woman, lady, wife, Mrs., madam
el **trabajo**	work, job
la **visita**	visit

NOMBRES:
NIVEL B
C-5

el **apellido**	surname
la **costumbre**	custom
él	he, him
el **frijol**	bean
el/la **hispano-hablante**	Spanish speaker
la	her (with a verb)
le	(to) her, (to) him
lo	it
el **lugar**	place
el **negocio**	business
que	who, whom, that, which
la **sala de es-pera**	waiting room
la **viuda**	widow

VERBOS:
NIVEL A
G-2, G-4

ayudar	to help
buscar	to look for, to seek
decir (irr)	to say, tell
enseñar	to teach, to show
entrar	to enter
está	he/she/it is
están	they are
haces	you do, make
ir (irr)	to go
llamar	to call
pasar	to pass (by); to happen
recuerdo (recordar)	I remember
regresar	to return
sabes	you know
soy	I am
subir	to go up
tener	to have
tiene	he/she has
tomar	to take; to drink
usar	to use
visitar	to visit

VERBOS:
NIVEL B
S-5

amar	to love
esperar	to wait (for)
hago (hacer)	I do, make
parece (parecer)	it seems
pide (pedir)	he/she asks for
piensa (pensar)	he/she thinks
quiere (querer)	he/she/it wants
responder	to respond, answer
saber	to know
vivir	to live

ADJETIVOS:
NIVEL A
V-11, V-13

argentino(-a)	Argentine, Argentinian
diferente	different
interesado(-a)	interested
interesante	interesting
más	more
ocupado(-a)	busy, occupied
preparado(-a)	prepared
rubio(-a)	blond
tantos(-as)	as many, so many
todo(-a)	all, every

ADJETIVOS:
NIVEL B

algunos(-as)	some
así	like that, of the sort
casado(-a)	married
ese(-a)	that
este(-a)	this
mismo(-a)	same
útil	useful

ADV/PREP/CONJ:
NIVEL A

¿adónde?	(to) where?
ahora	now
al (a + el)	to the, at the
allí	there
con	with
cuando	when
de	of, from, about
del (de + el)	of the, from the, about the
entonces	then
entre	between, among
o	or
para	for, to
por	for, through, by
rápido	fast, rapidly
si	if, whether
también	also, too
todavía	still, yet
ya	already, now

ADV/PREP/CONJ:
NIVEL B
V-12

bastante	enough, quite, very
durante	during
francamente	frankly
naturalmente	naturally
pronto	soon
según	according to
sino	but (instead of)
tan	so

MODISMOS Y EXPRESIONES:

NIVEL A

a veces	*at times, some-times*
¿Cómo?	*What? How's that?*

¿Cómo es?	*What is he/she/it like?*
esta vez	*this time*
¿No?	*Right? Isn't it so? Isn't he?*
por ejemplo	*for example*
por eso	*that's why, for that reason*
Soy de ____.	*I'm from ____.*
(Vamos) a ver.	*Let's see.*

MODISMOS Y EXPRESIONES:

NIVEL B

cosas así	*things like that*
lo mismo (que)	*the same (as)*
Ya es hora.	*It's (already) time.*

LECCIÓN 3

*Izquierda, arriba: Este joven trabaja con las computadoras en una oficina en Buenos Aires. Izquierda: Estos jóvenes están en la Plaza Mayor en la ciudad de Toledo en España. ¿Puedes **describir la ropa que llevan** (describe the clothing they are wearing)?*

 *E-3A ESCENA*
ESTOY UN POCO CANSADO

COMPREHENSION:
¿Dónde sigue la acción? ¿Quién abraza a Carlos? ¿Para Carlos es un gusto estar en México? ¿Cómo está Carlos después de un viaje tan largo? ¿Está un poco cansado? Y ustedes, ¿cómo están? ¿Qué tal el viaje de Carlos?

ADAPTATION: *¡Qué gusto verte, Juan (Alicia, etc.)! Bienvenido(-a) a la clase. ¿Cómo estás después de una clase tan larga (un día tan largo)? Y ustedes, ¿cómo están? ¿Qué tal la clase? ¿Larga y cansada pero interesante? (¿O aburrida?)*

Sigue la acción en el aeropuerto. Carlos llega y su tía lo abraza.

The action at the airport continues. Carlos comes and his aunt hugs him.

AMELIA ¡Qué gusto verte, Carlos! Bienvenido a México.

What a pleasure to see you, Carlos! Welcome to Mexico.

CARLOS Gracias, tía. Para mí también es un gusto.

Thanks, Aunt [Amelia]. For me it's a pleasure too.

AMELIA ¿Cómo estás después de un viaje tan largo?

How are you after such a long trip (a trip so long)?

CARLOS Estoy un poco cansado. Y ustedes, ¿cómo están?

I'm a little tired. (And) How about you (all)? How are you?

AMELIA Todos estamos bien, gracias.

We're all fine, thanks.

SUSANA ¿Qué tal el viaje?   How [was] the trip?

CARLOS Largo y cansado, pero interesante.   Long and tiresome, but interesting.

AMELIA ¿Y la Aduana y la Inmigración?   How about (And the) Customs and Immigration?

CARLOS Pasé sin problema.   I went through (passed, *past tense of pasar*) without [any] problem.

Note the difference in meaning of **estar** and **ser**: Carlos **está cansado** (Carlos *is tired*); el viaje **es cansado** (the trip *is tiresome*).

 C-9 CULTURA
BOSQUEJO CULTURAL: ABRAZAR, BESAR Y DAR LA MANO

the Hispanic world / shake hands / meet / say good-bye / kiss one another / haven't seen each other

En **el mundo hispano** es costumbre **dar la mano** cuando los amigos **se encuentran** y cuando **se despiden**. También, las buenas amigas **se besan** cuando se encuentran. Cuando hace mucho tiempo que los buenos amigos **no se ven,** se abrazan.

ENCUESTA (Survey)

*OPTION: a) ¿Besas a tu mamá? ¿Besas a tu papá? ¿A quién besas mucho? ¿A quiénes das la mano? b) **Have students walk around classroom shaking hands, girls kissing on cheek, and greeting one another** (Mucho gusto; Hola, Jorge, etc.).*

¿Cómo saludas a las siguientes personas? The personal **a** (for example, **abrazo a, beso a**) introduces the persons who are direct objects; it is not translated into English.

Abrazo a mi _____.   I hug _____.
Beso a mi _____.   I kiss _____.
Doy la mano a mi _____.   I shake hands with _____.
Saludo verbalmente a mi _____.   I greet _____.

| papá (mamá) | abuelo(-a) | novio(-a) | hermano(-a) |
| amigo(-a) | tío(-a) | profesor(a) | primo(-a) |

 *V-14 VOCABULARIO*
LA SALUD: ¿CÓMO ESTÁS?

A. MINIDIÁLOGOS

Practica todas las respuestas; luego contesta con las más apropiadas. (Practice all the responses; then answer with the most appropriate ones.)

OPTION: Write the scale, *muy mal—mal—así así—bien—muy bien*, with a long line under it on the board. Have students mark their initials on the scale to indicate how they are feeling. Follow up with simple yes–no questions to find out why they feel as they do; e.g. *¿Estás bien porque te gusta el español? ¿Estás muy mal porque no te gusta la universidad? ¿Cómo está Juan Antonio hoy? ¿Y Melinda?*

PREPARATION: Model new phrases for students before assigning to pairs. Ask several students some of the questions to ensure that all know what to do.

REVIEW: Follow up with individualized questions from the lists.

UNO ¿Cómo estás?   DOS Estoy _____.

muy mal	mal	así así	bien	muy bien

UNO ¿Cómo estás hoy?   DOS Estoy _____.

peor (que antes)   *worse (than before)*
igual (que antes)   *the same (as before)*
mejor (que antes)   *better (than before)*

UNO ¿Estás cansado(-a)?   DOS Sí, estoy muy cansado(-a). (No, no estoy cansado[-a].)

B. MINIDIÁLOGOS: ¿QUÉ HACES CUANDO _____?

Seleccionen respuestas de las listas o inventen otras.

UNO ¿Qué haces cuando estás _____?   DOS Cuando estoy triste, _____.

ADJECTIVOS   POSIBILIDADES

muy mal   contesto las preguntas
contento(-a)   voy a la cafetería
enfermo(-a)   miro programas alegres
ocupado(-a)   hablo con el médico
preparado(-a) para un examen   trabajo mucho
listo(-a) para comer   estudio mucho
cansado(-a) de estudiar   tomo una aspirina
triste y cansado(-a)   regreso a casa

C. ACTIVIDAD

Ask if your partner is _____.   **Cubre** (*Cover*) esta columna.

tired on Mondays   **¿Estás cansado(-a) los lunes?**
busy on Saturdays   **¿Estás ocupado(-a) los sábados?**
interested in sports   **¿Estás interesado(-a) en los deportes?**

prepared for class   **¿Estás preparado(-a) para la clase?**
ready for the quiz   **¿Estás listo(-a) para la prueba?**
married   **¿Estás casado(-a)?**
cheerful when he/she is well   **¿Estás alegre cuando estás bien?**

😛 *S-6 SUGERENCIAS*
EL APRENDIZ EXITOSO

Research shows that successful language learners use the following strategies:

1. They infer the meaning of unfamiliar words from context.

2. They use gestures, circumlocution, and paraphrasing to get their meaning across; that is, they use words they know to handle unfamiliar situations.

3. They are not afraid of making mistakes nor shy about speaking.

4. They look and listen for patterns and rules, and pay attention to details such as verb and adjective endings.

5. They practice the language both in and out of the class.

6. They listen for and correct their own errors, if not at the moment, then the next time they speak. They listen with special care to natives and make mental notes of "how things are said."

7. They listen not only to the grammar, but also to the message. They try to understand what they are communicating when doing exercises and tests.

*Estos señores mexicanos hablan de sus **negocios** (business) mientras **caminan por** (walk through) la Ciudad de México.*

G-7 GRAMÁTICA
MÁS SOBRE LOS NOMBRES Y LOS ARTÍCULOS

A. NOMBRES

The masculine plural of nouns referring to persons can include both sexes:

hijos: *sons* or *son(s) and daughter(s)* or *children*
padres: *fathers* or *parents*
los señores Ortega: *the Ortegas* or *Mr. and Mrs. Ortega*

Almost all words ending in **-ión** and **-d** are feminine: **la religión, la ciudad.** Note the exception of **el avión.**

B. ARTÍCULOS: DEFINIDO E INDEFINIDO

In English and Spanish we use the indefinite article for the first reference to an object and then the definite article for subsequent references:

I have *a* house and *a* car. *The* house   Tengo **una** casa y **un** coche. **La** casa
is old; *the* car is new.   es vieja; **el** coche es nuevo.

There are, however, several differences between the two languages in the uses of the articles.

Artículo definido (Definite article)   The definite article is used with the following:

1.   With titles and other nouns. Spanish, unlike English, uses the definite article with common nouns that are followed and made specific by a proper noun or a number. Nouns that serve as titles, like **señora, doctor, profesora,** are some of the most frequent examples. Other nouns we know are **asiento, avenida, calle, lección, página, pregunta, puerta, sala, teléfono,** and **vuelo.**

el doctor Ortiz   *Doctor* Ortiz
la señora de Ortiz   *Mrs.* Ortiz
la calle Labardén   Labardén *Street*
el asiento (número) 18F   *seat (number)* 18F
la sala (número) 108   *room (number)* 108

We do not use the article, however, when addressing the person:

JUAN Aquí viene **el profesor** Flores.   Here comes *Professor* Flores.

LUIS Buenos días, **profesor** Flores.   Good morning, *Professor* Flores.

2.   With wholes. Spanish uses the definite article to denote the whole of the class designated by the noun. English regularly uses the noun alone:

—¿Te gusta **el pan?**   Do you like *bread?*
—Sí, y también **las galletas.**   Yes, and also *crackers.*

El pan and **las galletas** can refer to bread and crackers in general or specifically to the bread and the crackers on the table. Context will distinguish the general reference from the specific one.

3.   With days of the week. We have seen that the definite article is needed with days of the week to express the idea of *on,* but not to identify days:

Hay examen **el viernes.**   There is an exam *(on) Friday.*
Hoy es **jueves.**   Today is *Thursday.*

4.   In contractions. Spanish has only two contractions: **a** plus **el** becomes **al** and **de** plus **el** becomes **del.** The other articles do not contract:

sube **al** avión   junto **a la** ventana
hablan **del** viaje   después **de los** besos

Artículo indefinido (Indefinite article)

1.   After forms of the verb **ser,** Spanish omits the indefinite article before certain unmodified nouns, for example, of profession, nationality, and religion, whose purpose is simply to classify or identify.

El padre de Carlos **es** médico.   Carlos's father *is* [a] doctor.
Carlos **es** estudiante.   Carlos *is* [a] student.
Marisa **es** prima de Carlos.   Marisa *is* [a] cousin of Carlos.

The indefinite article is used when these nouns are modified so as to individualize the persons:

Su padre es **un** médico simpático.   Your father is *a* nice doctor
Carlos es **un** estudiante excelente.   Carlos is *an* excellent student.

2.   Spanish also omits the indefinite article with objects of **tener** and **haber,** and certain other verbs, when the concern is simply of existence or nonexistence of the object, or occurrence or nonoccurrence of the event:

No tengo reloj.   *I don't have* [a] *watch.*
¿Cuándo hay examen?   *When is there* [an] *exam?*

Use of the article implies some emphasis on the number:

No tengo **un** reloj; tengo tres.   I don't have *one* watch; I have three.

A-4 ACTIVIDADES
¿QUIÉN ES TU MÉDICO?

A. MINIDIÁLOGOS

UNO ¿Quién es tu médico?

UNO ¿Quién es tu profesor(a) de español?

UNO ¿Quién es esa joven simpática?

UNO ¿En qué sala tienes tu clase?

UNO ¿Dónde está tu casa?

DOS Es el doctor (apellido).

DOS Es el (la) profesor(a) _____.

DOS Es la señorita _____.

DOS En la sala (número).

DOS Está en la calle _____.

B. PREGUNTAS PARA PAREJAS

1. ¿Cuál es el vuelo de Carlos?
2. ¿Cuál es la puerta del vuelo?
3. ¿Con quién habla en el avión?
4. ¿En qué página estudias?
5. ¿En qué lección estamos?
6. ¿En qué universidad estás?

C. ACTIVIDAD

Palabras útiles (useful words): **señor** (Mr.), **señora** (Mrs.), **señorita** (Miss),

UNO Tell your partner about several neighbors, teachers, and friends of your family. Use an appropriate title with each name, and describe each person.

DOS Ask questions about each person your partner mentions. Then reverse roles.

D. MINIDIÁLOGOS

¿Cuáles de estas cosas te gustan y cuáles no te gustan? Note that the definite article is used in each case. Be careful to use **gustan** with plural subjects.

MODELOS   **el tenis, las fiestas**

UNO ¿Te gusta el tenis?

UNO ¿Te gustan las fiestas?

UNO ¿Te gusta(n) _____?

DOS No, no me gusta el tenis.

DOS Sí, me gustan mucho las fiestas.

la comida rápida
el pelo rubio
el rock and roll
la música clásica
los viernes
las casas modernas

las clases de inglés
los exámenes
el chocolate
las personas antipáticas
los muchachos altos
los ojos verdes

—¿Te gusta el tenis?
—¡Sí, y también me gustan las chicas argentinas!

E-3B ESCENA
¿QUIÉN SOY YO?

OPTION: a) Use the accompanying artwork to make an overhead transparency for use in discussing the characters of the story. b) Misread the story and allow students to correct you; e.g., *Doña Amelia es una señora alta y rubia, de unos ochenta y nueve años de edad. Lleva pantalones rojos. Sus tres hijos llevan vestidos.*

Doña Amelia es una señora baja y morena, de unos cuarenta y siete años de edad. Lleva un vestido de color café oscuro. Sus dos hijas llevan pantalones. Marisa, una señorita de dieciocho años, es delgada y tiene ojos muy negros y vivos. Susana es una chica de catorce años, un poco gorda pero muy alegre y simpática. Es tan alta como su hermana y las dos son más altas que su madre. Tienen cabello oscuro y cara bonita; además son

Doña Amelia is a short, dark woman of about forty-seven years of age. She is wearing a dark brown dress. Her two daughters are wearing slacks. Marisa, a young lady of eighteen (years), is slender and has very bright, black eyes. Susana is a fourteen-year-old girl, a little heavy but very cheerful and likeable. She is as tall as her sister and both (the two) are taller than their mother. They have dark hair and pretty faces; they are bright

listas. Y tampoco Carlos es feo; en realidad, es bastante guapo. Hace más de seis años que Carlos no ve a sus primas. Por eso no las conoce muy bien y al principio no está del todo seguro de quién es quién.

AMELIA Ya conoces a tus primas, ¿verdad?

CARLOS Creo que sí, más o menos.

SUSANA A ver si nos conoces. ¿Sabes quién soy yo?

CARLOS *(Después de pensar por un momento)* Claro que las conozco. Tú eres . . . eres Susana, ¿no?

MARISA Sí, ella es Susana. Y yo soy Marisa.

besides. And neither is Carlos ugly; in fact, he is quite good-looking. Carlos hasn't seen his cousins for more than six years. That's why he doesn't know them very well and at first is not completely sure (about) who is who.

You already know your cousins, don't you?

I think (believe) so, more or less.

Let's see if you know us. Do you know who I am?

(After thinking for a moment) Of course I know you (plural). You're . . . you're Susana, right?

Yes, she's Susana. And I'm Marisa.

CARLOS Mucho gusto en verlas otra vez. | It's a pleasure to see you again.

MARISA El gusto es nuestro. | The pleasure is ours.

CARLOS Hace mucho tiempo, ¿verdad? | It's been a long time, hasn't it?

SUSANA ¿Cuándo fue la visita? | When was *(past tense of* **ser***)* the visit?

AMELIA Hace casi siete años. | Almost seven years ago.

Note that the **las** in **las conozco** and **verlas** is not a definite article but a direct object pronoun. It is associated with verbs rather than with nouns. **Las** can mean *them*, referring to feminine plural nouns, or *you*, with reference to more than one female person. We will learn more in the next lesson.

 V-15 VOCABULARIO
LOS COLORES Y LA ROPA: ¿DE QUÉ COLOR ES EL VESTIDO?

EMPHASIS: Perhaps due to the English translation, many students have trouble remembering to use the *de* in the question *¿De qué color es. . . ?*

A. MINIDIÁLOGOS

Los adjetivos deben concordar con los nombres. (The adjectives must agree with the nouns.)

MODELO   **la mochila** *(backpack)* / **morado(-a)** *(purple)*

UNO ¿De qué color es la mochila? | DOS Es morada.

UNO ¿De qué color es (son) _____? | DOS Es _____. (Son _____.)

la blusa	blouse	azul	blue
el vestido	dress	anaranjado(-a)	orange
la falda	skirt	rosado(-a)	pink
el traje	suit	café, marrón	brown
la camisa	shirt	verde	green
la camiseta	T-shirt	amarillo(-a)	yellow
el saco	coat, jacket	negro(-a)	black
el suéter	sweater	gris	grey
el sombrero	hat	oscuro(-a)	dark
los zapatos	shoes	rojo(-a)	red
los pantalones	pants, slacks	blanco(-a)	white
el pelo	hair	castaño(-a)	brown, chestnut
el cabello	hair	rubio(-a)	blond
la tez	complexion, skin	moreno(-a)	dark, swarthy
los ojos	eyes	claro(-a)	light

B. ACTIVIDADES PARA PAREJAS

Describan a sus compañeros de clase usando los colores.

UNO ¿De qué color es la blusa de _____?

DOS Es _____.

UNO ¿De qué color son los ojos de _____?

DOS Son _____.

Sigan con las otras cosas. (Continue with the other items.)

UNO ¿Quién lleva (tiene) _____?   DOS <u>(Nombre)</u> lleva (tiene) _____.

una camisa azul	un vestido _____	un saco _____
una falda <u>(color)</u>	un suéter _____	cabello rubio
una camiseta _____	una mochila _____	pelo oscuro
pantalones _____	zapatos _____	ojos verdes

✇ V-16 VOCABULARIO
LAS NACIONALIDADES: ¿DE DÓNDE ERES?

PREPARATION:
Rather than conduct a
simple repetition ex-
ercise, you can have
students complete
your sentences as fol-
lows: Bill es de los
Estados Unidos; en-
tonces, él es (norte-
americano) y habla
(inglés). Panchita es
de México; entonces
ella es (mexicana) y
habla (español). Ad-
ditional names and
countries: Heidi—
Alemania; José—Es-
paña; Monique—
Francia; William—In-
glaterra; Ana María—
Italia; Kazi—Japón;
Natalia—Rusia; Gil-
berto—Brasil.

A. PAÍSES Y NACIONALIDADES

A list of countries and nationalities follows, along with a language guide. See Apéndice I-6 for more countries, nationalities, and languages.

PAÍSES	NACIONALIDADES	IDIOMAS (LENGUAS)
los Estados Unidos	norteamericano(-a), (estadounidense)	inglés
México	mexicano(-a)	español
(la) Argentina	argentino(-a)	español
Alemania (Germany)	alemán(-ana)	alemán
España (Spain)	español(-a)	español
Francia	francés(-esa)	francés
Inglaterra (England)	inglés(-esa)	inglés
Italia	italiano(-a)	italiano
(el) Japón	japonés(-esa)	japonés
Rusia	ruso(-a)	ruso
(el) Brasil	brasileño(-a)	portugués

1. Traditionally, certain countries have included the definite article as part of the name. The practice is diminishing; even **Estados Unidos** is often used.

2. Most adjectives whose masculine singular ends in a consonant and is

stressed on the last syllable have four forms. The following adjectives of nationality add **-a, -es,** or **-as** to the masculine singular and drop unnecessary accent marks. Languages and adjectives of nationality are not capitalized.

UN HOMBRE	UNA MUJER	UNOS NIÑOS	UNAS NIÑAS
español	español**a**	español**es**	español**as**
alem**á**n	aleman**a**	aleman**es**	aleman**as**
ingl**é**s	ingles**a**	ingles**es**	ingles**as**

B. MINIDIÁLOGOS: ¿DE DÓNDE ES _____?

MODELO   **Carlos / de (la) Argentina**

UNO   ¿De dónde es **Carlos Ortiz?**   DOS   Es **de (la) Argentina.**
UNO   ¿De qué nacionalidad es y qué   DOS   Es argentino y habla español.
idioma habla?

el doctor Ortiz / México   Gabriela Meléndez / Chile
Héctor Ortiz / la Argentina   Mikhail Gorbachev / Rusia
la madre de Carlos / Alemania   Julio Iglesias / España
los padres de Hugo / Italia   el (la) profesor(a)
Margaret Thatcher / Inglaterra   estudiantes de la clase

UNO ¿De dónde eres tú?   DOS Soy de <u>(estado o país)</u>.

UNO ¿De qué nacionalidad eres?   DOS Soy _____.

UNO ¿Qué idiomas hablas?   DOS Hablo _____.

C. ACTIVIDAD

UNO Find out where your partner's   DOS After answering your partner's
parents and other relatives and   questions, reverse the roles.
friends are from, their nationalities,
and the languages they speak.

🌱 C-10 CULTURA
BOSQUEJO CULTURAL: EL VESTIR

world /
notice / dress /
taste / no matter /
shopping or for
a walk / On the
other hand

Cuando un norteamericano visita las capitales y ciudades principales del **mundo** hispano, puede **notar** que los hispanos generalmente **se visten** de un modo más formal que los estadounidenses. Los hispanos tienen la tradición de llevar ropa de buen **gusto** cuando salen de su casa, **no importa** si van de visita, **de compras o de paseo. Por otra parte,** cuando los estadounidenses

Describe la ropa de estas españolas. Compara la ropa de ellas con la ropa de los españoles de la página 72, y con la ropa de los mexicanos de la página 77.

visitan otros países, tienen la tradición de llevar ropa de turista (por ejemplo, pantalones cortos, sandalias y blusas o camisas de colores vivos). Por eso se nota una gran diferencia en el vestir de las dos culturas.

1. ¿Cómo se visten los hispanos cuando van de paseo?
2. ¿Cómo se visten los estadounidenses en la misma situación?
3. ¿Cómo es la ropa de turista? (Da una descripción.)
4. ¿Qué ropa llevas a la clase? ¿A la iglesia? ¿A la casa de tu novio(-a)?

G-8 GRAMÁTICA
PRONOMBRES COMO SUJETOS *(Subject pronouns)*

yo	*(I)*	nosotros, nosotras	*(we)*
tú	*(you)*	vosotros, vosotras	*(you)*
usted él ella	*(you)* *(he)* *(she)*	ustedes ellos, ellas	*(you)* *(they)*

1.   Feminine plural forms are required for female groups.

2.   Personal verb forms in Spanish express the subject in the endings, but these endings are not emphatic. To emphasize a subject, as in answering questions with **quién(es)** we must express it as a separate form—either a noun or a pronoun.

QUESTIONS	BRIEFEST ANSWER POSSIBLE	COMPLETE SENTENCE
¿Quién habla español?	Carlos.	Carlos habla español.
	Yo.	Yo hablo español.
	Ella.	Ella habla español.
¿Quiénes hablan español?	Los estudiantes.	Los estudiantes hablan español.
	Tú y yo.	Tú y yo hablamos español.
	Ellos.	Ellos hablan español.

A-5 ACTIVIDADES
¿QUIÉN ES EL RESPONSABLE?

A. ACTIVIDAD PARA PAREJAS: ¿QUIÉN ES EL (LA) RESPONSABLE DE _____? (Who is the one responsible for _____?)

Ustedes dos no están de acuerdo en quién debe ser responsable de unas actividades que están planeando. (You two don't agree on who should be responsible for some activities you are planning.)

EJEMPLO A

UNO Rebeca es la responsable de la comida.   DOS ¿Ella?

UNO Sí, ella.   DOS No, ella no.

UNO Entonces, ¿quién?   DOS Tú. (Adriana, yo, las chicas)

EJEMPLO B

UNO Yo soy la (el) responsable del trabajo.   DOS ¿Tú?

UNO Sí, yo.   DOS No, tú no.

UNO Entonces, ¿quién?   DOS Yo. (Paco, las chicas.)

UNO _____ es el (la) responsable del dinero (de las maletas).
(Tú eres el [la] responsable de la fiesta [del trabajo].)
(Yo soy el [la] responsable de la música.)

(Tú y _____ son los [las] responsables de la comida [de las galletas].)

(_____ y _____ son los [las] responsables de los niños.)

(El [La] profesor[a] es el [la] responsable de las actividades.)

(_____ y yo somos los [las] responsables del programa.)

OPTION: This activity can be done quite well when directed by the teacher. Describe individual students and have the class guess the person you have described.

B. ¿QUIÉN ES? ¿ERES TÚ? (Who is it? Is it you?)

Vamos a describir personas de la clase o de las escenas. Describe each one by replacing all words in boldface. Use words suggested below.

UNO ¿Quién es? Es **una mujer baja,** de unos **cuarenta y siete** años de edad, de pelo **negro** y ojos **oscuros,** y que lleva **un vestido café.** ¿Eres tú?

DOS No, no soy yo. Creo que es doña Amelia.

NOMBRES: una mujer, una chica, un joven, un hombre

ADJETIVOS: bajo(-a), alto(-a), de estatura mediana, delgado(-a), guapo(-a), bonita, viejo(-a), joven

ROPA: un vestido, una camisa, una blusa, pantalones, una falda, un suéter, un saco

COLORES: negro(-a), azul, verde, gris, castaño(-a), oscuro(-a), moreno(-a), rubio(-a), blanco(-a), café, rojo(-a), rosado(-a), morado(-a), amarillo(-a), anaranjado(-a)

G-9 GRAMÁTICA
ESTAR, SER Y HABER (HAY) (Verbs expressing "to be")

NOTE: Unlike other authors, we have decided to include *haber* with the discussion of *ser* and *estar*. This approach gives students a better understanding of how certain uses of the verb *to be* are handled by Spanish.

A. PRESENTE DE INDICATIVO DE ESTAR Y SER (Present Indicative of estar and ser)

Estar is not greatly different from the regular -a- pattern we have seen. **Ser,** on the other hand, is the most irregular of Spanish verbs.

estar		ser	
estoy	estamos	soy	somos
estás	estáis	eres	sois
está	están	es	son

B. ESTAR Y SUS FORMAS (Estar and its forms)

Estar is used with adverbs to tell where someone or something is located:

Buenos Aires **está** en Argentina.

It also is used with adjectives (and certain adverbs) to tell how someone feels and to describe conditions and states:

Carlos no **está** enfermo; **está** nervioso.
Marisa **está** muy alegre hoy. (She *is* [*feels*] cheerful today.)
El Sr. López **está** sentado en el asiento 18D.

C. *SER Y SUS FORMAS* (*Ser and its forms*)

Ser is used to link a subject with a noun or pronoun, which identifies or classifies the subject:

Carlos Ortiz **es** un joven argentino.   **Soy** yo. (*It's me.* [*It is* I.])

It is used with adjectives that describe qualities and characteristics:

Carlos **es** alto y rubio y **es** de Argentina.
Susana **es** alegre. (Susana *is* cheerful [by nature].)

Ser is used with adverbs to tell when or where an event takes place:

La fiesta **es** el sábado en mi casa. (The party *is* Saturday at my house.)

Note that **es de la Argentina** states origin, not location; it is almost the equivalent of **es Argentino**, and thus takes **ser**.

D. *HAY* (*DE HABER*)

Hay, the equivalent of *there is* and *there are,* calls attention to the existence, presence, or occurrence of persons, things, and events. It is used with numbers, including the indefinite article, and other indicators of amount. It is also used with unmodified nouns, where the English is often expressed with *some, any,* or *no:*

Hay una fiesta el sábado.	*There is a* party on Saturday.
Hay poco tiempo.	*There is little* time.
¿Cuántos chicos **hay** aquí?	*How many* boys *are there* here?
—¿**Hay** huevos?	*Are there (any)* eggs?
—**Hay** huevos pero no **hay** pan.	*There are (some)* eggs, but *there is* no bread.

E. *USO DE LOS ARTÍCULOS CON HAY, SER Y ESTAR* (*Use of articles with hay, ser and estar*)

Normally, the definite article does not occur with **hay. Hay** is used as outlined above for initial reference; subsequent references can then use the definite article with **es** or **está**. First reference with **hay:**

Hay pan en la mesa.

There is (some) bread on the table.

Hay una chica aquí.

There is a girl here.

Subsequent references using **es** and **está** with definite articles:

El pan **es** de la panadería.

The bread *is* from the bakery.

El pan **está** caliente.

The bread *is* warm.

La chica **es** bonita.

The girl *is* pretty.

La chica **está** sentada.

The girl *is* seated.

✋ A-6 ACTIVIDADES
¿QUÉ HAY EN EL DIBUJO?

NOTE: This activity can be conducted by you or done in pairs.

OPTION: You can continue this activity with additional pictures from your own files.

A. ACTIVIDAD PARA PAREJAS: ¿QUÉ HAY EN EL DIBUJO? (What is there in the drawing?)

MODELO   Hay una muchacha rubia en el sofá y un chico alto **cerca** *(near)* del televisor.

UNO ¿Qué hay en el dibujo?

DOS Hay una muchacha y un chico.

UNO ¿Cómo son?

DOS La muchacha es rubia y el chico es alto.

UNO ¿Dónde están?

DOS La muchacha está sentada en el sofá y el chico está cerca del televisor.

UNO ¿Cómo están?

DOS La muchacha está contenta y el chico está triste.

Hay un hombre grande en la puerta y una mujer pequeña en la sala.

¿Qué hay en el dibujo?   ¿Dónde están?

¿Cómo son?   ¿Cómo están?

Hay un niño pequeño cerca del televisor y un hombre viejo sentado en el sofá.

¿Qué hay en el dibujo?   ¿Dónde están?
¿Cómo son?   ¿Cómo están?

Hay un señor bajo cerca de la calle y una señorita alta cerca de la casa.

¿Qué hay en el dibujo?   ¿Dónde están?
¿Cómo son?   ¿Cómo están?

Hay una chica morena en la sala de clase y una joven morena en el corredor.

¿Qué hay en el dibujo?   ¿Dónde están?
¿Cómo son?   ¿Cómo están?

Hay una nena bonita en la cama y una madre joven cerca de la ventana.

¿Qué hay en el dibujo?   ¿Dónde están?
¿Cómo son?   ¿Cómo están?

B. ACTIVIDAD PARA PAREJAS: EN LA CAFETERÍA

UNO   First, ask where Susana is.

DOS   *(Not knowing Susana)* Ask what she is like.

Reply that she is short, blond, and pretty.

(Seeing someone like that) Say she is over there, *eating* (**comiendo**).

(Not seeing her at first) Ask again where she is.

(Pointing) Repeat what you said.

(Seeing her) Thank your friend and then use an appropriate farewell.

Respond appropriately.

C. ACTIVIDAD PARA PAREJAS: INVITACIÓN A UNA FIESTA

UNO   Tell a friend that there is a party at your house on Friday at 7:00.

DOS   Ask where his/her house is.

Give the street and house number.

Ask what his/her house is like.

Say that it is white, large, new, and pretty, and that there is a small chair near the blue door.

Thank your friend and tell her/him you are going to go.

Use an appropriate farewell.

Respond appropriately.

OPTION: a) Students give oral reports in front of the class using this activity as a guide. b) Students prepare a written autobiography based on this activity; students read one another's biography to the class; class members guess who wrote the biography.

D. ACTIVIDAD PARA PAREJAS: ¿QUIÉN SOY YO?

Tell what you can about yourself and others using **ser, estar,** and **tener.**
Primero voy a hablar **de mí mismo(-a)** *(about myself).*

Soy (de) _____.

nombre
sexo (hombre, mujer, muchacho, muchacha)
nacionalidad (norteamericano[-a], japonés[-esa])
ciudad, estado
actividad (estudiante)
descripción (una mujer bonita)

Estoy (en) _____.

ciudad, estado, escuela, universidad
salud (bien, mal)
estado de ánimo *(state of mind, mood)* (nervioso[-a])
estado civil *(marital status)* (casado[-a])

Tengo _____.

edad (veinte años)
familia (un padre, dos hermanos[-as])
clases
cosas (un coche, computadora, casa)

Ahora voy a hablar de _____.

miembros de mi familia
mis amigos
mis profesores

E-3C ESCENA
Y MI PRIMO, ¿QUÉ HACE?

COMPREHENSION:
¿Quién es Antonio?
¿Está en el aeropuerto? ¿Dónde está?
¿Quién ayuda al señor
García en la oficina?
¿Qué hace Antonio?
¿Cómo están el tío y
la abuelita de Carlos?
¿Adónde va Carlos?
¿Están lejos sus maletas? ¿Quiénes van con
Carlos a traer las
maletas? ¿Qué lleva
Carlos cuando vuelven? ¿Y Marisa? ¿Y
Susana? ¿Cree Marisa
que las maletas son
pequeñas? ¿Parece que
va a llover?
ADAPTATION: Y
(John), ¿no está?
(Rosa), ¿trabajas con
tu papá? ¿Con tu
mamá? ¡Qué suerte!
¿Y cómo está tu
tío(-a)? ¿Y tu abuelito(-a)? ¡Qué bien! Me
alegro. ¿Adónde vas?
¿Dónde está la cafetería? ¿Está lejos?
¿Parece que va a
llover? ¿Están listos
para salir? ¿Es hora
de terminar?

Antonio, hermano de las chicas y primo de Carlos, no está en el aeropuerto; está en el trabajo con su padre, don Manuel García. El señor García trabaja para una empresa multinacional que fabrica y vende equipo empleado en la informática, como computadoras e impresores. Antonio lo ayuda a menudo en la oficina.

Antonio, a brother of the girls and a cousin of Carlos, isn't at the airport; he is at work with his father, Don Manuel Garcia. Mr. Garcia works for a multinational firm that manufactures and sells equipment employed in data processing, such as computers and printers. Antonio helps him often at the office.

CARLOS Y mi primo, ¿no está?

How about my cousin? Isn't he [here]?

MARISA No, está en el trabajo.

No, he's at work.

CARLOS ¿Y qué hace?

(And) What does he do?

SUSANA Trabaja con mi papá.

He works with my Dad.

CARLOS ¡Qué suerte! ¿Y cómo está mi tío? ¿Y la abuelita?

How lucky (What luck)! And how is my uncle? And [how about] Grandma?

AMELIA Los dos están bien. Pronto los vas a ver.

They're both fine. You're going to see them soon.

CARLOS ¡Qué bien! Me alegro. (Después de una pausa) Con permiso.

That's fine! I'm glad. (After a pause) Excuse me (With permission).

Carlos empieza a irse.

Carlos starts to go (leave—ir + se)

SUSANA ¿Adónde vas?

Where are you going?

CARLOS Voy por mis maletas.

I'm going for my suitcases.

SUSANA ¿Están lejos?	Are they far?
CARLOS No, están muy cerca de aquí.	No, they're very near here.
MARISA Nosotras vamos contigo para ayudarte.	We're going with you (in order) to help you.
Las dos chicas van con Carlos a traer el equipaje. Cuando vuelven Carlos lleva dos maletas y Marisa y Susana llevan una maleta cada una.	*The two girls go with Carlos to bring the luggage. When they return Carlos is carrying two suitcases, and Marisa and Susana are carrying one suitcase each.*
MARISA ¡Qué maletas más grandes y pesadas!	What big, heavy suitcases!
CARLOS Creo que estamos listos para salir.	I think (believe) we're ready to leave.
AMELIA Entonces, vamos al coche porque parece que va a llover.	Then, let's go to the car because it looks (seems) as if it's going to rain.

❧ S-7 SUGERENCIAS
COGNADOS: MÁS VERBOS

OPTION: Model pro-
nunciation of cog-
nates for students to
imitate.

Verb stems in English coming from Latin often add the letter *-e* to the end, while the same verbs in Spanish add the customary **-ar, -er,** or **-ir.** Give the English counterpart for the Spanish verbs below:

admirar	causar	practicar	observar
comparar	continuar	usar	organizar

| describir | memorizar | producir | conversar |

Another group of verbs in English adds the ending *-ate* to the Latin stem. Provide the English for the Spanish verbs below:

| eliminar | imitar | conjugar | vibrar |
| investigar | participar | dedicar | agitar |

 ## V-17 VOCABULARIO
PREFERENCIAS: ¿QUÉ TE GUSTA MÁS?

ALGUNOS INFINITIVOS EN -E- Y EN -I-

Después de decir qué te gusta más, **trata de seguir** *(try to continue)* la conversación, usando vocabulario y gramática ya aprendidos.

MODELO   **comer en casa o comer en restaurantes**

UNO ¿Qué te gusta más, **comer en casa o comer en restaurantes**?

DOS Me gusta más comer en casa.

UNO ¿No te gusta comer en restaurantes?

DOS No, no me gusta mucho. *(Otra posibilidad)* Me gusta más comer en restaurantes.

UNO ¿Qué restaurante te gusta?

DOS Me gusta La Casita Mexicana.

aprender a hablar o a leer español	*to learn to speak or to read Spanish*
vivir solo(-a) o con otras personas	*to live alone or with other people*
leer revistas o periódicos	*to read magazines or newspapers*
escribir cartas o composiciones	*to write letters or compositions*
recibir cartas o cuentas	*to receive letters or bills*
vender casas o coches usados	*to sell houses or used cars*
creer en Dios o en las personas	*to believe in God or in people*

G-10 GRAMÁTICA
VERBOS REGULARES EN -E- Y EN -I- *(Regular verbs in -e- and -i-)*

Notice that subject endings are the same as for verbs in **-a-,** but the vowels showing present indicative are **e** and **i** rather than **a.** The first-person singular **(yo)** remains **o.** Divided into three parts, we have the following:

com		com — e		comer	
	o		mos	como	comemos
viv		viv — i		comes	coméis
com		com — é — is		come	comen
	e — s				
viv		viv — í — (i)s		vivir	
com		com		vivo	vivimos
	e		e — n	vives	vivís
viv		viv		vive	viven

A-7 ACTIVIDADES
¿TE GUSTA COMER ENCHILADAS?

PREPARATION:
Model the second
question in each set
before assigning to
pairs: *¿Cuándo comes
en un restaurante?
¿Con quién aprendes a
hablar español?
¿Cuándo lees novelas?
¿Dónde vives con
otras personas?
¿Dónde escribes cuen-
tos? ¿De quién recibes
cartas? ¿Cuándo
vendes cosas?*

A. MINIDIÁLOGOS

Sigan el modelo, usando primero el infinitivo y luego el tiempo presente.
(Follow the pattern, using first the infinitive and then the present tense.)

MODELO   **comer enchiladas / ¿dónde? / en un restaurante mexicano**

UNO ¿Te gusta **comer enchiladas**?   DOS Sí, me gusta (comer enchiladas).

UNO ¿**Dónde** comes enchiladas?   DOS Como enchiladas **en un restau-
rante mexicano**.

UNO ¿Te gusta _____?

1. comer en un restaurante / ¿cuándo? / cuando tengo dinero
2. aprender a hablar español / ¿con quién? / con mis amigos
3. leer **novelas** *(novels)* / ¿cuándo? / cuando tengo tiempo
4. vivir con otras personas / ¿dónde? / en la universidad
5. escribir **cuentos** *(stories)* / ¿dónde? / en mi clase de inglés
6. recibir cartas / ¿de quién? / de mis padres (amigos)
7. vender cosas / ¿cuándo? / cuando necesito dinero

PREPARATION:
Review conjuga-
tions of verbs given:
*aprendes / aprendo;
lees / leo; recibes / re-
cibo; cantas / canto;*
etc.

B. ACTIVIDAD

UNO   Pregunta si a tu pareja le gusta cada una de las actividades de abajo.
Luego pregunta cuándo, dónde o con quién hace cada cosa. (Ask if your part-
ner likes each of the activities below. Then ask when, where, or with whom

he/she does each thing.)

aprender nombres de personas	comer en un restaurante
leer cuentos	vivir con otras personas
recibir cartas	escribir en español
cantar en español	leer las escenas del libro de texto
comprar ropa nueva	recibir cuentas
trabajar con otras personas	contestar cartas

NOTE: Apartment may be translated as *departamento, aparatamento,* or *apartamiento.*

C. ACTIVIDAD PARA PAREJAS

Quieres saber más de las actividades de tu pareja. Aquí tienes algunas ideas para hacer preguntas. (You want to know more about the activities of your partner. Here are some ideas for asking questions.)

1. comer / ¿dónde? / ¿con quiénes? / ¿a qué hora? / ¿qué? / ¿mucho o poco?

2. escribir / ¿composiciones? / ¿cartas? / ¿muchas o pocas? / ¿a quiénes? / ¿cuándo?

3. vivir / ¿dónde? / ¿lejos o cerca de la universidad? / ¿solo(-a) o con otras personas? / ¿casa o **departamento** *(apartment)*?

4. aprender / ¿mucho o poco? / ¿qué? / ¿dónde? / ¿cuándo? / ¿con quiénes?

5. leer / ¿a menudo? / ¿cuánto? / ¿qué? / ¿dónde? / ¿cuándo?

EMPHASIS: Point out that *No sé si. . . .* is used with yes/no questions, while *No sé (qué, dónde, cuántas, etc.) . . . .* is used with information questions. Also point out that *¿A quiénes. . . ?* and *¿De quiénes. . . ?* will require a corresponding *a* or *de* in the response.

D. ACTIVIDAD PARA PAREJAS

Van a hablar de Carlos y de otras personas. Los modelos dan maneras de contestar si no saben la información pedida. (You are going to talk about Carlos and other people. The patterns give ways of answering if you don't know the information requested.)

UNO ¿Dónde vive Carlos?   DOS Vive en Buenos Aires.

UNO ¿Qué come (Carlos)?   DOS No sé qué come.

UNO ¿Escribe (Carlos) muchas cartas?   DOS No sé si escribe muchas cartas.

1.	¿Qué lee Carlos en el avión?	2.	¿A quiénes escribe cartas?
3.	¿Cuántas cartas escribe?	4.	¿De quiénes recibe cartas?
5.	¿Cuántas cartas recibe?	6.	¿Qué aprende Carlos?
7.	¿Dónde vive Carlos?	8.	¿Dónde va a vivir?
9.	¿Con quiénes va a vivir?	10.	¿Conoce a Marisa y a Susana?

NOTE: This activity is based on D above.

E. ACTIVIDAD

UNO   Find out about the same activities of a friend or family member of your partner.

DOS   Find out the same things from your partner.

C-11 CULTURA
BOSQUEJO CULTURAL: LA DISTANCIA ENTRE INTERLOCUTORES

dictates

Cada cultura **dicta** la distancia entre dos personas que conversan. En la cultura norteamericana, los interlocutores mantienen mayor distancia que los de la cultura hispana. Muchos norteamericanos **se sienten incómodos** cuando conversan con un hispanohablante porque el hispano mantiene poca distancia entre las dos personas. También, los hispanohablantes muchas veces forman la opinión de que los norteamericanos son antipáticos porque mantienen mucha distancia entre los que hablan.

*they feel uncom-
fortable*

OPTION: This point
can be made easily
by having a student
or two come forward
and stand next to you
(as if in conversation)
at varying distances.
Ask class members to
identify intimate ver-
sus formal relation-
ship based on dis-
tances. Ask the
student(s) next to you
how they feel at the
varying distances.

1.   ¿Qué opinión forman los hispanohablantes de los norteamericanos?

2.   ¿Cómo se sienten muchos norteamericanos cuando conversan con un hispanohablante?

3.   ¿Qué es lo que dicta la distancia entre dos interlocutores?

4.   ¿Cuál de las dos culturas mantiene mayor distancia?

A-8 ACTIVIDADES
¿DE DÓNDE ES USTED?

NOTE: In order to
encourage a greater
number of students
to participate, set up
ground rules that pro-
hibit a student from
asking more than two
questions consecu-
tively. Dividing the
class into teams also
may help. Encourage
them to ask questions
in addition to those
on the list.

A. HABLANDO CON EL (LA) PROFESOR(A)

Usen estas preguntas o inventen otras para saber más sobre el (la) profesor(a). Deben hablarle de usted. (Use these questions or make up others to learn more about your teacher. You should speak with **usted** forms.)

1.   ¿De dónde es usted?

2.   ¿Vive cerca de aquí ahora?

3.   ¿Vive en un departamento o en una casa? ¿Cómo es?

4.   ¿Hace mucho tiempo que vive allí?

5.   ¿Vive solo(-a)?

6.   ¿Aprende otro idioma ahora?

7.   ¿Dónde come a **mediodía** *(noon)*?

8.   ¿Dónde le gusta comer?

9.   ¿Come a menudocomida mexicana?

10.   ¿Qué revistas y periódicos recibe?

11.   ¿Tiene tiempo para leer mucho?

12.   ¿Qué libroa lee?

13.   ¿Le gusta escribir cartas?

14.   ¿A quiénes escribe cartas?

15.   ¿Escribe **poesía** *(poetry)*?

B. ACTIVIDAD PARA PAREJAS: ¿QUÉ HACEN USTEDES?

Somos and **vamos** are the only irregular **nosotros** forms in the present indicative. All other verbs simply replace **-r** with **-mos**.

hablar → **hablamos**   **comer** → **comemos**   **vivir** → **vivimos**

Quieres saber lo que hace tu pareja con otras personas. Establish first who the others are—**amigos(-as)**, **compañeros(-as)**, **parientes**, **otros estudiantes**.

MODELO   **comer / ¿qué cosas en el desayuno?**

UNO   ¿Qué cosas comen ustedes en el desayuno?
DOS   Comemos cereal, huevos, pan y otras cosas.

1.   comer / ¿dónde a mediodía? / ¿a qué hora? / ¿mucho o poco?
2.   leer / ¿qué revistas? / ¿qué periódicos? / ¿cuándo? / ¿dónde?
3.   aprender / ¿cuánto? / ¿dónde? / ¿con quiénes?
4.   vivir / ¿dónde? / ¿lejos o cerca de aquí? / ¿casa o departamento?
5.   escribir / ¿composiciones? / ¿cartas? / ¿a menudo? / ¿a quiénes?

C. HABLANDO DE OTRAS PERSONAS

Tell your partner about things the members of your family do together when you are not living at home. Remember that the verb forms will end in **-n** unless you include yourself in an activity.

SC-4 SITUACIÓN COMUNICATIVA
AYUDANDO A UN AMIGO

EMPHASIS: Encourage pairs to reverse roles when done the first time. When pairs finish early, encourage them to return to Lessons 1 and 2 and redo SC 1–3.

A friend, who is falling in love, asks you for advice. It seems your friend may have some doubts but wants to be sure. Find out what those two people have in common. For example, you might want to know the following:

1.   What things *they do* (**hacen**) *together* (**juntos**).
2.   If they work (study) together.
3.   Where they eat (study).
4.   If they are in the *same classes* (**mismas clases**).
5.   If they talk Spanish.
6.   How much they watch television.
7.   If they read the same magazines and books.
8.   Where they buy food (clothes).

R-3 REPASO
¿QUÉ PASA CON NUESTROS AMIGOS?

OPTION: a) Use an overhead transparency of these drawings for this activity. b) Have students conduct this activity, perhaps one student per frame.

AHORA ¿Quién es la señora? ¿Qué pregunta? ¿Cómo está Carlos? ¿Cómo es Carlos?

AHORA ¿De qué hablan aquí? ¿Cuál de las chicas es Marisa? ¿Cuál es Susana? ¿Cómo son las dos hermanas? ¿Cuál es la más alta? ¿Qué ropa llevan?

AHORA ¿Quiénes son estos hombres? ¿Dónde están? ¿Qué hacen? ¿Qué ropa llevan? DESPUÉS ¿Qué van a hacer dentro de poco tiempo?

AHORA ¿Dónde están las maletas de Carlos? DESPUÉS ¿Qué va a hacer Carlos? ¿Qué van a hacer las chicas?

AHORA ¿Qué pasa aquí? ¿Cuántas maletas lleva doña Amelia? ¿Qué hace doña Amelia? DESPUÉS ¿Adónde van a ir en el coche?

REPASO DE VOCABULARIO

NOMBRES:	V-15, V-16, V-17, G-8		
NIVEL A	el abrazo	*hug, embrace*	
		el beso	*kiss*
		la calle	*street*
		la cara	*face*

el cereal	cereal	abrazar	to hug
el cuento	story	aprender	to learn
el dibujo	drawing	besar	to kiss
la edad	age	estar (irr)	to be
el gusto	pleasure; taste	llevar	to carry, take;
la idea	idea		to wear
la invitación	invitation	saber (irr)	to know
la manera	manner, way	ser (irr)	to be
el miembro	member	ver (irr)	to see
el momento	moment		
el problema	problem		
la señorita	young lady, Miss		
el sofá	sofa, couch		
la suerte	luck		
el tenis	tennis		

pronto — soon
que — that, than, as
sin — without
tan — so, as

ADV/PREP/CONJ:
NIVEL B

además — besides, furthermore
e — and (**y** is replaced by **e** before the sound i)
a menudo — often
porque — because
tampoco — neither

NOMBRES:
NIVEL B

la abuelita	grandmother, grandma (diminutive)
la acción	action
la bondad	goodness, kindness
la cama	bed
la compra	purchase
el corredor	corridor
la distancia	distance
la empresa	company, firm
la encuesta	survey
el equipo	equipment
la estatura	height
el/la his-pano(-a)	Hispanic (man, woman)
la informática	data processing; computer science
la inmigración	immigration
el interlocutor	speaker
la invitación	invitation
las	you (pl), them (feminine)
lo	him, it
los	you (pl), them (masculine)
el mediodía	noon
mí	me
el modo	way, manner, mode
el mundo	world
nos	us
el pan	bread
la panadería	bakery
la parte	part
el presidente	president
al principio	beginning
la realidad	reality
el sexo	sex
el televisor	television set
el/la turista	tourist

VERBOS:
NIVEL A
V-17, G-10

VERBOS:
NIVEL B
S-7

conocer (irr)	to know, to be acquainted with; to meet
conozco	I know (persons)
dar	to give
deber	should, must
fabricar	to make, manufacture
irse (irr)	to go away, leave
llover	to rain
mantener	to maintain
se nota	one sees, notices
notar	to note, notice
pasar	to pass; to happen
pensar	to think
planear	to plan
traer (irr)	to bring
vestir	to dress

ADJETIVOS:
NIVEL A
V-14, V-15, V-16

alemán(-ana)	German
bajo(-a)	short
cada	each, every
largo(-a)	long
responsable	responsible
vivo(-a)	bright, lively; alive

ADJETIVOS:
NIVEL B

corto(-a)	short
empleado(-a)	used, employed
incómodo(-a)	uncomfortable
pesado(-a)	heavy

ADV/PREP/CONJ:
NIVEL A

casi	almost
cerca	near (adv)
cerca de	near (prep)
como	as, like
con	with
contigo	with you
lejos (de)	far (from)

MODISMOS Y EXPRESIONES:
NIVEL A

a ver	let's see
bienvenido(-a)	welcome
me alegro	I'm glad
¡Qué bien!	How great! That's great!
¿Qué tal el viaje (el examen)?	How is (was) the trip (the exam)?
¡Qué suerte!	How lucky! What luck!
ser de	to be from
un poco cansado(-a)	a little tired

MODISMOS Y EXPRESIONES:
NIVEL B

al principio	at first
claro que (+ sentence)	of course (+ sentence)
dar la mano	to shake hands
en realidad	in fact
en el trabajo	at work
hace mucho tiempo	for a long time; a long time ago
ir de compras	to go shopping
listo(-a) para (+ inf)	to be ready (+ inf)
más alta (bonita) que	taller (prettier) than
Parece que va a llover.	It looks like it's going to rain.
¡Qué maletas más grandes!	What big suitcases!
se despiden	they say good-bye
tan (adj/adv) como	as (adj/adv) as
Voy por	I'm going for (after)

LECCIÓN 4

*Izquierda, arriba: ¡Qué rico está **el pan caliente** (hot bread) de esta panadería en Burgos, España.*
*Izquierda: Aquí **vemos** (we see) la catedral que está situada en el Zócalo de la Ciudad de México.*

E-4A ESCENA
¿QUÉ HAGO CON LAS MALETAS?

COMPREHENSION:
¿Hacia qué caminan
Amelia, sus hijas y
Carlos? ¿En quién
piensa Amelia?
¿Quién es José María?
¿Quién es la mamá de
Amelia? ¿Qué pre-
gunta Carlos? ¿Dónde
pone Carlos las male-
tas? ¿Por qué pre-
gunta Susana a quién
esperan? ¿Qué con-
testa Amelia? ¿De qué
hablan en el camino?
¿Por dónde pasan en
camino a casa?
¿Cuándo van a volver
para visitar los lu-
gares de interés?

ADAPTATION:
(Picking up some ar-
ticles from a student's
desk) ¿Qué hago con
estos (libros, papeles,
lápices)? ¿Los pongo
en (la mesa, la pape-
lera, el basurero)?
¿A quién esperamos?
¿A nadie? Alonzo,
¿quieres ver algo in-
teresante? (Show pho-
tograph from book.)

Mientras los cuatro caminan hacia el coche, Amelia piensa en su hermano José María, a quien tanto quiere y ve con tan poca frecuencia. Tener en casa a Carlos va a ser casi lo mismo que una visita de su querido hermano. La estancia de Carlos va a ser un placer para todos, y especialmente para ella y para su madre. En esto llegan con las maletas adonde está estacionado el coche.

CARLOS ¿Qué hago con las maletas? ¿Las pongo en el baúl?

AMELIA Sí, puedes ponerlas en el baúl si caben.

MARISA Una puede ir adelante con nosotros.

Después que Amelia abre el baúl, Carlos pone tres maletas en el baúl y la grande en el asiento trasero. Luego todos suben al auto. Amelia tarda un momento en arrancar.

SUSANA ¿A quién esperamos?

While the four are walking toward the car, Amelia is thinking about her brother Jose Maria, whom she loves so much and sees so infrequently. Having Carlos in the house is going to be almost the same as a visit from her beloved brother. Carlos's stay is going to be a pleasure for everyone, and especially for her and (for) her mother. At this moment (In this) they arrive with the suitcases where the car is parked.

What shall (do) I do with the suitcases? Shall (Do) I put them in the trunk?

Yes, you can put them in the trunk if they fit (in).

One can go up front with us.

After Amelia opens the trunk, Carlos puts three suitcases in the trunk and the large [one] in the back seat. Then they all get into the car. Amelia takes (delays) a moment to start.

Who(m) are we waiting for?

AMELIA A nadie. Ya nos vamos.

Salen del aeropuerto para la casa. En el camino hablan de varios temas.

AMELIA Carlos, ¿quieres ver algo interesante?

CARLOS Claro que sí quiero.

AMELIA Estando tan cerca, vamos a pasar por el centro para ver cuánto recuerdas de antes.

CARLOS Eso me gustaría mucho.

Pasan por el Zócalo, el Palacio de Bellas Artes y el Monumento a la Revolución. Otro día van a volver para visitar éstos y otros lugares de interés.

No one. We're going (leaving) now.

They leave the airport for home. On the way they talk about different topics.

Carlos, do you want to see something interesting?

Of course I (do) want (to).

Since we're (Being) so near, we're going to go by way of the downtown [area] to see how much you remember from before.

I'd (I would) like that very much.

They go by the Zócalo [central square], the Palace of Fine Arts, and the Monument to the Revolution. They are going to return another day to visit these and other places of interest.

Note that the form **gustaría** belongs to the conditional tense. This tense corresponds to many of the uses of English *would*. We will learn the Spanish conditional later; in the meantime, **gustaría** will be useful.

 ## C-12 CULTURA
BOSQUEJO CULTURAL: SALUDOS Y DESPEDIDAS

English speakers
the only one
Muchos **angloparlantes** que estudian español creen que la expresión "Buenos días" es **la única** que deben usar cuando se encuentran con otra persona por primera vez durante la mañana. En realidad, hay muchas variaciones en lo

upon encounter-
ing / How did
you dawn?

que uno puede decir **al encontrarse** con otra persona. En la calle, es muy común decir "Buenos días". Además en México, la expresión **"¿Cómo amaneció** [formal]?" (o **"¿Cómo amaneciste** [familiar]?") es muy común durante las primeras horas de la mañana entre conocidos. En el Uruguay y la Argentina, la expresión "Buen día" se usa mucho.

En algunos países, cuando dos personas se encuentran en la calle y no piensan parar y conversar, es común decir simplemente "Adiós". También se usa "Adiós", "Hasta luego", o "Hasta mañana" para **despedirse de** una persona. Entre amigos, las expresiones "Hola" y "Chau" son muy comunes como saludo y despedida.

to say good-bye
to

OPTION: Have stu-
dents circulate
through the class-
room greeting one an-
other. Indicate time
of day or situation or
both on chalkboard
or overhead transpar-
ency.

A. ACTIVIDADES

Selecciona una expresión apropiada para las siguientes situaciones.

1. Son las ocho de la mañana y tú estás en la universidad. Al caminar a tu primera clase, te encuentras con otro alumno de la clase.

2. Caminas por el centro de Santa Lucía, una ciudad pequeña del Uruguay, a las cuatro de la tarde. Te encuentras con otra persona en la calle y **ni tú ni** *(neither you nor)* la otra persona quieren conversar.

3. Estás de visita en la casa de una familia de Cholula, México. A las siete de la mañana entras en la cocina y te encuentras con el padre de la familia.

4. Estás en la casa de un amigo en Santiago, Chile. Son las nueve de la noche y tú sales para volver a tu hotel.

5. Después de desayunar, **te despides de** *(you say good-bye to)* tu compañero(-a) para ir a tus clases en la Universidad de Salamanca, España.

👆 S-8 SUGERENCIAS
LA LECTURA PARA LA COMPRENSIÓN

Recent research has shown that language students can improve their comprehension of reading passages merely by silent rereading. In one research study students were asked to reread silently each passage three times, and between each reading to write down everything they understood. Without getting help from the teacher or a dictionary, their scores improved significantly with each successive reading.

To improve your pronunciation, we further recommend that you read certain passages out loud, concentrating on the way the words are pronounced and linked together. The **Bosquejos Culturales** and **Escenas,** which are recorded for your use, will provide excellent material for your practice.

ꙮ G-11 GRAMÁTICA
TRANSITIVO E INTRANSITIVO (Transitive and intransitive)

A. VERBOS TRANSITIVOS Y COMPLEMENTOS DIRECTOS
(Transitive verbs and direct objects)

To make (**Hacer**) is a transitive verb; it takes a direct object. We do not say "We're going to make" without completing the thought by naming some object, a receiver of the action of the verb. This receiver, called the direct object, is a noun or a noun equivalent, such as a pronoun or an infinitive. Its relationship to the verb is direct; there is no preposition to introduce it.

B. VERBOS INTRANSITIVOS (Intransitive verbs)

Intransitive verbs express a complete idea without a receiver of the action. Verbs of motion, such as *I go, she comes,* and *he runs,* form an important group of intransitive verbs. These verbs denote the motion of the subject rather than the action that the subject performs on an object. Intransitive verbs can have adverbs as modifiers, but they do not take direct objects.

C. COMPARACIONES (Comparisons)

Transitive verbs take nouns as direct objects; intransitive verbs need prepositions as a link with nouns.

TRANSITIVE WITH DIRECT OBJECT	INTRANSITIVE WITH PREPOSITION
Tengo muchos **amigos.**	**Voy a** la universidad.
Estudio español.	**Vivo en** un departamento.
Escribo pocas **cartas.**	**Llego** temprano **a** mis clases.

Some verbs are transitive and normally have a direct object; certain others are intransitive and cannot have a direct object. However, many verbs of both English and Spanish can function either way:

| INTRANSITIVE | La clase **empieza.** | The class *begins.* |
| TRANSITIVE | Ella **empieza la clase.** | She *begins the class.* |

The greater part of the verbs we have practiced can take direct objects. The following, however, are intransitive and do not take direct objects: **andar, caminar, entrar, estar, gustar, ir, llegar, regresar, salir, ser, trabajar, venir, viajar,** and **vivir.**

Also you need to realize that an English verb of one type may be translated by a Spanish verb of the other type.

TRANSITIVE   INTRANSITIVE WITH PREPOSITION

She leaves the office.   Sale *de* la oficina.
She enters the apartment.   Entra *en* el departamento.
Busca sus libros.   He looks *for* his books.
Espera el autobús.   He waits *for* the bus.

When you study, observe whether verbs are transitive or intransitive.

👄 G-12 GRAMÁTICA
COMPLEMENTOS DIRECTOS Y PRONOMBRES COMO
COMPLEMENTOS DIRECTOS (*Direct objects and direct object pronouns*)

A. COMPLEMENTOS DIRECTOS (*Direct objects*)

Personal a   Spanish distinguishes between persons and things as direct objects: a direct object referring to a definite person or definite persons is preceded by an **a**:

Conozco la casa.   Conozco **a** Carlos.

Since we normally do not associate prepositions with direct objects, it is better to think of this **a** not as a true preposition but rather as the sign of the personal direct object. We will call it the "personal **a**" (**a de persona**) to distinguish it from true prepositional uses of **a**. **Quién (Quiénes), alguien** (*someone*), and **nadie** (*no one*) as direct objects also take this personal **a**:

Ya conoces **a** tus primas. (E-3B)   You already know *your* cousins.
—¿**A** quién esperamos? (E-4A)   *Who(m) are we waiting for?*
—**A** nadie.   *No one.*

   Spanish distinguishes between subject **quién** and direct object **a quién**, as seen in the following shortest possible responses. Note that **quién** asks for the subject, that is, *who* performs the action:

—¿**Quién** conoce a Carlos?   *Who meets Carlos?*
—**Elena.**   *Elena.*

A quién asks for the direct object, that is *who* receives the action:

—¿**A quién** conoce Carlos?   *Who(m) does Carlos meet?*
—**A Elena.**   *Elena.*

*Omission of the personal **a*** If the person represented by a direct object noun is not definite, the **a** is not needed:

Busco un chico para hacer.   I'm looking for a boy to do it.

Forms of the verb **tener** need the personal **a** only for special situations. We do not use **a** in the following sentences.

¿Tienes hermanos?   Carlos tiene dos primas.   Tengo un tió.

B. PRONOMBRES COMO COMPLEMENTOS DIRECTOS (*Direct object pronouns*)

Direct object pronouns occur only with transitive verbs.   Following are some of the examples we have seen:

¡Qué gusto ver**te!** (E-3A)   What a pleasure to see *you!*
A ver si **nos** conoces. (E-3B)   Let's see if you know *us.*
Claro que **las** conozco. (E-3B)   Of course I know *you.*
Antonio **lo** ayuda. (E-3C)   Antonio helps *him.*
Pronto **los** vas a ver. (E-3C)   Soon you're going to see *them.*

DIRECT OBJECT PRONOUN FORMS

me	*me*	**nos**	*us*
te	*you* (familiar)	**os**	*you* (familiar)
lo	*you* (masc., formal)	**los**	*you* (masc., formal)
la	*you* (fem., formal)	**las**	*you* (fem., formal)
lo	*him, it* (masc.)	**los**	*them* (masc.)
la	*her, it* (fem.)	**las**	*them* (fem.)

In this introduction we will practice only the third-person forms: **lo, la, los, las.** Note the similarity to the definite articles. Articles agree with the nouns they modify; direct object pronouns agree with the nouns they stand for. For example:

Llego a la puerta y **la** abro.   I come to the door and open *it.*
Abre las cartas y **las** lee.   She opens the letters and reads *them.*
Juan recibe el libro y **lo** estudia. Juan receives the book and studies *it.*
Vemos a Luis y **lo** llamamos.   We see Luis and we call *him.*
Llamas a Elena y **la** invitas.   You call Elena and invite *her.*

These pronouns are not emphsized. Sometimes they are called ''with-verb pronouns'' because they occur only with a verb form, which is the stressed element.

Their position in relation to the verb and to **no** are presented here. Object pronouns adhere to the following rules.

1. They follow and are attached to infinitives:

    ¡Qué gusto ver**te!**   Mucho gusto en ver**las.**

2. They come immediately before personal verb forms except affirmative commands (which we will learn later):

    Claro que **las** conozco.   Antonio **lo** ayuda.

3. Their position is optional in verb phrases that have both a personal form and an infinitive:

    Pronto **los** vas a ver.   Pronto vas a ver**los.**

4. **No** precedes object pronouns:

    Tengo el coche pero **no lo** necesito.

A-9 ACTIVIDADES
YO VOY A LLEVAR A SUSANA

PREPARATION:
Model pronunciation
of new verbs.

A. MINIDIÁLOGOS: ¿A CUÁL VAS A LLEVAR?

Tú y tu amigo(-a) deciden quién va a hacer cada cosa. (You and your friend decide who is going to do each thing.)

MODELO   **llevar** *(to take)* **a Susana y a Marisa**

UNO Vamos a **llevar a Susana y a Marisa.** Tú, ¿a cuál vas a llevar?

DOS Yo voy a llevar a Susana.

UNO Entonces yo voy a llevar a Marisa.

>   **llamar** *(to call)* a Susana y a Marisa
>   **esperar** *(to wait for)* a Juan y a las chicas
>   **visitar** *(to visit)* al abuelo y a los tíos
>   **buscar** *(to look for)* a Jorge y a Adriana
>   **ver** *(to see)* a Carlos y a Antonio

B. ACTIVIDAD PARA PAREJAS

UNO   Ask if your partner knows people you know. If he/she says no,

DOS   Make some comment about the persons you know. If you are not tell him/her about the person.

UNO ¿Conoces a _____?

UNO ¿Conoces a _____?

acquainted, ask about the person.

DOS Sí, lo (la) conozco. Estudiamos juntos(-as) a veces. Es interesante.

DOS No, no lo (la) conozco. ¿Cómo es?

C. PREGUNTAS PARA PAREJAS

1. ¿A quiénes conoces aquí?
2. ¿A qué profesores conoces mejor?
3. ¿A quién ves primero cada día?
4. ¿A quiénes ves ahora?

D. MINIDIÁLOGOS PARA PAREJAS: PRONOMBRES

UNO ¿Qué hago con las maletas?
¿Las pongo en el baúl?

DOS Sí, puedes ponerlas en el baúl.

UNO ¿Qué hago con los libros?
¿_____ pongo en mi mochila?

UNO ¿Qué hago con el papel?
¿_____ pongo en la mesa?

UNO ¿Qué hago con mi coche?
¿_____ vendo?

UNO ¿Qué hago con _____?
¿_____ _____?

What shall I do with the suitcases?
Shall I put them in the trunk?

Yes, you can put them in the trunk.

DOS Sí, puedes ponerlos _____.

DOS Sí, puedes _____.

DOS Sí, puedes venderlo.

DOS Sí, puedes _____.

COSAS

las galletas
los verbos irregulares
la camisa verde
la revista
las palabras nuevas
el chocolate

ACCIONES POSIBLES

aprender
escribir en el cuaderno
poner en la maleta
leer
tomar
comer

OPTION: Hand out drawings or magazine pictures of a variety of items. Optional questioning may proceed as follows: *Necesito el coche nuevo. ¿Quién lo tiene? (Lo tengo yo.) ¿Lo tiene Juanita? (Sí, ella lo tiene.)*

E. ACTIVIDAD PARA LA CLASE

PROFESOR(A) (Yo) Veo una mochila azul. ¿Quién la tiene?

CLASE La tiene <u>(nombre de la persona)</u>.

ESTUDIANTE La tengo yo.

MÁS COSAS: ropa, libros, papeles, pelo, relojes.

V-18 VOCABULARIO
EXPRESIONES TEMPORALES: ALGÚN DÍA ME GUSTARÍA VERLO

PREPARATION:
Model new phrases.
Combine phrases
from the first list
with those of the sec-
ond, e.g., *Por la
mañana me gusta
ir a la biblioteca a
estudiar.*

OPTION: a) Do in
small groups (4–5 stu-
dents per group). b)
Convert this activity
into a question/an-
swer exercise. *¿Qué te
gusta hacer por la
mañana? ¿Qué quieres
hacer por la tarde?
¿Qué vas a hacer
mañana a mediodía?
¿Qué te gustaría hacer
esta noche? ¿Qué ne-
cesitas hacer todos los
días? ¿Qué vas a
hacer este fin de se-
mana? ¿Qué te gusta
hacer siempre? ¿Qué
no te gusta hacer
nunca? ¿Qué te gusta
hacer a veces? ¿Qué
vas a hacer pasado
mañana? ¿Qué ne-
cesitas hacer cada
mañana? ¿Qué te
gustaría hacer algún
día? ¿Qué vas a hacer
la semana que viene?
¿Qué vas a hacer des-
pués de la clase?
¿Cuándo vas a poner
la mesa? ¿Cuándo vas
a decir "Buenos días"
a tus amigos? ¿Cuán-
do te gustaría tener
tiempo libre?*

ACTIVIDAD PARA PAREJAS

Completen cada oración con una frase de infinitivo apropiada de la lista de abajo. (Complete each sentence with an appropriate infinitive phrase from the list below.)

Por la mañana me gusta _____.   *During the morning I like to _____.*

Por la tarde quiero _____.   *In the afternoon I want to _____.*

Mañana a mediodía voy a _____.   *Tomorrow at noon I'm going to _____.*

Esta noche me gustaría _____.   *Tonight I would like to _____.*

Todos los días necesito _____.   *Every day I need to _____.*

Este fin de semana voy a _____.   *This weekend I'm going to _____.*

Siempre me gusta _____.   *I always like to _____.*

Nunca me gusta _____.   *I never like to _____.*

A veces me gusta _____.   *Sometimes I like to _____.*

Pasado mañana voy a _____.   *The day after tomorrow I'm going to _____.*

Cada mañana necesito _____.   *Each morning I need to _____.*

Algún día me gustaría _____.   *Some day I would like to _____.*

La semana que viene voy a _____.   *Next week I'm going to _____.*

Después de la clase voy a _____.   *After class I'm going to _____.*

FRASES DE INFINITIVO

ir a la biblioteca a estudiar	*to go to the library to study*
hacer una torta, galletas	*to make a cake, cookies*
hacer la tarea	*to do the assignment, homework*
tener tiempo libre	*to have free time*
decir siempre la verdad	*to tell the truth always*
decir "Buenos días" a mis amigos	*to say "Good morning" to my friends*
poner la mesa	*to set the table*
poner la televisión, el radio	*to turn on the TV, radio*
poner la ropa en el ropero	*to put my clothes in the closet, wardrobe*
ver a (nombre de persona)	*to see* (person's name)
ver un programa de televisión	*to see a television program*
saber tocar el piano	*to know how to play the piano*
conocer a (nombre de persona)	*to meet, know* (person's name)

G-13 GRAMÁTICA
UNOS VERBOS IRREGULARES

A. IR, HACER, TENER, DECIR, PONER, Y VER

ir (*to go*)		hacer (*to make, to do*)		tener (*to have*)	
voy	vamos	hago	hacemos	tengo	tenemos
vas	vais	haces	hacéis	tienes	tenéis
va	van	hace	hacen	tiene	tienen

decir (*to say, to tell*)		poner (*to put*)		ver (*to see*)	
digo	decimos	pongo	ponemos	veo	vemos
dices	decís	pones	ponéis	ves	veis
dice	dicen	pone	ponen	ve	ven

B. ¿SABER O CONOCER?

saber (*to know; to find out (facts); to know how*)
conocer (*to know, be acquainted with; to meet; to be or become aware of*)

saber		conocer	
sé	sabemos	conozco	conocemos
sabes	sabéis	conoces	conocéis
sabe	saben	conoce	conocen

Saber denotes knowing or finding out facts that can be communicated, or knowing how to do something. **Conocer** denotes being or becoming acquainted with or aware of persons and things:

Conocemos la canción pero no la **sabemos.**	*We are acquainted with* the song, but we don't *know* it (can't sing it).
Sé quién es el señor López pero no lo **conozco.**	I *know* who Mr. Lopez is, but I don't *know* him.
¿Sabes cuántos hay?	Do you *know* how many there are?
Conozco la casa pero no **sé** llegar allí.	*I am acquainted with* the house, but I don't *know* how to get there.
Vas a **conocer** a Ana esta noche.	You're going *to meet* Ana tonight.
Lo voy a **saber** esta tarde.	I'm going *to find* it *out* this afternoon.

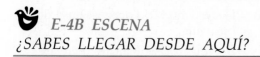

A-10 ACTIVIDADES
¿CUÁNDO VAS AL CINE?

A. PREGUNTAS PARA PAREJAS

1. ¿Cuándo vas al cine? ¿Con quién vas? ¿A qué cine vas?
2. ¿Adónde vas después de la clase? ¿Qué haces allí?
3. ¿Qué cosas sabes hacer? ¿Sabes hablar francés?
4. ¿Sabes hacer la cama? ¿La haces todos los días?
5. ¿Sabes dónde vive el (la) profesor(a)? ¿Conoces su casa?
6. ¿Tienes mucho tiempo libre? ¿Qué haces cuando tienes tiempo libre?
7. ¿A quiénes ves todos los días?
8. ¿Quién pone la mesa en tu casa?
9. ¿Dónde pones tu ropa, en la cama o en el ropero?

B. MÁS PREGUNTAS PARA PAREJAS: ¿*SABER* O *CONOCER*?

KEY: [¿Conoces al profesor de inglés? ¿Conoces Madrid? ¿Sabes tocar la guitarra? ¿Conoces a mis padres? ¿Sabes hablar español? ¿Conoces el restaurante Ruiz? ¿Sabes cantar esta canción? ¿Sabes leer este libro?]

UNO   ¿Sabes tocar el piano?

DOS   Sí, sé tocar el piano. (Sí, sé tocarlo.) (No, no sé tocar el piano. No, no sé tocarlo.)

UNO   ¿Conoces a la nueva estudiante?
UNO   ¿Sabes _____?
¿Conoces _____?

DOS   Sí, la conozco. (No, no la conozco.)

al profesor de inglés
Madrid
tocar la guitarra
a mis padres

hablar español
el restaurante Ruiz
cantar esta canción
leer este libro

E-4B ESCENA
¿SABES LLEGAR DESDE AQUÍ?

COMPREHENSION: ¿Qué hace Amelia, sin decir nada? ¿Adónde van? ¿Qué

Van por la Avenida Insurgentes Sur hacia la Colonia del Valle. Sin decir nada, Amelia toma una calle lateral.

They go along South Insurgentes Avenue toward Colonia del Valle. Without saying anything, Amelia takes a side street.

necesitan comprar? ¿Leche? ¿Carne? ¿Verduras? ¿Pan? ¿Helado? ¿Un coche nuevo? ¿Van a comprar pan en el supermercado o en la panadería? ¿Cuánto cuesta el litro de helado? ¿Conocen los García la inflación? ¿Quieren entrar en el supermercado Carlos y Marisa? ¿Qué quiere ver Carlos? ¿Qué lleva Carlos al salir del supermercado? ¿Qué le parece a Carlos el supermercado mexicano? Carlos sabe llegar a la casa desde el supermercado, ¿verdad?
ADAPTATION: *¿Qué pasa, Chulito? ¿Te gusta el helado? ¿Cuánto cuesta el litro de helado? ¿Te gusta el pan caliente? ¿Dónde compras pan? ¿En el supermercado o en una panadería? ¿Cuánto cuesta el pan? ¿Conocen ustedes la inflación? ¿Qué te parece esta universidad (americana)?*

SUSANA ¿Qué pasa, mamá? ¿Adónde vamos?

What's the matter (What's happening), Mom? Where are we going?

AMELIA Al supermercado. Tengo que comprar algunas cosas para la cena.

To the supermarket. I have to buy some things for dinner.

MARISA ¿Vas a comprar más leche?

Are you going to buy more milk?

AMELIA Sí, y también carne y verduras. ¿Saben si necesitamos pan?

Yes, and also [some] meat and [some] vegetables. Do you know if we need [any] bread?

MARISA Creo que sí.

I think so.

SUSANA Y también un poco de helado.

And also a little (of) ice cream.

AMELIA Está bien, pero es mejor comprar pan caliente en la panadería.

All right, but it's better to buy fresh (warm) bread at the bakery.

CARLOS A propósito, ¿cuánto cuesta el litro de helado?

By the way, how much does a liter of ice cream cost?

MARISA Hoy, más de dos mil pesos; mañana, ¿quién sabe?

Today, more than two thousand pesos; tomorrow, who knows?

CARLOS Entonces, también Uds. conocen la inflación.

Then you too are acquainted with inflation.

AMELIA Demasiado bien.

[Only] too well.

Al llegar al supermercado . . . .

On arriving at the supermarket . . . .

AMELIA Ven conmigo, Susana. Ustedes dos, ¿quieren entrar o nos esperan?

Come with me, Susana. You two, do you want to come in or will (do) you wait for us?

CARLOS A mí me gustaría ver lo que venden y los precios.

I would like to see what they sell and the prices. (*A mí* adds emphasis to *me*.)

Después que Amelia paga los comestibles, Carlos quiere llevar las dos bolsas.

After Amelia pays for the groceries, Carlos wants to carry the two bags.

MARISA *(A Carlos)* Tú puedes llevar esa bolsa y yo llevo ésta.

(To Carlos) You can carry that bag and I'll take this one.

CARLOS De acuerdo.

All right (Agreed).

SUSANA ¿Qué te parece este supermercado mexicano?

What do you think of this Mexican supermarket (How does it seem to you)?

CARLOS Muy grande, y tiene de todo.

Very large, and it has (some of) everything.

Al rato, en el coche . . . .

After a short while, in the car . . . .

SUSANA Carlos, ya estamos cerca de nuestra casa. ¿Sabes llegar desde aquí?

Carlos, we're near our house now. Do you know how to get there (arrive) from here?

CARLOS No, no tengo la menor idea de cómo llegar.

No, I haven't the least idea how to get there.

Note that the ideas of *some* and *any* are often implied in the Spanish noun by itself, just as they can be in English:

¿Tenemos leche?
No, pero **hay** helado.

Do we have (any) milk?
No, but there is (some) ice cream.

There also are means of expressing the idea of *some* in Spanish. With countable nouns **(libros, coches),** we can use **unos** or **algunos:**

Tengo **unos (algunos)** libros muy buenos.

I have *some* very good books.

But with noncountable nouns **(helado, leche, carne),** we generally need to use other expressions, such as **un poco de** or **algo de:**

Necesitamos **un poco de** helado.

We need *some (a little)* ice cream.

Uno puede comprar frutas y verduras frescas en este supermercado de Guadalajara, México.

V-19 VOCABULARIO
LA COMIDA: ¿QUIERES CARNE O VERDURAS?

NOTE: Additional foods are presented in V-35 Lesson 10.

PREPARATION: Model questions and pronunciation before assigning to pairs.

Tú y tu pareja hablan de cosas para comer.

MODELOS   **(la) carne o (las) verduras**

UNA POSIBILIDAD

UNO ¿Quieres carne o verduras?   DOS Quiero carne.

UNO ¿No te gustan las verduras?   DOS Sí, me gustan pero. . . .
                                        (No, no me gustan.)

OTRA POSIBILIDAD

UNO ¿Quieres carne o verduras?   DOS Quiero verduras.

UNO ¿No te gusta la carne?   DOS Sí, me gusta pero. . . .
                                        (No, no me gusta.)

(la) pizza o (el) pollo frito	*pizza or fried chicken*
(los) huevos o (el) jamón	*eggs or ham*
huevos fritos o huevos revueltos	*fried eggs or scrambled eggs*
(las) papas o (el) arroz	*potatoes or rice*

(la) sopa o (la) ensalada	*soup or salad*
(los) dulces o (las) galletas	*candy or cookies*
(la) leche o (el) chocolate	*milk or chocolate*
(la) fruta o (el) helado	*fruit or ice cream*
(la) torta o (el) pastel	*cake or pie*
(el) jugo de naranja o de tomate	*orange juice or tomato [juice]*
una manzana o una naranja	*an apple or an orange*
una hamburguesa o un sandwich de queso	*a hamburger or a cheese sandwich*

C-13 CULTURA
BOSQUEJO CULTURAL: EL SUPERMERCADO Y LAS TIENDAS ESPECIALIZADAS

stands, shops

En casi todos los países hispánicos hay supermercados en las ciudades grandes. También, en casi todas las ciudades hay tiendas o **puestos** más pequeños que venden un solo tipo de producto. Por ejemplo, una tienda vende leche solamente, otra vende carne, y otra vende zapatos. Cada tipo de tienda tiene un nombre especial que indica el producto que vende. Esto quiere decir que la tienda que vende leche se llama lechería, y la que vende carne se llama

guess

carnicería. Vamos a ver si tú puedes **adivinar** lo que se vende en las tiendas de la lista de abajo.

Hay varios puestos en este mercado que también está en Guadalajara.

OPTION: ¿Qué se
vende en una relo-
jería? ¿Qué se vende
en una pescadería?
¿Dónde venden joyas?
¿Dónde venden ta-
baco? ¿Qué se vende
en una verdulería?

Conecta la tienda con su producto. (Match the shop with its product.)

papelería	**joyas** (*jewels*)	droguería	**dulces** (*candies*)
zapatería	verduras	panadería	**drogas** (*medicines*)
carnicería	zapatos	sombrerería	libros
joyería	papeles	pastelería	pan
pescadería	relojes	librería	**confites** (*sweets*)
verdulería	**pescado** (*fish*)	dulcería	**sombreros** (*hats*)
relojería	carne	confitería	**pasteles** (*cakes,*
tabaquería	tabaco		*pies, pastries*)

G-14 GRAMÁTICA
DEMOSTRATIVOS (*Demonstratives*)

A. ADJECTIVOS DEMOSTRATIVOS (*Demonstrative adjectives*)

Demonstrative adjectives serve to point out; they correspond to English *this-these* and *that-those*. Like the articles, they go before nouns and agree with them in number and gender.

NEAR THE SPEAKER	MASCULINE	FEMININE
this (singular)	**este** coche	**esta** casa
these (plural)	**estos** coches	**estas** casas

NEAR THE PERSON SPOKEN TO	MASCULINE	FEMININE
that (singular)	**ese** coche	**esa** casa
those (plural)	**esos** coches	**esas** casas

1.   The demonstratives can be used by themselves, that is, without nouns. In these cases, they have an accent mark: **éste, ésta** (*this one*); **ése, ésa** (*that one*); **éstos, éstas** (*these*); **ésos, ésas** (*those*).

2.   Be careful not to confuse the forms **esta** (*this*) and **estas** (*these*) with **está** (*he/she is*) and **estás** (*you are*) from **estar**.

3.   Spanish also has forms to refer to what is remote from both the speaker and the person spoken to: **aquel** and **aquella** (*that*); **aquellos** and **aquellas** (*those*). In practice, the forms of **ese** often replace these forms.

B. DEMOSTRATIVOS NEUTROS: *ESTO* Y *ESO* (*Neuter Demonstratives: Esto and eso*)

These neuter forms are pronouns rather than adjectives, and they are singular only. They are used in the following instances:

1.   To refer to things for which the gender has not yet been established.

—¿Qué es **esto?**   What is *this?* (Near the speaker)

—Es una revista.   It's a magazine.

—¿Qué es **eso?**   What is *that?* (Near the one spoken to)

—Es un dibujo.   It's a drawing.

2. To refer to ideas.

—**Eso** me gustaría.   I'd like *that.* (Going through down-
town Mexico)

🐸 A-11 ACTIVIDADES
¿QUÉ ES ESTO?

A. ¿QUÉ ES ESTO (ESO)?

Pregúntale a tu pareja qué cosas hay en el aula.

UNO ¿Qué es esto? (near you)   DOS Es un libro.

UNO ¿Qué es eso? (not near you)   DOS Es una puerta.

For plural objects, such as shoes, use **¿Qué son estas (esas) cosas?**

B. ¿DE QUÉ COLOR ES (SON) _____?

Use demonstrative adjectives to ask the color of objects in the room or in pic-
tures and drawings.

UNO ¿De qué color son estos papeles?   DOS Son amarillos.

UNO ¿De qué color es ese libro?   DOS Es rojo.

cartel = poster   Mecacho = Wow   Nos tienen rodeados = They've got us surrounded

👅 SC-5 SITUACIÓN COMUNICATIVA
TESTIGO DE UN CRIMEN

You have just witnessed a crime being committed. Several suspects were in-
volved. At the *police station* (**comisaría**) you have been asked to describe in
detail the people you saw. Do the following:

1. Draw a quick sketch of five different people (stick figures).
2. Describe each one to the police officer, providing the suspect's
   a. sex (man or woman),
   b. height (tall, short, medium),
   c. weight (slender, fat), and
   d. general attractiveness (pretty, handsome, ugly).
3. Describe each article of clothing and its color.

👅 E-4C ESCENA
¿QUÉ CARRERA SIGUE HÉCTOR?

*Carlos, que tiene veinte años, es el se-
gundo de los tres hijos del doctor José
María Ortiz y su esposa, Hilda Hoff-
mann de Ortiz. Mirta, la mayor, está
casada con Hugo Ferrari, hijo de ita-
lianos, desde hace casi tres años. Los Fe-
rrari, con su hermosa nena de cinco
meses, viven con los padres de Hugo en
La Plata, capital de la provincia de Bue-
nos Aires. Algún día esperan tener dinero
suficiente para comprar su propia casa.
Ya conocemos a Héctor, el menor de los
tres hijos. Héctor acaba de terminar su
período de servicio militar y piensa volver
a sus estudios en la Facultad de Derecho
de la Universidad de Buenos Aires.*

*La señora Ortiz es de Alemania pero
desde 1938 (mil novecientos treinta y
ocho) ella, sus padres y su hermano
menor viven en Argentina. Tiene dos her-
manas mayores en Alemania.*

*Carlos, who is twenty years old, is the
second of the three children of Dr. Jose
Maria Ortiz and his wife, Hilda Hoff-
mann Ortiz. Mirta, the oldest, has been
married to Hugo Ferrari, a son of Ital-
ians, for almost three years. The Fer-
raris, with their beautiful five-month-old
baby girl, live with Hugo's parents in La
Plata, capital of the province of Buenos
Aires. Some day they hope to have
enough money to buy their own house.
We already know Hector, the youngest of
the three children. Hector has just fin-
ished his period of military service and
plans to return to his studies at the Law
School of the University of Buenos Aires.*

*Mrs. Ortiz is from Germany, but
since 1938 she, her parents, and her
younger brother have lived in Argentina.
She has two older sisters in Germany.*

*manos tiene ella?
¿Dónde viven sus her-
manos? ¿Son fre-
cuentes las visitas de
los Ortiz a México?
¿Cuándo piensan visi-
tar a México los
padres de Carlos?
Héctor sigue en el ser-
vicio militar, ¿ver-
dad? ¿Qué carrera
sigue Héctor? ¿Tiene
su propia casa la
familia de Mirta?
¿Por qué?*
ADAPTATION:
*¿Cuántos años tienes?
¿Eres el segundo de
los hijos de tu fami-
lia? ¿Qué número
eres? ¿Dónde vives?
¿Dónde viven tus
padres? ¿Es médico
tu papá? ¿Cuántos
hermanos tienes?
¿Te gustaría ir a
México? ¿A Argen-
tina? ¿Quieres termi-
nar tus estudios aquí
para julio del año que
viene? ¿Para cuándo
los vas a terminar?
(¡Ojalá sea posible!)
María, cuéntanos de
los tuyos. ¿Qué carr-
era sigues? ¿Medicina?
¿Cómo se encuentra tu
familia? ¿Todos bien?
¿Es dura la vida?*

El Dr. Ortiz, al terminar su carrera de medicina en Buenos Aires, en lugar de volver a México, se casó con Hilda Hoffmann y empezó a ejercer medicina en Buenos Aires. Las visitas de su familia a México no son frecuentes, sólo tres en unos veinticinco años.

AMELIA ¡Cuánto nos gustaría ver otra vez a tu familia!

CARLOS A ellos también les gustaría venir.

SUSANA ¡Vamos a invitarlos, mamá!

Dr. Ortiz, upon finishing his course (career) in medicine in Buenos Aires, instead of returning to Mexico, married Hilda Hoffmann and began to practice medicine in Buenos Aires. His family's visits to Mexico are not frequent, only three in about (some) twenty-five years.

We would like very much (How much we would like) to see your family again!

They also would like to come. (**A ellos** adds emphasis to **les.**)

Let's invite them, Mom!

AMELIA Ya saben que siempre tienen invitación.

They already know that they always have [an] invitation.

CARLOS Quiero terminar mis estudios aquí para julio del año que viene. Si pueden hacerlo, piensan venir entonces.

I want to finish my studies here by July of next year. If they can do it, they intend to come then.

SUSANA ¡Ojalá sea posible!

I hope it's possible!

MARISA Cuéntanos más de los tuyos. ¿Sigue Héctor en el servicio militar?

Tell us more about your family (yours). Is Hector still (Does Hector continue) in the military service?

CARLOS No, ya no. Pronto vuelve a la universidad.

No, not any more (no longer). Soon he's returning to the university.

MARISA ¿Y qué carrera sigue? ¿Medicina?

What course of study (major) is he taking (following)? Medicine?

CARLOS No, prefiere estudiar derecho. Quiere ser abogado.

No, he prefers to study law. He wants to be a lawyer.

AMELIA ¿Y cómo se encuentra la familia de Mirta?

And how is Mirta's family (How does Mirta's family find itself)?

CARLOS Ya saben que viven con los suegros, ¿verdad?

You already know that they live with her (the) in-laws, don't you?

SUSANA ¿Por qué? ¿No pueden encontrar casa?

Why? Can't they find [a] house?

CARLOS Pues, no es fácil encontrar vivienda, pero en este caso es más difícil encontrar el dinero. Sin embargo, siguen soñando con tener su propia casa.

Well, it isn't easy to find housing, but in this case it's harder to find the money. Nevertheless, they keep on dreaming about having their own house.

AMELIA Así es la vida. A veces es dura.

That's life (Life is like that). Sometimes it's hard.

En esto llegan a la casa.

At this [point] they arrive at the house.

1.   **Ojalá,** from the Arabic, means literally, *may Allah grant*. It requires special verb forms, called subjunctive, which we will learn later. **Sea** comes from **ser.**

2.   Note the omission of the indefinite article (as explained in G-7): **siempre tienen invitación, no pueden encontrar casa.**

3.   The accent marks on **casó** and **empezó** indicate they are third-person past tense. We will work actively with these forms in later lessons.

C-14 CULTURA
BOSQUEJO CULTURAL: EL SERVICIO MILITAR

*although / register-
ter*

war

Aunque en los Estados Unidos todos los jóvenes tienen que **registrarse** con el servicio selectivo, nadie tiene la obligación de entrar en el servicio militar si no hay **guerra.**

upon reaching

generally

lasts

En muchos países hispanohablantes, el servicio militar es obligatorio. Esto significa que todos los muchachos, **al llegar** a la edad de 19 años, por ejemplo, tienen que entrar en el servicio militar o la "mili". **Por lo general,** la obligación **dura** entre un año y medio y dos años. Durante este tiempo, los muchachos suspenden sus estudios, sus carreras, y a veces sus novias.

OPTION: *¿Quiénes
sirven en el servi-
cio militar ahora?
¿Quiénes han servido
en el servicio militar?
¿Te gusta la vida
militar?*

1. Compara la obligación militar de los muchachos estadounidenses con la obligación de los muchachos de los países hispanohablantes.

2. ¿Conoces a alguien en el servicio militar? ¿A quién?

3. **¿Has servido** (*Have you served*) en el servicio militar? ¿Sí o no? ¿Cuándo?

4. ¿Te gustaría servir en la "mili"? ¿Por qué?

En la Plaza Mayor en el centro de Madrid unas muchachas bonitas conversan con unos jóvenes del servicio militar.

👅 *G-15 GRAMÁTICA*
VERBOS QUE CAMBIAN LA RAÍZ (Stem-changing verbs)

Spanish has many verbs that undergo vowel changes in the stem. There are three types in the present indicative:

querer *(to want)* e becomes ie		volver *(to return)* o becomes ue		seguir *(to follow)* e becomes i	
quiero	queremos	vuelvo	volvemos	sigo	seguimos
quieres	queréis	vuelves	volvéis	sigues	seguís
quiere	quieren	vuelve	vuelven	sigue	siguen

Note that the alternate forms occur in stressed syllables: **qui*e*res, vu*e*lve, s*i*go.** When the stress falls elsewhere—**qu*e*rer, volv*e*mos, seg*u*ís**—there is no change. Stem-changing verbs appear in the vocabulary list with the vowel change in parentheses—**querer (ie), volver (ue), seguir (i).** Some irregular verbs also have stem changes. **Tener** changes **e** to **ie** except in **tengo; decir** changes **e** to **i** and has the irregular **digo.** Remember that the sound of the letter **g** as in **gusto** is spelled **gu** before **e** and **i,** as seen in the forms of **seguir.** Thus far we have used the following stem-changing verbs:

1. **e to ie:**

cerrar (ie)	*to close*	Cierro la puerta.
empezar (ie)	*to begin*	Empiezan a leer.
entender (ie)	*to understand*	No entiende.
pensar (ie)	*to think (about); to plan, intend*	Pienso en mis amigos. ¿Piensas salir?
preferir (ie)	*to prefer, choose*	Prefieren esperar.
querer (ie)	*to want, to love*	¿Quieres comer ahora? Quiere a su novia.

2. **o to ue (jugar changes u to ue):**

contar (ue)	*to count (on); to tell, relate*	Cuento contigo. Cuenta la historia.
costar (ue)	*to cost*	¿Cuánto cuesta?
encontrar (ue)	*to find, encounter*	No encuentro la **llave** *(key).*
jugar (ue)	*to play*	¿Juegas (al) tenis?
llover (ue)	*to rain*	Llueve todo el día.

poder (ue)	to be able, can	No puedo ir.
recordar (ue)	to remember	¿Recuerdas la palabra?
volver (ue)	to return	Vuelven a casa.
dormir (ue)	to sleep	Duerme poco tiempo.

3. **e** to **i**:

pedir (i)	to request, ask for	Pido permiso para ir.
repetir (i)	to repeat	Repite la pregunta.
seguir (i)	to follow, take;	Sigo una carrera difícil.
	to continue	Sigue en la escuela.

❧ *V-20 VOCABULARIO*
ACTIVIDADES: ¿QUÉ NECESITAS HACER?

PREPARATION:
Model pronunciation
and practice with sev-
eral items from the
lists before assigning
to pairs.

A. MINIDIÁLOGOS

Seleccionen respuestas lógicas de la lista que está **a la derecha** (*on the right*).

MODELO   **cuando parece que va a llover**

UNO ¿Qué necesitas hacer cuando parece que va a llover?

DOS Cuando parece que va a llover, necesito cerrar las ventanas.

UNO ¿Qué necesitas hacer _____?

DOS Cuando _____, necesito _____.

cuando no tienes dinero	cerrar las ventanas
cuando estudias palabras nuevas	entender las preguntas
cuando estás muy cansado(-a)	pensar en español
cuando vas a preparar una cena	empezar temprano
cuando estudias español	contarlos
si quieres un buen **empleo** (*job*)	jugar todos los días
si quieres **salir bien** (*pass, come out well*) en un examen oral	encontrar un buen empleo
si quieres **ganar** (*win*) en tenis	recordar lo que estudio
si quieres **ganar** (*earn*) dinero	volver a casa temprano
si quieres terminar temprano	dormir ocho horas
si vas a hablar bien el español	repetir las palabras
si quieres saber cuántos hay	pedir más dinero
	seguir una carrera

B. MÁS VERBOS ÚTILES

Para contestar, seleccionen de la lista que está a la derecha el tiempo para hacer cada actividad.

UNO ¿Cuándo _____?   DOS Quiero (Pienso) _____.

quieres jugar al tenis   este fin de semana
quieres conocer a mis primas   mañana por la mañana
quieres empezar a practicar   esta noche
piensas empezar a trabajar   mañana por la noche
piensas visitar a tu familia   hoy por la tarde
prefieres estudiar con el grupo   pasado mañana
prefieres preparar la comida   antes de comer, salir
puedes contar un **chiste** (joke)   después de cenar, estudiar
puedes hacer la tarea

A-12 ACTIVIDADES
YO QUIERO COMER AHORA

A. ACTIVIDAD PARA PAREJAS

Ustedes dos tienen preferencias distintas. Usan el mismo verbo personal pero DOS cambia algo en su respuesta. (You two have different preferences. You use the same personal verb form but DOS changes something in response.)

UNO Yo quiero comer ahora. ¿Y tú?   DOS Yo quiero (jugar, dormir).

UNO Yo prefiero caminar. ¿Y tú?

Yo pienso mucho en mi familia. ¿Y tú?

Yo puedo llegar temprano todos los días. ¿Y tú?

Yo entiendo casi todo lo que dice el profesor (la profesora). ¿Y tú?

Yo sigo el ejemplo de mis padres. ¿Y tú?

Yo pido permiso para usar el radio de mis amigos. ¿Y tú?

Yo empiezo a estudiar a las siete de la mañana. ¿Y tú?

Yo cierro la puerta para estudiar. ¿Y tú?

Yo duermo siete horas cada noche. ¿Y tú?

Yo cuento chistes cuando estoy **aburrido(-a)** (bored). ¿Y tú?

Yo juego al tenis los sábados? ¿Y tú?

Yo recuerdo los nombres de todos los estudiantes de la clase. ¿Y tú?

B. ENTREVISTA PARA PAREJAS

Using the question words and verbs on the next page, create your own questions.

this activity before
assigning to pairs:
*¿Qué quieres hacer
mañana? ¿Adónde vas
después de esta clase?
¿Cuánto tiempo pien-
sas dormir mañana?
¿Cuántas veces por se-
mana juegas al tenis?
¿A qué hora prefieres
comer esta tarde? ¿A
quiénes besas todos
los días? ¿Por qué?*

¿Qué?	¿Con quién(es)?	quieres[1]	entiendes
¿Cuál?	¿Cuánto?	puedes[1]	juegas
¿Dónde?	¿Cuánto tiempo?	piensas[1]	encuentras
¿Adónde?	¿Cuántas veces?	prefieres[1]	repites
¿Cómo?	¿Por qué?	empiezas a	cierras
¿Cuándo?		duermes	vuelves
¿A qué hora?		recuerdas	cuentas
¿A quién(es)?		pides	sigues

C. PARA PAREJAS: MIS PLANES PARA LA SEMANA QUE VIENE

UNO   Using **quiero, voy a, pienso, puedo, prefiero,** and **necesito** tell your friend your plans for each day of next week.

DOS   Help your friend by asking questions like: **¿Qué piensas hacer el martes? ¿Por qué quieres (prefieres) _____? ¿No puedes _____?**

D. CARLOS Y LOS SUYOS

PREGUNTAS

Trata de contestar sin ver las respuestas dadas abajo:

OPTION: Have a stu-
dent or two direct
these questions to the
rest of the class. Have
class members close
their books during
the questioning.

1.   ¿Dónde empieza la historia de Carlos Ortiz?

2.   ¿En qué piensa su madre?

3.   ¿Qué prefiere Carlos de México?

4.   ¿Qué piensa hacer en México?

5.   ¿Cuánto recuerda de México?

6.   ¿Qué pide en el avión?

7.   ¿Qué palabras o expresiones mexicanas no entiende Carlos?

8.   ¿Cómo encuentra la conversación con el Sr. López?

9.   ¿A quiénes encuentra en el aeropuerto de la Ciudad de México?

10.   ¿Qué cuenta antes de llegar a la casa de los García?

11.   ¿Qué quiere llevar?

POSIBLES RESPUESTAS

1.   Empieza en Buenos Aires, en la casa de los Ortiz.

2.   Piensa en su hijo Carlos, que va a México.

3.   Prefiere la múscia.

4.   Piensa vivir con sus tíos.

5.   Recuerda un poco.

6.   Pide permiso para pasar.

7.   No entiende **mande, recámara.**

8.   Encuentra la conversación interesante.

9.   Encuentra a su tía y a sus primas.

10.   Cuenta algo (más) de su familia (de los suyos).

11.   Quiere llevar las dos bolsas.

---

[1]These verbs can be followed by an infinitive.

E. HABLANDO CON EL (LA) PROFESOR(A)

Pregunten lo que piensa hacer o quiere hacer el (la) profesor(a) cada día de la semana que viene. Remember that the verb forms are the same as for Carlos, third-person singular: **quiere, piensa, necesita, va a.**

F. PARA PAREJAS: TÚ Y LOS TUYOS (You and yours [your people])

UNO   Using the verbs of this lesson as well as other verbs, tell about your plans for activities with others—your family, roommates, and friends. Remember that the **nosotros** forms are regular: **queremos, podemos, necesitamos, pensamos, preferimos.**

DOS   Help your partner think of ideas by asking questions like: **¿Qué piensan ustedes hacer el sábado por la noche? ¿Qué quieren hacer mañana? ¿Cuándo pueden _____?**

S-9 SUGERENCIAS
MÁS COGNADOS: LA LETRA **F**

In addition to the spelling changes pointed out in earlier lessons, Spanish uses the letter **f** where English uses the letters *ph*. Give the English counterpart of the following cognates:

alfabeto	filosofía	frase
elefante	física	gráfico
farmacia	fotografía	teléfono

SC-6 SITUACIÓN COMUNICATIVA
UN HORARIO COMPLETO

OPTION: Have students pretend they really don't want to study with this other person, but they are trying to be tactful in their refusal.

A classmate has asked you to study with him or her, but you have a lot of things planned. Tell your classmate the following:

1. What time you go to class.
2. Several things you need to do after class.
3. That you need to eat when you are hungry.
4. That you need to prepare for a Spanish test on Thursday.
5. That you plan to visit your family this weekend.
6. That you need to prepare dinner for your roommates (or spouse).
7. That you don't have free time.
8. That you can't study with him/her this week.

R-4 REPASO
¿QUÉ PASA CON NUESTROS AMIGOS?

OPTION: a) Use
overhead transparen-
cies of the visual.
b) Have students lead
the questioning.

AHORA ¿Qué hace doña
Amelia? ¿Cuánto tiem-
po hace que no ve a su
querido hermano?

AHORA: ¿Qué pasa aquí?
DESPUÉS ¿Qué piensan
hacer en unos mi-
nutos?

AHORA ¿Dónde están
estas personas?
¿Adónde van?
DESPUÉS ¿Qué van a
hacer en el supermer-
cado?

AHORA ¿Qué pasa aquí?
¿Adónde van?

AHORA ¿Quiénes son
estas personas? ¿En qué
ciudad viven? ¿Con
quiénes viven? ¿Qué
van a tener algún día?

 ## REPASO DE VOCABULARIO

NOMBRES:

NIVEL A

G-12, G-13, C-13, G-14, V-19

el **acuerdo**	*agreement*	la **carrera**	*major; career*	
alguien	*someone*	la **cena**	*dinner, supper*	
el **baúl**	*trunk*	el **cine**	*movies*	
el **camino**	*road, way*	los **comestibles**	*groceries*	

la **carrera**	*major; career*
la **cena**	*dinner, supper*
el **cine**	*movies*
los **comestibles**	*groceries*
el **chiste**	*joke*
el **derecho**	*law; right*
eso	*that (neuter pronoun)*
el **estudio**	*study*
la **historia**	*story*

el **lugar**	*place*
la **medicina**	*medicine*
nadie	*no one*
el **pan**	*bread*
el **peso**	*peso (monetary unit)*
el **precio**	*price*
el **supermer-cado**	*supermarket*
la **vida**	*life*

NOMBRES:

NIVEL B

el/la **aboga-do(-a)**	*lawyer*
el/la **alum-no(-a)**	*student, pupil*
el/la **anglo-parlante**	*English speaker*
el **auto**	*car, automobile*
el **autobús**	*bus*
el **caso**	*case*
la **despedida**	*farewell*
el **dólar**	*dollar*
el **estéreo**	*stereo*
la **física**	*physics*
la **frecuencia**	*frequency*
la **guitarra**	*guitar*
la **inflación**	*inflation*
el **interés**	*interest*
la **librería**	*bookstore*
el **litro**	*liter*
la **llave**	*key*
el **lugar**	*place*
la **obligación**	*obligation*
el **período**	*period*
el **placer**	*pleasure*
el **plan**	*plan*
el **producto**	*product*
el **puesto**	*vendor's stand*
el **servicio**	*service*
los **suegros**	*parents-in-law*
el **tema**	*theme, subject*
la **tienda**	*store*
el **tipo**	*type*
la **vivienda**	*housing*

VERBOS:

NIVEL A

G-15, V-20

caminar	*to walk*
cenar	*to eat dinner*
conversar	*to converse*
esperar	*to wait (for); to hope*
gustaría	*it would please*
invitar	*to invite*
necesitar	*to need*
servir (i)	*to serve*
terminar	*to finish*
tocar	*to play*

VERBOS:

NIVEL B

arrancar	*to start*
averiguar	*to, find out*
caber (irr)	*to fit (into)*
durar	*to last*
ejercer	*to practice (a profession)*
ganar	*to win, earn*
pagar	*to pay*
soñar (ue)	*to dream*
tardar	*to delay*

ADJETIVOS:

NIVEL A

difícil	*difficult*
duro(-a)	*hard, harsh*
fácil	*easy*
mayor	*older, oldest; larger, largest*
menor	*younger, youngest; smaller, smallest*
posible	*possible*
tanto(-a)	*so much, so many*

ADJETIVOS:

NIVEL B

aburrido(-a)	*boring, bored*
estacionado(-a)	*parked*
frecuente	*frequent*
hermoso(-a)	*beautiful*
mil	*thousand*
propio(-a)	*own*
querido(-a)	*dear, beloved*
suficiente	*sufficient*
suyo(-a)	*his/hers, yours*

ADV/PREP/CONJ:

NIVEL A

así	*thus, like this, like that*
conmigo	*with me*
desde	*since (time); from (place)*
hasta	*until, even*
luego	*then*
mientras	*while*
nunca	*never*
para	*by (time)*
¿por qué?	*why*
sólo	*only*

ADV/PREP/CONJ:

NIVEL B

adelante	*in front*
demasiado	*too (much)*
especialmente	*especially*
hacia	*toward*
solamente	*only*

MODISMOS Y EXPRESIONES:

NIVEL A

V-18

(a mí) me gustaría	*I would like (it would please me)*
Así es la vida.	*That's life.*
claro que sí	*of course (it's so)*

¿Cuánto cuesta?	*How much does it cost?*
de acuerdo	*agreed; all right*
pensar (+ inf)	*to plan, intend (+ inf)*
poder (+ inf)	*to be able to (+ inf)*
¿Qué pasa?	*What's up? What's the matter?*
querer (+ inf)	*to want to (+ inf)*
salir bien en un examen	*to do well on a test*
un poco de	*a little (bit of) (noncounta-ble item)*
ya no	*not anymore, no longer*

MODISMOS Y EXPRESIONES:

NIVEL B

a propósito	*by the way*
¿Cómo se encuentra?	*How is he/she?*
con poca frecuencia	*infrequently*
empezar a (+ inf)	*to begin (+ inf)*
en lugar de	*instead of*
estar casa-do(-a) con	*to be married to*
los tuyos	*yours*
más de (+ number)	*more than (+ number)*
pensar en algo	*to think about something*
por lo general	*in general, generally*
preferir (+ inf)	*to prefer to*
¿Qué te parece(n) _____?	*What do you think of _____?*
¿Quién sabe?	*Who knows?*
saber (+ inf)	*to know how to (+ inf)*
seguir una carrera	*to major, follow a course of study*
sin embargo	*nevertheless*
soñar con	*to dream about*
tener de todo	*to have some of everything*
tener que (+ inf)	*to have to (+ inf)*
Ven conmigo.	*Come with me.*
Ya nos vamos.	*We're leaving now.*

LECCIÓN 5

OPTION: Have students describe photos. ¿Qué hay en la foto superior? ¿Qué hacen los hombres? ¿Qué dicen? ¿Qué hay en la foto grande? ¿Cómo son los niños? ¿Hablan español? ¿Hablan inglés? ¿Cómo es la casa? ¿Es típica de otras casas norteamericanas?

Izquierda, arriba:—Mucho gusto en conocerle— dicen estos señores de Madrid. Izquierda: ¡Qué **chulitos** *(cute) son estos niños chicanos de Los Angeles, California!*

☙ E-5A ESCENA
A MÍ ME ENCANTA

Los García viven en un barrio de casas de estilo tradicional. Su casa de dos pisos es más grande que algunas pero no tan grande como otras. Al frente tiene un pequeño jardín con césped, flores y un árbol. En el jardín hay una niña y un perro grande que juegan con una pelota. Por lo visto, la niña no tiene miedo del perro.

AMELIA Mira, Carlos. Aquí es donde vivimos.

CARLOS ¡Qué bonita casa! ¡Y tan grande!

MARISA A nosotros nos gusta por el estilo tradicional aunque mucha gente prefiere algo más moderno.

SUSANA ¿A ti qué te parece, Carlos?

CARLOS A mí me encanta. Lo tradicional parece representar algo permanente.

Hace fresco y se ve que pronto va a llover. Por eso Carlos pregunta si puede abrir la puerta de la cochera.

The Garcias live in a neighborhood of traditional-style houses. Their two-story house is larger than some but not as large as others. In front it has a small garden with grass, flowers and a tree. In the garden there is a girl and a large dog that are playing with a ball. Apparently, the girl is not afraid of the dog.

Look, Carlos. This (Here) is where we live.

What a pretty house! And so large!

We like it because of the traditional style although many people prefer something more modern.

What do you think of it, Carlos?

I love it. The traditional seems to represent something permanent.

It's chilly and you can see (one sees) that it's soon going to rain. For that reason Carlos asks if he can open the garage door.

CARLOS ¿Abro la puerta?	Shall I open the door?
MARISA No es necesario. Aquí viene la criada a abrir.	It isn't necessary. Here comes the maid to open [up].
CARLOS Muy bien. La niña que juega, ¿es una amiga?	Very well. The girl that's playing, is she a friend?
AMELIA Es Petrita, hija de la criada.	It's Petrita, the maid's daughter.
CARLOS Ah, sí. Claro. Y el perro, ¿de quién es? ¿De ella?	Oh, yes. Of course. And [how about] the dog? Whose is it? Hers?
MARISA Es nuestro. Es feo y además come mucho; lo bueno es que es muy manso y fiel.	He's ours. He's ugly and besides he eats a lot; the good thing is that he is very gentle and faithful.

Note that **se ve** is a construction like **¿Cómo se dice?** and **¿Cómo se escribe?** Later we will learn more about this use of **se**.

✦ C-15 CULTURA
BOSQUEJO CULTURAL: LAS CRIADAS O SIRVIENTAS

just as / types of employment / quite common

En Latinoamérica, **igual que** en todas partes del mundo, hay diferentes **tipos de empleo** o trabajo. Un empleo **bastante común** en Latinoamérica es el empleo de criada o sirvienta. Muchas mujeres y chicas jóvenes viven con una familia y trabajan como sirvienta. Por su trabajo, reciben un salario y también su comida y casa.

1. ¿Es muy común el empleo de sirvienta en los Estados Unidos? ¿En Latinoamérica?

OPTION: Have students describe the photograph. ¿Quién es esta señora? ¿Qué hace? ¿Qué comida prepara? ¿De dónde es ella? ¿Te gusta la comida venezolana?

Esta criada de Venezuela prepara la comida para la familia.

2.   ¿Qué recibe la criada por su trabajo?

3.   ¿Tiene tu familia una criada? ¿Por qué?

😀 G-16 GRAMÁTICA
COMPLEMENTOS INDIRECTOS Y PRONOMBRES USADOS COMO COMPLEMENTOS INDIRECTOS (Indirect objects and indirect object pronouns)

A. Concept of the indirect object

The indirect object does not receive directly the action of the verb but is interested or affected in some way by the action. English has two constructions for expressing this indirect relationship; one depends on word order and the other requires a preposition.

1. Word order   The true indirect object comes immediately after the verb:

He writes *his friend* a letter each week.
They buy *their daughter* pretty clothes.

The indirect object tells "to whom" or "for whom" an action is performed. He writes a letter (direct object). To whom? To his friend (indirect object). They buy pretty clothes. For whom? For their daughter (indirect object).

2. Preposition   When we move the indirect object from the position immediately after the verb, we add prepositions. Technically speaking, we now have prepositional phrases rather than indirect objects:

He writes a letter *to his friend* each week.
They buy pretty clothes *for their daughter.*

B. Spanish indirect objects

The idea underlying indirect objects is the same in Spanish and English, but there are important differences in forms, uses, and range of meanings.

1. Preposition a   Whereas English expresses the ideas of indirect objects with or without prepositions, Spanish indirect objects are fundamentally prepositional phrases with **a:**

Escriben cartas {
a mí *(to me).*
a ti *(to you).*
a usted, a él, a ella *(to you, to him, to her).*
a Carlos, a la profesora.
a nosotros *(to us).*
a vosotros *(to you).*
a ustedes, a ellos, a ellas *(to you, to them).*
a sus amigos, a sus hijas.
}

There are two new forms here: **mí** and **ti**. The accent mark distinguishes the pronoun **mí** *(me)* from the possessive **mi** *(my)*. This **a** is often the equivalent of English *to;* it can also mean *for* as well as *from,* and other prepositions.

Le compran ropa bonita **a** su hija.   They buy pretty clothes *for* their
                                                daughter.

NOTE: Point out that *ti* does not need an accent mark since there is only one *ti.* The subject pronoun *tú* and the object pronoun *mí* have homophonemic counterparts that cause them to require the accent mark.

2. Indirect object pronouns (instead of prepositional phrases with a)   Spanish has a set of unstressed indirect object pronouns, different only in the third person from direct object pronouns. When there is no ambiguity and no particular emphasis on the indirect object, these unstressed pronouns are used instead of the phrases with **a:**

| a mí → **me** | **nos** ← a nosotros(-as) |
| a ti → **te** | **os** ← a vosotros(-as) |

a usted			a ustedes
a él, a ella	**le**	**les**	a ellos, a ellas
a Carlos, a la profesora			a sus amigos, a sus hijas
al perro, a la casa			a los gatos, a los libros

We have been using these pronouns with **gustar: me gusta, te gusta.**

3. Verbs that take indirect objects   Verbs of communication—for example, **decir, preguntar, contestar, hablar, contar,** and **escribir**—require indirect objects for the persons to whom something is communicated. **Gustar, parecer,** and **encantar** are intransitive and take indirect rather than direct objects.

¿**Lo** digo?	Shall I say *it?* (direct object)
¿Qué **le** digo?	What shall I tell *him/her?* (indirect object)
La conozco y **le** escribo.	I know *her* and I write *(to) her.*
—¿Qué **le** parece?	What does she think of it? (How does it seem *to her?*)
—**Le** encanta.	She loves it. (It delights *her.*)

4. Redundant indirect object pronoun   Whenever the indirect object is a noun or an emphasized pronoun, we must use the preposition **a**. Characteristic of Spanish is the addition of a "redundant" unstressed pronoun.

PREPOSITIONAL PHRASE		REDUNDANT PRONOUN	
¿A	quién	le	**gusta cantar?**
	mí	me	
	ti	te	
	usted	le	
	él/ella	le	
A	Susana	le	**gusta cantar.**
	nosotros	nos	
	vosotros	os	
	ustedes	les	
	ellos/ellas	les	
	mis amigos	les	

EXAMPLES

A ellos también **les** gustaría venir.	*They* also would like to come.
A nosotros nos gusta por el estilo tradicional.	*We* like it because of the traditional style.
—¿**A ti** qué **te** parece?	What do *you* think of it?
—**A mí me** encanta.	*I* love it.

5. Position of indirect objects   Indirect object pronouns occur only with a verb and in the same positions as direct object pronouns:

Before conjugated verbs:	**Me** gustan. **Te** digo la verdad.
Attached to infinitives:	Es mejor hablar**le** ahora.
Optional:	**Les** voy a hablar. Voy a hablar**les.**

The prepositional phrases do not have a fixed position:

A Carlos le gusta leer.   Le gusta **a Carlos** leer.   Le gusta leer **a Carlos.**

6. Distinguishing direct and indirect objects   Personal direct objects in Spanish use the personal **a**; indirect objects require the preposition **a**. Often we can distinguish the two by the redundant pronoun used with the indirect object.

DIRECT OBJECT (WHOM?) WITH PERSONAL **a**	INDIRECT OBJECT (TO WHOM?) WITH PREPOSITION **a** AND REDUNDANT PRONOUN
—¿**A** quién ves?	—¿**A** quién **le** gusta estudiar?
—Veo **a** Susana.	—**Le** gusta **a** mi hermana.

G-17 GRAMÁTICA
GUSTAR: UN RESUMEN (*Gustar: A summary*)

EMPHASIS: Remind students that *gustar* does not mean *to like*, but *to please*. Those having difficulty with this construct may want to think: I like it → it pleases me → *me gusta*.

1.   English *to like* and Spanish **gustar** describe the same situation but from different points of view and with different constructions. The intransitive verb **gustar** takes an indirect object and means to please or to appeal to.

Someone *likes* one thing: Carlos *likes* the house.
Someone *likes* several things: Carlos *likes* the flowers.
Una cosa le **gusta** a alguien: La casa le **gusta** a Carlos.
Varias cosas le **gustan** a alguien: Las flores le **gustan** a Carlos.

More frequently the subject comes after the verb: **Le gustan las flores.**

2.   **Gustar** occurs less frequently with first and second persons as subjects: **Tú me gustas.** (*I like you.*)

3.   We frequently use **gustar** to speak of things in general, as a class. Such nouns require the definite article. Infinitives and proper nouns are exceptions:

Me gustan **las** manzanas.	I like apples. (in general)
No me gusta trabajar.	I don't like to work.
Les gusta Carlos.	They like Carlos.

4.   An indirect object noun always requires the preposition **a**: *A* **mis padres les gusta viajar.**

V-21 VOCABULARIO
MÁS ACTIVIDADES: ¿TE GUSTA COCINAR?

OPTION: This first activity can be conducted as a survey.

MINIDIÁLOGOS

Escoge una respuesta para decir hasta qué punto te gusta o no te gusta cada una de estas actividades. (Choose a response to tell how much—to what point—you like or do not like each one of these activities.)

MODELO (singular)   **cocinar**

UNO ¿Te gusta cocinar?   DOS No me gusta mucho (cocinar).

Me gusta bastante.	Me gusta.	No me gusta mucho.	No me gusta nada.

UNO ¿Por qué no te gusta mucho?   DOS (No me gusta) Porque _____.

UNO ¿Cuándo cocinas?   DOS Sólo cocino cuando _____.

UNO ¿Te gusta _____?

andar en bicicleta, en moto	*to ride (on) a bicycle, a motorcycle*
asistir a todas tus clases	*to attend all your classes*
bailar	*to dance*
correr cinco kilómetros	*to run five kilometers*
escuchar cintas, cassettes, discos	*to listen to tapes, cassettes, records*
ganar dinero, partidos	*to earn money, win games*
gastar dinero	*to spend money*
pagar cuentas	*to pay bills*
hacer ejercicios	*to do exercises*
nadar	*to swim*
tocar el piano, la guitarra	*to play the piano, the guitar*
viajar por otros países	*to travel through other countries*
visitar a tus parientes	*to visit your relatives*

A estas personas les gusta andar en bicicleta y caminar por el Parque del Retiro cerca del centro de Madrid.

MODELO (plural)   **los animales** *(animals)*

UNO ¿Te gustan **los animales**?   DOS Me gustan bastante.

Me gustan bastante.	Me gustan.	No me gustan mucho.	No me gustan nada.

UNO ¿Por qué te gustan (tanto)?   DOS (Me gustan) Porque _____.

UNO ¿Qué animales tienes?   DOS Tengo _____.

UNO ¿Te gustan _____?

los gatos	*cats*	**los bailes**	*dances*
los caballos	*horses*	**los conciertos**	*concerts*
los exámenes	*exams*	**los deportes**	*sports*

A-13 ACTIVIDADES
¿A QUIÉN LE GUSTA NADAR?

A.   ACTIVIDAD PARA GRUPOS PEQUEÑOS

Averigüen a quién le gusta cada actividad. *(Find out who likes each activity.)*

MODELO   **nadar** *(to swim)*

UNO ¿A quién le gusta **nadar**? (¿A ti te gusta **nadar**?)

DOS A mí me gusta (nadar).

TRES A mis compañeras de cuarto les gusta nadar. (A todos nos gusta nadar.) (A nadie le gusta nadar.)

preparar la cena   practicar verbos   ganar dinero
poner la mesa   gastar mucho dinero   comer hamburguesas
hacer la cama   contar chistes   correr todos los días
ver videos de música   leer en la cama   caminar a la clase
escuchar cintas   comer en la cafetería   salir todas las noches
dormir hasta tarde   pagar cuentas   llegar tarde a la clase

B. ACTIVIDAD PARA GRUPOS

UNO ¿A quién le gustan las **novelas largas** *(long novels)*?

DOS A mí me gustan (las novelas largas).

TRES A Susi le gustan las novelas largas. (A nadie le gustan las novelas largas.)

UNO ¿A quién le gusta(n) _____ ?

el pelo rojo	las revistas en español	los caballos
la política	los conciertos	las verduras
el fútbol americano	los gatos	la comida china

S-10 SUGERENCIAS
CÓMO APRENDER EL VOCABULARIO

There is a great deal of vocabulary to be learned if you are going to be successful at communicating in Spanish. Although grammar is vital to communication, without an adequate vocabulary you will find it difficult to express your ideas accurately. Here are some tips to help you acquire vocabulary:

1. Create situations in which to use new words.
2. Frequently review previously learned vocabulary.
   a. Reread earlier lessons to keep vocabulary current.
   b. Review end-of-lesson vocabulary lists by covering one column (either the English or Spanish) and recalling those words you can remember. Mark with your pencil the words you cannot recall at this time and review them more frequently. Cover the opposite column and repeat the process.
   c. Make flash cards with vocabulary words and carry them with you for review when you have a spare moment.
3. Make every effort to speak the language you are learning.
4. Silently answer *all* questions asked by the teacher.

G-18 GRAMÁTICA
POSESIÓN EN ESPAÑOL (Possession in Spanish)

A. POSESIÓN CON NOMBRES (Possession with nouns)

English has two patterns for showing possession with nouns: the possessive ending of *'s* and use of the preposition *of*. Spanish has only one pattern: use of the word **de,** which is analogous to the English *of*. For example:

los amigos **de** Carlos   the friends *of* Carlos
                                                   Carlos's friends

el hijo mayor **de** los García   the older son *of* the Garcias
                                                   the Garcia's older son

De quién is the equivalent of the interrogative *whose:*

—¿De quién es el perro?   —¿De quién son las maletas?
—Es de los García.   —Son de Carlos.

B. ADJETIVOS POSESIVOS (Possessive adjectives)

Spanish has two sets of possessive adjectives, one unstressed and the other stressed. The two sets have different functions.

1. Unstressed possessive adjectives (before nouns)   You have used some of these. Like the articles, they go before and agree with the nouns they modify. Context and the first part of the adjective, not the endings, indicate the possessor.

WITH A SINGULAR NOUN		WITH A PLURAL NOUN	
mi	**nuestro(-a)**	**mis**	**nuestros(-as)**
tu	**vuestro(-a)**	**tus**	**vuestros(-as)**
su		**sus**	

The choice between **su** and **sus** depends on whether the thing possessed is singular **(su amigo)** or plural **(sus amigos)**. Context determines the possessor.

Carlos			Carlos and *his* friend(s)
Marisa			Marisa and *her* friend(s)
usted	} y **su(s)** amigo(s)		you and *your* friend(s)
los García			the Garcias and *their* friend(s)
el perro			the dog and *its* friend(s)

2. Stressed possessive adjectives (with ser, *after nouns, and with articles)*

mío(-a), míos(-as) *(mine, of mine)*	**nuestro(-a), nuestros(-as)** *(ours, of ours)*
tuyo(-a), tuyos(-as) *(yours, of yours)*	**vuestro(-a), vuestros(-as)** *(yours, of yours)*
suyo(-a), suyos(-as) *([of] yours, his, hers, its, theirs)*	

Like all adjectives, stressed possessive forms agree in number and gender with the noun they modify. This agreement has nothing to do with the number or the gender of the possessor(s).

a.   They are used with forms of the verb **ser:**

—¿De quiénes son esas cosas?	Whose things are those?
—Son mías (tuyas, nuestras).	They're mine (yours, ours).
—El coche, ¿es de los García?	Is the car the Garcia's?
—Sí, es suyo.	Yes, it's theirs.

b.   They follow accompanying nouns:

unos amigos **míos**	some friends *of mine*
la casa **tuya**	*your* house (*emphasis*)

c.   They are used with the definite article to stand for nouns:

—Mi nombre es Carmen. ¿Cuál es **el tuyo?**	My name is Carmen. What is *yours (your name)?*
—**El mío** es Ángela.	*Mine (My name)* is Angela.

3. *Clarifying su and suyo*   **Su** and **suyo** are short and useful when the reference is clear. To avoid ambiguity, we use **de** with the appropriate pronoun:

de usted	de él, de ella	de ustedes	de ellos, de ellas

Ambiguous:	Irene y Roberto van en **su** (*his, her, their*) coche.
Clear:	Irene y Roberto van en el coche **de ella (de él).**
Question:	—El coche, ¿es de Amelia o de Manuel?
Ambiguous:	—Es **suyo** (*his, hers, theirs*).
Clear:	—Es **de ella.** (Es **de él.**)

A-14 ACTIVIDADES
MI VIDA

A. ACTIVIDADES PARA PAREJAS

UNO   Tell your partner about people and things in your life by completing the following statements. The verbs in parentheses are only suggestions.

DOS   As your partner speaks, ask several appropriate questions about these same topics. Then take your turn.

1.   Mis primos <u>(son, tienen, viven)</u> _____.

2.   Mi **mejor** (*best*) amigo(-a) <u>(vive, estudia, es, tiene)</u> _____.

3.   En mi clase favorita <u>(hay, veo, conozco)</u> _____.

4.   Mis hermanos y yo <u>(vamos, somos, tenemos)</u> _____.

5.   Mi programa de televisión favorito <u>(es, tiene)</u> _____.

Estas casas están en un barrio muy bonito de la Ciudad de México. ¿Puede ser una de ellas la casa de los Garcia?

UNO   Ask about persons and things in your friend's life by making questions from the following phrases.

DOS   Ask similar questions of your partner.

tu clase favorita / ¿cuál es? / ¿a qué hora es? / ¿quién la enseña?

tu mejor amigo o amiga / ¿dónde vive? / ¿qué hace?

tu casa o departamento / ¿dónde está? / ¿cómo es? / ¿qué hay?

tus primos, tíos, abuelos / ¿dónde viven? / ¿dónde están ahora? / ¿cómo son?

tu actividad favorita / ¿cuál es? / ¿cuándo la haces?

UNO   Tell your friend about your family by completing the following:

DOS   Ask questions and make comments. Then, tell about your family.

Nuestra casa tiene _____.
Nuestro coche es _____.
Nuestros amigos son _____.

Nuestra iglesia está _____.
Nuestra ciudad tiene _____.
En nuestra calle hay _____.

B. HABLANDO CON EL (LA) PROFESOR(A)

NOTE: Answer in as much detail as you wish. This type of activity can be amusing if you are creative (i.e., lie) with your answers.

Usando las frases de abajo, háganle sus propias preguntas al (a la) profesor(a).

MODELO   **sus clases**

¿Cuáles son sus clases? ¿Dónde tiene sus clases? ¿Sus clases son interesantes?

su clase favorita / ¿cuál es?
su familia / ¿cuántos hay? / ¿dónde? / ¿qué hacen?
sus amigos / ¿quiénes son? / ¿cómo son? / ¿qué hacen?
sus actividades favoritas
sus libros (programas, películas, ciudades) favoritos(-as)

OPTION: To save
time, this activity can
be conducted with
the class as a whole,
since all have the
same information at
hand.

C. ACTIVIDADES PARA PAREJAS: USANDO *SU* Y *SUS*

1. Hablan de Carlos Ortiz. (**Su** and **sus** mean *his*.)

    ¿Dónde viven sus padres?   ¿Cuántos hijos tiene su hermana?
    ¿Quíen es su hermano?   ¿Qué es Marisa de Carlos?
    ¿Dónde vive su hermana?   ¿Qué son Amelia y Manuel de él?

2. Hablan de Susana García. (**Su** and **sus** mean *her*.)

    ¿Dónde vive su familia?   ¿Dónde trabaja su padre?
    ¿Cuál es el nombre de su hermana?   ¿Qué es Carlos de Susana?
    ¿Quiénes son sus padres?   ¿Qué es el Dr. Ortiz de Susana?

3. Hablan de Marisa y Susana. (**Su** and **sus** mean *their*.)

    ¿Dónde está su casa?   ¿Dónde están sus hermanos?
    ¿Quién es su padre?   ¿Qué es Carlos de Marisa y Susana?
    ¿Quiénes son sus hermanos?   ¿Qué es Hilda de Ortiz de ellas?

OPTION: Students
can be assigned to
write a short para-
graph describing a
friend or relative. A
list of questions to be
answered can guide
students; e.g.,
¿Quién es tu mejor
amigo(-a)? ¿Dónde
vive? ¿Cuántos años
tiene? ¿Cómo es?

D. ACTIVIDAD PARA PAREJAS: UNA AMIGA MÍA (A friend of mine)

Cada uno escribe una lista de nombres de cinco amigos y amigas; luego hace
una copia de la lista. Le da la copia a la pareja. Cada uno tiene dos listas.

MODELO   **nombre de la lista de** DOS

UNO ¿Conoces a _____?   DOS Es una (un) amiga(-o) mía(-o).

MODELO   **nombre de la lista de** UNO

UNO ¿Conoces a _____?   DOS No, no la (lo) conozco. ¿Quién
                                  es?

UNO Es una (un) amiga(-o) mía(-o).

 **A-15 ACTIVIDADES**
¿DE QUIÉN ES ESA COSA?

A. MINIDIÁLOGOS PARA LA CLASE: ¿DE QUIÉN ES (SON)?

Ropa y otras cosas de la sala de clase. The role of UNO should be taken by the
instructor; the role of DOS should be taken by a student.

UNO Jorge, ¿de qué color es esa (esta)   DOS Es blanca.
camisa?

UNO ¿De quién es?   DOS Es mía. (Es de [nombre]; de ella/él;
                                           de usted; **suya** [*yours*])

UNO Marilú, ¿de qué color son esos (estos) zapatos?

DOS Son negros.

UNO ¿De quién son?

DOS Son suyos. (Son de [nombre]; de ella/él; de usted; míos.)

B. Possessive adjectives to stand for nouns

The teacher will point out things that do not belong to the person asked.

UNO Rosa, ¿es tuyo este asiento?

DOS No, no es mío.

UNO Entonces, ¿cuál es **el tuyo** (the one that is yours)?

DOS Éste (Ése) es **el mío** (the one that is mine).

UNO Bill, ¿es tuya esta mochila?

DOS No, no es mía.

UNO Entonces, ¿cuál es la tuya?

DOS Ésta (Ésa) es la mía.

esta mochila	estos **apuntes** (notes)	este **cuaderno** (notebook)
estas cosas	este **paraguas** (umbrella)	este lápiz
estos papeles	estos libros	esta **chaqueta** (jacket)

C. Phrases with *de* rather than *suyo*

MODELO   **esta mochila—una muchacha y un muchacho**

PROFESOR(A) Esta mochila, ¿es de Debbie o de Mark?

CLASE Es de ella. (Es de Debbie.)

MODELO   **estos papeles—dos muchachos**

PROFESOR(A) Esos papeles, ¿son de Mark o de Jim?

CLASE Son de Mark.

E-5B ESCENA
ME LLAMO CARLOS ORTIZ

No hace muchos años que los García viven en esta casa. Les gustan mucho la casa y el barrio donde está. Es un barrio bonito y, a pesar de estar en una ciudad tan grande y con tanto tránsito, es bastante tranquilo. Se dice que algún día la capital mexicana va a ser la ciudad más grande del mundo. Muchas personas van del campo y de otras ciudades del país a

The Garcias haven't lived in this house many years. They like the house and the neighborhood where it is very much. It is a pretty neighborhood and, in spite of being in such a large city and with so much traffic, it is quite peaceful. It is said that some day the Mexican capital is going to be the largest city in the world. Many people go from the country (as

es Justina Gómez? ¿De dónde es? ¿Está casada? ¿Quién es Petrita? ¿Quién es Pedro Sánchez? ¿Dónde está Pedro? ¿Cuándo va a volver? ¿Cuánto hace que Justina vive con los García? ¿Cuántos años tiene Petrita? ¿Cómo es la vida para Justina y su hija? ¿Por qué?

ADAPTATION: Lane, quiero presentarte a Kelli Gubler. (Mucho gusto en conocerte, Kelli. El gusto es mío.) [Interrupting a student] Perdón, pero, ¿cómo se llama? (Me llamo Chris Blair.)

la capital porque creen que la vida va a ser mejor allí. Sin embargo, en la ciudad es difícil encontrar casa y trabajo.

Justina Gómez, la criada de los García, es de un pequeño pueblo que no está muy lejos de la capital. Ella es una de las muchas personas que llegan a la ciudad a buscar una vida mejor. No está casada y hace casi cinco años que no ve a Pedro Sánchez, el padre de Petrita. Pedro está probablemente en los Estados Unidos. Hace varios años que no le escribe a Justina. Ella sabe perfectamente que Pedro nunca va a volver para casarse con ella.

Hace unos cinco años que vive y trabaja en casa de los García. Petrita, que tiene nueve años, casi no conoce a su padre. Pero para Justina y su hija la vida no es triste. En realidad, las dos tienen suerte. Están bastante contentas con la familia García porque tienen las cosas necesarias de la vida y saben que los García las quieren.

Después que bajan del coche, Amelia le presenta Justina a Carlos. En seguida empieza a llover ligeramente.

AMELIA Carlos, quiero presentarte a Justina Gómez.

opposed to the city) and from other cities of the country (nation) because they believe that life is going to be better there. However, in the city it is difficult to find housing and work.

Justina Gomez, the Garcia's maid, is from a small town that is not far from the capital. She is one of the many people who come to the city to look for a better life. She is not married and she hasn't seen Pedro Sanchez, Petrita's father, for almost five years. Pedro is probably in the United States. He hasn't written to Justina for several years. She knows perfectly [well] that Pedro is never going to return (in order) to marry her.

She has been living and working in the Garcia's house for about five years. Petrita, who is nine, almost doesn't know her father. But for Justina and her daughter life is not sad. In fact, the two are lucky. They are quite content with the Garcia family because they have the necessary things in life, and they know that the Garcias love them.

After they get out of the car, Amelia introduces Justina to Carlos. Immediately it begins to rain lightly.

Carlos, I want to introduce Justina Gomez to you.

CARLOS Mucho gusto en conocerla, Justina.

I am pleased to meet you, Justina.

JUSTINA El gusto es mío, joven. Perdón, pero ¿cómo se llama?

The pleasure is mine, young man. Pardon, but what is your name (How do you call yourself)?

CARLOS Me llamo Carlos Ortiz. Soy sobrino de doña Amelia.

My name is Carlos Ortiz (I call myself Carlos Ortiz). I'm Doña Amelia's nephew.

SUSANA *(Hablándole a Carlos)* Justina y su hija Petrita viven con nosotros.

(Speaking to Carlos) Justina and her daughter Petrita live with us.

MARISA ¿Por qué no vamos adentro? Hace fresco y nos vamos a mojar.

Why don't we go inside? It's chilly and we're going to get wet.

AMELIA *(A Justina)* ¿Quieres llevar estas bolsas a la cocina, por favor?

(To Justina) Will you carry these bags to the kitchen, please?

JUSTINA Con gusto. ¿Alguien va a llevar las maletas del joven?

Gladly. Is someone going to take (carry) the young man's bags?

MARISA Susana y yo lo vamos a ayudar.

Susana and I are going to help him.

🌱 S-11 SUGERENCIAS: MÁS COGNADOS: -CIÓN

Another spelling change to recognize in cognates is the Spanish use of **-ción** where English used *-tion.* Nouns ending in **-ción** are feminine. Provide the English counterpart for the following:

la acción	la condición	la determinación
la adición	la creación	la educación
la composición	la declaración	la elección

C-16 CULTURA
BOSQUEJO CULTURAL: EL HISPANOHABLANTE EN LOS ESTADOS UNIDOS DE AMÉRICA

that is to say Es interesante notar que después de la capital mexicana, **es decir,** la Ciudad de México, la ciudad del mundo que tiene el mayor número de personas mexicanas es Los Angeles, California. Y el estado de California, con más de 4.500.000 de habitantes hispanos, no es el único estado que tiene un número muy grande de hispanohablantes. **Tejas** tiene casi tres millones de habitantes *Texas* hispanos y Nueva York tiene casi dos millones. También, todos los estados del país, incluyendo a Alaska y Hawaii, tienen habitantes de origen hispánico.

southwest En varios estados del **suroeste** del país, las personas hispanohablantes *telephone directory* pueden votar en español. En muchas ciudades grandes, la **guía telefónica** tiene instrucciones en español, y en el estado de Maryland una persona *take a test /* puede **examinarse** en español para la **licencia de conducir.** *driver's license*

1. ¿Quiénes son algunas personas de origen hispánico que conoces tú?

2. ¿Cuántos habitantes de origen hispánico tiene tu estado?

3. ¿Cuáles son algunos documentos públicos que se publican en español en el estado en que tú vives?

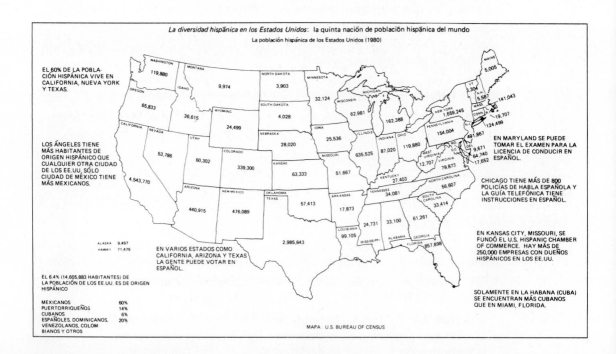

La diversidad hispánica en los Estados Unidos: la quinta nación de población hispánica del mundo

La población hispánica de los Estados Unidos (1980)

*En el estado de Nueva York hay muchas personas de Puerto Rico. Estos **puertorriqueños** (Puerto Ricans) tienen su **propio desfile** (own parade).*

G-19 GRAMÁTICA
ALGUNOS USOS DE **QUE** (Some uses of **que**)

Que serves as a conjunction to join clauses *(that)*, a relative pronoun *(who, whom, which, that)*, and an equivalent of *than* in comparisons (G-22).

A. **QUE** COMO CONJUNCIÓN (**Que** as a conjunction)

Following are examples of **que** used as a conjunction. In English we can omit *that*; the conjunction **que** must be expressed in Spanish.

Yo sé **que** tú lo tienes.	I know *(that)* you have it.
Creen **que** voy a ir.	They think *(that)* I'm going to go.
Parece **que** va a llover.	It appears *(that)* it's going to rain.

B. **QUE** COMO PRONOMBRE RELATIVO (**Que** as a relative pronoun)

Que translates *who, whom, which,* and *that* in the following sentences. In Spanish we cannot omit relative pronouns as we frequently do in English (see the last two examples).

La chica **que** viene es mi prima.	The girl *who* [*that*] is coming is my cousin.
Ese joven **que** ves habla español.	The fellow *whom* [*that*] you see speaks Spanish.
El coche **que** piensa comprar es grande.	The car *that* [*which*] he plans to buy is large.

A-16 ACTIVIDADES
YO DIGO QUE VAN

A. MINIDIÁLOGOS: ¿QUÉ DICES?

UNO ¿Qué dices? ¿Van las chicas al partido?

DOS Yo digo que van. Y tú, ¿qué dices?

UNO Yo digo lo mismo. (Yo digo que no van.)

DOS ¿Qué te parece? ¿Vamos a ganar?

UNO Me parece que no vamos a ganar. Y a ti, ¿qué te parece?

DOS A mí me parece que sí vamos a ganar. (Use **sí** for emphasis)

UNO ¿Qué dices? ¿Va a llover?

¿Qué dices? ¿Hay tiempo suficiente para terminar la lección?

UNO ¿Qué crees? ¿Vamos a terminar a tiempo?

¿Qué crees? ¿Va a ser fácil el examen oral?

UNO ¿Qué sabes? ¿Recuerda Carlos mucho de México?

¿Qué sabes? ¿Hay clases mañana?

UNO ¿Qué te parece? ¿Va a hacer fresco esta noche?

¿Qué te parece? ¿Es posible llegar a tiempo todos los días?

B. ACTIVIDAD PARA PAREJAS

UNO   You and your friend are discussing upcoming events at school—dances, concerts, games, tests. Using the expressions above, ask what he/she thinks about each one.

DOS   Answer your friend's questions, and ask your own about the same kinds of events.

C. ACTIVIDAD: ¿QUIÉN ES CARLOS ORTIZ?

OPTION: Do Activities C and D as teacher-directed class activities. Rather than direct questions to individuals, address the class as a whole and allow students to answer as a group. Repeat the question and have all students repeat the answer before proceeding to the next question.

To identify and describe the characters presented in the **Escenas,** use the information suggested and any additional facts you may know. Form complex sentences using **que.**

MODELO   **muchacho argentino / va a estudiar en México**

UNO ¿Quién es Carlos Ortiz?

DOS Es un muchacho argentino que va a estudiar en México.

¿Quién es el Sr. López?   señor mexicano / habla con Carlos

¿Quiénes son Irene y Roberto?   amigos de Carlos / van al aeropuerto

¿Quién es Susana García?   prima de Carlos / está en el aeropuerto

¿Quién es doña Conchita?   abuelita / vive con los García

¿Quién es doña Amelia?　　　　　　　tía de Carlos / vive en México

D. ¿CUÁL (DE LOS/LAS ESTUDIANTES) ES _____?

Identify students in the class and others by using **que** and clauses like those suggested below.

UNO ¿Cuál (de los/las estudiantes) es <u>(nombre)</u>?

DOS Es la chica que está sentada cerca de _____.

PERSONAS	POSIBILIDADES
el joven	que tiene pelo <u>(rubio, castaño, oscuro)</u>
la señorita	que lleva (tiene) <u>(ropa, otras cosas)</u>
el muchacho	que ves cerca de _____
la persona	que siempre habla (llega tarde)

E. PARA PAREJAS: ¿QUIÉN ES?

Dale a tu pareja cinco nombres de personas (amigos, profesores, conocidos). Luego tu pareja te pregunta **acerca de** (*about*) cada uno de los nombres.

UNO ¿Quién es <u>(Robert Green)</u>?

DOS Es un joven que trabaja **conmigo** (*with me*).

un(a) amigo(-a)	que conozco de otra clase
un(a) profesor(a)	que enseña _____
una persona	que veo todos los días en _____
un(a) señor(a)	que trabaja donde yo trabajo
un(a) joven	que _____

V-22 VOCABULARIO
NOMBRES: ¿CÓMO SE LLAMA?

A. MINIDIÁLOGOS

llamarse (*to be named; to call oneself*)

(yo) me llamo	
(tú) te llamas	
(usted, él, ella) se llama	**(ustedes, ellos, ellas) se llaman**

MODELO A   **third person**

UNO ¿Cómo se llama esa chica?   DOS Se llama Susana García.

MODELO B   **formal**

UNO ¿Cómo se llama usted?   DOS Me llamo Ricardo Díaz.

MODELO C   **familiar**

UNO ¿Cómo te llamas?   DOS Me llamo Luisa Flores.

OPTION: Conduct as a class activity. This is a good activity for helping students learn classmates' names.

B. ACTIVIDADES PARA PAREJAS

1. Repasen los nombres de los compañeros de clase.

UNO ¿Cómo se llama _____?

    la chica <u>(morena, rubia, alta)</u>
    el joven que habla con _____
    la muchacha que está sentada cerca de _____
    el muchacho que está **al lado de** (*beside*) _____
    la señorita que lleva <u>(la falda azul, los pantalones blancos)</u>
    la primera chica de **la tercera fila** (*third row*)

2. Averigua los nombres de algunos parientes y amigos de tu pareja.

UNO ¿Cómo se llama(n) _____?

    tu hermano mayor   tu mejor amigo(-a)
    tus hermanos(-as) menores   tus compañeros(-as) de cuarto

C. ACTIVIDAD PARA GRUPOS DE TRES PERSONAS: PRESENTACIONES

Hagan los **papeles** (*roles*) de los modelos.

MODELO A   **entre estudiantes** (*among students*)

UNO Karina, quiero presentarte a Jorge.

DOS Mucho gusto en conocerte, Jorge.

TRES El gusto es mío, Karina.

MODELO B   **estudiante (Jaime) con una mujer mayor (la profesora Chávez)**

UNO Jaime, quiero presentarte a la profesora Chávez.

DOS Mucho gusto en conocerla, profesora Chávez.

TRES El gusto es mío, Jaime.

MODELO C   **estudiante (Anita) con un hombre mayor (el Sr. Henríquez)**

UNO Anita, quiero presentarte al señor Henríquez.

DOS Mucho gusto en conocerlo, señor Henríquez.

TRES El gusto es mío, Anita.

UNO Quiero presentarte _____.

al señor Mejía	(conocerlo)
al profesor Blanco	
a la señorita Millares	(conocerla)
a la doctora García	
a la señora Rojas	
a (estudiantes de la clase)	(conocerte)

 G-20 GRAMÁTICA
ADVERBIOS, PREPOSICIONES Y CONJUNCIONES *(Adverbs, prepositions, and conjunctions)*

Spanish, much more than English, modifies forms to correspond to changes in function. For example, *before* and *after* can function as adverbs, as prepositions, and as conjunctions in English. The corresponding Spanish forms differ according to function.

Adverb: **después** (modifies verb).

Yo salgo y ella sale poco **después.**   I leave and she leaves soon *after*.

Preposition: **después de** (followed by noun, pronoun, or infinitive).

Sale **después de** la cena (**después**   She leaves *after* dinner (after eating
de cenar).   dinner).

Conjunction: **después (de) que** (followed by personal verb form).

Sale **después (de) que** cenamos.   She leaves *after* we eat.

Certain Spanish adverbs add **de** in order to function as prepositions. Certain prepositions add **que** in order to function as conjunctions. The **de** is optional in the conjunctions.

ADVERBS		PREPOSITIONS		CONJUNCTIONS
lejos	*far*	**lejos de**	*far from*	None
cerca	*near*	**cerca de**	*near (to)*	None
además	*besides, moreover*	**además de**	*besides*	None
dentro	*inside*	**dentro de**	*within*	None

ADVERBS		PREPOSITIONS		CONJUNCTIONS	
antes	*before* *formerly,* *earlier*	**antes de**	*before*	**antes (de) que**	*before*
después	*after,* *afterward,* *later, next*	**después de**	*after*	**después (de) que**	*after*

1. Vamos; **después** hablamos. (E-5C)
2. ¿Están **lejos?** (E-3C)
3. Están **cerca de** aquí. (E-3C)
4. Vamos a salir **dentro de** media hora. (E-1B)
5. ¿Cómo estás **después de** un viaje tan largo? (E-3A)
6. **Después que** bajan del coche, Amelia le presenta Justina a Carlos. (E-5B)

A-17 ACTIVIDADES
MIS AMIGOS VIVEN LEJOS DE AQUÍ

A. ACTIVIDAD PARA PAREJAS

Usando las palabras dadas, inventen oraciones según el modelo. (Using the words given, make up sentences according to the model.)

MODELO   **vivir / lejos (de)**

UNO Mis amigos viven lejos.	My friends live far away.
DOS ¿Lejos de qué? (¿Lejos de dónde?)	Far from what? (Far from where?)
UNO Lejos de la universidad. (Lejos de aquí.)	Far from the university. (Far from here.)

MODELO   **trabajar / además (de)**

UNO Jorge trabaja además.	Jorge works besides.
DOS ¿Además de qué?	Besides what?
UNO Además de estudiar.	Besides studying.

1. estar / cerca (de)
2. comer / además (de)
3. trabajar / dentro (de)
4. jugar / después (de)
5. ir / lejos (de)
6. salir / después (de)
7. estudiar / antes (de)
8. cenar / antes (de)

B. COMPLETEN LAS ORACIONES

Después de is followed by a noun or an infinitive. **Después (de) que** takes a different subject with a conjugated verb.

Ceno después de _____.   Salgo después de _____.
Ceno después (de) que _____.   Salgo después (de) que _____.

E-5C ESCENA
Y YO SOY LA MENOR

COMPREHENSION:
¿Qué quieren Susana
y Marisa? ¿Qué solu-
ción sugiere Carlos?
¿Qué maleta quiere
llevar Susana? ¿Por
qué? ¿Qué dice Marisa
de la maleta grande?
¿Se jacta o se queja
Susana? ¿Qué va a
pasar si siguen ha-
blando? Según Su-
sana, ¿qué está pen-
sando Marisa? ¿Qué
responde Marisa?
ADAPTION: Paco,
yo soy más fuerte que
tú, ¿verdad? ¿Quién
es el más fuerte de la
clase? ¿Eres el (la)
más fuerte de la clase?
¿Quién es el (la)
mayor? ¿Quién es el
(la) menor? ¿Quién es
el (la) más grande?
¿Quién es el (la)
más pequeño(-a)?
(¡Qué va! Después
hablamos.)

Susana y Marisa quieren ayudar a Carlos a llevar las maletas a la casa.

CARLOS Ya que insisten en ayudar, una puede llevar la más pequeña y la otra, una de las medianas.

SUSANA *(A su hermana)* Yo soy más fuerte que tú; quiero llevar la grande.

CARLOS Bueno . . . está bien.

MARISA *(Como en broma)* Es grande pero no está tan pesada como parece.

SUSANA ¡Cómo que no! A que la mía está más pesada que la que tú tienes. Y yo soy la menor.

CARLOS *(En broma)* ¿Te jactas o te quejas?

Susana and Marisa want to help Carlos carry the suitcases to the house.

Since you insist on helping, one can carry the small [one], and the other, one of the medium-sized [ones].

(To her sister) I'm stronger than you; I want to carry the big [one].

Well . . . all right.

(As if joking) It's large but it isn't as heavy as it looks (seems).

What do you mean it isn't! [I bet] mine's heavier than the [one] (that) you have. And I'm the younger [one].

(Joking) Are you bragging or are you complaining?

Las dos hermanas, que tienen su propia conversación, no le hacen caso a Carlos.

The two sisters, who have their own conversation, pay no attention to Carlos.

MARISA Eres la menor pero . . . nada. Vamos rápido. Si seguimos hablando, nos vamos a mojar.

You're the younger [one], but . . . never mind (nothing). Lets go fast. If we keep on talking, we're going to get wet.

SUSANA Ya sé lo que estás pensando, que yo soy la más grande.

I know what you're thinking, that I'm the larger [one].

MARISA ¡Qué va! No estoy pensando tal cosa. Vamos; después hablamos.

Nonsense! I'm not thinking any such thing. Let's go; afterwards we'll talk.

1.   **Nos vamos a mojar** says literally *we are going to get ourselves wet.* **Nos** here is used as a reflexive pronoun. **Te jactas** and **te quejas** are also reflexive constructions, but the reflexive pronoun **te** is not to be translated literally. Soon we will work actively with verbs that use reflexive pronouns.

2.   **A que,** *I bet (that),* is shortened from **apuesto a que.** The verb is **apostar (ue),** *to bet.*

 C-17 CULTURA
BOSQUEJO CULTURAL: COMPRANDO LA COMIDA

advantage

En un gran número de ciudades hispanas (y en particular en las ciudades pequeñas), es costumbre comprar comestibles todos los días. La señora de la casa o la criada (o las dos) van y compran cantidades pequeñas de lo que van a comer. Por lo general, sólo compran lo que van a comer ese mismo día. Así pueden tener un refrigerador bastante pequeño que usa poca electricidad. Tienen la **ventaja** de comer pan fresco, leche fresca, y verduras y frutas frescas

*En la ciudad de Miami en el estado de Florida uno puede tomar un buen **batido** (milkshake) de papaya o de
piña (pineapple), o un café expreso, si quiere.*

todos los días. También tienen la ventaja de poder hablar todos los días con
owners   los **dueños** de las tiendas o puestos.

1. ¿Cuántas veces por semana compras comestibles?

2. ¿Te gusta comer pan fresco? ¿Lo comes mucho o poco?

3. ¿Cuáles son algunas ventajas de comprar comestibles todos los días? ¿Y
de comprarlos una vez por semana?

 G-21 GRAMÁTICA
ADJETIVOS USADOS COMO NOMBRES (Adjectives used as nouns)

The relationship between adjectives and nouns is a close one. Adjectives not
only modify nouns, they can also take the place of nouns. For example, we
say *the rich* meaning *rich people*, or in Spanish, **los ricos.**

A. Adjectives representing omitted nouns

These patterns permit us to avoid unnecessary repetition. Rather than repeat-
ing a noun, English frequently replaces it with *one* or *ones;* English possessive
forms, however, do not use *one.*

Spanish simply omits the noun, leaving the article (or demonstrative) and
the adjectival element following the noun to represent the noun, as seen in
the following examples:

This suitcase and	Esta maleta y
the large one	la ~~maleta~~ grande → la grande
the large ones	las ~~maletas~~ grandes → las grandes
the smaller (smallest) one	la ~~maleta~~ más pequeña → la más pequeña
the one (that) you have	la ~~maleta~~ que tú tienes → la que tú tienes
a blue one	una ~~maleta~~ azul → una azul
some prettier ones	unas ~~maletas~~ más bonitas → unas más bonitas
that red one	esa ~~maleta~~ roja → esa roja
yours	la ~~maleta~~ tuya → la tuya
Carlos's	la ~~maleta~~ de Carlos → la de Carlos

B. Nounlike forms from adjectival elements

Spanish has a neuter definite article, **lo,** which combines with adjectival elements to produce forms that can function as nouns. The English equivalents show a good deal of variety:

lo bueno	*the good, the good thing, what is good*
lo tradicional	*the traditional, what is traditional*
lo tuyo	*what (that which) is yours, the matter concerning you*
lo de Carlos	*what is Carlos's, the matter concerning Carlos*
lo que yo tengo	*what (that which) I have*

Be careful to distinguish the interrogative *what* **(qué)** from the *what* that is the equivalent of *that which* or *the thing that* **(lo que).**

What do you want?	¿**Qué** quieres?
What I want is more time.	**Lo que** quiero es más tiempo.

✺ G-22 GRAMÁTICA
COMPARACIONES *(Comparisons)*

A. Comparison of inequality: **More than, less than, taller than,** *etc.*

1. Regular comparative forms: **más** *and* **menos**   **Más** *(more, most)* and **menos** *(less/fewer, least/fewest)* can modify verbs, nouns, adjectives, and adverbs. Thus, they are the regular means for making comparisons of inequality.

VERBS:	Ahora estudio **más;** pero me gusta **menos.**	Now I study *more,* but I like it *less.*
NOUNS:	Necesito **más** tiempo y **menos** exámenes.	I need *more* time and *fewer* exams.
ADJECTIVES:	*Susana es* **más** *fuerte.* El tío es **menos** delgado.	Susana is strong*er.* The uncle is *less* slender.
ADVERBS:	*Llegan* **más** tarde. Está **menos** lejos.	They arrive lat*er.* It is *less* distant.

2. Special comparative forms: **mejor/peor, mayor/menor**   **Mejor** *(better, best)* and **peor** *(worse, worst)* function both as adverbs and as adjectives. As adjectives they have also the plural forms **mejores** and **peores.**

ADVERBS:	Habla **bien;** quiere hablar **mejor.**	She speaks *well;* she wants to speak *better.*
	Hoy están **peor.**	They are *worse* today.
ADJECTIVES:	Esta maleta es **buena;** ésas dos son **mejores;** ésa otra es **la mejor.**	This suitcase is good; those two are *better;* this other one is *the best.*
	Justina busca una vida **mejor.**	Justina looks for a *better* life.

Mayor and **menor** are used to compare ages of persons regardless of whether they are young or old. **Mayor** also means *greater* or *greatest* and *larger* or *largest;* **menor** also means *lesser* or *least* and *smaller* or *smallest.* However, **más grande** and **más pequeño (más chico)** are preferred when the reference is to physical size: Marisa es **la mayor,** pero Susana es **la más grande.**

Spanish does not distinguish comparative forms *(taller, better)* from superlative forms *(tallest, best).* Context tells which English form is appropriate.

Carlos es **más alto** que Antonio; es **el más alto** de los dos.	Carlos is *taller* than Antonio; he is *the taller* of the two.
Antonio es **más alto** que sus hermanos; es **el más alto** de la familia.	Antonio is *taller* than his brothers and sisters; he is *the tallest* in the family.

Note that Spanish uses **de (de la familia)** to translate the English *in* when it is used with a superlative.

3. Expressing the idea of than   **Que** is the most frequent equivalent of *than* in comparisons of inequality:

Ella es más alta **que** su madre.	She is taller *than* her mother.
Yo canto peor **que** usted.	I sing worse *than* you (do).
Rosa es mayor **que** yo.	Rosa is older *than* I (am).
Ana tiene menos dinero **que** él.	Ana has less money *than* he (has).
Está peor ahora **que** antes.	It's worse now *than* before.

However, when the comparison is between two amounts, both stated in some form, **de** renders the idea of *than:*

Hace más [años] **de** seis años.	It has been more [years] *than* six years.

B. *Comparisons of equality:* **As much as, as many as, as tall as,** *etc.*

Comparisons of equality are expressed in Spanish with **tanto(-a), tantos(-as)** and **tan.** In addition, these forms also present the ideas of *so much (that), so many (that), so tall (a),* and *such (a):*

Tengo **tantas** clases que no tengo tiempo para otras cosas.
Hay **tantos** vuelos. (E-2C)

Carlos está cansado después de un viaje **tan** largo. (E-3A)

1.   **Tanto como** *(as much as),* when used as an adverb, uses only this form:

Yo trabajo **tanto como** tú.	I work *as much as* you (do).

2.   **Tanto(-a), tantos(-as)** . . . **como** *(as much . . . as, as many . . . as)* agrees with the noun it modifies or stands for:

Tú tienes **tanto** tiempo **como** yo.	You have *as much* time *as* I.
Yo tengo **tantos** amigos **como** tú.	I have *as many* friends *as* you.

3.   **Tan** (adjective or adverb) **como** *(as . . . as):*

Susana es **tan** alta **como** su hermana. (E-3B)	Susana is *as tall as* her sister.
No está **tan** pesada **como** parece.	It's not *as heavy as* it seems.

A-18 ACTIVIDADES
ERES MÁS ALTO(-A) QUE YO

OPTION: Have several students come to the front of the class.

A. COMPARACIONES

Compara a tu pareja con un pariente o con otra persona.

Direct class members in making comparisons (while being cautious with sensitive features, such as weight). ¿*Quién es más alto que Jorge? ¿Quién es más bajo? ¿Quién es más moreno? ¿Quién es más rubio?* [In a joking fashion, as your class will allow.] ¿*Quién es más simpático? ¿Quién es más antipático? ¿Quién tiene menos dinero que él? ¿Quién es el (la) más alto(-a)? ¿Quién es el (la) más simpático(-a)?*

UNO ¿Eres más alto(-a) que <u>(tu primo Enrique)</u>?

DOS No, él es más alto que yo.

UNO ¿Tienes tantos amigos como tu hermana?

DOS Sí, tengo tantos o más. (No, no tengo tantos; tengo menos.)

IDEAS

Recuerda que los adjetivos tienen que concordar con sus nombres.

1. Ser / mayor, menor / que _____.
2. Ser / más, menos / delgado, gordo / que _____.
3. Ser / más, menos / bajo, alto / que _____.
4. Ser / tan / feo, guapo / como _____.
5. Ser / tan / simpático, antipático / como _____.
6. Tener / más, menos / tiempo libre / que _____.
7. Tener / tanto(-a) / dinero, paciencia / como _____.
8. Tener / tantos(-as) / amigos, clases / como _____.
9. Trabajar, Dormir / más, menos / que _____.
10. Estudiar, Leer / tanto / como _____.
11. Vivir / más cerca, más lejos / que _____.
12. Vivir / tan cerca como _____.
13. Ir / más a menudo, menos a menudo / que _____.
14. Hablar / mejor, peor / que _____.
15. Jugar / tan bien / como _____.

B. PREGUNTAS PARA PAREJAS

1. ¿Quién es la persona más alta de tu familia? ¿La más baja?
2. ¿Cómo se llama la hija mayor de tus abuelos paternos?
3. ¿Cómo se llama tu tío más rico? ¿El más interesante?
4. ¿De quién es el coche más chico de tu familia?
5. ¿Eres tú el (la) más **estudioso(-a)** (*studious*) de tu departamento?
6. ¿Cuál es tu clase más interesante este año?

✿ SC-7 SITUACIÓN COMUNICATIVA
SOLICITUD DE EMPLEO

OPTION: Interview one of your better
You are interviewing applicants for a job at your company. Use the following questions to help you. Then allow the applicant to ask you questions. Find out:

1. The person's name.

2. Where he or she is from.

3. Where he or she lives now.

4. If the person lives far or near from here.

5. The applicant's telephone number.

6. How old he or she is.

7. If the applicant likes to work.

8. What other activities the applicant likes.

9. If the person is a student.

10. What he or she studies.

11. Which class is his or her favorite.

12. What the professor of that class is like.

13. What clothing the applicant likes to wear when he or she works.

R-5 REPASO
¿QUÉ PASA CON NUESTROS AMIGOS?

AHORA   ¿Qué hay aquí? ¿Quién es la niña? ¿Qué hace? ¿Dónde está? ¿De quién es el perro? ¿Cómo es?
DESPUÉS   ¿Quién va a venir pronto?

AHORA   ¿Quiénes son estas personas? ¿Dónde están? ¿De dónde son?

AHORA   ¿Qué pasa aquí? ¿Quién lleva las bolsas?
DESPUÉS   ¿Qué van a hacer Carlos y las chicas?

uno? ¿Cuál de las hermanas es la mayor? ¿Cuál es la más fuerte? ¿Y la más alta? ¿La más grande?

AHORA   ¿Qué pasa aquí? ¿Qué dice cada

DESPUÉS   ¿Qué va a pasar?

AHORA   ¿Qué pasa aquí?

REPASO DE VOCABULARIO

NOMBRES:

NIVEL A

G-16, G-21

el	**árbol**	*tree*
la	**bolsa**	*bag, sack*
el	**campo**	*country (as opposed to city)*
la	**cochera**	*garage*
la	**criada**	*maid*
la	**familia**	*family*
la	**flor**	*flower*
el	**fresco**	*cool(ness), chill*
el	**jardín**	*garden*
el	**joven**	*young man*
el	**miedo**	*fear*
el	**mundo**	*world*
	nada	*nothing*
la	**pelota**	*ball*

NOMBRES:

NIVEL B

S-11

el	**apunte**	*note*
el	**barrio**	*neighborhood*
la	**broma**	*joke, jest*
la	**cantidad**	*quantity*
la	**capital**	*capital*
el	**césped**	*lawn*
la	**conversación**	*conversation*
el	**empleo**	*job, employment*
el	**estilo**	*style*
el	**frente**	*front*
el/la	**habitante**	*inhabitant*
la	**licencia**	*license*
el	**papel**	*role; paper*
el	**pueblo**	*town*
el	**tránsito**	*traffic*
la	**ventaja**	*advantage*

VERBOS:

NIVEL A

V-21

encantar	*to enchant*
gustar	*to please*

parecer (irr)	*to seem, appear*
preguntar	*to ask, question*

VERBOS:

NIVEL B

bajar	*to get off*
casarse (con)	*to get married (to)*
insistir	*to insist*
mojarse	*to get wet*
representar	*to represent*
votar	*to vote*

ADJETIVOS:

NIVEL A

G-18, G-22

algún(o)(a)	*some*
fresco(-a)	*cool, fresh*
fuerte	*strong*
moderno(-a)	*modern*
necesario(-a)	*necessary*
pesado(-a)	*heavy*
propio(-a)	*own*

ADJETIVOS:

NIVEL B

fiel	*faithful*
permanente	*permanent*
tradicional	*traditional*
tranquilo(-a)	*calm*

ADV/PREP/CONJ:

NIVEL A

G-20

aunque	*although*
bastante	*a lot, quite a bit*
donde	*where*
perfectamente	*perfectly*
probablemente	*probably*
rápido	*quickly*

ADV/PREP/CONJ:

NIVEL B

adentro	*inside*
ligeramente	*lightly*

MODISMOS Y EXPRESIONES:

NIVEL A

V-22

¿De quién es?	*Whose is it?*
más grande (alto) que	*larger (taller) than*
tan pesado (bueno) como	*as heavy (good) as*
tantas amigas como	*as many friends as*

MODISMOS Y EXPRESIONES:

NIVEL B

a pesar de	*in spite of*
Aquí es donde vivimos.	*This (Here) is where we live.*
en seguida	*right away, immediately*
guía telefónica	*telephone directory*
Hace fresco.	*It's cool.*
hace ___ (tiempo) que	*for ___ time*
por lo visto	*apparently*
¡Qué va!	*Nonsense!*
¡Qué bonita casa!	*What a pretty house!*
sin embargo	*nevertheless*
una vez por semana	*once a week*

LECCIÓN 6

Izquierda, arriba:—Aquí está el autobús—en la ciudad de Renal, Panamá. Izquierda: Estos **madrileños** *(Madridians) usan el metro para viajar debajo de las calles de Madrid. El metro es un* **tren subterráneo** *(subway).*

E-6A ESCENA
ESTÁ LLOVIENDO MUY FUERTE

COMPREHENSION:
¿Qué hacen las chicas? ¿Qué hace Justina? ¿Quién es Justina? ¿Qué pasa de repente? ¿Qué hace Susana? (¿Es muy inteligente Susana?) ¿Qué guarda Justina en el refrigerador? ¿Y en el congelador? ¿Dónde están los otros? ¿Qué hacen? ¿Dónde están Manuel y Antonio? ¿Por qué? ¿Dónde está la abuelita? ¿Quiere hablar ahora Susana o quiere esperar? ¿Qué quieren hacer Amelia y Marisa? ¿Qué busca Carlos en sus bolsillos? ¿La encuentra? ¿Dónde está? ¿Está lloviendo fuerte? ¿Qué necesita Carlos para no mojarse?

ADAPTATION:
¿Tienes refrigerador en tu departamento? ¿Tienes congelador también? ¿Qué pones en el refrigerador? ¿Tus libros? ¿A tus compañeros(-as) de cuarto? ¿A tu ex novio? ¿Qué prefieres, conversar o trabajar? Pedro, ¡qué gusto tenerte aquí con nosotros! (Gracias. profesor[a]. Para mí también es un gusto.) Elena, tengo muchas cosas que preguntarte. Tienes que decirnos todo. ¿Cuántos años tienes? ¿Cuántos novios tienes? Necesito un paraguas. ¿Me prestas uno? Necesito un libro de español. ¿Me prestas uno? Necesito un billete de diez dólares. . . .

Mientras las chicas ayudan a sacar el equipaje del coche, Justina lleva los comestibles a la cocina. De repente la lluvia se pone más fuerte. Sin embargo, Susana corre una vez más a traer algo del auto. Entretanto, la criada guarda los comestibles: pone la carne y la leche en el refrigerador y el helado en el congelador. Los otros se quedan conversando en la sala, un cuarto de tamaño regular con muebles modernos y de buen gusto.

Por un asunto urgente en el trabajo, Manuel y Antonio están todavía en la oficina en el centro. Hace mucho tiempo que no ven a Carlos y quieren verlo y hablar con él. Por eso piensan llegar a casa lo antes posible. La abuelita está dormida, pero dentro de poco va a despertar.

AMELIA ¡Qué gusto tenerte aquí con nosotros!

CARLOS Gracias, tía. Para mí también es un gusto.

MARISA Tenemos muchas cosas que

While the girls help (to) take (out) the luggage from the car, Justina takes the groceries to the kitchen. Suddenly the rain becomes harder. Nevertheless, Susana runs once again to bring something from the car. Meanwhile, the maid puts away the groceries: she puts the meat and the milk in the refrigerator and the ice cream in the freezer. The others remain conversing in the living room, a medium-sized room with furniture [that is] modern and in good taste.

Because of an urgent matter at work, Manuel and Antonio are still at the office downtown. They haven't seen Carlos for a long time, and they want to see him and talk with him. That's why they plan to arrive home as soon as possible. Grandmother is asleep, but in a little [time, while] she is going to wake up.

What a pleasure [it is] to have you here with us!

Thanks, Aunt [Amelia]. It's a pleasure for me, too.

We have lots of things to

preguntarte.	ask you.
SUSANA Sí, tienes que decirnos todo.	Yes, you have to tell us everything.
AMELIA Es cierto, pero no todo en este momento. Vamos despacio; es mejor esperar a tu papá y a Antonio.	That's true, but not everything at this moment. Let's go slowly; it's better to wait for your father and Antonio.
MARISA Y a abuelita, que está durmiendo.	And for Grandmother, who is sleeping.
CARLOS A propósito, traigo una carta de mi padre para ustedes. ¿Se la doy ahora?	By the way, I have (bring) a letter from my father for (all of) you. Shall I give it to you now?
Busca en los bolsillos del saco.	*He looks in the pockets of his coat.*
AMELIA ¿No la encuentras?	Can't (Don't) you find it?
CARLOS Ahora recuerdo dónde está; tengo que volver al coche. Salgo y vengo en seguida.	Now I remember where it is; I have to go back to the car. I'll go out and come right [back].
MARISA ¿Qué estás pensando? ¿No oyes que está lloviendo muy fuerte?	What are you thinking? Can't (Don't) you hear that it's raining very hard?
CARLOS Sí, oigo. Pero corriendo rápido y llevando un paraguas, no me mojo. ¿Me prestan uno?	Yes, I hear. But [by] running fast and carrying an umbrella, I won't get wet. Will (Do) you lend me one?
Carlos corre a la cochera a buscar la carta. Cuando regresa le da la carta a su tía. Amelia está para abrir la carta pero luego decide esperar porque Manuel y Antonio van a llegar dentro de poco.	*Carlos runs to the garage to look for the letter. When he returns he gives the letter to his aunt. Amelia is about to open the letter but then decides to wait because Manuel and Antonio are going to arrive shortly.*

Note that in **se la doy**, the **se** is the equivalent of **les**, *to you*. We will learn later how both **le** and **les** become **se** before the direct object pronouns **lo, la, los,** and **las.**

Estos argentinos esperan el tren en Buenos Aires. Son las seis menos cuarto, ¿verdad? ¿A qué hora llega el **próximo** *(next) tren?*

💬 C-18 CULTURA
BOSQUEJO CULTURAL: EL TRANSPORTE

pickup trucks,
station wagon /
Due to
that is
underground
trains (subway)
are used

Hay muchas formas de transporte y todas son muy populares en el mundo hispánico. Hay automóviles, aviones, barcos y trenes. Hay autobuses, taxímetros o taxis, y **camionetas.** Hay bicicletas, motocicletas y motonetas. **A causa del** alto costo de los automóviles y la gasolina, muchas personas prefieren el transporte público, **es decir,** los autobuses, los taxímetros y los "metros". (Los metros son **trenes subterráneos** y hay metros sólo en las ciudades grandes.) En las áreas rurales, también **se usa** el caballo o el burro. A veces *pulled by*   las personas viajan en carretas **tiradas por** estos dos animales.

un barco   un automóvil   un avión   un tren   un autobús   un taxi   una bicicleta

una motocicleta   una motoneta   un caballo   un burro   una carreta

¿VERDAD O FALSO?

_____ Hay pocas formas de transporte en el mundo hispano.

_____ La bicicleta es una forma de transporte muy popular.

_____ Muchas personas usan el transporte público porque es económico.

_____ El metro es muy popular en las áreas rurales.

OPTION: Copy chart onto transparency. Use overhead to conduct the survey, writing down numbers of students who raise hands in response to each item. Follow up with questions: *¿Te gusta andar en bicicleta? ¿Prefieres viajar en tren o en avión?* etc.

¿CON QUÉ FRECUENCIA USAS LAS SIGUIENTES FORMAS DE TRANSPORTE?

	MUCHO	POCO	NUNCA		MUCHO	POCO	NUNCA
el automóvil	☐	☐	☐	la motoneta	☐	☐	☐
el tren	☐	☐	☐	la bicicleta	☐	☐	☐
el taxi	☐	☐	☐	el burro	☐	☐	☐
el caballo	☐	☐	☐	el barco	☐	☐	☐
la camioneta	☐	☐	☐	el autobús	☐	☐	☐
el avión	☐	☐	☐	la motocicleta	☐	☐	☐

V-23 VOCABULARIO
LAS OBLIGACIONES: ¿QUÉ TIENES QUE HACER?

The equivalent of *to have to* plus an infinitive is **tener que.** The **que** is required in all persons and tenses.

PREPARATION:
Conduct a survey by
having students raise
hands and say "Yo"
in response to ¿Quién
tiene que. . . ?

A. ¿VERDAD O FALSO?

Compara tus respuestas con las de tu pareja.

Tengo que _____.

trabajar **como un loco** (*like mad* [*like a crazy man*])
contestar muchas preguntas en mi clase de español
viajar mucho para llegar a la universidad
pensar mucho en esta clase
dormir más, porque siempre estoy muy cansado(-a)
llevar muchos libros conmigo todo el día
correr más porque estoy muy gordo(-a)
escuchar bien en la clase de español
esperar mucho tiempo a mis amigos

B. MINIDIÁLOGOS

Para contestar las preguntas de la primera lista seleccionen respuestas de la segunda lista.

UNO ¿Qué tienes que hacer si quieres _____?

conversar en español
salir bien en un examen oral
ver flores y árboles
sacar una **nota** (*grade*) buena en una clase
tener amigos en esta clase
aprender mucho en la clase
llegar temprano a una actividad

DOS (Si quiero _____) Tengo que _____.

traer (*bring*) galletas
venir preparado(-a)
oír (*hear*) bien las preguntas
salir temprano de casa
dar un paseo por el parque (*take a walk* [*ride*] *through the park*)
dar (*take*) el examen final
venir todos los días

NOTE: For the *Cír-
culo de Conversación*,
groups of four or five
work best. Every stu-
dent in the circle
should ask and an-
swer question one of
Activity D before
moving to question
two, and so on.
When done with all
three questions,
every student in the
group then recalls
what another stu-
dent's response was
to question one.
When all have done
so, this step is re-
peated with the re-
sponses to question
two, then question
three. This procedure

C. PREGUNTAS PARA PAREJAS

1. ¿Qué tienes que hacer esta noche?
2. ¿A qué hora tienes que estar en tu clase de <u>(inglés, historia)</u>?
3. ¿Dónde tienes que estar hoy a las cinco de la tarde?
4. ¿Adónde tienes que ir el sábado?
5. ¿A quién tienes que ver mañana?
6. ¿Por cuánto tiempo tienes que trabajar este fin de semana?

D. CÍRCULO DE CONVERSACIÓN

Todos los miembros del grupo deben hacer y contestar cada una de estas preguntas. Luego, todos deben recordar lo que sus compañeros dicen.

allows all students to use first-, second- and third-person forms of the verbs. It also helps students improve listening and retention skills.

1. Por lo general, ¿por cuánto tiempo tienes que estudiar cada día?

2. ¿Qué tienes que hacer hoy después de esta clase?

3. ¿Qué tienes que hacer esta semana que no quieres hacer?

G-23 GRAMÁTICA
MÁS VERBOS IRREGULARES: *DAR, OÍR, SALIR, TRAER, VENIR*

dar	*to give; to take*
oír	*to hear*
salir	*to leave, to go out; to turn out*
traer	*to bring, to have (carry) with oneself*
venir	*to come*

Note that **dar, salir,** and **traer** are irregular only in the first-person singular. **Venir** is almost identical to **tener.**

dar		**oír**		**salir**	
doy	damos	oigo	oímos	salgo	salimos
das	dais	oyes	oís	sales	salís
da	dan	oye	oyen	sale	salen

traer		**venir**	
traigo	traemos	vengo	venimos
traes	traéis	vienes	venís
trae	traen	viene	vienen

A-19 ACTIVIDADES
SALGO DE CASA A LAS OCHO

A. MINIDIÁLOGOS: UNAS COMPARACIONES

DOS debe usar el mismo verbo que UNO pero puede cambiar otras cosas. (DOS uses the subject pronoun because of the contrast.)

UNO Salgo de casa a las ocho.

DOS Yo salgo (de casa) a las siete.

UNO Doy mucho tiempo a mis estudios.
Traigo poco dinero en este momento.
Vengo casi todos los días.
Salgo con mis amigos los fines de semana.
Oigo **un ruido extraño** (*a strange noise*).

OPTION: Copy chart onto board. Have students mark with chalk where each one is in response to his or her choice of one of the six items. Each student tells the class where he or she is: [Margo] *Casi siempre salgo bien en mis otras clases.*

B. ENCUESTA

Indica dónde estás en esta línea.

Siempre   Casi siempre   A veces   Casi nunca   Nunca

1. Doy dinero a los pobres.
2. Doy poco tiempo a mi vida social.
3. Salgo temprano para mis clases.
4. Vengo preparado(-a) a la clase.
5. Salgo bien en mis otras clases.
6. Traigo mucho dinero conmigo.

OPTION: a) Do in large groups. b) Have all students write down a completion to all three phrases. Have each one read one sentence.

C. FRASES INCOMPLETAS

Completa las siguientes frases. Luego, puedes compararlas con las de otros.

1. Todos los días salgo de casa antes de la(s) (hora).
2. Siempre doy (cosa) a (persona).
3. Por lo general, no traigo mucho dinero conmigo. Y (o Pero) en este momento, traigo **(cantidad** [*amount*]).

D. PREGUNTAS PARA PAREJAS

1. ¿Das más importancia a tus clases o a tu vida social?
2. ¿Cuándo y dónde das paseos?
3. ¿Qué pasa si no das un examen importante?
4. ¿Sales mucho los fines de semana? ¿Con quién(es) sales?
5. ¿Qué cosas te traen buena (o mala) **suerte** (*luck*)?
6. ¿Cómo vienes a la escuela? ¿Caminas o vienes en coche?

E. PREGUNTAS PARA EL (LA) PROFESOR(A)

1. ¿Da usted más importancia a la gramática que al vocabulario?
2. ¿A qué hora sale de casa cada mañana?
3. ¿Cómo viene usted a la escuela?
4. ¿Trae algo de comer de casa o come en la cafetería?
5. **Suena el timbre** (*The bell is ringing*). ¿Lo oye usted?

S-12 SUGERENCIAS
CÓMO USAR UN DICCIONARIO BILINGÜE

You likely have reached the point in your study of Spanish where you need to use a Spanish/English dictionary. The following pointers should help you.

1. Remember that the Spanish alphabet considers **ch, ll,** and **ñ** as separate letters. For example, the word **chuleta** is not found in the **c** section of the dictionary, but rather in the **ch** section. A word such as **enchufe** is listed later than the word **encuesta** within the **e** section.

2. When you look up the translation of an English word, make sure that you find the same part of speech (a verb, a noun, and so on). For example, if the English word you want to translate is "ebb," you will find that the noun **reflujo** is listed along with the verb **bajar** (among others). Knowing which part of speech you are looking for will aid greatly in your search. Also, there are often various meanings of the same word in one language and knowing your exact meaning will help you translate correctly. For example, if the word you are looking for is "deed," you will find the Spanish **acto** *(act)* listed as well as **escritura** *(property deed)*. Once you have located the Spanish word, look it up again in the Spanish/English side of the dictionary to make certain it means what you intend.

3. When looking for the meaning of a Spanish verb, remember that only infinitives will be listed in the dictionary. **Eres,** for example, is not listed, but its infinitive, **ser,** is. Many dictionaries provide a chart of exemplary irregular verbs. Adjacent to each irregular verb there is a small number which indicates the number of the exemplary verb that exhibits the same irregularities.

4. Keep in mind that there are many instances where a direct word-for-word translation does not exist.

 G-24 GRAMÁTICA
EL GERUNDIO: *HABLANDO, COMIENDO, VIVIENDO*

The Spanish present participle, the second of the nonpersonal forms, always ends in **-ndo: -ando** for infinitives in **-a-** and **-iendo** for those in **-e-** and **-i-.** It corresponds in a number of its uses to the English present participle *-ing.* (See G-4 for the other nonpersonal forms.)

A. Forms of the present participle

There are few irregularities in its formation.

1.   All verbs in **-a-** are regular:

   estar→ estando   cerrar→ cerrando   dar→ dando

2.   Verbs in **-e-** and **-i-**:

   a.   Stem-changing verbs in **-i-** and irregular verbs **decir, venir,** and **poder** change **e** to **i** and **o** to **u**:

   pedir→ pidiendo   seguir→ siguiedo   dormir→ d**u**rmiendo

   decir→ diciendo   venir→ viniendo   poder→ p**u**diendo

   b.   The ending **-iendo** is respelled **-yendo** when a vowel precedes it. The present participle of **ir** is simply **yendo**:

   leer→ le**yendo**   creer→ cre**yendo**   oír→ o**yendo**   traer→ tra**yendo**

   c.   All other verbs in **-e-** and **-i-** are regular:

   comer→ comiendo   escribir→ escribiendo   hacer→ haciendo
   ser→ siendo   volver→ volviendo   querer→ queriendo

B. *Uses and functions of the present participle*

1.   Like the infinitive, object pronouns can be attached to it. An accent mark is required to conserve the proper stress:

   comiéndolo   conociéndolas   hablándole   viéndome

2.   The present participle functions primarily as an adverb. In many of its uses, it corresponds to the English *-ing* form:

   Corriendo rápido no me mojo.   *(By) running* fast I won't get wet.
   Los veo **estudiando** todos los días.   I see them *studying* every day.
   Caminando conjugo verbos.   *(While) walking* I conjugate verbs.

   It does not, however, function as a noun. English can use either the infinitive or the *-ing* form as a verbal noun; Spanish uses only the infinitive:

   Prefiere **dormir.**   He prefers *to sleep.*
                                  He prefers *sleeping.*

   Ver es **creer.**   *Seeing* is *believing.*
   después de **comer**   after *eating*

   It does not function as an adjective:

   un perro **que habla**   a *talking* dog
   agua **que corre**   *running* water

3. One of its most important uses is in combination with other verbs, primarily with **estar** to form the progressive tenses. It also combines with verbs of motion, such as **ir, venir, andar,** and **seguir:**

Voy aprendiendo mucho.   *I'm (going along) learning* a lot *(learning more and more).*

Si **seguimos hablando,** nos vamos a mojar.   *If we keep on talking,* we're going to get wet.

A-20 ACTIVIDADES
¿CÓMO PUEDO SABER MÁS?

A. PRÁCTICA PARA PAREJAS

Quieres saber cómo puedes **lograr ciertas metas** *(achieve certain goals).*

UNO ¿Cómo puedo saber más?   DOS Recordando lo que estudias.

UNO ¿Cómo puedo _____?   DOS *(Usa un gerundio de la lista)*

conocer mejor a alguien	ayudando más a otros
ser una persona mejor	viviendo solo(-a)
hablar más español	siguiendo buenos ejemplos
dormir mejor	trabajando más horas
leer más rápido	leyendo muchos libros
tener más tiempo libre	mirando menos la televisión
vivir mejor	viniendo a clase todos los días
tener más dinero	hablando con la persona

B. ACTIVIDAD PARA PAREJAS

Seleccionen respuestas para decir dónde ven a personas que conocen. Se permite mentir. (Select answers to tell where you see people you know. Lying is permitted.)

UNO ¿Conoces a Jim Smith?   DOS Sí, y a menudo lo veo estudiando en la biblioteca.

UNO ¿Conoces a _____?   DOS Sí, y a menudo lo/la veo _____.

comiendo en la calle	trabajando **duro** *(hard)*
durmiendo en la biblioteca	tocando el violín
escuchando cassettes	bailando en la discoteca
jugando con sus amigos	corriendo por las calles

G-25 GRAMÁTICA
PRESENTE DE PROGRESIVO: *ESTOY HABLANDO* (*Present progressive:* **I am speaking**)

The English present progressive—*I am going, she is leaving*—refers to ongoing actions or future actions. Spanish has a similar form, but its uses do not coincide exactly with those of English.

A. Similarities with English

1. The Spanish present progressive combines two verb forms: present indicative of **estar** and the present participle.

estoy	estamos
estás	estáis
está	están

hablando, comiendo, viviendo, diciendo, haciendo

2. It refers to an action going on at the present time:

| Por favor, **estoy estudiando.** | Please, *I'm studying.* |
| La abuelita **está durmiendo.** | Grandmother *is sleeping.* |

It can refer to an intermittent action that is not regarded as customary:

| **Estoy leyendo** una novela de García Márquez. | *I'm reading* a novel by Garcia Marquez. |

B. Dissimilarities with English

1. The Spanish present progressive cannot refer to the future.

SPANISH FUTURE ACTION	ENGLISH FUTURE ACTION
Vamos mañana.	We go tomorrow.
	We're going tomorrow.
Vamos a ir mañana.	We're going to go tomorrow.

2. The simple present of Spanish is often the equivalent of English present progressive, particularly with verbs of motion—**ir, venir, salir:**

¿Adónde **vas?**	Where *are you going?*
Voy al centro.	*I'm going* downtown.
Viene la criada.	The maid *is coming.*
Salen ahora.	They *are leaving* now.
Lleva un vestido nuevo.	She *is wearing* a new dress.

Verbs of motion in Spanish occur infrequently in the progressive tenses and have special meanings. We will not have occasion to use them here.

3. The position of object pronouns is optional in the progressive tenses:

¿**Me** estás ayudando?   ¿Estás ayudándo**me**?

♣ A-21 ACTIVIDADES
¿ESTÁS VIENDO LA TELEVISIÓN?

OPTION: a) Use pictures cut from coloring books or magazines to expand this list of activities in which students might be engaged. b) Have students bring pictures (from magazines) of people involved in their favorite activities. Practice new vocabulary: *¿Qué está haciendo esta mujer? (Está esquiando.)* etc.

A. ACTIVIDAD PARA PAREJAS

UNO   Llamas a muchos de tus amigos para preguntar qué están haciendo.

UNO Hola, _____. ¿Estás **viendo la televisión?**

  cenando
  leyendo el periódico
  trabajando en la cocina
  practicando los verbos

DOS   Haces el papel de los amigos. No estás haciendo lo que piensa tu pareja. Puedes seleccionar respuestas de la lista o inventarlas.

DOS No, no estoy **viendo la televisión**; estoy **estudiando español.**

  viendo la televisión
  hablando con _____
  ayudando a _____
  haciendo algo importante

B. OTRA ACTIVIDAD PARA PAREJAS

UNO   Quieres saber si diferentes personas pueden hacer ciertas actividades ahora.

UNO ¿**Puedes ir a mi casa ahora?**

  ¿Puedes abrir la puerta ahora?
  ¿Puede comer ahora Roberto?
  ¿Puede ayudar ahora ^(persona)?
  ¿Puede venir ahora _____?
  ¿Pueden jugar ahora _____
  y _____?
  ¿Pueden ustedes empezar ahora?
  ¿Pueden ustedes salir ahora?

DOS   Contestas seleccionando verbos apropiados. Necesitas usar la forma correcta de **estar.**

DOS No, (no puedo;) estoy **estudiando.**

  leer _____
  hacer algo importante
  trabajar en ^(lugar)
  preparar _____
  correr con ^(persona)
  dormir
  ayudar a _____
  escuchar _____
  poner la mesa

OPTION: ¿Quiénes son estas personas? ¿Qué está llevando Carlos? ¿Quién está abriendo la puerta del refrigerador? ¿Qué está haciendo Susana? ¿Quiénes están en la sala? ¿Qué está haciendo Justina? ¿Y Susana? ¿Qué está leyendo don Manuel? ¿Qué están haciendo Carlos y Antonio? ¿Qué está sirviendo el camarero? ¿Qué está comiendo el señor? ¿A qué está mirando Carlos? ¿Qué está haciendo la chica? ¿Están cantando los chicos? ¿Quién está tocando la guitarra? ¿Quién está haciendo la cama? ¿Quién está durmiendo todavía? ¿Qué está haciendo el gato? ¿Dónde está el perro grande y feo? (Está en el jardín jugando con Petrita.) ¿Qué están haciendo los tres adultos? ¿Y los chicos?

C. ACTIVIDAD PARA LA CLASE O PARA PAREJAS: ¿QUÉ ESTÁ(N) HACIENDO?

Expliquen lo que están haciendo las personas de los dibujos.

 **E-6B ESCENA**
LLUEVE A MENUDO

COMPREHENSION: ¿Dónde se encuentra

La Ciudad de México se encuentra en un valle rodeado de cerros y montañas. Por

Mexico City is located (found) in a valley surrounded by hills and mountains.

la altura no hace mucho calor, ni aun en el mes de agosto; pero tampoco hace frío. El clima es templado. Cuando Carlos llega a México es verano pero también es la temporada cuando llueve con frecuencia, casi todos los días. Hace fresco en las noches de agosto, pero hace menos fresco en la Ciudad de México que en Buenos Aires porque agosto es uno de los meses de invierno en el Hemisferio Sur.

Sigue la conversación en la sala.

Because of the altitude it isn't very hot, not even in the month of August; but neither is it cold. The climate is temperate. When Carlos arrives in Mexico it is summer, but it is also the season when it rains frequently, almost every day. It is cool on August evenings, but it is less cool in Mexico City than in Buenos Aires because August is one of the winter months in the Southern Hemisphere.

The conversation continues in the living room.

CARLOS ¿Siempre llueve así en agosto?

Does it always rain like this in August?

SUSANA Llueve a menudo en esta temporada.

It rains often at this season (time of the year).

MARISA Y a veces hace bastante fresco, sobre todo de noche. Pero nunca nieva.

And sometimes it's quite cool, especially (above all) at night. But it never snows.

CARLOS ¡Qué raro! En Buenos Aires puede hacer frío ahora porque estamos todavía en invierno. Pero aquí debe hacer calor en agosto, ¿no?

How strange! In Buenos Aires it can be cold now because we're still in winter. But here it should be hot in August, shouldn't it?

MARISA Algunos días hace calor, pero debes recordar que estamos a unos 2.400 (dos mil cuatrocientos) metros sobre el nivel del mar.

Some days it's hot, but you must remember that we are about 2,400 meters (7,874 feet) above sea level.

SUSANA Y Buenos Aires es un puerto de mar.

And Buenos Aires is a seaport.

MARISA Puedes sentirte mal por algunos días por el cambio de altura y

You may feel ill for a few days because of the change of altitude and

clima.   climate.

AMELIA ¿Cómo te sientes ahora? Te   How do you feel now? You look (I
veo algo cansado.   see you) rather tired.

CARLOS Me siento bien. Pero sí estoy   I feel fine. But I am tired because you
cansado porque en el avión no se   (one) can't sleep well in an airplane.
puede dormir bien.

Note that **te** and **me** are reflexive pronouns in **puedes sentirte, te sientes**,
and **me siento**.

V-24 VOCABULARIO
EL TIEMPO: ¿CUÁNTO TIEMPO HACE? ¿QUÉ TIEMPO HACE?

EMPHASIS: *¿Cuánto
tiempo. . . ?* versus
¿Qué tiempo. . . ? To
help students differ-
entiate: *¿Qué* asks for
a description, hence
it asks about weather.
¿Cuánto asks about
quantity, and since
we don't describe
weather in terms of
quantity of weather,
it refers to time.
NOTE: A-22 practices
these two expres-
sions.

*A. ¿CUÁNTO TIEMPO HACE? (For how long? [How much time does it
make?])*

Spanish and English use different constructions with different tenses to ex-
press the length of time an action has been going on.

HACE + LENGTH OF TIME   PRESENT OR PRESENT PROGRESSIVE

Hace más de seis años   que Carlos no **ve** a sus primas.

Hace veintiséis años   que Manuel y Amelia **están** casados.

Hace dos meses   que **estudio (estoy estudiando)**.

PRESENT PERFECT OR   FOR + LENGTH OF TIME
PRESENT PERFECT PROGRESSIVE

Carlos *hasn't seen* his cousins   for more than six years.

Manuel and Amelia *have been married*   for twenty-six years.

I have studied (have been studying)   for two months.

B. ¿QUÉ TIEMPO HACE? (How is the weather? [What weather does it make?])

UNO ¿Qué tiempo hace _____?   DOS Hace _____.

hoy	*today*	**buen tiempo**	*good weather*
en enero	*in January*	**mal tiempo**	*bad weather*
en el invierno	*in the winter*	**(mucho) frío**	*(very) cold (much cold)*
en la prima-vera	*in the spring*	**(mucho) viento**	*(very) windy (much wind)*
		fresco	*cool/coolness*
en el verano	*in the summer*	**(mucho) calor**	*(very) hot (much heat)*
en el otoño	*in the fall, autumn*	**(mucho) sol**	*(very) sunny (much sun)*

Note that **bueno** and **malo** are shortened to **buen** and **mal** before masculine singular nouns.

*Está lloviendo fuerte en San Sebastián. Llueve mucho allí porque está en el norte de España. ¿Puedes leer los **letreros** (signs) en español y en **vascuence** (Basque)?*

Frío, fresco, calor, sol, and **viento** are nouns, direct objects of **hacer;** they are modified with **mucho** or **poco.** Literally, we are saying: it makes much heat; it makes little wind. **Frío(-a)** and **fresco(-a)** can function also as adjectives in other expressions.

The equivalent English weather expressions use *to be* plus adjectives— *cold, cool, hot, sunny, windy*—which are modified with the adverb *very.*

HACER WITH NOUNS	TO BE WITH ADJECTIVES
Hace mucho calor hoy.	*It's very hot today.*
Hace poco viento ahora.	*It's not very windy now.*

Spanish also uses adjectives and verbs for certain weather phenomena:

Está nublado hoy.	*It's cloudy today.*
Nunca nieva.(from **nevar, ie**)	*It never snows.*
Está lloviendo fuerte.	*It's raining hard.*

C. *Caliente and frío used with objects*

Spanish uses the adjectives **caliente** and **frío** with reference to objects. The distinctions between **ser** and **estar** apply here. For example:

El agua *está* **fría.** (condition)	The water *is cold.*
El hielo *es* **frío.** (characteristic)	Ice *is cold.*
El café *está* muy **caliente.**	The coffee *is* very *hot.*

However, we do not use these adjectives to tell how people feel.

Tengo calor / frío.	*I am (feel) hot / cold.*

Note that feminine nouns beginning with a stressed **a-** or **ha-** use **el** and **un** rather than **la** and **una** immediately before the noun: **el agua** está **fría.**

A-22 ACTIVIDADES
¿CUÁNTO TIEMPO HACE QUE VIVES AQUÍ?

A. MINIDIÁLOGOS: ¿CUÁNTO TIEMPO HACE QUE _____? (How long have you _____?)

Primero averiguas ciertas cosas. Luego preguntas cuánto tiempo hace que la situación sigue así. (First you find out certain things. Then you ask how long the situation has been as it is.)

UNO ¿Dónde vives?	DOS Vivo en la calle _____, número _____.

UNO ¿Cuánto (tiempo) hace que vives allí?

UNO ¿Conoces a _____?

UNO ¿Cuánto (tiempo) hace que lo (la) conoces?

COSAS QUE PUEDES AVERIGUAR

dónde vive
qué carrera sigue
si tiene coche, teléfono, gato, perro

DOS Hace _____ meses (años) (que vivo allí).

DOS Sí, lo (la) conozco.

DOS Hace mucho (poco) tiempo (que lo [la] conozco).

si conoce a _____
con quién sale

B. PREGUNTAS PERSONALES PARA PAREJAS

UNO ¿Cuánto (tiempo) hace que **no ves a Jorge?**

no vas al cine
no les escribes a tus padres

DOS Hace **tres días** que **no lo veo.**

no hablas con _____
no asistes a tu clase de _____

REVIEW: Follow up by having students share their completions with the class. Ask additional questions to encourage conversation.

C. FRASES INCOMPLETAS

Después de completar las frases puedes compararlas con las de otros.

Hace _____ que no (escribo a mi familia, visito a mis abuelos).

Hace _____ que sé (cocinar, nadar, andar en bicicleta).

Hace un año que yo _____.

Hace mucho tiempo que yo no _____.

En esta ciudad llueve durante los meses de _____.

Me gusta mucho el clima cuando (nieva, hace calor, hace fresco).

En la ciudad donde viven mis padres, en el mes de octubre hace _____.

OPTION: a) Direct selected questions to various individuals. b) Using this list of questions as a guide, have students write a weather forecast in Spanish. Students could work in groups and have a contest for the most humorous, most accurate, and most absurd newscast. Weather reports could be videotaped.

D. PREGUNTAS PARA PAREJAS SOBRE EL TIEMPO Y EL CLIMA

1. ¿Es templado el clima donde vives?

2. ¿Qué tiempo hace hoy? ¿Está nublado? ¿Está lloviendo? ¿Está nevando?

3. Si no está lloviendo, ¿va a llover pronto?

4. ¿Qué tiempo va a hacer mañana? ¿Va a hacer calor o frío? ¿Va a nevar?

5. ¿Qué tiempo hace en (la ciudad donde vive tu familia, Buenos Aires, Madrid, Moscú)?

6. ¿Dónde hace más frío? ¿Más calor?

7. ¿Qué tiempo hace en (marzo, julio, la primavera, el invierno)?

8. ¿En qué mes(es) (estación) hace (calor, viento, frío, buen tiempo)?

9. ¿En qué mes(es) (estación) llueve más?

10. ¿Te gusta el frío o el calor? ¿Por qué te gusta o no te gusta?

C-19 CULTURA
BOSQUEJO CULTURAL: LAS ESTACIONES

Northern Hemi-sphere / in depth of winter

En muchas partes del **Hemisferio Norte,** hace bastante frío en los meses de diciembre, enero y febrero. Es así porque el Hemisferio Norte está **en pleno invierno.** Durante estos mismos meses, el Hemisferio Sur está en pleno verano y hace mucho calor. Es muy común que los argentinos, chilenos, uruguayos, peruanos y otros habitantes del Hemisferio Sur visiten la **playa** durante la temporada de Navidad. También, el estadounidense que visita el Hemisferio Sur durante los meses de junio, julio y agosto debe llevar ropa de invierno para no **pasar frío.** Casi siempre hace calor cerca del **ecuador.**

beach

suffer the cold / equator

¿LÓGICO O ABSURDO?

1. Juan González, de Los Ángeles, California, va a la playa hoy porque es agosto y tiene calor.

2. Susana Carrillo Gómez, una muchacha uruguaya, tiene que llevar una chaqueta hoy porque es el diez de diciembre y va de compras al centro de Montevideo.

3. Catalina Moreno Ruiz está en la playa cerca de Valparaíso, Chile, y lleva traje de baño, porque es el veintitrés de enero.

4. Carlos Osorio Bordes quiere visitar Acapulco, México, en diciembre porque no le gusta el frío.

Hace calor en esta bonita playa de la costa venezolana (de Venezuela). ¿Te gusta tomar el sol?

S-13 SUGERENCIAS
MÁS COGNADOS: -DAD

Spanish uses the suffix **-dad** when English uses -*ty*. Provide the English counterpart for the following:

realidad	popularidad	superioridad	integridad
proximidad	prioridad	minoridad	formalidad
necesidad	sociedad	obscenidad	nacionalidad

G-26 GRAMÁTICA
PRONOMBRES PREPOSICIONALES (*Prepositional pronouns*)

We already know most of the pronoun forms that go with prepositions. The prepositions **a, de, para, por, en** and most others are followed by:

mí	nosotros(-as)
ti	vosotros(-as)
usted él/ella ello	ustedes ellos/ellas

1. The preposition **con** has the special forms **conmigo** and **contigo.**

2. The third-person forms refer both to persons and things. **Ello,** like **esto** and **eso,** is a neuter form that refers to ideas and translates as *it*.

G-27 GRAMÁTICA
USOS DE VARIAS PREPOSICIONES: *A, EN, CON, DE, POR/PARA*

Prepositions link and relate elements of a sentence. Each preposition covers a relatively wide range of relationships or meanings. Thus, the meanings of a given preposition in Spanish will correspond only partially to those of the nearest English equivalent. It is helpful to understand general areas of meaning of the most common Spanish prepositions; you will also need to observe and learn from usage.

A. Some uses of *a*

The preposition **a** is used to convey destination (place or action) or a point in time or space, and combines with the article **el** to form **al.** It is also used as the personal **a,** with an indirect object, and to link certain verbs.

DESTINATION	Vamos **al** coche.	Let's go *to the* car.
(PLACE OR ACTION)	Viene **a** abrir la puerta.	She comes *to* open the door.
	Llega **a** México.	He arrives *in* Mexico.
	Suben **al** coche.	They get *into the* car.
POINT IN TIME	¿**A** qué hora sale?	*At* what time does it leave?
POINT IN SPACE	**Al** rato.	*After* a while.
PERSONAL **a**	Conoces **a** tus primas.	You know your cousins.
INDIRECT OBJECT	Le escribo **a** Luis.	I write *(to)* Luis.
TO LINK CERTAIN VERBS	Empieza **a** llover.	It starts *to* rain.
	Lo ayudan **a** llevarlas.	They help him *(to)* carry them.

B. Some uses of *en*

En is used to convey *at* (within), *in* (a place), *on*, and *into*:

AT (WITHIN)	Está **en** el trabajo.	She is *at* work.
IN (A PLACE)	Las pone **en** el baúl.	He puts them *in* the trunk.
ON	Está **en** la mesa.	It's *on* the table.
INTO	Entra **en** la cocina.	He enters *(into)* the kitchen.
MISCELLANEOUS	Piensa **en** él.	She thinks *about* him.

C. Some uses of *con*

Con is used to convey *with* as well as *to* in certain cases:

WITH	Vamos **contigo.**	We're going *with you.*
	Es amable **con** nosotros.	She's friendly *with (to)* us.
MISCELLANEOUS	Está casada **con** Hugo.	She's married *to* Hugo.

D. Some uses of *de*

The preposition **de** combines with the article **el** to form **del.** It also forms compound prepositions with certain adverbs, such as **antes de, después de, lejos de, cerca de, dentro de, además de. De** is used to convey possession and association, origin and source, and the topic under consideration. It also functions as a means of comparison and modification.

POSSESSION AND ASSOCIATION	¿**De** quién es el perro?	*Whose* is the dog?
	Son las tres **de** la tarde.	It's three *in* the afternoon.
	¿**De** qué color es?	*(Of)* what color is it?
	Ese chico **del** suéter rojo.	That boy *in the* red sweater.
ORIGIN AND SOURCE	¿**De** dónde eres?	*Where* are you from?
	Salen **del** aeropuerto.	They leave *(from)* the airport.
	Bajan **del** coche.	They get out *of the* car.
TOPIC	¿Qué sabes **de** México?	What do you know *about* Mexico?
COMPARISON	Hace más **de** seis años.	It has been more *than* six years.
MODIFICATION	La puerta **de** la cochera.	The garage door (The door *of* the garage).
	Es hora **de** empezar.	It's starting time (The time *of* starting).

E. Some uses of *por* and *para*

These prepositions require particular attention. In one of its principal uses, **por** looks back to motives and causes of actions. It also is used to convey exchange, approximations in time and space, and duration. **Para** looks ahead to directions, goals, and destinations. In certain cases, **para** replaces **a** to emphasize purpose: Carlos va a México **para** estudiar (*in order to* study).

Examples of **por:**

CAUSE AND MOTIVE	**Por** eso no tengo hambre.	That's why I'm not hungry (*For that* [reason] I'm not hungry).
	Gracias **por** venir.	Thanks *for* coming.
EXCHANGE	Doy un peso **por** el pan.	I give one peso *for* the bread.
APPROXIMATE TIME/SPACE	Llega **por** la tarde.	He arrives *in* the afternoon.
	Pasan **por** un parque.	They pass *by* a park.

| DURATION | Piensa **por** un momento. | She thinks *for* a moment. |

Examples of para:

DIRECTION TOWARD GOAL OR RECIPIENT	¿**Para** quién es el helado?	Whom is the ice cream *for* (*For* whom is the ice cream)?
	¿**Para** dónde vas?	*Where* are you headed?
	Estamos listos **para** salir.	We're ready *to* leave.
	Estudio **para** una prueba.	I study *for* a quiz.
DEADLINE	¿**Para** cuándo es la tarea?	When is the assignment *for*?
	Debo terminar **para** mañana.	I should finish *by* tomorrow.

Some contrasts between **por** and **para:**

—¿**Por** qué vas?	*Why* are you going?
—Voy **por**que me gusta ir.	I'm going *because* I like to go.
—¿**Para** qué vas?	What are you going *for*?
—Voy **para** ayudar.	I'm going *(in order)* to help.
Lo hago **por** él.	I do it *on* his account (*in* his behalf).
Lo hago **para** él.	I do it (make it) *for* him.
Trabaja **por** ella.	He is working *for* her (in her place).
Trabaja **para** ella.	He works *for* her (his employer).
Vamos **por** el centro.	We're going *through* the center of town.
Vamos **para** el centro.	We're headed *(for)* downtown.

A-23 ACTIVIDADES
ADIVINA CON QUIÉN VOY

PREPARATION:
Conduct as a teacher-led activity first.

A. ACTIVIDAD PARA PAREJAS

Have in mind the correct answer. Respond to incorrect guesses with the original preposition and a pronoun.

MODELO   **con quién voy al cine**

UNO Adivina **con quién voy al cine.**   DOS (Vas) Con Rosa.

UNO No, no voy con ella.   DOS (Vas) Con nosotros.

UNO No, no voy con ustedes.   DOS (Vas) Conmigo.

UNO No, no voy contigo.   DOS (Vas) Con tus compañeras(-os)
                                               de cuarto.

UNO Sí, voy con ellas(-os)

   con quién voy a estudiar   para quién son estas galletas
   con quién juego los sábados   por quién trabajo los sábados
   en quién estoy pensando   a quién veo casi todos los días
   de quién voy a hablar   a quién quiero mucho

B. PREGUNTAS PARA PAREJAS

OPTION: Use selected questions to interview one or two students in front of class.

1. ¿De dónde eres?   2. ¿Para qué estudias español?
3. ¿Por qué estudias español?   4. ¿A quién conoces mejor aquí?
5. ¿De quién es esa mochila?   6. ¿Dónde estás a la una de la tarde? ¿Y de la mañana?

7. ¿Adónde vas esta noche?   8. ¿Para qué vas allí?
9. ¿Para quién es el pastel?   10. ¿Para quién trabajas?
11. ¿Para qué clase estudias más?   12. ¿De qué hablas con tus amigos?
13. ¿A quién le gusta hablar español?   14. ¿Con quién vas al partido de _____?
15. ¿En quién etás pensando?

E-6C ESCENA
TIENES RAZÓN

COMPREHENSION: ¿Por quién se preocupa Marisa? ¿Qué le pregunta a su mamá? ¿Por qué pregunta eso? ¿A qué hora van a comer? ¿Falta mucho o poco tiempo? ¿Qué se imagina Marisa? ¿Tiene razón Marisa? ¿Qué quiere comer Carlos? ¿Por qué? ¿Por qué no tiene ganas de comer? ¿Tiene sed Carlos? ¿Quiere un vaso de leche? ¿Qué quiere?

Marisa se preocupa por el bienestar de Carlos.

MARISA Mamá, ¿vamos a cenar pronto?

AMELIA Bueno, a eso de las ocho, como siempre.

MARISA ¡Huy! Entonces todavía falta mucho tiempo.

AMELIA ¿Por qué dices eso?

MARISA Porque me imagino que Carlos tiene hambre.

Marisa is concerned (concerns herself) about Carlos's welfare.

Mom, are we going to eat dinner soon?

Well, at about eight, as always.

Darn! Then it's a long time yet (A lot of time is lacking yet).

Why do you say that?

Because I imagine that Carlos is hungry.

ADAPTATION: *Alejandro, ¿vamos a comer pronto? ¿A qué hora vas a cenar? [¡Huy! Entonces falta mucho (poco) tiempo.] Me imagino que Griselda tiene hambre, ¿verdad? ¿Te traigo algo de comer? ¿Un BIG MAC, por ejemplo? ¿Tienes ganas de comer? ¿Tienes ganas de estudiar? ¿De dormir? ¿Tienes sed? ¿Quieres tomar un poco de agua fría, o prefieres una Coca-Cola? El (La) profesor(a) siempre tiene razón, ¿verdad? ¿No? Entonces, ¿quién les va a dar notas malas?*

AMELIA Tienes razón. Podemos cenar más temprano. O, si quieres, Carlos, puedes comer algo ahora mismo.

You're right (You have reason). We can eat earlier. Or, if you wish, Carlos, you can eat something right now.

MARISA ¿Te traigo algo de comer? ¿Un sandwich, por ejemplo?

Shall I bring you something to eat? A sandwich, for example?

CARLOS Gracias, pero no quiero nada. Acabo de comer algo en el avión y no tengo ganas de comer más.

Thanks, but I don't want anything. I just ate something on the plane, and I don't feel like eating more.

SUSANA ¿Te doy un vaso de leche?

Shall I give you a glass of milk?

CARLOS Tengo sed, pero sólo voy a pedir un poco de agua.

I am thirsty, but I'm only going to ask for a little water.

SUSANA Hay agua fría si la quieres.

There is cold water if you want some (it).

LAS REGLAS DE LA CLASE

1. La profesora (El profesor) siempre tiene razón.
2. Si la profesora (el profesor) no tiene razón, **véase** *(see)* la regla uno.

V-25 *VOCABULARIO*
EXPRESIONES CON **TENER:** *TENGO MUCHA SUERTE*

A. *EXPRESIONES CON* **TENER**

tener	*to be*
(mucha) hambre	*(very) hungry*
(mucha) sed	*(very) thirsty*
(mucho) frío	*(very) cold*
(mucho) calor	*(very) hot*
(mucha) razón	*(very much) right*
(mucho) miedo	*(very much) afraid*
(mucho) sueño	*(very) sleepy*
(mucha) prisa	*in a (great) hurry*
(buena, mala) suerte	*lucky (to have good, bad luck)*
(mucha) vergüenza	*(very) embarrassed*
(mucho) cuidado	*(very) careful*
(mucho) éxito	*(very) successful*
(muchas) ganas de (+ inf)	*(very) desirous of, feel like* (+ -ing)

B. *ACTIVIDAD PARA LA CLASE*

Respondan a cada pregunta con una expresión apropiada con **tener.**

PROFESOR(A) La persona **no come nada por dos días.** Entonces, ¿qué tiene?

CLASE Tiene (mucha) hambre. (O tiene mala suerte.)

    corre cuando ve un perro grande
    gana mucho dinero y todo le va bien
    está caminando en Chicago en enero y no tiene **abrigo** *(overcoat)*
    pide un vaso grande de agua con **hielo** *(ice)*
    siempre toma mucho tiempo para hacer bien los trabajos
    después de tener un problema no quiere hablar con nadie
    busca algo importante y lo encuentra
    corre porque no quiere llegar tarde
    viaja por Arizona en el verano y no tiene aire acondicionado
    dice que tú eres muy inteligente
    está en una clase de historia a las dos de la tarde
    no quiere estar donde está

C. *ACTIVIDADES PARA PAREJAS*

UNO ¿Qué haces cuando   DOS *(Selecciona una respuesta lógica.)*
tienes _____?

(mucho) calor	Duermo un rato.
(mucho) frío	Abro las ventanas.
(mucho) miedo	No quiero ver a nadie.
(mucha) suerte	Salgo con mis amigos.
(mucho) sueño	No digo nada.
vergüenza	Corro rápido o no hago nada.
ganas de hablar con alguien	Tomo chocolate caliente.

D. CONVERSACIÓN

UNO   Te preocupas por el bienestar de tu pareja. Averigua si tiene hambre, sed, frío, sueño, etc. Luego pregunta qué quiere o qué necesita.

DOS   Después de contestar las preguntas de tu pareja, cambia de papel.

C-20 CULTURA
BOSQUEJO CULTURAL: ¿UN SANDWICH O UN BOCADILLO?

favorite dish / everyone

Un **plato favorito** de **todo el mundo** es el famoso sandwich. Pero en los varios países del mundo hispano, el sandwich puede llamarse por varios nombres distintos. Por lo general, si el sandwich se hace del pan común que conocen bien los estadounidenses, se llama sandwich o emparedado. Pero si se hace con un **panecillo** o **bollo,** se llama bocadillo o torta. En Venezuela, **no obstante,** el bocadillo es algo pequeño y dulce, y el sandwich es más grande y no es dulce.

roll, bun
nevertheless

En los bares de España, como éste de San Sebastián, sirven **tapas** (appetizers) como los **camarones** (shrimp) y los bocadillos que vemos aquí. También sirven café y **bebidas alcohólicas** (alcoholic beverages).

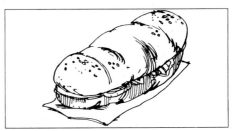

sandwich o emparedado   *bocadillo o torta*

1. ¿Te gusta comer sandwiches?
2. ¿Qué tipo de sandwich o bocadillo es tu favorito?
3. ¿Qué tipo de sandwich haces mucho?

V-26 VOCABULARIO
LOS NÚMEROS GRANDES: ¿CUÁNTOS SON DOSCIENTOS MÁS TRESCIENTOS?

NOTE: *Trescientos* appears only in the title of this section and as part of 1.300 (*mil trescientos*).

EMPHASIS: Point out spelling changes for 500 (*quinientos*), 700 (*setecientos*), and 900 (*novecientos*). For additional information on numbers, refer students to Cultural Note C-21 in this lesson.

A. ¿CUÁNTOS SON?

UNO ¿Cuántos son ciento (100) más seiscientos (600)?

DOS Setecientos. (700)

UNO ¿Y cuatrocientos (400) más quinientos (500)?

DOS Novecientos. (900)

UNO ¿Y doscientos (200) más ochocientos (800)?

DOS Mil. (1.000)

UNO ¿Y mil trescientos (1.300) más setecientos (700)?

DOS Dos mil. (2.000)

UNO ¿Cuántos son mil **por** *(times)* mil?

DOS Un millón. (1.000.000)

UNO ¿Cuántos son un millón más dos millones?

DOS Tres millones.

1. The hundreds agree in gender with nouns: doscien**tos** diez pes**os**, quinien**tas** ochenta págin**as**.

2. Years are stated as cardinal numbers: La **fecha de mi nacimiento** *(birthdate)* es el dieciocho de agosto de mil novecientos sesenta y seis (1966).

3. *One thousand* is simply **mil**. **Millón** is a noun and has the plural **millones**. They require **de** before other nouns: un millón **de** personas, dos millones **de** dólares *(dollars)*.

B. ACTIVIDAD

Practica los números hablando con tu pareja de precios, fechas y otras cosas.

1. ¿A cuántos metros (**pies**—*feet*) sobre el nivel del mar está _____?

    la ciudad donde estás   la ciudad donde vive tu familia

2. ¿Cuánto cuesta _____?

    una bicicleta **regular** (*fair, average*) ¿Y una muy buena?
    un televisor chico en blanco y negro ¿Y uno grande en color?
    un departamento de dos dormitorios por mes
    la comida para una persona por un mes
    un coche usado (de 1984)
    una casa de tres dormitorios
    un avión Boeing 747

3. ¿Cuál es la fecha _____?

    de tu nacimiento
    de nacimiento de tu padre (tu madre, tus abuelos)
    del descubrimiento de las Américas
    de la Declaración de Independencia

G-28 GRAMÁTICA
PALABRAS NEGATIVAS Y SUS COMPLEMENTOS AFIRMATIVOS
(Negative words and their affirmative counterparts)

A. Forms

NEGATIVE		AFFIRMATIVE	
nada	*nothing, not anything*	**algo**	*something*
		todo	*everything, all*
nunca	*never, not ever*	**siempre**	*always*
		todos los días	*every day*
		alguna vez	*sometime; ever*
		algunas veces	*sometimes*
		algún día	*some day*
nadie	*no one, not anyone, nobody, not anybody*	**alguien**	*someone*

NEGATIVE		AFFIRMATIVE	
ninguno **(ningún)**	*none, not any,* *not one, no one,* *not anyone*	**alguno** **(algún)**	*some, someone*
a, en		**a, en**	
ninguna parte	*no where, not* *anywhere*	**alguna parte** **todas partes**	*somewhere* *everywhere*
tampoco	*neither, not either*	**también**	*also, too*
ni . . . ni	*neither . . . nor*	**o . . . o**	*either . . . or*

Alguno and **ninguno** are shortened to **algún** and **ningún** before masculine singular nouns: **alguna vez** but **algún día.**

B. Examples and uses

AFFIRMATIVE	NEGATIVE
¿Te traigo **algo** de comer? (E-6C)	Gracias, pero no quiero **nada**. (E-6C)
Tengo **todo** lo que necesito. (E-1B)	Pero **nunca** nieva. (E-6B)
A eso de las ocho, como **siempre.**	—¿A quién esperamos? (E-4A)
Llueve casi **todos los días**. (E-6B)	—A **nadie.**
Algunos días hace calor. (E-6B)	No hace mucho calor; **tampoco** hace frío. (E-6B)
Algún día esperan tener casa. (E-6B)	
¿**Alguien** va a llevar las maletas? (E-5B)	
Para mí **también** es un gusto. (E-6A)	

Spanish frequently uses a double negative. When one of the longer negative words—**nada, nunca, tampoco,** etc.—comes after the verb, **no** also is used before the verb.

No quiero **nada.**   **No** conozco a **nadie.**   **No** estudia **nunca.**

The difference between **nunca estudia** and **no estudia nunca** is usually a matter of emphasis:

——¿Por qué no sale bien?	Why doesn't he pass?
——**Nunca** estudia.	He never *studies.*
——¿Cuándo estudia?	When does he study?
——No estudia **nunca.**	He *never* studies (He doesn't ever study).

A-24 ACTIVIDADES
¿QUIERES ALGO DE COMER?

A. MINIDIÁLOGOS

UNO ¿Quieres algo de comer?

DOS No, gracias, no quiero nada.

UNO ¿Asistes siempre?

DOS No, no asisto nunca.

UNO ¿Vas a ir algún día?

DOS No, no voy a ir nunca.

UNO ¿Buscas a alguien?

DOS No, no busco a nadie.

UNO ¿Quieres algunos de éstos?

DOS No, no quiero ninguno.

UNO ¿Vas a alguna parte?

DOS No, no voy a ninguna parte.

UNO Tiene que estar en alguna parte.

DOS Pero no está en ninguna parte.

UNO Yo voy; también va mi hermana. ¿Y ustedes?

DOS Yo no voy; tampoco va mi hermana.

UNO Vas a dormir o vas a estudiar.

DOS No voy ni a dormir ni a estudiar. Voy a comer.

B. PREGUNTAS PARA PAREJAS

Practica estas palabras con tu pareja. Si es posible, contesta primero con palabras afirmativas y luego con palabras negativas.

1. ¿Tienes algo para mí?
2. ¿Siempre llegas a tiempo a la clase?
3. Yo no entiendo casi nada. ¿Y tú?
4. ¿Vas a ir algún día a México?
5. Alguien tiene mi mochila. ¿Eres tú?
6. ¿Hay alguien en tu familia mayor (menor, más alto, más bajo) que tú?
7. Nadie **más** (else) en mi familia habla español. ¿Y en tu familia?
8. Ninguno de mis amigos sabe más español que yo. ¿Y de los tuyos?
9. Yo no voy a ninguna parte este fin de semana. ¿Vas tú a alguna parte?
10. Yo casi nunca tengo tiempo para jugar. ¿Y tú?
11. Casi nadie quiere ir a la fiesta mañana. ¿Tú vas?
12. Va a haber helado y galletas. Yo no quiero ni helado ni galletas. ¿Y tú?

 **C-21 CULTURA**
BOSQUEJO CULTURAL: MIL MILLONES

Note

Los números grandes no se llaman exactamente lo mismo en español que en inglés. Uno necesita saber cómo se llaman los números grandes para evitar problemas grandes. **Noten** también que en los países hispanos, se usa el punto (.) en vez de la coma (,).

ESPAÑOL	INGLÉS	ÁRABE
cien	*hundred*	100
mil	*thousand*	1.000
millón	*million*	1.000.000
mil millones	*billion*	1.000.000.000
billón	*trillion*	1.000.000.000.000

SC-8 SITUACIÓN COMUNICATIVA
UN VIAJERO FAMOSO

OPTION: Have students interview you as the world traveler. Invent crazy answers.

You have the opportunity to interview a renowned world traveler for a newspaper. Greet the traveler, introduce yourself and then find out:

1. If he or she likes to travel.

2. If he or she has to travel.

3. Which countries he or she likes most.

4. What the weather is like in one or two of those countries.

5. What climate the traveler likes most.

6. What clothing the traveler has to buy before a trip.

7. What things the traveler has to do before a trip.

8. What the traveler is doing these days.

9. When he or she has to travel again.

10. If the traveler is going to travel alone or with someone else.

Thank the traveler for the interview, answering his or her questions.

R-6 REPASO
¿QUÉ PASA CON NUESTROS AMIGOS?

AHORA   ¿Qué hace Justina? ¿Quiénes son los dos hombres? ¿Qué están haciendo?
DESPUÉS   ¿Qué va a hacer Justina con las bolsas? ¿Qué van a hacer pronto los hombres?

AHORA   ¿Qué hora es (más o menos)? ¿Qué tiempo hace? ¿Qué quieren hacer Marisa y Susana? ¿Qué dice su mamá?
DESPUÉS   ¿Qué van a hacer?

AHORA   ¿Qué lleva Carlos? ¿Adónde va? ¿Por qué está corriendo?
DESPUÉS   ¿Qué va a hacer?

AHORA   ¿De qué hablan Marisa y Carlos? ¿Qué tiempo hace en México? ¿Qué tiempo hace en Buenos Aires?

AHORA   ¿Qué pasa aquí? ¿Qué le pregunta Amelia a su sobrino?

AHORA   ¿Qué le pregunta Susana a Carlos? ¿Qué contesta él?
DESPUÉS   ¿Qué va a hacer Carlos?

 REPASO DE VOCABULARIO

NOMBRES:
NIVEL A
G-26, G-28

el **agua** (fem)   *water*

el **equipaje**	*luggage*
la **estación**	*season*
el **helado**	*ice cream*
la **leche**	*milk*
los **muebles**	*furniture*
el **paraguas**	*umbrella*

la **parte**	*part*
el **refrigerador**	*refrigerator*
la **sala**	*living room*
el **tamaño**	*size*
el **vaso**	*glass*

NOMBRES:
NIVEL B
C-18

la	**altura**	*height*
el	**asunto**	*matter*
el	**bienestar**	*welfare*
el	**bocadillo**	*sandwich; snack*
el	**bolsillo**	*pocket*
el	**café**	*coffee*
el	**cambio**	*change*
la	**carta**	*letter*
el	**cerro**	*hill*
el	**clima**	*climate*
el	**congelador**	*freezer*
el	**ejemplo**	*example*
el	**grado**	*degree, grade*
el	**hemisferio**	*hemisphere*
el	**hielo**	*ice*
la	**lluvia**	*rain*
el	**mar**	*sea*
la	**metro**	*meter; subway*
la	**montaña**	*mountain*
el	**nivel**	*level*
el	**papel**	*role*
el	**puerto**	*port*
el	**taxi**	*taxi*
la	**temporada**	*season*
el	**timbre**	*bell*
el	**transporte**	*transportation*
el	**tren**	*train*
el	**valle**	*valley*

VERBOS:
NIVEL A
V-23, G-23, G-25

deber	*to owe; should, ought*
prestar	*to lend*
sacar	*to take out; to get*

VERBOS:
NIVEL B

acabar	*to finish*
decidir	*to decide*
despertar(se) (ie)	*to wake up*
faltar	*to lack, be missing*
guardar	*to put away; to keep*
imaginar(se)	*to imagine*
preocupar(se)	*to worry*
quedar(se)	*to stay, remain*

ADJETIVOS:
NIVEL A
V-26

cierto(-a)	*certain, sure*
loco(-a)	*crazy*
raro(-a)	*rare; strange*
urgente	*urgent*

ADV/PREP/CONJ:
NIVEL A
G-24, G-27

a menudo	*often*
fuerte (adv)	*hard*
porque	*because*
temprano	*early*

ADV/PREP/CONJ:
NIVEL B

aun	*even, still*
bajo	*under*
de repente	*suddenly*
entretanto	*meanwhile*
sobre	*over; about*

MODISMOS Y EXPRESIONES:
NIVEL A
V-24, V-25

Es cierto.	*It's true.*
(no) se puede (+ inf)	*you (one) can (can't) (+ inf)*
sobre todo	*above all, especially*
tener algo que hacer	*to have something to do*
tener que (+ inf)	*to have to (+ inf)*

MODISMOS Y EXPRESIONES:
NIVEL B

acabo de comer	*I have just eaten*
a causa de	*because of*
¿A cuántos metros?	*How many meters?*
a eso de (+ time)	*at about (+ time)*

ahora mismo	*right now*
¿Cómo te sientes?	*How do you feel?*
con frecuencia	*frequently*
de noche	*at night*
de repente	*suddenly*
de tamaño regular	*medium-sized*
dentro de poco	*shortly, soon*
diez grados bajo cero	*ten degrees below zero*
en otra parte	*somewhere else*
estar para (+ inf)	*to be about to (+ inf)*
Falta mucho tiempo.	*It's a long time away.*
Me siento bien.	*I feel fine.*
ni aun	*not even*
por mes	*by the month, a month*
¡Qué raro!	*How strange!*
seguir (+ pres part)	*to continue, to keep on (+ -ing)*
sobre el nivel del mar	*above sea level*
Te veo cansado(-a).	*You look tired.*
todo el mundo	*everyone*
trabajar duro	*to work hard*
una vez más	*once again*

CAFETERIA
ESCUELA de CAMINOS

Bocadillos   pts
Chorizo   60
Salchichón   60
Jamón   90
Queso   60
Tortilla   60
Foie-gras   60
Raciones   pts
Ensaladilla rusa   90
Calamares
Aceitunas
Jamón   350
Queso   350

LECCIÓN 7

*Izquierda, arriba: ¿Quieres comprar un televisor nuevo? Esta tienda de Madrid **ofrece** (offers) varios.*
Izquierda: Estos estudiantes de la Universidad de Madrid conversan en la cafetería. ¿Quieres comer un
bocadillo de jamón *(a ham sandwich)?*

E-7A ESCENA
¿POR QUÉ NO TE ACUESTAS POR UNOS MINUTOS?

COMPREHENSIÓN:
¿Qué le trae Marisa a Carlos? ¿El la bebe? ¿Están en casa Manuel y Antonio? ¿Qué va a hacer Carlos? ¿Por cuánto tiempo? ¿Qué quisiera hacer primero? ¿Qué van a hacer Susana y Marisa para ayudarle? ¿Qué dice Amelia cuando Carlos levanta una maleta?

ADAPTATION:
¿Tienes sed? ¿Quieres tomar un vaso de agua fría? ¿Quieres descansar un rato o no estás cansado(-a)? José es un muchacho grande, ¿verdad? No tienes que decirle lo que debe hacer. Alicia, ¿por qué no te acuestas por unos minutos? (Y al terminar la clase, te levantas.) ¿Quisieras afeitarte? ¿Quisieras bañarte? ¿Quisieras cambiarte de ropa?

Marisa le trae a Carlos un vaso grande de agua fría. Mientras él la bebe, siguen conversando.

MARISA Mientras vienen papá y Antonio, Carlos puede subir a su cuarto a descansar un rato.

SUSANA Y tal vez a lavarse la cara y las manos.

MARISA Carlos es un muchacho grande; no tienes que decirle lo que debe hacer.

AMELIA Pero es una buena idea. Carlos, ¿por qué no te acuestas por unos minutos? Y al llegar tu tío, te levantas.

CARLOS De acuerdo, si hay tiempo. Primero quisiera afeitarme, bañarme y cambiarme de ropa.

MARISA Entonces vamos a enseñarte tu recámara y el cuarto de baño.

CARLOS *(Levantando una maleta)* Gracias. Con permiso, tía.

Marisa brings Carlos a large glass of cold water. While he drinks it, they continue conversing.

While Dad and Antonio are coming, Carlos can go upstairs to his room to rest a while.

And maybe to wash his face and hands.

Carlos is a big boy; you don't have to tell him what he should do.

But it is a good idea. Carlos, why don't you lie down for a few minutes? And when your uncle arrives (upon your uncle's arriving), you [can] get up.

Okay (Agreed), if there's time. First I'd like to shave, bathe, and change clothes.

Then we're going to show you your bedroom and the bathroom.

(Lifting a suitcase) Thanks. Excuse me, Aunt [Amelia].

AMELIA Ya sabes que estás en tu casa. Te llamamos al rato.

Please make yourself at home (You know that you are in your home). We'll call you in a while.

Carlos se va con las chicas.

Carlos goes off with the girls.

🗣 C-22 *CULTURA*
BOSQUEJO CULTURAL: LOS BARRIOS O COLONIAS Y LAS DIRECCIONES

En varias ciudades hispánicas grandes, las diferentes secciones o áreas de la ciudad tienen su propio nombre. Estas secciones por lo general se llaman barrios o colonias. Se usa el nombre de la colonia o el barrio cuando se habla de la dirección de una persona. También se usa el nombre de la colonia en **el** *envelope* **sobre** de una carta, porque forma parte de la dirección.

has to do with   Otra diferencia que se nota en las direcciones hispánicas **tiene que ver con** el orden del nombre de la calle y el número de la casa. En la cultura hispana, es costumbre escribir primero el nombre de la calle y luego el número de la casa:

> Señorita Josefina Jesusa Santos García
> Guillermo Prieto 24
> Col. San Rafael
> México, D.F.
> México

Esta señorita, Josefina Santos, vive en la calle Guillermo Prieto, número *letters* 24, en la colonia San Rafael, en la ciudad de México. Las **letras** D.F. significan *refer to* Distrito Federal y **se refieren a** la ciudad de México, que es la capital de México.

*Esta señora es **urbanista** (city planner) para la ciudad de Madrid, España.*

1. Escribe tu dirección en un papel.
2. Ahora, escribe tu dirección al modo hispánico.
3. Habla con un(a) estudiante hispánica y pídele su dirección.

❦ *G-29 GRAMÁTICA*
PRONOMBRES REFLEXIVOS (Reflexive pronouns)

NOTE: Some students will remember the term reflexive if associated with reflection, i.e., what we see in the mirror. Reflexive verbs express actions we perform on ourselves, such as shaving, bathing, washing, dressing,

A. Reflexive pronoun forms

me	*(to, for) myself*	**nos**	*(to, for) ourselves*
te	*(to, for) yourself*	**os**	*(to, for) yourselves*
se	*(to, for) himself, herself, yourself* (usted)	**se**	*(to, for) itself, themselves, yourselves* (ustedes)

etc., and that are as-
sociated with using
the mirror.
We use the term *reflexive* to refer to an object pronoun which represents the same person or persons as the subject because the action of the verb is reflected back to the subject.

I find *myself* in a difficult situation.	**(Yo) me** encuentro en una situación difícil.
Teresa buys (for) *herself* pretty clothes.	**Teresa se** compra ropa bonita.

Se is the reflexive pronoun for all third persons as well as for **usted** and **ustedes. Me, te, nos,** and **os** have reflexive meaning when subject and object coincide.

NONREFLEXIVE	REFLEXIVE (SUBJECT AND OBJECT THE SAME)
(Ella) me conoce. (She knows me.) ·	**(Yo) me** conozco. (*I* know *myself.*)
(Yo) te conozco. (I know you.)	**(Tú) te** conoces. (*You* know *yourself.*)
(Él) lo conoce. (He knows him.)	**(Él) se** conoce. (*He* knows *himself.*)
Las conocen. (They know them.)	**Se** conoce**n.** (*They* know *themselves.*)

B. Comparison with English

Me llamo Carlos Ortiz.	*My name is (I call myself)* Carlos Ortiz.
¿Cómo **te sientes?**	How *do you feel* (How *do you perceive yourself*)?
Nos vamos a mojar.	*We're going to get (ourselves) wet.*
¿Cómo **se encuentra** la familia?	How *is* the family (How *does* the family *find itself*)?
¿Por qué no **te acuestas?**	Why don't *you lie (lay yourself)* down?

These English sentences, when read with the reflexive pronouns, make sense but sound unusual. The normal English expression of an idea may have nothing in it to suggest that the Spanish equivalent will require a reflexive pronoun. You should, therefore, learn what ideas require reflexive constructions in Spanish.

English has many verbs that can be either transitive or intransitive, whereas the Spanish counterparts are frequently transitive only, and thus require a direct object. To render the English intransitive idea, Spanish gives transitive verbs a reflexive direct object.

In the following examples, direct objects are in boldface.

ENGLISH: 1. TRANSITIVE 2. INTRANSITIVE	SPANISH: TRANSITIVE ONLY
1. I get **my brother** up.	Levanto **a mi hermano.**
2. I get up.	**Me** levanto.
1. I feel **the cold.**	Siento **el frío.**
2. I feel sick.	**Me** siento enfermo(-a).

C. Functions of reflexive pronouns

1. As direct objects

Carlos **se** baña. **Me** visto.	Carlos bathes (*himself*). I dress (get dressed) (*myself*).

2. As indirect objects

Se lava la cara. **Me** voy a comprar un coche.	He washes his face (for *himself*). I'm going to buy *myself* a car.

Note that Spanish generally uses the definite article rather than posses-sive adjectives for parts of the body and clothing when something else in the sentence reveals the possessor, in this case, the reflexive pronoun **se:** Carlos **se** lava **la** cara y **las** manos.

3. With intransitive verbs

Carlos **se va** con las chicas.	Carlos *goes off (leaves)* with the girls.

A number of intransitive verbs take on special meanings when used with reflexive pronouns. **Ir** alone is simply *to go;* **irse,** conjugated with reflexive pronouns, means *to go off* or *away, to leave.*

IR: —Hay una fiesta. **¿Vas?**	There's a party. *Are you going?*
—No, no puedo **ir.**	No, I can't *go.*
IRSE: —¿**Te vas** tan temprano?	*Are you going (leaving) so early?*
—Sí, tengo que **irme.**	Yes, I have *to go (leave).*

4. Use of reflexive pronouns
Most Spanish verbs use or do not use reflexive pronouns according to the meaning intended. However, a few verbs, such as **jactarse** and **quejarse,** always require a reflexive pronoun:

¿Te jactas o te quejas?	Are you bragging or complaining?

D. Reflexive pronouns and infinitives

Infinitives that require reflexive pronouns in their conjugation appear with **-se** attached. Thus, **llamar** means *to call,* and **llamarse,** *to be called* or *named.* In order to express the meanings associated with **llamarse,** or with any other infinitive listed with **-se,** we must use the appropriate reflexive pronoun as well as the correct verb form.

llamarse *to be called, named*		**irse** *to go off, away; leave*		**sentirse (ie)** *to feel* (+ adj.)	
me llamo	nos llama-mos	me voy	nos vamos	me siento	nos senti-mos
te llamas	os llamáis	te vas	os vais	te sientes	os sentís
se llama	se llaman	se va	se van	se siente	se sienten

V-27 VOCABULARIO
VERBOS REFLEXIVOS: TENGO QUE LEVANTARME TEMPRANO

EMPHASIS: Point out the contrast between reflexive and nonreflexive meanings (i.e., *acostar* vs. *acostarse*, etc.).

PREPARATION: Model pronunciation of new vocabulary.

A. RUTINA DIARIA (Daily routine)

acostar (ue)	*to put to bed, lay down*	**acostarse (ue)**	*to go to bed, lie down*
afeitarse	*to shave (oneself)*	**almorzar (ue)**	*to eat lunch*
arreglar	*to arrange; to fix*	**arreglarse**	*to get ready*
asistir (a)	*to attend*	**bañarse**	*to bathe (oneself)*
cambiar	*to change*	**cambiarse de ropa**	*to change clothes*
desayunar(se)	*to eat breakfast*	**despertar(se) (ie)**	*to wake up*
divertirse (ie)	*to have a good time, enjoy oneself*	**dormir (ue)**	*to sleep*
dormirse (ue)	*to go to sleep*	**ducharse**	*to shower*
encontrar (ue)	*to find*	**encontrarse (con)**	*to meet; to run into*
irse	*to go off, away; to leave*	**lavar**	*to wash*
lavarse **lavarse la cara, las manos, el pelo, los pies, los dientes**	*to wash oneself* *to wash one's face, hands, hair, feet, brush one's teeth*	**levantarse**	*to get up*
maquillarse	*to put makeup on (oneself)*	**pasear(se)**	*to go for a walk; to go for a ride*
peinarse	*to comb one's hair*	**ponerse**	*to put clothing on*
prepararse	*to prepare (oneself), to get ready*	**quedarse**	*to stay, remain*
quedarse dormido(-a)	*to fall asleep*	**quitarse**	*to take off (clothing)*

secarse	to dry (oneself)	sentarse (ie)	to sit down
sentir (ie)	to feel; to regret (+ noun)	sentirse (ie)	to feel (+ adj or adv)
vestirse (i)	to get dressed		

1. **Desayunar(se), despertar(se),** and **pasear(se)** can be used with or without the reflexive pronoun. **Despertar,** both transitive and intransitive, can mean *to wake up (oneself)* or *to wake someone up.*

2. Stem changes are shown in parentheses: **acostarse (ue), despertar(se) (ie), vestirse (i).**

B. TODO EN ORDEN

Indica con 1, 2, 3, etc., el orden en que haces estas actividades. Luego averigua si tu pareja tiene el mismo orden.

—— Desayuno.   —— Me quito la ropa.   —— Me despierto.
—— Salgo de casa.   —— Me divierto.   —— Me duermo.
—— Estudio.   —— Me levanto.   —— Me visto.
—— Me baño.   —— Almuerzo.   —— Me arreglo.

C. ACTIVIDAD PARA PAREJAS

Seleccionen un infinitivo lógico para completar cada oración. Si quieren divertirse, pueden escoger infinitivos no muy lógicos.

1. Tengo clase a las ocho; debo
2. Cuando hay exámenes no tengo mucho tiempo para
3. Nunca salgo de casa sin
4. Antes de bañarme necesito
5. Después del desayuno necesito
6. Si tengo prisa salgo sin
7. No me gusta nada tener que
8. Es tarde y tengo que
9. Luis y yo vamos juntos; a las dos voy a
10. Si quiero salir bien, debo
11. Estoy un poco enfermo(-a) pero mañana voy a
12. Cuando hace frío necesito
13. Después de bañarme debo
14. En mi clase de español me gusta
15. Antes de almorzar debo
16. Es muy tarde; no puedo

lavarme los dientes.
peinarme.
afeitarme tanto.
asistir a mis clases.
levantarme temprano.
quitarme la ropa.
divertirme.
irme a casa.
encontrarme con él.
arreglarme primero.
desayunarme.
sentarme con mis amigos.
quedarme mucho tiempo.
lavarme las manos.
sentirme mejor.
acostarme temprano.
secarme.
prepararme bien.
ponerme el **abrigo** (coat, overcoat).

A-25 ACTIVIDADES
MI RUTINA DIARIA

A. MINIDIÁLOGOS: MI RUTINA DIARIA

Al responder usa el mismo verbo pero cambia algo de la respuesta.

UNO Casi siempre (me) despierto antes de las seis. ¿Y tú?

DOS (Yo) Casi siempre (me) despierto después de las seis.
(Yo) Nunca (me) despierto antes de las seis.

1. Después de despertar(me), me levanto en seguida.
2. Si no **me siento** (*feel*) bien, me quedo en la cama.
3. A veces estudio un rato; otras veces me baño en seguida.
4. Me lavo los dientes antes de vestirme.
5. Siempre me visto para el desayuno.
6. Cuando tengo mucha prisa no **me siento** (*sit down*) para desayunar.
7. Si hace frío, me pongo un abrigo o una **chaqueta** (*jacket*).
8. Salgo de casa y (me) voy a la escuela antes de las siete y media.
9. **Por lo general** (*Generally*) me quedo en la escuela hasta las cinco.

¡Qué bonita está esta señorita española! Se maquilla así todos los días.

10. Después de la cena me divierto viendo la televisión.

11. Estudio dos o tres horas y luego me acuesto.

12. Normalmente tengo mucho sueño y me duermo pronto.

B. PREGUNTAS PARA PAREJAS

Acostarse, dormirse: ¿A qué hora te acuestas cuando tienes clases a la mañana siguiente? ¿A qué hora te acuestas los viernes? Después de acostarte, ¿te duermes en seguida?

2. **Despertarse, levantarse:** ¿Te despiertas **solo(-a)** *(by yourself)* o necesitas un **despertador** *(alarm clock)*? ¿Cuánto tiempo te quedas en la cama antes de levantarte? ¿Te gusta levantarte muy temprano? ¿Por qué?

3. **Bañarse, ducharse:** ¿Qué prefieres, bañarte o ducharte? ¿Cuándo prefieres bañarte (o ducharte), antes de acostarte o depués de levantarte?

4. **Maquillarse, afeitarse:** *(Muchachas)* ¿Usas **maquillaje** *(makeup)*? Si lo usas, ¿siempre te maquillas antes de salir? *(Muchachos)* ¿Crees necesario afeitarte todos los días?

5. **Sentirse:** ¿Cómo te sientes ahora, alegre o triste? Cuando llueve mucho y nunca hace sol, ¿te sientes alegre o **deprimido(-a)** *(depressed)*? ¿Dónde te sientes mejor, en casa o en clase? ¿Por qué?

6. **Vestirse, ponerse, quitarse, cambiarse:** ¿Cuánto tiempo necesitas para vestirte cada mañana? ¿Te vistes antes o después del desayuno? ¿Te quitas la ropa que usas todos los días y te pones otra cosa para ir al cine? Si lo haces, ¿qué te pones? ¿Te cambias de ropa durante el día? ¿Te pones la misma ropa los fines de semana que los otros días?

7. **Lavarse:** ¿Con qué frecuencia te lavas el pelo? ¿Cuándo te lavas los dientes, antes o después del desayuno?

8. **Quedarse, irse:** ¿Te quedas dormido(-a) a veces cuando estás estudiando? Después de la clase, ¿te quedas para hablar un rato o te vas pronto?

9. **Sentarse:** ¿Siempre te sientas en el mismo asiento en tus clases? ¿Quiénes se sientan cerca de ti? ¿Tienes tiempo para sentarte a desayunar o comes **de pie** *(standing)*?

PREPARATION: Have students work in small groups to prepare questions based on A-25 B. Groups then take turns addressing questions to you. OPTION: This activity could be assigned as a written report.

C. RUTINA DIARIA DEL (DE LA) PROFESOR(A)

Inventen preguntas usando verbos de la lista asignados por el (la) profesor(a).

D. PARA PAREJAS: UNA AMIGA MÍA, UN AMIGO MÍO

UNO Describe la rutina diaria de un amigo o una amiga. Recuerda que muchos verbos necesitan **se**.

DOS Participa en la conversación haciendo preguntas apropiadas.

E. PREGUNTAS PARA PAREJAS: LA VIDA EN FAMILIA

OPTION: If time is a factor, have students alternate question sets with their partners rather than having both ask all questions of each other.

Ustedes van a hablar de las costumbres y actividades de sus familias.

1.   En tu familia, ¿se levantan unos más temprano que otros? ¿Quién se levanta primero?

2.   Cuando estás en tu casa, ¿tienes que esperar mucho tiempo para usar el baño? ¿Todos prefieren bañarse o se duchan algunos?

3.   ¿A qué hora (se) desayunan ustedes? ¿Se sientan todos a la mesa para desayunar? ¿Se quedan algunos en casa durante el día o se van todos? ¿Adónde va cada uno?

4.   ¿Quién es el último en volver a casa por la tarde? ¿A qué hora cenan por lo general? ¿Pueden estar todos en casa a la hora de la cena? Después de cenar, ¿se quedan en la mesa conversando o tienen que irse (salir) algunos?

5.   ¿Se sientan a ver la televisión juntos algunas noches? ¿Qué programas les gustan a ustedes?

6.   ¿Se acuestan todos más o menos a la misma hora? ¿Quién es el primero en acostarse? ¿Quién es el último?

S-14 SUGERENCIAS EN CUANTO A LA TRADUCCIÓN

NOTE: Translation of long passages encourages poor habits and generates a great deal of frustration in students. Many language educators feel that translation exercises are valid only when they focus on idiomatic expressions: It is hot, I am hungry, I like ice cream, I have to work, etc.

Languages reflect reality as seen through the eyes of the speaker. There are varying ways of viewing reality and expressing ideas. One of the side benefits of studying languages is learning new ways to view reality—insights that will help one become a better thinker.

Beginning foreign language students often give word-for-word translations in English of the things they are learning to say in their new language. This approach leaves them frustrated when things do not translate easily, and they frequently end up thinking that the new language is strange because "it doesn't make sense."

Word-for-word translations are difficult and confusing in many cases. Students should work at developing a feel for ways to express ideas in Spanish. In some instances expressions presented in this book may serve as formulae for getting one's point across. For example, the expression **me gusta** literally means *me it pleases* which obviously sounds strange to an English speaker. If, however, one decides to let **me gusta** express the same idea as *I like (it)* and not worry about its literal translation, the new language will soon feel comfortable. A good approach is to develop a feeling for the way Spanish works to communicate ideas.

☙ E-7B ESCENA
PUEDO ESTAR EQUIVOCADA

COMPREHENSION:
¿Dónde está Carlos?
¿Qué están haciendo
las mujeres? ¿Por qué
está mojada Susana?
¿Va a estar mojada
por mucho tiempo?
¿Por qué? Carlos está
enfermo, ¿verdad? ¿Se
cansa uno viajando?
¿Está aburrido o preo-
cupado Carlos? ¿Tiene
por qué preocuparse?
¿Está nervioso?
¿Quién tiene razón?

ADAPTATION: ¿Se
seca rápido esta blusa
(camisa)? Se nota que
Gregorio está can-
sado, o que algo le
pasa, ¿no? ¿Te cansas
viajando? ¿Te cansas
estudiando (besando)?
¿Qué le pasa a Anita?
¿Está nerviosa? ¿Está
preocupada? ¿Está
aburrida? ¿O está
cansada nada más?
Y Pedro. Puedo estar
equivocado(-a), pero
yo lo veo algo ner-
vioso. Pedro, ¿estás
nervioso?

*Carlos ha subido a su dormitorio a des-
cansar. Las mujeres siguen conversando
en la cocina. Marisa está para decir algo
acerca de Carlos cuando su madre se fija
en Susana, que está bastante mojada.*

AMELIA ¿Qué has hecho, niña? Estás
toda mojada.

SUSANA Claro, por la lluvia; he vuelto
a salir dos veces para traer cosas del
coche. Pero esta blusa se seca rápido.

AMELIA (*Volviendo a hablar con Marisa*)
Perdona la interrupción.

MARISA Se nota que Carlos está can-
sado, o que algo le pasa.

SUSANA Uno siempre se cansa
viajando.

AMELIA Como se ve muy poco desde
un avión, me imagino que está abu-
rrido también.

MARISA O tal vez preocupado, ¿no les
parece?

*Carlos has gone up to his bedroom to
rest. The women continue conversing in
the kitchen. Marisa is about to say some-
thing about Carlos when her mother no-
tices Susana, who is quite wet.*

What have you done, child? You're
all wet.

Of course, because of the rain; I have
gone out again twice to bring things
from the car. But this blouse dries (it-
self) quickly.

(*Speaking again with Marisa*)
Pardon the interruption.

You can see (One notices) that Carlos
is tired or that something is the mat-
ter with him (something is happen-
ing to him).

One always gets tired traveling.

Since you can see (one sees) so little
from an airplane, I imagine (that)
he's bored also.

Or maybe worried, don't you think
(doesn't it seem to you)?

AMELIA No tiene por qué preocuparse.	He doesn't have any reason (why) to worry.
MARISA Puedo estar equivocada pero yo lo veo algo nervioso, o por nosotros o por la situación. ¿Quién sabe?	I may be mistaken but he looks rather nervous to me (I see him rather nervous), either because of us or because of the situation. Who knows?
AMELIA Lo hemos visto por muy poco tiempo. Yo digo que está cansado, y nada más.	We have seen him for a very short time. I say that he's tired, and nothing else.
MARISA A lo mejor tienes razón.	Maybe you're right.

C-23 *CULTURA*
BOSQUEJO CULTURAL: LAS GENTES DE LATINOAMÉRICA

Perhaps **Quizás** por la proximidad de México a los Estados Unidos, muchos estadou-
nidenses tienen la idea de que todos los latinoamericanos son de **piel bron-**
bronze-colored **ceada** y de pelo y ojos oscuros. Es verdad que muchos latinoamericanos
skin tienen estas características físicas a causa de su descendencia de los indios,
pero también hay un gran número de latinoamericanos que no las tienen.
there have been Durante la historia de Latinoamérica, **ha habido migraciones** de **asiáticos,**
migrations / africanos y europeos. En muchos países de Sudamérica es bastante común ver
Asians personas rubias y pelirrojas, personas con la piel negra, blanca o amarilla, y
con apellidos como O'Higgins, Stein, MacGregor, Wong, u Hoffmann.

1.   ¿Por qué hay tanta variedad en las características físicas de los
latinoamericanos?

*Algunos de estos argentinos están **depositando dinero** (depositing money) en el banco. Otros **lo están sacando** (taking it out).*

2. Piensa en los latinoamericanos que tú conoces. ¿Cómo se llaman? ¿Cómo son físicamente?

G-30 GRAMÁTICA
PARTICIPIO PASADO: **HABLADO, COMIDO, VIVIDO**

The Spanish past participle is the third and last of the nonpersonal verb forms; it corresponds in almost all its uses to the English past participle. With the exception of a few irregular verbs, we recognize it by the ending **-do: -ado** for verbs in **-a-** and **-ido** for verbs in **-e-** and **-i-**.

The English past participle to which it corresponds is not so easily recognized. Examples are: a *spoken* language, *made* in Mexico, I have *studied*, they have *gone*. In the first two examples the past participles are adjectives; in the last two they combine with forms of *to have* to form the present perfect tense. Spanish past participles function in the same ways.

A. Forms of the past participle

1. All verbs in -a- are regular

estar → estado	contar → contado
cerrar → cerrado	dar → dado

2. Almost all verbs in -e- and -i- are regular

ser → sido   sentir → sentido
pedir → pedido   dormir → dormido

The ending **-ido** requires an accent mark when it is preceded by one of the three strong vowels **a, e, o: traído, creído, leído, oído.**

3. *A number of common verbs have irregular past participles*

decir	to say, tell	dicho	told, said
hacer	to make, to do	hecho	made, done
abrir	to open	abierto	opened, open
cubrir	to cover	cubierto	covered
escribir	to write	escrito	written
morir	to die	muerto	died, dead
poner	to put	puesto	put, placed, on
romper	to break, tear	roto	broken, torn
ver	to see	visto	seen
volver	to return	vuelto	returned

B. Uses and functions of the past participle

1. *As a verbal adjective* In all uses except in combination with forms of **haber** the past participle is an adjective, and as such agrees with what it modifies. In general, its meaning is that the action denoted has happened to the noun modified.

ACTION   RESULT

I close the book.   The book is *closed.*
                                        It is a *closed* book.

Cierro el libro.   El libro está **cerrado.**
                                        Es un libro **cerrado.**

One of the common uses of the past participle is to denote emotional and physical states resulting from previous actions. Section V-28 introduces a number of such uses. The action that produces the state can be expressed in two ways: reflexive and nonreflexive. The result is the same.

REFLEXIVE	NONREFLEXIVE	RESULT
Me canso de leer.	**La lectura me cansa.**	**Estoy cansado(-a).**
I get tired of reading.	*Reading tires me.*	*I'm tired.*
Se cierra temprano.	**Lo cierran temprano.**	**Está cerrado.**
It closes (gets closed) early.	*They close it early.*	*It's closed.*

2. *As a component of the perfect tenses* We will work with the present perfect later in this lesson.

—¿Qué **has hecho,** niña?   What *have you done,* child?

—**He salido** dos veces.   *I have gone outside* twice.

A-26 ACTIVIDADES
DEBES CERRAR LA PUERTA

OPTION: Use visuals for this activity showing a closed door and closed windows, a clean car, clean dishes, food, dessert, an open door and open windows, written exercizes, a television (turned on), and covered furniture. Add or substitute as desired.

ACTIVIDAD PARA LA CLASE

Do what has been suggested; then report that the job has been done.

MODELO   **cerrar la puerta**

UNO Debes **cerrar la puerta.**   DOS Está bien. La voy a cerrar. *(Más tarde)* Ya está **cerrada.**

cerrar las ventanas	abrir las puertas (una ventana)
lavar el coche (los platos)	escribir la tarea (los ejercicios)
vender tu coche (tus cintas)	hacer los ejercicios (la tarea)
servir la comida (el pastel)	poner la televisión (la mesa)
vestir a la nena (a los niños)	cubrir los **muebles** *(furniture)*

S-15 SUGERENCIAS
MÁS COGNADOS: ES- Y S-

Some cognates in Spanish begin with the letters **es-** plus a consonant where English uses only *s-* plus a consonant. Give the English counterpart to the following:

escala	específico	escena	espectador
escolástico	espectacular	escorpión	espléndido
escritura	espiritual	escuadrón	estatua
espacio	estudiante	estupidez	especial

V-28 VOCABULARIO
ESTADOS: ESTAMOS ABURRIDOS

PREPARATION: Model pronunciation.
OPTION: Conduct a survey, having students respond with raised hands to these

A. Past participles of reflexive verbs

Some of the most commonly used past participles are of verbs that frequently take reflexive pronouns. The reflexive form expresses an action whereas the past participle describes the result corresponding to that action.

questions. *¿Quién(es) está(n) aburrido(s)? ¿Quiénes están acostumbrados a la clase? ¿Quiénes están cansados? ¿Quiénes están dormidos? (¿Están acostados también?) ¿Quiénes están perdidos? ¿Quiénes están preocupados? ¿Quiénes están vestidos?*

ACTION (REFLEXIVE)		RESULT (WITH **ESTAR**)	
aburrirse	*to get bored*	**aburrido(-a)**	*bored*
acostarse (ue)	*to lie down*	**acostado(-a)**	*lying down*
acostumbrarse	*to become accustomed*	**acostumbrado(-a)**	*accustomed*
cansarse	*to get tired*	**cansado(-a)**	*tired*
casarse	*to get married*	**casado(-a)**	*married*
dormirse (ue)	*to go to sleep*	**dormido(-a)**	*asleep*
enojarse	*to get angry*	**enojado(-a)**	*angry*
equivocarse	*to make a mistake*	**equivocado(-a)**	*mistaken, wrong*
levantarse	*to get up*	**levantado(-a)**	*up, out of bed*
mojarse	*to get wet*	**mojado(-a)**	*wet*
morir(se) (ue)	*to die*	**muerto(-a)**	*dead*
perderse (ie)	*to get lost*	**perdido(-a)**	*lost*
preocuparse	*to worry*	**preocupado(-a)**	*worried*
prepararse	*to get prepared*	**preparado(-a)**	*prepared*
sentarse (ie)	*to sit down*	**sentado(-a)**	*seated, sitting*
vestirse (i)	*to get dressed*	**vestido(-a)**	*dressed*

(See also Apéndice I-5 for additional past participles.)

NOTE: This activity can be done in pairs or with the entire class.

B. MINIDIÁLOGOS: ¿CUÁL ES EL RESULTADO? *(What is the result?)*

UNO ¿Cuál es el resultado si te cansas de leer?

DOS Entonces estoy cansado(-a) de leer (y no quiero leer más).

UNO ¿Cuál es el resultado si _____?

te aburres con tus clases
te acostumbras al frío (al trabajo)
te duermes en el sofá
te enojas con tu novio (novia)
te equivocas cuando contestas una pregunta
te mojas por la lluvia
te preocupas por tus **calificaciones** *(grades)*
te pierdes buscando la casa de un amigo
el gato se muere

A-27 ACTIVIDADES
¿ESTÁS ABURRIDO?

A. ENTREVISTA *(Interview)*

Averigua el **estado actual** *(current state)* de tu amiga o amigo. En algunos casos puedes preguntar también por qué está así. Luego cambian de papeles.

MODELO   **Quieres saber si está aburrido(-a).**

UNO **¿Estás aburrido(-a)?**   DOS Sí, estoy bastante aburrido(-a).

UNO **¿Por qué? ¿Qué tienes?**   DOS No tengo tiempo para
                                               divertirme.

Quieres saber si _____.

está preocupado(-a)   está perdido(-a) en la gramática
está muerto(-a) de hambre   está acostumbrado(-a) a hablar
está enojado(-a)   español

B. PREGUNTAS PERSONALES

1. ¿Te preocupas por tus clases? ¿Estás preocupado(-a) por algo ahora?

2. ¿Estás casado(-a)? Si no, ¿piensas casarte pronto?

3. ¿Estás sentado(-a) en el asiento donde normalmente te sientas?

4. ¿Por qué cosas te enojas? ¿Estás enojado(-a) conmigo?

5. ¿Estás acostumbrado(-a) a hablar español **fuera de** (*outside*) la clase?

6. ¿Te aburres fácilmente? ¿Qué haces cuando estás aburrido(-a)?

7. ¿Qué haces cuando te equivocas hablando español?

8. ¿Te estás preparando para el próximo examen o ya estás preparado(-a)?

9. ¿Te pierdes en una ciudad grande? ¿Qué haces cuando estás perdido(-a)?

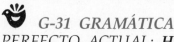

G-31 GRAMÁTICA
PERFECTO ACTUAL: *HE HABLADO* (Present perfect: *I have spoken*)

A. Forming the present perfect

The perfect tenses of English and Spanish are composed of analogous parts. Spanish uses an appropriate form of the auxiliary verb **haber** (*to have*) plus the past participle. The present indicative of **haber** with the past participle gives the present perfect.

I have spoken	**he**	**hemos**	
we have eaten			
you have lived	**has**	**habéis**	**hablado (comido, vivido, dicho, hecho)**
he/she has said			
they have done	**ha**	**han**	

B. Uses of the present perfect

1.   In general, this tense is appropriate when the English present perfect would be natural. Using it, we will be able to speak of events that have happened during the present period of time, for example, this week or this semester. However, we cannot use it for events of a past period of time, such as yesterday or last month, which require the Spanish preterite.

2.   Some exceptions exist to this general rule of following the English pattern.

ENGLISH PRESENT PERFECT	SPANISH IDIOM WITH PRESENT TENSE
I have just eaten.	**Acabo** de comer.
I have studied Spanish for two months.	Hace dos meses que **estudio** español.
Is this the first time that you have visited Mexico?	¿Es ésta la primera vez que **visitas** México?

   However, sentences of the second type, when negative, can use either the simple present or the present perfect:

Hace dos meses que no los **veo** (los **he visto**).	I haven't seen them for two months.

3.   The two parts of the Spanish perfect tenses are not separated by other words as they often are in English.

Ya **han salido**. (**Han salido** ya.)	They *have* already *left*.
Ella no **ha llegado** todavía.	She *has* not yet *arrived*.

4.   In Spanish, object pronouns and **no** come before the compound verb.

No los he visto.	I have*n't* seen *them*.

5.   Past participles used as adjectives agree with the nouns they modify. Past participles used with **haber** in the perfect tenses always end in **-o**.

La puerta está **cerrada**.	Yo la he **cerrado**.

A-28 ACTIVIDADES
HE IDO A CLASE TODOS LOS DÍAS

Model each of the numbered sentences for student repetition. Then assign to pairs.

A. MINIDIÁLOGOS PARA PAREJAS: TAMBIÉN / TAMPOCO

Tu pareja te dice lo que ha hecho; en cada caso tú dices que también lo has hecho o que no lo has hecho.

MODELO   **yo también (yo no)**

UNO He ido a clase todos los días.	I have gone to class every day.
DOS **Yo también** he ido todos los días. (**Yo no** he ido todos los días.)	I too have gone every day. (I haven't gone every day.)

1. He caminado mucho este año.
2. He escrito tres cartas hoy.
3. He salido poco este año.
4. He hecho mucho este semestre.
5. He terminado la tarea.
6. He visto dos películas este mes.
7. He ido varias veces a la biblioteca esta semana.
8. Me he levantado temprano todos los días esta semana.

Ahora tu pareja te dice lo que no ha hecho; en cada caso respondes que tampoco lo has hecho tú o que sí lo has hecho.

MODELO   **yo tampoco (yo sí)**

UNO No he comido hoy.	I haven't eaten today.
DOS **Yo tampoco** he comido. (**Yo sí** he comido.)	I haven't eaten either. (I *have* eaten.)

1. No he descansado mucho.
2. No he hecho mucho esta semana.
3. No me he aburrido hoy.
4. No he vuelto a casa hoy.
5. No he dormido bien.
6. No he dicho nada.

B. CHEQUEO DE PREPARACIÓN (Preparation check)

OPTION: Have students write responses to this section prior to class. During class, students use prepared sentences for this activity.

¿Te has preparado para la clase de hoy? Dile a tu pareja qué cosas has hecho y qué cosas no has hecho.

MODELO   **(hablar) mucho en español con los amigos**

UNO He hablado mucho en español con mis amigos.
(No he hablado mucho en español con mis amigos.)

1. _____ (estudiar) las conjugaciones nuevas.
2. _____ (practicar) los ejercicios orales.
3. _____ (escuchar) las cintas.
4. _____ (leer) las escenas **en voz alta** (aloud).
5. _____ (entender) la gramática.
6. _____ (aprender) las palabras nuevas.
7. _____ (repetir) las palabras difíciles.
8. _____ (escribir) los ejercicios del manual.
9. _____ (hacer) la tarea.

C. ACTIVIDAD PARA LA CLASE

OPTION: Keep a tally of responses on the board or with an overhead.

El (La) profesor(a) quiere saber quiénes han hecho ciertas cosas.

1. ¿Quiénes han hecho cosas interesantes este semestre?
2. ¿Quiénes han asistido a todas sus clases?

NOTE: If time is short, this activity can be done principally as a listening activity and should go quickly.

3. ¿Quiénes **han faltado** (*missed*)?

4. ¿Quiénes han estado practicando el español fuera de la clase?

5. ¿Quiénes han estado estudiando con otros estudiantes de la clase?

6. ¿Quiénes se han levantado temprano casi todos los días?

7. ¿Quiénes se han acostado antes de **medianoche** (*midnight*) cada noche?

8. ¿Quiénes han ido mucho al cine? ¿Qué han visto?

9. ¿Quiénes han visto una buena película **últimamente** (*lately*)?

10. ¿Quiénes han oído un buen chiste últimamente. ¿Quiere contarlo?

D. PREGUNTAS SOBRE NUESTROS AMIGOS

Contesta con oraciones completas.

1. ¿Quiénes han ido a recibir a Carlos?

2. ¿Quiénes no han podido ir al aeropuerto?

3. ¿Quiénes se han quedado en casa?

4. ¿Quiénes han ayudado a Carlos?

5. ¿Quién ha comido algo en el avión?

6. ¿Qué ha pedido Carlos en la casa?

7. ¿Quién ha estado durmiendo?

8. ¿Para qué ha venido Justina a la capital?

9. ¿Adónde se ha ido el padre de Petrita?

10. ¿Cuántas veces ha vuelto para ver a Justina?

E. ACTIVIDAD PARA PAREJAS

UNO Explica a un pariente tuyo lo que Uds. han hecho este semestre en la clase de español.

DOS Tú eres el pariente. Puedes hacer preguntas usando las mismas sugerencias.

EJEMPLO   **contestar preguntas**

UNO **Hemos contestado preguntas** (en la clase este semestre).

DOS ¿Siempre las han contestado en español?

ir al laboratorio
cantar canciones en español
hablar español fuera de la clase
comer comida mexicana
estudiar gramática

leer cosas interesantes
escribir ejercicios
hacer muchas tareas
decir palabras difíciles
ver películas en español

F. HABLANDO CON EL (LA) PROFESOR(A)

Ustedes quieren saber lo que ha hecho el (la) profesor(a).

MODELO   **leer un buen libro últimamente**

UNO ¿Ha leído usted un buen libro últimamente?

MÁS IDEAS

hacer la prueba para esta semana	visitar España (Chile, Bolivia)
leer nuestros ejercicios	viajar por Europa (Sud América)
llegar tarde alguna vez a sus clases	ver muchas películas en español

G. PARA PAREJAS: ¿QUÉ HA PASADO?

Explica a tu pareja lo que ha pasado.

UNO Estoy (bastante) triste.

DOS ¿Por qué estás triste? ¿Qué ha pasado?

UNO Mi gato ha muerto.
(He salido mal en un examen.)
UNO Estoy (bastante) enfermo(-a).

DOS Lo siento.

Estoy contento(-a).	Tengo (mucha) hambre.
Estoy perdido(-a).	Tengo (mucho) sueño.
No estoy preparado(-a).	Tengo (mucho) miedo.

H. MIS PLANES PARA ESTA SEMANA

Usando infinitivos, escribe una lista de diez cosas que **has pensado hacer** (*you have planned to do*) esta semana y dale la lista a tu pareja. Luego tu pareja te pregunta si has hecho cada cosa.

llamar a mis padres	hablar con mi profesor(a) de _____
comprar comestibles	levantarme más temprano
estudiar con _____	prepararme para la prueba
limpiar (*to clean*) mi cuarto	pedirle más dinero a mi papá
lavar el coche (la ropa)	hacer una torta para alguien
terminar una novela	invitar a alguien a ir al cine

UNO ¿Has llamado a tus padres?

DOS No, todavía no los he llamado. Los voy a llamar esta noche. (Sí, los he llamado dos veces.)

E-7C ESCENA
YA HE HECHO MUCHO

Justina ha estado preparando la cena y arreglando el comedor para esta noche.

Justina has been preparing dinner and arranging the dining room for tonight.

*parando la cena?
¿Qué más ha estado
haciendo? ¿Para qué
ha venido a la sala?
¿Qué es lo que quiere?
¿Necesita ayuda en la
cocina? ¿Qué ha hecho
Justina? ¿Quién la
está ayudando?
¿Quién ha arreglado
el comedor? ¿Qué han
hecho Justina y Pe-
trita? ¿Qué ha hecho
Justina con las papas?
¿Y qué ha abierto Pe-
trita? ¿Qué preocupa-
ción tiene Justina en
cuanto a los chiles?
¿Hay pan? ¿Por qué?
¿Qué postre ha hecho
Justina? ¿Está bien
hecho todo?*

ADAPTATION: *¿Qué
es lo que quieres,
Paco? ¿Necesitas
ayuda con tus estu-
dios? ¿Escribes listas
de las cosas que ne-
cesitas hacer? ¿Quién
arregla el comedor en
tu casa (departa-
mento)? ¿Quién lim-
pia la cocina? ¿Te
gustan las papas?
¿Los chiles jalapeños?
¿Te gusta el pastel?*

*Ahora ha venido a la sala para pregun-
tarle algo a la señora.*

JUSTINA ¿Se puede, señora?

AMELIA Sí, adelante, Justina. ¿Qué es
lo que quieres?

JUSTINA Quiero saber a qué hora debo
tener preparada la cena.

AMELIA A la hora de siempre. ¿Ne-
cesitas ayuda en la cocina?

JUSTINA Creo que no. He escrito una
lista de las cosas que tengo que hacer
y ya he hecho mucho. Además, Pe-
trita me está ayudando.

AMELIA Está bien.

*Amelia empieza a hablar otra vez con sus
hijas.*

JUSTINA Ya he arreglado el comedor y
las dos hemos limpiado la cocina.

AMELIA De acuerdo. ¿Es todo?

JUSTINA *(Viendo su lista)* Otra cosita,
he puesto unas papas a cocer y Pe-
trita ha abierto una lata de chiles
jalapeños.

AMELIA No sé si a Carlos le van a
gustar los chiles, pero. . . .

JUSTINA Y Petrita ha traído pan de la
panadería.

*Now she has come to the living room to
ask Amelia (the mistress) something.*

May I (May one), ma'am?

Yes, come in (forward), Justina. What
is it (that) you want?

I want to know (at) what time I
should have dinner prepared.

At the usual time. Do you need
[some] help in the kitchen?

I don't think so. I have written a list
of the things (that) I have to do and I
have already done a lot. Besides, Pe-
trita is helping me.

That's fine.

*Amelia begins to talk to her daughters
again.*

I have already taken care of (ar-
ranged) the dining room and the two
of us have cleaned the kitchen.

All right. Is that all?

(Checking her list) Something else (An-
other little thing), I have put some
potatoes [on] to cook, and Petrita has
opened a can of jalapeño chilies.

I don't know if Carlos is going to like
the chilies, but. . . .

And Petrita has brought bread from
the bakery.

AMELIA **Excelente.** *(Se vuelve hacia las chicas.)*

Excellent. *(She turns toward the girls.)*

JUSTINA **Además, he estado pensando que al joven le puede gustar el pastel.**

Besides, I have been thinking that the young man may like cake.

AMELIA **Puede ser. No necesitas explicar más. Sabemos que lo vas a hacer muy bien.**

Perhaps so (It may be). You don't need to explain more. We know that you're going to do it very well.

JUSTINA **Así es que he pedido un pastel.**

So (it is that) I have ordered a cake.

AMELIA *(Se impacienta un poco.)* **Por Dios, Justina.**

(She becomes a little impatient.) For heaven's sake, Justina.

JUSTINA **Disculpe, señora, sólo he querido hacer las cosas bien.**

Pardon [me], ma'am, I have only wanted to do things well.

AMELIA **Todo está muy bien hecho y te lo agradecemos.**

Everything is fine (well done), and we thank you for it.

JUSTINA **Entonces si Ud. no manda otra cosa, vuelvo a la cocina.**

Then if you don't have anything else for me to do (if you don't command anything else), I'll go back to the kitchen.

 ## *C-24 CULTURA*
BOSQUEJO CULTURAL ¿A QUÉ HORA ES LA CENA?

Es bastante común la costumbre de comer cuatro o cinco veces al día en muchos países hispánicos: el desayuno, el almuerzo, la comida, la merienda y la

*¿Te gustaría tomar algo ligero en un **café al aire libre** (outdoor café) como estas personas en Chinchón, España?*

cena. El desayuno, por lo general, es una comida **ligera** y puede ser café con leche o chocolate y algún tipo de pan. El almuerzo también es ligero y **se toma** como a las diez u once de la mañana. La comida principal se llama ''la comida'' y se toma entre la una y las tres. Luego, a la hora de salir del trabajo, es decir como a las siete u ocho de la noche, se toma la merienda. La merienda es algo ligero como un sandwich o bocadillo con un **refresco** u otra **bebida.** Por fin, se toma la cena (otra comida grande) muy tarde, entre las 20:00 horas y las 23:00 horas.

light
it is eaten

soft drink
drink

they take
a nap

A causa de la comida grande a mediodía, muchas personas sienten un poco de sueño después de comer, y **echan una siesta** antes de volver al trabajo o a las tareas de la tarde. Y a causa de esa siesta a mediodía, no se acuestan hasta muy tarde, como a las 23:00 o 24:00 horas. Actualmente la costumbre de echar una siesta a mediodía no es tan común como antes, especial-

Nevertheless

mente en las ciudades grandes. **No obstante,** la mayoría de las tiendas pequeñas cierran durante dos o tres horas a mediodía.

1. ¿Cuántas comidas toman muchos hispánicos en un día?
2. ¿Cuáles son las comidas grandes? ¿Y cuáles son las ligeras?
3. ¿Por qué se acuestan tarde?
4. ¿Cuántas veces al día comes tú?
5. ¿Echas una siesta todos los días? ¿Te gustaría hacerlo?

☙ V-29 VOCABULARIO
CUARTOS Y ARTÍCULOS: ¿ADÓNDE VAMOS A LLEVAR EL SOFÁ?

OPTION: Use pictures or actual objects, where possible, to introduce this vocabulary. Draw a large facsimile of a house on the board or on a transparency, labeling the rooms. Have students place or tell (or both) in which room the items belong.

Vamos a arreglar la casa. Hay un **montón** (*heap, pile*) de cosas en el patio y tenemos que poner cada cosa en su lugar.

UNO ¿Adónde (¿A qué cuarto) vamos a llevar el televisor?   DOS Vamos a llevarlo a la sala.

UNO ¿Dónde podemos poner la cama?   DOS Vamos a ponerla en _____.

UNO ¿Dónde debemos **guardar el jabón** (*to keep, store the soap*)?   DOS Vamos a guardarlo en _____.

COSAS

las toallas	*towels*	**el sillón**	*armchair*
las sábanas	*sheets*	**las almohadas**	*pillows*
la escoba	*broom*	**la grabadora**	*recorder*
los muebles	*furniture*	**los paquetes**	*packages*
las sillas	*chairs*	**el estéreo**	*stereo*
el sofá	*sofa*	**la mesita**	*small (coffee) table*
la lámpara	*lamp*	**la cama**	*bed*
un poco de ropa	*clothing*	**los cuadros**	*pictures, paintings*
el jabón	*soap*	**la caja vacía**	*empty box*
los aparatos	*sets, devices*	**caja llena de platos**	*box full of dishes*

| el radio pequeño | small radio | la bolsa de | sack of trash, |
| las latas | cans | basura | garbage |

CUARTOS Y LUGARES

el baño	bathroom	la despensa	pantry
la cocina	kitchen	el dormitorio	bedroom
la cochera	garage	el jardín	garden, yard
el comedor	dining room	el patio	patio

Además, necesitamos decidir:

1. Quiénes van a llevar ciertas cosas.
2. Cuántas personas van a llevar las cosas más pesadas.
3. Si vamos a poner el televisor en la sala o en uno de los dormitorios.
4. Qué cosas vamos a llevar a la cocina, al baño, a la sala, al jardín.
5. Qué cosas vamos a **dejar** (leave) en el patio.

B. CONVERSACIÓN: LUGARES Y CUARTOS FAVORITOS

REVIEW: Interview one or more students using these questions.

UNO Averigua lo siguiente de la casa o departamento de tu pareja:

DOS Después averigua lo mismo.

1. cómo es
3. cuál es su cuarto favorito
5. cómo es su cuarto
7. qué aparatos hay

2. qué cuartos tiene
4. por qué
6. qué muebles hay en su cuarto
8. qué hace allí

 ## G-32 GRAMÁTICA
INFINITIVOS: UN RESUMEN (Infinitives: A summary)

Functions of the infinitive

Infinitives are verbal nouns, and we use them in sentences in the same ways we use other nouns. Study the following diagram:

	COMMON NOUN	VERBAL NOUN (INFINITIVE)
SUBJECT	Me gusta **el helado.**	Me gusta **estudiar.**
DIRECT OBJECT	Quiero **carne.**	Quiero **comer.**
OBJECT OF PREPOSITION	Voy **a casa.**	Voy **a trabajar.**

1. Infinitives as subjects   Prepositions never occur before a subject. In the first example above, **el helado** and **estudiar** are the subjects of **gusta**, which they follow. Additional examples include common impersonal expressions which frequently place the infinitive subject after the verb:

VERB PHRASE		INFINITIVE SUBJECTS
Me gusta	*It pleases me*	**hablar español, ir al cine**
Es mejor	*It's better*	**ir ahora, no llegar tarde**
Es importante	*It's important*	**trabajar, comer bien**
Es necesario	*It's necessary*	**dormir bien, salir temprano**
Es bueno, malo	*It's good, bad*	**hacer eso**
Es fácil	*It's easy*	**aprender español, decir eso**
Es difícil	*It's difficult*	**levantarse temprano**
Es posible	*It's possible*	**traerlo hoy**
Es imposible	*It's impossible*	**estudiar con ellos**

2. Infinitives as direct objects   Prepositions also never occur before a direct object. In the second example above, **quiero** is a transitive verb, and **carne** and **comer** are its direct objects. There are several transitive verbs that can take infinitives as their direct objects.

TRANSITIVE VERBS		DIRECT OBJECTS
Quiero	*I want*	**más comida, ese libro**
Quiero		**ir con ustedes**
Necesito	*I need*	**más tiempo, tu coche**
Necesito		**hablar contigo**
Debo	*I owe*	**dinero, muchas cartas**
Debo	*I should*	**trabajar, estudiar más**
Espero	*I'm waiting for*	**a un amigo, el avión**
Espero	*I hope*	**ir contigo, llegar a tiempo, verte**
Sé	*I know*	**la verdad, que van**
Sé	*I know how*	**hablar español, leer**
Pienso	*I think*	**muchas cosas, que van**
Pienso	*I plan, intend*	**estudiar esta tarde**
Prefiero	*I prefer*	**las galletas a la torta**
Prefiero		**quedarme aquí**
Puedo	*I can*	**ir con ustedes**

EXCEPTION

| **Tengo** | *I have* | **muchos amigos** |
| **Tengo que** | *I have to* | **hablar con usted, irme** |

The forms of **tener** require **que** to introduce an infinitive.

3. *Infinitives as objects of prepositions* In the third example above, **voy** is an intransitive verb of motion. The destination or end of a motion can be an action as well as a place; for example, **voy a la biblioteca a (para) estudiar.** Spanish requires a preposition to link both of these destinations or ends to a verb of motion. **Para** instead of **a** before the infinitive emphasizes purpose and translates as *in order to*.

INTRANSITIVE VERBS		END (PLACE)	END (ACTION)
Voy	*I go, am going*	a casa	a (para) almorzar
Vengo	*I come, am coming*	a la clase	a (para) estudiar
Entro	*I go, am going in*	en (a) la casa	a (para) comer
Salgo	*I go, am going out*	a la calle	a (para) pasear
Subo	*I go, am going up*	a mi cuarto	a (para) dormir
Bajo	*I go down*	a la cocina	a (para) cenar
Paso	*I pass or go*	a la sala	a (para) hablar
Vuelvo	*I return*	a casa	a (para) cenar
Camino	*I walk*	al centro	a (para) trabajar

Ir and **volver** have figurative meanings as well as the literal meanings seen above. **Ir a** (as a substitute for the future): **Voy a comer** a las seis. (*I'm going to ["gonna"] eat at six.*)

Volver a *(to do again):* **He vuelto a salir** dos veces. (*I've gone out again twice.*) **Volviendo a hablar** con Marisa. (*Speaking again with Marisa.*)

A-29 ACTIVIDADES
CREO QUE ES IMPORTANTE HACERLO

PREPARATION: For these activities, have students prepare completions prior to class.
REVIEW: Have several individuals read their completions to the class.

A. INFINITIVOS COMO SUJETOS

¿Cuál es tu opinión? Completa las siguientes oraciones con infinitivos.

UNO Creo que es importante peinarse todos los días. ¿Qué dices tú?

DOS Yo creo que es más importante bañarse todos los días.

1. Creo que es importante _____.
2. Muchas veces es difícil _____.
3. Siempre es bueno _____.
4. Creo que es necesario _____.
5. Me parece que es malo _____.
6. Para mí es mejor _____.

7. Para mí es fácil _____.   8. Me parece que es imposible _____.

B. INFINITIVOS COMO COMPLEMENTOS DIRECTOS

UNO Esta noche quiero visitar a unos   DOS Yo quiero descansar.
amigos. Y tú, ¿qué quieres hacer?

1. Mañana por la tarde quiero _____.
2. El domingo por la mañana quiero _____.
3. Este fin de semana quiero _____.

escuchar mis cassettes   **pasearme en bicicleta** (go for a bike ride)

correr o cocinar algo   **pasearme a caballo** (go for a horse-back ride)

practicar la guitarra   **pasearme en bote** (go for a boat ride)

UNO Mañana necesito hablar con la   DOS Yo necesito **entregar** (hand in)
profesora. Y tú, ¿qué necesitas hacer?   una composición.

1. Antes del viernes necesito _____. Y tú, ¿qué necesitas hacer?
2. Mañana por la mañana debo _____. Y tú, ¿qué debes hacer?
3. Antes del fin del semestre espero _____. Y tú, ¿qué esperas hacer?
4. El verano que viene pienso _____. Y tú, ¿qué piensas hacer?
5. Esta noche prefiero _____. Y tú, ¿qué prefieres hacer?
6. Yo sé hacer _____. Y tú, ¿qué sabes hacer?
7. Este fin de semana puedo descansar un poco. Y tú, ¿qué puedes hacer?
8. El jueves que viene tengo que _____. Y tú, ¿qué tienes que hacer?

C. INFINITIVOS CON PREPOSICIÓN: VERBOS INTRANSITIVOS

MODELO   **Esta tarde voy a** <u>(un lugar)</u> **a** <u>(infinitivo)</u>.

UNO Esta tarde voy a la biblioteca a   DOS (Esta tarde) Voy a casa a limpiar
dormir un rato. ¿Y tú?   mi cuarto.

1. Si tengo tiempo esta noche voy a _____ a _____. ¿Y tú?
2. Mañana antes de las _____ pienso venir a _____ a _____. ¿Y tú?
3. Después de levantarme entro en _____ a _____. ¿Y tú?
4. ¿Puedes esperar un momento? Voy a salir a <u>(a la calle, al jardín)</u> a _____.
5. Después de la cena subo a _____ a _____. ¿Y tú?
6. Primero me baño y me visto; luego bajo a _____ a _____. ¿Y tú?
7. Tengo prisa; necesito llegar pronto a _____ a _____.

8. Si no hay pan, yo puedo correr a _____ a _____. ¿Está bien?

9. Después de la clase tengo que volver a _____ a _____. ¿Y tú?

D. ¿A (PARA) QUÉ VAS? *(What are you going for?)*

UNO ¿Adónde vas **después de la clase?**

DOS Voy a la **librería** *(bookstore).*

UNO **¿A (Para) qué vas?**

DOS A (Para) comprar un cuaderno.

el sábado que viene
este fin de semana
después de esta clase

el domingo por la tarde
el verano que viene

 ## SC-9 *SITUACIÓN COMUNICATIVA*
LA VIDA UNIVERSITARIA

As a reporter for a local newspaper, interview a student for a story on university life and find out the following:

1. The student's name.

2. Where the student is from.

3. What the student's house or apartment is like.

4. What the student's roommates are like.

5. The student's daily routine.

6. What classes the student has and how he/she likes them.

7. What the student does on weekends.

Estos estudiantes universitarios están pidiendo su comida en un restaurante cerca de la universidad de México.

R-7 REPASO
¿QUÉ PASA CON NUESTROS AMIGOS?

AHORA   ¿Cómo se siente Carlos? ¿Qué dice Marisa?
ANTES   ¿Ha dormido Carlos en el avión? ¿Cuántas horas ha viajado?
DESPUÉS   ¿Quién va a descansar?

AHORA   ¿Qué hacen Carlos y sus primas? ¿Adónde suben?
DESPUÉS   ¿Qué va a hacer Carlos antes de descansar?

AHORA   ¿Qué pasa aquí?
ANTES   ¿Qué ha hecho Susana para estar mojada?

AHORA   ¿Por quién se preocupa Marisa? ¿Qué cree Marisa? ¿Qué cree su madre?

AHORA   ¿Qué pasa aquí? ¿De qué está hablando Justina?
ANTES   ¿Qué ha hecho Justina? ¿Qué ha hecho su hija Petrita?

AHORA   ¿Qué pasa aquí?

REPASO DE VOCABULARIO

NOMBRES:

NIVEL A

G-29, V-29

el **abrigo**	coat
la **ayuda**	help
la **lista**	list
la **lluvia**	rain
la **mano**	hand
el **minuto**	minute
el **pie**	foot
el **plato**	plate, dish
un **rato**	little while

NOMBRES:

NIVEL B

la **bebida**	drink
la **caracterís-tica**	characteristic
la **cosita**	little thing
la **chaqueta**	jacket
la **fila**	line
la **interrup-ción**	interruption
el **maquillaje**	makeup
la **mayoría**	majority, greater part
la **media-noche**	midnight
el **pastel**	cake
la **piel**	skin
la **recámara**	bedroom
el **resultado**	result
la **situación**	situation
el **sobre**	envelope

VERBOS:

NIVEL A

V-27, G-31, G-32

dejar (tran)	to leave
descansar	to rest
enseñar	to show; to teach
subir	to rise; to get in(to); to go upstairs

VERBOS:

NIVEL B

agradecer	to be grateful for; to thank

beber	to drink
cansar	to tire (some-one)
cocer (ue)	to cook
disculpar	to excuse
encontrarse	to be, find one-self
enojar	to anger
explicar	to explain
fijarse (en)	to notice
impacientarse	to become impa-tient
jactarse	to brag
levantar	to pick up, raise
limpiar	to clean
mandar	to command, order; to send
mojar	to get (someone)
perdonar	to pardon
quejarse	to complain
quitar	to remove, take away
secar	to dry
volverse (ue)	to turn

ADJETIVOS:

NIVEL A

G-30, V-28

excelente	excellent

ADJETIVOS:

NIVEL B

actual	present
deprimido(-a)	depressed
ligero(-a)	light
pelirrojo(-a)	redheaded

ADV/PREP/CONJ:

NIVEL A

últimamente	lately

ADV/PREP/CONJ:

NIVEL B

acerca de	about, concern-ing
algo	somewhat

fuera de	outside of
tal vez	perhaps

MODISMOS Y EXPRESIONES:

NIVEL A

al (+ inf)	upon (+ -ing)
cambiarse de ropa	to change clothes
de acuerdo	agreed; in agreement
Está bien.	That's all right; that's fine; okay.
Está bien hecho.	It's well done.
nada más	nothing more, that's all
por lo general	generally
Puede ser.	It may be so.
¿Se puede?	May I (one)?
sentirse bien, mal, en-fermo(-a)	to feel well, bad, sick

MODISMOS Y EXPRESIONES:

NIVEL B

adelante	come in
a lo mejor	maybe, perhaps
Algo le pasa.	Something is the matter with him.
así es que	so (it is that)
¿Con qué fre-cuencia?	How often?
de pie	standing
estar para (+ inf)	to be about to (+ inf)
no tiene por qué (+ inf)	he has no reason to (+ inf)
otra cosa	something else
por Dios	for heaven's sake
se nota	you can see; one notices
Te lo agrade-cemos.	We thank you for it.
volver a (+ inf)	to do again (+ inf)

LECCIÓN 8

*Izquierda, arriba: Todas estas jóvenes mexicanas llevan el mismo uniforme porque son compañeras de clase en una escuela secundaria de la Ciudad de México. Izquierda: ¡Qué bonita es esta escena de la ciudad de Puebla, México! Puebla es la **ciudad natal** (home town) del papá de Carlos, José María Ortiz.*

E-8A ESCENA
ERAN LAS SEIS CUANDO SUBÍ AL CUARTO

Ya son las seis y media y ha dejado de llover. Hace treinta minutos Carlos subía a su cuarto a bañarse y a descansar; su tía hablaba con Justina de lo que iban a cenar; don Manuel y Antonio estaban para salir de la oficina; la abuelita dormía; pero Petrita ya no jugaba con el perro grande y feo porque afuera llovía bien fuerte. En este momento se oye llegar un auto. Es el taxi que trae a don Manuel y a Antonio a casa. Susana sale corriendo para recibirlos. Cuando entran en la casa, Carlos ya está en la sala y doña Conchita está bajando la escalera. La abuelita, al ver a Carlos, lo besa y lo abraza. Luego su tío y su primo también lo saludan y lo abrazan.

It's now 6:30 and it has stopped raining. Thirty minutes ago Carlos was going up to his room to bathe and rest; his aunt was talking with Justina about what they were going to eat for dinner; Don Manuel and Antonio were about to leave the office; Grandmother was sleeping; but Petrita was no longer playing with the large, ugly dog because outside it was raining very hard. At this moment we hear (one hears) a car arrive. It's the taxi that is bringing Don Manuel and Antonio home. Susana runs out (goes out running) to meet (receive) them. When they enter the house, Carlos is already in the living room and Doña Conchita is coming down the stairs. Grandmother, on seeing Carlos, kisses and hugs him. Then his uncle and cousin also greet and embrace him.

ABUELITA ¡Carlos! ¡Qué alegría! ¡Déjame abrazarte!

Carlos! What a delight! Let me hug you!

CARLOS Con todo gusto.

With great pleasure.

ANTONIO ¡Cuánto me alegro de verte!

How glad I am to see you!

CARLOS Igualmente, Antonio.

The same for me, Antonio.

MANUEL *(Riéndose)* Conque este joven tan alto y guapo es el hijo de mi cuñado. ¡Bienvenido!

CARLOS Gracias, tío.

ABUELITA ¿Qué noticias has traído de tu familia?

CARLOS Todos están bien. Les mandan saludos y cariños a todos.

ABUELITA Me alegro, y gracias por los saludos.

MANUEL Antonio y yo queríamos ir al aeropuerto a recibirte; pero había un asunto urgente en la oficina.

ANTONIO Esperábamos acabar a tiempo para ir, pero era demasiado tarde cuando terminamos.

AMELIA Y mi mamá no se sentía muy bien.

CARLOS Comprendo, y les agradezco sus buenos deseos.

SUSANA Ahora sí podemos hacerte todas las preguntas que teníamos.

CARLOS Está bien, pero primero quisiera saber cuánto tiempo dormí. Eran las seis cuando subí al cuarto. Después de ducharme, me acosté y me quedé dormido.

AMELIA No dormiste más de un cuarto de hora porque apenas son las seis y media.

(Laughing) So this young man [who is] so tall and good-looking is the son of my brother-in-law. Welcome!

Thanks, uncle.

What news have you brought from your family?

Everybody's fine. They send greetings and love (affection) to all.

I'm glad, and thanks for the greetings.

Antonio and I wanted to go to the airport to meet (receive) you; but there was an urgent matter at the office.

We were hoping to finish in time to go, but it was too late when we finished.

And my mother didn't feel very well.

I understand, and I thank you for your good wishes.

Now we can ask you all the questions (that) we had.

All right, but first I'd like to know how long I slept. It was six when I went up to the room. After showering, I lay down and fell asleep.

You didn't sleep more than a quarter of an hour because it's barely six-thirty.

C-25 *CULTURA*
BOSQUEJO CULTURAL: EL USO DE LOS GESTOS

OPTION: Model the
gestures for your stu-
dents.

Comer

Tomar (una bebida)

Los hispanohablantes no hablan solamente con la boca, sino también con las manos. Usan gestos para comunicar sus ideas. En este y futuros **Bosquejos Culturales,** vamos a ver varios gestos comunes que usa el hispanohablante.

1. Indica a tu compañero que tú quieres comer, usando palabras y el gesto.
2. Pregúntale a tu compañero si quiere tomar algo. Usa palabras y el gesto.

S-16 *SUGERENCIAS*
LA RED CONCEPTUAL

Certain educational psychologists believe that there is a conceptual network in the brain through which related concepts are linked. They also believe that when one is learning a foreign language and encounters a concept that already exists in the mother tongue, he merely needs to learn the new label for the concept in the second language—a simple, memorization task.

When the second language uses a different concept to communicate ideas or feelings, however, then the learning task is of a different nature; the learner must build a new section of the conceptual network. A cognitive understanding of the new concept, with its related labels, must be acquired.

The concept of aspect, which allows the speaker to focus attention on the beginning, middle, or end of an action or state, must be added to the conceptual network of many students. The student must understand aspect in order to talk about the past—one cannot simply translate English into Spanish.

✦ G-33 GRAMÁTICA
IMPERFECTO Y PRETÉRITO: DESCRIPCIÓN Y NARRACIÓN EN EL PASADO (*Imperfect and preterite: Description and narration in the past*)

NOTE: This somewhat lengthy explanation is designed for out-of-class study, but may be supplemented by in-class instruction. However, try to guard against using an inordinate amount of time explaining the grammar principles involved. Allow adequate time for student practice.

To speak of events or states belonging to the past, we now need to learn two sets of verb forms, one called the imperfect (signifying not yet perfected or completed) and the other called the preterite, and the concepts that underlie the uses of each set.

A. Aspect: How we view and refer to events

Any event or state belonging to the past can be viewed mentally and referred to at three different points, which determines whether we use the imperfect or preterite. Consider the following table:

POINT AT WHICH REFERENCE IS MADE TO AN EVENT OR A STATE	PAST TENSE USED
1. During its occurrence (any point after the beginning and before the ending)	Imperfect
2. At its beginning	Preterite
3. At its end (after completion)	Preterite

Although most English verb forms do not make these distinctions, context almost always reveals which Spanish form is required to express the equivalent idea. Study the following examples:

1. *Reference to an event or state during its occurrence* The mental position of the observer is *within* the time of the event or state. For example, a single event in progress at the time of reference (included here are mental actions in general) uses the following:

SPANISH: **imperfect**

ENGLISH: **simple past or past progressive**

I *was* already there at eight o'clock.
He *wanted* to go with us.
He *knew* they would help him.

We *were going* very slowly.
He *was sleeping* when I called.

Customary or repeated events (seen as an unfinished series of events) use:

SPANISH: **imperfect**

ENGLISH: **several forms**

He *spoke* with an accent.
I *studied* when I had time.
They *used to come* every summer.
We *would visit* them often when we were young.

A description of a characteristic or a state uses:

SPANISH: **imperfect**

ENGLISH: **simple past**

She *was* rather slender.
He *had* reddish hair.
The town *seemed* very quiet.

2. *Reference to the beginning of an event or state* The mental position of the observer is beyond the time of beginning. For example:

SPANISH: **preterite**

ENGLISH: **simple past tense**

I *was (got)* there at eight o'clock.
At that moment I *knew (realized)* that everything would be all right.
We *found out (came to know)* that they weren't coming.
It *became* evident that he didn't like us.

3. *Reference to an event or state seen at the end or viewed as a whole* The mental position of the observer is beyond the time of completion.

SPANISH: **preterite**

ENGLISH: **simple past tense (occasionally past progressive)**

He *spoke* to me this morning.
She *was* sick for several days.
We *lived* in Illinois for sixteen years.
I *had* an interesting experience today.
I *was studying (studied)* all afternoon yesterday.

Note that the Spanish equivalent of simple English past tense forms—*had, was, spoke, knew*—can be either imperfect or preterite according to how the event or state is viewed or referred to.

B. Imperfect and preterite contrasted: A brief account

Last semester I went to a party where I met a student from Argentina whose name was Carlos Ortiz. He was tall and quite handsome and spoke Spanish with a noticeable Argentine pronunciation. He told me that he was studying computer science here and that he lived with his aunt and uncle. We talked for almost an hour.

IMPERFECT: **description**

Observer mentally within the time of action

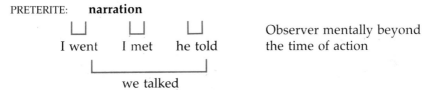

his name was Carlos
he was tall
he was studying
he lived
he spoke Spanish

1. Imperfect   The long line, broken at each end to suggest continuation in both directions, represents the actions whose beginning and end we do not see. It does not matter if we know that some of these actions ended later. At the time of reference they had not ended yet. We use the imperfect tense to describe them in Spanish.

PRETERITE: **narration**

⊔   ⊔   ⊔   Observer mentally beyond
I went   I met   he told   the time of action

└─────────────────────┘
we talked

2. Preterite   The shorter lines, with their beginnings and endings marked by vertical lines, represent the other actions, which clearly have ended by the time of reference. The preterite tense expresses these completed actions.

   In contrasting the functions of the preterite and imperfect, we find that the preterite carries the narration, and the actions reported happened serially. Each preterite verb takes us forward in time: I went to the party, then I met Carlos, then he told me several things. Later the conversation ended, having lasted about an hour. The imperfect actions depicted here are simultaneous. They do not take us forward in time. Their function is to describe the attendant circumstances of the narration. Thus, simple narration in the past is preterite; simple description in the past is imperfect.

   In addition to the explanation given, there are two further points to consider in determining whether a given verb should be preterite or imperfect:

1.   Treat negative verbs as if they were affirmative.

2.   Consider the action only as viewed at the time of reference, not what has happened or might have happened since.

C. Examples

In the first scene, we see several examples of both tenses. Imperfect forms are most easily recognized; the grammatical part is **-aba-** for verbs in **-a-**, and **-ía-** for verbs in **-e-** and **-i-**: (su tía) habl**aba**, (don Manuel y Antonio) est**aba**n, (nosotros) esper**ába**mos, (la abuelita) dorm**ía**, (nosotros) ten**ía**mos.

Preterite forms are less regular: (yo) me acost**é**, (nosotros) termin**amos**, (yo) dorm**í**, (tú) dorm**iste**.

A-30 ACTIVIDADES
¿IMPERFECTO O PRETÉRITO?

KEY: 1. Imp. 2. Pret.
3. Pret. 4. Imp.
5. Pret. 6. Imp.
7. Pret. 8. Imp.
9. Imp. 10. Pret.
11. Imp. 12. Pret.
13. Imp. 14. Pret.
15. Pret. 16. Imp.
17. Imp. 18. Imp.
19. Imp. 20. Pret.
21. Pret. 22. Imp.
23. Imp. 24. Pret.
25. Imp. 26. Pret.
27. Imp. 28. Pret.
29. Imp. 30. Imp.
31. Imp. 32. Imp.
33. Pret. 34. Pret.
35. Pret. 36. Pret.
37. Pret.

At each numbered verb decide whether imperfect or preterite would be required to express the equivalent idea in Spanish. Keep in mind that the preterite advances the narration and that the imperfect describes what was not yet completed at the time of reference.

It *was* (1) cold and cloudy when the Ortiz family of Buenos Aires *began* (2) to prepare for Carlos's departure for Mexico City. At six o'clock Carlos *entered* (3) the kitchen, where his mother *was preparing* (4) breakfast. He *noticed* (5) that she *looked* (6) sad and he *made* (7) a comment. Breakfast *was* (8) ready but Carlos *didn't feel* (9) very hungry. When his mother *asked* (10) if he *was* (11) sick, he *answered* (12) that he *was* (13) only a little nervous.

Then his father *came* (14) into the kitchen and *asked* (15) him if he *was* (16) ready and how many suitcases he *had* (17). There *were* (18) four suitcases; Carlos also *had* (19) his papers and money ready. Within thirty minutes they *left* (20) for the airport, where they *were met* (21) by some of Carlos's friends. There *was* (22) a girl with the friends whom Carlos *didn't know* (23). Irene *introduced* (24) her. Since Carlos already *knew* (25) some things about Mexico, they *asked* (26) him what he *liked* (27). He *said* (28) he *liked* (29) Mexican music, but he *wasn't* (30) acquainted with Mexican food. By then it *was* (31) 8:10; the airplane *was* (32) to leave at 8:30. The flight *was announced* (33); Carlos *promised* (34) his mother he would write often; everyone *hugged* (35) or *kissed* (36) Carlos; and he *got* (37) on the airplane.

E-8B ESCENA
¿QUÉ HACÍA USTED HACE SEIS AÑOS?

COMPREHENSION:
¿Quién es doña Conchita? ¿Es casada?

Doña Conchita, la abuelita, es viuda. Tiene setenta y nueve años y vive con su hija y su yerno desde hace tres años. Su

Doña Conchita, the grandmother, is a widow. She is seventy-nine years old and has lived with her daughter and son-in-

¿Cuántos años tiene?
¿Cuánto tiempo hace
que vive con su hija y
yerno? ¿Quién era su
marido? ¿Qué le pasó?
¿Hace cuánto? ¿Qué le
gusta a la abuelita?
¿Trata de molestar?
¿De qué no tiene
miedo ni vergüenza?
¿Cómo es don Ma-
nuel? ¿De dónde es?
¿Dónde está situado
el estado de Chihua-
hua? ¿Cómo es Chi-
huahua? ¿Quién vive
en Chihuahua? ¿Qué
les gusta mucho a los
jóvenes? ¿Viven los
padres de don Ma-
nuel? ¿Tienen él y su
esposa parientes que
viven cerca? ¿Cómo es
Antonio? ¿A quién se
parece? ¿Qué le iba a
preguntar Susana a
Carlos? ¿Cómo era la
otra casa de los
García? ¿Tenían el
mismo perro? ¿Cómo
se llamaba? ¿Cómo se
llama el perro nuevo?
¿Cómo es? Hace seis
años, ¿trabajaba don
Manuel para la
misma compañía?
¿Qué hacía? ¿Por qué
dice don Manuel que
Carlos ya está en
familia? ¿A quién
echa de menos Carlos?

ADAPTATION:
(Encuesta—Survey)
¿Quiénes tienen abue-
lita que todavía vive?
¿Quiénes tienen
abuelo? ¿A quiénes les
gusta estar con su
familia? ¿Quiénes tra-
tan de no molestar?
¿Quiénes tratan de
molestar? ¿Quiénes
tienen miedo de expre-
sar sus ideas y sus
preferencias? ¿Quiénes
tienen vergüenza de
expresarlas? ¿A
quiénes les gustan las
visitas al rancho de
sus tíos? ¿Quiénes
tienen parientes que
viven cerca? ¿A
quiénes les gusta to-
marles el pelo a los
amigos? ¿Quiénes tie-
nen perro en casa?
¿Gato? ¿Caballo?
¿Burro? ¿Elefante?

marido, Jesús Ortiz González, murió hace un poco más de cinco años. A la abuelita le gusta mucho estar con su familia, y siempre participa en sus actividades. Trata de no molestar pero no tiene miedo ni vergüenza de expresar sus ideas y sus preferencias.

Don Manuel García es un hombre de estatura mediana, maduro y ligeramente calvo y canoso. Es del estado de Chihuahua, que está situado al norte del país. (Chihuahua tiene fronteras con Nuevo México y Tejas.) Es un estado donde hay ranchos (o haciendas) y mucho ganado. Don Manuel tiene un hermano, Ricardo, que es ranchero y a quien visita casi cada año. A los jóvenes, es decir, a Antonio, Marisa y Susana, les gustan mucho las visitas al rancho de su tío. Los padres de don Manuel ya no viven. Pero tanto él como su esposa tienen parientes que viven a pocos kilómetros de la familia García.

Antonio, un joven de veinte años, es un poco más alto que su padre pero no tan alto como su primo Carlos. En muchos aspectos—los ojos, la nariz, la boca, la manera de hablar—Antonio se parece más a Amelia que a Manuel.

CARLOS A ver. ¿Y las preguntas que

law for three years. Her husband, Jesus Ortiz Gonzalez, died a little more than five years ago. Grandmother likes very much to be with her family, and she always participates in their activities. She tries not to bother, but she isn't afraid nor embarrassed to express her ideas and (her) preferences.

Don Manuel Garcia is a man of medium height, mature and slightly (lightly) bald and grey. He is from the state of Chihuahua, which is located in the northern part (north) of the country. (Chihuahua has borders with New Mexico and Texas.) It is a state where there are ranches and a lot of cattle. Don Manuel has a brother, Ricardo, who is a rancher and whom he visits almost every year. The young people, that is, Antonio, Marisa, and Susana, enjoy very much the visits to their uncle's ranch. Don Manuel's parents are no longer living. But both he and his wife have relatives that live a few kilometers from the Garcia family.

Antonio, a young man of twenty, is a little taller than his father but not as tall as his cousin Carlos. In many aspects—his eyes, (his) nose, (his) mouth, his manner of speaking—Antonio resembles Amelia more than he does Manuel.

Let's see. How about the questions

*¿Rinoceronte?
¿Quiénes echan de
menos a sus padres u
otros parientes?
OTRAS PREGUN-
TAS: ¿Qué hacías
hace tres años? ¿Estu-
diabas en la misma
universidad? ¿Vivías
en la misma casa?
¿Tenías el mismo
perro? ¿Cómo se lla-
maba el perro?
¿Cuáles son tus planes
durante tu estancia
aquí este año?*

querían hacer?

you wanted to ask?

SUSANA Yo te iba a preguntar si te acuerdas de esta casa.

I was going to ask you if you remember this house.

CARLOS No me vas a engañar esta vez. Esta casa no es la misma.

You're not going to fool me this time. This house is not the same one.

MARISA Tienes razón. Susi te tomaba el pelo cuando te preguntó si sabías llegar.

You're right. Susi was pulling your leg when she asked you if you knew how to arrive [here].

MANUEL Entonces vivíamos en otra parte de la ciudad.

Then we lived in another part of the city.

AMELIA Aquella casa era más chica y tenía un solo piso. Además, no había jardín.

That house was smaller and had only one floor. Besides, there was no garden (yard).

CARLOS Ahora sí me acuerdo. Tenían un perro, ¿verdad? ¿Era el mismo?

Now I remember. You had a dog, didn't you? Was it the same one?

SUSANA No, ya no lo tenemos. Se llamaba Cometa. El nuevo se llama Rinoceronte pero le decimos Rino.

No, we don't have him any longer. His name was Comet. The new one is named Rhinoceros, but we call him Rino.

CARLOS *(A su tío)* ¿Qué hacía usted hace seis años, tío? ¿Trabajaba para la misma compañía?

(To his uncle) What did you do six years ago, Uncle [Manuel]? Did you work for the same company?

MANUEL No, era otra, pero yo ya iba a buscar algo diferente porque no me gustaba mucho el empleo que tenía. Y a propósito, ya estás en familia y no es necesario hablar de usted.

No, it was another one, but I was already going to look for something different because I didn't like the job I had very much. By the way, you're with [your] family now, and it isn't necessary to be so formal (speak with **usted** forms).

CARLOS Gracias, tío.

Thanks, (uncle).

ABUELITA Sí, estás en tu casa y entre los tuyos.

Yes, you're at home and among your own [people].

CARLOS Echo de menos al abuelo porque vivía entonces.

I miss Grandfather because he was living then.

AMELIA Todos lo echamos de menos. Murió al año siguiente.

We all miss him. He died the next year.

ABUELITA Y la vida sigue. ¿Cuáles son tus planes durante tu estancia en México?

And life goes on. What are your plans during your stay in Mexico?

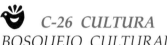 ## C-26 CULTURA
BOSQUEJO CULTURAL: EL PERSONALISMO

banking trans-
actions / rent

En muchas partes del mundo hispano, si una persona quiere conseguir un empleo, hacer **trámites bancarios,** o **alquilar** un departamento, por ejemplo, es muy importante tener un amigo o pariente para ayudarla. Esto es lo que se llama el personalismo. Es la ayuda que da una persona conocida a otra. Es

Aun en los Estados Unidos la comida mexicana es muy popular y la gente es muy simpática.

feeling of trust
confidence

relatives / to advance

effective

importante conocer a las personas con quienes uno va a hacer negocios, porque le da un **sentido de confianza.** Si esa persona es un pariente o un amigo, uno puede tenerle mucha **confianza.** También, a causa de la importancia de la familia en el mundo hispano, los parientes sienten la responsabilidad de ayudar a los otros **familiares a avanzar.** Y si ellos mismos no pueden ayudar, tratan de conseguir la ayuda de sus amigos. El personalismo es un sistema muy **eficaz** y de mucho uso en el mundo de los hispanohablantes.

   Marca *(mark)* todas las frases con (Y) que **se aplican** *(apply)* a tu **propia vida** *(own life)*. Luego, marca con (H) las frases que son verdaderas en el mundo hispano.

OPTION: Display *Encuesta* on an overhead projector and conduct the survey as a class activity. Add additional questions as desired.

1. Si necesitas conseguir un empleo, debes:

_____ hacerlo tú solo(-a)   _____ pedir ayuda a un amigo   _____ pedir ayuda a un profesor   _____ pedir ayuda a un pariente

2. Es fácil tenerle confianza a:

_____ un amigo   _____ un desconocido   _____ un pariente   _____ un profesor

3. El sistema del personalismo es un sistema:

_____ importante   _____ eficaz   _____ útil   _____ deshonesto

---

🗣 *G-34 GRAMÁTICA*
IMPERFECTO DE INDICATIVO: -ABA- (HABLABA); -ÍA- (COMÍA, VIVÍA) *(Imperfect indicative)*

To use both imperfect and preterite simultaneously would be difficult and confusing. We will begin by expressing what we can with the imperfect. Later we will add the preterite. There are two reasons for this order:

1. The imperfect introduces only one new dimension to what we have been doing—a past point of view. (The preterite adds two—past and completion.)

2. With only three irregular verbs, the imperfect is the simplest tense in Spanish to form. (In contrast, the preterite has many irregularities.)

   As we work with the imperfect, remember that we are dealing with past events and states while they were still going on, and not with their beginning or ending.

EMPHASIS: Point out that the first *-a-* in *-aba-* carries a written accent only when combined with the *-mos* ending. The *-i-* in *-ía-*, however, carries a written accent in all six positions.

A. Forms of the imperfect indicative

The imperfect forms divide neatly into three parts, as we saw with the present indicative. Because the subject endings for **yo** and **él/ella/usted** are identical, more frequent use of subject pronouns is required for clarity.

ALL VERBS IN **-a-**			ALL VERBS BUT THREE IN -e- AND -i-		
PART 1 LEXICAL MEANING	PART 2 GRAMMATICAL INFORMATION	PART 3 SUBJECT INDICATOR	PART 1 LEXICAL MEANING	PART 2 GRAMMATICAL INFORMATION	PART 3 SUBJECT INDICATOR
habl		—	com		—
trabaj		s	escrib		s
est		—	hac		—
cerr	aba	mos	dec	ía	mos
jug		is	pod		is
d		n	quer		n
			ped		

Note that since **-aba-** is always stressed on the first **a**, the **nosotros** form of verbs in **-a-** requires an accent mark: **hablábamos, estábamos.**

jugar		poder		decir	
jugaba	jugábamos	podía	podíamos	decía	decíamos
jugabas	jugabais	podías	podíais	decías	decíais
jugaba	jugaban	podía	podían	decía	decían

The imperfect does not have the stem changes of the present tense because the stress falls on the same syllable as in the infinitive: **pensar—pensaba; poder—podía; pedir—pedía.**

There are three irregular verbs: **ser, ir** and **ver** (with **e** added to the stem).

ser		ir		ver	
era	éramos	iba	íbamos	veía	veíamos
eras	erais	ibas	ibais	veías	veíais
era	eran	iba	iban	veía	veían

B. *Functions of the imperfect*

The imperfect and the present have the same "aspect": both refer to actions still in progress at the time of reference, and the mental position of the observer is within the time of the action. Also, the English equivalents are parallel in the two tenses. Study the following table:

PRESENT: **AHORA** *(NOW),* **ACTUALMENTE** *(AT PRESENT)*	IMPERFECT: **ENTONCES** *(THEN),* **ANTES** *(FORMERLY)*
CUSTOMARY NOW	CUSTOMARY THEN
Soy estudiante (ahora). *(I am a student.)*	**Era** estudiante (entonces). *(I was a student.)*
Estudio todos los días. *(I study every day.)*	**Estudiaba** todos los días. *(I studied every day.)*
Tengo 19 años. *(I am 19 years old.)*	**Tenía** 12 años. *(I was 12 years old.)*
Voy cada semana. *(I go each week.)*	**Iba** cada semana. *(I went each week.) (I used to go each week.) (I would go each week.)*
IN PROGRESS NOW	IN PROGRESS THEN
Voy a casa ahora. *(I'm going home now—on my way.)*	**Iba** a casa entonces. *(I was going home then.)*
FUTURE TO NOW	FUTURE TO THEN
Voy a casa al rato. *(I'm going home in a while.)*	**Iba** a casa al rato. *(I was going home in a while.)*

Note that English has several expressions for relating customary past actions: *I went* (customarily, not a fixed number of times), *I used to go,* and *I would go.*

 ## V-30 *VOCABULARIO*

MÁS EXPRESIONES TEMPORALES: ¿QUÉ HACÍAS ENTONCES?

A. *MINIDIÁLOGOS*

| UNO **Ahora** tengo poco tiempo libre. | *Now* I have little free time. |
| DOS ¿Y **hace tres años?** | *How about three years ago?* |

UNO **Entonces** tenía mucho más.   *(Back) Then* I had much more.

UNO **Antes** había pocas computadoras.   *Formerly* there were few computers.

DOS Y **actualmente** hay muchas.   And *at present* there are many.

UNO **El año pasado** tenías un perro. ¿Todavía lo tienes?   *Last year* you had a dog. Do you still have it?

DOS No, **ya no.** Murió hace poco.   No, *not any more (no longer).* It died a short time ago.

UNO **En este momento** apenas está lloviendo.   *At this moment* it is hardly raining.

DOS **Hace un rato** llovía muy fuerte.   *A while ago* it was raining hard.

PREPARATION: Model pronunciation of boldfaced words and expressions.

B. ACTIVIDAD PARA PAREJAS: ¿CÓMO TE SENTÍAS?

Selecciona una respuesta de la lista siguiente para decirle a tu pareja cómo te sentías en diferentes momentos del pasado.

UNO ¿Cómo te sentías **anoche**?   DOS Me sentía _____. (Tenía ganas _____.)

UNO ¿Por qué (te sentías así)?

anoche	*last night*	**confiado(-a)**	*confident*
ayer por la tarde	*yesterday afternoon*	**frustrado(-a)**	*frustrated*
		deprimido(-a)	*depressed*
ayer a mediodía	*yesterday at noon*	**satisfecho(-a)**	*satisfied*
		alegre	
ayer por la mañana	*yesterday morning*	**triste**	
		nervioso(-a)	
anteayer	*day before yesterday*	**de celebrar**	*to celebrate*
el domingo pasado	*last Sunday*	**de dejar la escuela**	
la semana pasada	*last week*	**de descansar por unos días**	

OPTION: Project scale with OHP and conduct a survey either before or after pair work. Ask individuals to respond or call for a show of hands as you read each item.

C. COMPARACIONES: AHORA Y ANTES

Pregúntale a tu pareja con qué frecuencia hace (o hacía) cada actividad. Selecciona una expresión temporal para responder a cada pregunta.

cada día *every day*	**a menudo** *often*	**a veces** *sometimes*	**de vez en cuando** *once in a while*	**rara vez** *rarely*	**nunca** *never*

UNO ¿Con qué frecuencia **vas al cine ahora?**

DOS Voy **de vez en cuando.**

UNO ¿Con qué frecuencia **ibas el semestre pasado?**

DOS Iba **rara vez.**

How often do you go to the movies now?

I go once in a while.

How often did you go last semester?

I seldom went.

AHORA

estudias español ahora
corres este semestre
te bañas ahora
ves a tus padres ahora
lees una novela este año
asistes a tus clases actualmente
vas a la iglesia
sales en estos días

ANTES

estudiabas el mes pasado
corrías el año pasado
te bañabas cuando eras niño(-a)
los veías hace diez años
leías una novela hace cinco años
asistías el año pasado
ibas cuando vivías en casa
salías cuando ibas a la escuela secundaria

A-31 ACTIVIDADES
ANTES YO NO ESTUDIABA TANTO

OPTION: Do as a class activity following pair work.

A. ¿VERDAD O FALSO?

Indica si estas frases son verdaderas (V) o falsas (F) en tu vida. Compara tus respuestas con las de tu pareja.

En la universidad algunas cosas han cambiado en mi vida. Antes yo no:

_____ tenía clases tan difíciles

_____ tenía profesores tan buenos

_____ estudiaba tanto

_____ jugaba tanto

_____ gastaba tanto dinero

_____ conocía a tantas personas

_____ echaba tanto de menos a mi familia

_____ aprendía tantas cosas nuevas

_____ hacía tantas **llamadas de larga distancia** (long-distance calls).

_____ escribía tantas cartas

_____ pasaba tanto tiempo en la biblioteca

_____ tenía tantos amigos

B. ACTIVIDAD PARA PAREJAS

REVIEW: Follow up with a quick survey, having students raise hands in response to

Compara tu rutina diaria de hace tres años con la rutina de tu pareja. Puedes seleccionar una de las posibilidades dadas o puedes inventar algo.

items. Keep tally on
the chalkboard or
overhead.

Hace tres años yo:

1. Vivía: a) con mi familia, b) con otras personas, c) solo(-a).

2. Iba: a) a la escuela primaria, b) a la secundaria, c) a la universidad.

3. Me levantaba: a) temprano, b) tarde, c) cuando quería.

4. Estudiaba: a) mucho, b) poco, c) cuando había exámenes.

5. Salía a veces de casa: a) sin desayunar, b) sin mis libros.

6. Tenía: a) coche, b) bicicleta, c) moto, d) amigos con coches.

7. Era un(a) estudiante: a) excelente, b) bueno(-a) c) **regular** *(fair)*.

8. Sacaba notas: a) malas, b) mediocres, c) buenas, d) excelentes.

9. Corría: a) por la mañana, b) los fines de semana, c) rara vez.

10. Después de las clases iba: a) a mi trabajo, b) a casa de mi novia(-o).

11. Trabajaba: a) pocas horas, b) muchas horas, c) **demasiadas** *(too many)* horas.

12. Me acostaba: a) antes de las diez, b) a eso de las once, c) después de la **medianoche** *(midnight)*.

C. CUANDO YO ERA NIÑO(-A)

OPTION: a) Inter-
view one or more stu-
dents using this list
of items as a guide.
b) Assign students to
prepare brief autobio-
graphies using this
activity as a guide;
have them make oral
reports using their
notes. c) Follow up
by having students
rewrite their notes
into organizaed para-
graphs as a writing
assignment.

Habla con tu pareja sobre **distintas épocas** *(different periods)* de tu vida. (Continued on next page.)

ÉPOCAS	POSIBLES ACTIVIDADES Y SITUACIONES
Cuando yo vivía en casa _____.	trabajar más / menos
Cuando era niño (niña) _____.	jugar más / menos

A estos niños mexicanos les gusta la **escuela materna** *(nursery school). ¿Qué hacías tú cuando eras niño(-a)?*

Hace _____ años _____.   ganar más / menos dinero

El año pasado _____.   tener más / menos tiempo libre

                                                divertirse más / menos

                                                sentirse más / menos confiado(-a)

                                                sentirse mejor / peor

                                                ser más / menos **feliz** (*happy*)

Instead of looking in on a period in the past, now consider the past from a present point of view, using present perfect rather than imperfect.

Nunca _____.   he trabajado más / menos

No sé cuándo _____.   me he sentido mejor / peor

                                                me he divertido más / menos

Continúen con otros verbos del ejercicio.

D. CÍRCULOS DE CONVERSACIÓN PARA GRUPOS PEQUEÑOS

NOTE: Groups should have no more than four students in order not to exceed time alloted. Remind students that each person is to ask and have a chance to answer item one before the group moves to item two. Also, following completion of this phase with all three items, students are to recall what responses others gave in their groups.

Primero, cada uno completa las frases. Después, cada uno les dice a los otros lo que ha escrito. Por último, cada uno cuenta lo que los otros han dicho.

1. Cuando yo tenía cinco años, me gustaba _____.
    Cuando tenía quince años, me gustaba _____.
    Ahora que tengo _____ años, me gusta _____.

2. Cuando yo tenía cinco años, quería ser _____.
    Cuando tenía quince años, quería ser _____.
    Ahora que tengo _____ años, quiero ser _____.

3. Hace dos años, ¿dónde estabas y qué hacías?
    Hace diez años, ¿dónde estabas y qué hacías?

(Refer the Apéndice I-13 for professions.)

E. ¿QUÉ HACÍAN LOS ESTUDIANTES?

NOTE: This is intended to be a teacher-led class activity.

Cuando el (la) profesor(a) **llegó** (*arrived*) a la clase, yo <u>(leía, estudiaba)</u> pero <u>(otro estudiante) (dormía, jugaba)</u>.

F. COMPOSICIÓN ORAL: MI VIDA DE HOY Y DE ANTES

NOTE: This set of items is lengthy but effective. Ensure that students have sufficient time to complete orally.

OPTION: Assign an out-of-class composition to be prepared and submitted based on one or two sections of this activity. Limit to one double-spaced page.

Usa las siguientes preguntas para comparar tu vida de hoy con tu vida de antes. Los verbos que se refieren al pasado se encuentran entre paréntesis.

TU RUTINA DIARIA: **actualmente (hace diez años)**

1. ¿A qué hora te levantas ahora (te levantabas hace diez años)?

2. ¿Qué haces (hacías) después de levantarte?

3. ¿A qué hora sales (salías) de casa? ¿Adónde vas (ibas)?

4. ¿Qué haces (hacías) cuando llegas (llegabas) adonde vas (ibas)?

5. Y luego, ¿qué haces (hacías)?

6. ¿Ves (Veías) a otras personas? ¿A quiénes?

7. ¿Qué haces (hacías) por la tarde (por la noche)?

8. ¿Qué te gusta (gustaba) comer?

9. ¿A qué hora te acuestas (te acostabas)?

TUS DIVERSIONES Y TUS AMIGOS: **hoy (entonces)**

1. ¿Cómo te diviertes (te divertías entonces)? ¿Qué lees (leías)? ¿Qué música escuchas (escuchabas)? ¿Bailas (Bailabas)? ¿Tocas (Tocabas) algún instrumento? ¿Qué deportes practicas (practicabas)?

2. ¿Tienes (Tenías) muchos amigos? ¿Cómo son (eran)?

3. ¿Ves (Veías) a menudo a tus amigos? ¿En qué ocasiones?

4. ¿Adónde vas (ibas) con tus amigos? ¿Qué hacen (hacían) ustedes?

TU DOMICILIO: **ahora (antes)**

1. ¿Vives ahora (Vivías antes) en una casa o en un departamento?

2. ¿Cómo es (era) tu casa (departamento)?

3. ¿Qué cosas hay (había) en tu cuarto?

4. ¿Cuál es (era) tu cuarto favorito? ¿Por qué?

TUS PLANES PARA EL FUTURO: **en este momento (hace tres años)**

1. ¿Qué estudias o qué piensas estudiar en este momento? (¿Qué estudiabas o qué pensabas estudiar hace tres años?)

2. ¿Cuándo piensas (pensabas) **graduarte** *(to graduate)*?

3. ¿Qué quieres (querías) hacer después de graduarte?

4. ¿Qué quieres (querías) ser al graduarte?

5. ¿Qué clase de persona esperas (esperabas) ser?

6. ¿Crees que vas (Creías que ibas) a tener mucho dinero?

7. ¿Qué más quieres (querías) hacer o tener?

E-8C ESCENA
ME DIJO QUE SIEMPRE PODÍA CONTAR CON SU AYUDA

COMPREHENSION:
¿De qué siguen hablando? ¿Cuáles son las tres metas de Car-

Siguen hablando de los planes de Carlos, quien responde a la pregunta de su abuela.

They continue talking about Carlos's plans, who responds to his grandmother's question.

los? ¿Son alcanzables
sus metas? ¿Están de
acuerdo los padres de
Carlos con su decisión
de ir a estudiar a
México? ¿Qué conse-
jos le dieron sus
padres? ¿Qué significa
"Adonde fueres haz lo
que vieres"? ¿Qué
quería aprovechar
Carlos? ¿De qué está
segura la abuelita?
    ADAPTATION:
¿Cuáles son tus metas
principales? ¿Son
alcanzables tus me-
tas? ¿Tus padres están
de acuerdo con tus de-
cisiones? ¿Te apoyan
en tus decisiones?
¿Qué consejos te di-
eron tus padres? ¿Vas
a tratar de hacerlo?

CARLOS Tengo tres metas principales: la primera, conocer mejor a mis parientes mexicanos.

I have three main goals: the first one, to become better acquainted with my Mexican relatives.

AMELIA Gracias por pensar primero en nosotros.

Thanks for thinking first of us.

CARLOS Eso era lo más natural.

That was the most natural thing.

MARISA ¿Y las otras?

How about the other ones?

CARLOS La segunda, aprender todo lo posible sobre la computación y la informática; y la tercera, adquirir experiencia práctica con las computadoras.

The second, to learn everything possible about computer science and data processing; and the third, to get (gain) practical experience with computers.

ABUELITA Tus metas parecen buenas y también alcanzables.

Your goals seem good and also attainable (reachable).

ANTONIO ¿Tus padres están de acuerdo con tu decisión de venir a estudiar a México?

Are your parents in agreement with your decision to come to Mexico to study?

CARLOS Sí, sí. Los dos me apoyan. Y mi padre me dijo que siempre podía contar con su ayuda.

Yes, of course. Both [of them] support me. And my father told me that I could always count on his help.

AMELIA Se ve que Uds. son una familia muy unida.

You can see (One sees) that you are a very close (united) family.

ABUELITA Así es como debe ser.

That's how it should be.

CARLOS Tienes razón; y por eso también me dan buenos consejos.

You're right; and that's why they also give me good advice.

SUSANA ¿Qué consejos te dieron ahora que venías a México?

What advice did they give you now that you were coming to Mexico?

CARLOS Papá me explicó que yo iba a ver cosas nuevas y a veces extrañas, y que era importante tratar de com-

Dad explained to me that I was going to see new and sometimes strange things, and that it was important to

prender y aceptar esas diferencias.	try to understand and accept those differences.
MANUEL Buen consejo. Como dicen: "Adonde fueres haz lo que vieres".	A good piece of advice. As they say: "When in Rome, do as the Romans." (Wherever you go, do what you see.)
CARLOS Y yo le dije que quería aprovechar esta oportunidad para aprender todo lo posible.	And I told him that I wanted to take advantage of this opportunity to learn everything possible.
AMELIA Bien dicho.	Well said.
MARISA Y tu mamá, ¿qué consejos te dio?	How about your mother? What advice did she give you?
CARLOS Me recordó que yo sabía cómo tenía que portarme. También dijo que, si tenía tiempo, debía escribirles cada semana.	She reminded me that I knew how I had to behave. She also said that, if I had time, I should write them each week.
ABUELITA Estoy segura de que lo vas a hacer, ¿verdad?	I'm sure that you are going to do it, aren't you?
CARLOS Voy a tratar de hacerlo. Tengo buenos padres y los quiero mucho.	I'm going to try to do it. I have good parents and I love them very much.

🌱 S-17 SUGERENCIAS
MÁS COGNADOS: DEPORTES

NOTE: Students will tend to mispronounce these cognates unless they hear them modeled.

Sports names are often cognates between Spanish and English. Supply the English for the following:

básquetbol	vólibol	béisbol	tenis	golf	rugby
raqueta	jonrón	gol	tee	esquiar	esquíes

✿ C-27 CULTURA
BOSQUEJO CULTURAL: EL SISTEMA EDUCATIVO

choose

Es difícil explicar el sistema educativo del mundo hispano, porque no existe un solo sistema. En verdad, cada país tiene su sistema. Abajo hay un gráfico que compara el sistema educativo de España con el de México. Hay que entender que estos gráficos representan el orden normal. Los estudiantes pueden **elegir** entre varias opciones después de la Educación General Básica en España o la Primaria en México.

OPTION: a) Describe any other Hispanic educational system with which you are familiar. b) Have students compare these systems with the one(s) they have gone through.

	ESPAÑA		MÉXICO
AÑOS DE EDAD		AÑOS DE EDAD	
6 7 8 9 10 11	Educación General Básica (EGB)	6 7 8 9 10 11	Primaria
12 13		12 13 14	Secundaria (Certificado)
14 15 16	Bachillerato	15 16 17	Preparatoria (Bachillerato)
17	Curso de Orientación Universitaria (COU)	18 19 20 21	Licenciatura
18 19 20	Diplomado		
21 22	Licenciatura	22 23	Maestría
23 24+	Doctorado	24+	Doctorado

1. ¿A qué edad empieza el estudiante en la escuela pública?
2. ¿A qué edad termina la EGB en España? ¿La Primaria en México?
3. ¿Cómo se llaman las dos partes de la Secundaria en México?
4. ¿A qué edad se termina el Bachillerato en España? ¿En México?

Estos estudiantes de primaria se preparan para volver a sus clases. Esta escuela está en Buenos Aires.
*¿Están **haciendo muecas** (making faces) para el **fotógrafo** (photographer) o para la maestra?*

👅 G-35 GRAMÁTICA
MÁS USOS DEL IMPERFECTO (Further uses of the imperfect)

A. Idiomatic expressions

Several verbs that have an idiomatic meaning in the present tense use the imperfect for that meaning in the past.

PRESENT

Voy a comer.
(*I am going* to eat.)

Hace un mes que **estoy** aquí.
(*I have been* here for a month.)

PAST

Iba a comer pero era tarde.
(*I was going* to eat but it was late.)

Hacía un año que **estaba** allí.
(*I had been* there for a year.)

Acabo de comer.
(*I have* just eaten.)

Son las dos.
(*It is* two o'clock.)

Acababa de comer.
(*I had* just eaten.)

Eran las dos.
(*It was* two o'clock.)

B. Imperfect progressive

estaba	estábamos
estabas	estabais
estaba	estaban

} **hablando (comiendo, pidiendo, durmiendo)**

The imperfect progressive, formed by combining the imperfect indicative of **estar** with the present participle, serves the same purposes in the past as the present progressive does in the present.

PRESENT: No puedo ir en este momento porque **estoy estudiando**.

I can't go at this moment because *I am studying*.

PAST: Yo no podía ir en ese momento porque **estaba estudiando**.

I couldn't go at that moment because *I was studying*.

PREPARATION: Have students review the past participles and the present perfect tense introduced in Lesson 7.

C. Past perfect (pluperfect)

había	habíamos
habías	habíais
había	habían

} **hablado (comido, puesto, hecho)**

The past perfect (or pluperfect), formed by combining the imperfect indicative of **haber** with the past participle, serves the same purposes in the past as the present perfect does in the present.

PRESENT: No quiero comer ahora porque ya **he comido**.

I don't want to eat now because *I have eaten* already.

PAST: No quería comer entonces porque ya **había comido**.

I didn't want to eat then because *I had eaten* already.

D. Indirect discourse: Sequence of tenses

When we report from a past point of view what is first stated from a present point of view, we usually shift the original present tense forms to the past. "I *have* to leave," reported in the past, becomes "I said I *had* to leave." In Spanish this procedure requires both preterite and imperfect forms. The verbs referring to speaking and asking refer to completed events—*he said, she asked, I answered*—require the preterite. But the verbs of the statements and questions, made originally in present tense, refer to actions that are ongoing, and not yet completed. Thus, when reported in the past, these become imperfect.

ORIGINAL STATEMENT—PRESENT	REPORT OF STATEMENT—PAST
Quiero *(I want)* ir pero no **puedo** *(I can't)* ir porque **tengo** *(I have)* que trabajar.	**Dije** *(I said*—preterite) que **quería** *(I wanted)* ir pero que no **podía** *(I couldn't)* ir porque **tenía** *(I had)* que trabajar.

 *A-32 ACTIVIDADES*
PAPÁ EXPLICÓ QUE. . . .

A. EJERCICIO

Carlos reported what his parents said to him before his departure, and from his report we can reconstruct their actual statements. Fill in the blanks.

Papá explicó que yo iba a ver cosas nuevas y a veces extrañas, y que era importante tratar de comprender y aceptar esas diferencias.

PAPÁ Tú _____ a ver cosas nuevas y a veces extrañas, y _____ importante tratar de comprender y aceptar esas diferencias.

Yo le dije que quería aprovechar esta oportunidad para aprender todo lo posible.

CARLOS _____ aprovechar esta oportunidad para aprender todo lo posible.

Mamá me recordó que yo sabía cómo tenía que portarme. También dijo que, si yo tenía tiempo, debía escribirles cada semana.

MAMÁ Tú _____ cómo _____ que portarte. Si _____ tiempo, _____ escribirnos cada semana.

B. UNOS VERBOS EN PRETÉRITO

You will need to learn a few preterite forms to report conversations. The preterite as a separate tense will be treated in the next lesson.

I asked	**pregunté**		*I answered*	**contesté**
you asked	**pregunt**aste		*you answered*	**contest**aste
he/she asked	**preguntó**		*he/she answered*	**contestó**

I said	**dij**e
you said	**dij**iste
he/she said	**dij**o

C. ACTIVIDAD: ¿QUÉ DIJO LUZ? ¿VA A LA FIESTA O NO?

Un pequeño grupo de estudiantes está planeando una fiesta. Han invitado a todos sus amigos. Teresa acaba de hablar con algunos para invitarlos y averiguar si vienen. En este momento está hablando de los **resultados** *(results)* con Rebeca. Di lo que dicen Teresa y Rebeca.

MODELO   **Luz: Tengo que trabajar; no puedo ir.**

REBECA ¿Qué dijo Luz?

TERESA Dijo que tenía que trabajar y que no podía ir. (**Que** is repeated before each clause.)

1. Piedad: Necesito estudiar.
2. Angel: Voy a ayudar a mi papá.
3. Heriberto: Quiero **arreglar** *(to fix)* mi coche.
4. Elba: Tengo que lavar la ropa.
5. Benito: Pienso ir. ¿Puedo traer algo?
6. Amalia: No estoy segura pero espero poder ir.
7. Héctor: Voy a ir. Hace dos días que estoy esperando la invitación.
8. Rogelio: No me gustan mucho las fiestas. Prefiero ver la televisión.
9. Rosana: Un amigo acaba de invitarme a un partido. Voy a ir con él.
10. Marilú: He recibido una invitación para cenar con mis tíos.
11. Hugo: Estoy trabajando mucho y no voy a tener tiempo.

D. ACTIVIDADES PARA GRUPOS DE TRES

PREPARATION: Model this activity with two students and yourself (or three students) before assigning to pairs.
REVIEW: Follow up with selected questions directed at a variety of individuals.

UNO and DOS carry on the brief conversation given. Later UNO reports to TRES what UNO and DOS said.

UNO ¿Estás preparado(-a) para la prueba?

DOS Todavía no estoy preparado(-a). Tengo que estudiar más.

UNO ¿Quieres estudiar conmigo por la tarde?

DOS Sí, me gustaría, pero no puedo hasta las cuatro.

TRES *(A UNO)* ¿Qué le dijiste a DOS?

UNO Le pregunté si _____ preparado(-a) para la prueba.
   (Me) Contestó que _____.
   Luego yo le pregunté si _____.

Me dijo que le gustaría pero que no _____.

This time DOS reports the conversation to TRES.

UNO ¿Qué vas a hacer el sábado?

DOS Pienso lavar el coche por la mañana. No tengo nada para la tarde.

UNO ¿Te gusta jugar al tenis?

DOS Me gusta bastante. ¿Vas a jugar?

UNO Sí, voy a jugar a las tres. Te invito a acompañarme.

DOS Está bien.

TRES *(A DOS)* ¿Qué te preguntó UNO?

DOS Me _____ qué _____ a hacer el sábado.

TRES ¿Qué le contestaste?

DOS Le _____ que _____.

(Continúen con todo **lo que dijeron** [*they said*].)

UNO reports the conversation to TRES.

UNO ¿Vas a la fiesta de Enrique?

DOS No sé. El me ha invitado pero no estoy seguro(-a).

UNO ¿Cuándo vas a saber?

DOS Espero saber para mañana.

TRES *(A UNO)* ¿Qué le _____?

UNO Le _____.

E. ¿QUÉ HACÍAS? (¿QUÉ ESTABAS HACIENDO?)

Generally, both the simple imperfect and the imperfect progressive are appropriate when talking about what someone was doing at a time in the past.

Averigua lo que hacía tu pareja.

MODELO   **anoche a las once**

UNO ¿Qué hacías **anoche a las once**?	DOS Dormía (Leía, Me duchaba).
UNO ¿Qué hacías _____?	DOS *(Responde con el imperfecto.)*

esta mañana a las cinco

ayer a las dos de la tarde

el domingo a las diez de la mañana

anteayer a mediodía

el lunes a medianoche

anoche a las ocho

Averigua lo que estaba haciendo tu pareja.

MODELO   **anoche a las diez**

UNO ¿Qué estabas haciendo **anoche a las diez**?

DOS Estaba durmiendo (Estaba leyendo, Me estaba duchando).

UNO ¿Qué estabas haciendo _____?   DOS *(Responde con el progresivo.)*

el jueves a las once de la mañana   el jueves a medianoche

el lunes a las ocho de la noche   hoy a las cuatro

OPTION: Project
with overhead and
conduct a survey:
*Para la clase de ayer,
¿quiénes habían estu-
diado las conjuga-
ciones nuevas?
¿Quiénes habían prac-
ticado los ejercicios
orales?*

F. *CHEQUEO DE PREPARACIÓN (Preparation check)*

¿Te habías preparado para la clase de ayer? Dile a tu pareja qué cosas habías hecho y qué cosas no habías hecho para la clase de ayer.

MODELO   **(hablar) mucho en español con los amigos**

UNO   Había hablado mucho en español con mis amigos.

(No había hablado mucho en español con mis amigos.)

1. _____ (estudiar) las conjugaciones nuevas.
2. _____ (practicar) los ejercicios orales.
3. _____ (escuchar) las cintas.
4. _____ (leer) las escenas **en voz alta** *(aloud)*.
5. _____ (entender) la gramática.
6. _____ (aprender) las palabras nuevas.
7. _____ (repetir) las palabras difíciles.
8. _____ (escribir) los ejercicios del manual.
9. _____ (hacer) la tarea.

 ## SC-10: *SITUACIÓN COMUNICATIVA*
LA RUTINA DEL ABUELO

NOTE: These ques-
tions provide a good
basis for a class inter-
view of the teacher,
if desired.

You are at a friend's home waiting for him/her to get ready. While you wait, you talk to one of his/her 90-year-old grandparents. You are particularly interested in the contrast between his or her daily routine now and 50 years ago. Find out the following:

1. What time he/she gets up now and used to get up.
2. What he/she does after getting up and used to do.
3. Where he/she goes and used to go.
4. What he/she does in the afternoon and used to do.
5. What he/she does in the evening and used to do.
6. What he/she likes to eat and used to like eating.
7. What time he/she goes to bed and used to go to bed.

R-8 REPASO
¿QUÉ PASA CON NUESTROS AMIGOS?

We can now tell about our recollections of the past. Think of the story drawings as a reminder of our observations of 30 minutes ago: what was happening then, what had happened earlier, and what was going to happen soon.

AHORA   ¿Qué hora es? ¿Qué pasa aquí? ¿Quiénes están entrando por la puerta? ¿Qué está haciendo la abuelita?

ANTES   ¿Qué ha pasado con la lluvia? ¿Dónde han estado don Manuel y Antonio? ¿Cómo han llegado a la casa?

Hace media hora (a las seis):

ENTONCES   ¿Qué hora era? ¿Qué pasaba a esa hora? ¿Qué hacía Carlos? ¿Dónde estaban doña Amelia y Justina? ¿Qué hacían? ¿Quiénes estaban en el centro? ¿Qué hacían?

ANTES   ¿Qué cosas había hecho Carlos ese día? ¿Qué había hecho en Buenos Aires? ¿Qué había hecho en México? ¿Qué habían hecho su tía y sus primas?

DESPUÉS   ¿Qué iba a hacer Carlos? ¿Qué iba a hacer Justina? ¿Qué iban a hacer pronto su tío y su primo?

Aquí vemos la entrada al Parque del Retiro, Madrid. Es un monumento a Carlos III, Rey de España.

AHORA   ¿De quién es el **retrato** *(portrait)*?
ANTES   ¿Cuándo murió el abuelo?
AHORA   ¿Quién es el hombre que está con don Manuel? ¿Dónde están los dos hombres? ¿Qué sabes de Ricardo García?
AHORA   ¿Quién es el joven que está entre doña Amelia y don Manuel? ¿Cómo es el joven?

Recordando el pasado:
ENTONCES   ¿Qué pasaba hace seis años? (la casa, el perro, el empleo de don Manuel, etcétera)

Carlos habla de los consejos de sus padres: Según su padre, ¿qué iba a ver Carlos en México? ¿Qué debía hacer Carlos? ¿Qué dijo su madre?

 REPASO DE VOCABULARIO

NOMBRES:

NIVEL A

el **deseo**	desire, wish
el **empleo**	job, employment
la **experiencia**	experience
la **noticia**	news item
las **noticias**	news
el **piso**	floor, story
el **plan**	plan

NOMBRES:

NIVEL B

C-27, S-17

la **alegría**	happiness
la **boca**	mouth
el **cariño**	affection, love
la **compañía**	company
la **computación**	computer science
la **confianza**	confidence
el **consejo**	piece of advice
los **consejos**	advice, counsel
el/la **cuñado(-a)**	brother-in-law (sister-in-law)
la **decisión**	decision
la **escalera**	stairs
la **estancia**	stay
la **frontera**	border
el **ganado**	cattle
la **hacienda**	ranch
la **informática**	word processing
la **meta**	goal
la **nariz**	nose
el **norte**	north
la **oportunidad**	opportunity

la **preferencia**	preference
el/la **ranchero(-a)**	rancher
el **rancho**	ranch
el **yerno**	son-in-law

VERBOS:

NIVEL A

G-34, G-35

acabar	to finish
acordarse (ue) (de)	to remember
alegrarse (de)	to be glad (about)
portarse	to behave
recordar (ue)	to remember; to remind

VERBOS:

NIVEL B

aceptar	*to accept*
adquirir (ie)	*to acquire*
apoyar	*to support, back up*
aprovechar	*to take advantage (of)*
comprender	*to understand*
conseguir (i)	*to obtain*
echar	*to throw*
engañar	*to deceive, fool*
expresar	*to express*
mandar	*to send*
molestar	*to bother*
parecerse (a)	*to resemble*
participar	*to participate*
reír(se) (irr)	*to laugh*

ADJETIVOS:

NIVEL A

V-30

importante	*important*
práctico(-a)	*practical*
principal	*principal, main*
unido(-a)	*united; close*

ADJETIVOS:

NIVEL B

alcanzable	*reachable*
calvo(-a)	*bald*
canoso(-a)	*grey-haired*
confiado(-a)	*confident*
extraño(-a)	*strange*
feliz	*happy*
frustrado(-a)	*frustrated*
maduro(-a)	*mature*
natural	*natural*
regular	*fair, so-so*
satisfecho(-a)	*satisfied*
siguiente	*next, following*
situado(-a)	*located, situated*

ADV/PREP/CONJ:

NIVEL A

V-30

afuera	*outside*
demasiado	*too (much)*
durante	*during*
fuerte	*hard; strong (adj)*
igualmente	*same, equally*

ADV/PREP/CONJ:

NIVEL B

adonde	*(to) where*
apenas	*scarcely, hardly, barely*
conque	*so*

MODISMOS Y EXPRESIONES:

NIVEL A

acabar de (+ inf)	*to have just*
a propósito	*by the way*
bien dicho	*well said*
con todo gusto	*with great pleasure*
contar (ue) con	*to count on, rely on*
echar de menos a alguien	*to miss someone*
estar de acuerdo (con)	*to agree, be in agreement (with)*
hacerle preguntas a alguien	*to ask someone questions*
igualmente	*likewise; the same to you*
Me alegro de (+ inf)	*I'm glad to (+ inf)*
pensar (ie) en	*to think about*
quedarse dormido(-a)	*to fall asleep*
se ve	*you (one) can see; it is evident*
todo lo posible	*everything possible*
tratar de (+ inf)	*to try to (+ inf)*
(vamos) a ver	*let's see*

MODISMOS Y EXPRESIONES:

NIVEL B

dejar de (+ inf)	*to stop (+ -ing)*
es decir	*that is (to say)*
Estás en tu casa.	*You're at home. (Make yourself at home.)*
otra parte	*another part; somewhere else*
salir corriendo	*to go running out*
tanto _____ como _____	*both _____ and _____*
tomarle el pelo a alguien	*to pull someone's leg*
en voz alta	*aloud*

LECCIÓN 9

*Izquierda, arriba: A casi todos los jóvenes les gusta bailar, y muchos bailan en las discotecas como ésta en Sevilla, España. Izquierda: ¡Qué lindo es **remar en botes** (row in boats)! Estas personas **se diverten** (have fun) remando en el Parque de Chapultepec en la Ciudad de México.*

LECTURA:
UNA PÁGINA DEL DIARIO DE CARLOS

to keep a journal / below, following

*Carlos ha decidido **llevar un diario** de su viaje y de su estancia en México. **A continuación** vemos lo que escribió de sus actividades del primer día hasta que llegó a México. Las formas nuevas son de primera persona singular del pretérito.*

14 DE AGOSTO

I did

Hoy **hice** mucho. Me levanté a las cinco en punto, hora de Buenos Aires. Hacía frío y estaba nublado. En seguida empecé a prepararme para el viaje. Me duché y me vestí muy rápido. Bajé a la cocina donde saludé a mi mamá. Vi que ella estaba un poco triste. Comí poco porque estaba algo nervioso y no tenía hambre. Luego llevé mis maletas al coche y al rato salí con mi familia para el aeropuerto.

I chatted

En el aeropuerto **charlé** con mi familia y con mis amigos. También conocí a Elena Walker, una amiga de Irene. Antes de salir, prometí escribir a menudo. A las ocho y diez subí al avión, busqué el asiento y me senté. Durante el largo viaje saqué una revista y leí algunas páginas, pero pronto me aburrí y **dejé de leer.** También dormí mal por unos minutos. Tenía sueño pero no estaba muy **cómodo.** Almorcé pero no mucho, a eso de las doce. No sé si yo no tenía muchas ganas de comer o si el almuerzo no estaba muy bueno. Quizás lo más interesante de todo el viaje fue mi conversación con un Sr. López de México. Aprendí unas cosas interesantes sobre el país.

I stopped reading / comfortable

small shop, stand

En el aeropuerto de Lima bajé del avión para ver qué había. Entré en un **puesto** donde vi muchas cosas interesantes pero no compré nada. Luego volví a subir al avión y seguí en el mismo vuelo.

it gave

Once horas después de salir de Buenos Aires, llegué algo cansado a México. Me **dio** mucha alegría ver a mi tía Amelia y a mis dos primas, Marisa y

Susana, que estaban esperándome. Todavía me sentía algo nervioso pero estaba seguro de que todo me iba a salir bien y que podía contar con mis parientes mexicanos.

G-36 GRAMÁTICA
PRETÉRITO (Preterite)

A. Forms: Regular verbs

Preterite forms are the least regular of the Spanish verb system. Since they do not divide neatly into three parts, we will give them simply as stem plus ending. All verbs that we have designated as regular, as well as stem-changing verbs in **-a-** and **-e-,** follow the patterns given here.

VERBS IN **-a-**

-é	**-amos**
-aste	**-asteis**
-ó	**-aron**

VERBS IN **-e-** AND **-i-**

-í	**-imos**
-iste	**-isteis**
-ió	**-ieron**

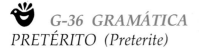

hablar		comer		vivir	
hablé	hablamos	comí	comimos	viví	vivimos
hablaste	hablasteis	comiste	comisteis	viviste	vivisteis
habló	hablaron	comió	comieron	vivió	vivieron

1. Correct stress is essential: **hablo** and **habló** mean different things.

2. Only context will distinguish preterite **-amos** and **-imos** from identical present endings. However, verbs in **-e-** have preterite **-imos** contrasted with present **-emos.**

Salimos y **compramos** pan ahora.	*We go out* and *buy* bread now.
Salimos y **compramos** pan ayer.	*We went out* and *bought* bread yesterday.

3. Certain spelling changes are required.
    a. Verbs ending in **-car, -gar,** and **-zar:**

buscar → busqué	llegar → llegué	empezar → empecé
sacar → saqué	jugar → jugué	comenzar → comencé

    b. Verbs in **-e-** and **-i-** with stems that end in a vowel respell **-ió** as **-yó** and **-ieron** as **-yeron.** Also, after a strong vowel **(a, e, o),** an accent mark is used with **-íste, -ímos,** and **-ísteis.**

caer *(to fall)*		leer *(to read)*		oír *(to hear)*	
caí	caímos	leí	leímos	oí	oímos
caíste	caísteis	leíste	leísteis	oíste	oísteis
cayó	cayeron	leyó	leyeron	oyó	oyeron

B. Other patterns

1. Irregular verbs **hacer** and **ir:**

hice	hicimos	fui	fuimos
hiciste	hicisteis	fuiste	fuisteis
hizo	hicieron	fue	fueron

2. **Dar** is irregular in that it takes the endings for verbs in **-e-** and **-i-.**

di	dimos
diste	disteis
dio	dieron

3. Monosyllabic forms have no accent mark: **di, dio, vi, vio, fui, fue.**

4. Stem-changing verbs in **-i-** have a special stem change in the third person of the preterite, following the pattern of the present participle. Infinitives

with this additional change appear as follows: **sentir (ie, i); dormir (ue, u); pedir (i, i).**

sentí	sentimos	dormí	dormimos	pedí	pedimos
sentiste	sentisteis	dormiste	dormisteis	pediste	pedisteis
s*i*ntió	s*i*ntieron	d*u*rmió	d*u*rmieron	p*i*dió	p*i*dieron

C. Meaning and usage

The preterite refers to the beginning or the end of a past action or to the action as a completed whole. The mental position of the observer is beyond the point to which reference is made. Its usual English equivalent is the simple past: **hablé**—*I spoke, I talked;* **comí**—*I ate;* **viví**—*I lived.* We have seen how it is distinguished from the imperfect, which refers to actions not completed at the time of reference.

Both the present perfect and preterite refer to completed actions. In general, the distinction between the two will be the same as the difference between the present perfect and the simple past in English.

1. The present perfect presents a completed action within a period of time still in progress:

He estudiado mucho esta semana.	*I have studied* a lot this week.
Han visto seis películas este mes.	*They have seen* six films this month.

2. The preterite presents a completed action within a past period of time:

Ayer **estudié** casi todo el día.	Yesterday *I studied* almost all day.
Vio tres películas el mes pasado.	*She saw* three films last month.

This week and this month have not ended; yesterday and last week are over.

A-33 ACTIVIDADES
¿QUÉ HICISTE?

OPTION: After students have written their order, have selected individuals read their list of activities (in sequence) to the class.

A. TODO EN ORDEN

Indica el orden en que hiciste cada actividad esa mañana. (See also page 274.)

_____ Me levanté.	_____ Desayuné.
_____ Me duché.	_____ Hablé con _____.
_____ Me desperté.	_____ Me maquillé (afeité).
_____ Salí de casa.	_____ Llegué a esta clase.

_____ Me vestí.   _____ Estudié.

_____ Me lavé los dientes.   _____ Me peiné.

B. MINIDIÁLOGOS: ¿QUÉ HICISTE AYER?

Remember that we are speaking of events and states we view as already completed at the time of reference. Following the suggestions, you and your friend will tell some of the things you did yesterday. The endings are **-é (hablé)** and **-í (comí)**.

1. Verbos en -a-

MODELOS: **almorzar: ¿dónde? / levantarse: ¿a qué hora?**

UNO Almorcé en casa ayer.   DOS Yo almorcé en la cafetería.

UNO Ayer me levanté a las seis.   DOS Yo me levanté tarde.

despertar(se): ¿temprano o tarde?   ayudar: ¿a quién?

bañarse o ducharse: ¿cuál?   descansar por la tarde: ¿sí o no?

llegar a clase: ¿a tiempo?   esperar mucho tiempo: ¿a quién?

hablar español: ¿con quién?   cenar: ¿a qué hora?

mirar la televisión: ¿cuánto tiempo?   acostarse tarde: ¿sí o no?

quedarse en la biblioteca: ¿cuándo?

Cerca de la **frontera** (border) estadounidense está el estado mexicano de Chihuahua. Aquí vemos la Plaza de la Constitución en la ciudad de Chihuahua.

2. Verbos en -e-, -i-

MODELO   **comer a mediodía: ¿con quién?**

UNO A mediodía comí con José.   DOS Yo comí solo(-a).

perder algo: ¿qué?   correr: ¿cuántos kilómetros?

leer algo interesante: ¿sí o no?   pedir más dinero: ¿sí o no?

escribir unas cartas: ¿sí o no?   salir de casa: ¿tarde o temprano?

recibir una carta: ¿de quién?   asistir a todas mis clases: ¿sí o no?

ver a muchos amigos: ¿a quiénes?   dormirse en una clase: ¿sí o no?

C. ACTIVIDAD PARA PAREJAS

PREPARATION: Ask selected questions to individuals prior to assigning to pairs. REVIEW: Follow up with alternate questions and different individuals.

Find out what your partner did at different times in the past. The endings are **-aste (trabajaste)** and **-iste (escribiste).** Key questions to ask your partner may include the following: **¿sí o no?, ¿dónde?, ¿con quién?, ¿a qué hora?, ¿cuándo?, ¿por cuánto tiempo?, ¿cuántas veces?, ¿cómo?,** and **¿por qué?**

MODELO   **anoche (acostarse)**

UNO   ¿A qué hora **te acostaste   DOS   Me acosté después de las once.
anoche?**

1.   Anoche: estudiar español, mirar la televisión, cenar, acostarse, comer, volver a casa, ver un programa o una película, aprender los verbos.

2.   Esta mañana: levantarse, desayunar, ducharse con agua fría, vestirse, salir de casa, correr, asistir a tus clases.

3.   El viernes por la noche: bailar, cenar en un restaurante, mirar la televisión, quedarse en casa, salir, ver una película, conocer a alguien.

4.   El domingo pasado: cantar en la iglesia, descansar, invitar a alguien a comer, llamar por teléfono, escribir cartas, leer algo diferente, dormir un rato.

5.   El sábado pasado: trabajar, levantarse tarde, acostarse muy tarde, jugar, caminar, correr, ver un partido de fútbol.

6.   El verano pasado: encontrar trabajo, ganar dinero, viajar, visitar a parientes, quedarse en la universidad, seguir estudiando, perder tiempo.

D. ACTIVIDADES PARA PAREJAS

UNO Tell your friend everything you did last Saturday. Just tell events, not feelings and descriptions.

DOS Ask appropriate questions. If you want to know what he/she did next, use **¿Y luego?** or **¿Qué hiciste luego?**

UNO Summer vacation is over. Tell your friend what you did. You need preterite for most events, but use imperfect for routine activities.

DOS The conversation is yours also. Feel free to ask questions and make comments. Also, tell about your own summer activities.

OPTION: Use the overhead and conduct as a class activity with students providing numerical order for Carlos's activities.

E. ¿CUÁL ES EL ORDEN DE LAS ACTIVIDADES DEL VIAJE DE CARLOS?

_____ Se aburrió de leer.

_____ Prometió escribir.

_____ Conoció a Elena Walker.

_____ Se levantó a las cinco.

_____ Salió para el aeropuerto.

_____ Habló con el Sr. López de México.

_____ Charló con unos amigos.

_____ Se duchó.

_____ Subió al avión a las 8:10.

_____ Llegó algo cansado a México.

_____ Se vistió muy rápido.

_____ Bajó del avión para ver qué había.

NOTE: Prepare answers prior to class if necessary. For variety, pretend to be a mystery personality whose identity students must guess after asking the questions given and any additional questions needed to discover your identity.

F. LA HISTORIA PERSONAL DE TU PROFESOR(A)

1. ¿Dónde **nació** (born) Ud?
2. ¿Cuánto tiempo ⁽ᵛⁱᵛⁱʳ⁾ allí?
3. ¿Dónde ⁽ᵃᵖʳᵉⁿᵈᵉʳ⁾ el español?
4. ¿Qué países de habla española ha visitado?
5. ¿Cuánto tiempo **(pasar)** (to spend) en cada país?
6. ¿Qué ⁽ᵛᵉʳ⁾ en cada país?
7. ¿En qué año ⁽ᵉᵐᵖᵉᶻᵃʳ⁾ a enseñar aquí?
8. Si está casado(-a) ¿dónde ⁽ᶜᵒⁿᵒᶜᵉʳ⁾ a su esposo(-a)?
9. ¿Qué hizo el sábado pasado?

OPTION: Have one student come forward to be interviewed by the class or by you, using the questions given. Add any additional questions desired.

G. ENTREVISTA PARA PAREJAS: LO QUE HICISTE AYER

1. ¿A qué hora te despertaste ayer?
2. ¿Te levantaste en seguida o te quedaste en la cama un rato más?
3. ¿Qué hiciste después de levantarte?
4. Y luego, ¿qué hiciste?
5. ¿Desayunaste? ¿Qué comiste? ¿Quién preparó el desayuno?
6. ¿A qué hora saliste de casa?
7. ¿Adónde fuiste primero?
8. ¿En qué fuiste? ¿En coche? ¿En bicicleta? ¿Fuiste **a pie** (on foot)?
9. ¿Qué hiciste allí?
10. ¿A qué hora volviste a casa?
11. ¿Qué hiciste después de llegar a casa?
12. ¿A qué hora te acostaste?
13. ¿Te dormiste en seguida?

H. CÍRCULO DE CONVERSACIÓN

1. ¿Qué hiciste ayer que te gustó?
2. ¿Qué hiciste ayer que no te gustó?
3. ¿Qué hiciste el año pasado que te gustó muchísimo?
4. ¿Qué hiciste el año pasado que no te gustó nada?

I. ACTIVIDAD PARA PAREJAS

UNO Háblale a tu pareja del último viaje que hiciste.

DOS Haz preguntas sobre el viaje de tu pareja.

S-18 SUGERENCIAS
AMIGOS FALSOS

OPTION: Compose a short paragraph to display on the overhead of these cognates being misused; e.g., *Estaba tan embarazada ayer porque mi esposo, que normalmente es tan sensible y sano, fue excusado de la mesa de mamá porque estaba constipado. Luego, no fue nada gracioso cuando se lavó las manos con la sopa en la casa de mis parientes. Salimos rápido por el éxito. Yo le quería colgar con una ropa larga.* Have students correct them by providing appropriate translations.

False cognates are Spanish words that look like English words but whose meaning is very unlike the English.

WHAT YOU SAID

embarazada	*pregnant*	**actual**	*current*
sano	*healthy*	**colegio**	*elementary school*
molestar	*to bother*	**sopa**	*soup*
pariente	*relative*	**gracioso**	*funny*
sensible	*sensitive*	**éxito**	*success*
excusado	*toilet*	**fábrica**	*factory*
ropa	*clothing*	**constipado**	*stuffed up*
asistir	*to attend*		

WHAT YOU WANTED TO SAY

I'm embarrassed	**estoy avergonzado(-a)**	*actual*	**verdadero(-a)**
sane	**sensato(-a)**	*college*	**la universidad**
to molest	**abusar de**	*soap*	**el jabón**
parents	**padres**	*gracious*	**afable**
sensible	**sensato(-a)**	*exit*	**la salida**
May I be excused?	**Con permiso.**	*fabric*	**la tela**
rope	**la cuerda**	*constipated*	**estreñido(-a)**
to assist	**ayudar**		

E-9A ESCENA
¿DÓNDE SE CONOCIERON MIS TÍOS?

COMPREHENSION:
A Carlos, ¿qué le gustaría saber? ¿Dónde nació el papá de Carlos? ¿Cómo es que nació en Pachuca? ¿Qué hacían la abuelita y el abuelo en Pachuca? ¿Cuánto tiempo vivieron en Pachuca? ¿Adónde se mudaron de allí? ¿Dónde está Puebla? ¿Quién nació en Puebla? ¿Quiénes se criaron en Puebla? ¿Por qué se mudaron a la capital? ¿Dónde se conocieron Manuel y Amelia? ¿Quién quiere contar la historia?
ADAPTATION: ¿Te gustaría saber más de tus antepasados? ¿Qué sabes de ellos? ¿De dónde vinieron? ¿Sabes dónde nació tu papá? ¿Tu mamá? ¿Sabes dónde naciste tú? ¿Cómo es que naciste en. . . ? ¿Qué hacían tus padres allí? ¿De allí dónde se mudaron? ¿Dónde te criaste? ¿Dónde se conocieron tus padres?

Siguen en la sala.

They are still (They continue) in the living room.

CARLOS Me gustaría saber más de mis antepasados, tanto de los alemanes como de los mexicanos.

I'd like to know more about my ancestors, (about) the Germans as well as (about) the Mexicans.

AMELIA ¿Sabes dónde nació tu papá?

Do you know where your father was born?

CARLOS Creo que en una ciudad cercana, ¿no?

I believe in a nearby city, wasn't he?

AMELIA Sí, en Pachuca, a unos cien kilómetros de aquí.

Yes, in Pachuca, (at) about a hundred kilometers from here.

CARLOS Abuelita, ¿cómo es que mi padre nació en Pachuca? ¿Qué hacían ustedes allí?

Grandmother, how is it that my father was born in Pachuca? What were you (all) doing there?

ABUELITA Los dos trabajábamos. Tu abuelo estaba de director de una escuela primaria y yo era maestra de secundaria. Vivimos sólo dos años en Pachuca.

Both of us worked. Your grandfather was (acting as) principal of an elementary school, and I was a high school teacher. We lived only two years in Pachuca.

AMELIA De allí se mudaron a Puebla, donde nací yo. Puebla está al sureste de la capital.

From there they moved to Puebla, where I was born. Puebla is southeast of the capital.

CARLOS ¿Entonces mi padre se crió en Puebla?

Then my father grew up (was brought up) in Puebla?

ABUELITA Hasta los once años. Cuando a tu abuelo le ofrecieron un puesto en el Distrito Federal, vinimos a la capital. Amelia tenía tres años cuando nos mudamos.

Until he was eleven. When your grandfather was offered (they offered your grandfather) a position in the Federal District, we came to the capital. Amelia was three when we moved.

CARLOS Entonces, ¿dónde se conocieron mis tíos? Tío, tú eres del norte, ¿verdad?

Then where did my aunt and uncle meet? Uncle (Manuel), you're from the north, aren't you?

SUSANA La historia es larga pero todos la sabemos. ¿Quién quiere contarla?

The story is long but we all know it. Who wants to tell it?

MANUEL Bueno, yo la cuento, y ustedes pueden agregar los detalles.

Well, I'll tell it, and you (all) can add the details.

 V-31 VOCABULARIO
LA BRÚJULA: VENEZUELA ESTÁ EN EL NORTE

A. PUNTOS DE LA BRÚJULA (Points of the compass)

norte	*north*	**nordeste**	*northeast*
sur	*south*	**sudeste**	*southeast*
este	*east*	**noroeste**	*northwest*
oeste	*west*	**sudoeste**	*southwest*

Los países de Latinoamérica

OPTION: Display a
large wall map of
Latin America or pro-
ject an outline of it
with an overhead.
Conduct as a teacher-
led activity. (See map
on page 150 for addi-
tional information for
this activity.)

B. ACTIVIDAD

Completen cada oración con un punto de la brújula. Vean los mapas.

1. Venezuela y Colombia están en el _____ de Sudamérica.
2. Argentina y Uruguay están en el _____.
3. Bolivia está al _____ del Paraguay.
4. Uruguay está al _____ de Argentina.
5. Chile está al _____ de Argentina.
6. La mayoría de los hispanohablantes de los EE. UU. viven en el _____.
7. Hay muchos cubanos en el _____ de los Estados Unidos.
8. También hay muchos de habla hispana en el _____ de los EE. UU.

OPTION: Interview
one or more students
using these ques-
tions. Do as PREPA-
RATION or as
REVIEW.

C. PREGUNTAS PARA PAREJAS

1. ¿Vive tu familia en los Estados Unidos? ¿En qué parte?
2. ¿Naciste donde vive tu familia ahora? ¿En qué lugares has vivido?
3. ¿Cuáles de los estados del este has visitado más de una vez?
4. ¿Qué estados conoces de la parte central de los Estados Unidos?
5. ¿Que estados del nordeste has visitado? ¿En qué año los visitaste?
6. ¿En qué parte de los Estados Unidos está California?
7. ¿Has ido alguna vez a México? ¿A España? ¿A Centroamérica? ¿A Suda-mérica? ¿Qué países de habla hispana has visitado?

C-28 CULTURA
BOSQUEJO CULTURAL: OTROS GESTOS

PREPARATION:
Model gestures for
students.

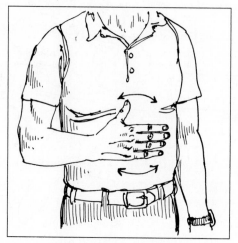

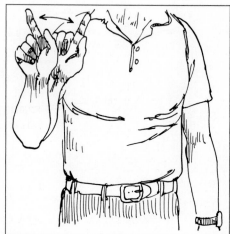

Tengo hambre   *¡No!*

Actividad para parejas: Usando las palabras necesarias y los gestos apropia-
dos, ustedes tienen una breve conversación.

UNO Tienes hambre y quieres comer.   DOS Acabas de comer y por eso no
Pregúntale a tu pareja si quiere   tienes hambre. Pero sí tienes sed y
comer también. Si dice que no,   quieres algo de tomar.
pregúntale si quiere algo de tomar.

 G-37 GRAMÁTICA
REFLEXIVOS USADOS COMO RECÍPROCOS (Reflexives as reciprocals)

Plural reflexive pronouns can have reciprocal meaning. For example, **nos ve-
mos** can be reflexive *(we see ourselves)* or reciprocal *(we see each other)*. Context
usually determines the intended meaning.

Nos vemos en un apuro.	*We see ourselves* in a tight spot.
Nos vemos todos los días.	*We see each other* every day.

Adding **(el) uno a (al) otro, (la) una a (la) otra, (los) unos a (los) otros,**
or **(las) unas a (las) otras** for the reciprocal meaning avoids ambiguity.

Nos ayudamos **(unos a otros).**	*We help each other.*

Several verbs frequently used with reciprocal pronouns include:

Nos vemos.	*We see each other.*
Nos queremos.	*We love each other.*
Nos abrazamos.	*We hug (embrace) each other.*
Os saludáis.	*You greet each other.*
Os ayudáis.	*You help each other.*
Os encontráis.	*You meet (run into) each other.*
Se conocen.	*They (You) know each other.*
Se escriben.	*They (You) write (to) each other.*
Se besan.	*They (You) kiss each other.*
Se parecen.	*They (You) resemble each other.*

PREPARATION:
Have students pre-
pare a list prior to
class of people they
will use in these two
activities.

A. CONVERSACIÓN PARA PAREJAS: ¿SE CONOCEN UDS.?

UNO ¿Se conoce tú y _____?

DOS Sí, nos conocemos (bien).
(No, no nos conocemos.)

UNO ¿Dónde (Cómo) se conocieron?

DOS Nos conocimos en _____.

UNO ¿Se ven a menudo?

DOS Nos vemos _____.

UNO ¿Cuándo se vieron la última
vez?

DOS Nos vimos _____.

B. ACTIVIDAD PARA PAREJAS

UNO Tell about your relationship with
another person: where you met **(co-
nocerse),** how well you know each
other, whether you see or write each
other often, and how you greet each
other when you meet **(encontrarse).**

DOS Help your partner by asking ap-
propriate questions. Then take your
turn.

E-9B ESCENA
NOS CONOCIMOS EN UNA FIESTA

COMPREHENSION:
¿Para qué vino Ma-
nuel a la capital?
¿Cómo se conocieron
él y Amelia? ¿Le gustó
Manuel a Amelia?
¿Qué dijo Amelia de
Manuel? ¿La impre-
sionó? ¿Cómo lo sabe-

Manuel contesta la pregunta de Carlos.

MANUEL Sí, mi familia es del norte,
del estado de Chihuahua. Yo vine a
la capital a estudiar ingeniería. Por
casualidad nos conocimos en una
fiesta.

Manuel answers Carlos's question.

Yes, my family is from the north,
from the state of Chihuahua. I came
to the capital to study engineering.
By chance we met at a party.

mos? ¿Quién exagera un poco? ¿Cuántos años tenía Amelia entonces? ¿Cuántos años tenía Manuel? ¿Adónde fue Manuel después de terminar sus estudios? ¿Cuándo se volvieron a ver? ¿Qué empezaron a hacer? ¿De qué se enteró Amelia? ¿Qué recibió un día? ¿Qué decía la carta? ¿Qué le contestó Amelia? ¿Con qué estaba ocupada Amelia? ¿Qué pasó de repente? ¿Cuándo se casaron? ¿Cuándo llegó José María? ¿Quién es José María?

ADAPTATION: *¿De dónde es tu familia? ¿Para qué viniste aquí? ¿Tú eres algo presumido(-a)? ¿Conoces a una persona presumida? ¿Te gusta hablar hasta la madrugada? ¿Con quién(es)? ¿Tienes la costumbre de exagerar un poco?*

ABUELITA *(A Manuel)* Y tú no le gustaste, según me dijo Amelia después.

(To Manuel) And she didn't like you (you didn't please her), according to what Amelia told me afterwards.

AMELIA No, yo sólo dije que me parecía algo presumido.

No, I only said that he seemed somewhat conceited.

ABUELITA Lo cierto es que algo te impresionó porque estuviste hablando de él hasta la madrugada.

The fact (What is certain) is that something impressed you because you kept (were) talking about him until daybreak (early morning).

AMELIA *(A los otros)* A veces mi mamá exagera un poco.

(To the others) Sometimes my mother exaggerates a little.

MANUEL Amelia tenía dieciocho años entonces; yo le llevaba cinco años. Después nos vimos una o dos veces. Cuando terminé mis estudios, fui a trabajar a Veracruz por un par de años.

Amelia was eighteen then; I was five years older than she. Afterwards we saw each other once or twice. When I finished my studies, I went to Veracruz to work for a couple of years.

AMELIA No nos volvimos a ver por casi dos años.

We didn't see each other again for almost two years.

MANUEL De regreso a Chihuahua pasé por la capital. Nos vimos y salimos dos o tres veces.

On my return to Chihuahua I passed through the capital. We saw each other and went out two or three times.

AMELIA Empezamos a escribirnos, cartas amistosas nada más. Luego me enteré de que Manuel tenía novia. Después no supe más por meses. Pero un día recibí otra carta en que decía que quería verme. Yo le

We began to write each other, friendly letters was all. Then I learned that Manuel had a fiancée. Afterwards I didn't hear [anything] more for months. But one day I received another letter in which he said

contesté que no sabía si tenía tiempo porque estaba muy ocupada con mis estudios.

SUSANA Ahora me toca a mí. Esto es lo más romántico. Sin avisar que venía, de repente papi se presentó a la puerta de la casa de mis abuelos para pedir la mano de su hermosa hija. Se casaron a los tres meses y al año de casados llegó José María.

he wanted to see me. I answered him that I didn't know if I had time because I was very busy with my studies.

Now it's my turn. This is the most romantic part. Without letting [anyone] know that he was coming, Dad appeared suddenly at the door of my grandparents' home to ask for the hand of their beautiful daughter. They got married within three months and after a year of [being] married, Jose Maria arrived.

C-29 CULTURA
BOSQUEJO CULTURAL: EL NOVIAZGO

strict regarding the freedom

Por lo general, los padres hispanohablantes son más **estrictos en cuanto a la libertad** de sus hijas que los padres estadounidenses. Claro que hay padres hispánicos que son poco estrictos y hay padres estadounidenses que son muy estrictos, pero hablamos en general. También, hay que reconocer que en las ciudades grandes, los jóvenes **gozan de** más libertad que los jóvenes de las ciudades pequeñas.

enjoy

meet one another / itself

En algunos países, un chico y una chica que van al cine **se encuentran** en el cine **mismo**. Es decir, el joven no pasa por la casa de la chica. Hay varias razones que explican el **porqué**: primero, es costumbre; segundo, el chico sólo visita la casa de la chica si la relación entre ellos es bastante seria; tercero,

reason

Estos jóvenes gozan de la música de los mariachis, una costumbre bien mexicano.

pocos son los chicos que tienen coche y es más fácil encontrarse en el cine.

date Una **cita** muy popular es el baile. En las ciudades grandes, hay discotecas y a muchos jóvenes les gusta bailar en ellas. Otros prefieren los bailes en casa *mild or wild* de familiares o amigos. Estos bailes en casa pueden ser **tranquilos o frenéticos;** depende de la familia y de los invitados.

Algo podemos decir con certeza: a los chicos les gustan las chicas, y a las chicas les gustan los chicos. Van a divertirse, van a tener citas, y van a casarse, no importa qué idioma hablen.

1. ¿Son muy estrictos contigo tus padres?
2. ¿Qué te parecen los bailes? ¿Te gustan?
3. ¿Prefieres bailes tranquilos o frenéticos?
4. Cuenta algo de una cita **inolvidable** *(unforgettable)*.

🌸 *G-38 GRAMÁTICA*
FORMAS IRREGULARES DEL PRETÉRITO (Irregular preterite forms)

Many of the most frequently used Spanish verbs are irregular in the preterite.

A. *Ir and ser*

Ir and **ser** are identical in the preterite; the context distinguishes meanings.

fui	fuimos	**Fuimos** a casa.	*We went* home.
fuiste	fuisteis	**Fuimos** amigos.	*We were* friends.
fue	fueron		

B. *Other irregular verbs*

Most irregular verbs belong to a group that has irregular stems and a single set of endings with no accent marks.

STEMS WITH **u**

andar → **anduv-**
estar → **estuv-**
poder → **pud-**
poner → **pus-**
saber → **sup-**
tener → **tuv-**
haber → **hub-**

STEMS WITH **i**

decir → **dij-**
hacer → **hic(z)-**
querer → **quis-**
venir → **vin-**

STEM WITH **a**

traer → **traj-**

	ENDINGS		EXAMPLES		
-e	-imos	tuve	tuvimos	hice	hicimos
-iste	-isteis	tuviste	tuvisteis	hiciste	hicisteis
-o	-ieron (-eron)	tuvo	tuvieron	hizo	hicieron

1. Stems ending in **j** have **-eron** instead of **-ieron** (dijeron, trajeron).

2. **Haber** has a full conjugation, but we will need only **hubo** *(there was, there were)*, the preterite corresponding to **hay:**

Hubo dos exámenes el martes.   *There were* two exams on Tuesday.

 ## G-39 *GRAMÁTICA*
ASPECTO: EQUIVALENTES ESPECIALES (Aspect: Special equivalents)

A. *CONOCER: Know* versus *meet*

Stated simply, aspect refers to how we look at actions. The verb system of a language names and organizes these actions. For example, we will use a line to represent the action of knowing a person.

Beginning   Continuation of   End of
of knowing   knowing   knowing

English normally uses *to meet* (or *to become acquainted*) for the beginning and *to know* (or *to be acquainted*) for the continuation. Spanish covers both of these phases with **conocer.** How do we distinguish meanings? Simply by recognizing what action is being referred to. Consider these examples:

—¿**Conoces** a mi hermano?	Do you *know* my brother?
—No, pero me gustaría **conocer**lo. ¿Cuándo puedo **conocer**lo?	No, but I would like to *know/meet* him. When can I *meet* him?
—Lo vas a **conocer** esta noche en la fiesta.	You're going to *meet* him tonight at the party.

The first example refers to the middle of the action, thus *know;* the last two to the beginning, *meet.* The second one is ambiguous. Thinking back to the first question, the speaker would mean *know;* thinking ahead to his own question, he would mean *meet.* With appropriate context, any tense of **conocer** may have either meaning. The preterite is of special interest. **Lo conocí** refers either to the whole action after it has ended or to its beginning, which is the more frequent usage.

Whole action:	La **conocí** durante muchos años.	I *knew* her for many years.
Beginning:	La **conocí** anoche.	I *met* her last night.

B. Other similar verbs

The following verbs, which we have used primarily to refer to the middle of continuing actions, actually cover the entire action—beginning, middle, and end. English equivalents, especially for the preterite, often require additional verbs for the beginning of the action or for the action viewed as a whole.

VERB	MIDDLE (CONTINUATION)	BEGINNING OR COMPLETED ACTION (ADDITIONAL POSSIBILITIES)
conocer	to know, be acquainted; to recognize, be aware	to meet, become acquainted; to become aware
poder	to be able; can	to manage, succeed in
preferir	to prefer	to choose
querer	to not want, wish, (will)	to try; to will
no querer	to not want, wish, (will)	to refuse
saber	to know (facts)	to find out, learn, hear
tener	to have	to get

C. Further notes

1. A verb form in the preterite indicates that something happened Study the following examples:

¿Qué **hacías** a las tres?	What *were you doing* at three?
¿Qué **hiciste** a las tres?	What *did you do* at three?
¿Qué **pasaba** en ese momento?	What *was going on* at that moment?
¿Qué **pasó** en ese momento?	What *happened* at that moment?
Yo **tenía** que trabajar.	*I had* [the obligation] to work.
Yo **tuve** que trabajar.	*I had* to work [and *did*].
Ella **tenía** miedo.	She *was* afraid.
Ella **tuvo** miedo.	She *became* frightened.
Estaba leyendo a las diez.	*He was reading* at ten.
Estuvo leyendo por tres horas.	*He was reading (read)* for three hours.

2. *Preterite progressive (estuve hablando)*   The preterite used with the present participle gives the preterite progressive. This tense refers to a completed action of more than momentary duration. The simple preterite—**habló**—can refer to any duration.

Carlos **estuvo hablando** con el Sr. López en el avión.	Carlos *spoke (spent some time speaking)* with Mr. Lopez on the airplane.

 A-34 ACTIVIDADES
FORMAS IRREGULARES: SUPE QUE ESTUVISTE ENFERMO

A. LO QUE HICE LA SEMANA PASADA: VERBOS IRREGULARES

Habla de lo que hiciste (o no hiciste) la semana pasada. Sigue las sugerencias y también debes inventar otras cosas. Tu pareja te puede hacer preguntas.

UNO **(Hacer)** La semana pasada hice _____.

los ejercicios del manual	algún trabajo especial
mi cama todas las mañanas	un favor para alguien

UNO **(Saber)** El martes supe (que) _____.

una amiga (un amigo) se casa	no hay clases mañana
mis padres vienen a visitarme	una cosa interesante

UNO **(Estar)** El lunes pasado estuve _____.

enfermo(-a)	en la biblioteca por varias horas
muy ocupado(-a) todo el día	con <u>(persona)</u> por mucho tiempo

UNO **(Tener)** El viernes tuve que _____.

levantarme muy temprano	quedarme en casa
entregar una composición	dar un examen en <u>(clase)</u>

UNO **(Venir)** La semana pasada vine a esta clase _____.

    todos los días   tres días de los cinco

UNO **(Traer)** Un día de la semana pasada traje _____.

    algo para la profesora   un **regalo** (gift, treat) para la clase

UNO **(Ir)** La semana pasada fui a varios lugares: primero fui a _____ a _____; también fui a _____ a _____; por último fui a _____ a _____.

    la biblioteca / sacar unos libros   casa de un amigo / oír unas cintas
    la librería / comprar un cuaderno   al centro / buscar un regalo

UNO **(Decir)** Hablé con varias personas: le dije a _____ que _____.

    la (lo) quería   me molestaba su manera de hablar
    cocinaba bien / mal   quería estudiar con ella (él)

UNO **(Ser)** A veces no **traté** (treat) muy bien a mis amigos. Fui un poco duro(-a) con _____; no fui muy **justo(-a)** (fair, just) con _____; tampoco fui muy **sensible** (sensitive) con _____; pero no fui **grosero(-a)** (rude) con nadie.

UNO **(Poner)** Esta mañana me puse la ropa en este orden: primero me puse _____; luego me puse _____; después me puse _____ y _____; por último me puse _____.

los zapatos	el abrigo	las **medias** (hose)
la blusa	los pantalones	el **cinturón** (belt)
el suéter	el saco	la **ropa interior** (underwear)
la camisa	los calcetines	

QUERER, PODER, TENER

Para completar las oraciones, selecciona de la primera columna **los intentos** (attempts, intentions) y de la segunda, los éxitos u obstáculos.

UNO La semana pasada **quise** (I tried to) _____ y (pero no) _____

ayudar a un amigo (una amiga)	pude hacerlo.
levantarme más temprano	pude lograrlo.
comer menos dulces	tuve tiempo (para hacerlo).
fumar (to smoke) menos	tuve éxito.
hacer ejercicios (to exercise)	fue posible.

B. CONVERSACIÓN

Tú y tu pareja hablan de varios amigos y otras personas que conocen. Usen las siguientes preguntas; también pueden inventar otras.

1. ¿Cuánto tiempo hace que conoces a <u>(nombre)</u>?

2. ¿Dónde (Cómo) <u>(lo/la)</u> conociste?

3. ¿<u>(Lo/La)</u> conoces bien? ¿Qué sabes de <u>(él/ella)</u>? ¿Cómo es?

4. ¿Sabes si es buen(a) estudiante? ¿Cómo lo supiste? ¿Sabes si tiene novio(-a)? ¿Sabes qué carrera tiene (sigue)?

5. ¿Conoces a otros miembros de la familia? Si los conoces, ¿dónde los conociste?

C. ACTIVIDAD PARA PAREJAS

Tus amigos hicieron una fiesta anoche. Tú no pudiste ir pero tu pareja sí fue. Por eso le preguntas qué hicieron tus amigos. Luego cambian de papel.

EJEMPLO   **Mabel**

UNO ¿Qué hizo **Mabel**?

DOS Vino tarde y bailó un poco.

UNO ¿Qué más hizo?

DOS Al rato se fue y no la vi más.

UNO ¿Qué hizo Martín?
¿Qué hicieron Pilar y Andrés?
¿Qué hiciste tú?
¿Qué hicieron todos?

Posibilidades: jugar, bailar, comer, cantar, charlar, tocar la guitarra, escuchar la música, no querer hacer nada, no poder venir, llegar tarde, irse temprano, beber demasiado, **portarse mal** (to behave badly)

E-9C ESCENA
SE PUSIERON A HACER PAYASADAS Y TRAVESURAS

COMPREHENSION:
¿Qué iban a hacer durante la última visita de Carlos y su familia? ¿Por qué no lo hicieron? ¿Van a ir esta vez? ¿De qué se ha olvidado Carlos? ¿Qué pasó? ¿De qué se cayó Carlos? ¿Qué empezaron a hacer Antonio y Carlos? ¿Para qué? ¿Qué se veía? ¿Qué hizo Manuel? ¿Le hicieron caso los chicos? ¿Qué perdió Carlos? ¿Qué le dio vergüenza? ¿Se enojó? ¿Se lastimó? ¿Cómo puede ser un chico de trece años? ¿De qué acaba de acordarse Carlos?

AMELIA Cuando Uds. estaban aquí de visita íbamos a ir a Pachuca pero por alguna razón no fuimos.

When you (all) were here on your visit we were going to go to Pachuca, but for some reason we didn't go.

MANUEL Es que hubo poco tiempo.

It's that there was little time.

AMELIA Esta vez sí vamos a ir.

This time we *are* going to go.

MANUEL Aunque no tuvimos mucho tiempo, hicimos muchas cosas juntos. ¿Recuerdas, Carlos?

Even though we didn't have much time, we did many things together. Do you remember, Carlos?

CARLOS Algunas cosas, sí.

Some things I do.

SUSANA A que no has olvidado lo que pasó en el Parque de Chapultepec.

I bet you haven't forgotten what happened in Chapultepec Park.

CARLOS No, no me acuerdo. ¿Qué pasó?

No, I don't remember. What happened?

MARISA Ah sí, cuando Carlos se cayó

Oh yes, when Carlos fell into the

ADAPTATION: *¿Te
gusta andar en botes
de remo? ¿Te has
caído alguna vez?
Cuéntanos lo que
pasó. Cuando eras
joven, ¿te gustaba
hacer payasadas y
travesuras? Explíca-
nos. ¿Siempre les ha-
cías caso a tus
padres? ¿Les haces
caso ahora? ¿Les
haces caso a tus
profesores? ¿Te has
lastimado alguna vez?
Cuéntanos. ¿Es impor-
tante el amor propio?
¿Por qué? ¿Tú eres
una persona muy sen-
sible (sensitive)? ¿Es
bueno ser sensible?*

en el lago.

CARLOS ¿Yo me caí en el lago?

SUSANA Sí, estabas en un bote de re-
mos y te caíste.

CARLOS Bueno, sí, recuerdo algo,
pero. . . .

AMELIA Era un día de campo. Había-
mos invitado a algunos amigos de los
chicos. Teníamos dos botes alquila-
dos. Tú y Antonio se pusieron a
hacer payasadas y travesuras, me
imagino para impresionar a las chi-
cas.

MANUEL Se veía que alguien se iba a
lastimar. Yo les grité varias veces
pero no me hicieron caso.

lake.

I fell into the lake?

Yes, you were in a rowboat and you
fell.

Well, yes, I remember something,
but. . . .

It was a picnic (outing). We had in-
vited some friends of the children.
We had two rented boats. You and
Antonio started to clown around and
get into mischief, I imagine to im-
press the girls.

You (One) could see that someone
was going to get hurt. I shouted at
you several times but you didn't pay
any attention to me.

AMELIA Luego perdiste el equilibrio y. . . te mojaste. Creo que te dio vergüenza cuando todos nos reímos. Tal vez por eso te enojaste un poco y no quisiste jugar más.

Then you lost your balance and. . . you got wet. I think that it embarrassed you when we all laughed. Maybe that's why you became a little angry and refused to play any more.

CARLOS Entonces, ¿me lastimé o no?

Then, did I get hurt or not?

AMELIA Sólo en el amor propio. Un chico de trece años puede ser bastante sensible.

Only (in) your self-esteem. A thirteen-year-old boy can be quite sensitive.

CARLOS Es cierto, pero ahora puedo reírme yo también.

That's right, but now I can laugh too.

MANUEL Nos hizo gracia; no fue nada malicioso.

It struck us as funny; it was nothing malicious.

CARLOS Lo sé. Otra cosa, no quiero cambiar de tema pero acabo de acordarme de los regalos que traje para ustedes. No pude traer nada muy elegante por las restricciones de peso. Con permiso. Voy a buscarlos.

I know (it). (There's) something else, I don't want to change the subject but I just remembered the gifts (that) I brought for you. I couldn't bring anything very fancy because of the weight limits. Excuse me. I'll go get them.

S-19 SUGERENCIAS
PALABRAS COMPUESTAS

OPTION: Model pronunciation of bold-faced items.

There are many compound words in both English and Spanish, such as dishwasher, latecomer, and sunrise. Learning to recognize compound words in Spanish is a very useful skill. Notice in these examples that while most compound words end in -s, they are all singular and masculine:

el **cortaplumas** (cuts feathers) = penknife
el **limpiabotas** (cleans boots) = shoeshine boy
el **lavaplatos** (washes dishes) = dishwasher
el **sacapuntas** (forms points) = pencil sharpener
el **tocadiscos** (plays records) = record player

The following examples are all from **para,** meaning it stops:

el **parabrisas** (stops breezes) = windshield
el **limpiaparabrisas** (cleans windshields) = windshield wiper
el **parasol** (stops sun) = parasol
el **paracaídas** (stops falls) = parachute
el **paraguas** (stops water) = umbrella (notice single a)

¡Qué alegría poder pasear con amigos en el Parque del Retiro en Madrid!

C-30 CULTURA
BOSQUEJO CULTURAL: EL PASEAR *(To take a walk or stroll)*

En casi todos los países hispánicos, a la gente le gusta pasear. En las ciudades grandes, hay parques grandes en que los habitantes pueden pasear **bajo las hojas** de los árboles y conversar. En Madrid, los madrileños pasean por un parque muy grande que se llama El Retiro. Este parque tiene dos **estanques** bastante grandes en que la gente puede **remar en botes pequeños.** En la ciudad de México, el parque grande se llama Chapultepec. En este parque también se puede andar en botes o en **canoas.**

En las ciudades más pequeñas, si no hay parque grande, por lo menos hay una plaza central. Por las tardes, cuando no hace tanto calor, la gente sale a pasear por la plaza. En algunos sitios, como el Uruguay y España, las chicas pasean en una dirección y los chicos pasean en la otra. Así pueden verse cara a cara al pasar.

under the
leaves
ponds
row in small
boats
canoes

1. ¿Qué te parece la costumbre de pasear?
2. ¿A ti te gusta pasear? ¿Paseas mucho o poco?
3. ¿Sabes andar en bote? ¿Andas frecuentemente en bote?
4. ¿Hay un parque en tu ciudad? ¿Cómo es?

🗣 A-35 ACTIVIDADES
¿QUÉ PASÓ AYER?

OPTION: a) Use these questions to interview individual students. b) Have the class interview one or more individuals. c) Have students prepare a short composition based on these questions.

A. PREGUNTAS PARA PAREJAS: LAS ACTIVIDADES DE AYER

Tienen que distinguir entre el pretérito (¿Qué pasó?) y el imperfecto (¿Qué pasaba?). Deben contestar con el mismo **tiempo** (*tense*) que tiene la pregunta.

1.   En casa: ¿A qué hora (te) despertaste ayer? ¿Cómo te sentías cuando (te) despertaste? ¿Adónde tenías que ir primero? ¿A qué hora tenías que estar allí? ¿Cuánto tiempo tenías para prepararte?

2.   Los preparativos: ¿Qué cosas necesitabas hacer antes de salir? ¿Ibas a comer algo? ¿Comiste? Si comiste, ¿qué comiste? ¿Querías estudiar antes de salir? ¿Estudiaste? ¿A qué hora querías salir? ¿Saliste a esa hora?

3.   El tiempo: ¿Qué tiempo hacía cuando saliste? ¿Estaba lloviendo? ¿Estaba nevando? ¿Hacía viento? ¿Sol? ¿Qué tiempo iba a hacer durante el día?

4.   Las clases: ¿Llegaste a tiempo adonde tenías que llegar? Cuando llegaste a tu clase de español, ¿ya había llegado el (la) profesor(a)? ¿Había empezado la clase? ¿Cuántos estudiantes estaban allí? ¿Saludaste a alguien cuando entraste? ¿A cuántas clases asististe? ¿Cuál te gustó más?

5.   El almuerzo: ¿Tenías mucha hambre a la hora del almuerzo? ¿Dónde almuerzas normalmente? ¿Dónde almorzaste ayer? ¿Qué hora era cuando terminaste de almorzar? ¿Cómo te sentías después de almorzar? ¿Tenías sueño?

6.   Los amigos: ¿A qué amigos viste durante el día? ¿Hablaste con algunos de ellos? ¿Cómo estaban tus amigos? ¿Qué hacían cuando los viste?

7.   El regreso a casa: ¿A qué hora regresaste (volviste) a casa? ¿Cómo te sentías? ¿Estabas cansado(-a)? ¿Estabas contento(-a) con lo que habías hecho durante el día? ¿Todavía tenías muchas cosas que hacer?

8.   La cena: ¿Normalmente cenas en casa o en otra parte? Si cenas en casa, ¿ya estaba preparada la cena? Si cenas en otra parte, ¿ya habías cenado cuando llegaste a casa? ¿Qué comiste anoche? ¿Qué te pareció la cena?

9.   Después de la cena: ¿Qué querías hacer después de la cena? ¿Qué debías hacer? ¿Qué pasó después de la cena?

10.   A la cama: (*Si te acostaste temprano*) ¿Te acostaste temprano porque tenías mucho sueño o porque tenías que levantarte temprano? (*Si te acostaste tarde*) Al terminar el día, ¿habías hecho las cosas que querías hacer? ¿Te sentías satisfecho(-a)?

B. ACTIVIDAD PARA PAREJAS

UNO Tell your friend about what you did some other day in the recent

DOS Help by asking appropriate questions. Imperfect: ¿Cómo te

past. Be careful to use the past tenses correctly.

sentías? ¿Qué tiempo hacía? Preterite: ¿A qué hora llegaste? ¿Con quién hablaste?

C. PREGUNTAS PARA LA CLASE

NOTE: Have one student (preferrably one who missed the last, or a recent, class) address these questions to other class members.

Si un(a) estudiante no asistió a la clase ayer, puede hacerles las siguientes preguntas a los otros estudiantes para saber lo que pasó.

UNO ¿Llegaron todos (ustedes) a tiempo?

DOS Casi todos llegamos a tiempo. Sólo Jorge y Elena llegaron tarde.

OPTION: Play an adaptation of the old TV show "To Tell the Truth." Three students are selected. Outside the classroom, one is appointed the "real" Carlos Ortiz. All claim to be Carlos and are asked questions by the class. At the end of the allotted time, the class votes and the "real" Carlos stands up. (Note: Often, due to a lack of knowledge, his answers have been among the worst.)

1. ¿Saludaron al (a la) profesor(a) cuando entró?

2. ¿Cuánto trabajaron, mucho o poco?

3. ¿Qué escena estudiaron?

4. ¿Aprendieron algo nuevo? ¿Qué aprendieron?

5. ¿Vieron unas **diapositivas** (slides) o una película? ¿Qué vieron?

6. ¿Dieron una prueba? Si dieron una prueba, ¿cómo salieron?

7. ¿Pudieron contestar todas las preguntas del (de la) profesor(a)?

8. ¿Quiénes no vinieron a la clase?

9. ¿Tuvieron alguna actividad especial?

10. ¿Hubo tiempo para hacer todo lo que querían hacer?

11. ¿Qué más hicieron?

12. ¿A qué hora salieron de la clase?

13. ¿Qué actividad les gustó más?

SC-12 SITUACIÓN COMUNICATIVA
INFORMANDO ACERCA DE UN CRIMEN

PREPARATION: Suggest some crimes to the class.

OPTION: a) You may wish to role-play a crime with some of the students and then have the others report it. b) Play a portion of a videotape in which a crime is portrayed.

You have just witnessed a crime being committed. Give a report to the police, including the following information:

1. What time it was.

2. Where you were.

3. What you were doing.

4. What the weather was like.

5. What other people in the area were doing.

6. What happened: describe the crime in detail, using the following vocabulary: **asaltar** (to assault); **robar** (to rob); and/or **asesinar** (to murder).

7. What the suspects (persons involved in the crime) looked like and what they were wearing.

8. What you think the police should do.

 R-9 REPASO
¿QUÉ PASA CON NUESTROS AMIGOS?

A drawing shows an action not as completed but as in progress at a certain moment. We can consider that this depicted action is happening now and refer to it with the present tense. We also can imagine that the drawing refers to a recollected moment in the past and refer to the action in the imperfect. In order to use the preterite, we need to imagine a completion of the action beyond the moment represented by the drawing.

We will use these drawings of Carlos's trip in this latter manner; each drawing represents an action in progress which later is completed. Using the preterite of the verbs given, narrate the separate events of his trip. Remember that if you add descriptions, you will need the imperfect also.

Dibujo 1

a) despertar(se)   c) tomar
b) arreglarse   d) llevar

Dibujo 2

a) ir   c) charlar
b) conocer   d) subir / salir

Dibujo 3

a) buscar   c) tratar de dormir
b) leer   d) comer / almorzar

Dibujo 4

a) conversar   c) volver a hablar
b) ver / mirar d) llegar / saludar

AHORA   ¿Quién es de Chihuahua? ¿Dónde está Chihuahua de la capital? ¿Dónde está Pachuca? ¿Dónde vive la abuela ahora?

ENTONCES   ¿Dónde vivía la abuela cuando nació el padre de Carlos?

ENTONCES   ¿Qué hacía la abuela en Pachuca? ¿Qué hacía su marido (el abuelo)?

ANTES   ¿Cuánto tiempo estuvieron en Pachuca? ¿Adónde se mudaron primero? ¿Quién nació allí? ¿Adónde fueron después?

Cuenta la historia del noviazgo de Manuel y Amelia:

ENTONCES   ¿Dónde estaban los García y los Ortiz? ¿Qué hacían?

ANTES   ¿A quiénes habían invitado? ¿Qué habían alquilado?

DESPUÉS   ¿Quiénes iban a usar uno de los botes?

ENTONCES   ¿Qué hacían Antonio y Carlos? ¿Quién les gritaba?

DESPUÉS   ¿Qué iba a pasar, según don Manuel?

¿Qué pasó?

REPASO DE VOCABULARIO

NOMBRES:

NIVEL A

V-31, G-37

el **amor**	love
el **lago**	lake
el/la **maestro(-a)**	teacher
el **noviazgo**	courtship
el **puesto**	stand; job, position
el **regalo**	gift, treat
el **tema**	theme, subject

NOMBRES:

NIVEL B

S-19

el **antepasado**	ancestor
el **bote**	boat
la **casualidad**	chance
el **cinturón**	belt
la **detalle**	detail
el **director**	director
el **equilibrio**	balance
el **habla**	speech
el **impermeable**	raincoat
la **ingeniería**	engineering
la **madrugada**	dawn
el **mapa**	map
las **medias**	hose (stockings)
el **par**	pair, couple
el **parque**	park
la **payasada**	clownish act
el **peso**	weight
el **punto**	point
el **remo**	oar
la **travesura**	mischievous act

VERBOS:

NIVEL A

G-36, G-38

caer(se) (irr)	to fall
gritar	to shout
lastimarse	to get hurt
nacer (irr)	to be born
olvidar	to forget
reírse (irr)	to laugh

VERBOS:

NIVEL B

agregar	to add
alquilar	to rent
avisar	to advise, notify
charlar	to chat
criarse	to be reared, grow up

enterarse	to learn, find out
exagerar	to exaggerate
fumar	to smoke
impresionar	to impress
lograr	to achieve, succeed in
mudarse	to move
ofrecer (irr)	to offer
pasear(se)	to take a walk, stroll
presentarse	to appear; present oneself

ADJETIVOS:

NIVEL A

hermoso(-a)	beautiful
junto(-a)	together
presumido(-a)	conceited
romántico(-a)	romantic
sensible	sensitive

ADJETIVOS:

NIVEL B

amistoso(-a)	friendly
cercano(-a)	close, near
elegante	elegant
grosero(-a)	rude
hispano(-a)	Spanish
justo(-a)	fair
malicioso(-a)	malicious
primario(-a)	primary
secundario(-a)	secondary

ADV/PREP/CONJ:

NIVEL A

de repente	suddenly
según	according to
hasta que	until (conj)
quizás	perhaps

MODISMOS Y EXPRESIONES:

NIVEL A

a eso de (+ hora)	at about (+ time)
al rato	after a short while
estar de visita	to be visiting, on a visit
hacerle caso a alguien	to pay attention to, mind someone
ponerse a (+ inf)	to begin to (+ inf)

salir bien	to turn, come out all right

MODISMOS Y EXPRESIONES:

NIVEL B

S-18

al año de casados	after a year of being married
a las cinco en punto	at 5:00 sharp, on the dot
amor propio	self-esteem
(apuesto) a que	I bet (that)
cambiar de tema	to change the subject
¿Cómo es que . . . ?	How is it that . . . ?
darle vergüenza a alguien	to embarrass someone
estar de (+ noun)	to be (working, serving as) (+ noun)
hacerle gracia a alguien	to be funny to someone
hora de Buenos Aires	Buenos Aires time
por casualidad	by chance
ropa interior	underwear
tocarle a alguien	to be someone's turn

LECCIÓN 10

*Izquierda, arriba: ¿Te gustaría probar la famosa paella valenciana? Para saber lo que es y lo que contiene, tienes que leer el Bosquejo Cultural, C-33. Izquierda: Esta familia española se prepara para tomar la cena. En muchas familias los niños sí toman vino con la comida. Se cree que es muy **saludable** (healthful).*

E-10A ESCENA
HAGAN EL FAVOR DE PASAR AL COMEDOR

COMPREHENSION:
*¿Adónde fue Carlos?
¿Qué lleva al volver?
¿Qué contiene? ¿Qué
hace con esas cosas?
¿Qué sabe la mamá de
Carlos? ¿Qué se le ol-
vidó a Amelia? ¿Qué
contiene la carta? ¿De
quiénes son las fotos?
¿Son viejas o recientes
las fotos? ¿Tardan
mucho en dar una
llamada de larga dis-
tancia? ¿Por qué
pregunta Carlos? ¿Es-
peran la llamada sus
padres? ¿Qué sabe
Carlos? ¿Es tarde para
llamar? ¿Qué hora va
a ser en Buenos Aires?
¿Cuántas horas de di-
ferencia hay entre
México y la Argen-
tina? ¿Qué significa
"por cobrar"? ¿Quién
contesta en casa de
Carlos? ¿Con quiénes
habla Carlos? ¿Habla
Amelia con alguien?
¿Cree Carlos que tiene
padres buenos? ¿Qué
evidencia presenta él?
¿Quién interrumpe la
conversación? ¿Qué
pregunta? ¿Qué quería
saber? ¿Está listo
todo para cenar?
¿Qué le falta hacer a
Justina?*

ADAPTATION: *¿Qué
te parecen las joyas
de fantasía? ¿Te gus-
tan? ¿Te gusta llevar
pendientes? ¿Pulseras?
¿Prendedores? ¿Te
gustan los artículos
de cuero? ¿Por qué?
¿Tardan mucho en dar
una llamada telefó-
nica de larga distancia
aquí? ¿Por qué? ¿Lla-
mas a menudo a tus
padres o les mandas
cartas? ¿Por qué? ¿A
qué hora es muy
tarde para llamar?
¿Haces muchas llama-
das por cobrar? ¿A*

Carlos vuelve con una bolsa de plástico. Saca los regalos y se los entrega a sus parientes: joyas de fantasía (pendientes, pulseras y prendedores) para las mujeres y artículos de cuero (billeteras y cinturones) para los hombres.

MARISA ¡Qué lindos! Gracias, Carlos.

ABUELITA Son preciosos.

MANUEL Y prácticos. Te los agradece-mos mucho.

AMELIA Tu mamá sabe cuánto me agrada esta piedra rosada.

SUSANA Mamá, se te olvidó la carta que trajo Carlos.

AMELIA Es verdad, se me olvidó. Va-mos a leerla.

En la carta José María les agradece su hospitalidad y expresa su deseo de volver a verlos. También ha mandado unas fotos recientes de la nena de Mirta y Hugo.

CARLOS ¿Tardan mucho en dar una llamada de larga distancia?

Carlos comes back with a plastic bag. He takes out the gifts and hands them to his relatives: costume jewelry (earrings, bracelets, and pins) for the women and leather articles (billfolds and belts) for the men.

How pretty! Thanks, Carlos.

They're lovely.

And practical. We thank you very much for them.

Your mother knows how much I like this pink stone.

Mom, you forgot the letter (the letter slipped your mind) that Carlos brought.

That's right, I forgot it (it slipped my mind). Let's read it.

In the letter Jose Maria thanks them for their hospitality and expresses his desire to see them again. He also has sent some recent photos of Mirta's and Hugo's baby girl.

Does it take long to make (Do they take long in giving) a long-distance call?

quién(es)? ¿Tienes buenos padres o pa-rientes? ¿Por qué dices que sí (que no)? ¿Has estado leyendo un li-bro últimamente? ¿De qué trata? (Por poco se me olvida la tarea.) ¿Ya está todo listo?

MANUEL Normalmente no. ¿Por qué preguntas?	Not usually. Why do you ask?
CARLOS Pensaba llamar a mis padres para decirles que he llegado bien.	I was planning to call my parents to tell them I have arrived all right.
AMELIA ¿Esperan tu llamada?	Are they expecting your call?
CARLOS No, pero sé que mi mamá se va a preocupar si no recibe noticias pronto.	No, but I know that my mother is going to worry if she doesn't get news soon.
AMELIA Entonces, debes llamar ahora mismo.	Then you should call right now.
MARISA ¿No es tarde para llamar?	Isn't it late to be calling?
CARLOS (Mirando su reloj) No he cam-biado mi reloj. Van a ser las once allá.	(Looking at his watch) I haven't changed my watch. It's almost (going to be) eleven o'clock there.
MARISA ¿Tres horas de diferencia?	Three hours (of) difference?
CARLOS No es muy tarde; voy a lla-mar. ¿Cómo he de pedir la llamada si la van a pagar ellos?	It isn't very late; I'm going to call. How am I supposed to ask for the call if they are going to pay for it?
MANUEL Aquí decimos "por cobrar".	Here we say **"por cobrar"** (to be col-lected, paid).

Carlos marca 09 para hablar con la opera-dora internacional. Luego pide hablar "por cobrar" al número en Buenos Aires. El teléfono suena en la casa de los Ortiz donde el Dr. Ortiz contesta y acepta la llamada.

Carlos dials 09 to speak with the interna-tional operator. Then he asks to speak col-lect to the number in Buenos Aires. The telephone rings in the Ortiz home where Dr. Ortiz answers and accepts the call.

DR. ORTIZ Hola.	Hello.
CARLOS Hola. ¿Familia Ortiz?	Hello. [Is this] the Ortiz family?
DR. ORTIZ Sí, habla el Dr. Ortiz.	Yes, this is Dr. Ortiz speaking.

CARLOS Papá, soy yo, Carlos.

Dad, it's me, Carlos.

Carlos habla primero con su padre y después con su madre. Luego Amelia saluda a su cuñada y a su hermano.

Carlos speaks first with his father and afterwards with his mother. Then Amelia greets her sister-in-law and her brother.

CARLOS *(Al terminar la llamada)* ¡Qué padres tan buenos tengo! Me ayudan pero al mismo tiempo me permiten tomar mis propias decisiones.

(On finishing the call) What good parents I have! They help me but at the same time they let me make my own decisions.

ABUELITA Porque te quieren y te tienen confianza.

Because they love you and they have confidence in you.

En este momento Justina se asoma a la puerta de la sala.

At this moment Justina appears at the door of the living room.

JUSTINA ¿Se puede, señora?

May I, ma'am?

AMELIA Sí, Justina, ¿de qué se trata?

Yes, Justina, what is it about (what does it deal with)?

JUSTINA Sólo quería saber a qué hora desean cenar.

I only wanted to know (at) what time you wish (desire) to eat.

AMELIA Por poco se me olvida la cena. ¿Ya está todo listo?

I almost forgot (forget) dinner. Is everything ready?

JUSTINA Sí, la mesa está puesta y sólo me falta servir la comida.

Yes, the table is set and I only need (there is only lacking to me) to serve the food.

AMELIA *(A los demás)* Hagan el favor de pasar al comedor. Justina me dice que la cena ya está lista.

(To the others) Please go into the dining room. Justina tells me that dinner is now ready.

The expressions **se te olvidó, se me olvidó,** and **se me olvida** literally say that *something forgot* (or *forgets*) itself or *got forgotten* to a person, expressed as an indirect object (**te** and **me** here). We will learn to use expressions with **se** in this lesson.

 V-32 VOCABULARIO
EL TELÉFONO: ¿DE PARTE DE QUIÉN?

PREPARATION:
Model pronunciation
of boldfaced items.

A. VOCABULARIO NECESARIO

descolgar (ue) el teléfono   *to lift the receiver (telephone)*
colgar (ue) (el teléfono)   *to hang up (the receiver)*
marcar el número   *to dial the number*
sonar (ue)   *to ring*

dejar un recado	*to leave a message*
la señal (el tono) (para marcar)	*the (dial) tone*
una llamada telefónica	*a telephone call*
de larga distancia	*a long-distance call*
de cobro revertido	*a collect call*
de persona a persona	*a person-to-person call*
la guía telefónica	*the telephone directory*
la clave de área	*the area code*
el (la) operador(a)	*the operator*
La línea está ocupada.	*The line is busy.*
¿De parte de quién?	*Who is calling?*
¿Quién habla?	*Who is speaking (calling)?*
¿Con quién hablo?	*With whom am I speaking?*
Habla Fulano de Tal.	*This is John Doe.*

B. DIÁLOGO: UNA LLAMADA DE LARGA DISTANCIA

OPTION: Bring two telephones to class. Assign two students to role-play the dialogue. They could be assigned to prepare prior to class and could memorize their respective parts. A third student could read the narration.

Anita es de San Antonio pero está en Lima y necesita hablar con sus padres. Descuelga el teléfono y espera el tono. Cuando lo oye, marca cero con el disco para hablar con la operadora. El teléfono está sonando.

UNO Bueno. ¿En qué le puedo servir?

DOS Quisiera hacer una llamada telefónica.

UNO ¿De larga distancia?

DOS Sí, a los Estados Unidos.

UNO ¿De persona a persona?

DOS No, gracias.

UNO Entonces, usted puede marcar directamente.

DOS Pero quiero hacer una llamada de cobro revertido.

UNO ¿Y cuál es la clave de área?

DOS 5-1-2. Y el número es 5-22-34-56.

UNO Momento, por favor.

    (Después de un rato corto)

UNO Señorita, la línea está ocupada.

DOS Bueno, entonces vuelvo a llamar más tarde. Muchas gracias.

UNO De nada.

C. ACTIVIDADES PARA PAREJAS

OPTION: Students could be assigned to role-play these activities for the class.

UNO You are Carlos Ortiz. You call your parents from Mexico City to tell them you have arrived safely. Also tell about the family.

DOS You can be either Carlos's father or his mother. Ask about the flight and the Garcia family. Give your son instructions or advice if you wish.

UNO You are visiting in La Paz, Bolivia, and want to call home collect and person-to-person.

DOS You are the operator. The person wanted is not in. Ask if the customer wants to call again later.

UNO You are in Santiago, Chile, and want to call a friend whose number you don't know. There is no phone book in your hotel room. Call the operator and explain your problem.

DOS You are the hotel operator. Ask the friend's name and ring the number. The line is busy at first; a child answers on the second try. Ask if the guest wants to leave a message.

C-31 CULTURA
BOSQUEJO CULTURAL: EL TELÉFONO

---

well-to-do

expensive

Hace pocos años el teléfono era un aparato reservado para negocios y empresas grandes y para las personas **de buenos medios.** Todavía en muchos lugares del mundo hispano hay muchas personas que no tienen teléfono en casa. También es **caro** hacer llamadas de larga distancia. Por estas y otras razones, es my común usar teléfonos públicos y mandar telegramas.

¿Con quiénes hablan estas personas? ¿A ti te gusta hablar por teléfono? ¿Te gusta usar el teléfono público? (Barcelona, España).

kiosks   En España hay teléfonos públicos en muchos de los **quioscos** que venden
tokens   diarios y revistas. En varios países los teléfonos requieren **fichas** y no aceptan
coins   **monedas.** Cuando una persona usa el teléfono público en España, descuelga
coin slot el teléfono y desposita varias fichas en la **ranura.** Después de oír la señal para
marcar, marca el número deseado y espera la contestación. Mientras con-
versa, las fichas caen una por una en la caja. Las fichas que queden en la
glass cover ranura se ven por una **tapa de vidrio.** Si las personas siguen hablando por
mucho tiempo, es necesario poner más fichas en la ranura. Cuando se ter-
remaining mina la conversación, las fichas **restantes** son devueltas al cliente.

Los números de teléfono se expresan en pares, por ejemplo, 22-97-34
(veintidós, noventa y siete, treinta y cuatro).

Lo que dice una persona al contestar el teléfono varía de país en país. En
México, por lo general, se dice *¡Bueno!* y en España, se dice *¡Diga!* En muchas
partes de Latinoamérica se dice *¡Hola!* o *¡Haló!* Si el turista no está seguro,
puede decir *¡Hola!* en todas partes y todos le van a entender.

ACTIVIDAD

Habla con cinco personas hispanas para averiguar lo que dicen cuando
contestan el teléfono. Compara tu lista con las de tus compañeros de clase.

☺ *G-40 GRAMÁTICA*
MÁS SOBRE LOS COMPLEMENTOS DIRECTOS (More on direct objects)

A review of the concepts of transitive and intransitive verbs (see G-11) as well
as direct object nouns and pronouns (see G-12) will be worthwhile at this
point. These pronouns do not carry stress. When it is necessary to emphasize
them, we use the same stressed forms used for indirect objects.

UNSTRESSED DIRECT OBJECT PRONOUNS		STRESSED DIRECT OBJECT PRONOUNS	
me	**nos**	**a mí**	**a nosotros(-as)**
te	**os**	**a ti**	**a vosotros(-as)**
lo, la	**los, las**	**a usted** **a él/ella**	**a ustedes** **a ellos(-as)**

The stressed forms are used in addition to the unstressed forms. If there
is no verb, they appear alone.

—¿Ves a Marisa y a Antonio?	Do you see Marisa and Antonio?
—**La** veo **a ella**, pero **a él** no.	I see *her*, but not *him*.

A-36 ACTIVIDADES
¿QUÉ HICISTE CON TUS LIBROS?

PREPARATION:
Have students pre-
pare a list of things
they used today. This
can be assigned the
previous day.

A. ACTIVIDAD PARA PAREJAS

Dale a tu pareja una lista de las cosas que has usado hoy. Por ejemplo: mis libros, mi coche, mi ropa, mi mochila, mi lápiz, mi reloj.

MODELO   **mis libros → tus libros**

UNO ¿Qué hiciste con **tus libros**?   DOS Los traje a la clase.
(Los tengo aquí.)
(Los puse en la mochila.)

PREPARATION:
Model new verbs for
student repetition.
EMPHASIS: Remind
students that *molestar*
is a false cognate and
means "to bother or
annoy" rather than to
molest; and that *so-
portar* means "to put
up with" (*apoyar* =
to support).

B. ACTIVIDADES PARA PAREJAS

En estas actividades se usan los siguientes verbos transitivos y también otros muy conocidos. Muchos de éstos son nuevos.

acompañar	*to accompany*	**criticar**	*to criticize*
amar	*to love*	**defender (ie)**	*to defend*
querer	*to want; to love*	**echar de menos**	*to miss*
odiar	*to hate*	**engañar**	*to deceive*
animar	*to encourage*	**maltratar**	*to mistreat*
desanimar	*to discourage*	**molestar**	*to bother, annoy*
apoyar	*to support, back*	**respetar**	*to respect*
apreciar	*to appreciate*	**soportar**	*to put up with*
comprender	*to understand*	**tratar**	*to treat*

C. ACTIVIDAD: CÓMO TRATO A LAS PERSONAS

PREPARATION:
Model new adverbs,
example sentences,
and questions. En-
sure student compre-
hension.
OPTION: Have stu-
dents prepare written
paragraphs prior to
class based on this
activity. They could
then refer to their
notes, but should be
encouraged not to
read directly from
their prepared
paragraphs.

Describe para tu pareja tu relación con varias personas, usando todos los verbos aplicables de la lista que está abajo. La pareja debe hacer preguntas.

UNO Voy a hablar de mi amiga Tere.   DOS ¿Dónde la conociste?
Hace más de diez años que la
conozco.

ADVERBIOS ÚTILES	ALGUNOS EJEMPLOS	POSIBLES PREGUNTAS
algo (*somewhat*)	La comprendo bien y la aprecio mucho.	¿La soportas cuando se porta mal?
(muy) poco		
nada (*not at all*)	La defiendo cuando otros la critican.	¿La engañas a veces?
siempre		¿La molestas?
todos los días		

ADVERBIOS ÚTILES (cont.)   ALGUNOS EJEMPLOS   POSIBLES PREGUNTAS

a menudo

rara vez

nunca

La busco cuando nece-
sito ayuda.

UNO Voy a hablar de mi relación con <u>(nombre)</u>. Hace <u>(tiempo)</u> que <u>lo/la</u> conozco. <u>Lo/La</u> aprecio porque <u>(es muy bueno[-a] conmigo)</u>. También <u>lo/la</u> ayudo a <u>(hacer las tar-eas de la clase de español)</u>, pero no <u>lo/la</u> defiendo cuando <u>(se porta mal)</u>.

MÁS VERBOS

<table>
<tr><td>

NOTE: Indicate to students that these can also be negative.

</td><td>

lo/la abrazo (beso) cuando lo/la veo
lo/la animo a <u>(infinitivo)</u>
lo/la apoyo cuando _____
lo/la aprecio porque _____
lo/la ayudo a <u>(infinitivo)</u>
lo/la busco cuando _____
lo/la comprendo porque _____
lo/la critico cuando _____
lo/la defiendo cuando _____
lo/la desanimo
lo/la echo de menos si no lo/la veo
lo/la engaño

</td><td>

lo/la escucho cuando _____
lo/la invito a _____
lo/la llamo por teléfono
lo/la llevo en mi coche a _____
lo/la molesto cuando _____
lo/la maltrato _____
lo/la necesito cuando _____
lo/la odio porque _____
lo/la quiero (amo) porque _____
lo/la respeto porque _____
lo/la soporto si _____
lo/la trato bien

</td></tr>
</table>

D. ACTIVIDAD: ¿CÓMO TRATABAS A LAS PERSONAS CUANDO ERAS MÁS JOVEN?

UNO A mi hermano lo molestaba mucho.

UNO A mi(s) _____ (lo/la/los/las) _____.

DOS Yo a mi hermano lo ayudaba mucho.

DOS Yo a mi(s) _____ (lo/la/los/las) _____.

padres	abuelos	molestaba	quería
hermano(s)	hermana(s)	criticaba	trataba bien
primos	tíos	ayudaba	apreciaba
amigo(s)	maestros	besaba	respetaba
compañeros		escuchaba	odiaba

E. ACTIVIDAD PARA PAREJAS: ¿CÓMO LOS HAS TRATADO?

Cambia con tu pareja cuatro o cinco nombres de amigos o parientes.

UNO ¿Quién es Jim?

UNO ¿Cómo lo has tratado?

DOS Es un amigo mío.

DOS Siempre lo he ayudado.

UNO A ver, ¿qué hiciste la última vez para ayudarlo?

DOS La semana pasada lo ayudé con su clase de física.

POSIBILIDADES

he ayudado	he tratado bien
he respetado	he apoyado
he defendido	he escuchado
he animado a hacer cosas buenas	he invitado a actividades especiales

---

S-20 SUGERENCIAS
MÁS AMIGOS FALSOS

OPTION: See Teacher's Note accompanying S-18, Lesson 9.

Here are additional false cognates, as well as the vocabulary you need, to say what you intend to say.

pie = *foot*

lectura = *reading*

asistencia = *attendance*

realizar = *to accomplish*

pie = **pastel, tarta**

lecture = **conferencia**

assistance = **ayuda**

realize = **darse cuenta**

suceso = *event, happening*

aplicación = *application as in affixing*

atender (ie) = *to look after,*

soportar = *to put up with*

success = **éxito**

application (form) = **una solicitud**

attend = **asistir**

support = **apoyar; mantener**

C-32 CULTURA
BOSQUEJO CULTURAL: LA GENEROSIDAD DE LOS HISPANOS

OPTION: Share any positive experiences you may have had

very high

gift / hosts

giver

that illustrate the generosity of Hispanics you have known or met.

Los hispanos en general son una gente muy generosa. La expresión "Está en su casa", se oye mucho cuando una persona visita la casa de otro. Los invitados son tratados con mucha gracia y elegancia, y las reglas de hospitalidad demandan un grado de generosidad **altísimo**. Para el invitado, es costumbre llevar flores u otro **obsequio** para darles a los **anfitriones**. En ciertos países los regalos son muy importantes y se dan con mucha frecuencia. Es costumbre abrir el regalo en presencia del **donador** y expresar sincera gratitud.

1. ¿Cómo son los hispanos? ¿Cómo son los estadounidenses?

2. ¿Qué costumbre tienen los hispanos cuando van de visita?

Apura = Hurry up   Hubo un asalto = There was an assault (attack)   rodeada = surrounded
accesos = accesses   Dále, ché = Come on, guy

<table>
<tr><td>

NOTE: You may need
to point out the fol-
lowing. a) Use of the
voseo [*Apurá* for
</td><td>

3. ¿En qué ocasiones llevan regalos los estadounidenses?

4. ¿Qué llevas tú cuando vas de visita? ¿Cuándo llevas regalos?
</td></tr>
</table>

Apúrate, hacés for *haces, mirá* for *mira*]. b) Felipe, as a character, hates school and continually fantasizes disasters that would
close it. c) The use of the direct object pronouns: *nos lleva, lo siento.*

🔊 *A-37 ACTIVIDADES*
TODOS ME CRITICAN

REVIEW: Follow up
with personalized
questions; e.g.,
*¿Quién te quiere mu-
cho? ¿Quién te ayuda
con tus tareas?
¿Quién te abraza?
¿Quién(es) te besan?*

A. ACTIVIDAD PARA PAREJAS

Completen las oraciones con nombres de personas o con la palabra **nadie.**

EJEMPLOS   **Mi mamá** me quiere.   **Nadie** me critica.

_____ me quiere mucho.   _____ me respeta.

_____ me ayuda con las tareas.   _____ me odia (sin tener por qué).

_____ me escucha.   _____ me maltrata a veces.

_____ me critica si me porto mal.   _____ me abraza (besa).

_____ me anima a estudiar más.   _____ me alegra si estoy triste.

_____ me comprende mejor que   _____ me defiende cuando otros
nadie.   me critican.

B. PREGUNTAS PARA PAREJAS

UNO ¿Quién(es) **te quiere(n) mucho?**   DOS Mis padres me quieren mucho.

te quiere más que nadie   te echa(n) de menos ahora
te aprecia(n) mucho   te acompaña(n) cuando sales
te trata(n) bien siempre   te espera(n) para volver a casa
te ayuda(n) con tus clases   te defiende(n) si otros te critican
te anima(n) a estudiar   te soporta(n) cuando te portas mal
te invita(n) a ir al cine   te comprende(n) mejor
te escucha(n) si tienes problemas   te abraza(n) (besa[n])
te maltrata(n) a veces   te conoce(n) mejor en esta clase

EMPHASIS: This activity uses the imperfect and the next one uses the present perfect and preterite. Ensure that students have adequate time to complete these under your supervision. If necessary, reduce time alloted for Activities A and B.

C. UNAS COMPARACIONES CON EL PASADO

UNO Hace cinco años, ¿quién(es) **te quería(n)**?

DOS Mis padres y mis hermanos me querían.

te ayudaba(n) con tus clases
te criticaba(n)
te comprendía(n)

te maltrataban
te defendía(n)
te apoyaba(n)

D. CASOS CONCRETOS

Hablen de casos concretos, dando detalles.

UNO ¿Quién **te ha ayudado últimamente**?

DOS La profesora me ha ayudado (me ayudó el otro día).

UNO ¿En qué te ha ayudado (ayudó)?

DOS Me ayudó con los pronombres.

te ha criticado

te ha defendido

Sigan con otros verbos de arriba y den algunos detalles en cada caso.

E. ACTIVIDADES

UNO Relate the following information about your best friend to your partner: name, what he/she is like, how long you have known each other, what you do for your friend, and what your friend does for you.

DOS Ask appropriate questions. Then tell about your best friend.

UNO Tell about a good friend from the past, what you used to do together, what you did for your friend, and what your friend did for you. Use the imperfect tense.

DOS Ask appropriate questions. Then tell about a friend of yours.

F. UNA ACTIVIDAD PARA PAREJAS

UNO Ask your friend if he/she can help you this afternoon.

DOS You can help if it isn't going to take *more than* (**más de**) an hour.

UNO Explain that it's going to take less than an hour, that you need to buy food and don't have your car.

DOS Offer to take your friend. Ask what time he/she *gets out of* (**salir de**) the last class.

UNO You get out at 3:50 P.M. Ask where you *should* (**deber**) look for him/her.

DOS Say you are going to wait for him/her in the bookstore.

UNO Say thanks and that you'll see him/her there at four.

DOS Say you'll see each other at four.

G. ¿QUIÉN LO (LA) AYUDA (A USTED)?

Usen las preguntas de la Actividad B para hablar con el (la) profesor(a). En lugar de **te** usen **la** o **lo (a usted)** y **su(s)** en lugar de **tu(s).**

UNO *(A la profesora)* ¿Quién(es) la ayuda(n) (a usted) con sus clases?
(Al profesor) ¿Quién(es) lo ayuda(n) (a usted) con sus clases?

1. ¿Quién(es) la (lo) quiere(n) mucho (a usted)?
2. ¿Quién(es) la (lo) apoya(n) en sus **proyectos** *(projects)?*
3. ¿Quién la (lo) comprende mejor?

   Siguiendo con otras preguntas de la Actividad B.

E-10B ESCENA
¿ME PASAS EL PAN, POR FAVOR?

Todos van pasando de la sala al comedor.

All are going from the living room into the dining room.

MANUEL ¿Qué hay hoy?

What is there today?

AMELIA ¿No hueles? Carne asada.

Can't (Don't) you smell? Roast beef (meat).

CARLOS ¡Qué rico huele!

It really smells good (How good it smells)!

AMELIA Íbamos a hacer mole poblano, pero nos pareció mejor darte algo más conocido.

We were going to make **mole poblano**, but it seemed better (to us) to give you something more familiar.

SUSANA Carlos, ¿te gustaría probar el mole?

CARLOS No sé qué es. Nunca lo he comido. ¿Es muy picante?

ANTONIO Puede salir bastante fuerte, pero es sabroso.

MANUEL Hay que probar de todo, pero más vale acostumbrarse poco a poco a la comida nueva.

ABUELITA ¡Sí que lo has probado! Hicimos mole para tu papá cuando estuvieron aquí. Si mal no recuerdo, no te gustó mucho.

(En la mesa, después de un rato)

AMELIA Carlos, debes probar esta salsa para la carne. Lleva un poco de chile pero no pica.

CARLOS Gracias, ya la probé. Está muy buena.

ANTONIO Marisa, ¿me pasas el pan, por favor?

MARISA Aquí lo tienes.

SUSANA Mamá, ¿me puedo servir más puré de papas?

AMELIA ¿Te hace mucha falta?

Carlos, would you like to try (taste) **mole**?

I don't know what it is. I have never tasted it. Is it very hot?

It can turn out quite strong, but it is tasty (delicious).

One needs to try (a little of) everything, but it's better (worth more) to become accustomed to new food little by little.

Indeed you have tasted it! We made **mole** for your dad when you (all) were here. If my memory serves me (If I don't remember badly), you didn't like it very much.

(At the table, after a while)

Carlos, you must try this sauce for the meat. It has (carries) a little chile but it isn't hot (doesn't sting).

Thanks, I tried it already. It tastes very good.

Marisa, (will you) pass me the bread, please?

Here it is (you have it).

Mom, may I have (serve myself) more mashed potatoes?

Do you really need it (Does it make a great lack to you)?

SUSANA No voy a comer mucho.

I'm not going to eat much.

AMELIA Está bien. Justina, ¿quieres traer más refresco, por favor?

All right. Justina, will you bring more (cold) drink, please?

JUSTINA En seguida, señora.

Right away, ma'am.

(Se va y vuelve sin el refresco.)

(She goes and returns without the punch.)

Ya no hay, señora; se acabó. ¿Hago más?

There isn't any, ma'am; it's all gone (got finished). Shall I make more?

AMELIA ¿Alguien quiere más refresco? *(Nadie responde.)* Parece que no hace falta, gracias.

Does anyone want more punch? *(No one responds.)* It looks like it isn't necessary (it doesn't make a lack), thanks.

1.   One of the functions of **estar** is to describe subjective reactions, how something *seems, tastes,* or *looks* to the speaker: **Está muy buena** *(It tastes very good).* On the other hand, **ser** in the same sentence would describe a generally accepted quality. (See G-9, G-63.)

2.   **Hueles, huele** are from **oler (ue),** *to smell.*

✋ *V-33 VOCABULARIO*
FAVORES: FAVOR DE LAVAR LOS PLATOS

NOTE: Command forms will be practiced actively in G-60, Lesson 16. The authors feel that students at this level should be encouraged to make polite requests rather than to give commands, although they should become accustomed to hearing and responding to commands.
PREPARATION: Model new vocabulary.

A. MINIDIÁLOGOS

Hacer el favor de plus an infinitive is a simple formula for making polite requests. It is often shortened to **favor de** plus the infinitive. **Hacer** can be used either as a question or as a command.

Questions: ¿Me haces el favor de _____?

           ¿Me hace Ud. (Me hacen [Uds.]) el favor de _____?

Commands: Haz el favor de _____.

           Haga (Ud.) (Hagan [Uds.]) el favor de _____.

UNO   ¿Me haces el favor de _____?   Please _____.

DOS   Con todo gusto voy a _____.   Gladly I'll (I'm going to) _____.

     Lo siento; no puedo _____.   I'm sorry; I can't _____.

preparar la cena	*to prepare dinner*
hacer una torta (un pastel)	*to bake (make) a cake*
lavar los platos	*to wash the dishes*
cocinar una tortilla española	*to cook a Spanish omelet*
cocer (ue) unas zanahorias	*to cook (boil) some carrots*

freír unas papas	*to fry some potatoes*
asar un poco de carne	*to roast some meat*
calentar (ie) un poco de leche	*to heat a little milk*
hervir (ie) un poco de agua	*to boil some water*
pelar unas manzanas	*to peel some apples*
abrir una lata de atún (guisantes)	*to open a can of tuna (peas)*
limpiar la cocina	*to clean the kitchen*
guardar los platos	*to put away the dishes*
mezclar los ingredientes para una ensalada	*to mix the ingredients for a salad*

B. ACTIVIDAD PARA PAREJAS

UNO You are to prepare dinner this evening but you won't be home until late because some friends have invited you to see a video movie. Call your roommate, explain the situation, and ask him/her to do the following: roast some meat, peel some potatoes and cook them, open a can of peas and heat them, make a cake and a salad, and wash the dishes.

DOS Agree to do what your roommate wants, but get some commitment for a return favor.

G-41 GRAMÁTICA
EL VERBO **HABER** (The verb **haber**)

We now have seen four uses of the verb **haber:**

1. As a main verb *(there + "to be")*: **Hay** dos libros sobre la mesa.
2. As an auxiliary verb to form the perfect tenses: No **he** comido.
3. With **que** to indicate necessity: **Hay que** probar de todo.
4. With **de** to show mild obligation: ¿Cómo **he de** pedir la llamada?

A. *Haber as a main verb*

NOTE: This section contains questions intended to be asked by the teacher. They can be assigned for pair work. Following Section C there are activities for pairs.

Haber as a main verb occurs in all tenses. The present tense form **hay** is really the third person singular **ha** with an old adverb **y** *(there)* added. In correct use, **haber** as a main verb occurs only in the third-person singular of each tense; the English equivalent can be either singular or plural. We have seen most of the following examples:

Mañana **hay** *(there is)* un partido de fútbol.
Había *(there were)* sólo cinco personas en el aula.
La semana pasado **hubo** *(there was)* una fiesta.
Este año **ha habido** *(there has been)* poca lluvia.
El viernes **va a haber** *(there is going to be)* una presentación.

1.   ¿Cuántos estudiantes hay aquí en este momento? ¿Cuántos había cuando la clase empezó? ¿Cuántos va a haber mañana?

2.   ¿Ha habido muchas pruebas en la clase este semestre? ¿Hubo prueba la semana pasada? ¿Cuándo va a haber un examen grande? ¿Pasado mañana?

3.   ¿Qué días hay clase? ¿Hubo clase ayer? ¿Ha habido clase todos los días?

4.   ¿Hubo tiempo ayer para hacer todas las cosas que querías hacer?

5.   Cuando tenías seis años, ¿había tiempo para todo?

B. *HABER QUE (To be necessary)(+ infinitive)*

In the same way we use **tener que** to say what a specific person has to do, we can use **haber que** to say what is necessary to do as a general statement. **Haber que** occurs in all tenses but only in the third-person singular.

Hay que probar de todo.	*One needs to (must) try everything.*
Hubo que ayudarlos.	*It was necessary to help them.*
Dijeron que **había que salir.**	*They said it was necessary to leave.*

Completen las oraciones con **hay que** y un infinitivo apropiado.

UNO Para no tener sueño . . .   DOS . . . hay que **dormir más.**

PROBLEMAS   SOLUCIONES

Para salir bien en los exámenes   reírse mucho y a menudo.
Si la vida parece triste y difícil   descansar de vez en cuando.
Para no sentirse cansado y aburrido   repasar las lecciones.
Para no olvidar las cosas   caminar o correr todos los días.
Para tener dinero todo el mes   organizar bien el día.
Para no **enfermarse** *(to get sick)* comprar sólo lo necesario.
Para tener tiempo suficiente   comer cosas **saludables** *(healthful).*

C. *HABER DE (+ infinitive)*

Whereas **haber que** is impersonal, **haber de** is used with personal subjects. It implies a milder degree of obligation than **tener que.** We now have several expressions of obligation and need. The table on the next page shows certain distinctions, although in practice there is a good deal of overlapping.

PERSONAL EXPRESSIONS		DEGREE OF OBLIGATION
Tengo que ir	I have to go	strong obligation
He de ir	I am (supposed) to go	mild obligation
Debo ir	I should, must, ought (to) go	moral obligation
Necesito ir	I need to go	need
Me hace falta ir	It is necessary for me to go	need

IMPERSONAL EXPRESSIONS	
Hay que ir	It is necessary, one must (to) go
Es necesario ir	It is necessary to go
Hace falta ir	It is necessary to go

PREGUNTAS PARA PAREJAS

1. ¿Tienes alguna obligación para el sábado?

    (Sí) ¿Qué tienes que hacer?   (No) Entonces, ¿qué piensas hacer?

2. ¿Necesitamos comprar algo para esta clase?

3. ¿Debo hacer algo para ayudar a un(a) amigo(-a) cuando no puede ir a sus clases por estar enfermo(-a)?

4. ¿Qué he de hacer para la clase mañana?

ACTIVIDAD PARA PAREJAS

UNO Discuss with your partner what you have to do, ought to do, need to do, or are supposed to do in the next few days. Use appropriately several of the expressions given above.

DOS Ask questions about your partner's obligations; then tell about your own.

CÍRCULO DE CONVERSACÍON

1. ¿Qué tienes que hacer esta semana que no quieres hacer?

2. ¿Qué has de hacer esta semana? ¿Qué quieres hacer? ¿Qué te gustaría hacer?

V-34 VOCABULARIO
PEDIDOS: ¿ME PRESTAN UN PARAGUAS?

Expressing requests and commands

English commands simply omit the subject *you;* Spanish has special forms, some of which we have seen. (See Item E in G-3.) To attempt to use direct commands actively before consolidating other tenses, particularly the past tenses, could invite confusion. In the meantime, we can express the ideas of requests and commands with what we know already. Direct commands could have been used to express the ideas of the following lines from the **Escenas:**

Tienes que decirnos todo.	¿Quieres traer más refresco?
¿Me pasas el pan, por favor?	Debes llamar ahora mismo.
¿Me prestan un paraguas?	Debes probar esta salsa.
Hagan el favor de pasar al comedor.	Hay que probar de todo.

A-38 ACTIVIDADES
FAVOR DE AYUDARME

PREPARATION: Model example sentences and questions for students.

A. *Request for a favor: "Help me, please"*

Different ways of asking for help include the following:

Hazme el favor de ayudarme.	Do me the favor of helping me.
¿Me haces el favor de ayudarme?	Will you do me the favor of helping me?
Favor de ayudarme.	Please help me.
¿Me ayudas, por favor?	(Will) you help me, please?
¿Quieres (Puedes) ayudarme?	Will (Can) you help me?
¿Te gustaría ayudarme?	Would you like to help me?

OPTION: Conduct as a teacher-led class activity.

B. *MINIDIÁLOGOS: PIDIENDO FAVORES*

Te encuentras en las siguientes situaciones. Explica cada situación a tu pareja. Luego, usando una expresión de la lista, pide el favor necesario. La pareja responde de acuerdo con su situación.

MODELO **Quieres ir al cine esta noche pero no te gusta ir solo(-a).**

UNO Quiero ir al cine esta noche pero no me gusta ir solo(-a). ¿Te gustaría (Quieres) ir conmigo?

DOS Es posible. ¿Cómo se llama la película?

UNO ''El color púrpura''.

DOS Sí, me gustaría ir. ¿A qué hora empieza?

1.   Parece que todos(-as) tus compañeros(-as) piensan salir esta noche. Tú no quieres salir; tampoco te gusta quedarte solo(-a). Hablas con uno(-a) de ellos(-as).

2. Tienes que salir para tu clase de historia dentro de diez minutos. No encuentras tu libro de texto y todavía te tienes que bañar.

3. Llevas una **caja** *(box)* muy grande con las dos manos. La puerta de tu cuarto está cerrada; tu compañero(-a) está en el cuarto.

4. Necesitas hacer más ejercicios pero no te gusta correr solo(-a).

5. Tu amigo(-a) ya está listo(-a) para salir para el centro. Te gustaría ir con él (ella) pero necesitas otros cinco minutos para prepararte.

6. Te toca trabajar el sábado durante las horas del partido de fútbol. Tu amigo(-a) sabe hacer el trabajo y, además, no le gusta mucho el fútbol.

7. Debes devolverle a Luis una cassette que te prestó. Tú tienes que estudiar pero tu amigo(-a) va a ver a Luis esta tarde.

8. Tienes una maleta muy grande y pesada que quieres subir a tu cuarto. No lo puedes hacer tú solo(-a).

9. Quieres ir al centro a comprar un televisor. Tú no tienes coche pero tu amigo(-a) sí tiene.

C. Direct comand: "Study more"

Different ways of telling someone "to study more" include the following:

Debes estudiar más.	You should (must) study more.
Tienes que estudiar más.	You have to study more.
Necesitas estudiar más.	You need to study more.
Es necesario estudiar más.	It is necessary to study more.
(Te) Hace falta estudiar más.	It is necessary (for you) to study more.
Hay que estudiar más.	One must (It is necessary to) study more.

OPTION: Conduct as
a teacher-led class
activity.

D. MINIDIÁLOGOS: DANDO MANDATOS Y BUENOS CONSEJOS

¿Qué mandatos o buenos consejos das en estas situaciones?

MODELO   **Crees que para aprender a hablar español es importante hablarlo siempre. Tu amigo(-a) a veces habla inglés cuando no es necesario.**

UNO A veces hablas inglés cuando no es necesario. Si quieres aprender a hablar español, debes hablarlo siempre.

DOS Tienes razón. Voy a tratar de hablarlo más. ¿Puedes ayudarme?

UNO Claro. Te voy a llamar la atención si dices algo en inglés.

1. Tu amigo(-a) es inteligente pero no saca buenas notas porque no estudia.

2. Tu amigo(-a) quiere **perder peso** (*lose weight*), unos cinco kilos. No come mucho pero hace poco ejercicio. Te parece que el correr es un buen ejercicio. Tú estás **dispuesto(-a)** (*willing*) a correr con él/ella.

3. Tu amigo(-a) no quiere hacer cosas nuevas. Sólo hace cosas a las que está acostumbrado(-a). Cuando viaja come lo que come en casa.

4. Tu amigo(-a) a menudo llega tarde a su clase de las ocho. Habla hasta muy tarde con sus compañeros(-as) y por eso no puede levantarse a tiempo.

5. Tu amigo(-a) muchas veces no se siente bien y a veces falta a la clase por estar enfermo(-a). No se desayuna y come dulces y otros **carbohidratos** (*carbohydrates*) durante la mañana. Al mediodía no come bien.

6. Tu amigo(-a) pierde mucho tiempo haciendo cosas de poca importancia. No tiene bien organizado su tiempo. A menudo juega cuando debe estudiar.

7. Tu amigo(-a) se preocupa por cosas de poca importancia.

8. Tu amigo(-a) tiene que salir antes de las nueve. Está lloviendo y no tiene ni paraguas ni **impermeable** (*raincoat*). Tú tienes las dos cosas y puedes quedarte en casa hasta las dos de la tarde.

E-10C ESCENA
¿SE COME MUCHO HELADO?

COMPREHENSION:
¿Qué le sirve Amelia a Carlos? ¿Está satisfecho Carlos? ¿Qué significa "estoy satisfecho(-a)"? Según la abuelita, ¿qué es lo que siempre viene bien? ¿Qué hay de postre? ¿De qué sabor? ¿Se come mucho helado en la Argentina? ¿Cómo son los helados italianos? ¿Se comen las enchiladas en la Argentina? ¿Qué pide de postre Carlos? ¿Y Manuel? ¿Por cuánto tiempo va a estar Carlos con los García? ¿Qué tiene pensado Carlos para mañana? ¿Qué cosas tiene que hacer dentro de poco?

AMELIA ¿Qué te sirvo, Carlos? ¿Te doy más carne? ¿O un poco más de ensalada?

CARLOS Gracias, tía, ya estoy satisfecho.

What shall I serve you, Carlos? Shall I give you more meat? Or a little more salad?

Thanks, aunt, I'm already full (satisfied).

ABUELITA Pero siempre viene bien un buen postre.

But a good dessert is always welcome (hits the spot).

MANUEL ¿Qué hay de postre, mi vida?

What is there for dessert, dear?

AMELIA Helado.

Ice cream.

ANTONIO ¿De qué sabor? ¿Hay de ron con pasas?

(Of) What flavor? Is there rum raisin?

AMELIA Es de vainilla, pero pueden ponerle mermelada de fresas.

It's vanilla, but you can put strawberry topping (jam) on it.

MARISA ¿Se come mucho helado en la Argentina?

Do they (Does one) eat much ice cream in Argentina?

CARLOS Cómo no. Sobre todo los helados italianos, que son riquísimos.

Of course. Especially Italian ice creams, which are delicious.

SUSANA Pero no se comen enchiladas, ¿verdad?

But they don't eat enchiladas (enchiladas aren't eaten), do they?

CARLOS No, ni siquiera se conocen.

No, they aren't even known.

AMELIA (Acordándose del pastel) También hay un pastel de nueces que pidió Justina. Carlos, ¿cuál prefieres?

(Remembering the cake) There is also a walnut cake that Justina ordered. Carlos, which do you prefer?

CARLOS Para mí . . . el helado.

For me . . . the ice cream.

SUSANA Para mí también, con un poquito de pastel.

For me, too, with a little bit of cake.

MANUEL Para mí, cualquiera de los dos.

For me, either (any one) of the two.

(Después de dos horas más de agradable conversación)

(After two more hours of pleasant conversation)

MANUEL Al fin y al cabo Carlos va a estar con nosotros por algún tiempo. Podemos dejar algunos de estos

After all Carlos is going to be with us for some time. We can leave some of these matters for another occasion,

asuntos para otra ocasión, ¿no?	can't we?
AMELIA Es cierto. Se hace tarde. *(A Carlos)* ¿Tienes algo pensado para mañana?	That's right. It's getting late. *(To Carlos)* Do you have anything planned for tomorrow?
CARLOS Tengo muchas cosas que hacer dentro de poco.	I have lots of things to do before long.
AMELIA ¿Qué cosas?	What things?
CARLOS Debo ir cuanto antes a la universidad para ver si todo está en regla.	I must go as soon as possible to the university to see if everything is in order.
ANTONIO Si quieres, yo voy contigo mañana mismo.	If you want, I'll go with you tomorrow [without fail].
AMELIA Bueno, ya es tarde y hemos hecho bastante por hoy. Ahora vámonos todos a la cama.	O.K., it's late already and we have done enough for today. Now let's all go to bed.

1.   **Pastel** means *cake* in Mexico; it can also mean *pie.* **Torta,** the more frequent word for *cake* elsewhere, is a type of sandwich in Mexico.

2.   **Poquito** is a diminutive of **poco.** The dimunitive ending **-ito (-ita)** can be added to certain nouns and adjectives to indicate smallness or endearment. Spelling changes follow the conventions of Spanish orthography: **poco → poquito, chica → chiquita, lago → laguito.**

3.   The ending **-ísimo** on adjectives gives the absolute superlative. It is approximately the equivalent of **muy** before the adjective. Once again, spelling changes are required in certain cases: **rico → riquísmo, largo → larguísimo.**

V-35 VOCABULARIO
ALIMENTOS Y COMIDAS: ¿TE GUSTAN LAS VERDURAS?

A working vocabulary is provided here for the basic food groups. For additional vocabulary, review V-19 and see also Apéndice I-7.

FRUTAS (Fruits)

la cereza	*cherry*	**el durazno**	*peach*

el limón	lemon, lime	la pera	pear
la manzana	apple	la piña	pineapple
el melón	melon, cantaloupe	la sandía	watermelon
el plátano	banana	la toronja	grapefruit
(also banana)		la uva	grape

CARNES, PESCADOS Y MARISCOS, AVES (Meats, fish and seafood, poultry)

la carne de vaca	beef	el pescado	fish
carne molida	ground meat	el camarón	shrimp
el cerdo	pork	el pollo	chicken

VERDURAS (Vegetables)

la cebolla	onion	papas fritas	fried potatoes
los guisantes	peas	puré de papas	mashed potatoes
la lechuga	lettuce	el tomate	tomato
la papa	potato	la zanahoria	carrot

BEBIDAS (Drinks)

el café	coffee	la cerveza	beer

| **el té** | *tea* | **el vino** | *wine* |
| **la limonada** | *lemonade* | | |

PRODUCTOS LÁCTEOS (Dairy products)

| **la leche descremada** | *skim milk* | **la margarina** | *margarine* |
| **la mantequilla** | *butter* | **el yogur** | *yogurt* |

OTRAS COSAS

la tortilla (española)	*(Spanish) omelet*	**la pimienta**	*pepper*
el aceite	*oil*	**los fideos**	*noodles*
el vinagre	*vinegar*	**los cereales**	*cereals*
el azúcar	*sugar*	**la lata**	*can*
la sal	*salt*		

LA MESA

el mantel	*tablecloth*	**el cuchillo**	*knife*
la servilleta	*napkin*	**el plato**	*plate, dish*
la cuchara	*spoon*	**el plato principal**	*main dish*
el tenedor	*fork*	**la taza**	*cup*

PREGUNTAS PARA PAREJAS

Usen las siguientes preguntas e ideas para practicar estas palabras nuevas.

1.   ¿Te gustan las verduras? ¿Las frutas? ¿Los mariscos?
2.   ¿Qué postres (verduras, carnes, frutas) te gustan más?
3.   ¿Te gustan los huevos? ¿Cómo te gustan, fritos or revueltos?
4.   ¿Comes más pescado que pollo? ¿Comes mucha carne?
5.   ¿Comes muchas cosas dulces? ¿Siempre comes algo de postre?
6.   ¿Cocinas? ¿Qué cosas te gusta cocinar? ¿Qué cocinaste la última vez?
7.   ¿Quién cocina en tu casa? ¿Qué le gusta cocinar a esa persona?
8.   ¿Dónde compras los comestibles? ¿Qué compraste para esta semana?
9.   ¿Qué comiste ayer en el desayuno? ¿En el almuerzo? ¿En la cena?
10. Cuando eras niño(-a), ¿tenías que comer cosas que ahora no comes?
11. ¿Cuáles son los alimentos más saludables? ¿Los menos saludables?
12. ¿Qué ingredientes pones en una ensalada?

CÍRCULO DE CONVERSACIÓN

1.   ¿Cuál es tu plato favorito? ¿Cuándo fue la última vez que lo comiste?
2.   ¿Qué comiste ayer que te gustó? ¿Qué comiste ayer que no te gustó?

C-33 CULTURA
BOSQUEJO CULTURAL: ¿NO SIRVEN BURRITOS EN ESPAÑA?

La comida que se toma en los distintos países del mundo hispánico es tan variada como las costumbres de cada lugar. Muchos estadounidenses tienen la **idea errónea** de que si una persona habla español, come tacos y burritos. No es así.

mistaken idea

En España, por ejemplo, se come mucho arroz y mucho pescado. **De hecho,** uno de los platos populares se llama paella, y se hace de arroz, verduras y mariscos. En cualquier país que tiene costa, el pescado siempre es popular. En el Uruguay y la Argentina, donde hay mucho **ganado,** se come mucha carne de vaca, cerdo, pollo y cordero. El arroz y el frijol (poroto o habichuela) también son comidas comunes en muchos países como el Perú, Colombia, el Ecuador y Venezuela. En varios países se come mucho la **empanada,** mientras que en España, un bocadillo de tortilla española hecha de huevos, papas y cebollas es muy popular.

In fact

cattle

vegetable and meat turnover

Es verdad que el taco y el burro o burrito son populares en México, pero también **lo son** muchas otras comidas, como el pollo frito, sopa y ensaladas frescas. Y cada región tiene su especialidad, como el mole poblano, que es un plato hecho comúnmente de pollo o **pavo** con una salsa de chiles, tomates y chocolate.

are (popular)

turkey

taste

how varied

El turista necesita visitar todos los países del mundo hispánico para **saborear** y apreciar **lo variada** que es la cocina hispánica.

1. ¿Cuáles son algunas comidas típicas de España? ¿De México? ¿Del Uruguay? ¿Del Perú?

2. ¿En qué países se come mucho pescado?

3. ¿Con qué se hace la tortilla española?

PREGUNTAS PERSONALES

1. ¿Te gusta probar comidas nuevas o prefieres ciertos platos conocidos?

2. ¿Has probado algún plato nuevo últimamente?

3. ¿Cuáles son algunas de las comidas mencionadas que tú has probado?

4. ¿Sabes preparar algunos de estos platos? ¿Cuáles?

 ## S-21 SUGERENCIAS
DIMINUTIVOS

The use of diminutives in Spanish America, especially in Mexico, is very common in spoken speech and informal writing. Although there are many ways to form diminutives, the most common form ends in **-ito.** Simply adding **-ito,** or in some cases **-cito** or **-ecito,** to a word allows the speaker to express the idea of smallness or endearment. For example, to express the idea of *the little house,* the speaker can say **la casita** rather than **la pequeña casa.** To express the idea that one will return immediately, the speaker can say **ahorita vuelvo.** Listed below are some common forms you will encounter:

vaso → vasito   mejor → mejorcito
en seguida → en seguidita   adiós → adiosito
Juana → Juanita   mamá → mamacita
cerca → cerquita   joven → jovencito(-a)
caliente → calentito   pronto → prontito

 ## G-42 GRAMÁTICA
SE EN LUGAR DE SUJETOS ESPECÍFICOS (**Se** *instead of specific subjects*)

Often an action interests us more than its doer. To express such ideas in English we use indefinite subjects like *one, they,* or *you* (meaning anyone):

You learn (*One* learns) something every day.

We also use passive sentences:

This house *was built* last year.   A lot of studying *is done* here.

Spanish also uses passive sentences and third-person plural—the equivalent of *they*—as an indefinite subject. However, constructions with **se** are the most frequent. For example:

¿Cómo se dice?	How do you (does one) say it?
Se nota que está cansado. (E-7C)	It's noticeable that he's tired.
Se oye llegar un auto. (E-8A)	A car is heard to arrive.
No se puede dormir bien. (E-6B)	You (One) can't sleep well.
¿Se puede (entrar)? (E-10A)	May I (we) (come in)? (May one?)
¿De qué se trata? (E-10A)	What is it about?
Se acabó el refresco. (E-10B)	The punch got finished.
¿Se come mucho helado? (E-10C)	Is a lot of ice cream eaten?
No se comen enchiladas. (E-10C)	Enchiladas aren't eaten.

In the last two examples the grammar says literally "Ice cream eats itself" and "Enchiladas don't eat themselves." But food doesn't really eat itself; people eat food. **Helado** and **enchiladas** are the grammatical subjects and, as such, the verb forms agree with them; but, in meaning they are implied direct objects. Sentences of these types with **se** have verbs in the third-person singular unless a plural grammatical subject is stated or clearly understood.

1. *Singular verb* Grammatical subject (implied object) is singular, or there is no subject expressed or understood:

Se vende esta casa.	This house is for sale (is being sold).
Se dice que está muy mal.	They say (It is said) that he's very ill.
Aquí se vive bien.	Life is good here (One lives well here).
¿De qué se trata?	What is it (all) about (What is being dealt with)?

2. *Plural verb* Grammatical subject (implied object) is plural:

Los libros se leen; las cintas se tocan.	You read books; you play tapes (Books are read; tapes are played).
Aquí se venden coches usados.	Used cars are sold here.

A-39 ACTIVIDADES
¿QUÉ IDIOMAS SE HABLAN AQUÍ?

A. MINIDIÁLOGOS PARA PAREJAS

UNO ¿Qué idiomas se hablan aquí?   DOS Principalmente se habla español;

en momentos difíciles se habla inglés.

UNO ¿Cómo se escribe Smith?

DOS Se escribe así: s, m, i, t, h.

UNO ¿Cómo se pronuncia la **d** de todo?

DOS Se pronuncia casi como la combinación **th** de *mother*.

UNO **¿Cómo se hace?** *(How do you do it?)*

DOS **Se hace así.** *(You do it like this.)*

UNO ¿Qué se puede hacer?

DOS Sólo se puede esperar.

UNO ¿Qué se hace en la biblioteca?

DOS Se hacen muchas cosas: se habla, se come, se duerme, y a veces se estudia un poco.

UNO ¿Dónde están las **llaves** *(keys)?*

DOS Creo que se perdieron.

UNO **¿Se ve bien desde allí?** *(Can you see well from there?)*

DOS **Se ve pero no se oye** *(You can see but you can't hear.)*

B. ACTIVIDAD PARA PAREJAS: TODO EN ORDEN

Con la ayuda de tu pareja, decide un orden lógico para los **pasos** *(steps)* de la preparación de una comida.

UNO ¿Qué se hace primero?

DOS Primero se hace el menú.

UNO ¿Y luego qué (se hace)?

ANTES DE LA COMIDA

Se llevan los comestibles a casa.
Se pone el helado en el congelador.
Se ponen los huevos, la leche y las verduras en el refrigerador.

Se hace el menú.
Se va a la **tienda** *(store)*.
Se compran las cosas necesarias.

PREPARACIÓN DE LA COMIDA Y DE LA MESA

Se sirve la comida.
Se sacan los platos.
La gente se sienta a comer.
Se pone un mantel en la mesa.
Se fríen las papas.
Se cuecen las verduras.
Se ponen platos y vasos en la mesa.

Se asa la carne.
Se prepara una ensalada.
Se sirve el postre.
Se pelan las papas.
Se ponen cucharas, cuchillos y tenedores en la mesa.

DESPUÉS DE LA COMIDA

Se lavan los platos.
Se limpia la mesa.
Se quita el mantel.
Se limpia la cocina.

Se guardan los platos.
Se quitan los platos de la mesa.
Se secan los platos.

After arranging the activities, discuss the order in which you do them. For example, **primero hago el menú, después voy a la tienda,** and so on.

OPTION: a) Prepare large wordstrips (or pictures) from this activity. Have students place in order on a bulletin board or wall. b) Have a contest between two or more teams to determine which team can correctly arrange strips the quickest.

C. ACTIVIDAD PARA PAREJAS: ¿QUÉ SE HACE CON ESTO?

MODELO   **los libros**

UNO ¿Qué se hace con **los libros?**   DOS Los libros se leen.

COSAS

la revistas	la ropa		
la lechuga	los platos		
la carne	las latas		
los discos	las medicinas		
las papas	las zanahorias		
los huevos	las·canciones		

ACCIONES

se fríe(n)	se cuece(n)
se asa(n)	se canta(n)
se lee(n)	se toma(n)
se come(n)	se guarda(n)
se toca(n)	se pone(n)
se cocina(n)	se abre(n)

D. ACTIVIDAD PARA PAREJAS

UNO A tu pareja no le gustan mucho las fiestas. Tú tratas de **convencerlo(-la)** (*convince him/her*) de que hay muchas actividades interesantes que se pueden hacer.

DOS No vas mucho a las fiestas porque crees que son aburridas y muchas de las actividades no te gustan. Responde a las sugerencias diciendo si te gusta o no te gusta cada una y por qué.

EJEMPLO   **bailar**

UNO Se puede **bailar.**   DOS ¿Qué más se puede hacer?

(conversar, tomar, comer, fumar, cantar, besar)

C-34 CULTURA
BOSQUEJO CULTURAL: LOS BUENOS MODALES DE LA MESA

any
intercultural sense / will want

Los buenos modales son muy importantes en **cualquier** situación, pero son aun más importantes en el **sentido intercultural.** El visitante a países extranjeros **querrá** dejar una impresión positiva, y para lograrlo, necesita saber las reglas de los buenos modales. Estas reglas seguramente van a variar de localidad en localidad, pero en general las siguientes reglas pueden seguirse si el visitante no quiere ofender:

1. Es costumbre poner las dos manos en la mesa durante la comida. No se *lap* debe poner una de las manos debajo de la mesa en el **regazo,** como hacen los norteamericanos.

holding 2. Se come al estilo continental, es decir, **sosteniendo** el tenedor en la mano izquierda y el cuchillo en la mano derecha. Está bien usar el cuchillo para poner comida en el tenedor, y en México, se puede usar la tortilla o el pan para hacerlo.

3. Se debe dejar un poco de comida en el plato, en vez de comérselo todo.

praise

4. Se debe **elogiar** a la anfitriona y agradecerle sinceramente la comida.

OPTION: Model appropriate behavior and actions for eating according to these rules.

5. Cuando uno no quiere comer más, dice **"Estoy satisfecho(-a)"** que significa lo mismo que *"I'm full"* en inglés.

6. En un restaurante, uno puede llamar al camarero o mozo, haciendo un ruido con la boca como "Psssst".

tip

7. Es importante dejar una **propina** de más o menos el diez o quince por ciento para el camarero.

ACTIVIDAD

Haz una lista de reglas para la mesa norteamericana. Compara esa lista con la de arriba.

PREGUNTAS

1. Cuando te invitan a comer, ¿te lo comes todo o dejas una porción en el plato?

2. ¿Siempre elogias a la anfitriona?

3. ¿Dejas siempre una propina? ¿De cuánto?

SC-12 SITUACIÓN COMUNICATIVA
UNA ENTREVISTA PARA EL EMPLEO

You have applied for a job and are in the middle of the job interview. The personnel officer has asked you to describe your relationship with former co-workers and friends whom you have:

helped	appreciated	not put up with
respected	understood	hated
supported	not understood	loved

You also may want to comment on the personality traits of those you mention (e.g., **amable, antipático, inteligente,** etc.).

R-10 REPASO
¿QUÉ PASA CON NUESTROS AMIGOS?

AHORA   ¿Qué le da Carlos a Antonio? ¿Qué otras cosas tiene Carlos para sus parientes? ¿Qué dicen ellos de sus regalos?

ANTES   ¿Adónde fue Carlos a buscar los regalos? ¿Dónde los compró?

DESPUÉS   ¿Con quiénes va Carlos a hablar por teléfono?

AHORA   ¿En qué cuarto están los García? ¿Quién acaba de entrar? ¿A quién le habla? ¿Qué le dice?

ANTES   ¿De qué han estado hablando? ¿Dónde estuvo Justina antes de venir a la sala? ¿Qué ha estado haciendo?

DESPUÉS   ¿Adónde van a pasar todos? ¿Qué van a hacer allí?

AHORA   ¿En qué cuarto están? ¿De qué hablan al entrar en el comedor? ¿Qué dice Carlos?

ANTES   ¿Qué habían pensado preparar? ¿Por qué no lo hicieron?

DESPUÉS   ¿Quién va a pedir pan? ¿Qué va a preguntar Susana?

AHORA   ¿Por qué no trae Justina más refresco? ¿Qué le pregunta a doña Amelia?

ANTES   ¿Quién pidió el refresco? ¿Qué probó Carlos? ¿Qué le pareció?

DESPUÉS   ¿Quién va a tomar más refresco?

AHORA   ¿Qué hay aquí? ¿Quién pregunta qué hay de postre?

ANTES   ¿Quiénes compraron el helado? ¿Cuándo lo compraron? ¿Quién compró el pastel (la torta)?

DESPUÉS   ¿De cuál va a comer Carlos? ¿Quíen va a pedir las dos cosas? ¿Qué va a pedir don Manuel?

AHORA   ¿Qué dice Carlos de la universidad?

ANTES   ¿Qué le preguntó su tía? ¿Qué van a hacer Antonio y Carlos mañana mismo? ¿Qué van a hacer todos dentro de unos minutos?

REPASO DE VOCABULARIO

NOMBRES:

NIVEL A

V-35

el	**asunto**	*matter*
la	**confianza**	*confidence*
la	**foto(grafía)**	*photo(graph)*
la	**fresa**	*strawberry*
la	**mermelada**	*jam; marmalade*
la	**nuez**	*nut, walnut*
la	**piedra**	*stone, rock*
el	**plástico**	*plastic*
el	**refresco**	*drink, cold drink, soda pop*
el	**sabor**	*flavor*
la	**salsa**	*sauce*
la	**vainilla**	*vanilla*

NOMBRES:

NIVEL B

S-20, S-21

la	**billetera**	*billfold*
la	**calificación**	*grade*
la	**cinta**	*tape, ribbon*
el	**conocido**	*acquaintance*
	cualquier(a)	*any (one), either (one)*
el	**cuero**	*leather*
los	**demás**	*the others, rest*
el	**diario**	*newspaper*
el	**disco**	*disk; dial*
la	**empanada**	*meat pie, turnover*
la	**ficha**	*token*
la	**hospitalidad**	*hospitality*
la	**joya**	*jewel*
	joyas	*jewelry*
el	**modal**	*manner*
el	**mole**	*a Mexican chile sauce*
la	**moneda**	*coin*
la	**nota**	*grade*
la	**ocasión**	*occasion*
la	**pasa**	*raisin*
el	**pendiente**	*earring*
el	**poquito**	*little bit*
el	**prendedor**	*pin, broach*
el	**proyecto**	*project*
la	**pulsera**	*bracelet*
la	**regla**	*rule; order*
la	**relación**	*relation*
el	**ron**	*rum*

VERBOS:

NIVEL A

A-36, V-33

cambiar	*to change, exchange*
pagar	*to pay*
pasar	*(intr) to pass, go; (tr) to pass*
probar (ue)	*to test, taste, try*
quitar	*to remove, take away*
secar	*to dry*

VERBOS:

NIVEL B

acabarse	*to run out*
agradar	*to please*
agradecer (irr)	*to thank for*
asomarse	*to appear*
cobrar	*to charge, collect; to cash*
enfermarse	*to become sick*
entregar	*to deliver, hand to*
faltar	*to be lacking, missing*
molestar	*to bother*
oler (hue)	*to smell*
picar	*to sting, bite, burn (chili)*
valer (irr)	*to be worth*

ADJETIVOS:

NIVEL A

conocido(-a)	*(well) known, familiar*
favorito(-a)	*favorite*
lindo(-a)	*pretty, nice*
precioso(-a)	*precious, lovely*
reciente	*recent*
sabroso(-a)	*tasty, delicious*
satisfecho(-a)	*satisfied*

ADJETIVOS:

NIVEL B

agradable	*agreeable, pleasant*
apropiado(-a)	*appropriate*
cualquier(a)	*any, any one*

dispuesto(-a)	*willing, disposed*
picante	*hot, spicy*
puesto(-a)	*set, placed*
riquísimo(-a)	*(very) delicious*
saludable	*healthy*

MODISMOS Y EXPRESIONES:

NIVEL A

V-32, V-34, G-41, A-38

ahora mismo	*right now*
Aquí lo tienes.	*Here it is (you have it).*
¿De qué sabor?	*(Of) What flavor?*
mañana mismo	*tomorrow for sure*
poco a poco	*little by little*
¿Qué hay de postre?	*What is there for dessert?*
Se me olvidó.	*It slipped my mind.*
Se acabó.	*It's all gone.*
Se hace tarde.	*It's getting late.*
Soy yo.	*It's me.*

MODISMOS Y EXPRESIONES:

NIVEL B

al fin y al cabo	*after all*
Aquí se vive bien.	*Life (Living) is good here.*
cuanto antes	*as soon as possible*
estar en regla	*to be in order*
hacer falta	*to be needed (make a lack)*
joyas de fantasía	*costume jewelry*
llamar la atención	*to call attention*
más vale	*it is better (worth more)*
ni siquiera	*not even*
si mal no recuerdo	*if my memory serves me*
tardar (tiempo) en hacer algo	*to take (time) to do something*
tomar decisiones	*to make decisions*

LECCIÓN 11

Izquierda, arriba: Estos estudiantes trabajan con la computadora en Barcelona, España. Izquierda: Estos jóvenes son estudiantes en la Facultad de Arquitectura en la Universidad de Cartagena, Colombia.

✺ E-11A ESCENA
¿CON QUÉ SOÑABAS?

COMPREHENSION:
¿Qué hora era cuando
sonó el despertador?
¿Quién se despertó?
¿Quién no? ¿Qué hace
Carlos? ¿Qué había
dicho Carlos? ¿Qué
hace Antonio cuando
Carlos sigue dormido?
¿Qué le pasa a Car-
los? ¿Se asustó? ¿Con
qué soñaba Carlos?
¿Se lo imagina Anto-
nio? ¿Se asustaron las
secretarias? ¿Qué le
dio risa a Antonio?
¿Le preocupa a Carlos
la idea de entrar a la
universidad? ¿Qué le
asegura Antonio?

ADAPTATION: ¿A
qué hora suena el des-
pertador en tu cuarto?
¿Te levantas en se-
guida? ¿Dijiste que
hoy tenías muchas
cosas que hacer? ¿Qué
dijiste? ¿No te acuer-
das? ¿Qué te pasa?
¿Una pesadilla?
¿Tienes muchas pesa-
dillas? ¿Con qué soña-
bas cuando te desper-
taste esta ma-
ñana? ¿Cuál ha sido
tu peor pesadilla? ¿Y
tu mejor sueño? ¿Te
preocupa la idea de no
poder salir de la uni-
versidad? (Te aseguro
que no tienes nada
que temer. Todo te va
a salir muy bien.)

Faltaban quince minutos para las siete de la mañana cuando se oyó sonar el despertador en el cuarto de Antonio y Carlos.

ANTONIO Carlos, despierta. Ya sonó el despertador.

(Carlos se mueve pero no responde.)

Carlos, es hora de levantarse. Dijiste que hoy tenías muchas cosas que hacer. ¿No te acuerdas?

(Aunque algo inquieto, Carlos sigue dormido.)

Está bien. Te dejo dormir un rato más mientras me visto.

CARLOS *(De repente abre los ojos como asustado.)* ¿Dónde . . . ? Ah, Antonio, ¡qué alivio!

ANTONIO ¿Qué te pasa? ¿Una pesadilla?

CARLOS Algo por el estilo, y ¡qué susto me dio!

ANTONIO ¿Con qué soñabas?

CARLOS Soñaba que tenía que presentarme en la administración de la universidad, pero algo me hizo llegar tarde y no tenía mis papeles en regla.

It was fifteen minutes to seven in the morning when the alarm was heard to ring in the room of Antonio and Carlos.

Carlos, wake up. The alarm already rang (sounded).

(Carlos moves but doesn't answer.)

Carlos, it's time to get up. You said you had lots of things to do today. Don't you remember?

(Although somewhat restless, Carlos remains asleep.)

All right. I'll let you sleep a while longer while I get dressed.

(Suddenly he opens his eyes as if startled.) Where . . . ? Oh, Antonio, what a relief!

What's the matter with you? [Were you having] a nightmare?

Something like that, and what a scare it gave me!

What were you dreaming about?

I was dreaming that I had to appear at the administration (office) of the university, but something made me (get there) late, and I didn't have my

Y para colmo de males, estaba medio desnudo.

papers in order. And to top it off (as a top to the troubles), I was half undressed.

ANTONIO *(Se ríe.)* Me lo estoy imaginando. ¿Se asustaron las secretarias? Perdón, pero me dio risa.

(He laughs.) I can picture it (I am imagining it). Were the secretaries frightened? Excuse me, but it made me laugh.

CARLOS A mí también ahora que estoy despierto y me doy cuenta de que no ha sido más que un sueño.

Me, too, now that I'm awake and realize that it was (has been) only a dream (no more than a dream).

ANTONIO Pero hablando en serio, ¿te preocupa la idea de entrar a la universidad?

But talking seriously, does the idea of entering the university worry you?

CARLOS Sí, un poco; temor a lo desconocido tal vez.

Yes, a little; fear of the unknown perhaps.

ANTONIO Yo te aseguro que no tienes nada que temer. Todo te va a salir muy bien.

I assure you that you have nothing to fear. Everything is going to turn out all right for you.

CARLOS Gracias, así lo espero.

Thanks, that's what I hope.

 V-36 VOCABULARIO
LOS SUEÑOS: ¿CON QUÉ SOÑABAS?

NOTE: These questions can be used for a teacher-led activity or for work in pairs. They can also be

sonar (ue)	*to sound, ring*
soñar (ue) (con)	*to dream (about)*
despierto(-a)	*awake*
soñar despierto(-a)	*to daydream*

despertarse solo(-a)	*to wake up by oneself*
poner el despertador	*to set the alarm*

used as a guide for a
short composition
done out of class.

el sueño	*dream; sleep*	**dar un susto**	*to frighten, startle*
tener sueño	*to be sleepy*	**asustar**	*to frighten*
tener un sueño	*to have a dream*	**asustarse**	*to be(come) frightened*
el susto	*scare, fright*		

1. ¿Sueñas con frecuencia? ¿Te acuerdas de tus sueños?

2. ¿Te asustan a veces tus sueños? ¿Tienes pesadillas?

3. ¿Con qué sueñas? ¿Has soñado que no estabas preparado(-a) para algo importante? ¿Has soñado que no estabas vestido(-a) apropiadamente?

4. Cuenta un sueño interesante. ¿Dónde estabas? ¿Quiénes estaban contigo? ¿Había personas desconocidas en tu sueño? ¿Qué pasó?

5. Cuenta una pesadilla. ¿Dónde estabas? ¿Conocías a todas las personas? ¿Había animales en la pesadilla? ¿Estabas asustado(-a)? ¿Qué te asustó?

6. ¿Te asustas fácilmente? ¿Qué cosas te asustan?

7. ¿Qué cosas te imaginas cuando sueñas despierto(-a)?

8. ¿Te despiertas solo(-a) o necesitas un despertador? ¿Te levantas tan pronto como suena el despertador? ¿Para qué hora pones el despertador?

G-43 GRAMÁTICA
MÁS SOBRE LOS COMPLEMENTOS INDIRECTOS (More on indirect objects)

It will be helpful to review transitive and intransitive verbs (G-11) and indirect objects (G-16). Possibly the most important concept is that the indirect object in Spanish is fundamentally a prepositional phrase with **a** and that the phrase can be replaced by an unstressed indirect object pronoun. These forms differ from the direct object pronouns only in the third persons.

a mí → me	nos ← a nosotros(-as)
a ti → te	os ← a vosotros(-as)
a usted a él, a ella a Carlos, a la profesora al perro, a la casa } → **le**	**les** ← { a ustedes a ellos, a ellas a sus amigos, a sus hijas a los gatos, a los libros

The indirect object is adverbial in nature and thus can be used with any type of verb, whether transitive, intransitive, or linking (**ser** and **estar**). Our work with indirect objects will be divided into the following four verb types, with indirect objects italicized and direct objects boldfaced.

1.   With intransitive verbs, following the pattern of **gustar:**

   Ahora *me* toca *a mí.* (E-9B)   ¿Qué *te* pasa? (E-11A)

2.   With transitive verbs of communication, like **decir** and **preguntar:**

   Mi padre *me* dijo que siempre podía contar con su ayuda. (E-8C)

3.   With transitive verbs like **dar** and **prestar** that often have things as direct objects and persons as indirect objects (Lesson 12):

   ¿*Me* prestan **un paraguas**?   ¿*Se* **la** doy ahora? (E-6A) *(se = les)*

4.   In reflexive constructions with verbs like **olvidar** and **acabar** (Lesson 16):

   Se *te* olvidó la carta. (E-10A)   **Se** *nos* han acabado los tamales. (E-12A)

   We will see that the range of meanings of the Spanish indirect object is much greater than that of the English indirect object, which generally means the same as the prepositions *to* and *for*. The Spanish indirect object expresses these ideas as well as those of other prepositions and adverbs.

Le compré este coche **a Luis.**	I bought this car *from Luis.*
¿Quieres poner**le** el saco **al niño**?	Will you put the coat *on the boy*?
¿**Le** quitaste los zapatos?	Did you take his shoes *off (him)*?
Te tienen confianza.	They have confidence *in you*.
Yo **les** tenía miedo.	I was afraid (had fear) *of them.*

 S-22 SUGERENCIAS
LA IMPORTANCIA DEL REPASO

We offer the following suggestions as we emphasize the need for review:

1.   Spend the first 10 minutes of each daily study session reviewing.
2.   Reread the **Escenas** to review content, vocabulary, and structure.
3.   Reread the Cultural Notes.
4.   Review the grammar explanations, focusing special attention on any tables that show conjugations.
5.   Review the **Sugerencias** sections that deal with cognates.
6.   Recheck the end-of-lesson vocabulary lists to determine which common words you have forgotten. Make a list of the most difficult ones for further study and review.
7.   Work through role-playing situations with a partner.

G-43A GRAMÁTICA
COMPLEMENTOS INDIRECTOS CON VERBOS INTRANSITIVOS

We have studied the following examples:

¿**Te** gustaría probar el mole?	¿**Te** hace mucha falta?
¿**A ti** qué **te** parece?	¿Qué **te** pasa?
A mí me encanta.	Todo **te** va a salir muy bien.
Algo **le** pasa (**a Carlos**).	**Le** interesan la computadoras.
Ahora **me** toca **a mí.**	**Me** queda una cosa por hacer.
Sólo **me** falta servir la comida.	¿Qué tal **te** fue hoy?

The verbs listed below follow the pattern of **gustar.** They are all intransitive when used with the meanings listed. They often have indirect objects but *never* the direct object forms **lo, la, los,** and **las.** Although **hacer** is transitive, the expression **hacer falta** works exactly like **gustar.**

gustar	*to be pleasing*	**ir bien**	*to go well*
agradar	*to be pleasing*	**ir mal**	*to go badly*
encantar	*to delight, charm*	**parecer**	*to seem*
		pasar	*to happen; to be wrong with (someone)*
convenir	*to be suitable*		
faltar	*to be lacking, missing*	**quedar**	*to remain, be left over; to fit*
hacer falta	*to be needed*		
importar	*to matter, be important*	**salir**	*to come out, turn out*
interesar	*to interest; to concern*	**tocar**	*to be someone's turn, fall to someone's lot*

Remember to use the "redundant" pronoun when there is a prepositional phrase. For example, in addition to **a Carlos** we add **le: A Carlos le** gusta la casa de sus tíos. If **a mí** is needed for emphasis, **me** is also needed: **A mí** no **me** gusta.

A-40 ACTIVIDADES
ME HACE FALTA ESTUDIAR

A. ACTIVIDAD PARA PAREJAS

Haga combinaciones lógicas entre las dos columnas.

OPTION: Place both lists on a transparency. Have students draw lines to connect appropriate (or inappropriate) phrases.

A un chico gordo le conviene	aprender los pronombres indirectos.
La prueba es hoy y todavía me falta	los exámenes de la semana pasada.
A los estudiantes les interesa	cinco dólares con veinte centavos.
Si buscas más dinero te hace falta	una cosa muy **cómica** (comical).
Supe que a Luis le salieron bien	preparar la cena esta noche.
Vio que sólo le quedaban	caminar más y comer menos.
Se ríe porque le ha pasado	buscar un buen trabajo.
Vuelve temprano porque le toca	hablar español todo el tiempo.
Tiene poca paciencia y no le gusta	sacar buenas notas.
A los estudiantes les parece difícil	como yo hablo español.
A la profesora le encanta	esperar a la gente.

OPTION: Project these lists on an overhead projector or write on the board. Have students raise hands and say "A mí" in response to each question. Keep a tally to determine on what most students agree and disagree.

B. ACTIVIDAD PARA GRUPOS PEQUEÑOS O PARA LA CLASE: SOBRE GUSTOS NO HAY NADA ESCRITO (There's no accounting for taste)

Cada uno puede expresar sus propios gustos y comentar los de los otros.

MODELO   **el pescado**

UNO ¿A quién le gusta **el pescado**?   DOS A Elena le gusta (el pescado).

UNO ¿A quién no le gusta **el pescado**?   DOS A mí no me gusta (el pescado).

UNO ¿A quién le gusta(n) _____?

cocinar para otros	las hamburguesas con cebolla
comprar comestibles	hacer la cama
lavar los platos	las zanahorias cocidas
levantarse temprano	las verduras
limpiar el baño	las clases de historia
colgar (hang up) la ropa	las matemáticas
tomar el desayuno	los sandwiches de atún
manejar un coche	la cerveza

C. PARA PAREJAS: ACTIVIDADES CON OTROS VERBOS

MODELO   **faltar: Me faltan tres. (**I'm short three [Three are lacking to me]**.)**

UNO Tienes $50; necesitas $75.   DOS (Entonces) Me faltan 25 dólares.

Has escrito dos hojas; tienes que escribir cinco.
Recibiste $60; el saco (vestido) que quieres comprar cuesta $90.
Has leído 25 páginas; el capítulo tiene 45.
Has entregado dos composiciones; tienes que escribir tres.
Has escuchado tres cassettes; el profesor pide seis.

MODELO   **quedar: Te quedan cincuenta.** (You have fifty left.)

UNO Recibí 300 dólares de mis   DOS (Entonces) Te quedan 50.
padres; gasté 250 durante el mes.

Gané $100; pagué $90 por una **grabadora** *(tape recorder)*.
Compré una docena de huevos la semana pasada; he comido siete.
Me dieron diez **boletos** *(tickets)*; sólo pude vender tres.

MODELO   **hacer falta: Me hace falta dormir más.** *(I need to sleep more.)*

UNO ¿Te hace falta _____?   DOS Sí, me hace falta. (No, no me
                                               hace falta.)

más dinero para comprar tus libros de texto
más ropa para las fiestas y los domingos
más tiempo para leer libros además de los libros de texto
más entusiasmo por la vida
llamar más a menudo a tu familia
comer menos
salir menos con tus amigos(-as)

MODELO   **tocar: ¿A quién le toca?** *(Whose turn is it?)*

Actividad para cuatro personas: Vamos a dividir las tareas. Así todos
hacen algo y ninguno tiene mucho que hacer. Puede haber discusión.

UNO ¿A quién le toca **preparar la cena esta noche**?

DOS Te toca a ti. (Le toca a Jorge. Me toca a mí.)

UNO No me toca a mí; creo que le toca a _____.

comprar la comida   limpiar la cocina
pelar las papas   hacer las camas
poner la mesa   lavar el coche
lavar los platos   colgar la ropa

D. PREGUNTAS PARA PAREJAS

1. Cuando eras niño(-a), ¿qué actividades te gustaban? ¿Qué cosas no te
gustaba comer?

2. ¿Te gusta cocinar? ¿Cuándo te tocó cocinar la última vez? ¿Qué preparaste
como plato principal? ¿Qué tal te salió? ¿Les gustó a todos? ¿Qué les gustó
más a los otros, el plato principal o el postre?

3. Si ves que tu amigo tiene la mano **vendada** *(bandaged)*, ¿qué le preguntas?

4. ¿Qué tal te va en tus clases? ¿Cómo te fue en la última prueba?

5. ¿Cuál de tus clases te parece más difícil? ¿Cuál te parece más importante?
¿Cuál te importa menos?

E. ACTIVIDAD: LAS COMPRAS DE LA SEMANA

OPTION: Have stu-
dents write a note to
their roommates us-
ing this list as a
guide.

You and your roommate discuss meals for next week. Consider:

whose *turn* **(tocar)** it is to go to the store.

what you *like* **(gustar)** most/least.
how some of the meals *turned out* **(salir)** last week.
what you liked most/least last week.
how much *is left* **(quedar)** of things bought last week.
what foods *are lacking* **(faltar).**
what you *need (is lacking)* **(hacer falta)** this week.
how much you *need* **(hacer falta/necesitar)** of each thing.

♥ E-11B ESCENA
LUEGO DOBLAMOS A LA IZQUIERDA

COMPREHENSION:
¿Cuál es el plan de Carlos? ¿Qué le interesa? ¿Es todo? ¿Qué quiere aprender? ¿Qué es lo que más desea adquirir? ¿Qué van a hacer hoy Antonio y Carlos? ¿Van en el coche de la familia? ¿Por qué no? ¿En qué dirección van primero? ¿Y luego? ¿Qué nombre tiene el autobús en la Argentina? ¿Y en México? ¿Quién es el señor López? ¿Qué hace Antonio para indicar que quieren subir al camión?

ADAPTATION:
¿Piensas seguir una carrera tradicional en la universidad? ¿Cuál es tu plan? ¿Qué te parecen las computadoras? ¿Cuándo comienzan las clases aquí? ¿Cuándo terminan? ¿Te gusta viajar en autobús o prefieres viajar en coche? ¿En qué vienes a la universidad? ¿Dónde queda la Facultad de (Matemáticas, Filosofía, Ciencia)?

Carlos no piensa seguir una carrera tradicional. Su plan es quedarse en México por el tiempo necesario para lograr las metas que ha expresado y luego volver a la Argentina para terminar sus estudios. Le interesan las computadoras y la informática. Quiere aprender a programar, es decir, a escribir programas para computadoras, pero aun más le interesa adquirir experiencia práctica en las aplicaciones de las computadoras.

Hoy va a ser un día muy ocupado. Las clases comienzan dentro de quince días y Carlos tiene que ir con Antonio a la universidad a averiguar algunas cosas. Antonio pidió permiso para usar el coche de la familia pero don Manuel lo necesita. Por eso los dos muchachos van a tomar un autobús.

Carlos doesn't intend to take (follow) a traditional major. His plan is to stay in Mexico for the time needed to reach the goals he has expressed and then return to Argentina to finish his studies. Computers and data processing interest him. He wants to learn to program, that is to say, to write programs for computers, but even more he is interested in acquiring practical experience in computer applications.

Today is going to be a very busy day. Classes begin in two weeks, and Carlos has to go with Antonio to the university to find out some things. Antonio asked for permission to use the family car, but Don Manuel needs it. That's why the two boys are going to take a bus.

ANTONIO *(Señalando)* Vamos hasta esa esquina y luego doblamos a la izquierda. Seguimos derecho dos cuadras, doblamos a la derecha, y a media cuadra está la parada.

(Pointing) We go (up) to that corner and then we turn to the left. We continue straight two blocks, we turn to the right, and a half block [away] is the stop.

CARLOS ¿No se puede tomar el colectivo que pasa por esta calle?

Can't you (one) take the bus that goes (passes) along this street?

ANTONIO ¿Así lo llamas? Sí, se puede, pero da muchas vueltas. Mejor, vamos a caminar unas tres cuadras para tomar un camión que nos conviene más.

That's what you call it? Yes, you can, but it goes a roundabout way (it gives many turns). Better, let's walk about three blocks to take a bus (truck) that is more suitable for us.

CARLOS ¿Vamos en camión?

We're going in a truck?

ANTONIO Nosotros lo llamamos "camión". Cuando hay que distinguir, decimos "camión de pasajeros" o "camión de carga".

We call it a **"camión"** (truck). When it's necessary to distinguish, we say "passenger truck" or "cargo truck."

CARLOS El Sr. López tenía razón.

Mr. Lopez was right.

ANTONIO ¿El Sr. López?

Mr. Lopez?

CARLOS Sí, un hombre de negocios de México con quien estuve conversando largo rato en el avión. Hablando con él me di cuenta de que iba a aprender muchas palabras nuevas.

Yes, a businessman from Mexico with whom I was conversing for a long time on the plane. Talking with him I realized that I was going to learn lots of new words.

En esto van acercándose a la parada.

With that they are getting near the bus stop.

ANTONIO Ahí viene el camión. Tenemos que darnos prisa.

There comes the bus. We have to hurry.

(Antonio hace seña con la mano para

(Antonio signals with his hand to

indicar que quieren subir.)

Este camión nos deja en la Avenida Insurgentes. Al llegar allí, bajamos y tomamos otro que nos lleva hasta la Ciudad Universitaria.

El autobús en que van dice CU en letras grandes. Al bajar los dos, Antonio se acerca a un señor.

ANTONIO Perdone, señor. ¿Nos hace usted el favor de decirnos dónde queda la Facultad de Matemáticas?

SEÑOR No queda muy lejos de aquí. Está detrás de ese edificio alto que ven allí. Pueden pasar por el lado derecho del mismo edificio.

ANTONIO Gracias, muy amable.

SEÑOR Para servirles, jóvenes.

indicate that they want to get on.)

This bus lets us off (leaves us) at Avenida Insurgentes. When we get (On arriving) there, we get off and take another one that takes us all the way to the campus.

The bus in which they go says CU in large letters. When the two get off, Antonio approaches a gentleman.

Excuse [me], sir. Could you please tell us where the Department of Mathematics is (located)?

It isn't far from here. It is behind that tall building (that) you see there. You can go (pass) along the right side of the (same) building.

Thanks, [you are] very kind.

You're welcome (At your service), fellows.

Hay varios tipos de autobuses en Madrid, y hay muchas rutas. Este autobús pasa por la universidad.

C-35 CULTURA
BOSQUEJO CULTURAL: EL ESTUDIO Y EL TRABAJO

conquerors Cuando los **conquistadores** llegaron al Nuevo Mundo, encontraron una civili-
developed / zación india bastante **desarrollada.** Entre los indios había **artesanos, gran-**
craftsmen, **jeros,** mineros, artistas, **albañiles, alfareros, tejedores,** etcétera. Los con-
farmers / quistadores no sólo ganaron territorio nuevo sino también **mano de obra**
masons, pot- suficientemente abundante de modo que muy pocos de los conquistadores tu-
ters, weavers / vieron que hacer trabajos manuales. Si una persona quería tener **éxito** en Lati-
labor force / noamérica, tenía que adquirir tierra y la mano de obra de los indios. A causa
success de esta situación, se desarrollaron dos tradiciones. Primero, el latinoameri-
cano llegó a creer que el trabajo manual no era un trabajo **digno.** Segundo,
honorable aprendió que el trabajo **no proveía** las oportunidades de éxito. Por eso, ha
did not provide habido una creencia entre la clase alta y la clase **obrera** de que el trabajo no es
working el método de **superarse.**
to better oneself   **A pesar de** estas tradiciones, el latinoaméricano de hoy tiene fe en la
In spite of educación y está **dispuesto a** sacrificar mucho para que los hijos **tengan** la
willing to / may oportunidad de educarse. Por esto, los Ortiz y los García han mandado a sus
have hijos **al extranjero** a estudiar.
abroad

1. ¿Por qué llegó a creer el latinoamericano que el trabajo manual no es digno?
2. ¿Qué creen los padres latinoamericanos de hoy en cuanto a la educación?
3. ¿Se sacrifican tus padres para darte la oportunidad de educarte?
4. ¿Por qué es importante la educación?

 ### V-37 VOCABULARIO
PIDIENDO SEÑAS: ¿DÓNDE QUEDA EL BANCO?

OPTION: Project the
map of Mexico City
on a screen. Have
students give you di-
rections on moving
from place to place.

doblar la esquina	*to turn the corner*
a la izquierda	*to the left*
a la derecha	*to the right*
seguir derecho	*to continue straight ahead*
¿Dónde queda (está) el banco?	*Where is the bank?*
estar a media cuadra, a dos cuadras	*to be a half block, two blocks away*
ir (pasar) por una calle	*to go along (down, up) a street*
ir por el centro, un parque	*to go through the center, a park*
ir para (hacia) el centro	*to go toward (be headed for) downtown*
detrás de	*behind* (prep)
delante de	*in front of*
junto a (al lado de)	*next to, beside*

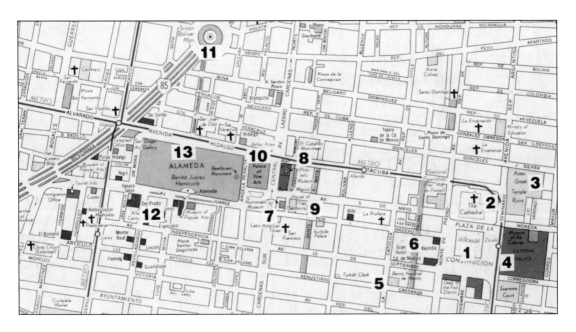

UNO está de turista en la Ciudad de México. Quiere ver varios lugares de interés en el centro. En cada lugar pregunta dónde está **el próximo** (*next*) lugar.

DOS una persona **servicial** (*helpful*), siempre lo/la ayuda.

NOTE: The example uses indicative forms as simple instructions, rather than command forms.

EJEMPLO

UNO ¿Dónde está la **oficina de correos** (*post office*)?

DOS Está a diez cuadras de aquí. Si Ud. quiere caminar, sigue derecho dos cuadras. Luego dobla a la derecha y camina cuatro cuadras. Dobla a la izquierda y va tres cuadras. La oficina de correos está a la izquierda.

1. UNO estás en el Zócalo (1) y quieres saber dónde está la Catedral (2). Después, quieres ver las ruinas del Gran Templo Azteca (3). Luego deseas ver el Palacio Nacional (4).

2. Necesitas cobrar (cambiar) un cheque en el Banco Nacional de México (5) y también quieres ver el Gran Hotel de México (6).

3. Como te interesan las **monedas** (*coins*) y las **estampillas** (*stamps*), preguntas dónde quedan dos museos, el Museo Numismático (7) y el Museo Filatélico (8).

4. Tienes hambre y te han dicho que hacen una buena ''banana split'' en Sanborn's (**La Casa de Azulejos** [*The house of Tiles*]) (9).

5. Alguien te ha dicho que debes ver los frescos (murales) de Diego Rivera en el Palacio de Bellas Artes (10).

6. Ahora quieres ir al Monumento a Simón Bolívar (11).

7. Ya estás cansado(-a) y te hace falta descansar un rato. Deseas volver a tu **habitación** (*room*) en el Hotel del Prado (12).

8. Vas caminando para el hotel; llegas a la Avenida Hidalgo. La cruzas y empiezas a pasar por un parque grande (13) y te das cuenta de que estás perdido(-a). Le explicas a un chico (DOS) que buscas el Hotel del Prado.

9. Al llegar al hotel, te encuentras con la persona que viaja contigo, y antes de descansar le explicas todo lo que acabas de hacer. La narración va a ser en pretérito y las descripciones en imperfecto.

---

᪐ G-43B GRAMÁTICA
COMPLEMENTOS INDIRECTOS CON VERBOS DE COMUNICACIÓN

With verbs of communication the indirect object explains to whom the message is given; the message is the direct object. We have seen the following examples:

Mi padre **me** dijo que siempre podía contar con su ayuda. (E-8C)
Yo **te** aseguro que no tienes nada que temer. (E-11A)
Papá **me** explicó que yo iba a ver cosas nuevas. (E-8C)
Yo **le** dije que quería aprovechar esta oportunidad. (E-8C)
Me recordó que yo sabía cómo tenía que portarme. (E-8C)

REVIEW: Follow up by having selected students perform this activity for the class.

A. ACTIVIDAD PARA PAREJAS

UNO reads what the character says. DOS then selects an appropriate verb from the list and the correct indirect object pronoun to report each of the statements or questions.

UNO (*Hilda a su hijo*) Sabes quién eres y cómo tienes que portarte.

DOS Hilda le recuerda a su hijo que sabe quién es y cómo tiene que portarse.

UNO (*Amelia a Carlos*) El mole es un plato tradicional de México.

DOS Amelia le explica (contesta, dice) a Carlos que _____.

UNO (*Abuelita a Carlos*) ¿Cuáles son tus planes para tu estancia en México?

DOS La abuelita le _____ a Carlos cuáles _____.

VERBOS

1. (*Carlos a su tía*) Estoy muy bien, gracias, tía.	**decir** *to say*
	asegurar *to assure*
2. (*Antonio a Carlos*) No tienes nada que temer. Todo te va a ir muy bien.	**preguntar** *to ask*
	contar (ue) *to tell, relate*

3. *(Carlos a sus parientes)* Tengo tres metas principales.

4. *(El Sr. López a Carlos)* En México los porotos son frijoles.

5. *(Manuel a Antonio y Carlos [muy fuerte])* Si siguen con sus payasadas, alguien se va a lastimar.

6. *(Antonio a Carlos)* Tienes que levantarte ahora mismo. No debes olvidar que tienes muchas cosas que hacer hoy.

7. *(Manuel a Carlos)* Tu tía y yo nos conocimos por casualidad en una fiesta. Luego salimos dos o tres veces.

8. *(Carlos a sus padres en una carta)* Queridos padres: los echo de menos. Estoy muy contento y todo va bien.

VERBOS

escribir	*to write*
avisar	*to notify, let know*
explicar	*to explain*
recordar (ue)	*to remind*
contestar	*to answer*
responder	*to respond, answer*
gritar	*to shout*

PREPARATION: Have three students model this activity before assigning to pairs.

B. ACTIVIDAD PARA TRES PERSONAS: ¿QUÉ LE DIJISTE?

UNO gives a message (listed below) to DOS. (TRES is assumed not to have heard the conversation.) TRES asks UNO what he/she said to DOS. UNO reports the message according to the model, using the preterite of the verb of communication, which is boldfaced and enclosed in parentheses. The other verbs are kept in the same tense but are conjugated as required.

UNO ¿Tienes tiempo esta tarde para ir conmigo al centro? **(preguntar)**

DOS *(Respuesta apropiada)*

TRES ¿Qué le dijiste a DOS?

UNO Le **pregunté** si tiene tiempo esta tarde para ir conmigo al centro.

UNO Tienes la **cita** *(appointment)* con el dentista esta tarde. **(recordar)**

DOS *(Respuesta apropiada)*

TRES ¿Qué le dijiste a DOS?

UNO Le **recordé** que _____.

1. Llamaron de la estación de servicio. Tu coche ya está listo. **(avisar)**

2. Estás preparado(-a) y no debes preocuparte por el examen. **(asegurar)**

3. Me gustaría ir contigo pero no puedo porque me toca trabajar. **(explicar)**

4. ¡Estoy aquí con los otros! ¡Vamos a jugar al fútbol un rato! ¡Nos vemos después! **(gritar)**

C. ¿QUÉ TE DIJO?

Now the focus changes. Instead of asking UNO what he/she said, TRES asks DOS what UNO said to him/her.

UNO Primero tienes que pelar las papas. Luego las tienes que poner a hervir por unos treinta minutos. **(explicar)**

DOS *(Respuesta apropiada)*

TRES ¿Qué te dijo UNO?

DOS Me **explicó** que tengo que pelar las papas y luego que las tengo que poner a hervir por unos treinta minutos.

1.   En la clase esta mañana el profesor anunció que el examen va a ser el martes. **(avisar)**

2.   Al volver a casa, tienes que sacar la carne del congelador. **(recordar)**

3.   Cenamos en un buen restaurante; después fuimos al cine. La película nos gustó a todos. **(contar)**

4.   Nací en California. Cuando yo tenía tres años, mi padre aceptó un empleo en el este y nos mudamos. **(contar)**

D. MINIDIÁLOGOS

OPTION: Have students write out their advice to you; then have them give you that advice orally. Remind them to use the *usted* forms.

¿Qué consejos o qué información tienes para tu pareja?

1.   Creo que es mi responsabilidad recordarte que _____.

2.   Como amigo(-a) que soy, debo avisarte que _____.

3.   Si no es una indiscreción, quisiera preguntarte si _____.

4.   Ayer supe algo muy interesante. Me muero por contarte que _____.

 C-36 CULTURA
BOSQUEJO CULTURAL: LOS ANIMALES

promoted /
personify

beauty salons

cemeteries /
commercials

El estadounidense tiene la idea de que el animal es casi humano. Esta idea es **promulgada** por la costumbre norteamericana de **personificar** a los animales. Esto se ve en los famosos animales como Mickey Mouse, Donald Duck y muchos otros. En los Estados Unidos hay hospitales, **salones de belleza** y aun **cementerios** especiales para los animales. En los **anuncios** de la televisón, los animales hablan inglés y se quejan de la comida que se les da. Por estas razones, el norteamericano tiene dificultades en entender la posición que ocupan los animales en el mundo hispano.

nature

soul

enemy

Para el hispano, los animales son parte de la **naturaleza** y no son humanos. El hombre tiene personalidad y **alma,** los animales no. En la historia del hombre hispano, la naturaleza ha sido siempre su **enemigo** y la tenía que *tame* **domar.** Aunque el hispano no trata mal a los animales ni es cruel con ellos, éstos tampoco son parte de la familia. Pues, son animales—no son humanos.

have the habit of   Cuando las familias hispánicas tienen animales en casa, como perros o gatos, no les dan nombres de personas como **suelen** hacer algunos estadounidenses. De hecho, si le das a un animal el nombre de una persona, es un insulto a esa persona. Por eso, los perros de los García han tenido nombres como Cometa y Rino.

1. ¿Qué pasa si tú le das el nombre de tu amigo a tu perro nuevo?

2. ¿Qué tipos de nombres dan los estadounidenses a sus animales?

3. ¿Cuántos animales has tenido en tu casa? ¿Cuáles? ¿Qué nombres han tenido tus animales?

4. ¿Qué piensas tú de los animales?

5. En un papel, **dibuja** *(draw)* tu animal favorito y descríbeselo a tu pareja.

 ### *E-11C ESCENA*
¿QUÉ TENGO QUE HACER PARA MATRICULARME?

COMPREHENSION:
¿Dónde están Carlos y Antonio? ¿Se pone impaciente Antonio? ¿Por qué? ¿Qué quisiera hacer Carlos? ¿Lo han aceptado en esa facultad? ¿Cómo y cuándo le avisaron? ¿Cuál es el nombre completo de Carlos? ¿Cómo se escribe? ¿Qué le falta hacer a Carlos? ¿Qué le presta la secretaria? ¿Carlos se queda con el bolígrafo o se lo devuelve? ¿Qué más le entrega a ella?

ADAPTATION:
¿Tarda mucho la gente de aquí? ¿Eres un(a) estudiante extranjero(-a)? ¿Qué tienes que hacer para matricularte en esta universidad? ¿Cuál es tu nombre? ¿Y el apellido materno? ¿Cómo se escribe? ¿Me prestas un bolígrafo? ¿Una mochila? ¿Un libro? ¿Diez dólares?

En una oficina. Carlos ha tenido que esperar para hablar con una secretaria.

ANTONIO *(Mirando el reloj y hablándole a Carlos)* ¡Cómo tardan!

CARLOS Así es en todas partes.

(Cuando le toca a Carlos . . . .)

CARLOS Soy un estudiante extranjero y quisiera averiguar qué tengo que hacer para matricularme.

In an office. Carlos has had to wait to speak with a secretary.

(Looking at his watch and speaking to Carlos) What a long time (How long) they're taking (How they delay)!

That's the way it is everywhere.

(When it's Carlos's turn . . . .)

I am a foreign student, and I would like to find out what I have to do (in order) to register.

SEÑORITA ¿Lo han aceptado en esta facultad?

Have you been accepted (Have they accepted you) in this department (school)?

CARLOS Sí, me avisaron por correo hace tiempo ya.

Yes, they let me know by mail [some] time ago (already).

SEÑORITA ¿Cuál es su nombre?

What is your name?

CARLOS Carlos Ortiz.

Carlos Ortiz.

SEÑORITA ¿Y el apellido materno?

And your maternal surname?

CARLOS Hoffmann.

Hoffmann.

SEÑORITA ¿Cómo se escribe?

How do you spell it (How is it written)?

CARLOS Con hache. Hache, o, efe, efe, eme, a, ene, ene—Hoffmann.

With an h. H, o, f, f, m, a, n, n— Hoffmann.

(La secretaria va a buscar su expediente y regresa.)

(The secretary goes to get his file and returns.)

SEÑORITA He encontrado sus papeles y parece que todo está en regla.

I have found your papers and it appears that everything is in order.

CARLOS ¿Entonces no me hace falta nada más?

Then I don't need anything else (Nothing more makes a lack to me)?

(Vuelve a revisar los papeles.)

(She checks the papers again.)

SEÑORITA Sólo le falta escribir su dirección y su teléfono aquí en México.

You only need to write (lack writing) your address and telephone here in Mexico (City).

CARLOS ¿Me presta usted un bolígrafo, por favor?

Will you lend me a (ballpoint) pen, please?

Al terminar de escribir la información pedida, Carlos le entrega el formulario a la secretaria y le devuelve su bolígrafo.

When he finishes writing the information requested, Carlos hands the form to the secretary and returns her pen to her.

S-23 SUGERENCIAS
MÁS COGNADOS: LOS NOMBRES DE ALGUNOS ANIMALES

OPTION: Model pronunciation of cognates and new vocabulary.

Many of the names for animals are identical or similar in the two languages. The most common animals, as expected, are missing from the list.

el burro	*burro*	**el leopardo**	*leopard*
el chimpancé	*chimpanzee*	**el león**	*lion*
la cobra	*cobra*	**la pantera**	*panther*
el cocodrilo	*crocodile*	**la rata**	*rat*
el elefante	*elephant*	**el rinoceronte**	*rhinoceros*
la jirafa	*giraffe*	**el tigre**	*tiger*
el gorila	*gorilla*	**el hipopótamo**	*hippopotamus*

Spanish speakers use special names for some body parts of animals, rather than the terms used for humans. For example:

HUMAN	ANIMAL	
espalda	**lomo**	*back*
pierna	**pata**	*leg*
nariz	**hocico**	*nose*

V-38 VOCABULARIO
EXCLAMACIONES: ¡QUÉ GUSTO VERTE!

PREPARATION: Model pronunciation of expressions. Attempt to give appropriate intonation and expression.

A. QUÉ (+ noun)

Qué (+ *unmodified noun*) What (a) _____! Some useful expressions include the following:

¡Qué alegría!	*What a joy! What a delight!*
¡Qué alivio!	*What a relief!*
¡Qué barbaridad!	*How awful! What an outrage!*
¡Qué cosa!	*What do you know (What a thing)!*
¡Qué desgracia!	*How unfortunate! What a misfortune!*
¡Qué ganga!	*What a bargain (buy)!*
¡Qué gusto!	*What a pleasure! What a treat!*
¡Qué horror!	*How horrible! (What a horror)!*
¡Qué lástima!	*What a pity! What a shame!*
¡Qué lata!	*What a nuisance! What a bore!*
¡Qué milagro!	*What a miracle! It's a miracle!*

¡Qué risa!	*How funny! What a laugh!*
¡Qué sorpresa!	*What a surprise!*
¡Qué suerte!	*How lucky! What luck!*
¡Qué susto!	*What a scare!*
¡Qué vergüenza!	*How embarrassing! Shame on you (him, her, them)!*

ACTIVIDAD PARA PAREJAS O PARA LA CLASE

Responde con una exclamación apropiada a cada situación **descrita** *(described)* por tu pareja.

UNO Ernesto no viene; se siente mal.   DOS ¡Qué lástima!

1. Un amigo mío sacó un 58% (cincuenta y ocho por ciento) en el examen.

2. Un chico se quedó dormido ayer y la profesora le hizo una pregunta.

3. Mi hermana siempre tiene que pedir permiso para usar el coche.

4. No hubo examen porque el (la) profesor(a) estaba enfermo(-a) y no vino.

5. Parecía que nuestro **equipo** *(team)* iba a perder pero en el último minuto **metimos dos canastas** *(we put in two baskets)*.

6. Este fin de semana mis padres vienen a pasar unos días aquí conmigo.

7. Alfonso iba a más de 120 kilómetros por hora cuando salió otro coche al camino. No pasó nada pero por poco hubo un accidente terrible.

8. Bruno dijo que nos iba a ver a las siete. Hacía más de media hora que esperábamos cuando llamó para decir que no venía.

9. Habíamos entendido que el examen era para mañana pero hoy supimos que es esta tarde.

10. El (La) profesor(a) dice que podemos **entregar** *(hand in)* la composición mañana en lugar de hoy.

11. Es un chico muy **divertido** *(funny)*. Estuvo contando chistes todo el día.

12. Sólo pagué veinte dólares por estos zapatos tan buenos y bonitos.

UNO Cuéntale a tu pareja algunas cosas que te han pasado últimamente.

DOS Responde a cada cosa con una exclamación apropiada.

UNAS IDEAS

exámenes
compras *(purchases)*
fiestas
partidos

visitas o cartas de amigos
citas *(dates)*
accidentes

Qué (+ *modified noun*) *What* (a) <u>(nice, big, pretty)</u> _____.   There are two patterns. The first pattern is restricted to the adjectives that frequently come before the noun, such as **bonito, lindo,** and **bueno (buen** before masculine singular nouns). The second pattern is more frequent.

1.   **Qué** (+ adjective + noun):

    ¡Qué bonita casa!

2.   **Qué** (+ noun + **más** or **tan** + adjective):

    ¡Qué maletas más pesadas!   ¡Qué padres tan buenos!

ACTIVIDAD   **Piensa en una persona y luego en una característica de esa persona.**

UNO ¡Qué chica (hombre, mujer, muchacho, profesora, niño) tan (más) alegre!

DOS ¿De quién hablas?

UNO De <u>(nombre de la persona)</u>.

DOS ¿Por qué lo dices? (¿Cómo lo sabes?)

UNO Porque siempre sonríe (cuenta chistes, saluda a todos, hace fiestas).

UNOS ADJETIVOS ÚTILES (VE TAMBIÉN APÉNDICE I-5)

serio(-a)	*serious*	**flojo(-a)**	*lazy*
tacaño(-a)	*tight, stingy*	**amistoso(-a)**	*friendly*
generoso(-a)	*generous*	**humilde**	*humble*
trabajador(a)	*hard-working*	**exigente**	*demanding, tough*
sentimental	*sentimental*	**bondadoso(-a)**	*kind*

PREPARATION: Have two or more of your better-prepared students model this and the following activities prior to assigning to pairs. REVIEW: Follow up by having students respond to situations that you describe.

B. **QÚE** (+ *adjective/adverb* + *optional verb*) (*How* _____!)

Some examples include the following:

    ¡Qué bien!   *Great (How nice)!*

    ¡Qué bien bailas! (E-12D)   *You really dance well!*

    ¡Qué rico huele! (E-10B)   *It smells delicious (How good it smells)!*

UNO ¡Qué bien habla Jorge!

DOS (*Respuesta lógica*) Es cierto. Habla muy bien, y también habla mucho.
    (*Si no lo sabe*) ¿Por qué lo dices? (¿Cómo lo sabes?)

1.   ¡Qué bien habla <u>(persona)</u>!   2.   ¡Qué inteligente es _____!

3.   ¡Qué bondadoso(-a) es _____!   4.   ¡Qué rápido corre _____!

5.   ¡Qué feo(-a) es <u>(cosa)</u>!   6.   ¡Qué lindo(-a) es _____!

7.   ¡Qué rico(-a) es <u>(postre)</u>!   8.   ¡Qué grande es _____!

C. **CÓMO** (+ verb) (How _____!) **CUÁNTO** (+ verb) (How [much] _____!)

Examples include the following:

¡Cómo tardan!   *How long they're taking!*
¡Cuánto me alegro de verte! *How glad I am to see you!*

MODELO _____ **habla mucho.**

UNO ¡Cómo **habla** Fulano!

DOS *(Respuesta lógica)* Es verdad. Habla **demasiado** *(too much).*
     (Si no lo sabe) ¿Por qué lo dices? (Cómo lo sabes?)

1. _____ trabaja bien.   2. _____ como mucho.

3. _____ canta bien.   4. _____ duermo mucho.

5. _____ juega bien.   6. _____ corre rápido.

D. **CUÁNTO, CUÁNTA, CUÁNTOS, CUÁNTAS** (+ noun) (What a lot of _____!)

Inventen exclamaciones usando las palabras dadas.

EJEMPLO   **cosas / tener que hacer**

UNO ¡Cuántas cosas tengo que hacer!   DOS ¿Qué cosas, por ejemplo?
UNO Hoy tengo que _____.

cartas / tener que escribir   libros / tener que leer
cosas / querer hacer   exámenes / tener que dar

G-43C GRAMÁTICA
COMPLEMENTOS INDIRECTOS CON VERBOS TRANSITIVOS

The exercises in this section use the following transitive verbs. The indirect object represents someone with a special interest in the action.

comprar	*to buy*	**mandar**	*to send*
dar (irr)	*to give*	**pasar**	*to pass*
deber	*to owe*	**pedir (i)**	*to request, ask for*
devolver (ue)	*to return*	**prestar**	*to lend*
enseñar	*to show*	**quitar**	*to take away*
entregar	*to hand in*	**regalar**	*to give as a gift*
hacer (irr)	*to do*	**servir (i)**	*to serve*
leer	*to read*	**traer** (irr)	*to bring*
llevar	*to take*	**vender**	*to sell*

A. MINIDIÁLOGOS PARA PAREJAS

Using the formulas we practiced in the previous lesson (V-34), make a request with the indirect object **me** and an appropriate form of the boldfaced verb in parentheses.

MODELO   **En la clase te das cuenta de que no trajiste tu lápiz. Tu pareja tiene uno. (prestar)**

UNO No traje mi lápiz. ¿Me **prestas (quieres prestar)** uno, por favor?

DOS *(Algo apropiado)* Con gusto, pero lo necesito para la próxima clase.

1. Tu amigo(-a) va a la tienda de la esquina. A ti te gustaría leer el periódico pero no lo tienes. **(traer)**

2. Ahora te hace mucha falta el dinero ($10) que le prestaste a tu pareja la semana pasada. **(devolver)**

3. Tu pareja hizo un viaje durante las vacaciones y tomó muchas fotos y **diapositivas** *(slides).* Te gustaría verlas. **(enseñar)**

4. Tú y tu pareja han escrito composiciones para la clase de español. Te interesa saber lo que escribió él/ella. **(leer)**

5. Le vendiste un libro de texto a tu pareja. Todavía no has recibido el dinero que te debe. **(pagar)**

6. Los dos están comiendo en un restaurante. A ti te parece que les falta sal a las papas. **(pasar)**

7. No tienes dinero. Te hacen falta cinco dólares porque piensas invitar a un(a) amigo(-a) a tomar algo contigo después de esta clase. **(prestar)**

8. Tu pareja tiene más ropa de la que necesita. Por ejemplo, tiene varios suéteres y tú no tienes ninguno. **(regalar)**

9. Están cenando. Tu pareja ha preparado una cena muy buena. En especial, quieres otra porción de la carne, que está muy rica. **(servir)**

10. Tu pareja tiene dos cassettes idénticas de Julio Iglesias, tu artista favorito. **(vender)**

B. ACTIVIDAD PARA PAREJAS

Vamos a suponer que te encontraste en cada una de estas situaciones. Usando un complemento indirecto, explica lo que hiciste en cada caso.

MODELO   **La situación es que tu amigo tenía mucha sed. (comprar)**

UNO Mi amigo **tenía mucha sed.**   DOS Entonces, ¿qué hiciste?

UNO Le compré una cerveza.

1. Tus amigos tenían mucha hambre. **(dar)**

2. Tu amiga quería hacer una fiesta con música de disco. **(devolver)**

3. Tus amigos querían saber más de tu viaje a Europa. **(enseñar)**

4. El profesor había pedido una composición sobre tu vida. **(entregar)**

5. Era el cumpleaños de un amigo. **(hacer)**

6. Tu compañero(-a) de cuarto estaba aburrido(-a). **(llevar)**

7. Era el cumpleaños de tu hermana(-o). **(mandar)**

8. Un amigo no podía comprar un libro que le hacía falta. **(prestar)**

9. Una amiga tenía calor pero no podía mover el **brazo** (*arm*). **(quitar)**

10. Unos amigos habían venido a tu casa a visitarte. **(servir)**

11. Al profesor le gustan todas las frutas. **(traer)**

12. Una amiga cumplió veinte años. **(regalar)**

OPTION: Assign as out-of-class written work.

C. *ACTIVIDAD: LA NAVIDAD (Christmas) DEL AÑO PASADO*

1. Le (Les) regalé <u>(cosa)</u> a <u>(persona)</u>.

2. Le (Les) di _____ a _____.

3. Le (Les) mandé _____ a _____.

4. Le pedí _____ a **San Nicolás** (*Santa Claus*) _____.

OPTION: Can be assigned as written work.

D. *ACTIVIDAD: EXPERIENCIAS BUENAS Y MALAS*

Cuenta tus experiencias con estas acciones. Por ejemplo: (A mí) (No) Me gusta _____. Una vez le presté <u>(cosa)</u> a un amigo y _____.

> **comprarles cosas a mis amigos** (*buy things from my friends*)
> pedirles dinero a mis padres
> prestarles mi ropa y otras cosas a mis amigos(-as)
> regalarles cosas a mis parientes
> venderles cosas a personas que conozco

PREPARATION: Assign students to prepare written notes prior to class.

E. *ACTIVIDAD: OTRAS EXPERIENCIAS.*

Relate some experiences to your partner. Possibilities include:

besito = *little kiss*   *Guille* = *Billy*   *Se nota* = *It's obvious*   *cariñoso* = *affectionate*

1. a dream or nightmare you had;

2. a situation in which you were frightened;

3. when it was your *turn* (**tocar**) to do something, how it *turned out* (**salir**), and how it *seemed* (**parecer**) to you and to others;

4. how you helped someone with directions; and

5. a matter of school business.

☜ SC-13 *SITUACIÓN COMUNICATIVA* DANDO SEÑAS EN LA UNIVERSIDAD

You are in the center of your college when approached by a Spanish-speaking tourist. Give the tourist directions to the following places, drawing a map if needed:

1. the Spanish Department,

2. the Mathematics Department,

3. downtown,

4. the post office, and

5. the bank.

*¿Te gusta la playa? Una de las playas más bonitas del norte de México está junto a la **Bahía** (Bay) de San Carlos, cerca de la ciudad de Guaymas.*

R-11 REPASO
¿QUÉ PASA CON NUESTROS AMIGOS?

AHORA   ¿Quién está levantado? ¿Quién sigue dormido? ¿Qué le está diciendo Antonio a Carlos?

ANTES   ¿Qué fue lo que despertó a Antonio?

DESPUÉS   ¿Cómo se va a sentir Carlos al despertarse?

ENTONCES   ¿Dónde estaba Carlos en su sueño? ¿Qué traía en la mano? ¿Qué problema había con sus papeles? ¿Qué otro problema tenía?

ANTES   ¿Por qué había llegado tarde?

DESPUÉS   ¿Qué iba a pasar después?

AHORA   ¿Qué hora es, más o menos? ¿Quiénes son estas personas? ¿Hacia dónde van caminando? ¿Por qué no van en coche?

ANTES   ¿Qué hicieron temprano esta mañana? ¿Qué le pidió Antonio a su padre?

DESPUÉS   ¿En qué van a ir a la Ciudad Universitaria?

AHORA   ¿Con quién está hablando Antonio? ¿Qué quiere saber?

ANTES   ¿Cómo llegaron los dos jóvenes a la CU?

DESPUÉS   ¿Adónde van a ir ahora? ¿Qué van a hacer allí?

AHORA   ¿Dónde están Carlos y Antonio? ¿Qué quiere saber Carlos? ¿Qué información necesita la secretaria? ¿Qué preguntas le hace a Carlos? ¿Qué le falta a Carlos?

ANTES   Al llegar a la oficina, ¿pudo Carlos hablar en seguida con la secretaria?

DESPUÉS   ¿Qué le va a pedir Carlos a la secretaria para poder escribir?

REPASO DE VOCABULARIO

NOMBRES:

NIVEL A

el	**apellido**	surname
el	**autobús**	bus
el	**edificio**	building
la	**letra**	letter (of the alphabet)
la	**meta**	goal
el	**negocio**	business
la	**parada**	bus stop
la	**pesadilla**	nightmare
la	**secretaria**	secretary
el	**temor**	fear

NOMBRES:

NIVEL B

S-23

la	**administración**	administration
el	**alma**	soul
el	**camión**	truck; bus (Mexico)
la	**carga**	cargo, load; burden
el	**colectivo**	city bus (Argentina)
el	**colmo**	height, summit
la	**docena**	dozen
el	**equipo**	team; equipment
el	**expediente**	file
la	**facultad**	school; department
el	**formulario**	form
el	**mal**	misfortune; evil
el	**museo**	museum
la	**seña**	signal; direction
el	**texto**	text

VERBOS:

NIVEL A

G-43A, G-43B, G-43C

acercarse	to approach, draw near
beber	to drink
colgar (ue)	to hang (up)
dejar	to leave; to let, allow (something)
temer	to fear

VERBOS:

NIVEL B

indicar	to indicate
matricularse	to register
mover(se) (ue)	to move (tr)

| **programar** | to program |
| **revisar** | to check; to look over |

ADJETIVOS:

NIVEL A

derecho(-a)	right
divertido(-a)	funny; enjoyable, fun
izquierdo(-a)	left
próximo(-a)	next

ADJETIVOS:

NIVEL B

asustado(-a)	startled, frightened
cómico(-a)	comical, funny
desconocido(-a)	unknown
desnudo(-a)	naked, nude
inquieto(-a)	restless; anxious
materno(-a)	maternal
servicial	helpful

MODISMOS Y EXPRESIONES:

NIVEL A

V-36, V-37, V-38

darse prisa	to hurry
hombre de negocios	businessman
Me doy (di) cuenta de que _____.	I realize (realized) that _____.
Me hizo llegar tarde.	It made me (arrive) late.
Para servirle(s)	You're welcome (At your service).
¿Qué te pasa?	What's the matter with you?
seguir una carrera	to take a course of study (major)
Te (me, le) va a salir bien.	It's going to turn out all right for you (me, him/her).

MODISMOS Y EXPRESIONES:

NIVEL B

| **algo por el estilo** | something like that (of the sort) |

dar risa	to make laugh
estar en regla	to be in order
largo rato	a long while
no ser más que	to be only (no more than)
para colmo de males	to top it off
¡Qué susto me dio!	What a scare it gave me!
temor a lo desconocido	fear of the unknown

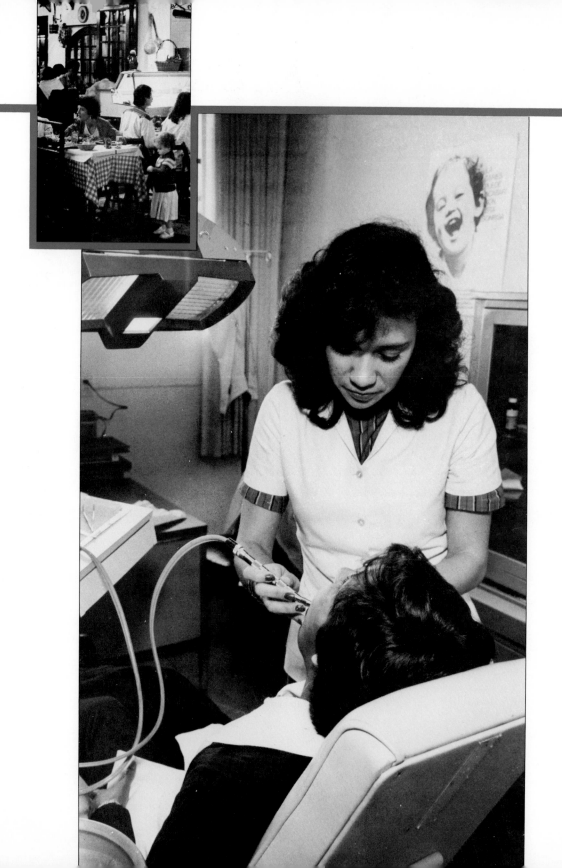

LECCIÓN 12

Izquierda, arriba: Hay muchos restaurantes buenos en todo el mundo hispano, como éste en la villa de Roses, España, no muy lejos de Barcelona. Izquierda: Esta dentista tiene su **consultorio** *(office) en la Ciudad de México. Muchas mujeres hispanas son profesionales* **actualmente** *(today).*

E-12A ESCENA
EN SEGUIDA SE LOS TRAIGO

COMPREHENSION: ¿Dónde están los chicos? ¿Qué han estado haciendo? ¿Tienen hambre ahora? ¿Por qué? ¿Quién tiene ganas de comer un buen bistec? ¿Cómo son la comida y los precios en el restaurante que conoce Antonio? ¿Dónde quieren sentarse los jóvenes? ¿Qué quiere probar Antonio? ¿Qué le recomienda Antonio? ¿Qué pide Antonio? ¿Qué problema nota Antonio? ¿Por qué no pueden comer tamales de cerdo? ¿Entonces qué piden? ¿Qué le parecen los tamales a Carlos? ¿De qué hablan mientras conversan? ¿Van a medias? ¿Qué deja Carlos? ¿Qué idea tiene Carlos?

ADAPTATION: ¿Tienes mucha hambre o poca? ¿Qué tienes ganas de comer? ¿Te de igual? ¿Comes de todo? ¿Conoces un buen restaurante cerca de aquí? ¿Cómo es la comida? ¿Y los precios? ¿Prefieres una mesa en un rincón o en el centro del restaurante? ¿Quieres probar algo de la cocina mexicana? ¿Española? ¿Venezolana? ¿Puertorriqueña? Si vamos a un restaurante, ¿me convidas o vamos a medias? ¿Siempre dejas una propina? ¿De cuánto? ¿Quieren dormir la siesta? (¡Magnífica idea!)

Después de averiguar que sus papeles estaban en regla, Carlos tuvo que ir a otras oficinas. Los dos jóvenes han andado toda la mañana buscando información y haciendo otros trámites necesarios. Como no han comido nada desde la hora del desayuno, van a un lugar cerca de la universidad para almorzar.

After finding out that his papers were in order, Carlos had to go to some other offices. The two young men have gone around all morning getting information and doing other necessary procedures. Since they haven't eaten anything since breakfast time, they go to a place near the university to eat lunch.

CARLOS Yo tengo un hambre feroz.

I'm starving (I have a ferocious hunger).

ANTONIO Yo también. Me imagino que tienes ganas de comer un buen bistec.

Me too. I imagine (that) you feel like eating a good (beef)steak.

CARLOS Sí, pero me da igual. Yo como de todo.

Yes, but it's all the same to me. I eat anything (of everything).

ANTONIO Conozco un restaurante cerca de aquí donde se come muy bien.

I know a restaurant near here that has very good food (where one eats very well).

CARLOS ¿Y los precios?

How about the prices?

ANTONIO Módicos, ni baratos ni caros.

Moderate, neither cheap nor expensive.

Llegan y entran. Se acerca el camarero.

They arrive and go in. The waiter approaches.

CAMARERO Buenas tardes, jóvenes.

Good afternoon, fellows.

ANTONIO Buenas tardes. Una mesa

Good afternoon. A table for two,

para dos, por favor. En un rincón, si se puede.

Siguen al camarero, se sientan y se ponen a leer el menú. El camarero les pone los cubiertos y luego se aleja.

ANTONIO ¿Quieres probar algo de la cocina mexicana?

CARLOS Pues, sí. ¿Qué me recomiendas?

ANTONIO Si te parece, sugiero unos tamales de cerdo.

CARLOS De acuerdo, aunque no sé lo que son. Y una Coca.

ANTONIO *(Llamando al camarero)* ¡Joven!

CAMARERO Ya voy.
¿Qué les traigo, jóvenes?

ANTONIO Dos órdenes de tamales de cerdo, y para beber, dos Cocas bien frías.

CAMARERO En seguida se los traigo.

ANTONIO Otra cosa, este vaso está un poco sucio.

CAMARERO Dispense. Le traigo otro limpio.

Vuelve trayendo un vaso limpio y las bebidas.

CAMARERO Lo siento; se nos han

please. In a corner if possible (if one can).

They follow the waiter, sit down, and begin to read the menu. The waiter sets their places and then goes (withdraws).

Do you want to try something else from Mexican cooking (cuisine)?

Well, yes. What do you recommend (to me)?

If it's all right with you, I suggest some pork tamales.

All right (Agreed), although I don't know what they are. And a Coke.

(Calling the waiter) Waiter!

I'm coming (going).
What shall I bring you, gentlemen?

Two orders of pork tamales, and, to drink, two Cokes, good and cold.

I'll bring them to you right away.

Another thing, this glass is a little dirty.

Sorry (Pardon). I'll bring you another one [that is] clean.

He returns carrying a clean glass and the drinks.

I'm sorry; we have run out of pork

acabado los tamales de cerdo. Los hay de pollo y de dulce.

tamales (they have finished on us). We have (There are) chicken and sweet (tamales).

CARLOS A mí me trae de pollo, si me hace el favor.

You (can) bring me chicken, if you will (if you do me the favor).

ANTONIO A mí también.

To me too.

(Mientras comen)

(While they eat)

ANTONIO ¿Qué te parecen?

What do you think of them?

CARLOS Están ricos.

They're delicious.

Hablan de lo que han hecho durante la mañana y de los cursos que va a tomar Carlos. Cuando terminan de comer, siguen conversando un rato más.

They talk about what they have done during the morning and the courses Carlos is going to take. When they finish eating, they continue conversing a while longer.

ANTONIO ¿Nos vamos ya?

Shall we go now?

CARLOS Yo estoy listo.

I'm ready.

ANTONIO *(Hablándole al camarero)* La cuenta, por favor.

(Speaking to the waiter) The check, please.

CARLOS Vamos a medias, ¿no?

We're going fifty-fifty, aren't we?

ANTONIO Yo te convido esta vez.

I'll treat you this time.

CARLOS Gracias. Entonces yo pago la propina. ¿Cuánto le dejo, más o menos?

Thanks. Then I'll pay the tip. How much shall I leave him, more or less?

ANTONIO Lo que tú quieras.

Whatever you want.

CARLOS ¿Unos doscientos pesos?

About two hundred pesos?

ANTONIO Sí, está bien. Y ahora, ¿adónde? ¿Quieres ver más de la Ciudad Universitaria?

Yes, that's all right. Where to now? Do you want to see more of the university campus?

CARLOS Es interesante y bonita pero

It's interesting and pretty, but I feel

tengo ganas de dormir la siesta. El | like taking a nap. Eating makes me
comer me da sueño. | sleepy.

ANTONIO ¡Magnífica idea! | A great idea!

Salen a la calle a buscar un autobús para | *They go outside to look for a bus to re-*
regresar a casa. | *turn home.*

1. The use of **ir** versus **venir,** as in **ya voy** *(I'm coming),* is determined from the speaker's point of view. The waiter says he *is going* to where the boys are rather than *coming* as he would have said in English.

2. The **se** in **"En seguida se los traigo,"** is not the reflexive pronoun. It replaces **les,** a change that will be explained in this lesson.

C-37 CULTURA
BOSQUEJO CULTURAL: LA SIESTA

take a nap

it dies slowly

again

keep this in mind

Si hay una costumbre hispana que tiene fama en casi todo el mundo, es la costumbre de **echar una siesta** después del almuerzo o la comida. Aunque actualmente esta costumbre va cambiando, en particular en los centros urbanos, es una costumbre con muchos participantes y **se muere lentamente.** Todavía se nota su influencia en el horario de la mayoría de las tiendas y almacenes en el mundo hispano. Se cierran a las doce o a la una y se abren **de nuevo** a las tres o cuatro de la tarde. El turista debe **tener esto en cuenta** cuando planea su visita.

1. ¿Qué piensas tú de la costumbre de la siesta?

2. ¿Cuántas horas diarias duermes?

3. ¿Cuándo tienes mucho sueño?

G-44 GRAMÁTICA
DOS COMPLEMENTOS: INDIRECTO Y DIRECTO

In this combination of pronouns the indirect object always precedes the direct object.

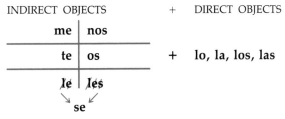

INDIRECT OBJECTS		+	DIRECT OBJECTS
me	**nos**		
te	**os**	+	**lo, la, los, las**
le	**les**		

se

In the following examples, the indirect objects are italicized and the direct objects are boldfaced:

Me **lo** estoy imaginando. (E-11A)	I can picture it (to myself).
Te **los** agradecemos mucho. (E-10A)	We are grateful to you for them.
Traigo **una carta** para ustedes.	I have a letter for you. Shall I give it
¿*Se* **la** doy ahora? (E-6A)	(**la**) to you (**les** → **se**) now?

—¿*Nos* trae **unos tamales**?	Will you bring us some tamales?
—*Se* **los** traigo en seguida.	I'll bring them to you (**les** → **se**) right away.

1.   **Se** replaces **le** and **les** before the direct object pronouns **lo, la, los,** and **las.** Context generally prevents confusion with the reflexive **se.**

Compró un disco y **se** lo regaló.	She bought a record and gave it *to him.*
Compró un suéter y **se** lo puso.	She bought a sweater and put it *on (herself).*

2.   **Le** and **les** change to **se** only before the pronouns **lo, la, los,** and **las;** not before the definite article.

Voy a dar**le los** discos.	I'm going to give *her the* records.
Se los voy a dar hoy.	I'm going to give *them to her* today.

3.   An accent mark is required when two pronouns are added to an infinitive **(mandárselo)** or one or more to a present participle **(llevándolos).**

4.   Redundant **le** and **les** become redundant **se:**

—¿**A quién le** vas a mandar el regalo? (**le = a quién**)

—**Se** lo voy a mandar **a mi mamá.** (**se = a mi mamá**)

🌷 *A-41 ACTIVIDADES*
SE LO VOY A REGALAR A UNA AMIGA

A. MINIDIÁLOGOS

Indirect objects are italicized and direct objects are boldfaced.

UNO ¿Tú compraste **ese coche**?	DOS No, mi padre *me* **lo** regaló.
UNO Tengo tu cinta. ¿Cuándo *te* **la** doy?	DOS Puedes dár*me***la** ahora.
UNO **Lo** necesitamos. ¿*Nos* **lo** prestas?	DOS *Se* **lo** presto con gusto.

UNO *¿A quién le* diste **el dinero**?   DOS *Se* **lo** di *a Enrique.*

B. ACTIVIDAD PARA PAREJAS

MODELO   **un disco y una foto**

UNO Tengo **un disco y una foto.**   DOS ¿Qué vas a hacer con **el disco**?

UNO Se **lo** voy a **dar** a **Rosa.**   DOS ¿Por qué se lo vas a dar a **ella**?

UNO Porque _____.   DOS ¿Y qué vas a hacer con **la foto**?

UNO Se _____ voy a _____   DOS ¿Por qué se _____ vas a _____
a _____.   a _____?

COSAS   ACCIONES

un cinturón y una pulsera   dar / regalar
una manzana y una torta   llevar / mandar
unas revistas y unas flores   prestar / vender
una guitarra y un radio   devolver

C. ACTIVIDAD PARA PAREJAS

Dale a tu pareja una lista de los nombres de las personas a quienes piensas dar (comprar, mandar) algún regalo este año.

MODELO   **mi abuelita → tu abuelita**

UNO ¿Qué le vas a regalar (dar, mandar, comprar) a tu abuelita?

DOS Voy a (Pienso) darle (comprarle, mandarle) <u>(un buen libro)</u>.

UNO ¿Cuándo **(Con qué motivo)** *(on what occasion)* se lo vas a dar (regalar)?

DOS Con motivo de su cumpleaños (Para su cumpleaños).

UNO ¿Le diste (regalaste) algo el año pasado?

DOS Sí, le di (regalé) <u>(cosa)</u>. (No, no le di nada.)

D. ¿QUIÉN TE LO REGALÓ? ¿CÓMO LO CONSEGUISTE?

Cada uno escribe las cosas que tiene de la siguiente lista: coche, grabadora, radio, motocicleta, calculadora, videocassettera (VCR), reloj, perro, gato.

EJEMPLO   **computadora personal**

UNO ¿Quién te regaló (dio) la computadora? (¿Cómo conseguiste la computadora?)

DOS Me la regalaron (dieron) mis padres. (Nadie me la regaló; yo la compré.)

UNO ¿Cuándo te la regalaron (dieron)? (¿Cuándo la compraste?)

E. ACTIVIDAD PARA TRES: EN UN RESTAURANTE MEXICANO

The order of speeches is not set; study the three parts and have your own role in mind. Do not attempt to translate word for word; rather, paraphrase

groups to role-play the situation for the entire class.

your role, using grammar and vocabulary you know.

UNO As the waiter, you greet your customers, seat them, and give them a menu. Repeat their order. Return to tell DOS that you are out of what he/she ordered. Later see how everything is and ask about dessert. Thank them for coming.

DOS Order your favorite Mexican dish and a drink. You have no fork or napkin. As you eat, comment on the food and other restaurants you know. Order dessert; ask for separate checks. Thank the waiter when you leave.

TRES Ask the waiter about their special dishes and prices; order one of the dishes recommended. Ask DOS if he/she has eaten at this restaurant before. Talk about Mexican dishes you like. Decide on how much to tip.

S-24 SUGERENCIAS
LA COMPRENSIÓN AUDITIVA

Listening comprehension is so vital to the communication process that some foreign language methodologists have recommended entire courses based on listening approaches wherein students never speak the language, but instead focus on understanding the spoken language. While we feel that such methods are extreme and disadvantageous to the student (since most studies have shown that speaking and listening are developed concurrently), those courses do underscore the importance of listening comprehension.

Below are some suggestions for developing listening comprehension:

1. Develop the habit of listening attentively to all that the instructor says. Infer meaning to words you do not understand.

2. Practice listening to the taped program without the aid of the written text. Review tapes frequently.

3. Visit classes taught by other instructors.

4. Listen to radio and television broadcasts in Spanish.

5. Converse with native speakers.

E-12B ESCENA
DE SER POSIBLE, QUISIERA MANTENERME YO MISMO

Eran las tres y media cuando los dos muchachos llegaron a la casa. Carlos se

It was three-thirty when the two fellows arrived home. Carlos lay down intending

COMPREHENSION:
*¿Cuánto tiempo
quería dormir Carlos?
¿Cuánto tiempo dur-
mió? ¿Por qué está
tan cansado Carlos?
¿Pudo hacer Carlos
todo lo que quería
hacer? ¿Qué hizo?
¿Qué quisiera hacer
Carlos, de ser posi-
ble? ¿Cuál es la reac-
ción de su tío? ¿Qué
va a pasar si Carlos
vuelve a mencionar el
tema? ¿A Carlos le
gustaría trabajar?
¿Qué le dice su tío?
¿En qué forma pueden
los padres de Carlos
mandarle dinero a
México?*

ADAPTATION: *¿Qué
tal te fue hoy? ¿Qué
tal te fue ayer? ¿Pu-
diste hacer todo lo
que tenías que hacer?
¿Qué pasó? Cuéntanos
lo que hiciste. ¿Quién
paga tus gastos? ¿Pa-
gas comida y cama?
¿Pagas tus propios
gastos personales?
¿Libros? ¿Matrícula?
¿Diversiones? ¿Trans-
porte? ¿Tienes el deseo
de ser independiente?
Además de estudiar,
¿trabajas? ¿Es una
buena idea? ¿Quita
tiempo a los estudios?
¿En qué forma te
mandan dinero tus
padres o parientes?
¿Tienes tu propia
cuenta bancaria?*

acostó con la intención de descansar por unos treinta minutos pero se durmió y no se despertó hasta que su tía lo llamó a las seis y media. Ahora son las siete y media. Carlos está en la sala charlando con sus tíos.	to rest for about thirty minutes, but he fell asleep and didn't wake up until his aunt called him at six-thirty. Now it's seven-thirty. Carlos is in the living room chatting with his aunt and uncle.
MANUEL ¿Qué tal te fue hoy, Carlos? ¿Pudiste hacer todo lo que tenías que hacer?	How did it go for you today, Carlos? Were you able to do everything you had to do?
CARLOS Casi todo.	Almost everything.
ABUELITA Cuéntanos lo que hiciste.	Tell us what you did.
Carlos relata lo que hicieron él y Antonio.	*Carlos relates what he and Antonio did.*
CARLOS Todavía me queda una cosa por hacer. Creo que es una buena idea hablar de una vez de mis gastos en su hogar.	I still have one thing left to do. I think it's a good idea to talk once and for all about my expenses in your home.
MANUEL ¿A qué te refieres?	What are you referring to?
CARLOS Bueno, de ser posible, quisiera mantenerme yo mismo. Yo no quiero ser una carga y estoy dispuesto a. . . .	Well, if it were possible, I'd like to support myself. I don't want to be a burden and I'm willing to. . . .
MANUEL *(Levantando una mano)* ¡Alto ahí! Si ibas a decir "pagar cama y comida", olvídalo. Ésta no es una casa de huéspedes.	*(Lifting up his hand)* Hold it there! If you were going to say "pay for room and board," forget it. This isn't a boardinghouse (a house of guests).
CARLOS Sí, tío, comprendo. Estoy muy agradecido por todo lo que ustedes han hecho por mí, pero en	Yes, uncle, I understand. I'm very grateful for all that you have done for me, but with regard to

cuanto a los gastos. . . .

MANUEL Carlos, no quiero discutir. Me voy a ofender si vuelves a mencionar el tema.

CARLOS Perdón, tío, no quise ofenderte. Hablaba de los gastos personales—libros, matrícula, diversiones, transporte, cosas así.

AMELIA Comprendemos tu deseo de ser independiente, pero debes escuchar a tu tío.

CARLOS Hasta me gustaría trabajar si es posible, sobre todo con computadoras.

MANUEL No es una mala idea, pero tampoco es fácil. Un empleo quita tiempo a los estudios. Además, es casi imposible conseguir permiso para trabajar.

CARLOS Bueno, no es una necesidad. Traigo dinero para las cosas personales y mis padres me van a mandar también. A propósito, ¿en qué forma pueden mandarme dinero a México? ¿Giro postal, cheque personal?

MANUEL Los cheques son un poco difíciles de cobrar si no tienes tu propia cuenta bancaria.

expenses. . . .

Carlos, I don't want to argue. I'm going to be offended if you mention the subject again.

Pardon (me), uncle, I didn't intend to offend you. I was talking about personal expenses—books, tuition, entertainment, transportation, things like that.

We understand your desire to be independent, but you should listen to your uncle.

I would even like to work if it's possible, especially with computers.

It isn't a bad idea, but neither is it easy. A job takes time from your studies. Besides, it's almost impossible to get permission to work.

Well, it isn't a necessity. I have money for personal things and my parents are going to send [some] also. By the way, how (in what form) can they send me money to Mexico? Money order, personal check?

Checks are a little hard to cash if you don't have your own bank account.

CARLOS Entonces voy a abrir una cuenta.

Then I'm going to open an account.

1.   **Cuéntanos** and **olvídalo** are affirmative familiar commands. Note the position of the object pronoun.

2.   In many areas **pensión** is used instead of **casa de huéspedes.**

ACTIVIDAD PARA PAREJAS

La abuelita le preguntó a Carlos qué hizo esa mañana con Antonio. ¿Qué le contó Carlos? Cuenten ustedes por turno lo que hicieron Carlos y Antonio, una vez en primera persona, como lo hizo Carlos, y una segunda vez en tercera persona.

C-38 CULTURA
BOSQUEJO CULTURAL: EL MACHISMO

---

attitude

supreme being

power

La **actitud** hispánica del machismo también tiene mucha fama en todo el mundo. Es la idea de que el hombre es **el ser supremo** en la sociedad. Y para ser supremo, el hombre necesita **poder.**

there be

Es importante tener poder en casa, en el trabajo y en los círculos sociales. Una manera de expresar ese poder se ve en el uso del dinero. Antonio, igual que Carlos, siente la necesidad de pagar la comida. Es común que **haya** una pequeña disputa entre los hombres de un grupo social para determinar quién va a pagar la cuenta.

why

government

El machismo también puede ser la razón **por la cual** muchos hombres critican al **gobierno** (aunque no permiten que los extranjeros lo critiquen). Si el hombre admite que el gobierno es bueno, tiene que admitir que el gobierno tiene poder sobre él. Si es él quien gobierna, no puede dejar que otros tengan parte de su poder.

example

protect

without blemish

Otra **muestra** del poder del hombre macho es la responsabilidad que él siente de **proteger** a las mujeres de su familia—su madre, sus hermanas, y su esposa o novia—y demanda de ellas una moralidad **sin mancha.**

OPTION: Project the questions with an overhead and conduct a class survey.

¿QUÉ PIENSAS TÚ?

Indica si estas frases son verdaderas o falsas en cuanto a ti y a tu vida:

_____ Me gusta sentir el poder.

_____ Me gustaría tener muchos amigos.

_____ Las mujeres y los hombres son exactamente iguales.

_____ Los hombres y las mujeres deben tener los mismos **derechos** *(rights).*

_____ Las mujeres necesitan la protección de los hombres.

V-39 VOCABULARIO
EL PRESUPUESTO: ¿CUÁNTO GASTAS CADA MES?

PREPARATION:
Have students pre-
pare a simple budget
prior to class to be
discussed in this ac-
tivity.

A. ACTIVIDAD: EL PRESUPUESTO DEL SEMESTRE

Hablen de sus ingresos y gastos. (Talk about your income and expenses.)

¿CUÁNTOS DÓLARES RECIBES?

Empleo _____
Becas (Scholarships) _____
Préstamos (Loans) _____
Familia _____
Ahorros (Savings) _____
Otras **fuentes** (sources) _____

Total de ingresos _____

¿CUÁNTOS DÓLARES GASTAS?

Matrícula (Tuition) _____
Libros y **útiles** (supplies) _____
Alquiler (Rent) _____
Electricidad, agua, gas _____
Teléfono _____
Comida _____
Coche/Transporte _____
Diversiones _____
Otros gastos personales _____

Total de gastos _____

*¿Tienes tu propia cuenta bancaria como estas personas de Buenos Aires? ¿Tienes una **cuenta corriente**
(checking account) o una cuenta de ahorros?*

OPTION: Use se-
lected questions to
prepare a survey as
PREPARATION or
REVIEW.

B. PREGUNTAS PARA PAREJAS

1. ¿Gastas más dinero o menos dinero **del que** (*than*) recibes cada mes? ¿Qué haces cuando gastas más? ¿Cómo puedes **ahorrar** (*save*) dinero?

2. ¿Cómo pagas las cosas, **en efectivo** (*by cash*), con cheque personal o con **tarjeta de crédito** (*credit card*)? Si recibes dinero de otras personas, ¿en qué forma te lo mandan?

3. ¿Trabajas mientras estás en la universidad? Si lo haces, ¿tienes tiempo suficiente para los estudios? ¿Puedes mantenerte tú mismo(-a)?

4. ¿Ha subido o ha bajado **el costo de la vida** (*the cost of living*)? ¿La comida costaba más o costaba menos el año pasado? ¿Qué precios han cambiado más? ¿Hay inflación ahora?

5. Si tienes coche, ¿cuánto te costó? ¿Consume mucha gasolina? ¿Cuánto cuesta el galón de gasolina ahora? ¿Cuánto costaba hace un año?

6. ¿Tienes tu propio teléfono? ¿Haces muchas llamadas de larga distancia? ¿Con quiénes hablas?

 V-40 VOCABULARIO
LOS PRECIOS: ¿CUÁNTO CUESTA?

---

vender caro (barato)	*to sell at a high price (cheap)*
¿Cuánto cuesta(n)?	*How much does it (do they) cost?*
¿Cuánto costó (costaron)?	*How much did it (they) cost?*
¿Cuánto pagaste por _____?	*How much did you pay for _____?*
dos dólares el kilo	*two dollars a kilo (2.2 pounds)*
diez centavos la libra	*ten cents a pound*
un dólar el litro	*one dollar a liter*

NOTE: Allow ample
time for this activity.

A. ACTIVIDAD PARA TRES O CUATRO: COMPRANDO COMESTIBLES PARA LA SEMANA

Para ahorrar tiempo y dinero, tú y tus compañeros(-as) tratan de ir sólo una vez por semana al supermercado. Van a escribir una lista de todos los comestibles que necesitan para la semana. Deben **tomar en cuenta** (*take into account*) lo que quedó de la semana pasada.

1. ¿Qué hay en el refrigerador? ¿En el congelador? ¿En la **despensa** (*pantry*)?

2. ¿Cuántos litros de leche compraron la semana pasada? ¿Qué verduras compraron? ¿Comieron todas las que compraron? ¿Quedó carne o se acabó? ¿Qué más les quedó de la semana pasada? ¿Qué cosas no deben comprar porque no les gustaron?

3. ¿Qué necesitan comprar?

carne	mariscos	huevos	margarina
pescado	verduras	azúcar	productos lácteos
pollo	frutas	pan	café

4. ¿Cuánto dinero tienen para la comida de la semana? ¿Qué **cantidad** (*amount*) necesitan de cada cosa? ¿Hay dinero suficiente? ¿Cuántas **docenas** (*dozens*) de huevos? ¿Cuánto cuesta una docena? ¿Cuántas libras de margarina o mantequilla? ¿Cuántos kilos de papas? ¿Cuántos kilos de carne molida? ¿Dónde venden más barato? ¿Dónde tienen **ofertas** (*specials*)? ¿Es mejor comprar verduras frescas o en latas? ¿Por qué lo dices?

B. UNA CENA ESPECIAL: PARA PAREJAS

¿Alguna vez has preparado una cena especial para tus amigos? Si lo has hecho, explica todo lo que hiciste y lo que pasó. Si no lo has hecho, inventa algo.

el menú: plato principal, postre, otras cosas

las cosas que compraste, los precios y cantidades

la preparación: casa, mesa, comida

los **invitados** (*guests*) y la cena

lo que se hizo después—la **limpieza** (*cleaning*) de la cocina y otras cosas

---

♨ S-25 SUGERENCIAS
"TO TAKE" EN ESPAÑOL

In Spanish the expression "to take" may take any of several translations. Below are some common English expressions and their Spanish equivalents:

to take (it) home	**llevar(lo) a casa**
to take (a drink)	**tomar**
to take a nap	**dormir, echar una siesta**
to take off (a hat)	**quitarse (el sombrero)**
to take a photograph	**sacar una fotografía**
to take out (the trash)	**sacar (la basura)**
to take out on a date	**invitar**
to take a course	**seguir, tomar un curso**
to take a test	**examinarse, dar o sufrir un examen** (professors "*take* tests" [**tomar**] while students suffer or give them)

E-12C ESCENA
ME PAREZCO MÁS A MI MAMÁ

COMPREHENSION:
¿Dónde está Carlos?
¿Qué está haciendo?
¿Qué cree la abuelita?
¿En qué se nota? ¿Qué
diferencias hay entre
Carlos y su papá?
¿Qué semejanzas hay?
¿A quién ha salido
Carlos?

ADAPTATION: ¿A
quién has salido?
¿Qué semejanzas hay
entre tú y tu (papá,
mamá, hermano, her-
mana)? ¿Qué diferen-
cias hay?

Carlos ha subido arriba a lavarse las manos antes de la cena. Los otros están esperándolo.

ABUELITA ¿Se han fijado cómo se parece a su padre?

AMELIA ¿Carlos parecido a José María?

ABUELITA Claro que sí. Se nota en los ademanes y en la boca cuando se sonríe. Se nota hasta en la risa.

AMELIA Pero José María no es tan alto y es menos delgado. Además, tiene pelo negro y bigote.

MANUEL Naturalmente que hay muchas diferencias: José María usa anteojos y tiene la cara y la nariz más anchas. Sin embargo. . . .

SUSANA (Interrumpiendo) Parece que hay más diferencias que semejanzas. Mi tío tiene el pelo corto y liso; Carlos lo tiene ondulado y bastante largo.

MANUEL Yo iba a decir que a pesar de

Carlos has gone upstairs to wash his hands before dinner. The others are waiting for him.

Have you noticed how [much] he looks like (resembles) his father?

Carlos like Jose Maria?

Of course (he does). You can see (One notices) it in his (the) gestures and his mouth when he smiles. You can even see it in his laugh.

But Jose Maria isn't as tall and he is less slender. Besides, he has dark (black) hair and [a] mustache.

Naturally, there are many differences: Jose Maria wears glasses and has a wider face and nose. Nevertheless. . . .

(Interrupting) It looks like there are more differences than similarities. Uncle [Jose Maria] has short, straight hair; Carlos's is wavy and quite long.

I was going to say that in spite of so

tantas diferencias, a mí también me recuerda a José María.

ABUELITA ¿Verdad, Manuel? Hay mucha semejanza. Hasta tiene los mismos movimientos cuando camina. ¿No se fijaron cuando salió ahora? Ya viene; lo van a ver.

AMELIA Carlos, hablábamos de ti. La abuelita insiste en que te pareces mucho a tu papá. Tú, ¿qué dices? ¿A quién has salido?

CARLOS Yo siempre he creído que me parezco más a mi mamá. Quizás no. ¿Quién sabe?

many differences, he also reminds me of Jose Maria.

Isn't that so, Manuel? There's a lot of similarity. He even has the same movements when he walks. Didn't you notice when he went out (just) now? He's coming; you'll (you're going to) see.

Carlos, we were talking about you. Grandmother insists that you resemble your father a lot. What do you say? Who do you take after?

I have always believed that I look more like my mother. Maybe not. Who knows?

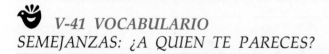

V-41 VOCABULARIO
SEMEJANZAS: ¿A QUIEN TE PARECES?

A. PARECER Y PARECERSE

1. **Parecer** means *to seem, to appear, to look (like)*. For example:

   Carlos no parece mexicano; más bien parece alemán.

   Carlos doesn't look Mexican; rather, he looks German.

2. **Parecerse a una persona** means *to resemble (look like) a (specific) person*:

   Carlos se parece más a su madre que a su padre.

3. **Parecerse** is also used to mean *to resemble each other*:

   Carlos y su madre se parecen.

   Ella y yo nos parecemos mucho.

B. LAS FACCIONES *(Features)*

Review V-15 for much of the vocabulary needed for descriptions. Additional descriptive vocabulary includes the following:

una cara ancha y redonda	*a wide, round face*
ojos vivos	*bright eyes*
cabello (pelo) rizado y canoso	*curly, gray hair*
un hombre medio calvo	*a partly (half) bald man*

OPTION: a) Conduct as a class activity. b) Form groups of four or five students for this activity.

C. PREGUNTAS PARA PAREJAS

1. ¿Cómo son tus padres? ¿Son altos, bajos o de estatura mediana? ¿De qué color tienen el pelo y los ojos? ¿Cómo tienen el pelo?

2. ¿Cómo eres tú? ¿A cuál de tus padres te pareces más? ¿En qué se parecen?

3. ¿Se parecen mucho tú y tus hermanos? ¿A cuál de tus hermanos te pareces más? ¿En qué se parecen?

OPTION: Prepare a transparency and conduct as a class activity.

D. ¿CÓMO SON ESTAS PERSONAS?

Manuel   *Amelia*   *Hilda*   *José María*

Doña Conchita   *Susana*   *Marisa*   *Antonio*

1. ¿De qué color tienen el pelo y los ojos?
2. ¿Quiénes tienen pelo largo? ¿Corto? ¿Liso? ¿Ondulado?
3. ¿Quiénes tienen la cara ancha? ¿Larga y delgada?
4. ¿Quién tiene la nariz más larga? ¿Más ancha?
5. ¿Quiénes usan anteojos?
6. ¿Quiénes tienen bigote? ¿Barba?
7. ¿Quiénes se parecen más?
8. ¿Qué semejanzas hay entre las mujeres?
9. ¿Qué diferencias hay?

V-42 VOCABULARIO
LUGARES: ¿DÓNDE QUEDA EL ESTADIO?

OPTION: Prepare a transparency of your campus map. Use to introduce this vocabulary.

LUGARES, EDIFICIOS, NEGOCIOS	PLACES, BUILDINGS, BUSINESSES
la administración	*administration*
el centro de asesoramiento	*advisement center*
centro de espectáculos	*special events center*
centro de recreo	*recreation (amusement) center*
la clínica	*clinic*
la estación de servicio	*service station*
el estacionamiento	*parking*
la farmacia	*pharmacy*
el gimnasio	*gymnasium*
las instalaciones	*facilities*
el laboratorio	*laboratory*
la librería	*bookstore*
la oficina de correos	*post office*
la peluquería	*barber shop*
el salón de actos	*assembly hall*

el salón de belleza   *beauty salon*
el teatro   *theater*
la tienda   *store*

A. ACTIVIDAD PARA PAREJAS

A campus visitor would like to know something about the buildings and facilities. Take turns playing the roles of visitor and student. Discuss whether you have a good library, a large assembly hall, a good bookstore, a theater, good laboratories, a special events center, a cafeteria or restaurant, a good recreation center, or parking space. What services are available on or near campus? Is there a beauty salon, barber shop, a bank, a post office, clinic, pharmacy, service station, bakery, or clothing store?

B. ACTIVIDAD PARA PAREJAS

Cuenta tus actividades de la semana pasada en la universidad.

1.   ¿A cuáles de los edificios de la universidad fuiste? ¿Para qué fuiste? ¿Cuándo fuiste la última vez a las oficinas de la administración?

2.   ¿Qué instalaciones usaste? ¿Fuiste al laboratorio de español? ¿Fuiste al gimnasio?

3.   ¿Adónde vas o con quién hablas si tienes preguntas sobre tu carrera? ¿Hay un centro de asesoramiento?

4.   ¿Hay buenos conciertos? ¿Hubo concierto la semana pasada? ¿Fuiste?

E-12D ESCENA
¿PIENSAS ESPECIALIZARTE?

COMPREHENSION: *¿Cómo son las mujeres de la familia García? ¿Cómo lo saben? ¿Quiénes han trabajado? ¿En qué han trabajado? ¿Qué ejemplos siguen Susana y Marisa? ¿Quién enseñó a manejar a Marisa? ¿Cuántos años tenía? ¿Por qué no va la abuelita a enseñar a manejar a Susana? ¿Con qué ayuda la abuelita a Susana? ¿Qué piensa ser Susana? ¿Por qué no quiere ser maestra de*

Las mujeres de la familia de doña Amelia son independientes. Su madre, doña Conchita, fue maestra de secundaria durante muchos años. Doña Amelia misma estuvo empleada por algunos años como cajera de banco. Aunque no trabaja actualmente, no por eso ha dejado de ser muy activa en asuntos de la sociedad y de la iglesia. Las chicas también siguen los ejemplos de su madre y de su abuela. Ahora las dos están conversando con Carlos.

The women in Doña Amelia's family are independent. Her mother, Doña Conchita, was a secondary school teacher for many years. Doña Amelia herself was employed for a few years as a bank cashier. Even though she doesn't work at present, she hasn't ceased being active in community and church affairs. The girls also follow the examples of their mother and grandmother. Now they are conversing with Carlos.

CARLOS La abuelita es una gran   Grandmother is a great lady. I

secundaria? ¿Qué va a estudiar Marisa? ¿Qué más quiere hacer Marisa? ¿Piensa especializarse Marisa? ¿En qué? ¿Qué estudia José María?
ADAPTATION: ¿Todavía vive tu abuelita? ¿Cómo es? ¿Quién te enseñó a manejar? ¿Es fácil soportar a los chicos de tu edad?

señora. Me imagino que era una maestra excelente.

MARISA *Es* una maestra excelente. A mí me enseñó a manejar . . . a los setenta y seis años. ¡Imagínate!

SUSANA Yo también quiero aprender a manejar pero la abuela vendió su coche hace dos años. Y papá no le deja usar el suyo.

MARISA Tienes catorce años; te queda mucho tiempo.

SUSANA Aunque no puede enseñarme a manejar, me ayuda a menudo con las tareas.

MARISA Su influencia ha sido tal que Susana piensa ser maestra también. ¿Verdad, Susana?

SUSANA Es cierto, pero de primaria, no de secundaria. No es fácil soportar a los chicos de mi edad.

MARISA ¿Y tú no eres una de ellos?

Susana hace una mueca.

CARLOS (*A Marisa*) Tengo entendido que tú vas a estudiar medicina.

MARISA Ése es mi plan.

CARLOS Te felicito. Debe ser una carrera difícil.

MARISA Va a ser un desafío porque

imagine she was an excellent teacher.

She *is* an excellent teacher. She taught me [how] to drive . . . at the [age] of seventy-six. Just think!

I want to learn to drive too, but Grandmother sold her car two years ago. And Dad doesn't let her use his.

You're fourteen years old; you have lots of time left.

Even though she can't teach me to drive, she often helps me with my homework.

Her influence has been such that Susana plans to be a teacher too. Right, Susana?

It's true, but in elementary, not secondary. It isn't easy to put up with kids (of) my age.

And you're not one of them?

Susana makes a face.

(*To Marisa*) I understand (I have it understood) that you are going to study medicine.

That's my plan.

Congratulations. It must be a hard course of study (career).

It's going to be a challenge because I

también espero casarme y tener dos o hasta tres hijos.

CARLOS Tienes el ejemplo de la abuelita, que hizo las dos cosas.

SUSANA Y el de mamá también, aunque ella sólo trabajó algunos años.

CARLOS ¿Piensas especializarte? Mi papá ejerció como médico general durante unos años y luego decidió especializarse como internista.

MARISA Sí, voy a ser pediatra. Me encantan los niños. Aunque creo que también me gustaría ser maestra, voy a ser pediatra.

CARLOS Entonces, con José María estudiando arquitectura en España, y Antonio en la UNAM en el programa de ingeniería química, mis cuatro primos tienen bien encaminadas sus vidas.

also hope to get married and have two or even three children.

You have the example of Grandmother, who did both (things).

And Mom's, too, although she only worked a few years.

Do you plan to specialize? My father practiced as a general practitioner for some years and then decided to specialize as an internist.

Yes, I'm going to be a pediatrician. Children fascinate me. Although I think I would also like to be a teacher, I'm going to be a pediatrician.

Then, with Jose Maria studying architecture in Spain, and Antonio at the UNAM in the chemical engineering program, my four cousins have their lives on the right road (well channeled).

C-39 CULTURA
BOSQUEJO CULTURAL: EL MARIANISMO

assume

modesty / humility

Tradicionalmente la mujer hispana tenía que **asumir** una actitud de subordinación, **modestia** y **humildad.** Esta actitud por parte de la mujer se llamaba

Decidido = (I've) decided   Seré = I'll be   subirte a = climb up on

behaved

spiritual matters

exercised / win the

heart of / advances

home, presently

———

OPTION: Ask any questions you deem appropriate.

"el marianismo". El término significaba que la mujer **se portaba** como la Virgen María, y que era superior al hombre en **asuntos espirituales**.

Mientras que el hombre, por ser macho, **ejercía** su libertad de **enamorar** a otras mujeres, la mujer tenía la responsabilidad de resistir las **insinuaciones amorosas** de otros hombres.

Aunque tradicionalmente la mujer no ha trabajado fuera del **hogar**, **actualmente** la situación está cambiando y hay un gran número de mujeres que

*¡Qué guapos están estos **novios** (bride and groom)! Acaban de casarse en Madrid. ¿En qué piensa el **suegro** (father-in-law)?*

tienen posiciones importantes en el gobierno, el sistema educativo y las profesiones.

✋ G-45 GRAMÁTICA
INFINITIVOS CON NOMBRES Y CON ADJETIVOS

English has two verbal nouns, the infinitive *(to work)* and the *-ing* form *(working*—called a gerund when it functions as a noun). Both forms are used to qualify nouns and adjectives:

Noun + infinitive: opportunity to go, right to work, time to play
Adjective + infinitive: easy to learn, first to know
Noun + gerund: possibility of going, hope of winning
Adjective + gerund: tired of running

Spanish has only the infinitive as a verbal noun, and an infinitive qualifying a noun or an adjective always requires a preposition. **De** is used most frequently. **Para** is also quite common; **a, en,** and **por** occur less frequently.

Note that the following two sentences have different subjects and different constructions:

Es fácil entender el español.   El español es fácil de entender.

In the first case the infinitive phrase is the subject: **Entender el español** es fácil. (See G-32.) In the second, **el español** is the subject, and **de entender** qualifies **fácil.**

✋ A-42 ACTIVIDADES
NADIE TIENE DERECHO A HACER ESO

REVIEW: Follow up by having individuals complete the phrases you select from the left-hand column.

A. Noun or adjective plus infinitive

Hagan combinaciones lógicas. Hay varias posibilidades.

UNO Tiene la mala costumbre de. . . .   DOS . . . hablar con la boca **llena** *(full).*

NOMBRES   POSIBILIDADES

Tomé **la decisión** *(decision)* de   conocer a tus padres.

Nadie tiene **derecho** *(right)* a/de   descansar un rato.

NOMBRES	POSIBILIDADES
Teníamos **esperanzas** *(hope)* de	volver a la universidad.
Corrí mucho; tengo **ganas** *(desire)* de	**despedirnos** *(to say good-bye)*.
Todavía no tengo **el gusto** *(pleasure)* de	viajar por Europa.
Ha llegado **la hora** *(time)* de	hablar así en público.
Tuve **la idea** *(idea)* de	trabajar para mi tío.
No tengo ninguna **intención** *(intention)* de	ganar mucho dinero.
Me veo en **la necesidad** *(need)* de	entrar por la ventana.
Apenas hay **tiempo** *(time)* para/de	usar las cosas de mis amigos.
Tuve **la oportunidad** *(opportunity)* de/para	pedir un **préstamo** *(loan)*.
Siempre pido **permiso** *(permission)* para	pagar esa cuenta.
Veo **la posibilidad** *(possibility)* de	hacer lo más necesario.

ADJETIVOS	POSIBILIDADES
El español es **fácil** *(easy)* de	conseguir.
Un cheque personal es **difícil** *(hard)* de	llegar.
El permiso es **imposible** *(impossible)* de	saber las cosas.
Tú fuiste **la primera** *(first)* en	cobrar.
Siempre somos **los últimos** *(last)* en	entender.

PREPARATION:
Have students pre-
pare possible answers
prior to class.

B. ACTIVIDAD PARA GRUPOS DE TRES O CUATRO

Cada uno **comparte** *(shares)* sus ideas y experiencias con los otros del grupo, completando las oraciones con frases de infinitivo.

1. Yo creo que todos los estudiantes tienen derecho a _____.
2. El año pasado tuve la oportunidad de _____.
3. No me gusta mucho la idea de _____.
4. Me han dado la posibilidad de _____.
5. Me gusta escuchar al (a la) profesor(a) porque es fácil de _____.
6. No sé lo que pide; sus cartas son difíciles de _____.
7. A mí no me dicen nada; siempre soy el (la) último(-a) en _____.
8. Es tarde; creo que ya es hora de _____.

SC-14 *SITUACIÓN COMUNICATIVA (PARA TRES PERSONAS) EN UN RESTAURANTE*

You go to a restaurant in Montevideo, Uruguay, with a friend who speaks only English. Because you are bilingual, order a meal for your friend and for yourself. Consider and include the following items in your conversation:

1. The restaurant is out of your first choice.
2. You are thirsty and want more water.
3. Tell the waiter the food is delicious.
4. You both want dessert.

R-12 *REPASO* *¿QUÉ PASA CON NUESTROS AMIGOS?*

AHORA ¿Dónde están los jóvenes? ¿Qué hora es? ¿Quién es el hombre que está con ellos? ¿Adónde los lleva?
ANTES ¿Qué cosas hicieron durante la mañana?
DESPUÉS ¿Dónde se van a sentar? ¿Qué van a pedir?

AHORA ¿De qué hablan Carlos y Antonio? ¿Qué quiere pagar Antonio? ¿Qué puede pagar Carlos?
ANTES ¿Qué pidieron? ¿Por qué no comieron tamales de cerdo? ¿Qué comieron? ¿Qué bebieron? ¿Le gustaron a Carlos los tamales? ¿Los había comido antes?
DESPUÉS ¿Por qué no van a ver más de la universidad? ¿Qué van a hacer?

AHORA ¿De qué habla don Manuel con su sobrino? ¿Por qué parece estar enojado don Manuel?
ANTES ¿Que dijo Carlos de mantenerse él mismo?
DESPUÉS ¿Qué va a hacer su tío si Carlos vuelve a mencionar el tema?

AHORA ¿Qué gastos personales tiene Carlos? ¿Tiene dinero para esos gastos?

ANTES ¿Por qué tuvo Carlos que explicar que hablaba de los gastos personales?

DESPUÉS ¿De dónde va Carlos a recibir más dinero? ¿Qué va a hacer para cobrar más fácilmente los cheques personales?

AHORA ¿De qué habla doña Conchita? ¿Qué cree ella? ¿Están de acuerdo los otros? ¿Quién está más de acuerdo? ¿Qué diferencias hay entre Carlos y su padre? ¿En qué se parecen?

ANTES ¿Adónde fue Carlos? ¿A qué fue?

DESPUÉS ¿Qué le van a preguntar a Carlos y qué va a contestar él al volver al comedor?

ENTONCES ¿Qué hacía doña Conchita hace algunos años?

ANTES ¿Dónde había enseñado antes de ir con su esposo a la capital?

DESPUÉS ¿A quién iba a enseñar a manejar años después? ¿En qué iba a ayudar a Susana?

AHORA ¿A quiénes vemos aquí? ¿Qué estudia cada uno de los hijos de la familia García?

ANTES ¿Adónde fue a estudiar el hijo mayor?

DESPUÉS ¿Quién va a ser pediatra? ¿Por qué va Susana a ser maestra de primaria y no de secundaria?

REPASO DE VOCABULARIO

NOMBRES:

NIVEL A

G-44, V-39, V-42, A-42

el	**bien**	good; benefit
el	**camarero**	waiter
la	**costumbre**	custom
la	**cuenta**	check, bill; account
el	**hogar**	home
el	**interés**	interest
el	**menú**	menu
la	**propina**	tip
el	**rincón**	corner (inside)
la	**risa**	laugh, laughter
la	**tarea**	task; homework

NOMBRES:

NIVEL B

el	**ademán**	gesture
el	**bistec**	(beef)steak
la	**cajera**	cashier
el	**cubierto**	place setting
el	**desafío**	challenge
el	**giro postal**	money order
la	**impresión**	impression
la	**influencia**	influence
el/la	**internista**	internist
la	**medicina**	medicine
el	**movimiento**	movement
la	**orden**	order
el/la	**pediatra**	pediatrician
la	**semejanza**	similarity
la	**siesta**	siesta, nap
el	**tamal**	tamale
el	**trámite**	step; procedure

VERBOS:

NIVEL A

S-25

alejarse	to withdraw, move away
cobrar	to cash; to charge; collect
conseguir (i)	to get, obtain
charlar	to chat
especializarse	to specialize
fijarse (en)	to notice
mantener	to maintain, support

sugerir (ie)	to suggest

VERBOS:

NIVEL B

convidar	to invite, treat
charlar	to chat
emplear	to employ
encaminar	to direct, put on the right road
felicitar	to congratulate
interrumpir	to interrupt
mencionar	to mention
ofender	to offend
ofenderse	to be offended
recomendar (ie)	to recommend
recordar (ue)	to remind; to remember
referirse (ie) (a)	to refer (to)
relatar	to relate, tell
sonreír(se)	to smile

ADJECTIVOS:

NIVEL A

agradecido(-a)	grateful
corto(-a)	short
dispuesto(-a)	willing, disposed
imposible	impossible
independiente	independent
limpio(-a)	clean
parecido(-a)	similar, alike
sucio(-a)	dirty

ADJETIVOS:

NIVEL B

activo(-a)	active
afortunado(-a)	fortunate
bancario(-a)	bank, banking
encaminado(-a)	directed, channeled
feroz	ferocious
liso(-a)	straight; smooth
magnífico(-a)	great, magnificent
módico(-a)	moderate
ondulado(-a)	wavy
postal	postal
primario(-a)	primary, elementary

secundario(-a)	secondary

ADV/PREP/CONJ:

NIVEL A

hasta (adv)	even
quizá(s)	maybe, perhaps

MODISMOS Y EXPRESIONES:

NIVEL A

V-40, V-41

lo que tú quieras	whatever you want
Me da igual.	It's all the same to me.
¿Nos vamos ya?	Shall we go now?
¿Qué tal te fue?	How did it go for you?
tener el pelo largo (corto)	to have long (short) hair
Yo como de todo.	I eat anything.

MODISMOS Y EXPRESIONES:

NIVEL B

Aquí se come muy bien.	The food is good here.
cama y comida	board and room
casa de huéspedes	boardinghouse
El comer me da sueño.	Eating makes me sleepy.
ir a medias	to go fifty-fifty
Me queda una cosa por hacer.	I have one thing left to do.
Me recuerda a ____.	He/She reminds me of ____.
salir a alguien	to turn out like someone
tener entendido	to understand (have understood)

LECCIÓN 13

*Izquierda, arriba: Un **baile folklórico** (folk dance) en Yucatán, México. A casi todos los hispanos les gustan las fiestas y los bailes. Izquierda: Estos estudiantes de Sevilla, España, forman una tuna. Para saber lo que es una tuna, hay que leer el Bosquejo Cultural, C-42, en esta lección.*

E-13A ESCENA
¿QUÉ QUIERES QUE HAGAMOS?

COMPREHENSION:
Según Amelia, ¿qué
deben hacer para Car-
los? Amelia sugiere
dos cosas. ¿Cuales
son? ¿Con qué propó-
sito, según Marisa?
A Susana, ¿a quiénes
le gustaría invitar?
¿Dónde quiere hacer
la fiesta Susana?
¿Quién había pensado
en algo más íntimo?
¿De quién es la idea
más práctica? ¿Qué
problemas tiene la
idea de Susana? ¿A
quiénes van a invitar
para la fiesta el sá-
bado? ¿Van a contra-
tar un conjunto? En-
tonces, ¿qué van a
hacer? ¿Puede Amelia
contar con la ayuda
de las dos chicas?

ADAPTATION: ¿Has
estado pensando? ¿En
qué? Si hacemos una
fiesta, ¿a quiénes te
gustaría invitar? ¿Pre-
fieres las fiestas
grandes o algo un
poco más íntimo? ¿Es
bueno invitarles a to-
dos en lugar de excluir
a alguien? ¿Tienes
ideas prácticas o
tienen ciertos incon-
venientes tus ideas?
¿Te gusta bailar con
discos y cassettes o
prefieres bailar con
música de los conjun-
tos? ¿Puedo contar
con tu ayuda?

En casa de los García, dos días después de la llegada de Carlos.

At the Garcia home, two days after Carlos's arrival.

AMELIA Chicas, he estado pensando. Creo que debemos hacer algo especial para Carlos. ¿No les parece?

Girls, I've been thinking. I believe we should do something special for Carlos. Don't you think so?

SUSANA ¿Qué quieres que hagamos?

What do you want us to do?

AMELIA Una cena tal vez, o una fiesta.

A dinner perhaps, or a party.

MARISA Claro, para que conozca a otras personas.

Of course, so that he can meet some other people.

SUSANA A mí me gustaría invitar a to-dos los parientes y los amigos de la escuela. Podemos alquilar un salón y contratar un conjunto.

I'd like to invite all our (the) relatives and our (the) friends from school. We can rent a hall and hire a group.

AMELIA Yo había pensado en algo un poco más íntimo. Por supuesto que no vamos a excluir a nadie que quiera conocerlo.

I had thought of something a little more intimate. Of course we're not going to exclude anyone (no one) who wants to meet him.

MARISA Naturalmente, pero tu idea es más práctica.

Naturally, but your idea is more practical.

SUSANA Bueno, la mía no está mal pero veo que tiene ciertos inconvenientes.

Well, mine isn't bad, but I (can) see that it has certain drawbacks.

AMELIA Entonces, ¿qué hacemos?

Then, what shall we do?

MARISA Hagamos una fiesta aquí mismo el sábado que viene para los parientes y los amigos más íntimos.

SUSANA De acuerdo. Y en lugar del conjunto, podemos bailar con discos y cassettes.

AMELIA Me parece muy bien, y me alegro de ver su entusiasmo. ¿Puedo contar con la ayuda de las dos?

SUSANA Por supuesto, mamá.

MARISA Sólo tienes que decirnos lo que quieres que hagamos.

AMELIA Piénsenlo un poco. Más tarde, cuando tengamos un rato libre, vamos a reunirnos con Justina para planearlo.

Let's have a party right here next Saturday for our (the) relatives and (the) closest friends.

All right. And instead of the group, we can dance to records and cassettes.

It seems fine to me, and I'm glad to see your enthusiasm. Can I count on the help of both of you?

Of course, Mom.

You only have to tell us what you want us to do.

Think about it a little. Later, when we have a free moment, let's get together (meet) with Justina to plan it.

❧ C-40 CULTURA
BOSQUEJO CULTURAL: LA ARQUITECTURA

Hay gran variedad en el estilo arquitectónico de país en país, dentro de un mismo país y aún dentro de una misma ciudad. Uno nota casas grandes y *luxurious / shacks* **lujosas** tanto como **casuchas** pobres. Hay edificios bien modernos junto a edi-
Due to ficios que fueron construidos hace siglos. **Debido a** su larga historia, España,
castles / hundreds en especial, tiene iglesias, catedrales y **castillos** que tienen **centenares** de
bridges / aqueducts años, y **puentes** y **acueductos** que fueron construidos durante el período de los romanos, hace casi dos mil años.

sidewalk / have the En muchos países, las casas se construyen junto a la **acera** y **tienen las**

En esta foto de uno de los barrios de Jalapa, México (famoso por sus chiles jalapeños) se pueden ver algunas azoteas y varias casas que tienen las paredes laterales en común.

side walls in common / flat roof

paredes laterales en común. Muchas casas se construyen alrededor de un patio central y tienen **azotea** como la de los García en que se puede tender la ropa para secarla. Lo que todas las casas tienen en común es la hospitalidad de los hispanos—no importa dónde vaya uno.

1. ¿Cuáles son algunos ejemplos de la gran variedad que se nota?
2. ¿Son modernos o antiguos los edificios? Explica.
3. ¿Qué es lo que todas las casas tienen en común?

G-46 GRAMÁTICA
ORACIONES COMPUESTAS (Complex sentences)

A simple sentence has only one personal verb form and is a single clause: **Tengo** poco tiempo. Mañana **queremos** salir temprano. A complex sentence is one composed of a main clause and one or more dependent clauses. Each clause has a personal verb form. Each of the following dependent clauses has a specific role in relation to its main clause.

MAIN CLAUSE	DEPENDENT CLAUSE
Yo **sé**	que **tienen** dinero.
Tengo un tío	que **vive** en Chile.
Voy a la biblioteca	cuando **quiero** estudiar.

1. As a noun   The clause **que tienen dinero** functions as a noun and is the direct object of **sé.** Noun clauses can have any of the noun functions in a sentence. For example:

Subject:	Es cierto **que no podemos ir.**
Direct object:	Me dicen **que quieren ir conmigo.**
Object of preposition:	Estoy seguro de **que puedes hacerlo.**

2. As an adjective   The clause **que vive en Chile** functions as an adjective modifying **tío.**

3. As an adverb   The clause **cuando quiero estudiar** functions as an adverb modifying the main verb **voy.**

Subjunctive means "subjoined." Subjunctive verb forms occur most frequently in dependent clauses, that is, clauses that are subjoined or subordinate to other clauses in complex sentences.

G-47 GRAMÁTICA
MODO SUBJUNTIVO (Subjunctive mood)

A. Indicative versus subjunctive

With the indicative mood we make statements and ask questions about what we regard or present as reality. The verb forms we have used actively belong to the indicative mood. The subjunctive mood is used to deal with what we wish others to do, our hypothetical or subjective views of things, and what we have not yet experienced. Examples of Spanish subjunctive in dependent clauses from this **Escena** include:

Noun clause:	¿Qué quieres **que hagamos**?
Adjective clause:	No vamos a excluir a nadie **que quiera conocerlo.**
Adverb clauses:	**Cuando tengamos un rato libre,** vamos a reunirnos.
	Vamos a hacerle una fiesta **para que conozca a otras personas.**

Our present task has three parts:

1.   To master the forms of Spanish present subjunctive.
2.   To learn to recognize ideas and constructions that require subjunctive.
3.   To learn to respond automatically to those ideas and constructions.

B. English present subjunctive in noun clauses

English subjunctive verb forms do not occur frequently. Present subjunctive forms are identical to the infinitive without *to*. Except for *to be*, indicative and subjunctive forms differ only in the third-person singular. Although not all speakers of English would use subjunctive in the following examples, probably few would consider it unusual for someone else to do so.

INDICATIVE (PRESENTED AS REAL)	SUBJUNCTIVE (PRESENTED AS DESIRED OR HYPOTHETICAL)
We know (that) *he speaks* English.	We recommend (that) *he speak* Spanish.
I believe (that) *she eats* little.	I only ask that *she eat* more.
They say (that) *he lives* alone.	They prefer (that) *he live* with them.
It is true (that) *we are* at home very little.	It is necessary that *we be* at home more.

C. Spanish present subjunctive in noun clauses

In these sentences Spanish and English coincide in the use of indicative and subjunctive.

INDICATIVE	SUBJUNCTIVE
Sabemos que **habla** inglés.	Recomendamos que **hable** español.
Creo que **come** poco.	Sólo pido que **coma** más.
Dicen que **vive** solo.	Prefieren que **viva** con ellos.
Es cierto que **estamos** en casa poco.	Es necesario que **estemos** en casa más.

G-48 GRAMÁTICA
FORMAS DEL PRESENTE DE SUBJUNTIVO

NOTE: Teaching the subjunctive form of verbs is simplified greatly by the use of the three-slot approach to verbs. As indicated in Section A, verbs in -*a*- take -*e*- in the center slot, while verbs in -*e* -and -*i*- take -*a*-. This is

A. Four patterns

Spanish present subjunctive forms are derived from present indicative forms. In the second part of the verb, the part that carries grammatical information, **a** becomes **e**; **e** and **i** become **a**. Fundamental and consistent in all forms is this reversal of vowels. Any irregularities occur in the stems, not in the endings. All but a few of these modifications of the stem belong to patterns we have already seen and used.

    Four different patterns divide the verbs of Spanish.

much easier for stu-
dents to learn than
twelve new endings.

PATTERN 1   Verbs of this pattern use the indicative stems and simply reverse the vowels. The pattern includes:

a.   all regular verbs.

b.   all stem-changing verbs in **-a-** and **-e-**.

c.   all but **nosotros** and **vosotros** forms of stem-changing verbs in **-i-**.

d.   irregular verbs **estar** and **dar**.

NOTE: It is counter-
productive to use
first-person singular
as the basis of pres-
ent subjunctive forms
for verbs other than
these of Pattern 2.

PATTERN 2   Verbs of this pattern take their subjunctive stem from the **yo** form of the present indicative. The pattern includes most irregular verbs (**caer, conocer, decir, hacer, oír, parecer, poner, salir, tener, traer, venir, ver,** and others). We have seen **hagamos** from **hacer** and **conozca** from **conocer**.

PATTERN 3   The present subjunctive stems of these verbs cannot be derived by any of the other rules. The group has only four verbs: **ser, ir, saber,** and **haber**.

PATTERN 4   This pattern includes only the **nosotros** and **vosotros** forms of stem-changing verbs in **-i-** (**sentir, dormir, pedir,** etc.). Stem-vowel **e** becomes **i,** and **o** becomes **u**.

B. Forms of Pattern 1

At this point we are concerned only with verbs of Pattern 1. These verbs use the stems of the corresponding indicative forms and simply reverse the vowels. First-person singular changes the **o** (or **oy**) to the same vowel as the other persons, and thus is identical to third-person singular.

1. Verbs in -a-:   **a** and **o** (or **oy**) for indicative, **e** for subjunctive. The verbs of the chart are **comprar, pensar (ie),** and **contar (ue)**.

INDICATIVE PARTS 1 2 3	SUBJUNCTIVE PARTS 1 2 3	INDICATIVE PARTS 1 2 3	SUBJUNCTIVE PARTS 1 2 3
compr / piens — o / cuent	compr / piens — e / cuent	compr / pens — a — mos / cont	compr / pens — e — mos / cont
compr / piens — a — s / cuent	compr / piens — e — s / cuent	compr / pens — á — is / cont	compr / pens — é — is / cont
compr / piens — a / cuent	compr / piens — e / cuent	compr / pien — a — n / cuent	compr / piens — e — n / cuent

NOTE: The first- and third-person singular forms of the verb *dar* in the subjunctive (*dé*) require the written accent to distinguish them from the preposition *de*.

Irregular verbs **estar** and **dar** follow this pattern. Note accented **dé.**

INDICATIVE		SUBJUNCTIVE		INDICATIVE		SUBJUNCTIVE	
estoy	esta-mos	esté	este-mos	doy	damos	dé	demos
estás	estáis	estés	estéis	das	dais	des	deis
está	están	esté	estén	da	dan	dé	den

2. *Verbs in -e- and -i-:* **e, i,** and **o** for indicative, **a** for subjunctive. The verbs of the chart are **comer, perder (ie), volver (ue), vivir, sentir (ie), dormir (ue),** and **pedir (i).**

INDICATIVE PARTS	SUBJUNCTIVE PARTS	INDICATIVE PARTS	SUBJUNCTIVE PARTS
1 2 3	1 2 3	1 2 3	1 2 3

C. Spelling changes

Certain spelling changes are necessary in the present subjunctive according to Spanish writing conventions. These do not constitute true irregularities.

ca → que	ga → gue	gue → ga
busca → busque	juega → juegue	sigue → siga
gui → ga	ce → za	za → ce
seguimos → sigamos	convence → convenza	empieza → empiece

 G-49 GRAMÁTICA

PRESENTE DE SUBJUNTIVO EN ORACIONES SUSTANTIVAS (Present subjunctive in noun clauses)

Two conditions must be met for the subjunctive to be required in a noun clause.

1.   First condition: there must be a noun clause. When there is only one subject involved with two different actions (one subject—two actions), English frequently has two patterns available. In similar situations, Spanish normally uses only one pattern.

TWO PATTERNS: (a) NOUN CLAUSE (b) INFINITIVE PHRASE

SINGLE PATTERN: INFINITIVE PHRASE

a. I hope *(that) I sleep* well.
b. I hope *to sleep* well.   Espero **dormir** bien.

a. We're glad *(that) we are* here.
b. We're glad *to be* here.   Nos alegramos de **estar** aquí.

The subjunctive is not required in these Spanish sentences because an infinitive phrase, rather than a noun clause, expresses the second action.

   With different subjects for the two actions (two subjects—two actions), Spanish uses a noun clause with the subjunctive for the second action.

I hope *(that) you sleep* well.   Espero **que duermas** bien.

We're glad *(that) she is* here.   Nos alegramos de **que (ella) esté** aquí.

   On the other hand, English frequently represents in a single clause two different actions by different subjects. An infinitive states the action of the second subject. Spanish permits some such constructions (G-53-I), but it requires a noun clause with subjunctive to express some of the most frequent ideas.

TWO ACTIONS—ONE CLAUSE

TWO ACTIONS—TWO CLAUSES

I want you to work today.   **(Yo) Quiero** que **(tú) trabajes** hoy.

TWO ACTIONS—ONE CLAUSE	TWO ACTIONS—TWO CLAUSES
He needs us to help him.	**(Él) Necesita** que **(nosotros)** lo **ayudemos.**
She tells him to return early.	**(Ella) Le dice** que **(él) vuelva** temprano.

2. Second condition: the noun clause must depend on a main clause whose meaning requires the subjunctive. We have used dependent noun clauses all along, but without the subjunctive. The meaning of the main clause determines whether the dependent clause takes the indicative or the subjunctive.

INDICATIVE	SUBJUNCTIVE
If the main clause uses an expression for reporting or requesting information or if the dependent clause states what is regarded to be information, the verb of the dependent clause will be in the indicative.	If the main clause uses an expression that reveals one's hopes, desires, needs, likes, dislikes, feelings, intentions, proposals, requests, doubts, value judgments, acceptance or rejection regarding the content of the dependent clause, the verb of the dependent clause will be in the subjunctive.

EMPHASIS: The chart that accompanies this section is critical to understanding the use of the subjunctive. Have students focus on the meaning of the verb in the main clauses to get a feeling for those that require subjunctive in the dependent clause and those that do not (especially contrasts such as *creo* versus *no creo*).

MAIN CLAUSE	DEPENDENT CLAUSE	MAIN CLAUSE	DEPENDENT CLAUSE
Sé		**Quiero**	
Me acuerdo de		**Necesito**	
Creo		**Ojalá**	
Digo (statement)	**que hablan.**	**Les digo** (command)	**que hablen.**
Veo			
Me parece		**No creo**	
Es cierto		**Niego** *(I deny)*	
Les pregunto	**si hablan.**	**Me alegro de**	
		Les pido	
		Me gusta	
		No es cierto	
		Es mejor	
		Hace falta	

Note the distinction in meaning and usage of **preguntar** *(to ask a question)* and **pedir** *(to make a request)*: **preguntar** asks for information and thus takes the indicative whereas **pedir** makes a request and requires the subjunctive.

A-43 ACTIVIDADES
¿DE QUÉ QUIERE UD. QUE HABLEMOS?

PREPARATION:
Model the following
sentences, if neces-
sary, prior to this ac-
tivity: *¿Qué cantamos
ahora? ¿Qué quiere
que cantemos? ¿Qué
leemos? ¿Qué quiere
que leamos? ¿Con
quién hablamos? ¿Con
quién quiere que ha-
blemos? ¿De qué ha-
blamos? ¿De qué
quiere que hablemos?
¿Cuándo empezamos?
¿Cuándo quiere que
empecemos? etc.*

A. ACTIVIDAD PARA LA CLASE

El (La) profesor(a), que no siempre oye bien, a veces tiene que pedir que le repitan las cosas.

MODELO   UNO = **Estudiantes;** DOS = **Profesor(a)**

UNO ¿Qué **cantamos** ahora?

DOS ¿Cómo? No oí. (¿Qué dicen?)

UNO ¿Qué quiere Ud. que **cantemos** ahora?

DOS Quiero que canten "Estrellita".

UNO ¿Qué páginas **leemos?**

DOS No entendí. (No se oye.)

UNO ¿Qué páginas quiere Ud. que **leamos?**

DOS Quiero que lean las primeras.

UNO ¿Con quién hablamos?

1. ¿De qué hablamos?
2. ¿Cuándo empezamos?
3. ¿En qué página empezamos?
4. ¿Cuántas cintas escuchamos?
5. ¿Qué palabras aprendemos?
6. ¿Cuántos verbos aprendemos?
7. ¿Cómo respondemos a estas preguntas?
8. ¿Cuáles de los ejercicios escribimos?

PREPARATION: a)
Have three students
model this activity
before assigning to
pairs. b) Preview new
vocabulary, model-
ing pronunciation
and emphasizing
meaning.

B. ACTIVIDAD PARA VARIOS: ¿ES CIERTO O NO ES CIERTO?

Usando una de las cuatro expresiones a la izquierda, UNO afirma algo sobre alguna persona. Los otros del grupo—DOS, TRES —usan una expresión de la segunda lista para **negar** (*deny*) la afirmación o para explicar por qué es cierta.

UNO: INDICATIVE

Yo creo
Dicen (Se dice)
Me parece
Tengo entendido (*I understand*)

DOS, TRES: SUBJUNCTIVE

Yo no creo
No es cierto
Me parece imposible
Es verdad porque _____ quiere

UNO Dicen que <u>(nombre)</u> lava su coche todos los días.

DOS No es cierto (Yo no creo) que lo lave todos los días.

TRES Es verdad porque su papá quiere que lo lave todos los días.

UNO Me parece que _____ se levanta muy temprano.

DOS Yo no creo que se levante temprano.

TRES Me parece imposible que se levante temprano.

cuenta **chistes verdes** *(dirty jokes)*	aprende español muy rápido
no se preocupa por sus notas	cree en el **diablo** *(devil)*
piensa en cosas **tontas** *(silly, dumb)*	vive en una casa elegante
ahorra mucho dinero	vende su coche tan viejo y malo
gana cincuenta mil dólares al año	vuelve a casa cada fin de semana

OPTION: This activity can be done well with groups of four or five students.

C. ACTIVIDAD PARA PAREJAS

Ustedes han planeado una actividad y hay mucho que hacer. ¿Quién va a hacer cada cosa, tú o tu pareja? Pueden dividir las tareas como quieran, pero deben estar preparados(-as) para explicar o defender sus preferencias.

MODELO   **preparar el salón / lo prepare**

UNO ¿Tú quieres **preparar el salón** o quieres que yo **lo prepare?**

UNA RESPUESTA

DOS Quiero (Prefiero) que **tú lo prepares.**

UNO ¿Por qué (quieres que yo lo prepare)?

DOS (Porque) (Tú) Tienes mucha experiencia (buen gusto, más tiempo que yo). (Yo no sé hacerlo tan bien como tú.)

OTRA RESPUESTA

DOS Yo quiero (Prefiero) **prepararlo.** (A mí me gustaría prepararlo.)

UNO ¿Por qué (quieres prepararlo)?

DOS (Porque) Me gusta hacer esas cosas. (Tengo más tiempo que tú.)

comprar las cosas	las compre
invitar a los amigos	los _____
buscar un tocadiscos	lo _____
conseguir los discos	los consiga
pedir el salón	lo pida
probar la bebida	la pruebe
arreglar el salón	lo _____
presentar al chico que va a cantar	lo _____
servir **el refrigerio** *(refreshments)*	lo sirva
limpiar la cocina y el salón	los _____
cerrar el salón	lo cierre
devolver las cosas prestadas	las devuelva

OPTION: a) Do as a class activity. b) Assign as a written assignment prior to

D. PARA **MEJORAR** *(To improve)* ESTE MUNDO

Indica lo que necesitan hacer las siguientes personas para mejorar este mundo.

EJEMPLO   **Es necesario que los jóvenes estudien otras gentes.**

Es necesario que	los gobiernos del mundo	llevar/una vida buena.
Es importante que		amar/la **paz** (*peace*).
Quiero que	todo el mundo	trabajar/por la paz.
Hace falta que	los jóvenes	amar/a su **prójimo** (*fellow being*).
Es mejor que	los niños	
	los padres	hablar/con otros gobiernos.

E. CÍRCULO DE CONVERSACIÓN (CUATRO PERSONAS)

1. ¿Qué quieres estudiar? ¿Qué quieren tus padres que estudies?

2. ¿En qué profesión quieres trabajar? ¿En qué profesión quieren tus padres que trabajes?

 ## E-13B ESCENA
NOS GUSTA QUE HAYA ALGUNA ACTIVIDAD

Doña Amelia y sus dos hijas se han reunido en el comedor para planear la fiesta. Falta Justina, a quien Amelia ha buscado sin éxito.

AMELIA ¿Salió Justina? No la he visto.

MARISA Que yo sepa no ha salido.

Se asoma Petrita.

AMELIA Petrita, ¿sabes dónde está tu mamá?

Doña Amelia and her two daughters have met in the dining room to plan the party. Missing is Justina, whom Amelia has looked for unsuccessfully.

Did Justina go out? I haven't seen her.

As far as I know she hasn't gone out.

Petrita appears.

Petrita, do you know where your mother is?

PETRITA En la azotea, tendiendo la ropa.

On the roof, hanging out the clothes.

AMELIA Corre rápido a decirle que venga. Vamos a hablar de algo importante.

Run quickly and (to) tell her to come. We're going to talk about something important.

Petrita vuelve con su mamá.

Petrita returns with her mother.

JUSTINA ¿Me buscaba, señora?

You were looking for me, ma'am?

AMELIA Sí, Justina, siéntate. Hemos decidido hacerle una fiesta de bienvenida a Carlos y hace falta que todas ustedes ayuden.

Yes, Justina, sit down. We have decided to have a welcoming party for Carlos and it's necessary that you all help.

PETRITA ¿Necesita que yo haga algo también, señora?

Do you need me to do something too, ma'am?

AMELIA Cómo no, Petrita. Vamos a ver. Bueno, ¿qué ideas tienen?

Of course, Petrita. We'll see. Well, what ideas do you have?

MARISA En primer lugar, debe haber algo de comer.

In the first place, there should be something to eat.

SUSANA A los jóvenes siempre nos gusta que haya alguna actividad: baile, juegos, canciones, algo así.

We kids always like there to be some activity: dance, games, songs, something like that.

MARISA Y puede haber algo para los mayores. También algunas familias tienen niños.

And there can be something for the older [ones]. Also, some families have children.

PETRITA ¿Una piñata para los niños?

A piñata for the children?

SUSANA ¿Qué tal si decoramos?

How about if we decorate?

AMELIA Todo eso está muy lindo, pero temo que la cosa se vaya complicando. No debemos olvidar el pro-

All this is very nice, but I'm afraid (I fear) that the thing is becoming complicated. We musn't forget the pur-

pósito: que Carlos y nuestros parientes y amigos se conozcan.

MARISA Tienes razón. No creo que convenga tratar de hacer demasiadas cosas.

AMELIA Es mejor que hagamos algo sencillo y bien hecho.

MARISA Sobre todo si queremos que sea una sorpresa.

SUSANA Eso es, vamos a darle una sorpresa.

JUSTINA Ojalá que todas podamos guardar el secreto.

PETRITA Yo sí puedo.

AMELIA Muy bien, que sea una sorpresa. Ahora, volviendo a lo que decíamos. También tenemos que pensar en la lista de invitados. Yo ya la comencé.

MARISA Viene Enrique, ¿verdad? Vamos a pedirle que traiga su guitarra y cantar unas canciones tradicionales.

AMELIA Me gusta la idea. Ahora, para simplificar, ¿qué tal si arreglamos bien la casa y dejamos los adornos para otra ocasión?

PETRITA ¿Tampoco la piñata entonces?

AMELIA En lugar de la piñata, ¿no te gustaría ver dibujos animados? Podemos alquilar una videocassettera y tú la manejas.

PETRITA Sí, eso me gustaría.

SUSANA Pero no vamos a cancelar el baile.

AMELIA No, eso no, pero lo vamos a hacer en el patio porque con el ruido de la música no se puede hablar.

SUSANA ¿"Ruido" dijiste?

AMELIA Quise decir que siempre ponen la música muy alto.

MARISA Tengo una idea, mamá: que

pose: that Carlos and our relatives and friends get to know each other.

You're right. I don't believe it's a good idea to try to do too many things.

It's better for us to do something simple and well done.

Especially if we want it to be a surprise.

That's it, let's give him a surprise.

I hope that we can all keep it a secret (keep the secret).

I can.

Very well, let it be a surprise. Now, going back to what we were saying. We also have to think about the guest list. I started it already.

Enrique is coming, isn't he? Let's ask him to bring his guitar and sing some traditional songs.

I like the idea. Now, in order to simplify, how about if we tidy up the house well and (we) leave the decorations for another occasion?

Then no piñata either?

Instead of the piñata, wouldn't you like to see some cartoons? We can rent a VCR and you run it.

Yes, I'd like that.

But we're not going to cancel the dance.

No, not that, but we're going to have (do) it on the patio because with the noise of the music you can't talk.

You said "noise"?

I meant that they always set the music very loud (high).

I have an idea, Mom: (that) each one

cada una se encargue de algo; Susana y yo juntas nos encargamos de la comida y de la música; Justina, de arreglar la casa; Petrita, de entretener a los niños con un video; y tú. . . .

take charge of something; Susana and I together will take charge of the food and the music; Justina, of tidying the house; Petrita, of keeping the children occupied with a video; and you. . . .

AMELIA Yo me encargo de las invitaciones, y de la supervisión general.

I'll take charge of the invitations, and the general supervision.

MARISA Eso es lo que iba a decir.

That is what I was going to say.

AMELIA Me parece muy bien. ¿Todas estamos de acuerdo? Ah, y que su padre reciba a los invitados.

It seems fine to me. Are we all agreed? Oh, and let's have your father receive the guests.

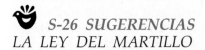

S-26 SUGERENCIAS
LA LEY DEL MARTILLO

The "law of the hammer" states simply that when we first learn how to use a hammer, we immediately go in search of things that need hammering. In other words, when people learn something new they seek situations in which to use the newly acquired skill or knowledge. This can be a valuable asset when learning a new language as it motivates one to seek opportunities to use the new language.

Language teachers have noted that when students are introduced to new verb tenses, they have a tendency to use them exclusively, whether called for or not! Apparently the "law of the hammer" takes effect and they forget all the "old tools" and use only the new ones. It will be important for you to understand when to use newly presented tenses and when to use previously learned ones. Overuse can be as serious a problem as underuse.

mediciones = measurements   me salga bien = come out all right for me

❦ G-50 GRAMÁTICA
FORMAS DEL PRESENTE DE SUBJUNTIVO: MODELOS 2 Y 3

A. Forms of Pattern 2: Irregular verbs

Almost all irregular verbs belong to this pattern. They take their irregular stems from the **yo** form of the present indicative. All are verbs in **-e-** or **-i-**, which means that their present subjunctive vowel is **a**.

YO FORM	STEM	ENDINGS FOR **-e-** AND **-i-**		hacer	
		-a	-a—mos	haga	hagamos
hago →	hag- +	-a—s	-á—is	hagas	hagáis
		-a	-a—n	haga	hagan

INFINITIVE	YO FORM	STEM	INFINITIVE	YO FORM	STEM
caber	quepo	**quep-**	producir	produzco	**produzc-**
caer	caigo	**caig-**	salir	salgo	**salg-**
conocer	conozco	**conozc-**	tener	tengo	**teng-**
construir	construyo	**construy-**	traer	traigo	**traig-**
decir	digo	**dig-**	valer	valgo	**valg-**
oír	oigo	**oig-**	venir	vengo	**veng-**
parecer	parezco	**parezc-**	ver	veo	**ve-**
poner	pongo	**pong-**			

B. Forms of Pattern 3: *ir, ser, saber, haber*

Only four irregular verbs do not derive their present subjunctive stems by any of the other patterns.

ir		ser		saber		haber	
vaya	vaya-mos	sea	seamos	sepa	sepa-mos	haya	haya-mos
vayas	vayáis	seas	seáis	sepas	sepáis	hayas	hayáis
vaya	vayan	sea	sean	sepa	sepan	haya	hayan

C. Further notes on the use of subjunctive

Planning an activity is a situation in which the subjunctive is likely to occur. Review E-13B to see the different ideas in the main clauses that call for the subjunctive in the dependent clause. You will find examples of desire **(querer)**, hope **(ojalá)**, need **(hacer falta, necesitar)**, requests **(pedir)**, likes and dislikes (**gustar**), value judgment (**es mejor**), doubt (**no creer**), emotion (**temer**), purpose (**propósito**), relayed commands (**corre a decirle que venga**), and indirect commands (**que sea una sorpresa**).

Ojalá (**que**), from the Arabic meaning "May Allah grant," always requires the subjunctive and translates *I hope* when used with the present subjunctive or *I wish* with past subjunctive forms.

A-44 ACTIVIDADES
¿QUÉ QUIERES QUE DIGA?

Of all the expressions that require the subjunctive in the dependent noun clause, **querer** is probably the most important. It occurs frequently and also provides a pattern for many other expressions that use the subjunctive. You may find it helpful to rethink sentences with **querer,** that is, for *I want you to go,* think *I want that you (should) go.*

A. ¿QUÉ *HAGO?* → ¿QUÉ *QUIERES QUE (YO)* *HAGA?*

Hay mucho ruido y hay que repetir con frecuencia.

MODELO   **Hay muchos papeles en la mesa.**

UNO ¿Qué **hago** con estos papeles?

DOS ¿Cómo? (Casi no se oye.)

UNO ¿Qué quieres que (yo) **haga** con estos papeles?

DOS No sé; no son míos. (Puedes usarlos o **tirarlos** [*throw them away*].)

1. Mañana va a haber una actividad especial en la clase. (¿Qué **traigo** mañana a la clase? ¿Qué quieres que yo **traiga**. . .?)

2. Esta noche tienes que llegar al teatro antes de las ocho. (¿A qué hora **salgo** de casa?)

3. Debes ver un programa de televisión esta noche. (¿Qué programa **veo?**)

4. Debes llegar temprano mañana para practicar una presentación. (¿A qué hora **vengo** mañana?)

5. Han quedado zanahorias de la cena. (¿Qué **hago** con las zanahorias?)

6. Tu pareja no va a venir a la clase mañana. (¿Qué le **digo** al [a la] profesor[a]?)

B. PLANIFICACIÓN DE UNA ACTIVIDAD (*Planning of an activity*)

Primer **paso** (*step*)*:* Se forman comités (grupos) de cuatro personas. Segundo paso: A cada persona le va a tocar ser **jefe(-a)** (*chairperson, boss, chief*) del comité. Cada persona divide las tareas entre los del comité. Tercer paso: El (La) primer(a) jefe(-a) dice qué quiere hacer él (ella) y qué quiere que haga cada uno de los otros. Si hay preguntas o **inconvenientes** (*objections*), debe explicar o defender sus decisiones. Después le toca a otro hacer el papel de jefe(-a).

MODELO   **buscar un salón, leer los anuncios**

UNO ¿Qué quieres que haga yo?	What do you want me to do?
DOS Quiero que **busques un salón** y que **leas los anuncios.**	I want *you to look for a hall* and *read the announcements.*
UNO Está bien. Voy a buscar un salón y leer los anuncios. (Prefiero tocar el piano si te da igual.)	All right. I'm going to look for a hall and read the announcements. (I prefer to play the piano if it's all the same to you.)
UNO Quiero que hagas estas tareas porque _____.	I want you to do these tasks because _____.

Hay que hacer las siguientes tareas:

invitar al (a la) profesor(a)   preparar las mesas
mandar las invitaciones   decir unas palabras de bienvenida
pedir permiso para usar el salón   ser maestro(-a) de ceremonias
ir al centro a comprar unas cosas   presentar a los invitados
traer los refrescos   contar un chiste decente
ayudarte (al jefe, a la jefa)   tocar el piano
venir temprano   **sacar fotos** (*take pictures*)
poner las **sillas** (*chairs*)   quedarse después para ayudar

C. ACTIVIDAD PARA PAREJAS

DOS quiere **complacer** (*to please*); por eso le pregunta a UNO cómo quiere que se hagan las cosas.

MODELO   **comprar comida (¿Dónde?)**

UNO Debes **comprar comida** para   DOS ¿**Dónde** quieres que la compre?
mañana.
UNO Quiero que la compres <u>(lugar)</u>.

pagar la comida (¿Con qué?)
comprar varias cosas para la comida (¿Qué?)
preparar huevos para el desayuno (¿Cómo?)
llevar a alguien al centro en tu coche (¿A quién?)
hablar con varias personas sobre una actividad (¿Con quiénes?)
venir muy temprano un día a clase (¿Qué día?)

salir temprano si vas a llegar al aeropuerto a tiempo (¿A qué hora?)
decirle algo importante a <u>(un amigo)</u> (¿Qué?)
traer los comestibles al departamento (¿En qué?)

D. NECESITO QUE ME HAGAS UN FAVOR.

UNO You are planning a party. Call a friend; say that you want him/her to look for Elena, to talk with Elena and Pepe, to invite them to the party, to buy drinks, to make sandwiches and to spend only ten dollars.

DOS Your friend is planning a party and calls you to give you a list of things he/she wants you to do. When you have the list, verify that you have understood each thing. (*A ver si entendí. Quieres que yo _____.*)

E. CÍRCULO DE CONVERSACIÓN

EMPHASIS: *Las vacaciones* is always plural; the singular form is not used.

NOTE: *Recibirse* is also used for *graduarse*.

1. ¿Qué quieres hacer durante las **vacaciones** *(vacation)*?
2. ¿Qué quiere tu familia que hagas durante las vacaciones?
3. ¿Qué quieres hacer después de **graduarte** *(graduating)*?
4. ¿Qué quiere tu familia que hagas después de graduarte?

C-41 CULTURA
BOSQUEJO CULTURAL: LA IMPORTANCIA DEL TIEMPO Y DE LA PUNTUALIDAD

are conducted / ceremony

En el mundo hispano, las relaciones sociales son muy importantes y casi todos los asuntos entre personas **se conducen** con mucha **ceremonia.** Las presentaciones de personas tanto como las despedidas requieren más tiempo y son más elaboradas que en los Estados Unidos. Cuando una persona encuentra a un grupo de socios o amigos, saluda a cada uno individualmente en vez de saludar simplemente al grupo entero. Las comidas también requieren más tiempo y son por lo general ocasiones festivas. Una visita en casa de unos

minimum stay

amigos requiere por lo general una **estancia mínima** de dos horas.

has resulted in

announced

run late

expects an excuse

Por estas razones es fácil entender que para los hispanos, las personas son más importantes que el reloj. Esta actitud **tiene como resultado** la costumbre de llegar tarde a muchas funciones. La fiesta **anunciada** para las ocho de la noche, empieza más o menos a las nueve cuando los invitados empiezan a llegar. Si los trenes, aviones y autobuses **andan atrasados** nadie se preocupa mucho. Si un invitado llega con una hora de retraso a la cena, nadie **espera una excusa.** Lo importante es pasar tiempo con otras personas y no tener prisa por salir. Y si el tiempo de hoy no es suficiente para cumplir todos los deberes de hoy, entonces siempre hay mañana.

1.   ¿Qué piensas de la puntualidad? ¿Es importante o no? ¿Por qué?

2.   ¿Cómo te sientes cuando tienes que esperar a un amigo? ¿Te enojas?

3.   ¿Prefieres visitas cortas o largas? ¿Por qué?

☺ E-13C ESCENA
¡BIENVENIDO A MÉXICO!

COMPREHENSION:
*¿Qué preparativos
han hecho las mujeres
para la fiesta? ¿A qué
hora va a empezar la
fiesta? ¿Por qué han
tenido mucho cuidado
al hacer los preparati-
vos? ¿A quién se lo ha
contado todo Amelia?
¿Por qué se lo ha con-
tado? ¿Qué día es?
¿Qué hora es? ¿Dónde
está la familia?
¿Adónde iban Antonio
y Carlos? ¿Qué es lo
que interrumpe la con-
versación de Manuel y
los chicos? ¿Quiénes
tocan el timbre? ¿Qué
pasa al abrirse la
puerta? ¿Qué responde
Carlos? ¿Quiénes es-
tán entre los primeros
en llegar? ¿Qué hace
Amelia cuando han
llegado unas veinte
personas? ¿Qué hace
Enrique? ¿Qué quieren
que cante Enrique al
final?*

ADAPTATION:
*¿Quién se acuerda de
una fiesta de sor-
presa? ¿Quieres con-
tarnos algo de ella?
¿Quién tiene una her-
mosa voz de tenor?
¿Quiénes saben can-
tar? ¿Conocen ustedes
algunas de las can-
ciones que cantó
Enrique?*

*Doña Amelia y las chicas han estado pre-
parando la fiesta. Han planeado servir
varias clases de bocadillos y bebidas. Tam-
bién tienen discos y cassettes de los can-
tantes y conjuntos más de moda. La fiesta
va a empezar a eso de las ocho, pero los
invitados pueden llegar y salir a su
gusto. Como quieren que sea una sorpresa
para Carlos, han tenido mucho cuidado al
hacer los preparativos y no les han dicho
nada a los muchachos. En cambio, Ame-
lia se lo ha contado a su esposo porque
necesita que él participe.*

*Ha llegado el sábado de la fiesta.
Falta un cuarto para las ocho de la noche.
Toda la familia está en la sala donde don
Manuel conversa con Antonio y Carlos.
Hace unos minutos los dos muchachos
hablaban de ir al cine. Con el pretexto de
tratar un asunto importante con ellos,*

*Doña Amelia and the girls have been pre-
paring the party. They have planned to
serve several kinds of snacks and drinks.
They also have records and cassettes of
the most popular singers and groups. The
party is going to begin at about eight,
but the guests can come and leave at their
pleasure. Since they want it to be a sur-
prise for Carlos, they have been very
careful while making the preparations and
they haven't said anything to the two
boys. On the other hand, Amelia has told
(it to) her husband because she needs him
to participate.*

*The Saturday of the party has ar-
rived. It's a quarter to eight at night. The
whole family is in the living room where
Don Manuel is conversing with Antonio
and Carlos. A few minutes ago the two
boys were talking about going to the mov-
ies. With the pretext of discussing an*

¡Bienvenido a México, Carlos!

don Manuel ha logrado que no se vayan por el momento, pero Antonio se está poniendo impaciente.

important matter with them, don Manuel has gotten them not to go for the moment, but Antonio is getting impatient.

ANTONIO Tienes mucha razón, papá. No lo niego. Pero, ¿no podemos continuar esta conversación en otra ocasión? No queremos llegar tarde.

You're (very much) right, Dad. I don't deny it. But can't we continue this conversation on another occasion? We don't want to be late.

MANUEL Bueno, sí, pero me parecía que . . . .

Well, yes, but it seemed to me that . . . .

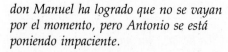

Tocan el timbre, interrumpiendo la conversación.

The doorbell rings (They ring the bell), interrupting the conversation.

MANUEL Justina, sonó el timbre.

Justina, the doorbell rang.

JUSTINA Sí, señor. Ya voy.

Yes, sir. I'm coming.

MANUEL Perdonen la interrupción. Es posible que sea un socio que pensaba venir.

Pardon the interruption. It's possible that it's an associate who was planning to come.

JUSTINA Es la familia Villalobos con unos amigos.

It's the Villalobos family with some friends.

MANUEL Ah, sí. Que pasen.
(Yendo hacia la puerta)
¡Adelante! ¡Pasen! ¡Pasen!

Oh, yes. Have them come in.
(Going toward the door)
Come in! Come in! Come in!

Al abrirse la puerta, entran seis o siete personas.

When the door opens, six or seven people come in.

TODOS ¡Bienvenido a México, Carlos!

Welcome to Mexico, Carlos!

MANUEL Sí, podemos continuar la conversación otro día. Entretanto, vamos a divertirnos para celebrar tu venida, Carlos.

Yes, we can continue the conversation another day. In the meantime, let's have a good time to celebrate your coming, Carlos.

CARLOS ¡Qué sorpresa más agradable!

Entre los primeros en llegar están la tía Enriqueta, hermana de Manuel, con su marido, el licenciado Guillermo Villalobos, y sus hijos, Enrique y Teresa. A los pocos minutos entra más gente y, con la llegada de varios jóvenes, algunos empiezan a bailar. Cuando han llegado unas veinte personas, Amelia invita a los jóvenes que están en el patio a pasar a la sala porque quiere presentar a su sobrino argentino. Después de la presentación, anuncia que otro sobrino, Enrique Villalobos, va a cantar acompañándose con la guitarra. Enrique, con su hermosa voz de tenor, canta "Canción mixteca" y "Guadalajara", canciones tradicionales de México.

VARIOS ¡Otra! ¡Otra! ¡Que cante otra!

ENRIQUE A ver, ¿qué quieren que cante?

UNO Una que podamos cantar contigo.

OTRO ¿Sabes algo de la Argentina?

ENRIQUE Sólo "Adiós, muchachos", pero no sé toda la letra.

MARISA Que te ayude Carlos.

Después de las canciones, vuelven todos a las actividades de antes.

What a pleasant surprise!

Among the first to come are Aunt Enriqueta, a sister of Manuel's, with her husband, lawyer Guillermo Villalobos, and children Enrique and Teresa. In a few minutes more people come in and, with the arrival of several young people, some begin to dance. When about twenty people have come, Amelia invites the young people who are in the patio to come into the living room because she wants to introduce her Argentine nephew. After the introduction, she announces that another nephew, Enrique Villalobos, is going to sing [while] accompanying himself on the guitar. Enrique, with his beautiful tenor voice, sings "Canción mixteca" and "Guadalajara," traditional songs of Mexico.

Encore! Encore! (May he) sing another one!

Let's see, what do you want me to sing?

One that we can sing with you.

Do you know anything from Argentina?

Only "Adiós, muchachos," but I don't know all the words.

Have Carlos help you.

After the songs, they all go back to the former activities.

C-42 CULTURA
BOSQUEJO CULTURAL: LA MÚSICA

himself

NOTE: The photograph facing the contents page for this

La música del mundo hispano es tan variable como el hispano **mismo.** A través de los siglos, se ha desarrollado una cantidad de estilos musicales que son estrictamente latinos. El corrido, que es un verso que habla de algún

Lesson shows a Tuna
group from Seville,
Spain.

very large guitars

Middle Ages

capes / embroidered ribbons / whom they have courted

talented

OPTION: a) Play excerpts from tapes you may have demonstrating music from Mariachis, Tuna groups, El corrido, and other styles. b) Conduct a survey or discussion based on the questions given.

evento importante y es acompañado por la guitarra, sigue siendo popular en muchas partes del mundo hispano. El tango, que se originó en Argentina, todavía es bastante popular. En México, la música de los mariachis con sus guitarras, trompetas y **guitarrones,** goza de una gran popularidad. A muchos jóvenes españoles les gusta la música de las tunas o estudiantinas, es decir, grupos de estudiantes universitarios que llevan ropa de la **Edad Media** y cantan canciones de amor acompañados por sus guitarras y mandolinas. Estos muchachos tienen la costumbre de llevar en sus **capas** las **cintas bordadas** de muchos colores que les han regalado las señoritas **a quienes han enamorado.**

No obstante la popularidad de estas formas de música folklórica, también son populares la música clásica y la música rock. En especial, a los jóvenes hispanos les gusta la música rock de conjuntos estadounidenses y europeos. No obstante, hay un gran número de conjuntos hispanos muy **talentosos** que cada día son más populares.

Completa estas frases:

1. No me gusta la música (estilo) porque _____.
2. Prefiero la música (estilo) porque _____.
3. Mi cantante favorito es _____.
4. De ser posible, me gustaría cantar con (grupo o persona).

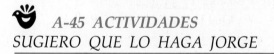

A-45 ACTIVIDADES
SUGIERO QUE LO HAGA JORGE

PREPARATION:
Model subjunctive forms: *hablemos, escribamos, preparemos, entreguemos, sepamos, vengamos, vayamos.*

A. HABLANDO CON EL (LA) PROFESOR(A)

Con frecuencia es necesario hacerle preguntas al (a la) profesor(a). Vamos a usar dos modelos para hacer estas preguntas:

MODELOS   *dar la prueba /¿Cuándo?*

  MODELO A   **Profesor(a), ¿cuándo *debemos dar la prueba?***

  MODELO B   **Profesor(a), ¿cuándo quiere Ud. que *demos la prueba?***

1. Hablar / ¿De qué?
2. Escribir / ¿De qué?
3. Preparar para mañana / ¿Qué?
4. Entregar la composición / ¿Cuándo?
5. Saber el vocabulario nuevo / ¿Qué día?
6. Venir a hablar con usted / ¿A qué hora?
7. Ir al laboratorio / ¿Cuántas veces cada semana?

PREPARATION:
Have students pre-
pare excuses prior to
class.

B. OTRA ACTIVIDAD CON EL (LA) PROFESOR(A): ¿CUÁL ES TU EXCUSA?

Hay que hacer varias cosas pero ninguno está muy **dispuesto** *(willing)* a hacerlas. ¿Qué excusa tienes tú? Si tú no quieres hacerlo, ¿quién quieres que lo haga?

PROFESOR(A) Hace falta (Necesitamos) que alguien venga temprano mañana. Linda, ¿tú quieres venir temprano?

LINDA Me gustaría (venir temprano) pero no puedo. Sugiero que venga Jorge.

PROFESOR(A) Jorge, ¿quieres venir temprano?

JORGE Francamente, no quiero. ¿Por qué no le pide (Ud.) a _____ que venga?

COSAS QUE HAY QUE HACER	FRECUENTES EXCUSAS
sacar fotos	no poder hacerlo
arreglar el **aula** *(classroom)*	faltarle tiempo para hacerlo
contar una historia	no saber hacerlo
poner los adornos	no gustarle hacerlo
tocar el piano o la guitarra	no querer hacerlo
traer una **cámara** *(camera)*	preferir no hacerlo

OPTION: Have stu-
dents prepare written
responses prior to
class. Groups of eight
or nine students
could then discuss
their ideas.

C. ACTIVIDAD PARA GRUPOS DE TRES O CUATRO

¿Están de acuerdo, o pueden **ponerse de acuerdo** *(to agree)* en los siguientes **temas** *(subjects)*? Todas estas oraciones requieren verbos en subjuntivo.

1. Los padres casi siempre quieren que sus hijos ^(tres ideas).
2. Las tres cosas más importantes que el (la) profesor(a) pide: que _____.
3. Prefiero que mis profesores ^(dos ideas).
4. Las cosas más importantes que yo les pido a mis amigos: que _____.
5. No me gusta que mis amigos ^(dos cosas).

S-27 SUGERENCIAS
ALGUNOS INSTRUMENTOS MUSICALES

OPTION: Model
pronunciation of
cognates.

el violoncelo	*cello*	**el piano**	*piano*
el clarinete	*clarinet*	**el trombón**	*trombone*
la flauta	*flute*	**la trompeta**	*trumpet*
la guitarra	*guitar*	**la tuba**	*tuba*
el arpa	*harp*	**la viola**	*viola*
el órgano	*organ*	**el violín**	*violin*

👅 E-13D ESCENA
¡QUÉ BIEN BAILAS! TE FELICITO

COMPREHENSION: *Explícanos cómo es que Carlos es de la Argentina. ¿De dónde es su mamá? ¿Y su papá? ¿Por cuánto tiempo piensa quedarse en México Carlos? ¿De qué cosas depende? ¿Qué significa la pregunta de Luis? ¿Ya tiene novia Carlos? ¿Cuál es la meta de Carlos? ¿Quién es el señor Moreno? ¿Cómo se llaman los hijos de la familia Moreno? ¿A quién invita a bailar Carlos? ¿Baila bien ella? ¿Por qué? ¿Qué sabe Patricia de Carlos? ¿Cómo se llaman las computadoras en España? ¿Qué iba a hacer Patricia en Madrid? ¿Por qué no lo hizo? ¿Qué quieren los padres de Patricia que haga ella? ¿Qué quiere Carlos que haga? Carlos dice que México es lindo. ¿Qué piensa él de Patricia? ¿De qué se dan cuenta los dos? ¿Qué tienen en común?*

ADAPTATION: *¿Por cuánto tiempo piensas quedarte en esta ciudad? ¿Ya tienes novio(-a)? ¿Cómo es? ¿Cuáles son tus metas? ¿Te encanta la música y el baile? ¿Y las computadoras? ¿Tu familia se ha mudado con frecuencia? ¿Qué quieren tus padres que hagas? ¿Quieren que seas feliz? ¿Quieren que seas independiente? ¿Para cuándo tienes que decidir?*

Son las diez y media. Carlos habla con unos amigos de Antonio. Les está explicando cómo es que, aunque nació en la Argentina, es primo de Antonio.

ERNESTO Así que tu padre se fue a estudiar a Buenos Aires y se quedó allí.

CARLOS Así es. De modo que yo soy argentino porque nací en Argentina, pero mi papá es mexicano y mi mamá es alemana.

LUIS ¿Y por cuánto tiempo piensas quedarte aquí?

CARLOS Por lo menos voy a estar durante este año; depende de varias cosas.

LUIS ¿Y si la historia familiar se repite?

CARLOS No creo que eso pase.

ERNESTO ¿Y por qué no? ¿Ya tienes novia?

CARLOS Novia no, pero sí una amiga a quien quiero bastante. Pero no es eso; es que por ahora mi meta es conseguir una buena preparación

It's ten-thirty. Carlos is talking with some friends of Antonio. He is explaining to them how it is that, even though he was born in Argentina, he is Antonio's cousin.

So your father went off to Buenos Aires to study and he stayed there.

That's how it is. So I'm Argentine because I was born in Argentina, but my father is Mexican and my mother is German.

And (for) how long do you intend to remain here?

At least I'm going to be [here] for (during) this year; it depends on several things.

And (What) if the family history repeats itself?

I don't believe that will happen.

Why not? Do you already have a fiancée?

Not a fiancée, but I do have a friend whom I like a lot. But that's not it; it's that for now my goal is to get some good professional

profesional.

En este momento se acerca don Manuel acompañado de cuatro personas.

MANUEL Con permiso, jóvenes. Carlos, quiero presentarte a los señores Moreno y a sus dos hijos, Patricia y Roberto.

Todos se saludan.

MANUEL El señor Moreno es un socio mío. El y su familia se trasladaron de Madrid hace un par de meses.

A los pocos minutos el pequeño grupo va cambiando: unos se alejan, y otros se acercan. Carlos invita a Patricia a bailar.

CARLOS ¡Qué bien bailas! Te felicito.

PATRICIA Gracias. Es que el baile y la música me encantan.

CARLOS A mí también me gustan.

PATRICIA Y según entiendo, los ordenadores también.

CARLOS ¿Los qué? Ah, sí, las computadoras. Eso es lo que pienso estudiar en la universidad. ¿Y tú estudias?

PATRICIA En Madrid iba a entrar a la universidad. Luego nos mudamos. Ahora no sé.

training.

At this moment Don Manuel approaches, accompanied by four people.

Excuse me, fellows. Carlos, I want to introduce to you Mr. and Mrs. Moreno and their daughter and son (two children) Patricia and Roberto.

They all greet each other.

Mr. Moreno is an associate of mine. He and his family transferred here from Madrid a couple of months ago.

In a few minutes the small group is changing: some move away and others draw near. Carlos invites Patricia to dance.

You really dance well (How well you dance)! Congratulations.

Thanks. (It's that) I love dancing and music.

I like them too.

And from what I understand, [you like] computers (**ordenadores** in Spain) also.

[I like] what? Oh, yes, computers. That's what I plan to study at the university. (And) are you in school (are you studying)?

In Madrid I was going to enter the university. Then we moved. Now I don't know.

Izquierda: Teotihuacán, México. Derecha: Una iglesia en Córdoba, Argentina.

CARLOS Pero algo tienes que hacer, ¿no?

But you have to do something, don't you?

PATRICIA Por supuesto, pero no sé si debo quedarme aquí o volver a España.

Certainly, but I don't know whether I should stay here or return to Spain.

CARLOS ¿Qué quieren tus padres que hagas?

What do your parents want you to do?

PATRICIA Quieren que yo sea independiente y feliz.

They want me to be independent and happy.

CARLOS México es lindo; debes quedarte.

Mexico is nice; you should stay.

PATRICIA No sé, pero en estos días me tengo que decidir.

I don't know, but in the next few (these) days I have to make up my mind.

Siguen charlando en un rincón del patio. Pronto se dan cuenta de que tienen mucho en común. A ambos les gusta México al mismo tiempo que se sienten todavía como extranjeros. Cuando vinieron los Moreno era ya algo tarde, y ya no llegan más invitados para saludar a Carlos. Los dos siguen hablando sin interrupción hasta que los señores Moreno llaman a su hija porque están para irse.

They continue chatting in a corner of the patio. Soon they realize that they have much in common. Both of them like Mexico at the same time that they still feel like foreigners. It was already quite late when the Morenos came, and no more guests arrive to greet Carlos. The two keep on talking without interruption until Mr. and Mrs. Moreno call their daughter because they are about to leave.

A través de las viñas (Across the vineyards) *se ve la bonita ciudad de Córdoba, España.*

 G-51 GRAMÁTICA
PRESENTE DE SUBJUNTIVO USADO EN MANDATOS INDIRECTOS
(Present subjunctive in indirect commands and wishes)

Indirect commands and wishes are addressed to someone other than the person intended to carry them out. English frequently uses *have, let,* or *may* for such expressions. The Spanish equivalents usually begin with **que** and always use subjunctive verbs.

Have her come in.	Que pase.
Let John do it.	Que lo haga Juan.
May God bless you.	(Que) Dios te bendiga (from **bendecir).**

Following are some of the examples from this lesson:

Que sea una sorpresa. (E-13B)	*Let* it be a surprise.
Que cante otra. (E-13C)	*(May* he) sing another one.
Que te ayude Carlos. (E-13C)	*Have* Carlos help you.

Indirect commands and wishes are similar to noun clauses without a main verb. We may imagine that an expression such as **espero** or **dile** *(tell him/her)* is understood but not expressed:

[Espero] que cante otra; **[dile]** que pase.

Certain wishes are frequently expressed indirectly even when addressed to the person who is supposed to do them. Examples are:

¡Que lo pase(s) bien! — *Have a good time!*

¡Que se (te) divierta(s)! — *Have a good time (Enjoy yourself)!*

¡Que sueñe(s) con los angelitos! — *Sweet dreams (May you dream with the angels)!*

A-46 ACTIVIDADES
QUE ALGUIEN SIRVA EL REFRIGERIO

PREPARATION: Model subjunctive forms: *dibuje, revise, cobre, alquile, devuelva, traiga, consiga, busque, vaya, pague, haga, saque.* Write those with spelling changes on the board, e.g., *busque, pague, saque.*

A. ACTIVIDAD PARA PAREJAS

Te toca asignar los preparativos de una fiesta para la clase. Hablas por teléfono con tu pareja, quien va a hablar con las personas asignadas.

MODELO   **arreglar la música**

UNO Que ____(nombre)____ **arregle la música.**

DOS Está bien. Le voy a pedir a _____ que arregle la música. (Optativo) ¿Y qué hago si él/ella no quiere?

UNO Entonces, que la arregle ____(nombre)____.

dibujar un **cartel** *(sign, poster)*
revisar *(to check)* el programa
cobrar *(to collect)* el dinero
alquilar el equipo necesario
devolver el equipo alquilado
traer servilletas y platos de papel

conseguir un tocadiscos
buscar unos discos buenos
ir por el refrigerio
pagar las cuentas
hacer la **limpieza** *(cleaning)*
sacar la **basura** *(garbage)*

OPTION: Conduct as a teacher-led class activity.

B. ACTIVIDAD PARA PAREJAS

¿Qué se dice en cada situación?

SITUACIONES

Un joven sale con una chica para ir al cine. ¿Qué les dice un amigo?

Susana se va a la cama. ¿Qué le dice su abuela?

El hijo menor de la familia sale para hacer el servicio militar. ¿Qué le dice su mamá?

Los jóvenes tienen planeado un día

POSIBILIDADES

Que ____(te/le/les)____ vaya bien.
Que ____(tener)____ un buen viaje.
Que ____(volver)____ pronto.
Que Dios ____(te/lo/la/los/las)____ bendiga.
Que ____(divertirse)____.
Que lo ____(pasar)____ bien.
Que ____(soñar)____ con los angelitos.

de campo. ¿Qué les dice Manuel?

Es tarde; los amigos con quienes has estado estudiando salen para sus casas. ¿Qué les dices?

Los abuelos han estado de visita y ahora regresan a su casa. ¿Qué les dices?

 ## SC-15 *SITUACIÓN COMUNICATIVA*
UN ACCIDENTE

You have just witnessed an automobile accident. One driver left the accident *on foot* (**a pie**), but not before you got a good look at him. Call the police and convey the following:

1. Your name and age.
2. Where you are.
3. What you just saw happen.
4. That the first driver is all right.
5. That the second driver left.
6. A detailed description of the second driver.
7. What you want the police to do.
8. Ask the police what they want you to do.

 ## R-13 *REPASO*
¿QUÉ PASA CON NUESTROS AMIGOS?

AHORA ¿De qué habla Susana? ¿A quiénes quiere que inviten a la fiesta? ¿Dónde quiere que se haga la fiesta? ANTES ¿Quién sugirió la idea de la fiesta?

DESPUÉS ¿Van a seguir las sugerencias de Susana? ¿Qué van a hacer distinto de lo que Susana sugiere?

AHORA ¿Qué se ve aquí? ¿Qué están haciendo estas personas?

¿Es ésta la fiesta? ANTES ¿Quiénes se reunieron para planear la fiesta? ¿Quién sugirió la piñata? ¿De quién era la idea de decorar? ¿Quién dijo que debía haber algo de comer? DESPUÉS ¿Cuáles de las cosas sugeridas se van a hacer? ¿Cuáles no? ¿De qué se va a encargar cada una?

AHORA ¿De qué hablan don Manuel y los chicos? ¿Por qué se impacienta Antonio? ANTES ¿Qué le contó doña Amelia a su marido? ¿De qué no se han enterado los chicos? DESPUÉS ¿Qué va a pasar en unos minutos? ¿Quiénes van a llegar? ¿Qué van a decir?

AHORA ¿Quién es el joven que toca? ¿Qué están haciendo los otros? ¿Qué le piden que cante? ¿Qué problema tiene para cantar la canción? ¿Quién puede ayudarlo? ANTES ¿Qué canciones cantó primero? DESPUÉS ¿Qué van a hacer los invitados después de cantar?

AHORA ¿Qué está contando Carlos? ¿Con quiénes habla? ANTES ¿Qué pasó hace unos treinta años? DESPUÉS ¿Se va a repetir la historia familiar?

AHORA ¿Quiénes son estos jóvenes? ¿Qué están haciendo? ¿De dónde es Patricia? ANTES ¿Cuánto tiempo hace que Patricia llegó a México? ¿Con qué propósito se trasladó su familia a México? DESPUÉS ¿Qué va a hacer Carlos en México? ¿Qué va a hacer Patricia? ¿Van a verse otra vez los dos jóvenes?

REPASO DE VOCABULARIO

NOTE: The verbs
complacer and *conti-*
nuar appear as Level
B verbs in this les-
son. However, some
students may want to
use them actively and
should be shown
how they conjugate:
complazco; continúo,
continúas, continúa,
continúan.

NOMBRES:

NIVEL A

el baile	dance
la bienvenida	welcome
la cassette	cassette
el/la extran-jero(-a)	foreigner
el inconve-niente	drawback, ob-jection
el/la invita-do(-a)	guest
el/la jefe(-a)	boss, chief
la limpieza	cleaning
la moda	fashion
los preparati-vos	preparations
el propósito	purpose
el ruido	noise
el secreto	secret
el timbre	bell
la voz	voice

NOMBRES:

NIVEL B

S-27

el adorno	decoration
la basura	trash, garbage
el bocadillo	snack, sandwich
el/la cantante	singer
el cartel	sign, poster
el comité	committee
el conjunto	group
el diablo	devil
el entusiasmo	enthusiasm
la excusa	excuse
el licenciado	lawyer (title)
la lotería	lottery
la paz	peace
la planifica-ción	planning
el pretexto	pretext, excuse
la puntuali-dad	punctuality
el refrigerio	refreshments
el socio	associate, partner
la supervi-sión	supervision
la venida	coming
el video	video
la videoca-ssettera	VCR

VERBOS:

NIVEL A

G-48, G-50

alquilar	to rent, hire
celebrar	to celebrate
depender (de)	to depend (on)
planear	to plan
reunirse	to meet, get together

VERBOS:

NIVEL B

ahorrar	to save (time, money)
cancelar	to cancel
complacer	to please
complicar	to complicate
continuar	to continue
contratar	to contract, hire
decidirse	to make up one's mind
decorar	to decorate
demostrar (ue)	to show, dem-onstrate
dibujar	to draw, sketch
encargarse (de)	to take charge (of)
entretener (like **tener**)	to entertain, keep busy
excluir	to exclude
graduarse	to graduate
mejorar	to improve
negar (ie)	to deny
ocurrir	to occur
requerir (ie)	to require
simplificar	to simplify
tender (ie)	to spread out, hang out
trasladarse	to transfer

ADJETIVOS:

NIVEL A

común	common
fantástico(-a)	fantastic
feliz	happy
tonto(-a)	silly, dumb

ADJETIVOS:

NIVEL B

| absurdo(-a) | absurd |

animado(-a)	animated
especial	special
íntimo(-a)	intimate
profesional	professional
verde	green; dirty, off-color

ADV/PREP/CONJ:

NIVEL A

| como | since, as |
| por lo menos | at least |

ADV/PREP/CONJ:

NIVEL B

así que	so
de modo que	so
entretanto	in the meantime
para que	in order that, so (that)

MODISMOS Y
EXPRESIONES:

NIVEL A

cómo no	of course
de moda	in style; popular
dibujos ani-mados	cartoons
en cambio	on the other hand
estar de acuerdo	to be in agree-ment
¿No te parece?	Don't you think so?
por supuesto	of course
¿Qué tal si. . . ?	How about if. . . ?
Se me ocurre una idea.	An idea occurs to me.

MODISMOS Y
EXPRESIONES:

NIVEL B

a pie	on foot
andar atra-sado(-a)	to be (run) be-hind
poner alto	to turn up high (loud)
ponerse impa-ciente	to become impa-tient
que yo sepa	as far as I know

LECCIÓN 14

*Izquierda, arriba: ¿Te gustan las **artesanías** (handicrafts)? Esta tienda de la Ciudad de México ofrece una selección muy buena y muy bonita. Izquierda: En Oaxaca, México, se puede visitar esta bonita catedral.*

🖐 E-14A ESCENA
¿DURMIERON BIEN?

COMPREHENSION:
*¿Qué día de la se-
mana es? ¿Dónde es-
tán los jóvenes? ¿Qué
están haciendo?
¿Cuándo van a desa-
yunar? ¿Qué pregunta
Manuel? ¿Qué le im-
porta siempre a Ma-
nuel? ¿Por qué no se
durmió en seguida
Carlos? ¿En qué es-
tuvo pensando?
¿Quiénes vinieron a la
fiesta? ¿Dónde se me-
tió Carlos? ¿Tenían
mucho que decirse?
¿De qué se dieron
cuenta Carlos y Patri-
cia? ¿Qué opina Ma-
nuel de Patricia? ¿Qué
hacen mientras desa-
yunan? ¿Quién tiene
prisa? ¿Por qué?
¿Cuál es la pregunta
de Carlos?*

ADAPTATION:
*¿Cómo amanecieron
ustedes? ¿Durmieron
bien? ¿Te cayó mal la
comida de anoche?
¿Te cayó mal la clase
de ayer? ¿Te cae bien
o mal esta universi-
dad? ¿Y esta clase?
¿En qué estuviste pen-
sando anoche? ¿Te
divertiste anoche?
¿Dónde te metiste
ayer después de la
clase, que no te vi?
¿Me permites hacerte
una pregunta algo
personal? ¿Eres un(a)
excelente mucha-
cho(-a)? ¿Qué piensas?
¿Es posible que uno se
enamore de verdad
hablando sólo una
vez con otra persona?*

Este domingo por la mañana los jóvenes están en el comedor esperando a don Manuel. Van a desayunar tan pronto como llegue. Entretanto, comentan las actividades de la noche anterior. En este momento don Manuel entra y los saluda.

On this Sunday morning the young people are in the dining room waiting for Don Manuel. They'll eat breakfast as soon as he arrives. In the meantime, they comment on the activities of the previous evening. At this moment Don Manuel comes in and greets them.

MANUEL Buenos días, todos. ¿Cómo amanecieron? ¿Durmieron bien?

Good morning, everybody. How are you (How did you wake up [dawn])? Did you sleep well?

SUSANA *(A Carlos)* A mi papá siempre le importa que durmamos bien.

(To Carlos) It always matters to my dad that we sleep well.

ANTONIO Yo dormí como un tronco.

I slept like a log.

CARLOS Yo descansé bastante bien aunque no me dormí en seguida.

I rested quite well although I didn't go to sleep right away.

AMELIA Tal vez algo no te dejó dormir. ¿Te cayó mal la comida de anoche?

Perhaps something didn't let you sleep. Did the food last night not agree with you?

CARLOS No, estuve pensando, nada más.

No, I was [just] thinking, that's all.

SUSANA ¿En la fiesta?

About the party?

CARLOS Sí, y en lo afortunado que soy. Me divertí mucho. También me alegré de conocer a sus familiares y amigos.

Yes, and about how fortunate I am. I enjoyed myself a lot. I was also glad to meet your family members and friends.

MARISA Sí, la fiesta estuvo linda.

Yes, the party was nice.

AMELIA Vinieron casi todos los que habíamos invitado y creo que se divirtieron.

Almost everybody that we had invited came, and I believe that they had a good time.

ANTONIO (*A Carlos*) ¿Dónde te metiste que no te vi después de las once?

(*To Carlos*) Where did you stick yourself that I didn't see you after eleven?

CARLOS Estuve hablando con Patricia Moreno.

I was talking with Patricia Moreno.

MARISA ¿Tanto tenían que decirse?

You had that much to say to each other?

CARLOS Es que nos dimos cuenta de que tenemos mucho en común.

It's (just) that we realized that we have much in common.

MANUEL Está bien. Es una excelente muchacha.

That's fine. She's an excellent girl.

Mientras desayunan siguen hablando de la fiesta y de las personas que vinieron. Cuando han terminado de comer, Marisa dice que los que van a misa deben apurarse. Aunque algunos no piensan ir, todos se levantan de la mesa y salen del comedor. Amelia y Carlos son los últimos en salir.

While they eat breakfast they continue talking about the party and the people who came. When they have finished eating Marisa says that those who are going to mass should hurry. Although some don't plan to go, they all get up from the table and leave the dining room. Amelia and Carlos are the last to leave.

CARLOS Tía, ya sé que tienes prisa por ir a misa, pero ¿me permites hacerte una pregunta personal y algo seria?

Aunt (Amelia), I know that you're in a hurry to go to mass, but will you permit me to ask you a personal and somewhat serious question?

AMELIA Claro que sí. A ver . . . ¿cuál es la pregunta?

Of course. Let's see . . . what is the question?

CARLOS ¿Qué piensas? ¿Es posible que uno se enamore de verdad hablando sólo una vez con otra persona?

What do you think? Is it possible for [some]one really to fall in love by speaking only once with another person?

In the statement, **lo afortunado que soy,** this combination of **lo** + adjective + **que** is not the same as the exclamation **¡Qué afortunado soy!** The first functions as a noun within another structure; the exclamation stands alone.

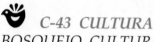

C-43 CULTURA
BOSQUEJO CULTURAL: LA RELIGIÓN Y LAS IGLESIAS

Entre el 90 y el 95 por ciento de los habitantes de España e Hispanoamérica son católicos. El catolicismo ha sido parte de la historia de España desde el primer **siglo** después de Cristo, y parte de la historia de Latinoamérica desde la conquista. Aunque en la actualidad hay una separación entre el gobierno y la iglesia, las costumbres religiosas penetran casi todo aspecto de la sociedad. Las fiestas en honor de los santos, las celebraciones de las **pascuas** y de la

century

Easter /

PREPARATION: Preview some of the cognates used in this Bosquejo Cultural: ***habitantes, católicos, la conquista, separación, gobierno, costumbres, religiosas, penetran, aspecto, sociedad, honor, santos, celebraciones, sistema, evidencias, influencia, reflejan.***

Una de las estructuras más famosas de España es la Catedral de la Sagrada Familia en Barcelona, ***diseñada por*** *(designed by) Antonio Gaudí.*

Christmas / mourning / system of godfather

Navidad, las costumbres del **luto** y del **sistema de compadrazgo** son evidencias de la influencia religiosa.

　　Durante los siglos diecisiete, dieciocho y diecinueve se construyeron tantas iglesias y catedrales que no ha habido necesidad de construir iglesias modernas. En el pueblo de Cholula, México, hay más de doscientas iglesias. Casi todas las iglesias reflejan la arquitectura de la Edad Media y del

Renaissance **Renacimiento.**

(See Apéndice I-8, Las Religiones)

G-52 GRAMÁTICA
MÁS CAMBIOS EN LA RAÍZ (More stem changes)

A. Stem-changing verbs in -i- change e to i and o to u in certain forms

1. Third-person preterite: Sample verbs

sentí	sentimos	pedí	pedimos	dormí	dormimos
sentiste	sentisteis	pediste	pedisteis	dormiste	dormisteis
sintió	sintieron	pidió	pidieron	durmió	durmieron

*2. **Nosotros** and **vosotros** forms of present subjunctive: Sample verbs*　　This is Pattern 4 of present subjunctive. All other stem-changing forms belong to Pattern 1 (G-48).

sienta	sintamos	pida	pidamos	duerma	durmamos
sientas	sintáis	pidas	pidáis	duermas	durmáis
sienta	sientan	pida	pidan	duerma	duerman

3. Stem changes in the present participle　　Recall that the present participle of these verbs has this same stem change: sentir → sintiendo; pedir → pidiendo; dormir → durmiendo. (See G-24.)

4. Additional stem-changing verbs　　Infinitives that have these stem changes are identified by the addition of **i** or **u** following information on other stem changes, all within parentheses. We have seen the following stem-changing verbs in **-i-**:

Like **sentir (se) (ie, i):** divertirse, preferir, requerir, sugerir

Like **pedir (i, i):** conseguir, seguir, servir, vestir(se), reír(se) (rie, rieron; riamos, riais; riendo), sonrier(se) (like reír)

Like **dormir (ue, u):** morir

B. ACTIVIDADES

1. Preterite: Actividad (juego para grupos de 4 o 5)   Cada uno selecciona una actividad distinta de la lista que sigue.

conseguir un buen empleo	reírse del chiste
divertirse bailando	seguir comiendo
dormirse pronto	sentir vergüenza
preferir ir al cine	sugerir otro plan
pedir enchiladas de pollo	vestirse y salir

Primer paso: cada uno dice lo que hizo.

UNO Yo me vestí y salí.   DOS Yo preferí ir al cine.   TRES Yo seguí comiendo.

Segundo paso: cada uno por turno le dice a la persona a su izquierda lo que hizo cada persona del grupo.

UNO Yo me vestí y salí. Tú preferiste ir al cine. Él/Ella siguió comiendo. (Sigue hasta hablar de todos.)

DOS Yo preferí ir al cine. Tú seguiste comiendo. (Y así sucesivamente.)

Cambiando de verbos, se puede hacer varias veces.

2. Present subjunctive: Actividad para la clase   Unas preguntas tontas.

MODELO   **reírnos durante la clase**

CLASE ¿Desea Ud. que **nos riamos durante la clase**?

PROFESOR(A) No es necesario que se rían, pero me gusta que lo hagan.

sentirnos cómodos en la clase
divertirnos hablando español
seguir hablando español después de la clase
vestirnos de negro para los exámenes importantes
morir del susto cuando hay pruebas **inesperadas** (*unexpected*)

S-28 SUGERENCIAS
MÁS COGNADOS: ADJETIVOS

OPTION: Model pronunciation of cognates.

English retains only the stem of Latin-based adjectives, while the Spanish forms retain final vowels. Feminine and plural forms are used as well as the masculine singular forms. Provide the English counterpart:

absurdo(-a)	tranquilo(-a)	preocupado(-a)	mexicano(-a)
enfermo(-a)	malicioso(-a)	nervioso(-a)	cubano(-a)

✋ G-53 GRAMÁTICA
FRASES VERBALES: FORMAS PERSONALES CON INFINITIVO

Infinitives are verbal nouns, and they function in sentences like nouns. Function determines whether or not a preposition is needed (see G-32). A brief overview follows.

A. Combinations without a preposition

Infinitives that function as subjects or as direct objects are not introduced by prepositions.

1. Infinitive as subject   Impersonal expressions composed of **ser** plus an adjective, as well as verbs that follow the pattern of **gustar,** frequently have infinitive phrases as subjects:

   Es importante **saber otros idiomas.**   Me gusta **estudiar español.**

2. Infinitive as direct object   There are two types of constructions that take infinitives as direct objects. We are quite familiar with the first type, which has been demonstrated with verbs like **querer** and **pensar:**

   ¿Qué quieres **comer?**   Pienso **quedarme** poco tiempo.

The second type is a new construction in which the infinitive has a different subject from the personal verb.

   Te dejo dormir un rato más.   I'll let *you* sleep a while longer.
   No te oí entrar. (E-14B)   I didn't hear *you* come in.

B. Combinations with a preposition

If we can determine that an infinitive does not function as a subject or as a direct object, then most likely it will need a preposition.

1. Intransitive verbs   This group includes verbs of motion such as **ir, venir, salir,** and **llegar.**

   Fui a la biblioteca **a sacar** un libro.   **Vengo a verte.**

2. Transitive–intransitive verbs   These are verbs that take nouns as direct objects but function as intransitives, and thus require a preposition, when they have infinitives as complements. Two common verbs are **empezar (a)** and **tratar (de).**

   Empecé a estudiar.   Carlos **trata de escribir** a menudo.

3. Transitive verbs with noun or pronoun direct object   When a transitive verb already has a noun or pronoun as a direct object, an infinitive complement can be added only with a preposition. Common verbs of this type are **ayudar** and **alegrarse.** The direct object is italicized.

> **Ayudaron** *a Carlos* **a llevar** las maletas.

> ¡Cuánto *me* **alegro de verte!**

G-53-I
COMBINACIONES SIN PREPOSICIÓN

NOTE: Sections A, C, and E are not activities but grammar explanations. Students should have read through these sections prior to class. There should be no need to go over them in class.

A. Infinitive as subject: Pattern verbs—gustar, ser imposible

Common verbs of this type are **gustar, agradar** *(to please),* **encantar, faltar, hacer falta, tocar** *(to be one's turn; to fall to one's lot),* **interesar, importar** *(to be important, to matter),* **convenir** *(to be suitable, be a good idea),* and the impersonal expressions with **ser** plus an adjective. These expressions often have an indirect object.

$$\textbf{(Me)} \begin{cases} \textbf{gusta} \\ \textbf{conviene} \\ \textbf{es imposible} \end{cases} \textbf{trabajar (subject).}$$

B. ACTIVIDAD PARA PAREJAS

Usa una expresión con infinitivo para explicar por qué.

UNO ¿Te levantas muy temprano?

DOS Sí, me levanto bastante temprano.

UNO ¿Por qué?

DOS Me conviene levantarme temprano.

UNO (Pueden seguir con comentarios. Para variar se puede hacer también en el pasado usando el imperfecto.)

ACCIONES

¿Te preocupas mucho?

¿Cocinas a menudo?

¿Practicas algún deporte?

¿Te jactas de lo que puedes hacer?

¿Les prestas dinero a tus amigos?

¿Te duchas con agua fría?

¿Caminas en lugar de ir en auto?

¿Viajas con frecuencia?

RAZONES CON INFINITIVO

(No) Me gusta _____.

(No) Me hace falta _____.

(No) Me toca _____.

(No) Me interesa _____.

(No) Me conviene _____.

(No) Me importa _____.

(No) (Me) Es posible/imposible _____.

(No) (Me) Es fácil/difícil _____.

C. Infinitive as direct object: Pattern verb—*querer*

Common verbs of this type are **deber, decidir, esperar, lograr** *(to succeed in)*, **necesitar, pensar** *(to intend, plan)*, **planear** *(to plan)*, **poder, preferir, prometer** *(to promise)*, **querer,** and **temer** *(to fear)*.

> **Quiero**
> **Pienso** } **ayudar** (direct object).
> **Prometo**

D. ACTIVIDADES

1. Actividad para grupos pequeños (o para parejas)   Usando frases de infinitivo, cada uno completa las oraciones de acuerdo con sus propias circunstancias. Los otros comentan.

UNO Dentro de poco **pienso dejar de fumar** *(I plan to stop smoking).*

DOS Ojalá que tengas éxito; no va a ser fácil.

Antes del fin del semestre espero
————.

Para este fin de semana estoy planeando ————.

Por fin *(Finally)* he decidido
————.

La semana pasada **pude** *(I managed to)* ————.

Voy a estar muy contento(-a) si logro ————.

Le he prometido a <u>(nombre)</u> ————.

Yo pensaba *(I was planning)*
————, pero ————.

Si no estudio más, temo ————.

2. Actividad para parejas

UNO Habla con tu pareja de tus planes para los próximos meses: lo que has decidido hacer, cómo piensas lograrlo, etc.

DOS Haz preguntas apropiadas. Luego dile a tu pareja lo que piensas hacer tú en los meses que vienen.

E. Infinitive with a different subject: Pattern verbs—*dejar, oír*

This is a new construction in which the personal verb form and the infinitive have different subjects (italicized in the English equivalents):

Te dejo dormir un rato más.
(E-11A)

I'll let you sleep a while longer.

Algo me hizo llegar tarde. (E-11A)

Something made *me* arrive late.

¿Me permites hacerte una pregunta personal? (E-14A)

Will *you* permit *me* to ask you a personal question?

No te oí entrar. (E-14B)

I didn't hear *you* come in.

1. Verbs of causing, permitting/prohibiting, commanding   **Dejar** *(to let, allow)*, **hacer** *(to make, cause)* express the doer of the action of the infinitive as direct objects. **Permitir** (to permit, let), **mandar** (to order, command), and **prohibir** (to prohibit, forbid) use indirect objects.

DOER OF THE ACTION OF THE INFINITIVE	PERSONAL VERB	INFINITIVE
Me (Lo/La)	hacen	llegar tarde.
Me (Lo/La)	dejan	salir.
Me (Le)	permiten	comer de todo.
Me (Le)	prohíben	fumar.
Me (Le)	mandan	venir.

2. *Verbs of perception*   **Oír** and **ver** use direct objects to express the doer of the infinitive action.

Nos oyen entrar.	They hear *us* come in.
La vi llegar.	I saw *her* arrive.

Note that these verbs can have noun clauses as well as infinitives as direct objects. Verbs of the first group require the subjunctive: Permiten **que yo coma** de todo. Mandan **que ella venga.** We will concentrate on the infinitive constructions. Also note that when the doer of the infinitive action is a noun, frequently it is placed after the infinitive.

No dejan **salir a su hija.**	They don't let their daughter go out.
Vimos **llegar al médico.**	We saw the doctor come.

F. ACTIVIDADES

Review: Follow up with personalized questions made from the list and directed to individuals; e.g., *¿Tus padres te prohíben tomar cerveza? ¿Tus compañeros(-as) de cuarto te permiten dormir hasta tarde?*, etc.

1. *Actividad para grupos pequeños (o parejas): Dos sujetos/dos acciones*   Hablen de acciones permitidas o mandadas tomando sujetos de la primera columna y agregando verbos de la segunda columna e infinitivos de la tercera. Comenten las ideas expresadas.

UNO Mi médico → me prohíbe → correr tres millas cada día.

DOS Tienes suerte. El mío me manda correr.

SUJETOS	VERBOS	INFINITIVOS
Mis padres	me deja(n)	dormir hasta tarde
Mi profesor(a)	me manda(n)	tomar cerveza
Mi mejor amigo(-a)	me hace(n)	comer demasiado
Mi médico	me prohíbe(n)	estudiar los sábados
Mis compañeros(-as)	me permite(n)	manejar cuando bebo

2. *Actividad para parejas: Yo no tengo la culpa (I'm not to blame)*

UNO ¿Es difícil tu vida por causas fuera de tu control? Cuenta tus quejas.

DOS Puedes comentar las **quejas** (*complaints*) de tu pareja. Luego toma tu turno para quejarte.

Lección 14   Cuatrocientos treinta y cinco   **435**

a. Personas y circunstancias que no te dejan _____.

divertirte	hablar mucho	hacer (comer) lo que
dormir bien	estudiar	quieres

b. Personas y circunstancias que te hacen _____.

llegar tarde	comer cosas feas	despertar temprano
dormir poco	estudiar demasiado	trabajar mucho

E-14B ESCENA
TAL VEZ CARLOS CONOZCA A ALGUIEN QUE. . . .

COMPREHENSION:
¿Dónde ha estado Carlos? ¿Con quién habla? ¿Qué tuvo hoy Amelia? ¿Cuánto hace que Carlos les escribió a sus padres? ¿Qué pensaba hacer hoy? ¿Por qué no ha escrito Carlos? ¿Qué desea saber la familia de Carlos? ¿Qué significa "Al buen entendedor pocas palabras bastan"?

(p. 436)
¿Que está haciendo Carlos cuando entra Antonio? ¿Lo oye Carlos? ¿Qué iba a hacer Carlos? ¿Quién no tiene ganas de estudiar? ¿Cómo anda Carlos en dos de sus clases? ¿Es bueno el refrán de Antonio? ¿Qué pensaba hacer Antonio?

(p. 437)
¿Cuál es la sugerencia de Antonio? ¿Qué les ofrece Amelia? ¿Por qué no quieren usar las entradas Amelia y Manuel? ¿Por qué dice Antonio que el destino lo ha querido? ¿Cuál es la condición que impone Amelia al uso de las entradas? ¿Por qué no quiere Amelia que vaya Susana? ¿Qué van a hacer con la cuarta entrada?

Carlos ha llegado de la escuela y habla con su tía en la cocina.

AMELIA Hoy tuve carta de tu mamá. ¿Cuánto hace que les escribiste la última vez?

CARLOS Precisamente hoy pensaba escribir.

AMELIA Entonces, no has escrito.

CARLOS Es que he tenido poco tiempo. Con los estudios y. . . .

AMELIA Carlos, tu familia desea saber lo que haces. "Al buen entendedor pocas palabras bastan". ¿Me explico?

Carlos has come from school and is talking with his aunt in the kitchen.

Today I had (got) a letter from your mother. How long ago did you write them last?

I was planning to write just today.

Then, you haven't written.

It's that I have had little time. With studies and. . . .

Carlos, your family wants to know what you do. "A word to the wise is sufficient." Do I make myself clear (explain myself)?

(p. 438)
¿Se acuerda Patricia de Carlos? ¿Por qué dice Marisa que la obra es deprimente? ¿Qué fue lo que le desagradó a Patricia? ¿De qué no ve ninguna necesidad Patricia?
ADAPTATION:
(p. 435)
¿Cuánto hace que les escribiste a tus padres? ¿Les escribes a menudo? ¿Has tenido poco tiempo o mucho? ¿Quién desea saber lo que haces?
(p. 436)
¿Qué hubo, (Elizabeth, etc.)? ¡Qué lata tener que estudiar! ¿Verdad? ¿Tienes ganas de estudiar? ¿Tienes ganas de ir al cine? ¿Estás al día en tus estudios? ¿Quieres ponerte al día? ¿En qué clases andas atrasado(-a)? ¿Qué pensabas hacer esta noche (este fin de semana)? ¿Algo especial? ¿Hace mucho que no bailas? ¿Te interesan las diversiones?
(p. 437)
¿Vas a darle fuerte a los libros esta tarde? ¿Te interesa ir al teatro esta tarde o prefieres estudiar? ¿Te estoy tentando? Cuando vivías en casa, ¿tenías que llevar contigo a tu hermano o hermana menor?
(p. 438)
¿Qué tal, José? ¿Qué me cuentas? ¿Sabes lo que presentan en el cine esta noche? ¿Es buena? ¿Es apta para los niños de catorce años? ¿Qué te pareció la última película que viste? ¿Era deprimente? ¿Por qué? ¿Te desagrada el lenguaje chocante? ¿Tienes ideas interesantes?

CARLOS Sí, tía, he entendido.

Carlos sube a su cuarto, se sienta y saca una hoja de papel. Apenas ha comenzado a escribr cuando entra Antonio sin que Carlos lo oiga.

ANTONIO ¿Qué hubo, Carlos?

CARLOS Me asustaste. No te oí entrar.

ANTONIO ¿Qué haces?

CARLOS Nada de particular. Pensaba escribir una nota y quizás estudiar un poco. Quisiera ponerme al día.

ANTONIO ¡Qué lata tener que estudiar! Yo no tengo ganas de hacerlo. Vamos a salir. ¿No te parece?

CARLOS Mira, debo escribirles a mis padres. Además, ando atrasado en dos de mis clases.

ANTONIO No olvides el refrán que dice: "No hagas hoy lo que puedas dejar para mañana".

CARLOS *(No le hace caso y se pone a escribir otra vez.)* ¿Qué pensabas hacer? ¿Algo especial?

ANTONIO No. Ir al cine quizás, o al teatro. Tal vez a un concierto o a una discoteca. Hace mucho que no bailo. Pero a ti no te interesa nada de esto.

Yes, Aunt [Amelia], I've understood.

Carlos goes up to his room, sits down, and takes out a sheet of paper. He has scarcely begun to write when Antonio comes in without Carlos's hearing him.

What's up, Carlos? (A greeting heard frequently in Mexico.)

You startled me. I didn't hear you come in.

What are you doing?

Nothing in particular. I was planning to write a note and maybe study a little. I'd like to catch up (get up to date).

What a nuisance to have to study! I don't feel like doing it. Let's go out. Don't you think [we should]?

Look, I must write to my parents. Besides, I'm behind in two of my classes.

Don't forget the saying that goes: "Don't do today what you can put off until (leave for) tomorrow."

(He pays no attention to him and starts to write again.) What did you intend to do? Something special?

No. Go to a movie perhaps, or to the theater. Maybe to a concert or a disco. I haven't danced for a long time. But you're not interested in any of this.

CARLOS Sólo dije que pensaba escribir una carta y estudiar.

I only said that I was planning to write a letter and study.

ANTONIO ¿Qué tal si la escribes rápido, luego vamos temprano al cine y regresamos a tiempo para darle fuerte a los libros?

How about if you write it quickly, then we go to the movies early and come back in time to hit the books hard?

CARLOS ¿Por qué me estás tentando?

Why are you tempting me?

Amelia llama desde abajo.

Amelia calls from downstairs.

AMELIA Antonio, ¿les interesa ir al teatro esta noche?

Antonio, are you (all) interested in going to the theater tonight?

ANTONIO ¿Cómo dices? No te oigo.

What are you saying? I can't (don't) hear you.

AMELIA Bajen para que se lo explique.

Come down so I can explain it to you.

(Abajo)

(Downstairs)

AMELIA Tu padre acaba de llamar. Sacó cuatro entradas para el teatro, pensando llevar a los Ortega. Ahora resulta que ellos no pueden ir y nosotros preferimos ir otra noche. Aquí tienen las entradas si las quieren.

Your father just called. He got four tickets for the theater, planning to take the Ortegas. Now it turns out that they can't go, and we prefer to go another night. Here are the tickets if you want them.

ANTONIO ¿Ves, Carlos? El destino lo ha querido.

You see, Carlos? Destiny has willed it.

AMELIA Con una condición: que lleves a tu hermana.

On one condition: that you take your sister.

ANTONIO ¿A cuál? ¿A Marisa?

Which one? Marisa?

AMELIA Claro. La obra no es muy apta para una niña de catorce años.

Of course. The play (work) isn't very suitable for a 14-year-old girl.

ANTONIO ¿Y la cuarta entrada?

How about the fourth ticket?

AMELIA Tal vez Carlos conozca a alguien que. . . .

Perhaps Carlos knows someone who. . . .

CARLOS Está bien. La voy a llamar aunque sea un poco tarde.

All right. I'll call her even though it may be a little late.

ANTONIO ¿Quieres hablar con ella antes que tomemos las entradas?

Do you want to talk with her before we take the tickets?

Suena el teléfono en casa de Patricia.

The telephone rings at Patricia's house.

PATRICIA Diga.

Hello (Speak).

CARLOS Hola. ¿Está la señorita Patricia Moreno?

Hello. Is (Miss) Patricia Moreno [in]?

PATRICIA Con ella habla.

This is she (You're speaking with her).

CARLOS ¡Hola! Habla Carlos Ortiz, el sobrino del Sr. Manuel García. ¿Te acuerdas de mí?

Hi! This is Carlos Ortiz, the nephew of Mr. Manuel Garcia. Do you remember me?

PATRICIA ¿Cómo no me iba a acordar? ¿Qué tal? ¿Qué me cuentas?

Why wouldn't I remember (How was I not going to remember)? How are you? What do you say (tell me)?

CARLOS Sólo quería ver cómo estabas y preguntarte si te interesa ir al teatro esta noche con mis primos y conmigo.

I only wanted to see how you were and ask you if you are interested in going to the theater tonight with my cousins and me.

PATRICIA Ah, gracias. Estoy bien y me encantaría ir. ¿Sabes lo que presentan?

Thank you. I'm fine and I'd be delighted to go. Do you know what they're presenting?

CARLOS Es una obra nueva. Dicen que es buena.

It's a new work. They say it's good.

(Después de la función)

(After the performance)

ANTONIO ¿Qué les pareció?

What did you think of it?

MARISA La obra plantea unos problemas interesantes. Pero es deprimente porque no resuelve nada.

The play poses some interesting problems. But it is depressing because it doesn't solve anything.

PATRICIA De acuerdo, pero cada cual tiene que buscar sus soluciones. A mí lo único que me desagradó fue el lenguaje.

Agreed, but every one has to find her (his) [own] solutions. The only thing I found displeasing was the language.

CARLOS Eso depende de las costumbres de uno.

That depends on one's customs.

PATRICIA Pero no veo ninguna necesidad de recurrir a palabras chocantes y groseras.

But I see no need to resort to shocking and vulgar words.

CARLOS Perdón. A mí tampoco me agradan las groserías.

Pardon [me]. I don't like vulgarity either.

PATRICIA No quise ofender.

I didn't intend to offend.

CARLOS Sí, lo sé. Tienes unas ideas interesantes. Algún día me gustaría hablar más.

Yes, I realize that. You have some interesting ideas. Some day I'd like to talk more.

PATRICIA Sólo me tienes que decir cuándo.

You only have to tell me when.

V-43 *VOCABULARIO*
LAS DIVERSIONES: ¡QUE TE DIVIERTAS!

PREPARATION:
Model pronunciation
of new vocabulary.
OPTION: Add any
vocabulary you want
to teach.

A. LAS DIVERSIONES

PALABRAS IMPORTANTES

el club nocturno	*nightclub*	**el museo de arte**	*art museum*
el concierto	*concert*	**la ópera**	*opera*
el parque zoo-lógico	*zoo*	**el parque de atracciones**	*amusement park*

*Estos argentinos se han divertido **yendo** (going) al cine en Buenos Aires.*

PREGUNTAS IMPORTANTES

¿Cuánto cuesta la entrada?	*How much does the admission cost?*
¿Qué hay en el teatro?	*What is at the theatre?*
¿Qué película pasan en el cine?	*What film is (are they) showing?*
¿A qué hora empieza la función?	*What time does the performance start?*
¿Hay que hacer cola por mucho tiempo?	*Will we have to wait in line for long?*
¿Me permites este baile?	*May I have this dance?*
¿Quieres algo de comer (tomar)?	*Would you like something to eat (drink)?*

(For additional vocabulary, see Apéndice I-9)

B. ACTIVIDAD PARA PAREJAS

OPTION: Have a pair of students role-play this activity for the class. You can do this to introduce the activity or as a follow up after listening to students in pairs.

Llamas por teléfono a un(a) amigo(-a) y lo (la) invitas a acompañarte a divertirse. Necesitan decidir entre los (las) dos qué van a hacer, a qué hora van a salir y regresar, si van a comer antes, etcétera.

C. ACTIVIDAD PARA GRUPOS DE TRES O CUATRO

Tus amigos no quieren quedarse en casa. Entre los tres o cuatro, necesitan decidir qué van a hacer. Hay que hablar de tres o cuatro opciones y de las **ventajas** *(advantages)* y detalles de cada opción.

C-44 CULTURA
BOSQUEJO CULTURAL: EL RECREO

A los hispanos les gusta mucho el recreo. Les gustan mucho las fiestas, los bailes y los festivales. También les gustan los deportes como el béisbol, el básquetbol, el vólibol, el tenis y el golf. Pero el deporte más popular es, *soccer*   desde luego, **el fútbol.**

Se juega al fútbol desde niño hasta viejo, en todo clima y en todo lugar, no importa que uno sea grande o pequeño, alto o bajo. No es necesario tener *costly equipment / goal posts marked / tied*   uniforme ni **equipo costoso** y aun se juega con la **portería marcada** con libros o chaquetas y una chaqueta o suéter **atado** sirve de pelota. Cuando los chicos son grandes, sigue su entusiasmo por el fútbol.

bullfighting   En ciertos países como España, México, Colombia y el Perú, **la corrida de toros** es bastante popular aunque se considera una forma del arte y no deporte. Otras formas de arte populares son la ópera, el teatro y el cine.

OPTION: This may be a good time to discuss sports with which you are familiar, e.g., soccer, the bullfight, jai alai, etc.

CÍRCULO DE CONVERSACIÓN

1.   ¿Cuál es tu deporte favorito?

2. ¿A qué deporte juegas muy bien?

3. ¿Cuánto sabes del fútbol?

G-53-II GRAMÁTICA
COMBINACIONES CON PREPOSICIÓN

An infinitive that does not function as a subject or as a direct object needs a preposition.

A. Intransitive verbs: Pattern verb—*ir*

Any infinitive complement to an intransitive verb is introduced by a preposition. We have practiced a number of verbs of motion (**ir, venir, entrar, salir, subir, bajar, pasar, llegar, volver, correr, caminar**), which take **a** or **para** before an infinitive. We now add **tardar (en)** *(to delay, take time)*.

Amelia tarda un momento en arrancar. (E-4A)	*Amelia takes a moment to start.*

Recall that **ir a** and **volver a** have both literal and figurative meanings (G-32): Me voy a ofender si vuelves a mencionar el tema. (E-12B)

B. Transitive–intransitive verbs: Pattern verb—*empezar*

Spanish has a number of verbs that take direct object nouns but are used intransitively with infinitives. For example:

Acabo de comer algo. (E-6C)	*I have just eaten something.*
Voy a **tratar de hacerlo.** (E-8C)	*I'm going to try to do it.*
Me aburrí y **dejé de leer.**	*I got bored and stopped reading.*
¿Cómo **he de pedir** la llamada?	*How am I supposed to request the call?*
Empezamos a escribirnos. (E-9B)	*We began to write each other.*
Quiero **aprender a manejar.**	*I want to learn to drive.*

Note that **a** follows **aprender, comenzar,** and **empezar** whereas **de** follows **acabar, terminar, dejar, tratar,** and **haber**. Recall that **empezar estudiando** means *to begin by studying* and that **acabar de** has an idiomatic meaning in the present and the imperfect (G-35). Otherwise, both **acabar de** and **terminar de** mean *to finish*.

C. VOLVÍ A VERLOS AYER *(I saw them again yesterday)*

Cada uno piensa en tres cosas que hizo dos veces o más la semana pasada.

UNO Salí con Luis el sábado.

DOS ¿Has salido otra vez desde
entonces?

UNO Sí, volví a salir el martes.

UNO Vi a Ernesto el lunes.

DOS ¿Lo has visto otra vez desde
entonces?

UNO Sí, volví a verlo el miércoles.

I went out with Luis on Saturday.

Have you gone out again since then?

Yes, I went out again on Tuesday.

OPTION: Project the
incomplete phrases
on a screen and have
the class suggest com-
pletions. They can be
for an imaginary
dunce or for one of
the characters from
the story.

D. ACTIVIDAD PARA GRUPOS PEQUEÑOS (O PARA PAREJAS)

Completen las oraciones con frases de infinitivo y comenten.

1. No pienso volver a _____.

2. Tardo poco tiempo en _____.

Otro ejemplo de la arquitectura hispánica es este patio de una casa española.

3. Ayer tardé <u>(tiempo)</u> en _____.
4. Un amigo(-a) acaba de _____.
5. En 19 <u>(año)</u> empecé a _____.
6. Es mi deseo dejar de _____.
7. A los _____ años aprendí a _____.
8. Siempre trato de _____.

E. Transitive verbs with a noun or pronoun direct object: Pattern verb— *ayudar*

In the following examples the personal verb has a direct object; since the infinitive cannot be a direct object also, it is introduced by a preposition. Direct objects are italicized in the following examples:

La abuelita *me* **enseñó a manejar.**   Los jóvenes *se* **ponen a leer** el menú.

Carlos **invita** *a Patricia* **a bailar.**   ¡Cuánto *me* **alegro de verte!** (E-8A)

Verbs that take **a** before an infinitive:

ayudar		to help	
enseñar		to teach	
invitar	a alguien a + infinitivo	to invite	someone to do something
animar		to encourage	
poner		to put someone to doing something	

The last two verbs are often used as reflexives:

animarse	a + infinitivo	to make up one's mind to do something
ponerse		to start to do something

Verbs that take **de** before an infinitive:

acordarse (ue)		to remember to do
alegrarse	de	to be glad to do
jactarse		to boast of doing
quejarse		to complain of doing

F. *ACTIVIDAD PARA GRUPOS PEQUEÑOS*

REVIEW: Have groups volunteer the most humorous or most intriguing responses given during the activity.

Completen las oraciones y comenten.

1. Cuando yo tenía _____ años <u>(persona)</u> me enseñó a _____.
2. Yo trato de ayudar a mis amigos a _____.
3. Hace poco invité a <u>(persona)</u> a <u>(infinitivo o nombre)</u>.
4. Cuando no tengo otra cosa que hacer, me pongo a _____.
5. Me alegro mucho de _____.
6. <u>(Persona)</u> siempre se queja de <u>(infinitivo o nombre)</u>.
7. Esta mañana no me acordé de <u>(infinitivo o nombre)</u>.

G-54 GRAMÁTICA
SUBJUNTIVO EN ORACIONES ADVERBIALES (Subjunctive in adverbial clauses)

The conjunctions listed below always call for the subjunctive because the actions they introduce are not yet realized at the time of reference. However, a corresponding preposition plus infinitive, rather than a conjunction with subjunctive, is generally used when only one subject is involved. (See G-20.)

CONJUNCTION WITH INFINITIVE		CORRESPONDING PREPOSITION WITH INFINITIVE	
para que	*in order that*	**para**	*(in order) to*
sin que	*without*	**sin**	*without*
antes (de) que	*before*	**antes de**	*before*
en caso (de) que	*in case (that)*	**en caso de**	*in case (of, that)*
con tal (de) que	*provided (that)*	**con tal de**	*provided (that)*
a menos que	*unless*	(none)	

CONJUNCTIONS: TWO SUBJECTS

¿Quieres hablar con ella **antes que** tomemos las entradas? (E-14B)

Antonio entra en el cuarto **sin que** Carlos lo oiga. (E-14B)

Van a hacer una fiesta **para que** Carlos conozca a otras personas. (E-13A)

Me queda perfectamente . . . **a menos que** no te guste el color. (E-14C)

PREPOSITIONS: ONE SUBJECT

Carlos descansa **antes de** cenar.

Sin decir nada, Amelia toma una calle lateral. (E-4B)

Enrique va a traer su guitarra **para** cantar.

(No corresponding preposition; **a menos que** is used in all cases.)

1.   The English equivalent of a clause with **sin que** generally uses a possessive form plus the *-ing* form: **sin que Carlos lo oiga** *(without Carlos's hearing him).*

2.   **Si** often can substitute for **a menos que, con tal que,** or **en caso que.** This use of **si** never takes the present subjunctive, and is therefore simpler to use.

SUBJUNCTIVE

No voy **a menos que** tú **vayas.**

Voy **con tal que** tú **vayas** también.

En caso que vayas, favor de llamarme.

SI WITH INDICATIVE

No voy **si** tú no **vas.**

Voy **si** tú **vas** también.

Si vas, favor de llamarme.

😃 A-47 ACTIVIDADES
ESTOY AQUÍ PARA QUE ME AYUDES

OPTION: Do as a class activity or assign to pairs.

A. ORACIONES PARA COMPLETAR

Completen las oraciones con un verbo en subjuntivo de la segunda columna.

Vamos a charlar ahora a menos que	haya prueba mañana.
Vamos a descansar un rato sin que	la profesora nos explique algo.
Vamos a vernos más tarde con tal que	quieras hacer otra cosa.
Vamos a prepararnos en caso de que	tengas tiempo.
Vamos a terminar antes que	el profesor se dé cuenta.
Vamos a esperar después para que	suene el timbre.

OPTION: Assign as written work to be done prior to class. Follow up with an oral activity in class.

B. MÁS ORACIONES PARA COMPLETAR

Completen las oraciones lógicamente con verbos en subjuntivo, por ejemplo:
Yo estoy aquí para que (tú) me ayudes con el español.

1. ¿Puedo ir esta noche a tu casa para que me _____?

2. De vez en cuando hablo con el (la) profesor(a) para que me _____.

3. Te voy a prestar un suéter en caso de que _____.

4. Es casi imposible entrar tarde en el aula sin que _____.

5. Yo te puedo prestar dinero con tal que _____.

6. Yo no voy al cine esta noche a menos que _____.

7. Casi siempre llego a la clase antes de que _____.

C. ORACIONES CON *SI*

Completen las oraciones con verbos en indicativo.

1. Este fin de semana vamos a tener un día de campo si no _____.

2. Te invito a almorzar conmigo si _____.

3. No voy a salir muy bien en la prueba el viernes si _____.

4. Necesito que me ayudes si _____.

5. Voy a tener suficiente dinero este mes si _____.

REVIEW: Have selected individuals respond orally to the cue: *Voy a estar más contento(-a) con tal que. . . .*

D. VOY A ESTAR CONTENTO(-A) CON TAL QUE SAQUE UNA A.

UNO Explícale a tu pareja las condiciones necesarias para que estés más

DOS Debes hacer preguntas y comentarios; después toma tu turno para contento(-a). Completa la siguiente oración con cinco verbos diferentes en subjuntivo:

Voy a estar más contento(-a) con tal que _____.

explicar lo mismo pero usa **si** en lugar de **con tal que** con cinco verbos en indicativo.

 E-14C ESCENA

TAN PRONTO COMO TERMINE

COMPREHENSION:
¿Quién cumple años pronto? ¿Cuándo? ¿Qué desea enviarle? ¿Por qué le pide a su tía que lo ayude? ¿Qué le sugiere su tía? ¿A Carlos le gusta la sugerencia de su tía? ¿Por qué no se le ocurrió a Carlos? ¿Tiene buen gusto Patricia?
(p. 447)
¿Qué está haciendo Patricia cuando llama Carlos? ¿Cuándo puede ir ella? ¿Adónde han ido Carlos y Patricia? ¿Qué han visto? ¿Por qué está menos seguro que antes Carlos? ¿Ha visto Carlos algo que le guste? De estar Patricia en el lugar de Mirta, ¿qué le gustaría? ¿Usan Patricia y Mirta la misma talla?
(p. 448)
¿Cómo es la primera blusa que se prueba Patricia? ¿Cuánto cuesta? ¿Y si Carlos se lleva dos? ¿Cuánto paga Carlos en fin?
(p. 449)
¿Cómo se siente Carlos con su compra? ¿Adónde van después? ¿Qué le dice Carlos a Patricia? ¿Qué empezó a decirle? ¿Qué le responde Patricia?
ADAPTATION:
(p. 446)
¿Cuándo cumples

La hermana de Carlos cumple años el veinte del mes que viene. Él desea enviarle un regalo, algo típico de México. No tiene mucha confianza en su propia habilidad para escoger algo de buen gusto y que le agrade. Por eso le pide a su tía que le sugiera un regalo o, aun mejor, si es que tiene tiempo, que lo acompañe para comprarlo. Ella tiene una sugerencia mejor todavía.

AMELIA Puedo acompañarte con tal que vayamos mañana. Si quieres hacerlo hoy, ¿por qué no invitas a Patricia a ir contigo?

CARLOS ¿Por qué no se me occurió a mí?

AMELIA Patricia tiene un gusto excelente y, además, estoy segura de que le gustaría hacerlo.

Carlos's sister has a birthday the twentieth of next month. He wishes to send her a gift, something typical of Mexico. He doesn't have much confidence in his own ability to choose something in good taste and that she will like. For that reason he asks his aunt to suggest to him a gift or, even better, if she has time, to go with him to buy it. She has a better suggestion yet.

I can go with you provided that we go tomorrow. If you want to do it today, why don't you invite Patricia to go with you?

Why didn't it occur to me?

Patricia has excellent taste and, besides, I'm sure that she would like to do it.

años? ¿Cuándo cumple
años tu hermano (her-
mana, mamá, tía,
novia)? ¿Qué le vas a
regalar? ¿Qué te rega-
laron para tu cum-
pleaños el año
pasado?
(p. 447)
¿Ayudas mucho a tu
mamá? ¿Te gustan las
artesanías? ¿Te gustan
los colores vivos?
¿Los colores llamati-
vos? De estar tú en el
lugar de Mirta, ¿qué
te gustaría recibir? De
estar en el lugar de
Carlos, ¿qué te gus-
taría comprar? Antes
de comprar ropa, ¿te
la pruebas?
(p. 448)
¿Sabes regatear?
¿Regateas mucho?
¿Conoces la buena
mercancía? ¿Tienes no-
vio(-a)? ¿Te gusta mu-
cho? ¿Lo(-a) quieres?

CARLOS Gracias, tía. Sabía que podía contar contigo. Le voy a hablar ahora mismo.

(Carlos y Patricia están hablando por teléfono)

PATRICIA Estoy ayudando a mi mamá. Tan pronto como termine, puedo ir contigo. En una hora, más o menos.

CARLOS Entonces paso por vos, digo por ti, a eso de las cuatro.

PATRICIA Vale, pero no vengas mucho antes.

Patricia y Carlos han ido a un mercado de artesanía regional y productos típicos mexicanos. Han visto de todo y muchas cosas son de excelente calidad y buen gusto. También hay cosas pintorescas y de colores muy vivos y llamativos, pero no siempre de la mejor calidad. Carlos está menos seguro que antes de lo que quiere.

PATRICIA ¿Has pensado en algo? ¿Has visto algo que te guste?

CARLOS No sé. ¿Qué te parece un vestido de esos bordados a mano?

PATRICIA Algunos son bonitos, y muy mexicanos.

CARLOS Tal vez no le gusten a una argentina.

PATRICIA ¿Quién sabe? A mí me gustan.

CARLOS Mira, de estar tú en el lugar de mi hermana, ¿qué te gustaría?

PATRICIA A mí me encantaría una blusa como las primeras que vimos.

CARLOS ¿Te quieres probar una? Estoy seguro de que tú y ella usan la misma talla.

Vuelven al puesto de las blusas y

Thanks, Aunt Amelia. I knew I could count on you. I'm going to talk to her right now.

(Carlos and Patricia are talking on the telephone)

I'm helping my mother. As soon as I finish, I can go with you. In an hour, more or less.

Then I'll come by for you (**vos,** in Argentina), I mean for you **(ti),** at about four.

Okay, but don't come much sooner.

Patricia and Carlos have gone to a market for regional handicrafts and typical Mexican products. They have seen (some of) everything and many things are of excellent quality and good taste. There are also many picturesque things in bright and loud colors, but not always of the best quality. Carlos is less sure than before of what he wants.

Have you thought of something? Have you seen anything you like?

I don't know. What do you think of one of those hand-embroidered dresses?

Some of them are pretty, and very Mexican.

Maybe an Argentine won't like them.

Who knows? I like them.

Look, if you were (with your being) in my sister's place, what would you like?

I would be delighted with a blouse like the first ones we saw.

Do you want to try one on? I'm sure that you and she wear the same size.

They return to the blouse stand, and

Patricia se prueba una rosada.

Patricia tries on a pink one.

PATRICIA Ésta es preciosa y me queda perfectamente . . . a menos que no te guste el color.

This one is lovely and it fits perfectly . . . unless you don't like the color.

CARLOS Me gusta. Además, la tela es muy suave.

I like it. Besides, the cloth is very soft.

DUEÑA Los dos tienen muy buen gusto.

Both of you have very good taste.

CARLOS ¿Cuánto vale?

How much is it worth?

DUEÑA Es de excelente calidad. Seis mil quinientos.

It's (of) excellent quality. Six thousand five hundred.

CARLOS No pensaba gastar tanto en una sola blusa.

I wasn't planning to spend so much on one (a single) blouse.

DUEÑA Se la dejo en seis mil doscientos.

I'll let you have it (leave it to you) for six thousand two hundred.

CARLOS Todavía me parece caro. ¿Qué tal si me llevo dos?

It still seems high (expensive) to me. How about if I take two?

DUEÑA Seis mil doscientos por dos son doce mil cuatrocientos.

Six thousand two hundred times two is twelve thousand four hundred.

CARLOS Pero no puede ser. Le doy doce y nada más.

But that can't be. I'll give you twelve and no more.

DUEÑA Mire, por ser mi primera venta de la tarde, le rebajo otros cien pesos.

Look, since it's my first sale of the afternoon, I'll take off (lower) another hundred pesos for you.

PATRICIA *(Con firmeza)* Doce mil.

(Firmly) Twelve thousand.

DUEÑA ¿Qué puedo decir? Se ve que conocen la buena mercancía y saben regatear. Déme los doce mil.

What can I say? It's obvious that you recognize good merchandise and know how to bargain. Give me the twelve thousand.

Carlos no compra una sino dos, una rosada y la otra azul. Está contento con su compra a pesar de ver después unas blusas parecidas en otro puesto a un precio mejor. Luego invita a Patricia a tomar un refresco.

Carlos buys not one but two, one pink and the other blue. He is pleased with his purchase in spite of later seeing some similar blouses at another stand at a better price. Then he invites Patricia to have a soft drink.

CARLOS No sé cómo agradecerte, no sólo la ayuda sino . . . este . . . ¿cómo puedo decirlo? Estás muy linda hoy, y yo te . . . este . . . tú me gustas mucho y me gusta estar contigo. Bueno, no me salió muy bien, pero ya lo dije.

I don't know how to thank you, not just for the help but . . . uh . . . how can I say it? You look very pretty today, and I lo . . . uh . . . I like you a lot, and I like to be with you. Well, it didn't come out very well, but I (already) said it.

PATRICIA Gracias, Carlos. Tú también me gustas a mí. Creo que ya lo sabías.

Thank you, Carlos. I like you, too. I think you already knew it.

CARLOS Mira, la primera blusa que escogiste no era para mi hermana. Es para ti.

Look, the first blouse that you picked out wasn't for my sister. It's for you.

1. Colloquial Argentine Spanish uses **vos** in place of **tú** and **ti.** Carlos corrects himself while talking to Patricia. She uses **vale,** an expression heard more in Spain than elsewhere.

2. The English neutral vowel sound *schwa,* represented by *uh* in the **Escena,** does not exist in the Spanish vowel system. Since you will be hard pressed not to stammer at times in Spanish, you may as well do it authentically, using **este.**

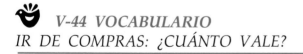

V-44 VOCABULARIO
IR DE COMPRAS: ¿CUÁNTO VALE?

PREPARATION:
Model pronunciation
of new items.

A. PREGUNTAS Y FRASES IMPORTANTES

¿Cuánto cuesta(n) (vale[n])?	*How much is this (are these) [is it worth]?*
¿De qué está hecho(-a)?	*What is it made of?*
¿Aceptan cheques de viajero? ¿tarjetas de crédito?	*Do you accept traveler's checks? credit cards?*
Me lo (la, los, las) llevo.	*I'll take it (them).*
Se paga en la caja.	*You pay at the cashier's.*

Sólo estoy mirando.	*I'm just looking.*
¿Puede empacar esto con cuidado?	*Can you package this carefully?*
Quisiera probar(me) esta (este) _____.	*I would like to try (on) this _____.*
Me queda grande (chico[-a]).	*It's large (small) for me.*
¿No tiene de otro tamaño (color)?	*Don't you have a different size (color)?*
¿Qué número lleva?	*What (shoe) size do you wear?*
¿Qué tamaño (talla) busca?	*What size are you looking for?*

Para algunos nombres de tiendas repasa la lista de las tiendas especializadas de C-13, Lección 4.

B. ACTIVIDAD PARA TRES PERSONAS

OPTION: Role-play several bargaining sessions, rotating customers and shop-owners. Present a prize to the "best shopowner," "best bargainer" as determined by class vote at the end.

Necesitas comprar regalos para varios parientes y amigos. Un(a) amigo(-a) tuyo(-a) te acompaña para hacer las compras. Entre los (las) dos, necesitan decidir qué vas a comprar para cada persona de tu lista. La tercera persona del grupo puede hacer el papel del dueño (de la dueña) de la tienda.

C. ACTIVIDAD PARA PAREJAS

El cumpleaños de tu papá se acerca y tú necesitas comprarle un regalo—una camisa, una **corbata** (*tie*) o un suéter. Necesitas decidir el color, la talla, y el precio. El (la) dependiente(-a) es una persona muy servicial y te puede ayudar con tus decisiones.

 C-45 CULTURA
BOSQUEJO CULTURAL: LA ARTESANÍA Y EL REGATEO

---

today
natives

Cuando los conquistadores españoles llegaron al Nuevo Mundo, casi destruyeron por completo la civilización india que existía allí. No obstante, **hoy día** hay pueblos en las Américas en que todos los habitantes son **indígenas** y no hablan español. Muchas de las costumbres, tradiciones y artes de los indios todavía existen. Muchos de estos indios son los artesanos de hoy que producen la artesanía que se vende en los mercados y en las tiendas para turistas.

set

clerk or owner

value

En los supermercados y en las tiendas grandes los precios son **fijos** y el cliente paga el precio marcado. En las tiendas y mercados de varios países, los precios no son fijos y el cliente tiene que negociar con el **dependiente o dueño** para establecer el precio. Esta práctica de negociar el precio se llama regatear. El dueño o dependiente ya sabe el **valor** de los artículos que vende, y para regatear bien, el cliente también necesita tener una idea del valor de

Uno puede comprar artesanías guatemaltecas en este puesto del mercado en Chichicastenango, Guatemala.

las cosas que quiere comprar. Si el cliente no sabe el valor, por un lado es posible que ofenda al dueño si ofrece un precio muy bajo, y por el otro lado, es posible que pague demasiado por el objeto. Siempre **vale la pena** estar bien **enterado** de los valores.

it is worth while / aware

CÍRCULO DE CONVERSACIÓN

1. ¿Qué sabes de la artesanía de los indios?
2. ¿Has regateado alguna vez? (¿Cuándo?)
3. Háblanos de tu mejor compra.

S-29 *SUGERENCIAS* *PALABRAS DE LOS MOROS*

The Moors from northern Africa inhabited Spain for a period of nearly 800 years. Their culture and religion had tremendous influence on the development of the Spanish language. The Moors were highly involved in the sciences and agriculture, and vocabulary in these areas reflects their influence. **Al** was the definite article *the* in Arabic, but when many nouns were adopted into Spanish, the **al-** was included and became part of the word. Here are some of the more common words borrowed from Arabic.

OPTION: Model pronunciation of Spanish words.

alacrán	*scorpion*	**albañil**	*brickmason, mason*
álgebra	*algebra*	**almacén**	*store, warehouse*
albóndiga	*meatball*	**almohada**	*pillow*

| alcachofa | *artichoke* | alquiler | *rent (noun)* |
| alcohol | *alcohol* | ojalá | *God grant, would to God* |

G-55 GRAMÁTICA
SUBJUNTIVO O INDICATIVO EN ORACIONES ADVERBIALES
(Subjunctive or indicative in adverbial clauses)

The conjunctions **cuando, tan pronto como, hasta que, después (de) que,** and **aunque,** as well as the adverbs **tal vez** and **quizás,** are followed by the subjunctive when the action of the verb has not yet taken place or is not conceded as being true. Otherwise, they take indicative forms. There are also prepositions corresponding to certain ones of the conjunctions. Both **cuando** and **tan pronto como** can be replaced by **al** and an infinitive, but they also can be used even when there is only one subject involved.

CONJUNCTION (OR ADVERB) PLUS INDICATIVE OR SUBJUNCTIVE		CORRESPONDING PREPOSITION PLUS INFINITIVE	
cuando	*when*	**al**	*on, upon + -ing*
tan pronto como	*as soon as*	**al**	*on, upon + -ing*
hasta que	*until*	**hasta**	*until*
después (de) que	*after*	**después de**	*after*
aunque	*although, even though, even if*	(none)	
tal vez, quizá(s)	*perhaps, maybe*	(none)	

Indicative examples include the following:

Cuando **terminan** de comer, siguen conversando. (E-12A)
No despertó hasta que su tía lo **llamó.** (E-12B)
De acuerdo, aunque no **sé** lo que son. (E-12A)

Subjunctive examples include the following:

Cuando **tengamos** un rato libre, vamos a reunirnos con Justina. (E-13A)
Tan pronto como **termine,** puedo ir contigo. (E-14C)
La voy a llamar aunque **sea** un poco tarde. (E-14B)
Tal vez Carlos **conozca** a alguien. (E-14B)

Al plus infinitive (replaces both indicative and subjunctive):

Al terminar de escribir, le entrega el formulario. (replaced: **cuando termina**)

Al llegar allí, bajamos y tomamos otro. (replaced: **cuando lleguemos**)
Al llegar tu tío, te levantas. (replaced: **cuando llegue tu tío**)

A-48 ACTIVIDADES
¿SUBJUNTIVO O INDICATIVO?

OPTION: a) Place on
overhead and connect
correct items with
colored pen. b) Have
a student do the
marking, asking for
help from the class.

A. ACTIVIDAD PARA PAREJAS: ¿COSTUMBRE O ACCIÓN FUTURA?

Completen las oraciones seleccionando una frase de la segunda columna. Primero decidan si cada acción es habitual (indicativo) o futura (subjuntivo); luego busquen una respuesta lógica.

1. Me gusta ver la **tele** (*TV*)   hasta que vienen a buscarme.
2. Normalmente ceno   hasta que vengan a buscarme.
3. Hoy tengo que hacer la cena   tan pronto como llegue a casa.
4. Hoy me voy a quedar aquí   tan pronto como llego a casa.
5. Hoy quiero ir a jugar al tenis   cuando me canse de estudiar.
6. Pienso visitar a unos amigos   cuando me canso de estudiar.
7. La profesora nos permite cantar   después que acabamos de estudiar.
8. Me quedo en la universidad   después que acabemos de estudiar.

B. ACTIVIDAD PARA PAREJAS

Completen las oraciones: indicativo → acción acostumbrada; subjuntivo → acción futura. También pueden hacer preguntas y comentarios.

EJEMPLOS: **Cuando: (a) tengo hambre _____ (b) tenga hambre _____.**

UNO Cuando tengo hambre, compro un sandwich (voy a casa a comer algo).
Cuando tenga hambre, voy a comprar un sandwich (pienso ir a casa a comer).

1. Cuando: (a) empiece a hacer calor _____ (b) hace calor _____.
2. Tan pronto como: (a) suena el timbre _____ (b) (yo) pueda _____.
3. Aunque: (a) esté nevando _____ (b) a mi novio(-a) no le gusta _____.
4. Después que: (a) almorzamos _____ (b) terminemos esta actividad _____.

C. ACTIVIDAD PARA PAREJAS O GRUPOS PEQUEÑOS

Completen las oraciones y comenten. Las acciones futuras necesitan subjuntivo.

OPTION: Put on
overhead and have
students suggest com-
pletions.

1. Voy a estudiar español hasta que _____.
2. Esta mañana me levanté tan pronto como _____.
3. Espero ir a España cuando _____.
4. Ayer no pude hablar contigo cuando _____.
5. Quiero que prepares la cena tan pronto como _____.
6. Me gustaba visitar a mis abuelos cuando _____.
7. Te voy a hablar más cuando _____.
8. Hoy tengo que irme a casa tan pronto como _____.

D. PARA PAREJAS: AL CON INFINITIVO

The infinitive can be given a subject different from that of the main verb. No subjunctive is needed.

UNO Al llegar a casa esta noche, voy a llamar a mis padres. Al llegar mi compañero(-a) anoche, fuimos al cine.

1. Al ver que estaba lloviendo, _____.
2. Al tratar de abrir la puerta de mi departamento, _____.
3. Al llegar a la clase mañana, _____.
4. Al llegar los jóvenes esta noche, (nosotros) _____.

OPTION: Do as a
class activity allowing
each student to give
an answer to either
question. Vote on the
best answer to the
second question.

E. TEMAS PARA GRUPOS PEQUEÑOS (O PARA LA CLASE)

1. ¿Cuándo vas a estar más contento(-a)? Cada uno dice lo que siente y los otros pueden hacer preguntas y comentarios:

Yo voy a estar más contento(-a) cuando _____.

2. ¿Cuándo va a ser mejor este mundo? Cada uno expresa una idea suya; luego los del grupo la comentan:

Yo creo que el mundo va a ser mejor cuando _____.

F. PREGUNTAS PARA PAREJAS

1. ¿Estudias español para aprenderlo o para que otros estén contentos?
2. ¿Hablas español con otros para ayudarlos o para que ellos te ayuden?
3. Cuando faltas a la clase, ¿hablas en seguida con el (la) profesor(a) o tratas de pasar el día sin que él (ella) te vea?
4. ¿Qué vas a hacer cuando termines tus estudios?
5. ¿Hay posibilidad de que consigas un buen empleo después de graduarte? ¿Qué vas a hacer en caso de que no consigas empleo pronto?

SC-16 *SITUACIÓN COMUNICATIVA*
UNA INVITACIÓN

NOTE: If needed, define *quisieras* (item 3) as a polite form of *quieres*. Do not discuss imperfect subjunctive at length here.

Te has aburrido de estudiar y tienes un poco de hambre. Quieres salir para comer algo y divertirte un poco. Llamas por teléfono a un(a) amigo(-a) para invitarlo(-la) a salir contigo. Indica lo siguiente:

1. por qué quieres salir (estás aburrido[-a] de estudiar).
2. a qué hora quieres salir.
3. lo que quisieras comer.
4. el restaurante en que te gustaría comer.
5. dónde quieres que tu amigo(-a) te encuentre.
6. la ropa que vas a llevar.
7. la ropa que quieres que lleve tu amigo(-a).
8. adónde te gustaría ir después de comer.

R-14 *REPASO*
¿QUÉ PASA CON NUESTROS AMIGOS?

AHORA   ¿Qué les pregunta don Manuel a los otros? Según Susana, ¿qué le importa a su papá? ¿Para qué están sentados?

ANTES   ¿Qué tal durmió Carlos? ¿Le cayó mal la comida de la fiesta? ¿En qué estuvo pensando?

DESPUÉS   ¿Qué van a

AHORA   ¿Adónde van Susana y Marisa? ¿Para qué se queda sentado Carlos?

ANTES   ¿De qué hablaron durante el desayuno? ¿A quiénes conoció Carlos? Antonio no vio a Carlos después de las once. ¿Dónde estaba? ¿Qué hacía?

DESPUÉS   ¿Qué le va a

hacer cuando terminen de desayunar? ¿Van todos a hacer lo mismo?

preguntar Carlos a su tía?

AHORA   ¿De quién es la carta? ¿Qué le pregunta Amelia a su sobrino?
ANTES   ¿Qué había prometido hacer Carlos? ¿Cuántas veces les ha escrito a sus padres?
DESPUÉS   ¿Que va Carlos a hacer en seguida?

AHORA   ¿Qué está haciendo Carlos? ¿Qué quiere Antonio que Carlos haga?
ANTES   ¿Qué pasó cuando Antonio entró en el dormitorio?
DESPUÉS   ¿Va Carlos a aceptar la invitación? ¿Qué va a hacer antes? ¿Adónde va a ir? ¿Con quiénes van a ir? ¿Por qué no va Susana a acompañarlos?

AHORA   ¿Qué acaban de hacer los jóvenes? ¿Qué opinión tiene Patricia de la obra?
ANTES   ¿Cómo consiguieron entradas para el teatro?
DESPUÉS   ¿Qué van a hacer algún día Carlos y Patricia?

AHORA   ¿Dónde están Patricia y Carlos? ¿Qué buscan? ¿Qúe le parece a Patricia la blusa? ¿Para quién es?
ANTES   ¿Por qué invitó Carlos a Patricia a acompañarlo al mercado? ¿A quién invitó Carlos primero?

DESPUÉS   ¿Adónde van a ir los dos jóvenes al irse del mercado?

AHORA   ¿Qué están haciendo los dos jóvenes? ¿Qué le está diciendo Carlos a Patricia?
ANTES   ¿Cuántas blusas compró Carlos?
DESPUÉS   ¿Quiénes van a recibir las dos blusas?

REPASO DE VOCABULARIO

NOMBRES:

NIVEL A

V-43

la **calidad**	quality
la **compra**	purchase
la **entrada**	ticket; admission
el/la **familiar**	family member, relative
la **forma**	form; way, manner
la **función**	performance; function
el **gusto**	taste; pleasure
el **mercado**	market
la **misa**	mass
la **necesidad**	need, necessity
la **nota**	note; grade
la **venta**	sale
la **ventaja**	advantage

NOMBRES:

NIVEL B

S-29

el **almacén** (gran almacén)	department store; warehouse
la **artesanía**	crafts, handicrafts
el/la **cliente**	customer, client
la **cola**	tail; line
la **condición**	condition
la **culpa**	blame
el/la **dependiente(-a)**	clerk
el **destino**	destiny; destination
el/la **dueño(-a)**	owner
la **firmeza**	firmness
la **grosería**	vulgarity, rudeness; coarse word
la **habilidad**	ability
la **recepcionista**	receptionist
la **lata**	can; nuisance, bore, bother
el **lenguaje**	language
la **mercancía**	merchandise
la **obra**	work (play)
la **queja**	complaint
el **refrán**	saying, proverb
la **solución**	solution
el **tronco**	log, trunk

VERBOS:

NIVEL A

G-52, G-53-I, G-53-II

apurarse	to hurry
enseñar	to teach; show
escoger	to choose

VERBOS:

NIVEL B

agradar	to please (like **gustar**)
bastar	to suffice, be sufficient
caer	to fall
comentar	to comment (on)
cumplir	to fulfill
desagradar	to displease
enamorarse (de)	to fall in love (with)
enviar	to send
envolver (ue)	to wrap (up) (like **volver**)
explicarse	to explain oneself, make oneself clear
meter	to put (in, into)
plantear	to set forth, state
rebajar	to lower (price)
recurrir (a)	to resort (to)
regatear	to bargain, haggle (over)
resolver (ue)	to solve, resolve (like **volver**)
resultar	to turn out
tentar (ie)	to tempt

ADJETIVOS:

NIVEL A

afortunado(-a)	fortunate
atrasado(-a)	behind; late
grosero(-a)	vulgar, crude
típico(-a)	typical
suave	soft; smooth

ADJETIVOS:

NIVEL B

S-28

apto(-a)	suitable
bordado(-a)	embroidered
chocante	shocking, offensive
deprimente	depressing
llamativo(-a)	loud, gaudy
pintoresco(-a)	picturesque

ADV/PREP/CONJ:

NIVEL A

G-54, G-55

algo	somewhat

MODISMOS Y EXPRESIONES:

NIVEL A

V-44

caerle mal a alguien	not to agree with someone
cumplir años	to have a birthday
dormir como un tronco	to sleep like a log
en cuanto a	with regard to
hacer cola	to form a (get in) line
nada de particular	nothing in particular

LECCIÓN 15

Izquierda, arriba: Estos niños madrileños (es decir, de Madrid) juegan mucho al fútbol. Es quizás el deporte más popular del mundo hispano. Izquierda: Estos hombres de Costa Rica también juegan mucho al fútbol. Lo han jugado desde niños y por eso lo juegan muy bien.

E-15A ESCENA
NO ES NADA QUE NECESITE LA ATENCIÓN DE UN MÉDICO

COMPREHENSION:
(p. 460)
¿Cómo se sentía Carlos cuando se levantó hoy? ¿Adónde fue? ¿Por qué volvió temprano? ¿Cuáles eran sus síntomas? ¿Es algo serio? ¿Por qué llama al médico?
(p. 461)
¿Qué tipo de médico quiere Carlos? ¿A quién recomienda Amelia? ¿Lo ha conocido Carlos? ¿Con quién habla Amelia? ¿Por qué? ¿Qué le da la recepcionista? ¿Qué le pide la enfermera a Carlos? ¿Por qué? Según Carlos, ¿cuáles son sus síntomas? ¿Cuánto hace que se siente mal?
(p. 462)
¿Por qué se preocupa Carlos? ¿Cuántas horas duerme cada noche? ¿Qué tiene Carlos? ¿Qué causó la condición? ¿Qué le receta el doctor Miranda? Según Amelia, ¿cuál es el problema de Carlos?

ADAPTATION:
(p. 460)
¿Cómo te sentías hoy cuando te levantaste? A pesar de no tener muchas ganas de estudiar, ¿viniste a la universidad? ¿Estás pálido(-a)? ¿No hace varios días que te quejas de muchos estudios? ¿Estás enfermo(-a)? ¿Es algo que necesite la atención de un médico? ¿Quisieras estar seguro(-a)?
(p. 461)
¿Me puedes recomendar un médico bueno?

Hoy Carlos no se sentía bien cuando se levantó. Le dolía la cabeza y estaba mal del estómago. A pesar de no tener muchas ganas de estudiar, fue a la universidad. A eso de las once volvió a casa porque se había puesto peor, y se sentía más tranquilo estando más cerca del baño. En este momento le está explicando a su tía cómo se siente.

CARLOS Además, no tengo fuerzas y me duele la cabeza. Pero con dos aspirinas y un poco de descanso pronto me voy a sentir bien.

AMELIA ¿Sin tomar un antibiótico?

CARLOS No creo que sea más que una gripe.

AMELIA Estás pálido, y me parece que hace varios días que te quejas de dolor de cabeza.

CARLOS Es verdad, pero no es nada que necesite la atención de un médico.

AMELIA Yo quisiera estar segura.

Today Carlos didn't feel well when he got up. His head ached and he was sick to his stomach. In spite of not feeling much like studying, he went to the university. At about eleven he returned home because he had gotten worse, and he felt calmer (more reassured) being nearer the bathroom. At this moment he is explaining to his aunt how he feels.

Besides that, I don't have [any] strength and my head aches. But with two aspirins and a little rest, I'm soon going to feel fine.

Without taking an antibiotic?

I don't believe it's anything more than a [case of] flu.

You're pale, and it seems to me that you have complained of a headache for several days.

That's true, but it isn't anything that needs the attention of a doctor.

I would like to be sure.

¿Quién se siente mal?
Conque no te sientes
bien. Dime cuáles son
tus síntomas. ¿Cuánto
hace que te sientes
mal? ¿Sufres un poco
de tensión nerviosa?
(p. 462)
¿Comes y duermes
bien? ¿Cuántas horas
duermes cada noche?
¿No estás durmiendo
bien? ¿Qué crees,
para el mal de amores
no hay doctores?

CARLOS Puede que tengas razón. ¿Me puedes recomendar un médico que no me vaya a recetar un tratamiento largo y costoso?

AMELIA Sí, el nuestro, el doctor Miranda. Lo conociste la noche de la fiesta. ¿Te acuerdas?

Doña Amelia llama al consultorio y pide hablar con el Dr. Miranda. El médico está ocupado y no puede contestar pero la recepcionista le da a Carlos una cita para las cuatro de la tarde.

En el consultorio. Como es la primera visita, la enfermera le pide que complete su historial médico. Luego habla con el Dr. Miranda.

MIRANDA Carlos, conque no te sientes bien. Dime cuáles son tus síntomas.

CARLOS Me siento débil y tengo dolor de cabeza con un poco de diarrea. Creo que tengo gripe nada más.

MIRANDA ¿Cuánto hace que te sientes mal?

CARLOS Los dolores de cabeza comenzaron hace unos ocho días. Por eso mi tía ha insistido en que lo consulte a usted.

MIRANDA ¿Sufres un poco de tensión

You may be right (It may be that you are right). Can you recommend a doctor to me who isn't going to prescribe a long and costly treatment?

Yes, ours, Doctor Miranda. You met him the night of the party. Do you remember?

Doña Amelia calls the office and asks to talk with Dr. Miranda. The doctor is busy and can't answer but the receptionist gives Carlos an appointment for four o'clock in the afternoon.

At the office. Since it is the first visit, the nurse asks him to fill out his medical history. Then he talks with Dr. Miranda.

Carlos, so you're not feeling well. Tell me what your symptoms are.

I feel weak and I have a headache with a touch of diarrhea. I think I have [the] flu, nothing more.

How long have you felt bad?

The headaches began about a week ago. That's why my aunt insisted that I consult you.

Do you suffer a little stress (nervous

nerviosa?

CARLOS No, creo que no. Me preocupo un poco por los estudios.

MIRANDA ¿Comes y duermes bien?

CARLOS A veces me cuesta dormirme. Pero no es para ponerme enfermo.

MIRANDA ¿Cuántas horas duermes cada noche?

CARLOS Cinco o seis, pero no necesito más.

El Dr. Miranda determina que lo que tiene Carlos no es gripe sino una condición nerviosa causada por sus preocupaciones y la falta de sueño.

MIRANDA Te voy a dar una receta pero lo que más te hace falta es cuidarte mejor.

Carlos sale del consultorio y sube a un autobús. A unas tres cuadras de la casa baja en una esquina donde hay una farmacia. Después de comprar los medicamentos recetados por el Dr. Miranda, va caminando para la casa. Al entrar saluda a su tía.

CARLOS Tía, vengo de la consulta con el médico.

AMELIA ¿Qué te dijo? ¿Te recetó algo?

CARLOS Sólo un tranquilizante no muy fuerte y unas vitaminas. También me dijo que tengo que dormir más.

AMELIA ¿No estás durmiendo bien?

CARLOS A veces pienso mucho.

AMELIA Ya sé cuál es el problema. Como dicen, "Para el mal de amores no hay doctores".

tension)?

No, I don't think so. I worry a little about my studies.

Are you eating and sleeping well?

Sometimes it's hard for me (it costs me) to go to sleep. But it's [nothing] to make me ill.

How many hours do you sleep each night?

Five or six, but I don't need more.

Dr. Miranda determines that what Carlos has isn't flu but a nervous condition caused by his worries and the lack of sleep.

I'm going to give you a prescription, but what you need most is to take better care of yourself.

Carlos leaves the office and gets on a bus. About three blocks from the house he gets off on a corner where there is a pharmacy. After buying the medications prescribed by Dr. Miranda, he walks (goes walking) to the house. Upon entering, he greets his aunt.

Aunt Amelia, I'm back from the visit to the doctor.

What did he tell you? Did he prescribe anything for you?

Only a mild (not very strong) tranquilizer and some vitamins. He also told me that I have to sleep more.

Aren't you sleeping well?

Sometimes I think a lot.

Now I know what the problem is. As they say, "There are no doctors for lovesickness."

Note that **sino** rather than **pero** translates the idea of not one thing but instead something else.

V-45 VOCABULARIO
EL CUERPO Y LA SALUD: ME DUELE LA GARGANTA

A. EL CUERPO Y LA SALUD

LAS ENFERMEDADES Y LOS SÍNTOMAS

la alergia	*allergy*	**los escalofríos**	*chills*
el mareo	*dizziness*	**el dolor de garganta**	*sore throat*
las náuseas	*nausea*	**de cabeza**	*headache*
la fiebre	*fever*	**el estreñimiento**	*constipation*

UNOS VERBOS

enfermar(se), ponerse enfermo	*to get sick, become ill*
poner una inyección	*to give a shot*
tomar medicina, aspirina, un laxante	*to take medicine, aspirin, a laxative*

(For additional vocabulary, see Apéndice I-10)

PREGUNTAS Y FRASES IMPORTANTES

¿Le (Te) duele(n) _____?	*Does (Do) your _____ ache?*
¿Tiene Ud. (Tienes) alergia a _____?	*Are you allergic to _____?*
Le (Te) quiero examinar el (la) _____.	*I want to examine your _____.*
Me duele ^(una muela, el estómago) _____.	*My ^(tooth, stomach) aches.*
Tengo tos (un resfriado).	*I have a cough (a cold).*
Me siento un poco mareado(-a).	*I feel a little dizzy.*
Le (Te) voy a recetar _____.	*I'm going to prescribe _____ for you.*
una inyección de penicilina	*a penicillin shot*
unas píldoras (cápsulas)	*some pills (capsules)*

B. ACTIVIDADES PARA PAREJAS

OPTION: With one (or more) of your students acting as patient(s), play the role of the doctor and interview them.

1.   UNO se siente muy mal. En el consultorio le explica al (a la) médico(-a) sus síntomas. (Puede inventar los que quiera.) DOS es el (la) médico(-a).

2.   UNO, como ayudante del médico, consigue el historial médico de tres pacientes nuevos. DOS hace los papeles de los pacientes.

UNO ¿Ha sufrido Ud. o alguno de sus familiares alguna de las siguientes condiciones o enfermedades?

alergias	artritis	**varicela** (*chicken pox*)
tuberculosis	cáncer	**sarampión** (*measles*)
diabetes	**asma** (*asthma*)	**paperas** (*mumps*)

UNO ¿Sufre Ud. a menudo de las siguientes condiciones o enfermedades?

gripe	resfriado	dolor de cabeza	tos
fiebre	escalofríos	dolor de garganta	congestión
diarrea	estreñimiento	mareo	náuseas

3.   UNO está en Caracas, Venezuela, y no se siente bien. No es nada que necesite la atención de un médico, pero quiere aliviar los síntomas. Va a una farmacia que queda cerca del hotel y le explica al farmacéutico lo que le pasa. Luego le pide que le recete alguna medicina. DOS es el (la) farmacéutico(-a).

💬 *S-30 SUGERENCIAS*
MÁS COGNADOS: -NT CONTRA -NTE

OPTION: Model pronunciation of Spanish words.

The final **-e** from Latin is retained in Spanish for words ending in *-nt* in English. Give the English counterpart:

presidente	urgente	inteligente	elegante
excelente	importante	suficiente	instante

💬 *C-46 CULTURA*
BOSQUEJO CULTURAL: EL TRATAMIENTO MÉDICO Y LAS FARMACIAS

informed

En las ciudades grandes del mundo hispano, y aun en la mayoría de las ciudades menos grandes, hay hospitales, clínicas y médicos. Los médicos son muy buenos y están **enterados de** las más modernas técnicas y tratamientos médicos.

En la farmacia se puede encontrar la ayuda necesaria para muchos problemas físicos. Estas señoras compran su medicina en una farmacia madrileña.

A causa del costo del tratamiento médico, muchas personas buscan la ayuda de otras personas para conseguir tratamiento. Estas otras personas son la **partera o comadrona,** el **curandero** y el **farmacéutico.** La partera o comadrona ayuda en los **partos,** y los curanderos, que son bastante populares en las áreas en donde hay influencia de los indios, ayudan en casi cualquier tipo de·situación.

midwife / folk doctor / pharmacist / childbirths

Los farmacéuticos **están al tanto de** las enfermedades y su tratamiento, y si uno tiene una enfermedad que no sea muy **grave,** puede acudir al farmacéutico y explicarle sus síntomas. **Éste le receta** el tratamiento requerido y el cliente sólo tiene que pagar el precio de los medicamentos. Otro beneficio de acudir a los farmacéuticos es que siempre hay una farmacia que "está de turno", es decir que está abierta. Durante la noche, el domingo o en los **días feriados** las farmacias que están cerradas indican en su **letrero** el nombre y la dirección de la farmacia que está de turno. De este modo, uno siempre puede comprar los medicamentos que necesite.

up to date on

serious

The latter prescribes

holidays

sign

CÍRCULO DE CONVERSACIÓN

1. ¿Qué haces tú cuando te enfermas?
2. ¿Qué piensas tú de los medicamentos modernos?
3. ¿Qué opinas tú de los curanderos y las parteras?

G-56 *GRAMÁTICA*
SUBJUNTIVO EN ORACIONES ADJETIVAS (Subjunctive in adjective clauses)

Use of the indicative or subjunctive in adjective clauses depends on the speaker's experience with what is being described. Something definite or already determined takes the indicative in the modifying clause. Something nonexistent—such as **nada** or **nadie**—or something not yet determined requires the subjunctive.

Most adjective clauses use the relative pronoun **que,** which refers to what is being described, called the *antecedent,* in the main clause. In these examples, **que** and its antecedent are in boldface and the verb of each adjective clause is in boldface italic.

INDICATIVE

Vamos a tomar **un camión que** nos *conviene* más.	(Antonio has a more suitable one in mind [E-11A].)
Hablan de **lo que** *han hecho* durante la mañana y de **los cursos que** *va a tomar* Carlos.	(What they have done is definite and the courses are decided [E-12A].)

SUBJUNCTIVE

No vamos a excluir a **nadie que** *quiera* conocerlo.	(The clause modifies **nadie,** the ultimate in indefiniteness [E-13A].)
Lo que tú *quieras* [dejar].	(An amount unknown to Antonio.)
Una [canción] que *podamos cantar* contigo.	(He doesn't have a definite song in mind [E-13C].)
¿Has visto **algo que** te *guste?*	(Not definite in Patricia's mind.)
No es **nada que** *necesite* la atención de un médico.	(Modifies the negative **nada** [E-15A].)

A-49 ACTIVIDADES
¿SUBJUNTIVO O INDICATIVO?

OPTION: Place on overhead. Connect columns with colored marker. Answers can be logical or absurd as long as they are grammatical.

A. ACTIVIDAD PARA PAREJAS: ¿ALGO DETERMINADO O NO?

Completen las oraciones con una frase lógica de la segunda columna. Los antecedentes no determinados requieren el subjuntivo.

1.	Tengo un coche	que habla español.
2.	Necesito comprar un auto	que no moleste con sus canciones.
3.	Jorge busca una esposa	que sea menos difícil.
4.	Pepe se va a casar con una chica	que me lleva mucho tiempo.
5.	Espero encontrar un curso	que no anda muy bien.
6.	Este semestre tengo un programa	que use menos gasolina.
7.	Tengo un(a) compañero(-a)	que hable español.
8.	Prefiero un(a) compañero(-a)	que siempre canta cuando se ducha.

B. ACTIVIDAD PARA PAREJAS: ¿ESTÁS SATISFECHO(-A)?

Habla de tus cosas: coche, departamento, grabadora, despertador, computadora. ¿Son buenos? ¿Te sirven bien? ¿Andan bien? ¿Siempre **funcionan** *(work)*?

EJEMPLO   **reloj**

UNO ¿Estás satisfecho(-a) con tu **reloj?**

DOS No, porque no anda bien. Necesito uno que funcione mejor. (Sí, porque anda bien y me costó poco.)

UNO ¿Estás satisfecho(-a) con _____?

C. ACTIVIDAD PARA LA CLASE

Necesitamos la ayuda de varias personas para un programa y una fiesta.

1.   Queremos aprender unos bailes nuevos. ¿Conocen a alguien que sepa algún baile nuevo? ¿Alguien tiene discos que sirvan para bailar?

2.   ¿Hay alguien que toque bien el piano? ¿O que cante bien?

3.   ¿Hay alguien aquí que haga buenas galletas que tenga equipo para hacer helado?

4.   Hace falta una persona que se encargue de la supervisión. ¿Hay alguien que esté dispuesto a hacerlo?

OPTION: Have students write a short paragraph on their ideal mate.

D. ACTIVIDAD PARA PAREJAS: UNA AMIGA IDEAL

¿Qué cualidades y características quieren (buscan)?

UNO Quiero que mi amiga (mi esposa, mi profesor) sea _____ (que tenga _____). Quiero (Busco) un amigo (una compañera) que sea _____ (que tenga _____).

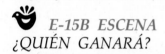

E-15B ESCENA
¿QUIÉN GANARÁ?

COMPREHENSION:
(p. 468)
¿Adónde van Carlos y Antonio? ¿Con quiénes? ¿A quiénes les gusta el fútbol? ¿Para qué va Patricia? ¿Cómo consiguió localidades tan buenas? ¿Quién va a ganar?
(p. 469)
¿Cuánto apuestan los muchachos? ¿Está muy confiado Carlos? ¿Cómo es el partido? ¿Por qué se siente tan confiado Carlos? ¿Qué le dice Antonio del oso?
(p. 470)
¿De qué se ríe Antonio? ¿Quién ganó? ¿Quién tiene que pagar la comida? ¿Por qué? ¿Quién se divirtió mucho? ¿Adónde irán (van a ir) para comer? ¿Quién no tiene mucha hambre?

Este fin de semana Carlos y Antonio han decidido ir a un partido de fútbol. Han invitado a Patricia y a Sandra, una amiga de Antonio, a acompañarlos. Los dos muchachos son muy aficionados al fútbol. A Patricia y a Sandra el fútbol no les gusta mucho. En realidad, Patricia no sabe mucho del deporte pero quiere conocer mejor a Carlos y cree que ésta es una buena oportunidad. El partido es en el Estadio Azteca, el Guadalajara contra el Atlas. Antes de que empiece el partido, los jóvenes están charlando.

This weekend Carlos and Antonio have decided to go to a soccer game. They have invited Patricia and Sandra, a friend of Antonio's, to accompany them. The two boys are great soccer fans. Patricia and Sandra don't like soccer very much. In fact, Patricia doesn't know much about the sport, but she wants to know Carlos better, and she believes that this is a good opportunity. The game is in the Estadio Azteca, Guadalajara against Atlas. Before the game begins, the young people are chatting.

SANDRA ¿Cómo conseguiste localidades tan buenas?

ANTONIO Por un amigo de mi padre.

PATRICIA ¿Quién ganará?

CARLOS Yo digo que el Guadalajara tiene la ventaja. ¿Quieres apostar, Antonio?

How did you get such good seats (places)?

Through a friend of my father.

Who'll win?

I say that Guadalajara has the advantage. Do you want to bet, Antonio?

ANTONIO Sí, a que gana el Atlas.

CARLOS Y yo a que no. ¿Cuánto apuestas?

ANTONIO El que pierda pagará la comida de los cuatro después del partido.

CARLOS De acuerdo. Yo te prestaré plata en caso de que no traigas suficiente.

PATRICIA ¿Tan confiado estás?

CARLOS Para que vean lo confiado que estoy, le doy un gol de ventaja; es decir, los míos tienen que ganar por dos puntos o más.

Es un partido muy reñido. Quedan empatados, 2 a 2, durante bastante tiempo. Al faltar cinco minutos en el último tiempo, el Guadalajara mete un gol. Ahora sólo falta un gol para que Carlos gane la apuesta. Se siente más confiado que nunca porque su equipo está jugando muy bien.

CARLOS ¿Viste? Vas a perder. Ahora mismo van a meter otro gol y tendrás que pagar la comida.

ANTONIO *(Riéndose)* No has matado al oso y ya vendes la piel. No habrá tiempo.

Yes, (I bet) that Atlas wins.

And I (bet) that they won't. How much do you bet?

The one that loses will pay for the meal for the four of us after the game.

Agreed. I'll lend you some money (silver) in case you aren't carrying enough.

You're that confident?

So that you can see how confident I am, I'll give him a one-goal advantage; that is to say, mine will have to win by two points or more.

It's a hard-fought game. They are tied, 2 to 2, for a long time. With five minutes remaining in the last half, Guadalajara makes a goal. Now they only lack one goal for Carlos to win the bet. He feels more confident than ever because his team is playing very well.

Did you see [that]? You're going to lose. Right now they're going to make another goal and you'll have to pay for dinner.

(Laughing) You're counting your chickens before they're hatched (You haven't killed the bear and you're already selling its hide). There won't be time.

CARLOS ¿De qué te ríes? Ya lo verás.

A pesar de la confianza y del entusiasmo de Carlos, su equipo no metió otro gol. Ganó pero por sólo un gol de manera que le toca a Carlos pagar la comida.

PATRICIA *(A Carlos)* El partido estuvo interesante. Lástima que tu equipo no ganó por los dos puntos.

CARLOS Yo me divertí mucho y no me quejo. ¿Adónde iremos para comer?

ANTONIO ¿Cuánto podrás gastar?

CARLOS Yo no tengo mucha hambre, pero ustedes dirán.

Van a una taquería. Mientras comen hablan de los deportes.

ANTONIO A mí me gusta el fútbol porque lo pueden jugar todos. No hace falta ser ni alto ni grande.

CARLOS Estoy de acuerdo.

PATRICIA Pero si quieres mantenerte en forma, ¿qué harás cuando tengas la edad de tu padre?

SANDRA Tiene razón. No podrás juntar a veintidós hombres para jugar al fútbol.

What are you laughing at? You'll see (it).

In spite of Carlos's confidence and enthusiasm, his team didn't make another goal. It won but only by one goal so that it falls to Carlos to pay for the meal.

(To Carlos) The game was interesting. (It's a) shame that your team didn't win by two points.

I had a lot of fun and I won't complain. Where'll we go to eat?

How much will you be able to spend?

I'm not very hungry, but you (all) (will) say.

They go to a taco stand. While they eat they talk about sports.

I like soccer because everybody can play it. It isn't necessary to be either tall or large.

I agree.

But if you want to keep (yourself) in shape, what will you do when you are the age of your father?

She's right. You won't be able to get together twenty-two men to play soccer.

PATRICIA Por eso yo prefiero un de-
porte como el tenis o el frontón.

That's why I prefer to play a sport
like tennis or racquetball.

SANDRA Sí, algo que se pueda jugar
durante muchos años.

Yes, something that you (one) can
play for many years.

*Después de una conversación sobre el pro
y el contra de diferentes deportes, se pre-
paran para irse.*

*After a conversation on the pros and cons
of different sports, they get ready to
leave.*

CARLOS *(A Antonio, al oído)* Oye, es-
toy pelado. ¿Me puedes prestar diez
mil pesos hasta mañana?

(To Antonio, whispering) Hey, I'm
broke (bald, peeled). Can you lend
me ten thousand pesos until
tomorrow?

Recall that **ser** rather than **estar** (see G-9) is used to tell where an event takes
place: **El partido es en el Estadio Azteca.**

 V-46 VOCABULARIO
LOS DEPORTES Y LOS JUEGOS: ¿QUIERES JUGAR AL AJEDREZ?

PREPARATION:
Model pronunciation. English has provided the names of several sports, which we have already
learned.

A. PALABRAS ÚTILES

el atletismo	*track & field*	**la gimnasia**	*gymnastics*
el buceo	*(skin) diving*	**el/la jugador(a)**	*player*
el campo	*field*	**la natación**	*swimming*
la cancha	*court*	**el partido**	*match, game*
el equipo	*team; equipment*	**la pelota**	*ball*

Sección Deportiva

Guadalajara detuvo al Puebla

Con claro 2-0 en el Cuauhtémoc

PUEBLA, Pue., 28 de mayo (NOTIMEX).— Las Chivas deL Guadalajara vencieron hoy por dos goles por cero al Puebla, en el juego de ida de la fase de semifinales del campeonato mexicano de la Primera División profesional, en el estadio Cuauhtémoc de esta central población que registró asistencia superior a los 50 mil aficionados.

Guadalajara, el mejor cuadro a la ofensiva y defensiva del futbol mexicano durante la etapa regular del campeonato, mostró mucho oficio y manejó el juego de acuerdo a sus intereses. No expuso, calculó y cuando pudo contragolpear a un rival desesperado, sin orden pero muy encimista, lo hizo para alcanzar un muy buen resultado.

Con esta victoria, doblemente valiosa por ser en calidad de visitante, el chiverío se coloca en inmejorable posición para dar el topetazo final y eliminar a los camoteros, cuando el próximo domingo se realice el juego de vuelta, en el estadio Jalisco, a partir de las 12 del mediodía. Ahí el Guadalajara debe asegurar su pase a la gran final, pues contará

la equitación	*horseback riding*	la pista	*track, course*
el esquí acuático	*waterskiing*	el tanto, punto	*point*
el esquí	*skiing*		
jugar (al, a la)	*to play*	levantar pesas	*to lift weights*
esquiar	*to ski*	pescar	*to fish*
patinar	*to skate*	cazar	*to hunt*

(For additional vocabulary, see Apéndice I-9)

B. ACTIVIDADES PARA PAREJAS

UNO Habla de tu deporte favorito. ¿Dónde y cuándo aprendiste a jugar? ¿Cómo aprendiste? ¿Alguien te enseñó a jugar? ¿Lo practicas mucho ahora? ¿Dónde juegas? ¿Con quién juegas? ¿Ganas con frecuencia? ¿Cuándo fue la última vez que jugaste? ¿Quién ganó? ¿Cómo te sientes cuando ganas? ¿Y cuando pierdes?

DOS Habla con tu pareja de los deportes que te gustan y los que no te gustan. Indica por qué te gustan o no te gustan. Luego, tu pareja hace lo mismo.

G-57 GRAMÁTICA
EL TIEMPO FUTURO: **HABLARÉ** (Future tense: **I will speak**)

EMPHASIS: Point out that the subject endings are the same as those used all along in the three-slot verb approach.

We make the progressive tenses with forms of **estar** plus the present participle **(estoy hablando),** and the perfect tenses with forms of **haber** and the past participle **(he hablado).** We can make one more combination, the infinitive with forms of **haber** to produce the future *(I will speak)* and the conditional *(I would speak).*

To form the future we simply attach the present indicative forms of **haber** to the infinitive or to a somewhat modified form of the infinitive. The silent **h** is omitted in writing, accent marks are added where required, and we use only the ending of **habéis.**

INFINITIVE PLUS PRESENT
INDICATIVE OF **HABER**

	(h)e
hablar	(h)as
comer +	(h)a
vivir	(h)emos
	(hab)éis
	(h)an

FUTURE INDICATIVE

hablar comer é vivir	hablar comer emos vivir
hablar comer ás vivir	hablar comer éis vivir
hablar comer á vivir	hablar comer án vivir

The future has some irregularities among the most frequently used verbs. Several have modifications in the infinitive part; two verbs use an old form of the infinitive. All verbs use the same endings seen above.

	INFINITIVE	MODIFIED INFINITIVE STEM	SAMPLE VERBS	
1. Verbs that omit the vowel of the ending.	saber	sabr-	**sabré**	**sabremos**
	poder	podr-		
	haber	habr-	**sabrás**	**sabréis**
	querer	querr-	**sabrá**	**sabrán**
2. Verbs with stems ending in **n** or **l** that replace the vowel of the ending with **d**.	poner	pondr-	**tendré**	**tendremos**
	salir	saldr-		
	tener	tendr-	**tendrás**	**tendréis**
	valer	valdr-	**tendrá**	**tendrán**
	venir	vendr-		

3. Verbs that use an old infinitive	decir hacer	**dir-** **har-**	diré	diremos
			dirás	diréis
			dirá	dirán

1. We will still use the simple present tense **(salimos mañana)** and the phrase **ir a (voy a comer más tarde)** to refer to future events. At times, however, the future is more appropriate.

2. In general, we may use Spanish future where the future is appropriate in English. There are two important exceptions:

a. Spanish future translates English *will* to indicate simple future action, but **querer** is needed to show willingness.

Will you help me (are you *going to* help me)?	**¿Me ayudarás?**
Will you help me (are you *willing to* help me)?	**¿Quieres ayudarme?**

b. We cannot use Spanish future after **si** *(if)* in clauses that propose conditions. Instead, we use simple present, or the verb **querer** for willingness.

If you *will* go, I will go also.	Si tu **vas,** yo iré también.
We will work if they *will* help.	Trabajaremos si ellos **ayudan (quieren ayudar).**

A-50 ACTIVIDADES
YO HARÉ LAS MALETAS

PREPARATION: Before class, review the necessary information in Lesson 13.

A. ACTIVIDAD PARA LA CLASE

La información para esta actividad viene de la Lección 13. Vamos a suponer que la fiesta todavía **no ha tenido lugar** *(hasn't taken place).*

1. ¿Para quién harán los García una fiesta? ¿Para qué la harán?

2. ¿Qué día la harán? ¿Dónde tendrá lugar?

3. ¿Con quiénes podrá contar doña Amelia para preparar la fiesta? ¿Quiénes no sabrán nada del plan? ¿A quién le dirán algo de lo que piensan hacer?

4. ¿Vendrán a la fiesta los amigos de la escuela de Susana? ¿Quiénes vendrán?

5. ¿Qué cosas habrá? ¿Habrá piñata? ¿Conjunto? ¿Algo de comer? ¿Un salón grande? ¿Alguna actividad para los jóvenes?

6. ¿Qué habrá para los niños? ¿Quién se encargará de eso?

7. ¿Qué habrá para los mayores? ¿Quiénes bailarán? ¿Dónde será el baile? ¿Por qué bailarán en el patio?

8. ¿Quién se encargará de la comida? ¿Qué hará Justina? ¿De qué se encargará doña Amelia? ¿Tendrá algo que hacer don Manuel?

B. ACTIVIDAD PARA PAREJAS

Ustedes dos están planeando un viaje. Tienen que decidir quién hará cada cosa.

MODELO   **hacer el itinerario** *(to make the itinerary)*

UNO Yo haré el itinerario.

UNO Entonces, ¿qué hago yo?

UNO Bueno, prefiero hacer el itinera-
rio pero, _____.

DOS No, yo haré el itinerario.

DOS Tú puedes _____.

conseguir un mapa
avisar a los que vamos a visitar
hacer las reservaciones
comprar comida para el camino
preparar la comida para llevar

cargar *(get, fill with)* gasolina
lavar el coche
hacer *(to pack)* las maletas
poner las maletas en el baúl
manejar primero

C1. ACTIVIDAD PARA PAREJAS

Mañana tienes mucho que hacer. Para no olvidar nada haces un horario y se lo enseñas a tu pareja, quien hará preguntas y comentarios.

UNAS IDEAS: salir, venir a esta clase, asistir a otras clases, hablar con _____, ver a _____ para decirle _____, almorzar, ir a _____, comprar _____ en la librería, volver a casa, cenar, hacer las tareas, salir con _____, acostarse.

UNO Pondré el despertador para las seis.

UNO Me levantaré en seguida. A las seis y media tomaré el desayuno.

DOS ¿A qué hora te levantarás?

DOS Y luego, ¿qué harás?

C2. ACTIVIDAD PARA PAREJAS

Usando un horario parecido, explica lo que harán tú y otra persona.

EJEMPLO   **A las seis <u>(una persona)</u> y yo nos encontraremos y _____.**

D. PREGUNTAS PARA PAREJAS

OPTION: Use these questions to interview several individuals. It can be done as preparation, review, or in place of a paired activity.

1. ¿Has pensado mucho en tu futuro? ¿Dónde estarás **de aquí a un año** *(a year from now)?* ¿Seguirás estudiando? ¿Y de aquí a tres años?

2. ¿Cuándo te graduarás? ¿Qué harás al graduarte? ¿Buscarás empleo o viajarás antes de empezar a trabajar? Si piensas viajar, ¿adónde irás?

3. Si no estás casado(-a), ¿te casarás dentro de poco?

4. ¿Te mudarás o buscarás empleo cerca de tu familia?

E. UN DÍA DE CAMPO (An outing, picnic)

Vamos a planear un día de campo para la clase.

1. ¿Qué día lo haremos? ¿Adónde iremos? ¿A algún parque? ¿A las montañas? ¿A la **playa** (beach)? ¿A un **bosque** (wood, forest)?

2. ¿A qué hora saldremos? ¿Iremos juntos de aquí o nos encontraremos allí?

3. ¿Qué llevaremos? ¿Comida y bebidas? ¿Una pelota y una **red** (net) para jugar al vólibol?

4. ¿A quiénes invitaremos? ¿A otros estudiantes? ¿A otros profesores?

PREPARATION:
Have students pre-
pare questions in
writing prior to class.

F. LOS PLANES DEL (DE LA) PROFESOR(A)

Háganle preguntas sobre sus planes para el verano, usando verbos en el futuro cuando sea apropiado. Las preguntas dependerán de sus respuestas: ¿Qué hará usted este próximo verano? ¿Dará clases o irá a alguna parte?

G. BREVES ACTIVIDADES PARA PAREJAS

1. **Buenos propósitos** (good intentions, resolutions) para el futuro.

UNO Explica lo que harás en el futuro para ser mejor estudiante.

DOS Puedes hacer preguntas y comentarios. Luego tomarás tu turno.

2. ¿Qué harás con un millón de dólares?

UNO Vamos a suponer que acabas de **heredar** (inherit) un millón de dólares. ¿Qué harás con tanto dinero?

DOS Puedes hacer muchas preguntas: si les dará dinero a los pobres, si les regalará cosas a sus padres, adónde irá. Luego te tocará a ti gastar dinero.

3. Vamos a suponer que a ustedes dos les toca planear un futuro mundo mejor. ¿Qué cosas habrá en ese mundo? ¿Qué cosas no habrá? ¿Habrá hambre? ¿Habrá **pobreza** (poverty)? ¿Habrá **guerras** (wars)? ¿Habrá menos **odio** (hatred)? ¿Más **amistad** (friendship) y servicio? ¿Más amor? ¿Cómo seremos? ¿Cómo viviremos? ¿Qué cosas haremos de una manera diferente?

E-15C ESCENA
¡QUÉ LINDO SERÍA!

La compañía para la que trabaja don Manuel tiene oficinas y sucursales en

The company that Don Manuel works for has offices and branches in many of the

COMPREHENSION:
(p. 477)
*¿Es grande la com-
pañía de Manuel?
¿Cómo lo sabes? ¿Qué
posibilidad existe?
¿Cuánto hace que
Manuel está con la
empresa? ¿Cómo ha
llegado a ser un
hombre importante en
la compañía? ¿De qué
se enteró hoy? ¿A
quién podrían visitar
en España? ¿Qué
países visitarían?
¿Con qué siempre ha
soñado Amelia? ¿Por
qué?
(p.478)
¿Cuándo saldrían?
¿Qué harían los mu-
chachos en la ausen-
cia de sus padres?*

ADAPTATION:
*(p. 477)
¿Trabajas? ¿Dónde?
¿Cuánto hace que tra-
bajas allí? ¿Has lle-
gado a ser una per-
sona importante en la
organización? ¿Te gus-
taría tener la oportu-
nidad de ir a España
(Costa Rica, Guate-
mala, etc.)? De ser
posible, ¿con qué
países visitarías? ¿De
qué has soñado por
mucho tiempo? ¿De
dónde son los (Smith,
Johnson, etc.)?*

muchas de las principales ciudades del mundo. También tiene fábricas en Europa y en los Estados Unidos. Existe la posibilidad de que pongan una fábrica en México porque la mano de obra mexicana es hábil y menos costosa que en muchas partes del mundo.

Hace varios años que Manuel está con la empresa y ha llegado a ser un hombre importante en la organización. A pesar de los problemas económicos que tiene México, las ventas han subido cada año. Por su excelente trabajo como gerente de ventas, uno de los jefes ha reco-mendado que la compañía lo mande a Europa para que conozca las operaciones, principalmente en España. Hoy se enteró de la posibilidad del viaje a Europa y está hablando con su esposa sobre el asunto.

AMELIA ¡A España! ¡Qué lindo sería! ¡Imagínate! Podríamos visitar a José María en Barcelona.

MANUEL Y no sólo visitaríamos Es-paña sino también otros países de Europa.

AMELIA Siempre he soñado con ir al-gún día a España, sobre todo a Va-lencia. Se cuenta en la tradición fami-liar que los Ortiz vienen de allí.

MANUEL Y tengo entendido que los

principal cities of the world. It also has factories in Europe and the United States. There exists the possibility of their put-ting a factory in Mexico because Mexican labor is skillful and less costly than in many parts of the world.

Manuel has been with the company for several years and has become an im-portant man in the organization. In spite of the economic problems that Mexico has, sales have risen each year. Because of his excellent work as sales manager, one of the directors has recommended that the company send him to Europe so that he can become acquainted with opera-tions, principally in Spain. Today he found out about the possibility of the trip to Europe, and he is talking with his wife about the matter.

To Spain! How nice it would be! Just think! We could (would be able to) visit Jose Maria in Barcelona.

Not only would we visit Spain but also other countries of Europe.

I have always dreamed of going to Spain some day, especially to Valen-cia. Family tradition has it (It is told in family tradition) that the Ortizes come from there.

And I have [it] understood that the

García son de Sevilla.	Garcias are from Seville.
AMELIA ¿Cuándo saldríamos?	When would we leave?
MANUEL No hay nada fijo todavía pero sería después del primero de enero. Quizás no iríamos hasta febréro o marzo.	There is nothing set (fixed) yet but it would be after the first of January. Perhaps we wouldn't go until February or March.
AMELIA Eso estaría bien porque en marzo tendríamos la oportunidad de ver las fallas de Valencia.	That would be all right because in March we would have the opportunity to see the **"fallas"** in Valencia.
MANUEL Creo que habría tiempo. Según lo propone mi jefe, serían unas tres semanas—la mitad del tiempo más o menos para los negocios, la otra mitad para nosotros.	I think there would be time. As my boss proposes it, it would be about three weeks—half of the time more or less for business, the other half for us.
AMELIA ¿Qué harían los muchachos en nuestra ausencia?	What would the children do in our absence?
MANUEL Lo pasarían muy bien. Yo no me preocuparía por ellos ni por un segundo.	They would get along very well. I wouldn't worry about them not even for a second.
AMELIA Tienes razón. (Pensando) Habría tantas cosas que hacer y ver . . . y comprar.	You're right. (Thinking) There would be so many things to do and see . . . and buy.
(Entra Susana y oye algo de "comprar".)	(Susana comes in and hears something about "buying.")
SUSANA ¿Qué vamos a comprar?	What are we going to buy?
AMELIA Estamos hablando de la posibilidad de hacer un viaje a España.	We're talking about the possibility of taking a trip to Spain.
SUSANA ¡Tanto mejor! ¡A España! ¡Qué bueno! ¿Cuándo salimos?	All the better! To Spain! That's great! When do we leave?

S-31 SUGERENCIAS
MÁS COGNADOS: -I CONTRA -Y

OPTION: Model
pronunciation of
cognates.

Spanish uses **-ia** or **-ía** as an ending on many nouns where English drops the final vowel and uses -y rather than **-i.** State the English counterpart:

historia	miseria	familia	tragedia
frecuencia	farmacia	psicología	sociología
compañía	filosofía	geografía	biología

C-47 CULTURA
BOSQUEJO CULTURAL: LAS FALLAS DE VALENCIA

reader

as if it were

Cada ciudad del mundo hispano tiene su santo. Ya sabe el **lector** que los hispanos celebran el día de su santo **como si fuera** el cumpleaños. De igual manera los hispanos recuerdan el día del santo de las ciudades. El santo de la

Mediante esta foto uno puede entender un poco de lo que son las fallas. Pero para entender bien, hay que presenciarlas.

commemorate   ciudad de Valencia es San José, y para **conmemorar** la fiesta de San José hay
entire week   una **semana entera** de celebraciones.

colorful parades   Las festividades empiezan con las corridas de toros, y luego hay **desfiles llenos de color** en que la gente, aun los niños pequeños, lleva los trajes y

everywhere   vestidos típicos de la región. Hay comida riquísima **por todos lados,** y el famoso plato regional, la paella valenciana, se sirve con frecuencia. Este plato

saffron, olives   de arroz, **azafrán, aceitunas** y mariscos es fabuloso y muy conocido no sólo en España sino también en todas partes del mundo.

gigantic statues   Durante la semana, la gente pasa admirando las **estatuas gigantescas** de
wood / wax   **madera,** papel y **cera** que se han hecho para esta fiesta. Las estatuas se en-
intersections   cuentran en todas las **bocacalles** y plazas principales de la ciudad y represen-
symbolically and   tan **simbólica e irónicamente los sucesos** de la actualidad. Son verdaderas ob-
ironically the   ras de arte. Para terminar la semana, la última noche de la fiesta, **se**
events / are ig-   **encienden** las estatuas o fallas. (La palabra *falla* es del idioma valenciano, un
nited   dialecto del catalán, y significa **fuego.**) Es casi imposible describir la emoción
fire   que uno siente al ver **quemarse** las fallas, bajo un cielo lleno de **fuegos**
burn / fireworks   **artificiales.**

ACTIVIDAD PARA PAREJAS

Seguramente **has presenciado** *(have witnessed)* o participado en alguna fiesta fantástica o algún festival maravilloso. Describe a tu pareja (con muchos detalles) la mejor fiesta o festival que hayas presenciado.

G-58 GRAMÁTICA
TIEMPO CONDICIONAL: *YO HABLARÍA* (Conditional tense: *I would speak*)

Just as the future refers to actions subsequent to the present moment, the conditional refers to actions subsequent to a past point of time. Thus, the relationship between future and conditional is the same as the relationship between present and imperfect.

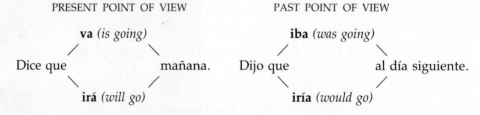

PRESENT POINT OF VIEW	PAST POINT OF VIEW
va *(is going)*	**iba** *(was going)*
Dice que mañana.	Dijo que al día siguiente.
irá *(will go)*	**iría** *(would go)*

Like the future, the conditional is composed of the full infinitive, or the modified infinitive stem used for the future, plus forms of **haber.** In this case it is only the imperfect endings of **haber:** había, habías, etc. We have already become accustomed to **gustaría.**

NOTE: Again, point out that the subject endings are the same as always. Also, point out that the difference between the imperfect of -*e*- and -*i*- verbs and the conditional lies in the stem.

INFINITIVE OR MODIFIED INFINITIVE				ENDINGS	
hablar-	sabr-	pondr-	vendr-	-ía	-íamos
comer-	podr-	saldr-	dir-	-ías	-íais
vivir-	habr-	tendr-	har-	-ía	-ían

1. Spanish conditional serves for two of the principal uses of the English conditional *would.*

a. The first use is to refer to future actions from a past point of view.

She said she *would go.*   Dijo que **iría.**

(We have been using **iba a** plus infinitive to express the same idea—Dijo que **iba a** ir. In many situations either form is suitable.)

b. The second use is to state results of hypothetical conditions.

HYPOTHETICAL (UNTRUE) CONDITION	RESULT
De estar tú en el lugar de mi hermana,	¿qué **te gustaría?**
If you were in my sister's place,	what *would you like?*

The exact equivalent of English *were* in an untrue condition would require the Spanish imperfect subjunctive,[1] a form not treated actively in this text. However, we know two alternate means for expressing the untrue part of such sentences: the infinitive phrase with **de** and also the present participle. Note in the examples that these nonpersonal forms can have subjects expressed:

De estar (Estando) tú en mi lugar. . . .	*If you were* in my place. . . .
De tener (Teniendo) (yo) más tiempo. . . .	*If I had* more time. . . .
De poder (Pudiendo) (ella) hacerlo. . . .	*If she could (were able to) do* it. . . .
De ser (Siendo) ricos mis padres. . . .	*If my parents were* rich. . . .

2. Certain meanings of the English *would* do not correspond to the Spanish conditional. We have seen the first two.

Customary past: Cuando yo era joven, **íbamos** a menudo a la playa.
                      When I was young, *we would go (used to go)* to the beach often.

---

[1] **(Yo) quisiera** is an example of imperfect subjunctive. We have used it as an approximate equivalent of **me gustaría.** Interested students will find information on forms and uses of the imperfect subjunctive in Apéndice III-1, Verb Tenses Not Practiced in This Text.)

Volition: Lo invitamos pero **no quiso venir.**
                   We invited him, but *he wouldn't come. (He willed not to come.)*

Hypothetical: **De ir (Yendo) tú** conmigo, me sentiría mejor.
                   If *you would go* with me, I'd (I would) feel better.

The conditional translates the *would* of the result clause—I *would* feel better—but not of the *if* clause.

   We have now seen the three Spanish tenses—present subjunctive (G-54), future (G-56), and conditional—that do not occur after **si** in clauses that express conditions.

A-51 ACTIVIDADES
DE TENER MÁS DINERO, HARÍA UN VIAJE

PREPARATION: Review the information in Lesson 13.

A. ACTIVIDAD PARA LA CLASE

In practicing the future tense, we spoke of the Garcias' party as a future event. We will now review what we said then but from a past point of view, which means we will use the conditional.

PROFESOR(A): El otra día hablamos de   CLASE: Entendimos que _____.
una fiesta. ¿Qué entendieron Uds.?

1. ¿Para quién harían los García la fiesta?

2. ¿Qué día la harían? ¿Dónde tendría lugar?

3. ¿Con quiénes podría contar doña Amelia para preparar la fiesta? ¿Quiénes no sabrían nada del plan? ¿A quién le dirían algo de lo que harían?

4. ¿Vendrían a la fiesta los amigos de Susana? ¿Quiénes vendrían?

5. ¿Qué cosas habría? ¿Habría piñata? ¿Conjunto? ¿Algo de comer? ¿Un salón grande? ¿Alguna actividad para los jóvenes?

6. ¿Qué habría para los niños? ¿Quién se encargaría de eso?

7. ¿Qué habría para los mayores? ¿Quiénes bailarían? ¿Dónde sería el baile? ¿Por qué bailarían en el patio?

8. ¿Quién se encargaría de la comida? ¿Qué haría Justina? ¿De qué se encargaría doña Amelia? ¿Tendría algo que hacer don Manuel?

B. ACTIVIDAD PARA PAREJAS: YO TAMPOCO

Ustedes hablan de un muchacho extraño que hace cosas **raras** (*strange*). Tengan cuidado de usar los pronombres apropiadamente.

UNO De estar en su lugar, yo no haría las cosas que él hace.

If I were in his place, I wouldn't do the things he does.

DOS Yo tampoco las haría.

I wouldn't do them either.

UNO De estar en su lugar, yo no iría a esos lugares.

DOS Yo tampoco iría.

1.   . . . yo no comería esas cosas tan feas.
2.   . . . yo no volvería a hablar con esa muchacha tan extraña.
3.   . . . yo no me quedaría en un departamento tan feo.
4.   . . . yo no invitaría a mi departamento a esa gente rara.
5.   . . . yo no haría las cosas chocantes que él hace.

C. ENTREVISTA A UN(A) AMIGO(-A)

UNO De poder volver a vivir las experiencias del año pasado, ¿harías algo que no hiciste?

DOS Sí, me divertiría más. Y tú, ¿harías algo que no hiciste?

UNO ¿Gastarías más dinero o menos?

1.   ¿Vivirías en los mismos lugares?
2.   ¿Leerías los mismos libros?
3.   ¿Verías la televisión menos?
4.   ¿Andarías con la misma gente?
5.   ¿Dirías algo que no dijiste?
6.   ¿Qué hiciste que no harías?

OPTION: Give absurd answers for variety.

D. ACTIVIDAD PARA LA CLASE

De tener más tiempo (o más dinero), ¿qué cosas haría el (la) profesor(a)? Ustedes quieren saber:

1.   a quiénes les escribiría más.
2.   con quiénes pasaría más tiempo.
3.   qué libros leería y por qué.
4.   qué lugares visitaría y por qué.

E. ACTIVIDAD PARA PAREJAS: DIJE QUE LO HARÍA Y LO HARÉ

UNO dice que hará ciertas cosas; DOS prefiere que haga algo diferente.

UNO Saldré a las siete.

DOS Prefiero que salgas antes.

UNO No, dije que saldría a las siete, y saldré a las siete.

DOS Está bien; no quiero que te enojes.

UNO Llegaré a las <u>(hora)</u>.

DOS Prefiero que llegues _____.

Iré con <u>(persona)</u>.
Para la fiesta traeré <u>(cosa)</u>.
Invitaré a <u>(persona)</u>.

Estaré allí a las <u>(hora)</u>.
Pondré los comestibles en <u>(lugar)</u>.
Haré el trabajo el <u>(día)</u>.

F. ACTIVIDAD PARA PAREJAS

UNO De estar tú ahora con los tuyos (tu familia), ¿qué harían ustedes? Usarás formas para **nosotros** como **hablaríamos, saldríamos.**

DOS Puedes hacer preguntas como: ¿Harían (ustedes) muchas cosas juntos? ¿Harían un viaje? ¿Adónde irían? Después dirás lo que tú harías en las mismas circunstancias.

OPTION: Conduct as a class activity, using selected questions and individuals.

G. PREGUNTAS PARA PAREJAS

1.   ¿Te gustaría ser muy rico(-a)? Si dices que sí, ¿por qué lo dices? ¿Qué harías distinto de lo que haces ahora? Si dices que no, ¿por qué lo dices?

2.   ¿Te gustaría vivir en otro lugar? Si dices que sí, ¿qué otro lugar? ¿Por qué te gustaría vivir allí? Si dices que no, ¿por qué no te gustaría?

3.   Siendo tú profesor(a) de esta universidad, ¿serías como los (las) profesores(-as) que conoces? Si no, ¿en qué serías diferente?

4.   De poder hacer **cualquier cosa** (*anything*), ¿qué cosas cambiarías en tu vida? ¿Qué cosas cambiarías en otras personas? ¿Qué cosas cambiarías en este país? ¿Y en el mundo?

De verdad hay **molinos de viento** (*windmills*) *en La Mancha, España.*

E-15D ESCENA DI CUALQUIER COSA

COMPREHENSION:
(p. 485)
¿Cuándo empezaron
las clases? ¿Cómo
está Carlos? ¿Por qué
no hay clases hoy?
¿Adónde han ido Car-
los y Antonio? ¿Con
quiénes? ¿Qué han
visto? ¿Adónde fueron
después del cine? ¿Qué
piensa Carlos de la
universidad?

(p. 486)
¿Qué le parecen sus
clases? ¿Quiere tener
exámenes Carlos?
¿Cuál es el efecto que
tienen los exámenes?
¿Qué le sugiere Anto-
nio a Alfonso? ¿Habla
en serio Alfonso
cuando le responde a
Antonio? ¿Sabe inglés
Carlos?

(p. 487)
¿Qué le da vergüenza
a Carlos? ¿Por qué es
tan difícil el inglés?
¿Qué oportunidades
tienen los muchachos
de aprender el inglés?

ADAPTATION:
(p. 485)
¿Cuándo comenzaron
las clases aquí? ¿Es-
tás contento(-a) con
tu situación? ¿Cuándo
vamos a tener un día
feriado? ¿Te gustan
las películas dobladas
o prefieres títulos?
¿Qué piensas de la
universidad?

(p.486)
¿Siempre has tenido
profesores tan buenos
como los que tienes
ahora? ¿Qué te pare-
cen tus clases? ¿Son
difíciles o fáciles? ¿Te
gustan los exámenes?
¿Te animan a estudiar
con más regularidad?
¿Te pones nervioso(-a)
en los exámenes?
¿Cuándo tienes que
dar el próximo exa-

Las clases de la universidad comenzaron hace unos quince días, y Carlos está contento con su situación. Hoy los estudiantes han tenido día feriado a causa de la fiesta nacional (16 de septiembre, fecha en que se inició en 1810 la lucha por la independencia).

Esta noche Carlos y Antonio han ido al cine con dos amigos de éste último. Los cuatro han visto una película norteamericana en inglés con títulos en español. A veces las películas están dobladas; es decir, tienen grabada en la banda sonora la traducción española del idioma original. Sin embargo, muchas personas prefieren oír el sonido original. Por eso, se dan muchas películas como la que han visto los jóvenes esta noche. De regreso a casa han ido a un café del centro para tomar algo. En este momento están hablando de sus actividades y estudios.

University classes began about two weeks ago, and Carlos is pleased with his situation. Today the students have had a holiday because of the national celebration (September 16, the date on which the struggle for independence began in 1810).

Tonight Carlos and Antonio have gone to the movies with two friends of the latter. The four have seen an American film in English with subtitles in Spanish. Sometimes the films are dubbed; that is to say, they have recorded on the sound track the Spanish translation of the original language. Nevertheless, many people prefer to hear the original sound. For that reason many films are shown (given) like the one that the young men have seen tonight. On the way back home they have gone to a cafe downtown to eat something. At this moment they are talking about their activities and studies.

ALFONSO Carlos, ¿qué piensas de la universidad?

Carlos, what do you think of the university?

CARLOS Tengo una impresión muy favorable. Ojalá que todos mis

I have a very favorable impression. I hope all my professors are as good as

men? ¿Sabes inglés? ¿Español? ¿Francés? Di algo en francés.
(p.487)
¿Te da vergüenza hablar en español? ¿Es difícil el español? ¿Se pronuncia como se escribe? ¿Te vuelves loco(-a) con la pronunciación? ¿Hay muchas o pocas oportunidades aquí para oírlo?

profesores sean tan buenos como los que tengo ahora.

the ones I have now.

LUIS ¿Qué te parecen tus clases? ¿Son difíciles?

What do you think of your classes? Are they hard?

CARLOS Más o menos. Hasta ahora no he tenido problemas pero tampoco ha habido exámenes.

Not bad (More or less). So far (Until now) I haven't had [any] problems but neither have there been [any] exams.

LUIS ¿Quieres tener exámenes?

Do you want to have exams?

CARLOS No, pero me animan a estudiar con más regularidad.

No, but they encourage me to study more regularly.

ALFONSO No digas eso. Yo les tengo horror; siempre me pongo nervioso.

Don't say that. I'm horrified at them (I have horror of them); I always get nervous.

ANTONIO No debes ponerte nervioso. Así sales peor.

You shouldn't get nervous. That way you do (come out) worse.

ALFONSO Muchas gracias por la sugerencia. Ya no lo voy a hacer más.

Thanks a lot for the suggestion. I'm not going to do it any more.

CARLOS Justamente la semana que viene tengo que dar el primer examen en la clase más difícil. Lo malo es que el libro de texto está escrito en inglés.

Just next week I have to take the first exam in the hardest class. The bad part is the book is written in English.

LUIS ¿Conque sabes inglés?

So you know English?

CARLOS No tanto.

Not that much.

ALFONSO A ver. Di algo en inglés.

Let's see. Say something in English.

CARLOS ¿Qué quieres que diga?

What do you want me to say?

ALFONSO Di cualquier cosa.

Say anything.

(Carlos piensa por un momento.)

CARLOS No, mejor no; me da ver-
güenza. Entiendo bastante pero
nunca lo he hablado mucho.

LUIS Tampoco nosotros. Es que el in-
glés es demasiado difícil; no se pro-
nuncia como se escribe.

ALFONSO Yo me vuelvo loco con la
pronunciación.

CARLOS Con todas las oportunidades
que hay aquí para oírlo, ustedes de-
berían hablarlo mejor que yo.

ANTONIO Tienes razón, como la pelí-
cula en inglés que acabamos de ver.

(Siguen hablando, tocando varios temas.)

ALFONSO Bueno, se hace tarde. Yo
me tengo que ir. Espero que salgas
bien en el examen, Carlos.

LUIS Yo también me voy. Mucha
suerte.

CARLOS Gracias. ¡Chau! Que les vaya
bien.

ANTONIO Nos vemos.

(Carlos thinks for a moment.)

No, I better not; it embarrasses me. I
understand quite a lot but I have
never spoken it much.

Neither [have] we. It's because En-
glish is too difficult; it isn't pro-
nounced the way (as) it's written.

I go crazy with the pronunciation.

With all the opportunities that there
are here to hear it, you [guys] ought
to speak it better than I.

You're right, like the movie in En-
glish that we just saw.

*(They keep on talking, touching [on] sev-
eral topics.)*

Well, it's getting late. I have to leave.
I hope you do well in the exam,
Carlos.

I'm leaving too. Lots of luck.

Thanks. So long! (Ciao!) The best to
you (May it go well with you).

See you (We'll see each other).

V-47 VOCABULARIO
LA UNIVERSIDAD: ¿EN QUÉ CURSOS TE INSCRIBISTE?

PREPARATION:
Model new
vocabulary.

A. LA UNIVERSIDAD Y LA EDUCACIÓN

la escuela primaria	*elementary school*
la escuela secundaria	*secondary (high) school*
la preparatoria (prepa)	*preparatory (prep) school*
la carrera	*major*
el plan de estudios	*course of study, curriculum*
el requisito	*requirement*
el curso	*course, class*
la materia	*subject*

el crédito	credit
el horario	schedule
la nota (calificación)	grade
sobresaliente	outstanding
muy bueno (notable)	very good
bueno	good
aprobado	passing
desaprobado	failing
el promedio	average
las vacaciones (de verano)	(summer) vacation
matricularse en la universidad	to register in the university
inscribirse en un curso	to enroll in a course, class
reunirse (se reúne)	to meet
asistir (faltar) a una clase	to attend (miss) a class
especializarse	to major
estar de vacaciones	to be on vacation
graduarse	to graduate
salir bien (mal)	to pass; do well; succeed (to fail)
sacar notas (calificaciones)	to get grades
tomar apuntes	to take notes

OPTION: a) Conduct
as a class activity. b)
Interview one or two
students in front of
class.

B. ENTREVISTA PARA PAREJAS

Entrevista a tu pareja. Puedes usar las siguientes preguntas y también puedes inventar otras.

1.   ¿En qué año te matriculaste por primera vez en esta escuela? ¿En cuántos cursos te inscribiste este semestre? ¿Cuántos créditos estás tomando?

2.   ¿En qué te especializas? ¿Cuándo esperas graduarte? ¿Hay muchos requisitos en el plan de estudios que sigues? ¿Te faltan muchos cursos?

3.   ¿Cuántas veces a la semana se reúnen tus clases? ¿Asististe a todas tus clases la semana pasada? Si no, ¿a qué clase(s) faltaste?

4.   ¿Sacaste buenas notas el semestre pasado? ¿Qué nota esperas sacar en tu clase de _____? ¿Puedes subir la nota si estudias más?

5.   ¿Qué cosas hay que hacer para sacar buenas notas? ¿Es importante tomar apuntes? ¿Qué haces si faltas a una clase y no tienes apuntes?

6.   ¿Dónde fuiste a la escuela primaria? ¿Y a la escuela secundaria? ¿Crees que estabas bien preparado(-a) cuando entraste a la universidad?

7.   ¿Cuándo va a haber vacaciones? ¿Qué piensas hacer durante las próximas vacaciones? ¿Y durante las vacaciones de verano?

SC-17 *SITUACIÓN COMUNICATIVA*
INTERPRETANDO

UNO A student from Chile, who speaks only Spanish, asks you to help him fill out a form in English. Explain as well as you can when you don't know the exact vocabulary. The following information is requested: full name; permanent address and telephone; local address and telephone; place and date of birth; citizenship; date of entry into country; type of visa; marital status; schooling (dates and places); grade point average; year of graduation; work experience; name of relative not living with you.

DOS Usted es de Chile. Se llama Enrique Rojas Espinoza. Nació el 8 de junio de 1962 en Valparaíso donde fue a la primaria y la secundaria. Hizo la prepa en Santiago, donde también estudió el primer año de medicina y trabajó un año en una clínica. Su madre es viuda y vive en Valparaíso. Su novia está en Santiago. Hace tres semanas que usted está en los Estados Unidos. Tiene un tío en Chicago, pero usted está viviendo aquí con unos amigos chilenos. Tiene visa de turista pero espera cambiarla. No habla inglés; quiere aprenderlo.

 ## R-15 *REPASO*
¿QUÉ PASA CON NUESTROS AMIGOS?

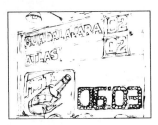

AHORA ¿Con quién habla doña Amelia? ¿Para qué? ¿Cómo se siente Carlos?
ANTES ¿Cómo se sentía Carlos cuando se levantó esta mañana? ¿Qué hizo antes de mediodía? ¿Qué ha

AHORA ¿Dónde está Carlos? ¿Qué hace?
ANTES ¿Qué síntomas tenía Carlos cuando vio al Dr. Miranda? ¿Tenía gripe como él pensaba? ¿Cuál era su problema? ¿Qué le recetó el médico?

AHORA ¿Qué pasa aquí? ¿Qué equipo gana en este momento? ¿Por qué quiere Carlos que gane el Guadalajara? ¿Por cuántos goles tiene que ganar?
ANTES ¿Quién ha apostado a que el Atlas

recomendado su tía?
DESPUÉS   ¿A quién va a
ver Carlos?

DESPUÉS   ¿Qué le va a
decir su tía?

ganará?
DESPUÉS   ¿Qué tendrá
que hacer el que
pierda?

AHORA   ¿Dónde están
los jóvenes? ¿Qué están
haciendo? ¿De qué es-
tán hablando? ¿Qué
clase de deporte pre-
fiere Patricia? ¿Por qué?
ANTES   ¿Qué equipo
ganó? ¿Por cuántos
goles? ¿Quién ganó la
apuesta?
DESPUÉS   ¿Qué va a te-
ner que hacer Carlos
para poder pagar la
cuenta?

AHORA   ¿De qué habla
don Manuel? ¿Qué
tiene la compañía para
la que trabaja?
ANTES   ¿Qué han po-
dido hacer él y sus so-
cios? ¿Qué ha recomen-
dado uno de los jefes?
DESPUÉS   ¿Qué cosas
podrían hacer en Es-
paña? ¿Quién querrá ir
tambien?

AHORA   ¿Quiénes son
estos jóvenes? ¿De qué
hablan? ¿A qué le tiene
horror Alfonso? ¿Cómo
se pone en los exá-
menes? Según Luis,
¿por qué es tan difícil el
inglés? ¿Qué dice Car-
los de los exámenes?
ANTES   ¿Qué han estu-
diado todos ellos? ¿Qué
han visto esta noche?
DESPUÉS   ¿Qué va a
hacer Carlos la semana
que viene? ¿Qué espera
Alfonso?

REPASO DE VOCABULARIO

NOMBRES:

NIVEL A

V-45, V-46, V-47

el	**apunte**	*note*
la	**atención**	*attention*
la	**cita**	*appointment; date*
el	**descanso**	*rest; break*
el	**día feriado**	*holiday*
la	**enfermedad**	*illness, disease*
la	**enfermera**	*nurse*

el	**estadio**	*stadium*
la	**fábrica**	*factory*
la	**falta**	*lack*
la	**farmacia**	*pharmacy, drug store*
la	**fuerza**	*strength; force*
la	**gripe**	*flu*
la	**lucha**	*struggle, fight*
el	**mal**	*illness, disease; evil; harm*
la	**mitad**	*half*
la	**piel**	*skin, hide*
la	**plata**	*silver; money*

la	**playa**	*beach*
el	**punto**	*point*

NOMBRES:

NIVEL B

S-31

el/la	**aficio-nado(-a)**	*fan, enthusiast*
el	**antibiótico**	*antibiotic*
la	**ausencia**	*absence*
el	**bosque**	*woods, forest*

el	**café**	*cafe*	**cuidarse**	*to take care of oneself*	
la	**clínica**	*clinic*			
la	**consulta**	*consultation*	**enterarse**	*to find out, become informed*	
el	**consultorio**	*doctor's office*			
el	**farmacéutico**	*pharmacist*	**funcionar**	*to work, function*	
el	**frontón**	*game similar to racquetball*	**ganar**	*to win; to earn*	
el/la	**gerente**	*manager*	**quejarse (de)**	*to complain (of, about)*	
el	**gol**	*goal*			
el	**historial**	*(medical) history*	**recomendar (ie)**	*to recommend*	

el **horror**   *horror*
el **itinerario**   *itinerary*
la **localidad**   *seat, place, ticket*
la **mano de obra**   *labor*
el **medicamento**   *medication*
la **operación**   *operation*
la **organización**   *organization*
el **oso**   *bear*
la **pobreza**   *poverty*
la **pronunciación**   *pronunciation*
la **receta**   *prescription; recipe*
el **segundo**   *second (time)*
el **síntoma**   *symptom*
el **subtítulo**   *subtitle*
la **sucursal**   *branch*
la **taquería**   *taco stand*
la **tensión**   *tension*
el **tiempo**   *period, half (in games)*
la **traducción**   *translation*
el **tranquilizante**   *tranquilizer*
el **tratamiento**   *treatment*
la **vitamina**   *vitamin*

VERBOS:

NIVEL A

G-57, G-58

VERBOS:

NIVEL B

apostar (ue)   *to bet*
cargar   *to load; to fill (with)*
causar   *to cause*
consultar   *to consult*
determinar   *to determine*
empatar   *to tie*
grabar   *to record*
iniciar   *to initiate, begin*
juntar   *to bring together*
matar   *to kill*
recetar   *to prescribe*
sufrir   *to suffer*

ADJETIVOS:

NIVEL A

confiado(-a)   *confident*
débil   *weak*
extraño(-a)   *strange*
fijo(-a)   *fixed, set*
pálido(-a)   *pale*

ADJETIVOS:

NIVEL B

S-30

aficionado(-a)   *enthusiastic; fond (of)*

costoso(-a)   *costly*
económico(-a)   *economic*
empatado(-a)   *tied (game)*
familiar   *(of the) family*
favorable   *favorable*
hábil   *skillful, able*
médico(-a)   *medical*
pelado(-a)   *bald; broke*
reñido(-a)   *hard-fought, tough*
tranquilo(-a)   *calm, tranquil*

ADV/PREP/CONJ:

NIVEL A

contra   *against*

MODISMOS Y EXPRESIONES:

NIVEL A

¿Qué piensas de _____?   *What do you think of _____?*
Que te (le, les) vaya bien.   *The best to you (on leaving).*
volverse loco(-a)   *to go crazy*

MODISMOS Y EXPRESIONES:

NIVEL B

darle vergüenza a alguien   *to embarrass someone*
el pro y el contra   *the pros and cons*
mantenerse en forma   *to keep in shape*
puede que (+ subj)   *it may be that*

LECCIÓN 16

Izquierda, arriba: Estos dos jóvenes son de Buenos Aires. ¿En qué estarán pensando? Izquierda: Hace un día muy bonito en la Puerta del Sol, que está en el pleno centro de Madrid. Se puede ver la entrada del metro a la derecha.

E-16A ESCENA
NO SEAS ASÍ

COMPREHENSION:
¿Quién es Patricia
Moreno? ¿Cómo es?
¿A qué se refiere "la
indecisión de la noche
en que conoció a Car-
los"? ¿Cuál era su in-
tención antes del tras-
lado de su padre?
¿Cuáles eran las posi-
bilidades que se le
presentaban a Patri-
cia cuando llegó a
México? ¿Qué va a
hacer? ¿Adivina Car-
los la buena noticia
de Patricia? ¿Qué es?
¿Se queda porque
quiere a Carlos? ¿Por
qué se queda? Según
Carlos, ¿cual de las
dos tiene la buena
suerte? ¿Para quién va
a trabajar Patricia?
¿Qué espera poder
hacer Patricia, ahora
que trabaja para la
Iberia? ¿Qué buena
noticia tiene Carlos?
¿Cuál va a ser su
paga (pay)?

ADAPTATION:
¿Quién es el (la)
mayor de los hijos
de tu familia? ¿Eres
un(a) chico(-a) deci-
dido(-a)? ¿Cuál era tu
intención hace un
año? ¿Y ahora cuál
es? ¿Te es difícil to-
mar decisiones de
largo alcance? ¿Se te
presentan ahora var-
ias posibilidades? Y
hace dos años, ¿se te
presentaban varias
opciones o pocas? ¿Te
gustan las buenas no-
ticias? ¿Hace mucho o
poco que tuviste al-
gunas? ¿Alguien te
quiere mucho?
¿Quién? ¡Te felicito!
¿Has tenido mucha
suerte últimamente?

(A fines de septiembre)

Patricia Moreno es la mayor de los dos hijos de Gustavo Moreno y su esposa Matilde. Siempre fue una chica decidida. La indecisión de la noche en que conoció a Carlos no era normal. Su intención antes del traslado era entrar a la universidad para estudiar humanidades. Cuando se presentó la posibilidad de ir a México, decidió esperar. Pero el permiso de trabajo para su padre no le salía. Cuando más parecía que la mudanza a México no iba a ser posible, le llegó el permiso. Durante la espera fue difícil tomar decisiones y hacer planes de largo alcance.

Varias posibilidades se le presentaban cuando llegó a México: quedarse a estudiar en México, volver a España para vivir con unos tíos, tratar de conseguir permiso para trabajar en México. Ha rechazado la primera opción; sólo se quedará si recibe permiso para trabajar, lo que es siempre difícil de hacer.

PATRICIA (Hablando por teléfono) Adivina qué buena noticia tengo.

(Near the end of September)

Patricia Moreno is the older of the two children of Gustavo Moreno and his wife Matilde. She always was a determined girl. The indecision of the evening she met Carlos was not normal. Her intention before the transfer was to enter the university to study humanities. When the possibility of going to Mexico came up, she decided to wait. But the work permit for her father was not forthcoming. When it seemed most like the move to Mexico was not going to be possible, the permit came (to him). During the wait it was difficult to make (take) decisions and (make) long-range plans.

Several possibilities were available (presented themselves) to her when she arrived in Mexico: stay in Mexico to study, return to Spain to live with an aunt and uncle, try to get permission to work in Mexico. She has rejected the first option; she will remain only if she receives permission to work, which is always difficult to do.

(Talking on the telephone) Guess what good [piece of] news I have.

CARLOS Me quieres.

You love me.

PATRICIA No, por favor. En serio.

No, please. Seriously.

CARLOS No me digas que te vas a quedar en México.

Don't tell me that you're going to stay in Mexico.

PATRICIA Sí, eso. ¿Qué más?

Yes, that's it. What else?

CARLOS Te quedas porque me quieres.

You're staying because you love me.

PATRICIA No seas así. Me quedo porque acaban de darme el permiso para trabajar.

Don't be like that. I'm staying because I've just been given (they have just given me) the permit to work.

CARLOS ¿De veras? ¡Qué buena suerte!

Really? What good luck!

PATRICIA ¿Verdad que sí?

Isn't it though?

CARLOS La mía, digo. Te felicito. ¿Va a ser con la Iberia entonces?

Mine, I mean (I say). Congratulations. Is it going to be with Iberia then?

PATRICIA Sí. Siempre me gustó viajar. Puede que ahora tenga más oportunidades de hacerlo.

Yes. I always liked to travel. Maybe now I [will] have more opportunities to do it.

CARLOS Los dos hemos tenido suerte. Mi tío ha hecho un arreglo con su empresa, algo así como un trabajo de practicante. Voy a trabajar unas diez horas por semana, y en lugar de pagarme, me permitirán usar una computadora.

We've both been lucky. My uncle has made an arrangement with his company, something like an internship. I'm going to work about ten hours a week, and instead of paying me, they will permit me to use a computer.

PATRICIA En tu caso, la experiencia es el mejor sueldo que podrías recibir.

In your case, experience is the best salary you could (would be able to) get.

CARLOS Es cierto.

That's true.

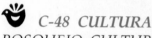 *S-32 SUGERENCIAS*
MÁS COGNADOS: -ISMO E -ISTA

OPTION: Have students pronounce cognates in Spanish.

Spanish equivalents for the English suffixes *-ism* and *-ist* carry a final vowel. They are respectively **-ismo** and **-ista.** Provide the English counterpart:

comunismo	romanticismo	fascismo	socialismo
comunista	romanticista	fascista	socialista

C-48 CULTURA
BOSQUEJO CULTURAL: EL DESEMPLEO Y EL PLURIEMPLEO

Un problema constante y grave de la economía de la mayoría de los países hispanos es el desempleo. Aunque la gente quiere trabajar, no hay trabajo. Y cuando hay trabajo, paga muy poco.

cross the border
search / foreigner

Muchas personas del campo y de los pueblos pequeños pasan a los centros urbanos y a las ciudades grandes en busca de empleo. Otros **pasan la frontera** a los países vecinos en esa **búsqueda.** Pero el **extranjero** tiene más problemas en conseguir trabajo porque muchos países, como México, tienen

Todos los domingos por la mañana, cerca del centro de Madrid, se puede visitar el Rastro, que es un mercado al aire libre en que se vende de todo.

laws / citizens **leyes** que reservan los empleos para sus **ciudadanos.** Para emplear a algún
prove extranjero, la compañía tiene que **probar** que ningún ciudadano tiene las con-
position diciones requeridas para el **puesto.**

Muchas personas que tienen puestos buenos reciben un salario tan pe-
In fact queño que a veces es necesario tratar de conseguir otro empleo más. **De
hecho,** se cree que la tercera parte de la mano de obra tiene dos empleos.

through which El pluriempleo es a veces la única manera **mediante la cual** muchas fami-
lias pueden tener un televisor o un coche. A la vez, es una de las razones por
la cual el desempleo es un problema tan grave. Cuando los que tienen trabajo
have no job at tienen dos empleos, hay menos empleos para los que **no tienen trabajo**
all **alguno.**

ENCUESTA

OPTION: a) Conduct
a class discussion on
the problems of un-
employment and
moonlighting. b)
Place the *Encuesta* on
a transparency and
conduct the survey as
a class.

Indica tu opinión en cuanto a las siguientes frases. Luego puedes comparar
tus respuestas con las de tu pareja o grupo.

Sí No
☐ ☐ 1. La gente desempleada no quiere trabajar.

☐ ☐ 2. Hay trabajo para los que realmente quieren trabajar.

☐ ☐ 3. El pluriempleo es una cosa muy benéfica para la economía.

☐ ☐ 4. El pluriempleo causa muchos problemas en todo el mundo.

☐ ☐ 5. Los gobiernos deben pasar leyes en contra del pluriempleo.

☐ ☐ 6. Los empleos deben ser reservados para los ciudadanos.

G-59 GRAMÁTICA
FORMAS INTERROGATIVAS Y SUS COMPLEMENTOS *(Interrogative forms and their complements)*

Spanish is very consistent in showing functions and grammatical relation-
ships. Asking and answering questions is an area of special concern. The fol-
lowing chart gives a summary of many of the uses of Spanish interrogative
words. The last two columns are questions and brief answers without verbs.
Notice that the function of the interrogative in the question is maintained in
the response. A preposition or personal **a** accompanying an interrogative ap-
pears also in the response.

QUIÉN (PRONOUN)		EXAMPLES	
quién	*who* (subj)	¿Quién viene?	Juan/Yo.
a quién	*who(m)* (dir obj)	¿A quién ven?	A Juan/A mí.
a quién (le)	*(to) who(m)* (ind obj)	¿A quién le gusta?	A Juan/A mí.

	QUIÉN (PRONOUN)		EXAMPLES
de quién	*whose*	¿De quién es?	De Juan/Mío.
	about whom	¿De quién habla?	De Juan/De mí.
con quién	*with whom*	¿Con quién van?	Con Juan/Conmigo.

	QUÉ (PRONOUN, ADJECTIVE, ADVERB)		
qué	*what*	¿Qué ves?	Un libro.
a qué	*to what*	¿A qué te refieres?	Al examen.
para qué	*for what*	¿Para qué sirve?	Para nada.
por qué	*why*	¿Por qué vas?	Porque quiero.
de qué	*about what*	¿De qué se trata?	De la clase.
con qué	*with what*	¿Con qué pagan?	Con dinero.
de qué sabor	*(of) what flavor*	¿De qué sabor?	De vainilla.

	CUÁL (PRONOUN)		
cuál	*which, what*	¿Cuál es el plan?	Éste/Salir ahora.

	DÓNDE (ADVERB, NOUN)		
dónde	*where, in what place*	¿Dónde están?	Aquí/En casa.
adónde	*where, to what place*	¿Adónde vas?	Allá/A casa.
de dónde	*from where*	¿De dónde eres?	De aquí.
para dónde	*in what direction*	¿Para dónde va?	Para la casa.

	CÓMO (ADVERB)		
cómo	*how, in what way*	¿Cómo se hace?	Así/De esta manera.
	by what means	¿Cómo viniste?	Caminando/En coche.

	CUÁNDO (ADVERB)		
cuándo	*when*	¿Cuándo salen?	Mañana.
para cuándo	*by (for) when*	¿Para cuándo es?	Para mañana.

	CUÁNTO, CUÁNTA, CUÁNTOS, CUÁNTAS (ADJECTIVE, PRONOUN, ADVERB)		
cuánto	*how much*	¿Cuánto tienes?	Demasiado.
cuántos	*how many*	¿Cuántos trajiste?	Ocho/Pocos.

1. Both **qué** and **cuál (cuáles)** with forms of **ser** translate the English *what* but not with the same meaning. We have learned to ask **¿Qué es esto?** *(What*

is this?) and **¿Cuál es tu dirección?** *(What is your address?).* The difference is that **qué** asks for a definition or a classification whereas **cuál** implies a selection and asks for an identification.

2.   **Cómo** is an adverb that asks about manner. **¿Cómo te (le) gustan los huevos?** does not ask for an opinion or reaction; instead, it means *How do you like eggs prepared?* The question *How do you like the eggs?* would be either **¿Te (Le) gustan los huevos?** or **¿Qué te (le) parecen los huevos?**

A-52 ACTIVIDADES
HACIENDO PREGUNTAS

A. ACTIVIDAD PARA PAREJAS

UNO está curioso por saber muchas cosas de DOS, quien contesta en la forma más breve, sin verbo. Luego, DOS agrega el verbo.

UNO ¿A quién quieren tus padres?   DOS A mí.
UNO ¿A ti?   DOS Sí, me quieren a mí.

¿QUIÉN?

1.   ¿Quién eres?   2.   ¿A quién conoces aquí?
3.   ¿De quién son esos papeles?   4.   ¿En quién estás pensando?
5.   ¿Con quién fuiste al cine?   6.   ¿Por quién te preocupas?

¿QUÉ?

1.   ¿Qué es esto?   2.   ¿Qué te parecen tus clases?
3.   ¿A qué te refieres?   4.   ¿Para qué estudias español?
5.   ¿Por qué estudias español?   6.   ¿Con qué pagaste la cuenta?

¿CUÁL?

1.   ¿Cuál es tu nombre completo?   2.   ¿Cuál es tu dirección?

¿DÓNDE?

1.   ¿Dónde vive tu familia?   2.   ¿Adónde vas después de la clase?
3.   ¿De dónde eres?   4.   ¿Por dónde vienes a la clase?

¿CÓMO?

1.   ¿Cómo eres?   2.   ¿Cómo viniste a la clase hoy?
3.   ¿Cómo aprendes tantas palabras? 4.   ¿Cómo te gustan los huevos?

¿CUÁNDO?

1.   ¿Cuándo te graduarás?   2.   ¿Para cuándo hemos de terminar?

¿CUÁNTO?

1.   ¿Cuántas personas hay en tu   2.   ¿Por cuánto tiempo estudiaste
     familia?   anoche?

B. ACTIVIDAD PARA PAREJAS

Your friend went to a party and dance last night; now you have lots of questions about it. Many of the questions require a preposition at the beginning. Your friend will give the briefest answers possible.

1.   Who *gave* **(hacer)** the party?   2.   Who did he/she/they invite?
3.   Where *was* **(ser)** it?   4.   Who did you take?
5.   What does he/she do?   6.   What time did it start?
7.   Who (plural) did you meet?   8.   What did you talk about?
9.   Who (plural) liked the dance?   10.   How did you like the music?
11.   How did you go there?   12.   How many did you dance with?
13.   Where did you go after wards?   14.   Who went with you (plural)?

😮 E-16B ESCENA
NO LA PONGAS AHÍ

COMPREHENSION:
        (Page 500)
  ¿Cuál es la fecha?
¿Por qué tiene impor-
tancia especial esta
fecha? ¿A quiénes in-
vitaron los García?
¿Quiénes han hecho
las dos piñatas? ¿Qué
forma tienen las piña-
tas? ¿Dónde está la
del burrito? Antes de
poder romper la pi-
ñata, ¿qué hay que
hacer? ¿A quién le
toca primero tratar de
romper la piñata?
¿Qué le dice Petrita a
Susana? ¿Qué pro-
blema tiene Susana?
  Según las dos mu-
jeres, es decir, Ame-
lia y Enriqueta,
¿cómo es Susana?

Es la noche del 21 de diciembre, fecha fi-jada por los García para hacer una po-sada. Entre los invitados están las fami-lias Villalobos y Moreno. Marisa y

It's the night of the 21st of December, the date set by the Garcias to have (do) a **posada.** Among the guests are the Villa-lobos and Moreno families. Marisa and

*¿Qué le hace Antonio
a la primita Tere?
(Page 502)
¿Qué logra hacer
Tere? ¿Quién rompe la
piñata por fin? ¿Qué
hacen los niños al rom-
perse la piñata? ¿Por
qué no quiere Manuel
que Antonio ponga la
segunda piñata ahí?
¿Qué promete hacer la
abuelita? ¿Cómo es
que ninguno de los
chicos logra pegarle
fuerte? ¿Qué le pasa a
Carlos cuando se ríe?
¿Por qué se ríe menos
que los demás Carlos?
¿Cumple la abuelita
su promesa?*
ADAPTATION:
*(Page 501)
¿Qué te parecen las
fiestas? ¿Te gustan las
fiestas grandes con
muchos invitados?
¿Alguna vez has roto
una piñata? ¿Cuándo?
¿Te gustó? ¿Te acuer-
das de esa edad difícil
entre niño y adulto?
¿Qué problemas te-
nías? ¿Todavía tienes
algunos de esos
problemas?
(Page 502)
¿Te gusta probar for-
tuna durante los jue-
gos en las fiestas? ¿Te
gustan los cacahuates
y los confites? ¿Has
tenido una experiencia
como la de Carlos?
Cuéntanos.*

Susana, con la ayuda de Petrita, han hecho dos piñatas, la de los niños en forma de burrito y la otra, un barco. La del burrito ya está colgada en el patio y los niños están impacientes por romperla.

Pero primero Antonio y Marisa dirigen la procesión de los invitados. En este momento los peregrinos acaban de recibir la invitación para entrar.

ANTONIO Niños, vengan todos. Vamos a romper la primera piñata.

CARLOS ¿A quién le toca primero?

TODOS A mí. A mí. A mí.

SUSANA Primero a mí.

PETRITA Ustedes los grandes tienen su propia piñata.

AMELIA *(A su cuñada)* Pobre muchacha. Está en una edad difícil. Quiere ser mujer y no puede dejar de ser niña.

ENRIQUETA Pero no la critiques. Susana es una muchacha buena.

AMELIA En realidad, es buenísima.

Le toca primero a la primita Tere, hija de Graciela. Antonio le venda los ojos, le da tres vueltas y le pone el palo en la mano.

SUSANA Dale fuerte. A la izquierda.

Susana, with Petrita's help, have made two piñatas, the one for the children in the form of a donkey and the other one, a boat. The one of the donkey is hanging in the patio and the children are impatient to break it.

But first Antonio and Marisa lead the procession of the guests. At this moment the pilgrims have just received the invitation to come in.

Children, all of you come. We're going to break the first piñata.

Whose is the first turn?

Mine. Mine. Mine.

Mine first.

You big people have your own piñata.

(To her sister-in-law) Poor girl. She's in a difficult age. She wants to be a woman and she can't stop being a child.

But don't criticize her. Susana is a good girl.

Really, she is very good.

The first turn goes to little cousin Tere, Graciela's daughter. Antonio blindfolds her, gives her three turns, and puts the stick in her hand.

Hit it hard. To the left.

Tere da un golpe al aire.

Ahora, más arriba. Pégale.

Tere logra tocar la piñata pero el golpe no es directo. Después le toca al hijo de unos amigos de la familia. Petrita es la última de los niños en probar fortuna.

PETRITA Carlos, no la muevas tanto. Alguien tiene que romperla.

Carlos, distraído por un momento, deja la piñata inmóvil y Petrita le da un golpe que riega cacahuates y confites por todos lados. Los niños se tiran al suelo en busca de dulces.
   Antonio está para colgar la segunda piñata.

MANUEL Antonio, no la pongas ahí, que está muy cerca de la ventana. Ponla más para acá.

ANTONIO *(Después de arreglar la piñata)* Ahora les toca a los grandes.

SUSANA Primero a la abuelita.

ABUELITA No, primero a los jóvenes. Si ellos no pueden, entonces yo la rompo.

Varios chicos toman su turno, pero Carlos mueve la piñata de modo que ninguno logra pegarle fuerte. Cuando le toca a Patricia, Carlos sube la piñata muy alto y luego la baja directamente sobre la cabeza de Patricia hasta tocarle el cabello. Se ríe, pero la risa fue su error. En lugar de golpear la piñata, Patricia le da un golpe no muy ligero a Carlos. Tanto le sorprende que Patricia tiene tiempo para encontrar la piñata con el palo y quitarle la proa con un golpe bien dirigido. Por poco la rompe del todo. A todos les parece muy cómico pero Carlos se ríe menos que los demás.

PATRICIA Ahora, que la acabe de romper la abuelita.

Tere strikes a blow in the air.

Higher now. Hit it.

Tere succeeds in touching the piñata, but the blow is not direct. Then the turn goes to the son of some friends of the family. Petrita is the last of the children to try her luck.

Carlos, don't move it so much. Someone has to break it.

Carlos, distracted for a moment, leaves the piñata motionless, and Petrita gives it a blow that scatters peanuts and candy everywhere. The children throw themselves on the floor in search of candy.
   Antonio is about to hang up the second piñata.

Antonio, don't put it there; it's too (very) close to the window. Put it more over here.

(After setting up the piñata) Now it's the big people's turn.

Grandmother first.

No, first the young people. If they can't, then I'll break it.

Several young people take their turn, but Carlos moves the piñata so that no one manages to hit it hard. When it is Patricia's turn, Carlos raises the piñata very high and then lowers it directly over Patricia's head until it touches her hair. He laughs, but the laugh was his error. Instead of hitting the piñata, Patricia strikes Carlos with a not very light blow. It surprises him so much that Patricia has time to find the piñata with the stick and remove the bow (of the ship) with a well-directed blow. She almost breaks it completely. It seems very funny to everyone, but Carlos laughs less than the rest.

Now let Grandmother finish breaking it.

CARLOS Déle, abuelita, déle fuerte.

La abuelita cumple su promesa de romperla. Entre risas y bromas, comen el contenido de la piñata. Después todos se divierten cantando, comiendo y bailando.

Hit it, Grandmother, hit it hard.

Grandmother fulfills her promise to break it. Amid laughter and joking, they eat the contents of the piñata. Afterwards they all enjoy themselves singing, eating and dancing.

C-49 *CULTURA*
BOSQUEJO CULTURAL: LA NAVIDAD

Nativity scene

figurines / Bethlehem / shepherds / Wise Men

decorate

lodging
block / candles
carols / again

Christmas Eve

full of straw
camels

Una tradición casi universal en todas las naciones hispanas es el **nacimiento,** que se refiere al nacimiento de Jesucristo. En este caso significa una representación con **figuras** de aquel nacimiento en **Belén.** Las figuras del pequeño Jesús, la Virgen María, San José, los animalitos, los **pastores** y los tres **Reyes Magos** aparecen en la representación. Aunque algunas familias en la actualidad **adornan** un árbol como en los Estados Unidos, las familias tradicionales conservan la costumbre de "poner el nacimiento".

En México, es muy común hacer las **posadas,** que son fiestas en que los invitados hacen una procesión por la **manzana,** llevando **velas,** y pidiendo posada por medio de **villancicos.** A llegar **de nuevo** a la casa, piden posada y cuando se la dan, entran con risa y gritos de alegría. Sigue la fiesta con música, comida y piñata.

En casi todos los países, todos van a misa durante la **Nochebuena** y luego, al volver a sus casas, toman una comida muy grande. Otra tradición se celebra el día seis de enero, el día de los Reyes Magos, para conmemorar la llegada de los tres Reyes Magos a Belén. Los niños ponen sus zapatos, **llenos de paja** para los **camellos,** en frente de la puerta de su casa. Durante la

Estos niños y jóvenes celebran la Navidad participando en una representación del nacimiento. (Jocotepec, México)

noche, mientras los niños duermen, los Reyes Magos llegan y ponen regalos en los zapatos.

OPTION: Lead a class discussion on family, school or personal traditions.

TRADICIONES

Haz una lista de algunas de las tradiciones (religiosas o no religiosas, navideñas o no navideñas) de tus familiares o amigos. Compara tu lista con la de tu pareja. ¿Qué semejanzas notas? ¿Qué diferencias hay? ¿Te gustaría adoptar algunas de las tradiciones de tu pareja? ¿Cuáles?

G-60 GRAMÁTICA
MANDATOS (Commands)

The basic concepts governing the formation and use of commands in Spanish are relatively simple. However, gaining facility in active use of all the forms requires much time and practice. As you become familiar with command forms, remember that you have other means of expressing your desires regarding the actions of others (V-34, G-49).

There are three rules for forming direct commands:

1.   Affirmative commands for **tú** and **vosotros** use special forms.

2.   All other direct commands are forms of the subjunctive.

3.   Object pronouns follow and are attached to affirmative commands; they precede negative commands.

A. Rule No. 1: Affirmative commands for **tú** and **vosotros** use special forms

1. Tú   Regular imperative forms: the affirmative **tú** command drops the **-s** of the present indicative and thus is identical to the third person singular.

INDICATIVE		AFFIRMATIVE COMMAND
hablas	→	habla
comes	→	come
escribes	→	escribe

Note the following examples:

Adivina qué buena noticia tengo. (E-16A) — *Guess* what good news I have.

Corre rápido a decirle que venga. (E-13B) — *Run* quickly to tell her to come.

Irregular imperative forms:

Ven conmigo, Susana. (E-4B) — *Come* with me, Susana.
Di algo en inglés. (E-15D) — *Say* something in English.

The following are irregular:

INFINITIVE:	decir	ser	ir	hacer	poner	salir	tener	venir
FAMILIAR COMMAND:	**di**	**sé**	**ve**	**haz**	**pon**	**sal**	**ten**	**ven**

2. Vosotros   The **r** of the infinitive becomes **d** in the affirmative **vosotros** command. There are additional modifications for reflexive constructions. Examples:

Hablad con Juan si lo veis.   *Speak* with Juan if you see him.
Venid temprano.   *Come* early.

B. Rule No. 2: All other direct commands are forms of the subjunctive

This means negative commands for **tú** and **vosotros,** and both affirmative and negative commands for **usted, ustedes,** and **nosotros.** The English equivalent of commands for **nosotros** uses *let's.* We have used **vamos a** plus an infinitive to express the same idea: **Comamos** = **Vamos a comer** *(Let's eat).* For example:

No olvides el refrán. (E-14B)   *Don't forget* the saying.

No hagas hoy lo que puedas dejar   *Don't do* today what you can put off
para mañana. (E-14B)   until tomorrow.

No vengas mucho antes. (E-14C)   *Don't come* much sooner.

Pasen, pasen. (E-13C)   *Come in, come in.*

Niños, **vengan** todos. (E-16B)   Children, all of you *come.*

Hagamos una fiesta aquí mismo.   *Let's have* a party right here.

SUMMARY OF RULES 1 AND 2

	(no) hablemos **(no) comamos** **(no) digamos**
habla / no hables **come / no comas** **di / no digas**	**hablad / no habléis** **comed / no comáis** **decid / no digáis**
(no) hable (usted) **(no) coma (usted)** **(no) diga (usted)**	**(no) hablen (ustedes)** **(no) coman (ustedes)** **(no) digan (ustedes)**

C. Rule No. 3: Object pronouns follow and are attached to affirmative command forms; they precede negative commands

Examples include:

Dime cuáles son tus síntomas.   **No me digas** eso.

| | **Dale** fuerte. **Pégale.** (E-16B) | **No la critiques.** (E-16B) |
| | **Piénsenlo** un poco. (E-13A) | **No la muevas** tanto. (E-16B |

	AFFIRMATIVE	NEGATIVE
tú	Háblame en español. Ponla más para acá.	No me hables en inglés. No la pongas ahí.
usted	Hábleme en español. Póngala más para acá.	No me hable en inglés. No la ponga ahí.
ustedes	Háblenme en español. Pónganla más para acá.	No me hablen en inglés No la pongan ahí.
nosotros	Hablémosle en español. Pongámosla más para acá.	No le hablemos en inglés. No la pongamos ahí.

When pronouns are added to verb forms of more than one syllable, an accent mark is needed to maintain the original stress of the verb.

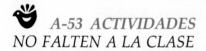 *A-53 ACTIVIDADES*
NO FALTEN A LA CLASE

OPTION: Prepare a tape-recorded set of commands for the students to follow. They may be unrelated or may combine to form instructions for completing an activity such as eating at a restaurant. (See instructions for the "Audio Motor Unit" in the Preface to the Instructor.) b) Play *"Simón dice . . ."* (Simon Says) with your students, giving a series of commands that you have prepared ahead of time.

EMPHASIS: It is probably much more important to have students at this level understand commands than give them. Students still

A. ACTIVIDADES PARA LA CLASE

A1. ***Como usted diga*** *(Whatever you say)*   Ustedes van a oír varios mandatos y **afirmaciones** *(statements).* Cuando oigan un mandato (subjuntivo), indíquenlo diciendo que lo harán o que no lo harán. Al oír una afirmación (indicativo), dígan algo como **Es cierto** o **Usted tiene razón.**

PROFESOR(A) No falten mañana a la clase.

CLASE No, profesor(a), no faltaremos, ni mañana ni nunca.

PROFESOR(A) Ustedes hablan muy bien.

CLASE Usted tiene razón, profesor(a), pero ya lo sabíamos.

1. Me hablan siempre en español.
2. Háblenme siempre en español.
3. Entreguen sus papeles si los tienen listos.
4. Vayan a la biblioteca a buscar ese libro.
5. A veces entregan sus papeles tarde.
6. No dejen de estudiar la próxima **Escena** para mañana.

should be encouraged to make polite requests, rather than direct commands in their speech. The lesson test should reflect this emphasis by testing recognition more than production of command forms.

7. Dense prisa si quieren terminar los ejercicios antes que suene el timbre.

8. Vean la película en español que pasan esta semana.

9. Siempre dicen la verdad.

10. Traen sus cuadernos todos los jueves.

A2. Mandando al (a la) profesor(a)   ¿Qué le dicen al (a la) profesor(a) si no quieren que _____?

MODELO   **les haga preguntas muy difíciles**

CLASE Profesor(a), no **nos haga (usted) preguntas muy difíciles.**

PROFESOR(A) Yo nunca hago preguntas difíciles.

venga mañana a la clase	les pida una composición
dé notas bajas	les asigne tanto trabajo
les hable tan rápido	

¿Qué le dicen al (a la) profesor(a) si quieren que _____?

MODELO   **les prometa que no va a haber prueba mañana**

CLASE Profesor(a), **prométanos que no va a haber prueba mañana.**

PROFESOR(A) No me gusta hacer promesas.

repita la última pregunta	**aplace** *(postpone)* el examen
escriba una palabra en la pizarra	les haga preguntas fáciles
pase una película en la clase	les hable de sus experiencias

A3. Más mandatos para el (la) profesor(a)

1. Always speak to us in Spanish.

2. Talk to us about Spanish (Chilean, Argentine) food.

3. *Tell* **(Contar)** us how you learned Spanish.

4. *Ask us questions* **(hacer preguntas)** about what we did last summer.

5. Don't *forget* **(olvidar** or **olvidarse)** to bring our tests tomorrow.

6. Bring a song *so that* **(para que)** we can sing tomorrow.

7. *Let* **(dejar)** us leave early today.

B. MINIDIÁLOGOS

UNO ¿Voy contigo o con los otros?

DOS No vayas con ellos; ven conmigo.

UNO No te pongas esa ropa tan vieja y fea.

DOS Entonces, ¿qué me pongo?

UNO Ponte algo que tenga un poco de vida.

UNO Me tengo que ir porque se hace tarde.

DOS No te vayas todavía; quédate un rato más.

UNO No te olvides de la reunión el jueves.

DOS Entonces llámame el miércoles; si no, no me acuerdo.

UNO Dime cuando estés cansado(-a) de practicar.
DOS Ya.

UNO ¿Qué quieres que hagamos ahora?
DOS Hagamos algo diferente.

C. ACTIVIDAD PARA TRES PERSONAS: ¿AFIRMACIÓN, PREGUNTA O MANDATO?

Van turnándose para hacer los tres papeles UNO, DOS y TRES.

MODELO   **afirmación = dice que**

UNO (a TRES) Me ayudas mucho.	You help me a lot.
DOS ¿Qué dice UNO?	What is UNO saying?
TRES Dice que lo/la ayudo mucho.	He/She says I help him/her a lot.

MODELO   **pregunta = pregunta si**

UNO (a TRES) ¿Puedes ayudarme?	Can you help me?
DOS ¿Qué dice UNO?	What is UNO saying?
TRES Pregunta si puedo ayudarlo/la.	He/She is asking if I can help him/her.

MODELO   **mandato = pide que**

UNO (a TRES) Ayúdame.	Help me.
DOS ¿Qué dice UNO?	What is UNO saying?
TRES Pide que yo lo/la ayude.	He/She is asking me to help him/her.

1a. Haz tu trabajo ahora.
 b. Siempre haces tu trabajo bien.
 c. ¿Haces tu trabajo temprano?

2a. Te vas muy temprano.
 b. No te vayas todavía.
 c. ¿Te vas tan temprano?

3a. Escríbeme cuando puedas.
 b. ¿Me escribirás cada semana?
 c. Me escribes cartas muy largas.

4a. ¿Me hablas porque me aprecias?
 b. No me hables tan feo.
 c. Me hablas de cosas tontas.

D. ACTIVIDAD PARA PAREJAS

UNO You and a classmate meet in the cafeteria and decide to eat together.

DOS You are willing to help your classmate, but sometimes he/she asks

Using direct commands request that
your classmate: lend you $5 to pay
for lunch, bring you a glass of water,
pass the salt, help you with the Stu-
dent Manual, ask you some ques-
tions from the text, and call you later
today to tell you when you can *get to-
gether* (**reunirse**) to study.

a lot. You may not have time to meet
later.

E-16C ESCENA
NOS QUEDAN CASI DOS MESES

COMPREHENSION:
(Page 509)
¿Adónde van Manuel
y Amelia? ¿Para qué
van? ¿Qué ha hecho
Amelia para estar pre-
parada? ¿Qué cosas
tiene que comprar?
¿Qué trámites tiene
que hacer? ¿Qué ne-
esita conseguir? ¿Qué
van a llevar?
(Page 510)
Qué le pide a Manuel
que haga con la lista?
¿Qué responde Ma-
nuel? ¿Qué día quiere
salir Manuel? ¿Por
qué deben comenzar
con los pasaportes?
¿Qué se le ocurre a
Manuel? ¿Por qué no
vale su cámara vieja?

ADAPTATION:
(Pages 510–511)
¿Te son útiles las
listas de todo lo
que necesitas hacer?
¿Cuándo preparas
tales listas? ¿Necesi-
tas hacer algunas
cosas de la lista de
Amelia? Cuando sales
de viaje, ¿tienes
tiempo de terminar
todos los preparati-
vos? ¿Tienes pasa-
porte? ¿Cuánto tiempo
llevó conseguirlo?
¿Qué te parece el pa-
peleo? ¿Te molesta
mucho? ¿Sabes mucho
o poco de la fotogra-

*Ahora es seguro que Manuel y Amelia
irán a Europa. Terminada la temporada
navideña, se ponen a hacer planes más
definitivos para el viaje. Amelia ha escrito
la siguiente lista de todo lo que ella
considera necesario o deseable.*

PREPARATIVOS PARA EL VIAJE

Fijar fecha de salida
Preparar presupuesto
Reservar dinero
Preparar o comprar ropa
Hacer itinerario
Hacer reservaciones
Conseguir: partida de nacimiento
                   pasaportes
                   visas

*Now it is certain that Manuel and Ame-
lia will go to Europe. With the Christmas
season ended, they begin to make more
definitive plans for the trip. Amelia has
written the following list of all that she
considers necessary or desirable.*

PREPARATIONS FOR THE TRIP

Set departure date
Prepare budget
Set aside money
Prepare or buy clothes
Make itinerary
Make reservations
Obtain: birth certificate
              passports
              visas

fía? ¿Tienes una cá-
mara? ¿Es de 35 milí-
metros? ¿Es buena o
mala? ¿Nueva o vieja?
¿Es una de esas que
llaman "a prueba de
tontos"? ¿Cuánto hace
que la tienes? ¿Te ha
servido bien? ¿Es fácil
o difícil de usar? ¿Sabes
manejarla bien?

Sacar pasajes	Get tickets
Comprar otra maleta	Buy another suitcase
Cambiar pesos por dólares	Exchange pesos for dollars
Comprar cheques de viajero	Buy traveler's checks
Llevar: documentos personales	Take: personal documents
licencia de manejar	driver's license
tarjeta de crédito	credit card
medicamentos	medications
Leer sobre España	Read about Spain
Seguir noticias actuales	Follow current news
Averiguar más sobre antepasados	Find out more about ancestors
Leer *el Quijote*	Read *Don Quijote*

AMELIA Ésta es una lista de las cosas que yo creo más importantes para el viaje. Léela y dime qué falta.

This is a list of the things that I think [are] most important for the trip. Read it and tell me what's missing.

MANUEL *(Estudia la lista.)* Estas últimas cosas . . . me parecen muy buenas, pero no sé si tendré tiempo para hacer mucho.

(He studies the list.) These last things . . . they seem very good, but I don't know if I will have time to do much.

AMELIA Por lo menos quiero tratar de hacerlas. Además, si salimos a principios de marzo, nos quedan casi dos meses.

At least I want to try to do them. Besides, if we leave the first part (at the beginning) of March, we have almost two months left.

MANUEL De acuerdo. Sugiero que salgamos el tres o el cuatro.

All right. I suggest that we leave the third or the fourth.

AMELIA Entonces debemos comenzar con los pasaportes. El papeleo siempre lleva tiempo.

Then we should begin with the passports. The red tape (paper work) always takes time.

MANUEL Otra cosa se me ocurre.

Another thing occurs to me. Since I

Como no sé mucho de fotografía, había pensado comprar una buena cámara de 35 milímetros, una de esas que llaman "a prueba de tontos".

AMELIA Es cierto que la que compraste hace unos veinte años no te ha servido mucho.

MANUEL Es que no es fácil de usar y nunca aprendí a manejarla bien.

AMELIA Ya la tengo apuntada: "cámara para un tonto".

MANUEL ¿Qué tal "cámara automática" nada más?

AMELIA Dicho y hecho. ¿Se te ocurre algo más?

MANUEL Nada por ahora.

don't know much about photography, I had planned to buy a good 35-millimeter camera, one of those they call "foolproof."

It's true that the one you bought about twenty years ago hasn't done you much good.

It's because it isn't easy to use and I never did learn to work (handle) it.

I have it written down: "camera for a fool."

How about just "automatic camera"?

No sooner said than done. Can you think of anything else?

Nothing for now.

 V-48 VOCABULARIO
EN EL BANCO: QUISIERA CAMBIAR ESTE CHEQUE

---

el billete	*bill (dollar bill)*
la caja	*cashier's counter*
el (la) cajero(-a)	*cashier, teller*
el cambio	*exchange (rate)*
el cheque de viajero	*traveler's check*
la chequera	*checkbook*
la comisión	*commission, fee*
la cuenta de ahorros	*savings account*
la cuenta corriente	*checking account*
el depósito	*deposit*
el dinero en efectivo	*cash*
la moneda	*coin*
el suelto	*(loose) change*
la ventanilla	*teller's window*
cobrar un cheque	*to cash a check*
depositar	*to deposit*
endosar	*to endorse*
sacar	*to take out, withdraw*

Usted tiene lo necesario para que sus sueños se hagan realidad.

Su hogar puede convertir sus sueños en realidad.

¿Cómo? Con el conveniente "Equity CreditLine" de Florida National. Garantizado por el "equity" de su hogar, le daremos su préstamo a una tasa de interés más baja que la mayoría de las líneas de crédito sin garantía y tendrá un plazo mayor para pagar, con pagos mensuales más bajos. El porcentaje de la tasa anual está en relación a la tasa preferencial de Florida National y puede ser ajustada mensualmente.

Es tan sencillo. Así que, ¿por qué no darse buena vida? Puede volver a la universidad, arreglar su hogar y aún viajar a cualquier parte para disfrutar esa vacación tan merecida.

Cualquiera que sea su sueño, usted tiene lo necesario para hacerlo realidad. El "equity" de su hogar... y Florida National Bank. Para solicitar por teléfono, llame al (305) 593-5205.

Florida National Bank
the Spirit for success ™
Miembro FDIC

Main Office: 169 E. Flagler St., Miami, FL 33131, (305) 373-1171   Igualdad En Prestamos Para Vivienda

Note that the word *cash* has various translations in Spanish. *To pay cash*, as opposed to buying on credit, is **pagar al contado**. *To cash a check* is rendered either **cobrar** or **cambiar un cheque**. *Cash* as in *I'm out of cash* is **dinero en efectivo (ya no me queda dinero en efectivo)**. *To change* is **cambiar** and is used when one wants to break a large bill into smaller ones. **Suelto** is used for *change* in *I haven't any change* (**no tengo suelto**). **Moneda,** meaning *coin,* is used in the request *Can you give me some change?* (**¿Me puede dar monedas?**).

ACTIVIDADES PARA PAREJAS

UNO Se te ha acabado el dinero en efectivo. Necesitas cambiar un cheque de viajero de $50 y quieres billetes de menos de cinco mil **guaraníes** *(Paraguayan monetary denomination)*. Además, necesitas saber a cuánto está el dólar hoy y cuánto cobra el banco de comisión.

UNO Vas a estar seis meses en Madrid y necesitarás una cuenta corriente. Recibirás dinero de tu casa por cheque personal. Además, porque no te queda dinero en efectivo en este momento, quieres cobrar un cheque personal (en dólares) en pesetas.

DOS Trabajas en un banco en Asunción, Paraguay. Hoy, un(a) turista llega a tu caja para cobrar un cheque de viajero. El dólar está a 430 guaraníes. Cobran comisión del dos por ciento. Necesitas ver su pasaporte y él/ella tiene que endosar el cheque.

DOS Eres cajero(-a) de un banco en Madrid. Un(a) estudiante llega a tu caja y te explica lo que necesita. A ver si lo/la puedes ayudar.

✋ C-50 *CULTURA*
BOSQUEJO CULTURAL: CERVANTES Y DON QUIJOTE

printed
work

development /
literary genres

is about / knight

assist

mixture

Uno de los libros más conocidos, y el segundo libro más **impreso** del mundo, después de la Biblia, es la **obra** *El ingenioso hidalgo Don Quijote de la Mancha.* Fue escrito por Miguel de Cervantes durante los primeros años del siglo diecisiete y en la historia del **desarrollo** de los **géneros literarios,** muchos lo consideran la primera novela.

La obra **trata de** un viejo **caballero** idealista, si no loco, don Quijote, y de su compañero realista, Sancho Panza. Cuenta sus aventuras al ir por el mundo, don Quijote en su caballo y Sancho en su burro, para **socorrer** a los que necesiten su ayuda. Poco a poco Sancho llega a ser más idealista y don Quijote más realista. En estos dos personajes nos vemos a nosotros mismos, es decir, una **mezcla** de lo real y de lo ideal. El libro, con sus 669 personajes,

OPTION: a) Obtain an edited version of some passages from *El Quijote* and have students read outside of class. Some students might be asked to give an oral summary of the reading. b) You may wish to discuss briefly other Spanish authors with whom you are familiar.

En la Plaza de España, Madrid, se encuentra este monumento a Cervantes. Los personajes don Quijote y Sancho Panza se ven montados en sus animales mientras su creador, Miguel de Cervantes Saavedra, los mira desde atrás.

es una mezcla sublime de filosofía y humanismo.

    Miguel de Cervantes Saavedra nació en el año 1547 en la ciudad española
Alcalá de Henares y murió en Madrid en el año 1616. Sirvió en el **ejército**
army
battle / was pero después de la **batalla** de Lepanto, **quedó manco** de la mano izquierda.
maimed Antes de poder volver a España, fue capturado por los moros y pasó cinco
success años en una prisión. Por muchos años trató de lograr **éxito** con sus dramas y
refused otra novela que escribió. Su esposa **no quiso** vivir con él, y su hija lo rechazó.
failures No obstante sus **fracasos,** publicó la primera parte del *Quijote* en 1605 y la
segunda parte en 1615 cuando ya tenía 68 años y sólo un año antes de su
muerte.

1. ¿Conoces a personas como don Quijote? ¿Quiénes son? ¿Cómo son?

2. ¿Conoces a personas como Sancho Panza? ¿Quiénes son? ¿Cómo son?

3. ¿A quién te pareces más? ¿A don Quijote o a Sancho?

4. ¿Qué tipo de persona te gustaría ser?

 S-33 SUGERENCIAS
*MÁS COGNADOS: **-URA** CONTRA -URE*

English uses the ending *-ure* where Spanish uses **-ura.** Give the English
counterpart:

| caricatura | estatura | miniatura |
| fractura | arquitectura | literatura |

 **E-16D ESCENA**
SE LE VA A CAER ALGO

---

*Son las seis y media de la mañana del
cuatro de marzo. Lo que en diciembre no
era más que un sueño se ha realizado. Los
señores García están a bordo de un vuelo
de Iberia rumbo a Madrid. Patricia Mo-
reno, quien trabaja para la Iberia, los ha
ayudado a hacer todos los arreglos. Para
facilitar el cambio de dinero, han com-
prado dólares con sus pesos.*

    *Estarán tres semanas en Europa.
Van a pasar los primeros cuatro días en*

*It is 6:30 a.m. on the fourth of March.
What was no more than a dream in De-
cember has become reality. The Garcias
are on board an Iberia flight on their way
to (headed for) Madrid. Patricia Moreno,
who works for Iberia, has helped them
make all the arrangements. To facilitate
the exchange of money, they have bought
dollars with their pesos.*

    *They will be three weeks in Europe.
They are going to spend the first four*

¿Dónde hicieron escala? ¿Qué pasa de repente? ¿Qué les suplica el capitán Suárez? ¿Qué le parece a Manuel la idea de que pronto van a estar en Madrid? ¿Qué tal el aterrizaje? ¿Quién se les presentó cuando salían de la aduana?
(Page 516)
¿Tiene reservación Manuel? ¿Para qué tipo de habitación? ¿Tiene Manuel una tarjeta de crédito? ¿Qué hace el recepcionista? ¿Quién les subirá el equipaje? ¿A qué hora los viene a buscar el señor Lavalle? ¿Adónde van a ir con el señor Lavalle? ¿Cuál es el teléfono del señor Lavalle? ¿Por qué se ofrece Manuel para ayudar al botones? ¿Se le cae algo al botones? ¿Qué? ¿Qué dice Manuel al caerse la maleta? ¿Cuánto dinero le da Manuel al botones? ¿Qué hora es en España? ¿Y en México? ¿Cuántas horas de diferencia hay? ¿Tiene ganas de salir un rato Amelia? ¿Qué quiere hacer Manuel? ¿Dónde está el paraguas? ¿Se lo robaron a Amelia? ¿De qué quiere sacar fotos Manuel?

ADAPTATION:
(Pages 514–515)
¿Viajas mucho? ¿Te gustaría viajar más? ¿En qué prefieres viajar? ¿En coche, en avión o en tren? ¿Quiénes han visitado otros países? ¿Qué países has visitado? ¿Qué países te gustaría visitar?
(Pages 516–517)
¿Tienes alguna tarjeta de crédito? ¿Te gusta usar las tarjetas de crédito? ¿Por qué? ¿Cuáles son algunas ventajas de usarlas? ¿Y algunas desventa-

Madrid, después de lo cual alquilarán un auto para hacer un recorrido rápido por España y Portugal. En Valencia se reunirán con su hijo José María y los tres volverán a Madrid. Allí dejarán el auto y tomarán el tren a Barcelona.

Salieron de México ayer a mediodía e hicieron escala en Montreal. Han pasado la noche tratando de dormir sentados. De repente los despierta la voz del capitán.

SUÁREZ Damas y caballeros, habla el capitán Suárez. Dentro de unos minutos comenzaremos el descenso hacia Madrid adonde llegaremos en unos veinte minutos. Les suplicamos que se abrochen los cinturones de seguridad y apaguen los cigarrillos.

AMELIA ¡Qué emocionante! Pensar que pronto estaremos en Madrid.

MANUEL ¿Sabes? No me parece nada extraño, casi como volver a casa.

Luego de un perfecto aterrizaje, bajaron del avión, recogieron el equipaje que habían facturado, y pasaron por inmigración. Cuando salían de la aduana, se les presentó un Sr. Lavalle con quien fueron al hotel en un auto de la compañía. Ahora están en la recepción del

days in Madrid, after which they will rent a car to take a fast trip (run) through Spain and Portugal. In Valencia they will join their son Jose Maria, and the three will return to Madrid. There they will leave the car and (will) take the train to Barcelona.

They left Mexico yesterday at noon and made a stop in Montreal. They have spent the night trying to sleep sitting up. Suddenly the voice of the captain awakens them.

Ladies and gentlemen, [this is] Captain Suarez speaking. Within a few minutes we will begin the descent toward Madrid where we will arrive in about twenty minutes. We ask you to fasten your safety belts and put out your cigarettes.

How exciting! To think that we will soon be in Madrid.

You know, it doesn't seem at all strange to me, almost like returning home.

After a perfect landing, they got off the airplane, picked up the luggage they had checked, and passed through immigration. When they were leaving customs, a Mr. Lavalle introduced himself to them (and) with whom they went to the hotel in a car from the company. Now

hotel en que van a parar en Madrid.

MANUEL Buenos días. Creo que tengo reservación para una habitación para dos personas. Soy Manuel García.

RECEPCIONISTA Sí, aquí la tengo. Piensan quedarse cuatro días, ¿es así? ¿Tiene Ud. alguna tarjeta de crédito?

MANUEL Tengo ésta.

RECEPCIONISTA Permítame, por favor.

Manuel se la da. El recepcionista apunta la información y se la devuelve.

RECEPCIONISTA (*Cuando terminan de registrarse*) Aquí tiene la llave de su habitación; es la 829. El botones les subirá el equipaje.

LAVALLE Vosotros querréis descansar. Si no tenéis inconveniente, os vengo a buscar a eso de las dos de la tarde para ir a comer.

MANUEL De acuerdo.

LAVALLE Luego iremos a conocer las instalaciones de la empresa. Cualquier cosa, me llamáis al número 411-23-92.

Al salir del ascensor en el octavo piso, don Manuel se ofrece para ayudar al botones, que está tratando de llevar varias piezas de equipaje.

MANUEL ¿Lo ayudo? Parece que se le va a caer algo.

BOTONES Gracias, pero no hace falta.

Al decirlo, se le cae una maleta pequeña. Sin decir palabra don Manuel la recoge y la lleva hasta el cuarto.

BOTONES Gracias, y disculpe.

MANUEL No tenga cuidado.

---

they are at the reception desk of the hotel in which they are going to stay in Madrid.

Good morning. I believe that I have a reservation for a double (room for two people). I am Manuel Garcia.

Yes, I have it here. You intend to stay four days, is that so? Do you have some credit card?

I have this one.

Allow me, please.

Manuel gives it to him. The receptionist takes note of the information and returns it to him.

(*When they finish registering*) Here is the key to your room; it's number 829. The bellboy will carry your luggage up for you.

You probably want to rest. If you have no objection, I'll come by for you at about two in the afternoon to go to eat.

Agreed.

Then we will go to see (get to know) the facilities of the company. [If] anything [comes up], you [can] call me at (number) 411-2392.

On getting out of the elevator on the eighth floor, Don Manuel offers to help the bell boy, who is trying to carry several pieces of luggage.

Shall I help you? It looks like you're going to drop something (something is going to fall for you).

Thanks, but it isn't necessary.

As he says it, a small suitcase falls. Without saying a word Don Manuel picks it up and carries it as far as the room.

Thanks, and pardon (me).

Don't worry about it.

Manuel saca dos billetes de un dólar y se los da de propina.

AMELIA *(Cuando están solos)* Yo estoy rendida. No podré hacer nada si no duermo un rato.

Los dos se echan a dormir por un par de horas.

MANUEL *(Al despertarse)* ¿Qué tal, mi vida? ¿Has descansado bien?

AMELIA Sí, pero no sé si me voy a acostumbrar al cambio. ¿Qué hora es?

MANUEL Son las cuatro de la mañana, hora de México.

AMELIA Entonces, con siete horas de diferencia, son las once.

MANUEL ¿Tienes ganas de salir un rato? Me gustaría hacer algunas cosas antes de que vuelva el Sr. Lavalle.

AMELIA Sí, vamos. ¿Qué pensabas hacer?

MANUEL Si hay un banco o una casa de cambio cerca, quiero cambiar unos cien dólares por pesetas.

AMELIA Me llevo el paraguas por si acaso. A propósito, ¿dónde estará?

MANUEL No lo he visto desde que es-

Manuel takes out two one-dollar bills and gives them to him as a tip.

(When they are lone) I'm exhausted. I won't be able to do anything if I don't sleep a while.

They two take a nap for a couple of hours.

(When they wake up) How are you, my dear? Have you rested well?

Yes, but I don't know if I'm going to get used to the change. What time is it?

It's four in the morning, Mexico time.

Then, with seven hours difference, it's eleven o'clock.

Do you want to go out for a while? I'd like to do some things before Mr. Lavalle returns.

Yes, let's go. What were you planning to do?

If there is a bank or exchange office nearby, I want to change about a hundred dollars for pesetas.

I'll take the umbrella along just in case. By the way, I wonder where it is (where will it be)?

I haven't seen it since we were on

tábamos en el avión. ¿Se te quedó a bordo? ¿Te lo robaron?

the plane. Did you leave it on board (Did it stay on board)? Did someone (they) steal it (from you)?

AMELIA *(Piensa un momento)* Se me olvidó. Tenía demasiadas cosas que llevar.

(She thinks for a moment) I forgot it. I had too many things to carry.

MANUEL Entonces, vamos a comprar otro, y también unos rollos. Quiero sacar fotos de todo lo que veamos.

Then, let's buy another one, and also some (rolls of) film. I want to take pictures of everything we see.

AMELIA Tienes razón. Así nos desquitaremos de las tantas veces que nuestros amigos nos han mostrado sus diapositivas.

You're right. That way we will get even for so many times that our friends have showed us their slides.

1.   Lavalle speaks to the Garcias in the familiar plural. Note the verb endings **-áis** and **-éis** as well as the pronoun forms **vosotros** and **os**.

2.   **Querréis** is future tense. Notice the translation: *You probably want to rest.* Another example occurs when Amelia asks about the umbrella using the future **estará**. We will soon learn how the future tense can be used to add the idea of probability or conjecture to actions in present time.

👅 *V-49 VOCABULARIO*
VIAJANDO EN AVIÓN: ¡QUÉ VUELO MÁS SUAVE!

A. EN EL AVIÓN

el/la aeromozo(-a)	*flight attendant*
el agente	*agent, clerk*
el aterrizaje	*landing*
los boletos	*tickets*
el control de seguridad	*security check*
el despegue	*takeoff*
el equipaje de mano	*hand luggage*
el maletín	*briefcase, small suitcase*
la salida	*exit*
la sección de (no) fumar	*(no) smoking section*
el talón para el equipaje	*baggage claim check*
la tarjeta de embarque	*boarding pass*
la tripulación	*flight crew*
facturar el equipaje	*to check the baggage*
hacer cola	*to stand in line*
hacer escala	*to make a stopover*

OPTION: Have small
groups prepare to
role-play the situation
in front of the class.
Provide variations to
the instructions
given.

B ACTIVIDAD PARA PAREJAS: EN EL AEROPUERTO

UNO Eres agente de una línea aérea hispana. Un(a) turista quiere viajar hasta Caracas, Venezuela. El vuelo que prefiere está casi completo. Ya no hay asientos en la sección de no fumar. Otro problema es que quiere llevar tres maletines a bordo, y la compañía ha puesto un límite de dos bolsas de mano. Después de resolver los problemas, indícale a qué hora y de dónde sale el avión.

DOS Eres turista y quieres viajar a Caracas, Venezuela. Estás hablando con el (la) agente de la línea aérea. Quieres un asiento en la sección de no fumar (tienes alergia al **humo** [*smoke*]). Piensas facturar dos maletas grandes, pero llevas dos maletines que contienen documentos importantísimos y otro que lleva efectos personales y medicamentos que necesitas durante el vuelo.

 V-50 VOCABULARIO
EN UN HOTEL: TENGO RESERVACIÓN PARA UN CUARTO SENCILLO

A. EN EL HOTEL

el aire acondicionado	*air-conditioning*
el baño particular	*private bath*
la calefacción	*heating*
la cama de matrimonio	*double bed*
el cuarto sencillo (doble)	*single (double) room*
la ducha	*shower*
el, la gerente	*manager*
la recepción	*front desk*
el, la recepcionista	*clerk*
la reservación	*reservation*
la tarifa	*rate*

(For additional vocabulary, see Apéndice I-11.)

OPTION: See options
given for V-49.

B. ACTIVIDAD PARA PAREJAS: EN EL HOTEL

UNO Eres el (la) recepcionista de un hotel de Lima, Perú. Un(a) turista llega a la recepción para pedir un cuarto. El problema es que el hotel está casi completo. Puedes resolverlo si el (la) turista está dispuesto(-a) a aceptar un cuarto doble con una cama de matrimonio, con ducha, y que está en el segundo piso.

DOS Eres turista y estás en la recepción de un hotel muy bueno. Quieres un cuarto sencillo con dos camas y con baño (no te gustan las duchas). Hay mucho ruido del tráfico en los pisos bajos, y por eso quieres un cuarto en el octavo o noveno piso. Además, no quieres gastar mucho dinero.

G-61 GRAMÁTICA

CONSTRUCCIONES REFLEXIVAS CON COMPLEMENTOS INDIRECTOS
(Reflexive constructions with indirect objects)

We can add an indirect object to certain reflexive constructions to show some-one's indirect involvement in an occurrence, often an unplanned or uninten-tional one. English frequently shows this involvement with *on:* he ran out *on* us, the car quit *on* me. Spanish does not usually have the colloquial flavor often associated with the English.

WITHOUT INDIRECT OBJECT	INDIRECT OBJECT ADDED
Se olvidó la carta. (The letter was forgotten.)	Se **te** olvidó la carta. (E-10A) (The letter slipped your mind.)
Se hace tarde. (E-10C) (It's getting late.)	Se **me** hace tarde. (It's getting late on me.)
Se cae una maleta. (A suitcase falls.)	**Al botones** se **le** cae una maleta. (E-16D) (The porter drops a suitcase.)
¿Se quedó a bordo el paraguas? (Did the umbrella stay on board?)	¿Se **te** quedó a bordo? (E-16D) (Did you leave it on board?)

1. The added indirect object always comes after the reflexive pronoun:

   Se me fue.   ¿Cómo pudo ocurrír**sele**?   **Se nos** hizo tarde.

2. We can use **dejar** to express certain intentional acts:

   Dejé caer el libro.   *I dropped [let fall] the book.*

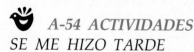 *A-54 ACTIVIDADES*

SE ME HIZO TARDE

A. MINIDIÁLOGOS PARA PAREJAS

—¿Se te olvidó la reunión?   Did you forget the meeting?
—No, se me hizo tarde y no fui.   No, it got late on me and I didn't go.

—¿Se te olvidaron tus libros?   Did you forget your books?
—No se me ocurrió traerlos.   It didn't occur to me to bring them.

—¿Se te ha acabado el dinero?   Have you run out of money?
—No, se me perdió.   No, I lost it.

—¿Cómo se te rompieron los discos?   How did you break the records?
—Se me cayeron.   I dropped them.

B. ACTIVIDAD PARA PAREJAS

UNO You've had a bad day so far. Explain to your partner that you have lost your purse/wallet with money and important papers, *broken* **(roto)** your glasses, forgotten where you left your umbrella, lost the key to your apartment, *left* **(quedar)** a book you *need* **(hacer falta)** at home, and now you are running out of *patience* **(paciencia).**

DOS Offer sympathy and suggestions. When it's your turn, tell your own misfortunes, using the same verbs but with other things.

 ## SC-18 SITUACIÓN COMUNICATIVA
UN(A) AGENTE DE TURISMO

You are a tourist agent working with a client who wants to travel to various Hispanic countries. Interview the client and then give advice. Determine the following:

1. Where the client wants to go.
2. When the client wants to leave and return.
3. How the client wants to travel **(en tren, en avión, en barco, en coche).**
4. How much money the client wants to spend (more or less).
5. If the client has a passport and traveler's checks.
6. If the client wants you to help with hotel reservations.

Based on the information you have obtained, suggest how many and which countries and cities to visit, and how long the client should stay at each place. If the client wants you to help with hotel reservations, determine what accommodations **(habitación doble, cama de matrimonio, aire acondicionado)** are desired.

R-16 REPASO
¿QUÉ PASA CON NUESTROS AMIGOS?

AHORA   ¿Qué buenas noticias tiene Patricia? Según Carlos, ¿por qué se va a quedar Patricia en México?

ANTES   ¿Quién llamó a quién? ¿Qué ha pasado para que Patricia pueda quedarse en México? ¿Quién más ha tenido suerte?

DESPUÉS   ¿Para qué compañía va a trabajar Patricia? ¿Qué hará Carlos? ¿Cómo le pagarán?

AHORA   ¿Cuál es la fecha? ¿Qué están haciendo? ¿Qué lleva la piñata dentro? ¿Para qué la mueve Carlos tanto?

ANTES   ¿Quiénes han probado su suerte antes? ¿Qué chica quería ser la primera? ¿Qué comentario hizo doña Amelia?

DESPUÉS   ¿Qué van a hacer los niños cuando la piñata se rompa? ¿Quién la va a romper?

AHORA   ¿Quién le está pegando a Carlos? ¿Lo hace a propósito?

ANTES   ¿Quién rompió la otra piñata? ¿Qué hicieron los niños cuando la rompió? ¿Quiénes han tratado de romper la piñata antes?

DESPUÉS   ¿Romperá Patricia la piñata? ¿Qué hará? ¿Quién acabará de romperla?

AHORA   ¿Cuáles son algunas de las cosas que trae la lista? Según Manuel, ¿para qué cosas teme no tener tiempo? ¿Qué sugerencia hace Manuel?

ANTES   ¿Quién recomendó el viaje a España? ¿Qué compró Manuel hace unos veinte años? ¿Por qué no la ha usado mucho?

AHORA   ¿Dónde están Amelia y Manuel? ¿Quién está con ellos? ¿Qué les está diciendo?

ANTES   ¿Quién los ayudó a hacer los arreglos del viaje? ¿Dónde hicieron escala? ¿Qué fue lo que los despertó? ¿Quién los fue a buscar al aeropuerto?

DESPUÉS   ¿Por cuántos días estarán en Madrid?

AHORA   ¿De qué habla Manuel?

ANTES   ¿Qué acaban de hacer Amelia y Manuel? ¿Qué le pasó al botones mientras subían a su cuarto? ¿Qué se le olvidó a Amelia?

DESPUÉS   ¿Qué harán antes de que vuelva el Sr. Lavalle? ¿Para qué sacarán muchas fotos?

DESPUÉS   ¿Qué cosas harán primero? ¿Por qué? ¿Qué cosa va a agregar Manuel a la lista?

¿Qué hará el Sr. Lavalle? ¿Quién les subirá el equipaje?

 ## *REPASO DE VOCABULARIO*

NOMBRES:

NIVEL A

V-49, V-50, V-51

el	**ascensor**	*elevator*
el	**botones**	*bellboy*
la	**busca**	*search*
el	**caballero**	*gentleman*
la	**cámara**	*camera*
el	**cigarrillo**	*cigarette*
la	**dama**	*lady*
el/la	**empleado(-a)**	*clerk, employee*
el	**error**	*error*
la	**fortuna**	*fortune, luck*
el	**golpe**	*blow, strike*
la	**habitación**	*room*
el	**lado**	*side*
la	**llave**	*key*
el	**modo**	*means, manner, mode*
el	**palo**	*stick*
la	**promesa**	*promise*
el	**rollo**	*roll (of film)*
el	**sueldo**	*salary*
el	**suelo**	*floor*
el/la	**tonto(-a)**	*fool, idiot*
el	**turno**	*turn*
la	**vuelta**	*turn*

NOMBRES:

NIVEL B

S-32, S-33

la	**aduana**	*customs*
el	**alcance**	*reach, range*
el	**antepasado**	*ancestor*
el	**barco**	*ship, boat*
el	**burrito**	*little donkey*
el	**cacahuate**	*peanut*
el	**capitán**	*captain*
el	**contenido**	*contents*
el	**descenso**	*descent*
la	**diapositiva**	*slide*
las	**humanidades**	*humanities*
la	**indecisión**	*indecision*
la	**inmigración**	*immigration*
las	**instalaciones**	*facilities*

el	**milímetro**	*millimeter*
la	**mudanza**	*move*
la	**opción**	*option*
el	**papeleo**	*red tape, paper work*
el	**peregrino**	*pilgrim*
la	**pieza**	*piece*
el/la	**practicante**	*intern, assistant*
la	**procesión**	*procession*
el	**recorrido**	*journey, run*
el	**rumbo**	*direction*
la	**temporada**	*season, period*
el	**traslado**	*transfer*

VERBOS:

NIVEL A

G-60

apagar	*to put out, turn off*
cumplir	*to fulfill, carry out*
dar	*to give; to hit*
dirigir	*to direct, lead*
golpear	*to strike, hit*
mostrar (ue)	*to show*
parar	*to stay; to stop*
pegar	*to hit* (ind obj)
recoger	*to pick up*
robar	*to rob, steal*
romper	*to break*

VERBOS:

NIVEL B

abrochar	*to fasten*
adivinar	*to guess*
aplazar	*to postpone*
apuntar	*to make a note (of)*
considerar	*to consider*
desquitarse	*to get even*
disculpar	*to pardon, excuse*
echarse	*to lie down*
facilitar	*to facilitate*
manejar	*to handle, manage*
mover (ue)	*to move*
realizar	*to accomplish, carry out*
rechazar	*to reject*

regar (ie)	*to scatter*
reservar	*to reserve, set aside*
sorprender	*to surprise*
suplicar	*to request*
tirarse	*to throw oneself*
vendar	*to bandage*
los ojos	*to blindfold*

ADJETIVOS:

NIVEL A

deseable	*desirable*
emocionante	*exciting*
impaciente	*impatient*
ligero(-a)	*light*
perfecto(-a)	*perfect*

ADJETIVOS:

NIVEL B

automático(-a)	*automatic*
decidido(-a)	*determined*
definitivo(-a)	*definitive, final*
directo(-a)	*direct*
distraído(-a)	*distracted*
inmóvil	*motionless*
navideño(-a)	*Christmas*
rendido(-a)	*exhausted*

MODISMOS Y EXPRESIONES:

NIVEL A

G-59

cinturón de seguridad	*safety belt*
dar vuelta a	*to turn, spin*
llevarse algo	*to take something (along) with oneself*
ofrecerse para hacer algo	*to volunteer (offer oneself) to do something*
planes de largo alcance	*long-range plans*
por todos lados	*everywhere*

LECCIÓN 17

Izquierda, arriba: El Talgo es un tren especial que viaja entre Madrid y otras ciudades principales. Va mucho más rápido que los trenes comunes y para (it stops) mucho menos. Por supuesto, cuesta un poco más también. Izquierda: Aquí hay una vista muy bonita de la ciudad española de Toledo, el puente de San Martín y el río Tajo. Toledo queda no muy lejos de Madrid.

✿ E-17A ESCENA
¿SE NOS ACABA LA GASOLINA?

COMPREHENSION:
(Pages 526–527)
¿Qué día es? ¿Qué
han hecho los Gar-
cía? ¿Qué han visto?
¿Quiénes los han
acompañado? ¿Adónde
van ahora? ¿En qué
van? ¿Dónde están
ahora? ¿Para cuándo
los espera ver el
agente? ¿Cuáles son
las condiciones del
contrato? ¿Qué pasa
si el coche necesita
aceite o reparaciones?
¿Son necesarios los re-
cibos? ¿Lleva gasolina
el coche? ¿Tiene que
devolverlo con el
depósito lleno o no?
¿A qué hora se abre la
agencia? ¿A qué hora
se cierra? ¿Qué hace
Manuel mientras el
agente le da las señas
para salir de la ciu-
dad? ¿Tiene Manuel
un plano de la ciu-
dad? ¿Lo compró?
¿Qué está haciendo
Amelia al rato?
(Pages 528–529)
¿A qué época en Mé-
xico corresponde la
época de los romanos
en España? ¿Por qué
quiere parar Manuel
en la próxima gasoli-
nera? ¿Se les acaba la
gasolina? ¿Quiere
Manuel que Amelia
maneje después de la
parada? ¿Qué le pide
Manuel al empleado?
¿Qué pregunta
Amelia?

ADAPTATION:
(Pages 526–527)
¿Has estado ocu-
pado(-a) con los asun-
tos de la universidad?
¿Has podido aprove-
char la oportunidad
de visitar algunos lu-
gares de interés? ¿Se
han hecho buenos
amigos tú y otra per-

Hoy es el cuarto día de la estancia de los García en Madrid. Han estado ocupados con los asuntos de la compañía pero también han podido aprovechar la ocasión para visitar varios lugares de interés. Vieron las pinturas del Museo del Prado, el monasterio de El Escorial y la ciudad de Segovia con el Alcázar. También pudieron ir una noche al teatro. En casi todas estas actividades los han acompañado los señores Lavalle, y los dos matrimonios se han hecho buenos amigos.

Los García ya están listos para salir de Madrid y hacer un recorrido de doce días que los llevará hacia el norte por Valladolid hasta Santander y luego al oeste hasta Santiago de Compostela. De allí bajarán por la costa a Lisboa, donde la compañía tiene una sucursal. Después volverán a entrar en España para visitar Sevilla, Córdoba, Granada, Murcia y Valencia, donde los estará esperando su hijo. Para hacer este viaje por España van a alquilar un auto. Están ahora en la agencia.

Today is the fourth day of the Garcia's stay in Madrid. They have been busy with company matters, but also they have been able to take advantage of the occasion to visit several places of interest. They saw the paintings of the Prado Museum, the monastery of El Escorial and the city of Segovia with the Alcazar. They were also able to go one evening to the theater. In almost all these activities Mr. and Mrs. Lavalle have accompanied them, and the two couples have become good friends.

The Garcias are ready now to leave Madrid and take a journey of twelve days which will take them northward through Valladolid as far as Santander and then to the west as far as Santiago de Compostela. From there they will go down the coast to Lisbon, where the company has a branch office. Afterwards they will enter Spain again to visit Seville, Cordoba, Granada, Murcia, and Valencia, where their son will be waiting for them. To make this trip around Spain they are going to rent a car. They are in the agency now.

*sona? Cuéntanos.
¿Has alquilado un
coche alguna vez?
Descríbenos el con-
trato. ¿Tienes tu pro-
pio coche? ¿Dónde
stá ahora? ¿Lleva ga-
solina? ¿Te gustaría
hacer un recorrido
rápido por la ciudad?
Entonces, ¿adónde te
gustaría ir? ¿A qué
ora se cierra (la cafe-
ería, la universidad)?
¿Cuál es el camino
más directo para lle-
gar (al centro, a la
biblioteca, etc)?
¿Tienes un plano de
(la universidad, esta
ciudad)?
(Pages 528–529)
Cuando viajas en
coche, ¿prefieres ma-
nejar o prefieres que
maneje otra persona?
Descansas a menudo
cuando viajas?*

AGENTE Muy bien, Sr. García, aquí tiene usted la copia de su contrato. Esperamos verlos dentro de doce días.

MANUEL Gracias. A ver si he entendido correctamente las condiciones. No hay límite de kilometraje, pago la tarifa diaria más la gasolina, y el seguro va incluido.

AGENTE Así es. Y nosotros le reintegramos lo que gaste en aceite o en reparaciones. Hay que guardar los recibos.

MANUEL ¿Lleva gasolina?

AGENTE Está lleno. Usted puede devolverlo con el depósito lleno o nosotros lo llenamos y se lo cobramos.

MANUEL ¿A qué hora se cierra la agencia?

AGENTE Abrimos a las nueve y cerramos a las ocho.

MANUEL Una cosa más. ¿Cuál es el camino más directo para llegar a la carretera para Valladolid?

AGENTE Usted va derecho hasta el tercer semáforo donde da vuelta a la izquierda. A los dos kilómetros, más o menos, llega a la carretera, donde va hacia la derecha.

(Manuel va anotando las instrucciones.)

¿Le di un plano de la ciudad?

MANUEL Sí, gracias, y también un mapa de las carreteras del país.

Siguiendo las instrucciones, salen a la carretera sin dificultad. Al rato, Amelia va leyendo una guía turística.

AMELIA Imagínate que en Toledo hay un puente que fue construido por los romanos a principios del siglo dos, y todavía lo usan.

All right, Mr. Garcia, here is the copy of your contract. We expect to see you in twelve days.

Thank you. Let's see if I have understood the conditions correctly. There is no mileage (kilometer) limit, I pay the daily rate plus gasoline, and the insurance is (goes) included.

That's right. And we reimburse you for whatever you spend on oil and repairs. It is necessary to save the receipts.

Does it have gasoline?

It's full. You can return it with the tank full or we fill it and charge you for it.

At what time does the agency close?

We open at nine and (we) close at eight.

One more thing. What is the most direct way to go to the highway to Valladolid?

You go straight as far as the third traffic light where you turn to the left. After two kilometers, more or less, you come to the highway, where you go toward the right.

(Manuel is making a note of the instructions.)

Did I give you a map of the city?

Yes, thank you, and also a road map of the country.

By following the instructions, they come out to the highway without difficulty. After a while, Amelia goes along reading a tourist guide.

Just think that in Toledo there is a bridge that was built by the Romans at the beginning of the second century, and they still use it.

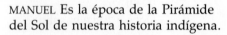

MANUEL Es la época de la Pirámide del Sol de nuestra historia indígena.

[That] is the era of the Pyramid of the Sun in our Indian (native) history.

AMELIA Y el acueducto de Segovia se construyó por el año 300.

And the aqueduct of Segovia was built around the year 300.

MANUEL ¡Qué fácil debe ser recordar las fechas y los acontecimientos cuando todo está alrededor de uno!

How easy it must be to remember dates and events when everything is around you (one)!

(A las tres horas de estar viajando)

(After three hours of traveling)

MANUEL Vamos a parar en la próxima estación de gasolina.

Let's stop at the next gas station.

AMELIA ¿Qué pasa? ¿Se nos acaba la gasolina?

What's wrong? Are we running out of gasoline?

MANUEL No, pero quisiera descansar y tomar algo. Debe haber una cerca.

No, but I would like to rest and drink something. There must be one near.

AMELIA ¿Quieres que yo maneje después?

Do you want me to drive afterwards?

MANUEL Sí, si quieres.

Yes, if you want (to).

(A los diez minutos, en una estación de gasolina)

(Ten minutes later, at a gas station)

EMPLEADO ¿Lleno?

Full?

MANUEL Sí, de súper. Y por favor, no deje de revisar el aceite y el agua.

Yes, with super (premium). And please don't fail to check the oil and water.

AMELIA ¿El servicio para las damas?

The ladies' restroom?

EMPLEADO A la vuelta del edificio.

Around the building.

AMELIA ¿Necesito llave?

Do I need a key?

EMPLEADO No, señora, está abierto.

(Otra vez en el camino)

AMELIA ¿Qué te parece? Los dos solos, haciendo un recorrido por España, como don Quijote y Sancho.

MANUEL *(Riéndose)* ¡Las ideas que se te occuren! ¿Y cuál es cuál?

No, ma'am, it's open.

(On the road again)

What do you think? The two (of us) alone, taking a journey through Spain, like Don Quijote and Sancho.

(Laughing) The ideas that occur to you! And which is which?

❧ *C-51 CULTURA*
BOSQUEJO CULTURAL: LOS AUTOMÓVILES

horn / headlights / integral / driver displeasure traffic cop narrow

intersections

right-of-way

turn off

if the other / didn't turn off

Hay dos aparatos de los coches que se usan en forma única en Latinoamérica—la **bocina** y los **faros.** La bocina es una parte **integrante** del equipo del **conductor.** La usa casi constantemente en las ciudades. La usa para anunciar que va a pasar a otro coche. La usa para indicar su **disgusto** con la manera en que otra persona maneja su coche o alguna acción del **agente de tráfico.** En muchas ciudades donde hay calles muy **estrechas,** se toca la bocina un poco antes de llegar a las **bocacalles** para anunciar la llegada. Cuando dos coches llegan a la vez a la misma bocacalle, la costumbre dicta que el que suene primero tiene **prioridad.**

En el campo, es costumbre **apagar** las luces momentáneamente al acercarse a otro coche para que el conductor vea mejor. Así, puede ver alguna carreta o caballo que no podría ver **si el otro** conductor **no apagara** los faros.

ACTIVIDAD PARA GRUPOS DE TRES O CUATRO

Describan los hábitos malos y los buenos de los conductores que conoces (es decir, amigos, parientes, o conocidos que manejan).

G-62 GRAMÁTICA

SUJETOS INDEFINIDOS, CONSTRUCCIONES CON *SE* Y VOZ PASIVA
(Indefinite subjects, **se** *constructions and passive voice)*

A. Indefinite subjects and *se*

Spanish has other means besides the constructions with **se** (G-42) to speak of
actions without specifying who performs them. In many circumstances both
se and the third-person plural are suitable:

Aquí **se habla** español.	Spanish *is spoken* here.
Aquí **hablan** español.	*They (People) speak* Spanish here.
Se dice que es verdad.	*It is said* that it is true.
Dicen que es verdad.	*They say* that it is true.

Uno and, less frequently, **la gente** occur as indefinite subjects. They are
particularly useful with verbs used reflexively:

Uno se cansa de estudiar.	*One gets tired* of studying.
Aquí **la gente se levanta** tarde.	*People get up* late here.

B. Passive voice

We say that a sentence with a direct object is active (or has active voice). To
form the passive (or passive voice) we take the direct object and make it the
subject. Spanish passive uses forms of the verb **ser** plus the past participle,
made to agree with the subject.

1. Active   The sentence has a direct object:

She wrote *the letter*.	(Ella) escribió **la carta**.
The Romans built *the bridge*.	Los romanos construyeron **el puente**.

2. Passive   The direct object has become the subject:

The letter was written by her.	**La carta** fue escrita (por ella).
The bridge was built by the Romans.	**El puente** fue construido por los romanos.

Spanish generally prefers active voice or **se** constructions to passive
voice. Passive voice is most natural when an agent is expressed, **por ella** and
por los romanos. If we omit the agent, we can use either the passive or **se,**
but **se** is far more common:

El puente **fue construido** en el siglo dos.
El puente **se construyó** en el siglo dos.

We can also speak of the construction of the bridge using third-person plural:

Construyeron el puente en el siglo dos.

We now have several means of speaking of actions in which the doer is less important than what is done. As you read and hear Spanish, notice how these different constructions are used.

A-55 ACTIVIDADES
¿POR QUIÉN FUE INVENTADO?

PREPARATION: Have students pronounce boldfaced items and provide past participles for the infinitives given.

OPTION: Provide any additional inventions, books, and so on that you would like to add.

A. PREGUNTAS PARA PAREJAS

Vocabulario especial para esta actividad:

inventar	*to invent*	**penicilina**	*penicillin*
descubrir (descubierto)	*to discover*	**pintura**	*painting*
		sinfonía	*symphony*
componer (like **poner**)	*to compose*	**(el) ser**	*being*
pintar	*to paint*		
fabricar	*to manufacture*		

Seleccionen respuestas de la columna a la izquierda.

MODELO   **Bell / EE.UU. / 1876**

UNO ¿Por quién fue inventado el teléfono?

DOS Fue inventado por **Bell.**

UNO ¿Dónde se inventó (fue inventado)?

DOS Se inventó (Fue inventado) en **los Estados Unidos.**

UNO ¿En qué año se inventó?

DOS Se inventó en **1876.**

PREGUNTAS

PERSONAS / FECHAS / LUGARES

1. ¿Por quiénes fue inventado el avión?
¿Dónde se _____ (fue _____)?

Los hermanos Wright / EE.UU.

Fleming / Inglaterra / 1928

2. ¿Por quién fue descubierta América?
¿En qué año se descubrió (fue descubierta)?

Cristóbal Colón / 1492

Beethoven / 1824

3. ¿Por quién fue descubierta la penicilina?
¿Dónde y en qué año se _____ (fue _____)?

Picasso / España / 1937

Shakespeare / el siglo 17

4. ¿Por quién fue escrito *King Lear*?
¿Cuándo se _____ (fue _____)?

5. ¿Por quién fue compuesta la
"Novena sinfonía"?
¿En qué año se compuso (fue
_____)?

6. ¿Por quién fue pintada la pintura
"Guernica"?
¿Dónde y en qué año se _____ (fue
_____)?

B. PREGUNTAS PARA PAREJAS

1. ¿Sabes por quién fue construida la casa en que vive tu familia? ¿Sabes en qué año se construyó (fue construida)? ¿Está bien construida?

2. ¿En qué año se fabricó (fue fabricado) tu coche o el coche de tu familia? ¿Dónde se fabricó? ¿Está bien hecho?

3. Dicen (Se dice) que el español es el más fácil de aprender de los idiomas modernos. ¿Es cierto eso? ¿Qué se dice (dicen) del chino?

4. Se cree que puede haber otros seres inteligentes en el universo. Tú, ¿qué crees?

❧ G-63 GRAMÁTICA
PRONOMBRES RELATIVOS (Relative pronouns)

Relative pronouns—in English, *who, whom, that, which*—occur in dependent clauses and refer to some element, called the antecedent, of the main clause. At the same time the relative pronoun functions in its own clause as a subject, direct object, indirect object, or object of a preposition.

The most frequently used relative pronoun of Spanish is **que.** It can refer to persons and things in both singular and plural, but not in all functions. Other forms are required for certain circumstances. We will limit our active practice now to the most essential forms; others we will learn to recognize. In the following examples, the antecedents are italicized and the relative pronouns are boldfaced:

Vamos a esperar a la *abuelita,* **que** está durmiendo. (E-6A)
Tengo una *amiga* **a quien** quiero bastante. (E-13D)
El Sr. López es *un hombre de negocios* con **quien** estuve conversando. (E-11B)
La primera blusa **que** escogiste no era para mi hermana. (E-14C)
El autobús en **que** van dice CU en letras grandes. (E-11B)
La compañía para **la que** trabaja don Manuel tiene muchas sucursales.

En la famosa ciudad española de Segovia, se encuentra este castillo o alcázar. Este es el alcázar que aparece en la película ''Camelot''.

REFERRING TO PERSONS		ENGLISH EQUIVALENTS
Subject:	la chica que viene	the girl who/that is coming
Direct object:	la chica que (a quien) yo vi	the girl I saw the girl whom/that I saw
Indirect object:	la chica a quien le hablé	the girl I spoke to the girl whom/that I spoke to the girl to whom I spoke
Object of preposition:	la chica de quien hablé	the girl I talked about the girl whom/that I talked about the girl about whom I talked

REFERRING TO THINGS		ENGLISH EQUIVALENTS
Subject:	la casa que está aquí	the house which/that is here
Direct object:	la casa que compré	the house I bought the house which/that I bought
Object of preposition:	la casa en que viven	the house they live in the house which/that they live in the house in which they live

1.   Compare the English equivalents carefully with the Spanish counterparts. You will notice that Spanish relative pronouns are not omitted and that they always follow the preposition.

2.   **Quien (quienes)** is used rather than **que** for persons as objects of prepositions: *el joven* **de quien** te hablé; *los muchachos* **con quienes** vine.

3.   **A quien (a quienes)** often replaces **que** as a direct object referring to persons: *una amiga* **a quien** quiero.

4.   There are two sets of longer forms, used for persons and things: **el que, la que, los que, las que, lo que** (*which*—neuter) and the corresponding set **el cual, la cual, los cuales, las cuales, lo cual** (*which*—neuter). For our purposes at present you should recognize these forms.

5.   **Que,** referring to things, can be used with **de, en,** and **con.** Generally other prepositions take the longer forms just mentioned: *la compañía* **para la que** trabaja don Manuel.

6.   A common error of students is to use **quien** rather than **que** for persons as subjects. This usage of **quien** is possible only in nonrestrictive clauses—those separated from the antecedent by a comma or a pause **(Patricia Moreno, quien [or que] trabaja para la Iberia, ha hecho los arreglos).** Either **que** or **quien** is correct here. However, only **que** occurs in restrictive clauses, those with no comma or pause **(Manuel tiene un hermano que es ranchero).** For the present, use **que** to translate the relative pronoun *who* as a subject.

7.   Since Spanish cannot have prepositions without objects following them, English phrases and sentences ending in prepositions need to be recast:

the book I read it *in* → the book *in which* I read it.
                           el libro **en que** lo leí.
the person I gave it *to* → the person *to whom* I gave it.
                           la persona **a quien** se lo di.

A-56 ACTIVIDADES
CARLOS ES UN JOVEN ARGENTINO QUE. . . .

OPTION: Conduct as a teacher-led activity.

A. ACTIVIDAD PARA PAREJAS

Completen las oraciones con un verbo lógico.

MODELO   **Carlos es un joven argentino. . .**

que _____ de Argentina a México a estudiar.
que _____ en México con sus tíos.
a quien Patricia _____ en la fiesta de bienvenida.
a quien le _____ la música mexicana.
de quien _____ en la clase de español.

PREPARATION:
Have students pre-
pare this activity in
writing prior to class.

B. ACTIVIDAD PARA GRUPOS PEQUEÑOS (O PARA PAREJAS)

Completen las oraciones después de llenar el primer espacio con el nombre de un(a) amigo(-a). También pueden hacer preguntas y comentarios.

MODELO   <u>(Persona)</u> es un(a) amigo(-a) mío(-a). . .

que vive _____.   a quien le gusta(n) _____.
que tiene _____.   con quien voy _____.
que (a quien) conocí _____.   con quien hablo de _____.
que (a quien) veo _____.   de quien recibo _____.

C. OTRA ACTIVIDAD PARA GRUPOS PEQUEÑOS

Hagan todas las combinaciones que se les ocurran. Los verbos sólo son sugerencias; traten de usar otros también y en otros **tiempos** (tenses). Después de identificar a las personas pueden hacer preguntas y comentarios.

UNO Ernesto es un joven que trabajará conmigo durante el verano.

DOS ¿Qué clase de trabajo tendrán?

UNO (Respuesta lógica)

UNO La doctora Brown es una profesora a quien conocí hace dos años.

DOS ¿Tomaste alguna clase con ella?

_____ es un(a) amigo(-a) mío(-a)   que <u>(está, tiene, vive, habla conmigo, me ayuda, me ayudó, me ayudaba).</u>

_____ es un(a) chico(-a)

_____ es un(a) joven   que (a quien) <u>(veo, conozco, conocí, trato, ayudo, quiero, aprecio, odio).</u>

_____ es un(a) profesor(a)

_____ es un(a) señor(a)   a quien le <u>(gusta, doy, hablo, escribo, cuento, tengo confianza, regalé, mandé).</u>

_____ es un(a) pariente mío(-a)

_____ es un(a) compañero(-a)   con quien <u>(charlo, estudiaré, trabajaba, bailo, almuerzo, ando, salgo, salí).</u>

de quien <u>(hablo, te he hablado, no sé mucho).</u>

D. PARA PAREJAS: HABLANDO DE COSAS

Terminen las oraciones con varias combinaciones con indicativo.

MODELO   **Esta es la mochila. . .**

que lleva (contiene) _____ (mis libros y papeles).
que compré (traje) _____ (lugar, fecha).
en que llevo (guardo) _____.

Este es un libro   que _____.

Estudio en un lugar   en que _____.

Unos amigos míos tienen una casa

Compré un coche

El año pasado tomé una clase

Antes yo vivía en una casa (un
departamento)

Terminen estas oraciones con varias combinaciones con subjuntivo.

COSAS NO DETERMINADAS   POSIBILIDADES EN SUBJUNTIVO

Busco un libro   que _____.   tenga   cueste

Necesito un de-   en que _____.   sea   pueda
partamento   haya

Quiero un coche

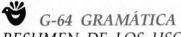

G-64 GRAMÁTICA
RESUMEN DE LOS USOS DE *POR* Y DE *PARA*

PREPARATION:
Assign students to re-
view G-27, G-32, and
G-53-II as indicated
prior to class.

You will find it helpful to review grammar section G-27 as well as appropriate parts of G-32 and G-53-II.

CONCEPTS TO REMEMBER

Por is used to express *by, for, because of, per, through,* and *around.* **Por** looks back to motives and causes. It is used to denote means and agents, duration of time, approximate time or place, and exchange.

Para is used to express *for, toward, considering,* and *by* (deadline). **Para** looks ahead to directions, ends, destinations, and uses. It is used to denote points of time and deadlines and is used in comparisons.

CONTRASTS

¿Por qué lo tienes?	Why (For what motive) do you have it?
¿Para qué lo tienes?	For what purpose do you have it?
Lo hice por ti.	I did it for you (on your behalf).
Lo hice para ti.	I made it for you.
Fue preparado por ella.	It was prepared by her.
Fue preparado para ella.	It was prepared for her.
Habla bien por su edad.	She speaks well on account of her age.
Habla bien para su edad.	She speaks well for (considering) her age.
Lo conseguí por un amigo.	I got it through a friend.

Lo conseguí para un amigo.	I got it for a friend.
Trabajo por mi tío.	I work in place of my uncle.
Trabajo para mi tío.	I work for my uncle.
Están por acá.	They're around here.
Tráelo para acá.	Bring it over this way.
Vamos (Pasamos) por ti.	We'll go (pass) by for you.
Vamos (Pasamos) para buscarte.	We'll go (pass) by to get you.
Estoy por hacerlo.	I'm in favor of doing it.
Estoy para hacerlo.	I'm about to do it.
Le di el dinero por la comida.	I gave her the money in exchange for the food.
Le di el dinero para la comida.	I gave her the money with which to buy the food.

A-57 ACTIVIDADES
PETRITA ES ALTA PARA SU EDAD.

A. ACTIVIDAD PARA PAREJAS

Completions using **para:** *considering, taking into account.*

1.	El tiempo está muy fresco	para el poco tiempo que estudia.
2.	Habla bien el español	para julio.
3.	Hay mucha actividad	para norteamericano(-a).
4.	Saca buenas notas	para un chico bajo.
5.	Es buen jugador de básquetbol	para un domingo.

Completions using **por:** *on account of, because of.*

1.	Habla muy bien el español	por ser de Inglaterra.
2.	Siempre saca buenas notas	por ser julio.
3.	Sabe mucho inglés	por ser lunes.
4.	Hay mucha actividad	por su dedicación al estudio.
5.	Hace mucho calor	por ser colombiano.

KEY:
1a. para, b. por;
2a. para, b. por;
3a. por, b. para;
4a. para, b. por;
5a. para, b. por;
6a. por, b. para;
7a. para, b. por
(if replacing brother),
para (if brother is
employer).

B. PARA PAREJAS

Hagan combinaciones apropiadas usando **por** o **para.**

1. Anoche estudié: (a) el examen de gramática; (b) tres horas.
2. Voy a la tienda: (a) comprar pan; (b) más leche.
3. A las cinco pasaré: (a) ti; (b) hablar contigo.

4. Saldré a la una: (a) Madrid; (b) la otra puerta.
5. Me quedaré: (a) hablar con ellos; (b) otras dos horas.
6. Vengo: (a) el dinero que me debes; (b) pedirte un favor.
7. Este mes trabajaré: (a) una compañía grande; (b) mi hermano.

C. ACTIVIDAD PARA GRUPOS PEQUEÑOS

Completen las oraciones. Hagan preguntas y comentarios.

1. Estoy agradecido(-a) por (todo) lo que _____ ha(n) hecho por mi (la oportunidad de _____) (el derecho que tengo de/a _____).
2. De poder hacerlo, compraría (haría) $^{(cosa)}$ para $^{(persona)}$.
3. Creo que hablo bastante bien **para** *(considering)* _____.
4. Creo que hablo bastante bien **por** *(on account of)* _____.
5. Todavía no estoy listo(-a) para $^{(cosa\ o\ infinitivo)}$.

S-34 SUGERENCIAS
DICHOS Y OPUESTOS

Dichos are idiomatic sayings that add color to one's language. However, one cannot simply translate such expressions from one language to another. Corresponding sayings in the new language must be learned. Here are some common **dichos** and their equivalents in Spanish:

OPTION: Model
pronunication of
Spanish phrases.

to pull one's leg	**tomarle el pelo** *(to take one's hair)*
to talk one's head off	**hablar por los codos** *(to talk through the elbows)*
not to know beans	**no saber ni papa** *(not to know even potato)*
at a snail's pace	**a paso de tortuga** *(at a tortoise's pace)*

Other expressions use the same words but in a different order:

from head to foot	**de pies a cabeza**
black and white	**blanco y negro**
sooner or later	**tarde o temprano**
hugs and kisses	**con besos y abrazos**
chicken with rice	**arroz con pollo**

E-17B ESCENA
DE QUEDARTE AQUÍ, ¿TENDRÍAS ALGO?

Un poco antes de llegar a Alberique, a unos 60 kilómetros de Valencia, tuvieron un problema con el coche alquilado. El único inconveniente fue que perdieron unas tres horas en el camino.

Creyendo que José María se preocuparía innecesariamente por ellos, llamaron al hotel para dejar dicho que llegarían más tarde.

En la reunión de padres e hijo en Valencia hubo tanto lágrimas como risa. Hacía casi un año que no se veían y tenían muchas cosas que contar y preguntar.

Los tres se quedaron dos días en Valencia para ver las fallas. A Amelia le dio mucha satisfacción ver la provincia y la ciudad de donde habían salido sus bisabuelos para ir a establecerse en México por los años 70 del siglo pasado.

Se acercan ahora a Madrid. Están hablando de los planes de José María para el futuro porque termina sus estudios este año. La situación económica de México lo tiene algo preocupado.

A little before arriving at Alberique, about 60 kilometers from Valencia, they had a problem with the rented car. The only difficulty was that they lost about three hours on the road.

Thinking that Jose Maria would worry about them unnecessarily, they called the hotel to leave word that they would arrive later.

In the meeting of parents and son in Valencia there were tears as well as laughter. They hadn't seen each other for almost a year, and they had many things to tell and ask.

The three of them stayed two days in Valencia to see the fallas. It gave Amelia a great deal of satisfaction to see the province and the city from which (where) her great-grandparents had left to settle in Mexico around the 70s in the last century.

They are now approaching Madrid. They are talking about Jose Maria's plans for the future because he finishes his studies this year. Mexico's economic situation has him somewhat worried.

visto en apuros antes?
¿Has sabido salir
adelante?

JOSE ¿Vuelvo a México o es mejor que me quede aquí?

Shall I return to Mexico, or is it better for me to stay here?

AMELIA ¿Se te ha ocurrido quedarte?

Has it occurred to you to stay?

JOSE Lo he pensado porque me parece que sería difícil comenzar en México ahora. Como no tengo nada seguro. . . .

I have considered it because it seems to me that it would be difficult to start in Mexico now. Since I don't have anything sure. . . .

AMELIA ¿No preferirías la independencia de trabajar por tu cuenta a la seguridad de una compañía grande?

Wouldn't you prefer the independence of working for yourself to the security of a large company?

MANUEL *(Aclarando la voz)* Trabajar para una compañía grande también tiene sus incentivos y recompensas.

(Clearing his throat) Working for a large company also has its incentives and rewards.

AMELIA Claro, yo no digo que no.

Of course, I don't say that it doesn't.

MANUEL De quedarte aquí, ¿tendrías algo?

If you stayed here, would you have anything?

JOSE Por el momento no, pero tengo amigos y conocidos . . . y he aprendido bastante catalán.

Not for the moment, but I have friends and acquaintances . . . and I have learned a lot of Catalan.

AMELIA México necesita sus jóvenes capacitados, pero la decisión es tuya. Ya sabes que aquí o en México puedes contar con nosotros.

Mexico needs its trained young people, but the decision is yours. You know that here or in Mexico you can count on us.

MANUEL Y yo tengo mucha fe en mi país. Nos hemos visto en apuros antes y hemos sabido salir adelante.

I have great faith in my people. We've been (seen ourselves) in tight spots before, and we have been able to come out on top (ahead).

V-51 VOCABULARIO
LOS AUTOS: ¡QUÉ CACHARRO!

A. EL AUTO

el bache	*chuckhole*
el baúl[1]	*trunk*
el choque	*accident, bump, crash*
el gato	*automobile jack*
la llanta (el neumático)	*tire*
la llanta de repuesto	*spare tire*
el pinchazo	*puncture, blowout*

---
[1]Also, **portaequipaje, cajuela, maletero**

andar (funcionar)	*to run, function*
arrancar	*to start (a motor)*
chocar con	*to hit (with a car)*
conducir (manejar)	*to drive*
parar	*to stall, stop (a motor)*
reparar (arreglar)	*to repair, fix*

NOTE: *conducir → yo conduzco*

(For additional vocabulary, see Apéndice I-12.)

B. ACTIVIDAD PARA PAREJAS

You were traveling in a rented car through Spain when your car broke down just outside Vigo. You walked to a garage to explain that you *hit* **(chocar con)** a chuckhole and *blew out a tire* **(tener un pinchazo),** and that the engine stalled. You looked in the trunk but the jack and spare tire were missing. Indicate what you want the mechanic to do and ask how much it will cost.

You are now at the rental agency after your tour of Spain. You have had nothing but problems with the car. In addition to the encounter with the chuckhole near Vigo, the car stalled almost every time you stopped and it used six liters of oil. Ask for a refund.

 ## C-52 CULTURA
BOSQUEJO CULTURAL: LOS PROBLEMAS ECONÓMICOS

---

growth

En varios países el **crecimiento** de la población excede al crecimiento de la economía. El lector ya sabe que el desempleo es un gran problema. También es resultado tanto como causa de los problemas económicos.

lending (loan)
debts
have borrowed

foreign debts
It was hoped / the discovery of oil / coincided

surplus /
which / reduction

were to go bankrupt

Otro problema serio es el **préstamo** de dinero entre países, o mejor dicho, la incapacidad de poder pagar las **deudas** creadas por los préstamos. Los gobiernos **han pedido prestados** miles de millones de dólares. México, por ejemplo, que tiene una de las **deudas externas** más altas del mundo, debe más de cien mil millones de dólares. **Se esperaba** que el **descubrimiento de petróleo** en México ayudaría a la situación, pero ese descubrimiento **coincidió** con un **excedente** de petróleo en el mundo, **lo cual** ha causado una **baja** en los precios.

La situación está grave. Si México **diera en bancarrota,** se podría producir una catástrofe en el sistema monetario del mundo.

1. ¿En qué condiciones se encuentra tu propia economía?

2. ¿Qué problemas económicos sufres?

3. ¿Debes mucho dinero? ¿Cómo vas a pagar la deuda?

4. ¿Te deben dinero otras personas?

5. ¿Les **pides prestado** (*Do you borrow*) dinero a otras personas?

Este acueducto, que se encuentra en la ciudad de Segovia, fue construido por los romanos por el año 300.

🎤 G-65 GRAMÁTICA
TRANSITIVO O INTRANSITIVO

PREPARATION: Re-
fer students to section
G-11 for an introduc-
tion to transitive and
intransitive verbs.

Some intransitive verbs in English have transitive equivalents in Spanish. Also, certain English transitive verbs are matched by Spanish intransitives.

ENGLISH INTRANSITIVE	SPANISH TRANSITIVE
to look *for* the keys	buscar las llaves
to look *at* some photos	mirar unas fotos
to wait *for* the bus	esperar el autobús
to ask *for* more money	pedir más dinero
to pay *for* the drinks	pagar las bebidas
to listen *to* records	escuchar discos
to thank *for* a gift	agradecer un regalo
to remind *of* a joke	recordar un chiste

ENGLISH TRANSITIVE	SPANISH INTRANSITIVE
to enter a building	entrar **en/a** un edificio
to leave the house	salir **de** la casa
to attend a meeting	asistir **a** una reunión
to miss a class	faltar **a** una clase

1. **Escuchar** does not take the preposition **a** but, like all transitive verbs, it does require the personal **a. Escucho las cintas del laboratorio** but **Siempre escucho a la profesora.**

2. Several of the English verbs have transitive synonyms to match the Spanish transitives: **mirar** = *to watch;* **buscar** = *to seek;* **esperar** = *to await;* **pedir** = *to request.*

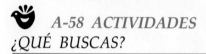

A-58 ACTIVIDADES
¿QUÉ BUSCAS?

OPTION: Conduct as a class activity.

A. *ACTIVIDAD PARA PAREJAS: RESPUESTAS BREVES Y RÁPIDAS*

Contesten seleccionando una respuesta lógica de la segunda columna. La respuesta necesita la misma preposición (o **a** personal) que tiene la pregunta.

1.	¿Qué buscas?	Unas fotos que saqué el domingo.
2.	¿A quién buscas?	Una cassette que acabo de comprar.
3.	¿Qué esperas?	Al profesor, que habla tan lindo.
4.	¿A quién esperas?	A la de inglés, pero me dormí.
5.	¿Qué escuchas?	Permiso para entrar en la oficina.
6.	¿A quién escuchas?	Un libro que dejé aquí hace un rato.
7.	¿Qué miras?	A un joven que me va a ayudar.
8.	¿Qué pedirás?	A Susi, que irá conmigo al centro.
9.	¿De dónde acabas de salir?	El autobús que me llevará a casa.
10.	¿En qué cuarto entraste?	A la de historia, que es a las ocho.
11.	¿A qué clase asististe?	Del baño, si te importa saberlo.
12.	¿A qué clase faltaste?	En el laboratorio.

B. *ACTIVIDAD PARA PAREJAS*

KEY: Pagué _____; ha entrado en; asistí a; pedir _____; escuchas (a la profesora) (_____ la cinta); no he faltado a; escuchar (_____ la cinta); me recuerda a; voy a esperar (a [persona]) (_____ [objeto, e.g., la comida]); mirando (_____ [objeto, evento]) (a [persona]); buscando (a [persona]) (_____ [objeto, evento]).

Completen las oraciones. De la segunda columna escojan una de dos preposiciones o nada (_____) si no hace falta una preposición. Luego seleccionen una frase apropiada de la tercera columna. Usen la imaginación para inventar situaciones y para hacer preguntas y comentarios.

MODELO   **Vamos a esperar   por / para / _____   el autobús**

UNO **Vamos a esperar el autobús.**   DOS ¿Tardará mucho?

UNO No, vendrá en cinco minutos.   DOS Ojalá que tengas razón.

Vámonos; ya pagué   para / a / _____   un concierto de jazz.

No veo a _____; creo que ha entrado	de / en / _____	mi novio/novia.
La semana pasada asistí	en / a / _____	las llaves del coche.
No sé a quién pedir	por / para / _____	un primo mío.
No sabrás lo que pasa si no escuchas	a / de / _____	la ayuda que necesito.
Casi no he faltado	en / a / _____	el baño.
Esta semana no he podido escuchar	a / de / _____	unas fotos de España.
Ese chico me recuerda	de / a / _____	la comida.
Después de la clase voy a esperar	para / a / _____	la profesora.
Anoche pasé dos horas mirando	para / a / _____	esta clase.
He estado buscando	a / por / _____	la cinta de esta lección.

C. PREGUNTAS PARA PAREJAS

You want to know what your partner was watching when you called.

UNO ¿Qué programa mirabas cuando llamé?

DOS (Miraba) Un **documental** (documentary).

UNO ¿Era interesante? (¿De qué era?)

You ask:

1. who he/she was looking for a while ago.
2. what he/she was listening to when you called.
3. who he/she was waiting for when you saw him/her.
4. what class he/she was entering when you saw him/her.
5. what he/she was looking at when you came in.
6. what *lecture* (**conferencia**) he/she was attending at noon.

E-17C ESCENA
¿DEBEMOS REGRESAR?

COMPREHENSION:
(Pages 546–547)
¿Cómo llegaron a Barcelona? ¿Qué les esperaba en Barcelona?

El viaje de Madrid a Barcelona en el tren especial El Talgo fue rápido, cómodo e interesante. Pero en Barcelona les esperaba un telegrama de Antonio con malas noti-

The trip from Madrid to Barcelona on the special train El Talgo was rapid, comfortable, and interesting. But in Barcelona there was a telegram with bad news

*¿Qué había de hacer
Manuel? ¿Qué había
pasado en México?
¿Qué decía Antonio?
¿Debían regresar
Manuel y Amelia?
¿Quiénes iban con Ri-
cardo en la avioneta?
¿Cómo salieron Ri-
cardo y el peón? ¿Y el
capataz del rancho?
¿Qué le pide Manuel a
Antonio que haga?
¿Cómo les ha ido a
los jóvenes? ¿Cuáles
son las buenas noti-
cias? ¿Quién es En-
rique? ¿Cuándo van a
verse de nuevo los
García? ¿Qué hicieron
Manuel y Amelia des-
pués de la llamada?
¿De qué se dieron
cuenta los García
hablando con los ami-
gos de José María?*

ADAPTATION:
*(Pages 546–547)
¿Quiénes han viajado
en una avioneta?
¿Qué tal? ¿Te gustó?
¿Quiénes han sufrido
lesiones graves? Cuén-
tanos. ¿Has echado de
menos a tus padres?*

*cias: don Manuel había de llamar
urgentemente respecto de un accidente
que había tenido su hermano Ricardo en
Chihuahua.*

*awaiting them from Antonio: Don
Manuel was to call urgently with respect
to an accident that his brother Ricardo
had had in Chihuahua.*

MANUEL Antonio. Bueno. Bueno. No
se oye. Habla más fuerte. Ahora está
mejor. ¿Qué decías?

Antonio. Hello. Hello. I can't hear
(One doesn't hear). Speak louder.
Now it's better. What were you
saying?

ANTONIO Que el tío Ricardo tuvo un
accidente con la avioneta. Sufrió le-
siones graves pero ahora está fuera
de peligro. Los médicos nos aseguran
que se va a recuperar del todo.

(That) Uncle Ricardo had an accident
in the airplane. He suffered serious
injuries, but he's out of danger now.
The doctors assure us that he is
going to recover completely.

MANUEL ¿Debemos regresar?

Should we return?

ANTONIO ¡Ni pensarlo! Tampoco de-
ben preocuparse.

Not by any means! Neither should
you worry.

MANUEL Gracias a Dios que no fue
peor. Entonces . . . ¿él iba solo en la
avioneta?

Thank goodness it wasn't worse.
Then . . . he was alone in the plane?

ANTONIO Iban con él el capataz del
rancho y un peón. Se les paró el mo-
tor y tuvieron que hacer un aterrizaje
forzoso en el desierto. El peón salió
casi ileso y pudo caminar en busca de
auxilio. Pero, desgraciadamente, el
capataz murió en camino al hospital.

The foreman of the ranch and a hired
hand were (going) with him. The
motor died on them and they had to
make a forced landing in the desert.
The hired hand was practically un-
harmed and was able to go in search
of help. But, unfortunately, the fore-
man died on the way to the hospital.

MANUEL ¿Benito murió? ¡Qué desgra-
cia! Tan pronto como puedas, mán-
dale a la viuda un telegrama de pé-
same de nuestra parte.

Benito died? What a misfortune! As
soon as you can, send his widow
condolences by telegram from us (in
our behalf).

ANTONIO Sí, papá, lo antes posible.

Yes, Dad, as soon as possible.

MANUEL Y a ustedes, ¿cómo les ha ido?

And how has it gone for all of you?

ANTONIO Sin problema. Los hemos echado de menos. A propósito, también hay noticias buenas. Enrique se ha comprometido con Alicia. Se van a casar a mediados de mayo.

No problems. We have missed you [two]. By the way, there is also good news. Enrique has gotten engaged to Alicia. They are going to be married about the middle of May.

MANUEL ¡Qué bien! Bueno, hijo. Abrazos para todos. Y cuídense.

That's great! Well, son. [Give] everyone a hug. And take care of yourselves.

NOTE: The expression *ocho días* is translated "one week." "A week from today" would be expressed *De hoy en ocho días.*

ANTONIO Igualmente para ti. Un beso para mamá, y nos veremos en unos ocho días.

The same for you. A kiss for Mom, and we'll see you in about a week.

Después, Manuel y Amelia le pusieron un telegrama a Ricardo, deseándole una rápida recuperación.

Afterwards, Manuel and Amelia send a telegram to Ricardo wishing him a speedy recovery.

En Barcelona pasaron un día con representantes de la compañía. Durante los otros dos días de su estancia en Barcelona pudieron conocer a unos de los amigos de su hijo. Hablando con ellos se dieron cuenta de lo profundo que es el sentimiento separatista de ciertas facciones étnicas y políticas.

In Barcelona they spent a day with representatives of the company. During the other two days of their stay in Barcelona they were able to meet some of their son's friends. Talking with them they came to realize how deep the separatist sentiment is in certain ethnic and political factions.

Al salir de Barcelona sólo les quedaban otros cinco días en Europa. Tenían planeadas visitas a París y Londres pero habría poco tiempo para ver los puntos de interés. Se decían que en alguna otra ocasión volverían para visitar todos los lugares que les interesaban.

On leaving Barcelona they had only five days remaining in Europe. They had visits planned to Paris and London, but there would be little time to see points of interest. They told themselves that on some other occasion they would return to visit all the places that interested them.

C-53 *CULTURA*
BOSQUEJO CULTURAL: LOS ESPAÑOLES

intense

outdoors / keeping late hours / entertainments

CULTURE: The *casas colgadas* house a restaurant and a modern art museum, and ought to be included on any itinerary to Spain.

En España hay varias regiones, cada cual con su propia geografía, clima, lengua y costumbres. No obstante, hay muchas características comunes que tienen los españoles. Los españoles son una gente alegre y **apasionada.** Les gusta conversar con sus amigos y conocidos en los cafés y en los bares. Les gusta criticar a su país y a su gobierno, pero no dejan que lo hagan los extranjeros. No les gusta quedarse en casa, y por eso pasan su tiempo libre **al aire libre,** paseando, **trasnochando,** y asistiendo a los **espectáculos** como los partidos de fútbol y la corrida de toros.

*La ruta de Madrid a Valencia pasa por la cuidad de Cuenca, famosa por estas "casas colgadas" que parecen colgar de los **precipicios** (cliffs) al lado del río.*

La familia sigue siendo muy importante para los españoles, aunque las mujeres, sobre todo en las ciudades grandes, gozan de mucha libertad y trabajan en casi todos los puestos antes reservados para los hombres. Y aunque *slowly / carried out* las tradiciones cambian **lentamente,** los resultados de una encuesta **llevada a cabo** hace poco por el Instituto de la Mujer en España indican que un setenta *those polled* por ciento de los **encuestados** cree que la presencia de la mujer en el gobierno *attitudes* es insuficiente, indicando que por lo menos las **actitudes** van cambiando.

Los niños españoles también gozan de mucha libertad, pero también *affection / spoiling* gozan de mucho **cariño** y mucho **mimo.**

Los españoles son muy generosos, no sólo con su dinero sino también con su tiempo. Les gustan los extranjeros y con ellos son muy cordiales, invitándolos a algún café o restaurante, pero casi nunca a la casa excepto en casos de personas que son muy amigas.

G-66 GRAMÁTICA
ADJETIVOS CALIFICATIVOS *(Descriptive adjectives)*

PREPARATION: The activities for this section are interspersed between grammar notes. Ensure that students study this section prior to class.

Limiting adjectives, such as **cinco, mucho, otro,** and **algún,** restrict rather than describe. Normally they come before the nouns they modify. Descriptive adjectives, such as **alto, hermoso, rosado,** and **nervioso,** may come before or after nouns. Placing them before focuses attention on the noun, enhancing it or highlighting a characteristic it has. Placing them after gives prominence to the adjective and thus serves to distinguish or differentiate the noun from others of its class. More frequently, descriptive adjectives come after the noun because one of their primary functions is to distinguish.

A. Adjectives after nouns

Focus is on the adjective to differentiate or distinguish. For example:

Es una **obra nueva.** (E-14B)
Justina busca una **vida mejor.** (E-5B)
Es una **maestra excelente.** (E-12D)
También hay **noticias buenas.** (E-17C)

1. Actividad para parejas   Estás en una fiesta con un(a) amigo(-a) que sabe los nombres de varias personas pero no las conoce personalmente. Tú le vas a indicar quién es cada persona usando las descripciones dadas abajo. No olvides la concordancia.

MODELO   **Marisa García**

UNO ¿Cuál es **Marisa García?**

DOS Es la <u>(joven, chica, señorita)</u> bonita y delgada.

doña Conchita	ligeramente calvo y canoso
doña Amelia Ortiz de García	alto y moreno
don Manuel García	anciano
Carlos Ortiz	alegre y simpático
Susana García	alto y rubio
Antonio García	bajo y moreno

Ahora pueden seguir con nombres de estudiantes de la clase.

2. *Actividad para parejas: ¿Qué ves?*   Describe algo que ves (una persona o una cosa) en la sala de clase. La pareja adivina quién es o qué es.

UNO ¿Qué ves?

UNO Es Leoncio.

UNO ¿Qué ves?

UNO Son los (zapatos) tuyos.

DOS Veo a un chico feo pero simpático.

DOS No, Leoncio no es simpático.

DOS Veo unos zapatos sucios.

DOS **Acertaste** *(You guessed right).*

MÁS OPCIONES: Personas, vestidos, pantalones, zapatos, camisas, suéteres, blusas, cuadernos, paredes, puerta, ventanas, pizarras, mesas, asientos. Si desean, pueden seguir con cosas fuera de la sala de clase. ¿Qué ves en la imaginación? (Personas, coches, casas, calles, montañas, películas.)

3. *Actividad para parejas*   Una persona completa una oración seleccionando un adjetivo apropiado. Luego explica por qué ha escogido el adjetivo. La otra persona también le hace preguntas sobre la persona **descrita** *(described)*.

MODELO   **rico / inteligente / trabajador**

UNO Tengo un compañero de cuarto muy **trabajador.**

DOS ¿Por qué dices que es **trabajador?** ¿Qué hace?

UNO Lleva dieciocho créditos y además trabaja veinte horas por semana.

Tengo una amiga muy: generosa / **orgullosa** *(proud)* / **servicial** *(helpful).*
Tengo un amigo muy: flojo / serio / **callado** *(reserved, quiet).*
Tengo un tío/una tía: tacaño(-a) / hablador(a) / bondadoso(-a).
Un día tendré un coche: económico / costoso / usado.
Ayer tuve un día muy: ocupado / tranquilo / **agitado** *(hectic).*

B. *Adjectives before nouns*

Focus is on the noun; the adjective provides parenthetical information. For example:

Mi papá se presentó para pedir la mano de su **hermosa hija.** (E-9B)
Patricia es una **excelente muchacha.** (E-14A)
Adivina qué **buena noticia** tengo. (E-16A)
La experiencia es el **mejor sueldo** que podrías recibir. (E-16A)

1. Actividad para parejas   Identifiquen a los personajes del cuento.

UNO ¿Quién es _____?   DOS Es _____.

   Amelia Ortiz de García   una linda chica española
   Manuel García   una bonita muchacha mexicana
   el Dr. José María Ortiz   un simpático joven argentino
   Marisa García   una gran señora mexicana
   el Sr. López   una encantadora mujer mexicana
   doña Concepción   un interesante hombre de negocios
   Patricia Moreno   un importante médico argentino

    Unos conocidos míos:

   (nombre) es una antigua maestra mía.
   _____ es una vieja amiga mía (un viejo amigo mío).
   _____ es mi mejor amiga(-o).
   _____ es un(a) excelente profesor(a) de _____.
   _____ es un(a) popular profesor(a) de _____.

2. Actividad para grupos pequeños (o para parejas)   Completen las oraciones y hablen un poco de lo que dice cada persona.

   Este año he tenido una excelente oportunidad para (infinitivo).
   El otro día tuve la mala / buena suerte de (infinitivo).
   Una de mis buenas intenciones es (infinitivo).
   Uno de los buenos consejos de mi profesor(a) es que yo (subjuntivo).

C. *Figurative meanings of descriptive adjectives before nouns*

Certain adjectives require different English translations according to their position in relation to nouns. **Grande** is shortened to **gran** before singular nouns. For example:

   Don Manuel trabaja para una **compañía grande.**
   La abuelita es una **gran señora.** (E-12D)
   Pobre muchacha. Está en una edad difícil. (E-16B)

ADJECTIVE	FIGURATIVE (BEFORE)	LITERAL (AFTER)
grande (gran)	*great*	*large*
antiguo	*former*	*ancient*
viejo	*old (of long standing)*	*old (in age)*
nuevo	*new (different, other)*	*(brand) new*
pobre	*poor (to be pitied)*	*poor (without means)*
puro	*just, nothing but, only*	*pure*

ACTIVIDAD PARA LA CLASE (O PARA PAREJAS)

1. ¿Por qué dice Carlos que la abuelita es una gran señora? ¿Qué quieres decir cuando dices que tienes un gran amigo? ¿Qué es un amigo grande?

2. ¿Qué le falta a una persona pobre? ¿Qué es si le faltan amigos?

3. ¿De qué año es un auto nuevo? Si vendes tu coche viejo y compras otro usado, ¿qué les dices a tus amigos?

4. ¿Dónde están ahora tus viejos amigos? ¿Tienes amigos viejos tambien?

5. ¿Qué decimos de la leche limpia, fresca y sin contaminación?

6. En tu clase de español, ¿hay varios muchachos o son casi puras chicas?

7. ¿Ayer tuviste un día bueno o un día malo? Explica.

D. Review and summary of shortened forms of adjectives

The indefinite article and several frequently occurring adjectives have special shortened forms in addition to the regular forms.

1. Adjectives shortened before masculine singular nouns   We have seen all of these: **un** libro, **algún** día, **ningún** hombre, **buen** chico, **mal** tiempo, **primer** muchacho, **tercer** día. Note: **alguno** and its forms have negative value when placed after the noun. **No veo cosa alguna** equals **No veo ninguna cosa.**

2. Adjectives shortened before feminine and masculine singular nouns   These are also familiar: un **gran hombre,** una **gran señora, cualquier día, cualquier cosa.**

ACTIVIDAD PARA LA CLASE O PARA PAREJAS

1. ¿Has ido alguna vez a España? Si no, ¿piensas ir algún día?

2. De poder pedir cualquier cosa, ¿qué pedirías?

3. Carlos es un buen muchacho, ¿verdad? ¿Es un muchacho bueno también?

4. ¿Cómo se llama el primer muchacho de la primera **fila** *(row)*?

👅 *G-67 GRAMÁTICA*
ADJETIVOS DETERMINATIVOS (Limiting adjectives)

Limiting adjectives normally come before the nouns they modify. **Más,** when added, comes after the noun: **varios días más** *(several more days)*. **Otro** and **cierto,** unlike English, do not use the indefinite article: **otro día** *(another day)*, **cierta persona** *(a certain person)*.

Some examples:

No veo **ninguna necesidad** de recurrir a palabras chocantes. (E-14B)

Otra cosa se me ocurre. (E-16C)
Tenía **demasiadas cosas** que llevar. (E-16D)
No sé **toda la letra.** (E-13C)
Riega cacahuates y confites por **todos lados.** (E-16B)
Ustedes los grandes tienen **su propia piñata.** (E-16B)
No pensaba gastar tanto en **una sola blusa.** (E-14C)

We have used almost all of the following limiting adjectives:

no	**ningún** momento / **ninguna** idea
some	**unos (algunos)** días / **unas (algunas)** horas
several	**varios** meses / **varias** cosas
enough, plenty of	**bastante** español / **bastantes** tareas
ten (more)	**diez** dólares **(más)**
ten other, another ten	**otros diez** días
another	**otro** día / **otra** cosa
other	**otros** ejemplos / **otras** ideas
a certain	**cierto** hombre / **cierta** idea
little	**poco** tiempo / **poca** fe
few	**pocos** hombres / **pocas** ideas
much	**mucho** dinero / **mucha** carne
many	**muchos** papeles / **muchas** ganas
so much	**tanto** tiempo / **tanta** comida
so many	**tantos** amigos / **tantas** cosas
too much	**demasiado** papeleo
too many	**demasiadas** tareas
the first	**los primeros** tres capítulos
the last	**los últimos** cinco días
the same	**el mismo** día / **los mismos** chicos
a whole, one whole	**todo** un año / **toda** una semana
all the, the whole	**todo** el día / **toda** la tarde
all (every), all the	**todos** los años / **todas** las veces
both	**ambos** chicos / **ambas** chicas
each	**cada** momento / **cada** vez
his/her own	**su propio** coche / **su propia** idea
the only	**el único** problema / **la única** manera
a single	**un solo** día / **una sola** cosa

Actividad para grupos pequeños (o para parejas). Completen las oraciones y comenten las ideas del grupo.

1. **Cada dos días** *(Every other day)* tengo que _____.
2. Tengo problemas cada vez que _____.
3. No veo ninguna necesidad de <u>(infinitivo)</u>.
4. Hoy no hay tiempo; otro día vamos a <u>(infinitivo o nombre)</u>.
5. Hoy tengo pocas ganas de <u>(infinitivo)</u>.
6. Mi único problema es que tengo demasiadas cosas que <u>(infinitivo)</u>.
7. Un solo día no es bastante tiempo para <u>(nombre o infinitivo)</u>.
8. Algún día voy a tener mi propio(-a) _____.
9. **Tengo tanto que hacer que** *(I have so much to do that)* _____.

*En el nordeste de España están las **Provincias Vascongadas** (Basque Provinces). Aquí hay una vista de esa área.*

SC-19 *SITUACIÓN COMUNICATIVA*
EL (LA) PERIODISTA

You are a *reporter* (**periodista**) for the school *newspaper* (**periódico**). You have been asked to interview Jose Maria Garcia. You have read about him in your Spanish book, but you want to know more about his life. Ask him whatever you would like to know.

 ## R-17 *REPASO*
¿QUÉ PASA CON NUESTROS AMIGOS?

AHORA ¿Cuántos días hace que Amelia y Manuel están en Madrid? ¿Dónde están ahora? ¿Qué están haciendo? ¿Cuáles son las condiciones del contrato? ¿Qué información pide Manuel?

ANTES ¿Qué han hecho desde que llegaron a Madrid?

DESPUÉS ¿Adónde irán ahora? ¿Qué ciudades de España verán? ¿Saldrán de España? ¿Por qué será tan especial la visita a Valencia?

AHORA ¿Quién está manejando? ¿De quiénes habla Amelia? ¿Por qué hace esta comparación?

ANTES ¿De qué cosas han hablado en el camino? ¿Dónde pararon? ¿Qué hicieron allí? ¿Quién manejó primero?

DESPUÉS ¿De cuántos días será el recorrido de España?

AHORA ¿Quién es el joven? ¿Qué pasa aquí? ¿Cuánto tiempo hace que no se ven? ¿En qué ciudad están? ¿Qué importancia tiene Valencia para Amelia?

ANTES ¿Qué los hizo llegar tarde a Valencia? ¿Qué hicieron para asegurarle a José María que llegarían?

DESPUÉS ¿Qué harán en Valencia?

AHORA   ¿Qué estudia
José María? ¿De qué
hablan en el coche?
¿Por qué se preocupa
José María por el fu-
turo? De quedarse en
España, ¿qué podría
hacer?
ANTES   ¿Qué ha apren-
dido José María en Bar-
celona?
DESPUÉS   Según Ma-
nuel, ¿qué pasará?

AHORA   ¿Con quién
habla Manuel? ¿Por qué
es urgente la llamada?
¿A quién quiere Manuel
que Antonio mande un
telegrama?
ANTES   ¿Quiénes iban
en la avioneta? ¿Qué
pasó? ¿Qué le pasó al
hermano de Manuel?
¿Quién salió mejor?
¿Qué le pasó a Benito?
DESPUÉS   ¿Regresarán a
México ahora? ¿Qué
harán? ¿Qué van a
hacer Enrique y Alicia?

REPASO DE VOCABULARIO

NOMBRES:

NIVEL A

A-55, G-63, V-52

el **accidente**	*accident*	
el **aceite**	*oil*	
el **acontecimiento**	*event*	
el **apuro**	*jam, tight spot*	
los **bisabuelos**	*great-grandparents*	
la **carretera**	*highway*	
el **conocido**	*acquaintance*	
la **copia**	*copy*	
la **costa**	*coast*	
la **deuda**	*debt*	
la **estación**	*station*	
la **estancia**	*stay*	
la **fe**	*faith*	
la **gasolina**	*gasoline*	

la **guía**	*guide(book)*
la **instrucción**	*instruction; direction*
la **lágrima**	*tear*
el **límite**	*limit*
el **matrimonio**	*couple; matrimony, marriage*
el **peligro**	*danger*
el/la **periodista**	*reporter*
el **puente**	*bridge*
el **recibo**	*receipt*
el **sentimiento**	*sentiment, feeling*
el **siglo**	*century*
el **telegrama**	*telegram*

NOMBRES:

NIVEL B

el **acueducto**	*aqueduct*

la **agencia**	*agency*
el **auxilio**	*help*
la **avioneta**	*small plane*
el **capataz**	*foreman*
el **contrato**	*contract*
el **depósito**	*tank; deposit*
el/la **descendiente**	*descendent*
el **desempleo**	*unemployment*
la **época**	*era, epoch*
la **facción**	*faction*
el **incentivo**	*incentive*
el **kilometraje**	*mileage*
la **lesión**	*injury*
el **peón**	*hired hand, laborer*
el **pésame**	*sympathy, condolences*
la **pirámide**	*pyramid*
la **provincia**	*province*

la recompensa	reward
la recuperación	recovery
la reparación	repair
el/la representante	representative
el/la romano(-a)	Roman
la satisfacción	satisfaction
el semáforo	traffic light
el servicio	restroom
el súper	super, premium grade gasoline
la tarifa	rate, fare
los tatarabuelos	great-great-grandparents

VERBOS:

NIVEL A

A-55, G-65

construir	to build
declarar	to declare
sentir	to regret; to feel

VERBOS:

NIVEL B

| acertar (ie) | to guess correctly |

| establecer(se) | to establish oneself |
| recuperar(se) | to recover |

ADJETIVOS:

NIVEL A

G-66, G-67

capacitado(-a)	trained
cómodo(-a)	comfortable
grave	serious
profundo(-a)	deep

ADJETIVOS:

NIVEL B

étnico(-a)	ethnic
externo(-a)	external
forzoso(-a)	forced
ileso(-a)	unharmed

ADV/PREP/CONJ:

NIVEL A

G-64

acerca de	about
alrededor (de)	around
desgraciadamente	unfortunately
fuera de	outside of
respecto a	concerning

MODISMOS Y EXPRESIONES:

NIVEL A

S-34

comprometerse con alguien	to become engaged to someone
dar vuelta a la derecha	to turn to the right
fuera de peligro	out of danger
hacerse amigos por tu (mi) cuenta	to become friends on your (my) own behalf, for yourself (myself)
¡Qué desgracia!	How unfortunate!

LECCIÓN 18

*Izquierda, arriba: Algunos argentinos pasean en este **suburbio** (suburb) de Buenos Aires. Izquierda: Este **puerto vasco** (Basque port) de Luno ofrece unas vistas muy pintorescas.*

E-18A ESCENA
¿Y QUÉ MÁS HAY DE NUEVO?

COMPREHENSION:
(Pages 560–561)
¿Dónde están los
chicos ahora? ¿A
quiénes esperan? ¿Por
qué tienen que esperar
tanto? ¿Adónde va
Carlos? ¿Qué le pide
Marisa? ¿Es pesimista
u optimista Marisa?
¿De qué se habla en la
primera plana? ¿Es
optimista Antonio?
¿De qué otros proble-
mas lee Marisa? ¿Son
muy honestos los po-
líticos según Antonio?
¿Es cínico e insensible
Antonio? ¿De qué se
queja Susana? ¿A
quiénes echa de
menos? ¿Qué les re-
cuerda Susana al ha-
blar de sus padres?
    (Pages 562–563)
¿Qué buenos resulta-
dos ha tenido la au-
sencia de Amelia y
Manuel? ¿Qué deci-
siones ha tomado
Carlos en cuanto a su
futuro? ¿Qué va a ser
de Patricia y de Car-
los? ¿Qué expresión
usa Carlos para des-
cribir el problema?
¿Tienen problemas en
la aduana los García?
¿Qué tienen que de-
clarar?

ADAPTATION:
(Pages 560–561)
Pueden ponerse cómo-
dos. Vamos a hablar
de los problemas del
mundo. ¿Cuántos de
ustedes creen ser pe-
simistas? ¿Cuántos
creen ser optimistas?
¿Qué puedes esperar
de la vida? ¿En este
país te pueden matar
por expresar tus
ideas? ¿Qué le pasó a
Martin Luther King?
¿A John F. Kennedy?
¿Son problemas en
nuestro país la deuda
externa, la inflación,

Los cuatro chicos están en el aeropuerto para recibir a Manuel y Amelia. Antonio acaba de hablar con una empleada de la línea aérea.

ANTONIO Pueden ponerse cómodos. Dicen que el vuelo lleva media hora de retraso.

Carlos se pone de pie como para ir a alguna parte.

SUSANA ¿Adónde vas, Carlos?

CARLOS Al baño. En seguida vengo.

MARISA ¿Me quieres traer un periódico cuando regreses?

(Al rato)

MARISA Yo no creo ser pesimista; por lo menos, es mi deseo ser optimista, pero las noticias me dan pocas esperanzas. En la primera plana se habla del asesinato de otro periodista.

CARLOS ¿Qué puedes esperar de la vida si te pueden matar por expresar tus ideas?

MARISA Sólo he comenzado: aumenta

The four young people are in the airport to receive Manuel and Amelia. Antonio has just spoken with an employee of the airline.

You can make yourselves comfortable. They say that the flight is a half hour late.

Carlos stands up as if to go somewhere.

Where are you going, Carlos?

To the restroom. I'll be right back.

Will you bring me a newspaper when you come back?

(After a short while)

I don't believe I'm a pessimist; at least, it's my desire to be optimistic, but the news gives me little hope. On the first page it talks about (there is talked about) the murder of another journalist.

What can you hope for from life if they can kill you for expressing your ideas?

I've only begun: the foreign debt is

...hay atletas sobornados o que usan drogas.

y el desempleo? ¿Son muy honestos nuestros políticos? ¿En nuestro país hay atletas sobornados o que usan drogas?

(Pages 562–563) ¿Cuántos de ustedes creen que se han hecho más responsables estando lejos de sus padres? ¿Has pensado mucho o poco en tu situación? ¿Has logrado aquí lo que deseabas? ¿De qué nacionalidad eres? ¿Tienes algo que declarar?

la deuda externa, sigue la inflación, el desempleo está más alto que nunca.

ANTONIO ¿Y qué más hay de nuevo?

MARISA No es ninguna broma. Hablo en serio. Mira aquí, otro alto funcionario acusado de soborno.

ANTONIO ¿Y cuántos ejemplos de honradez has visto entre los políticos?

CARLOS *(Que lee la sección deportiva)* Los políticos no tienen ningún monopolio. Hasta en los deportes hay atletas sobornados o que usan drogas.

ANTONIO ¿Quieres ver más? Sigue leyendo y verás cosas aun más chocantes y feas.

MARISA ¿Cómo puedes ser tan cínico, tan insensible?

ANTONIO No soy insensible; es que uno se siente impotente.

SUSANA ¡Basta ya! No hablen más de cosas tan feas. Yo tengo suficientes problemas con echar de menos a mis padres. Es la primera vez que paso más de dos días sin verlos.

MARISA Al hablar de nuestros padres, nos has recordado que tenemos mucho que agradecer.

increasing, inflation continues, unemployment is higher than ever.

So what else is new?

It's not a joke. I'm talking seriously. Look here, another high official accused of bribery.

And how many examples of honesty have you seen among politicians?

(Who is reading the sports section) The politicians have no monopoly. Even in sports there are athletes bribed or that use drugs.

Do you want to see more? Keep on reading and you'll see things [that are] even more shocking and awful.

How can you be so cynical, so insensitive?

I'm not insensitive; it's that you feel (one feels) powerless.

That's enough! Don't talk any more about such awful things. I have enough problems (with) missing my parents. It's the first time that I've gone more than two days without seeing them.

When you talk (On talking) about our parents, you have reminded us that we have a lot to be thankful for.

ANTONIO Su ausencia y todo lo que ha pasado en estos días me ha hecho pensar.

Their absence and all that has happened these days has made me think.

MARISA Creo que todos hemos estado pensando y nos hemos hecho más responsables.

I believe we have all been thinking and have become (made ourselves) more responsible.

CARLOS Yo también he pensado más en mi situación. Aunque en un momento pensé en la posibilidad de quedarme más de un año, creo que me iré al terminar este año escolar.

I've also thought about my situation. Even though at one time I thought about the possibility of staying more than one year, I think I'll go when this school year ends.

ANTONIO Te echaremos de menos pero creo que has logrado aquí lo que deseabas.

We'll miss you but I think that you have achieved here what you wanted (desired).

MARISA Más de lo que pensabas. Tienes también a Patricia. ¿Qué va a ser de ella si te vas dentro de poco?

More than you thought. You also have Patricia. What is going to become of her if you leave before long?

CARLOS Como ella misma dice, "ahí está la pega".

As she herself says, "there's the catch."

En esto se anuncia el aterrizaje del vuelo que esperan. A los pocos minutos Amelia y Manuel llegan al mostrador de inmigración.

At this point the landing of the flight they are expecting is announced. In a few minutes Amelia and Manuel arrive at the immigration counter.

OFICIAL *(A doña Amelia)* ¿De qué nacionalidad es usted, señora?

(To Doña Amelia) What is your nationality, madam?

AMELIA Mexicana.

Mexican.

OFICIAL ¿Y la de usted, señor?

And yours, sir?

MANUEL También mexicana. ¿Desea ver nuestros pasaportes?

Mexican also. Do you wish to see our passports?

OFICIAL Sí, por favor.

Yes, please.

Luego pasan a la aduana.

Then they go on to customs.

ADUANERO ¿Tienen ustedes algo que declarar?

Do you have anything to declare?

MANUEL Aparte de la ropa y los artículos de uso personal, no tenemos más que algunos regalos y recuerdos.

Aside from the clothing and articles for personal use, we have only (no more than) some gifts and souvenirs.

AMELIA Aquí tiene la declaración de las compras.

Here's the declaration of the purchases.

ADUANERO Gracias. ¿Me hacen el favor de abrir estas dos maletas?

Thank you. Would you please open these two suitcases.

MANUEL ¿Y no la pequeña?

And not the small one?

ADUANERO No hace falta. *(Luego de una inspección rápida)* Pueden pasar.

It isn't necessary. *(After a quick inspection)* You may go on.

Note that the verb **creer** can take an infinitive that is understood to have the same subject as **creer:**

No creo ser pesimista.

I don't think I am a pessimist.

V-52 VOCABULARIO
LA ADUANA: NO TENGO NADA QUE DECLARAR

A. EN LA ADUANA

el aduanero	*customs officer*
el contrabando	*contraband*
la declaración de aduana	*customs declaration (form)*
los efectos personales	*personal items*
la tarjeta de turista	*tourist card (used in Mexico)*
la visa (el visado)	*visa*
declarar	*to declare (imported goods)*
pagar derechos de aduana	*to pay duty*
revisar el equipaje	*check (inspect) luggage*

B. ACTIVIDAD PARA PAREJAS

OPTION: Set up a mock *aduana* and have some students play the role of *aduanero* and others the role of tourists, students and others returning from abroad.

UNO Eres aduanero(-a). Un(a) turista trata de pasar por la aduana sin declarar unos regalos que lleva. También, al revisar su equipaje, notas unas botellas de licor que requieren derechos de aduana. Por último, el pasaporte del pobre turista parece no llevar la visa de tu país.

DOS Tú eres turista y estás en la aduana. Según entiendes las **reglas** *(rules)*, no llevas nada que declarar al aduanero. También, la visa está en la página diez de tu pasaporte.

G-68 GRAMÁTICA
RESUMEN DE LOS USOS DE **SER** Y **ESTAR**

A. **Ser** *and* **estar** *as linking verbs (joining subject to nouns or adjectives)*

Noun complements occur only with **ser.** Both **ser** and **estar** may be used with most adjectives, but they do not express identical meanings. **Ser** classifies or identifies the subject; **estar** comments on the subject.

1.   **Ser** + noun or noun equivalent (G-9):

Eres tú; Ana y yo **somos amigas;** él **era ingeniero;** don Manuel **es alguien; fue éste; eran muchachos; es una posibilidad;** mi plan **es trabajar;** su deseo **es que vayamos.**

2.   **Ser** + adjectives or adjective phrases that describe inherent, relatively permanent, or generally accepted qualities of the subject (G-9):

Su hija **era bonita; son inteligentes;** mi tío **es rico;** el hielo **es frío; eran de España;** la cuchara **es de plata;** la carta **es para mí.**

3.   **Ser** + past participle, which forms the passive voice (G-62):

El edificio **fue construido** el año pasado; **fueron hechas** en México; la poesía **fue escrita** por ella.

4.   **Estar** + adjectives or adjective phrases that describe conditions or states regarded by the speaker as temporary, not inherent, unusual, or of a subjective nature (it can mean *to look, to taste, to act as*):

Está enferma; la leche **está fría;** la comida **estaba** *(tasted)* **muy rica; estás** *(you look)* **muy linda** hoy; **estaba** *(he looked)* **tan gordo** que casi no lo conocí; **estamos de acuerdo;** su marido **estaba de** *(acted as)* **director** de una escuela.

5.   **Estar** + past participle describes the state resulting from an action (G-30):

Se había enojado mucho; **estaba muy enojado; están casados** desde junio; cerramos las puertas y **están bien cerradas;** la carta **está escrita** en español.

B. *Ser* and *estar* as simple intransitives

1.   Subject (nonevent) + **estar** + adverbs or adverb phrases of place (*to be located*):

No está aquí, está arriba; *el examen* **está sobre la mesa;** *Madrid* **está en España; estamos en clase.**

2.   Subject (event) + **ser** + adverbs or adverb phrases of place or time (*to take place*):

El examen **será mañana; será en nuestra aula;** *el partido* **fue ayer en el estadio.**

Note that events have both a place and a time of occurrence; objects (nonevent nouns) have only a location. *Party* is an event noun; *car* is not. (We can't say the car was last Saturday.) **Examen** can refer either to the papers on the desk **(estar)** or to the event to take place tomorrow in the classroom **(ser).**

A-59 ACTIVIDADES
¿SER O ESTAR? ¿ESTABAS OCUPADA?

A. MINIDIÁLOGOS PARA PAREJAS

Decidan si se necesita una forma de **ser** o de **estar** para responder a lo que dice tu pareja. También tengan cuidado de usar los tiempos correctos.

UNO ¿Por qué no fuiste al cine con nosotros anoche?

DOS _____ muy ocupado(-a) con mis estudios. Además, _____ cansado(-a).

UNO ¿Conocías al muchacho que vino a la fiesta con Antonio García?

DOS Sí, _____ su primo, Carlos Ortiz.

UNO ¿Estás preparado(-a) para la prueba hoy?

DOS ¿La prueba _____ hoy?

UNO No encuentro mis libros. ¿Dónde los dejé?

DOS Aquí _____, en el refrigerador.

UNO No conozco a Amelia García. ¿Qué me puedes decir de ella?

DOS _____ de México; _____ baja y morena. Mira. _____ allí con Marisa.

UNO ¿Sabes lo que pasó con la televisión, que no funciona?

DOS Yo no sé nada; ya _____ **descompuesta** (out of order) cuando llegué.

UNO ¿Qué te parece el postre?

DOS _____ muy rico.

UNO ¿Viste a Marisa llevando su vestido nuevo?

DOS Sí, y _____ muy bonita.

UNO ¿Qué haces para sacar tan buenas calificaciones?

DOS Estudio mucho, y además, _____ listo(-a).

UNO ¿Qué tal el chocolate? ¿Lo probaste?

DOS _____ frío y además no _____ muy dulce.

UNO ¿Qué anunciaron sobre la fiesta?

DOS Va a _____ en casa de Enrique pero no sabemos qué día.

UNO ¿Qué me puedes decir de la novela que estás leyendo?

DOS _____ escrita por un inglés; _____ larga pero _____ bien escrita.

UNO ¿Siempre comes tantas verduras y frutas?

DOS Por supuesto, porque _____ muy buenas para la salud.

B. ACTIVIDAD PARA PAREJAS

Ustedes dos están almorzando. Hablan de las cosas que están en la mesa y también de la comida en general. Traten de usar formas de **ser** y **estar.** En la mesa hay carne asada; puré de papas; sopa de tomate; espinacas; ensalada de lechuga, tomate y cebolla; limonada; y pastel de manzana. Unas ideas:

Debes probar _____; _____ muy bueno(-a).
¿Qué te parece _____?
¿Te gustan las espinacas? ¿Y las zanahorias cocidas?
¿Comes muchas verduras?
¿Qué frutas prefieres?

G-69 GRAMÁTICA
REPASO Y RESUMEN DE LOS PRONOMBRES USADOS COMO COMPLEMENTOS

We have practiced the most important uses of Spanish object pronouns. The different sets of unstressed object pronouns—direct object, indirect object, and reflexive—can be combined as follows:

	me	nos
	te	os
Direct objects:	lo, la	los, las
Indirect objects:	le	les

Variant indirect object: **se** (replaces **le/les** before **lo/la/los/las**)
Reflexive: **se**

1. First and second person forms **(me, nos, te, os)** can function as direct objects, indirect objects and reflexives. Only the third persons require changes in form for the different functions. The plural reflexive forms can have reciprocal meaning.

2. We have seen four different uses of **se:**

a. As a substitute for **le** and **les** with no reflexive meaning:

Los chicos tienen cuatro entradas; Amelia **se** las dio. (**se = les**)

b.   As a personal reflexive:

La chica **se** levantó, **se** puso su ropa nueva y **se** fue al trabajo.

c.   As a reciprocal:

Manuel y Amelia **se** conocieron en una fiesta.

d.   As a substitute for specific subjects:

Aquí **se** estudia todo el día y **se** habla sólo español.

3.   See the following sections for review:

Direct objects: G-11, G-12, and G-40.
Indirect objects: G-16, G-43 (parts I, II, III), G-44 **(le/les → se),** and G-60
(with reflexives).
Reflexives: G-29 and V-27.
Reciprocals: G-37.
Se instead of specific subjects: G-40 and G-62.

MINIDIÁLOGOS PARA PAREJAS

UNO ¿Por qué te trata así?
DOS Me quiere pero no quiere que me dé cuenta.

UNO ¿Conoces bien a Elena?
DOS Le hablo a veces pero no la conozco bien.

UNO ¿A ustedes les gusta la comida mexicana?
DOS A mí sí, pero a mi hermana no le gusta nada.

UNO Le di tus discos a Luis. ¿Te los devolvió él?
DOS No los he recibido. ¿Cuándo se los diste?
UNO Hará una semana.
DOS Bueno, tendré que pedírselos.

UNO ¿Se te olvidó la billetera?
DOS No, se me perdió, o me la robaron.

UNO ¿No se quieren Alfonso y Alicia?
DOS Sí que se quieren pero por ahora no se van a casar.

UNO Esas cosas no se hacen.
DOS Por lo menos no se deben hacer.

UNO Bueno, se hace tarde; tengo que despedirme.
DOS Yo también me tengo que ir. Chau.

G-70 GRAMÁTICA
MODIFICACIÓN CON NOMBRES

English frequently modifies a noun simply by placing another noun before it, sometimes even fusing the two nouns. Spanish admits such constructions in very limited cases. Normally, to permit a noun to function as a qualifier of another noun, Spanish links the two with a preposition, generally **de**.

Spanish class	**clase de español**
plastic bag	**bolsa de plástico**
strawberry jam	**mermelada de fresas**
road map	**mapa de carreteras**
weekend	**fin de semana**
headache	**dolor de cabeza**

These phrases, like descriptive adjectives that distinguish, are placed after the noun. As you continue to practice Spanish, make an effort not to be unduly influenced by English. Try to recognize this type of modification in order to place the noun first, followed by its modifiers. Two questions associated with these noun phrases are:

—**¿Qué clase (tipo) de bolsa es?**	*What kind (type) of bag is it?*
—**Es una bolsa de plástico.**	*It's a plastic bag.*
—**¿De qué es la bolsa?**	*What is the bag composed (made) of?*
—**Es de plástico.**	*It's (of) plastic.*

V-53 VOCABULARIO
ARTÍCULOS Y MATERIALES: ¿DE QUÉ ES?

Los nombres de artículo (primera columna) se combinan con los de material (tercera columna): por ejemplo, **suéter de lana, mantel de plástico.**

A. PRENDAS DE VESTIR Y OTRAS COSAS

el suéter	*sweater*	**el algodón**	*cotton*
la billetera	*billfold*	**el cuero**	*leather*
las medias	*hose (stockings)*	**la lana**	*wool*
la sábana	*sheet*	**el nilón**	*nylon*
el traje	*suit*	**el plástico**	*plastic*
el mantel	*tablecloth*	**la pluma**	*feather*

la frazada	*blanket*	**el poliéster**	*polyester*
la almohada	*pillow*	**la seda**	*silk*
la toalla	*towel*	**la tela**	*cloth*

PREGUNTAS PARA PAREJAS

1.   ¿Qué prendas de vestir llevas ahora? ¿De qué es cada una? ¿Llevas algo de nilón? ¿Algo de seda? ¿Algo de plástico?

2.   ¿De qué son tus zapatos? ¿Llevas un cinturón ahora? Si dices que sí, ¿de qué es? ¿De plástico? ¿De cuero? ¿De tela?

3.   ¿De qué son los vestidos que tienes? ¿Las camisas?

4.   ¿De qué se hacen los trajes de hombre? ¿De qué se hacen los suéteres? ¿Y las sábanas? ¿Las frazadas? ¿Los pantalones? ¿Los manteles? ¿Las toallas?

5.   ¿Te gusta la seda? ¿Tienes alguna prenda de seda?

6.   ¿Te gusta la ropa de poliéster? ¿Qué ventajas tiene? ¿Qué desventajas?

7.   ¿Qué cosas se hacen de plástico? ¿Qué ventajas tienen los artículos de plástico? ¿Tienen desventajas?

8.   ¿Qué cosas se hacen con el cuero? ¿Qué cosas hay de seda?

NOTE: *picar* = to cause to itch.

9.   ¿De qué se hace la ropa interior? ¿Por qué se usa más el algodón que la lana?

10.   ¿Cuál es más fácil de lavar, la ropa de algodón o la de poliéster? ¿Cómo se lavan las prendas y los artículos de lana? ¿Qué quiere decir **lavar en seco?**

B. COSAS DE COMER

la sopa	*soup*	**el arroz**	*rice*
el helado	*ice cream*	**la fruta**	*fruit*
el pan	*bread*	**el maíz**	*corn*
los copos	*flakes*	**el trigo**	*wheat*
la torta	*cake*	**la vainilla**	*vanilla*
la ensalada	*salad*	**las verduras**	*vegetables*

PREGUNTAS PARA PAREJAS

1.   ¿Cuál prefieres? ¿Ensalada de verduras o ensalada de frutas? ¿Pan de trigo o pan de maíz? ¿Copos de maíz o copos de trigo? ¿Helado de vainilla o helado de fresa?

2.   ¿Son fáciles de preparar los copos de maíz? ¿Qué cosas se necesitan? ¿Los comes tú?

3.   ¿Comiste algunas de estas cosas esta mañana en el desayuno? ¿Cuáles?

4.   ¿Cuáles de estas cosas son las más fáciles de preparar? ¿Cuáles son las más difíciles? ¿Sabrías hacer una torta de chocolate? ¿Cómo se hace?

5.   ¿Cuáles de estas cosas te gustan más? ¿Qué comiste de postre anoche?

C. MISCELÁNEA

la casa	*house*	**el barro**	*clay*
el vaso	*glass*	**el cartón**	*pasteboard*
la pulsera	*bracelet*	**la goma**	*rubber*
el reloj	*watch, clock*	**el ladrillo**	*brick*
la navaja	*pocketknife*	**la madera**	*wood*
el espejo	*mirror*	**el metal**	*metal*
la olla	*pot*	**el oro**	*gold*
la herramienta	*tool*	**la piedra**	*stone, rock*
el martillo	*hammer*	**el plástico**	*plastic*
la taza	*cup*	**la plata**	*silver*
la joya	*piece of jewelry*	**la porcelana**	*china, porcelain*
la caja	*box*	**el vidrio**	*glass*
la silla	*chair*	**el acero-inoxidable**	*stainless steel*

PREGUNTAS PARA PAREJAS

1. ¿Cuáles de estos artículos ves ahora? ¿De qué es cada artículo?

2. ¿De qué es tu casa? ¿Y tu reloj?

3. ¿Cuáles de estos artículos tienes? ¿De qué es cada uno?

4. ¿Por qué cuestan más los artículos de oro que los de plata? ¿Los de acero que los de plástico?

5. ¿Qué ventajas tienen las cucharas y los platos de plástico o de papel?

6. ¿Cuáles **duran** *(last)* más, las cucharas de plata o las de acero inoxidable? ¿Cuáles prefieres tú?

7. ¿Cuáles son más caros, las tazas de vidrio o las de porcelana? ¿Los artículos de acero o los de plata?

8. ¿De qué material(es) se hacen _____? (Las sillas, los relojes, las navajas, los platos, las cajas, los martillos y las otras herramientas.)

9. ¿Qué materiales se usan en la **fabricación** *(manufacture)* de los automóviles?

10. ¿Qué combinaciones de artículos y materiales son imposibles o, por lo menos, serían poco usuales? Por ejemplo, **espejo de ladrillo.**

C-54 CULTURA
BOSQUEJO CULTURAL: EL MATRIMONIO

---

engagements last
to become engaged

En el mundo hispano, es muy común que los **compromisos duren** varios años. Después de **comprometerse,** los novios no se casan hasta que el novio

Toda la familia participa en las celebraciones que acompañan las bodas como ésta en la ciudad de México.

provide   tenga la seguridad económica que se requiere para **proveer** lo necesario de la vida a su novia y que esté bien establecido en su empleo o profesión.

weddings   Muchos de los países hispanos, a causa de las leyes que separan la iglesia del estado, no reconocen las **bodas** religiosas y requieren que los novios tengan una ceremonia civil también. Tienen primero la ceremonia civil, y otro día la ceremonia religiosa. Después de la boda, hay una fiesta con música, baile,

celebrating / comida, bebida y conversación. Después de varias horas de **festejar,** los **re-**
newlyweds / **cién casados** se escapan para empezar **la luna de miel.**
honeymoon

ENCUESTA

Completa la siguiente encuesta. Luego, compara tus opiniones con las de tu pareja.

Sí	No	No sé	
☐	☐	☐	Los compromisos deben durar muchos años.
☐	☐	☐	Los novios no deben casarse hasta que tengan la seguridad económica.
☐	☐	☐	Los jóvenes menores de veinte años no deben casarse.
☐	☐	☐	Las bodas deben ser ocasiones simples y solemnes.
☐	☐	☐	La luna de miel es una parte muy importante de la boda.

❦ E-18B ESCENA
USTED ESTARÁ MUY OCUPADO

COMPREHENSION:
(Pages 572–573)
¿Qué decisión ha to-
mado Carlos en
cuanto a Patricia?
¿Por qué? ¿Qué piensa
hacer al volver a Ar-
gentina? ¿Cómo es
Carlos? ¿Cuenta con
la ayuda de alguien?
¿Quién es el señor
Gaona? ¿Qué le
agradó ver? ¿A Carlos
le gusta leer? ¿Qué
tipo de empleado
busca la compañía del
señor Gaona? ¿Qué
más les importa? ¿Por
qué no le quita más
tiempo Carlos? ¿Qué
consejo le da a Carlos
el señor Gaona al ter-
minar la entrevista?
¿Qué tal le fue la en-
trevista a Carlos? ¿Le
hicieron una oferta?
¿Qué le dio el señor
Gaona?
(Page 574)
¿Cómo es el señor
Gaona? ¿Cómo
trató a Carlos? ¿De
qué se habló durante
la entrevista? ¿Qué
dijo de los estudios
de Carlos el señor
Gaona? ¿Qué le pare-
ció la experiencia de
Carlos? ¿Cómo ha tra-
bajado Carlos? ¿De
qué problema habla
Carlos? ¿De qué ha-
blaron principalmente
durante la entrevista?
¿Qué dijo de la litera-
tura? ¿Pudo responder
bien a todas las pre-
guntas? ¿Qué le res-
pondió Carlos a la
última pregunta?
ADAPTATION:
(Pages 572–573)
¿Eres una persona
muy capaz? ¿Tienes
una buena prepara-
ción? ¿La tendrás al
salir de la universi-
dad? ¿Son impor-
tantes las recomenda-
ciones personales? ¿Te

Carlos no ha tomado ninguna decisión con respecto a Patricia. Aunque la quiere mucho, ni siquiera puede pensar en casarse si no tiene un trabajo seguro. Al volver a Argentina, piensa solicitar empleo en la sucursal de la compañía para la que trabaja don Manuel. Carlos es capaz y tiene una buena preparación pero no deja de reconocer la importancia de las recomendaciones personales. Por eso cuenta con la ayuda de su tío, quien le arregló una entrevista con el director de personal, el Sr. Jorge Gaona.

Carlos acaba de tener la entrevista con el Sr. Gaona y está en la puerta del despacho a punto de salir.

GAONA Bueno, Carlos, hemos hablado de muchos temas.

CARLOS Sí, y a veces yo no sabía mucho.

GAONA Al contrario. Me agradó ver que por tu propia cuenta has aprendido y hecho mucho.

CARLOS Es que me gusta leer.

GAONA Eso es importante. Buscamos

Carlos hasn't made any decision with respect to Patricia. Although he loves her very much, he can't even think of getting married if he doesn't have a sure job. Upon returning to Argentina, he intends to apply for a job in the branch office of the firm that Don Manuel works for. Carlos is capable and has good training (preparation), but he doesn't fail to recognize the importance of personal recommendations. For that reason he counts on the help of his uncle, who arranged for him an interview with the personnel officer, Mr. Jorge Gaona.

Carlos has just had the interview with Mr. Gaona and is in the doorway of the office about to leave.

Well, Carlos, we have talked about many topics.

Yes, and at times I didn't know much.

On the contrary. I was pleased to see that on your own you have learned and done much.

It's that I like to read.

That's important. We are looking for

gustan las entrevis-
tas? ¿Has tenido mu-
chas? Explícanos.
¿Cuántos de ustedes
son personas que se
motivan solas?
¿Cuántos se llevan
bien con otros?
(Page 574)
¿Quiénes son personas
amables y cultas?
¿Quiénes han traba-
jado bien en este
curso? ¿Se defienden
ustedes en español?
¿Qué pueden ustedes
aportar al mundo?
(No es una pregunta
fácil.) ¿Cuenta para
algo la humildad?

personas que se motiven solas y que nunca dejen de aprender.

people that motivate themselves and (that) never stop learning.

CARLOS Así debe ser.

That's how it should be.

GAONA Al mismo tiempo nos importa que se lleven bien con otros.

At the same time it's important to us for them to get along well with others.

CARLOS Eso también es necesario. Bueno, Sr. Gaona, no le quito más tiempo. Usted estará muy ocupado y tendrá otras cosas que hacer. Le agradezco esta oportunidad de hablar con usted.

That's necessary also. Well, Mr. Gaona, I won't take any more time (from you). You must be very busy and have other things to do. I'm grateful (to you) for this opportunity to talk with you.

GAONA No dejes de ponerte en contacto con el Sr. Gasoni cuando estés en Buenos Aires.

Don't fail to get in touch with Mr. Gasoni when you're in Buenos Aires.

CARLOS Lo haré sin falta. Con permiso. Buenas tardes.

I'll do it without fail. Excuse me. Good afternoon.

GAONA Buenas tardes.

Good afternoon.

(Más tarde, en casa)

(Later, at home)

AMELIA Carlos, ¿qué tal te fue la entrevista?

Carlos, how did the interview go (for you)?

CARLOS Fue una experiencia única.

It was a unique experience.

ANTONIO ¿En qué sentido?

In what sense?

CARLOS Hablamos de tantas cosas.

We talked about so many things.

SUSANA ¿Te hicieron una oferta?

Did they make you an offer?

CARLOS No, pero el Sr. Gaona me dio el nombre de un gerente en Buenos Aires con quien debo hablar.

No, but Mr. Gaona gave me the name of a manager in Buenos Aires that I am supposed to talk to.

MANUEL ¿Verdad que Gaona es una

Isn't it true that Gaona is a gracious

persona amable y culta?

CARLOS Sí, me trató con respeto y yo me sentía muy cómodo.

SUSANA ¿Se habló de sueldos, prestaciones, seguros, jubilación, todo eso?

CARLOS Sólo en forma muy general. Sé que tratan bien a su gente.

ANTONIO ¿Qué dijo de tus estudios?

CARLOS Me felicitó. Y una de las cosas más importantes fue la experiencia que he tenido de trabajar con mi tío.

MANUEL Y has trabajado bien; no nos quejamos.

CARLOS Se lo agradezco mucho porque a menudo uno no puede conseguir empleo por no tener experiencia y no puede ganar experiencia porque nadie le da trabajo.

AMELIA ¿Y de qué hablaron?

CARLOS Estuve con él por más de una hora y la mayor parte del tiempo hablamos de temas que tenían poco que ver con las computadoras.

AMELIA ¿Por ejemplo?

CARLOS A ver, hubo tantos temas: arte, filosofía, historia, política, música, religión, moralidad, idiomas, literatura, hasta los deportes.

MARISA ¿Qué dijo de la literatura?

CARLOS Me preguntó qué había leído últimamente y qué estaba leyendo ahora.

MANUEL ¿Y a todo eso pudiste responderle?

CARLOS Me defendí, más o menos.

ANTONIO Entonces, ¿es todo?

CARLOS Por último me preguntó qué podría yo aportar a la empresa.

MANUEL No es una pregunta fácil.

and cultured person?

Yes, he treated me with respect, and I felt very comfortable.

Did you (one) talk about salaries, benefits, insurance, retirement, all that?

Only in a general way. I know that they treat their people well.

What did he say about your studies?

He congratulated me. And one of the most important things was the experience that I have had of working with my uncle.

And you have worked well; we aren't complaining.

I'm very grateful to you for it because often you (one) can't get work because of not having experience and you (one) can't gain experience because nobody gives you (one) work.

And what did you talk about?

I was with him for more than an hour and most (the greater part) of the time we talked about subjects that had little to do with computers.

For example?

Let's see, there were so many topics: art, philosophy, history, politics, music, religion, morality, languages, literature, even sports.

What did he say about literature?

He asked me what I had read lately and what I was reading now.

And you were able to respond to all that (for him)?

I got by (defended myself), more or less.

Then, that's all?

Finally he asked me what I could contribute to the firm.

It isn't an easy question.

CARLOS Respondí lo mejor que pude pero no me pareció mucho. Espero que la humildad cuente para algo.

I responded the best I could, but it didn't seem like much to me. I hope that humility counts for something.

 C-55 CULTURA
BOSQUEJO CULTURAL: ADONDE FUERES, HAZ LO QUE VIERES.

---

by means of
cannot be separated from

Muchas personas estudian otros idiomas para poder entender otros modos de pensar y ver el mundo. Esto se logra **mediante** el estudio de la cultura y las costumbres tanto como del idioma—de hecho, el idioma **no se separa de** la cultura ni viceversa.

It has been said

Lo que hemos visto en este libro no es nada más que una corta introducción a la cultura hispana. El estudiante serio tendrá que seguir estudiando, aprendiendo y tratando de entender. **Se ha dicho** que puede haber más diferencias entre tú y una persona que vive en otra parte de los Estados Unidos que habría entre tú y una persona de Madrid.

behave yourself / wherever you go, do what you see [done].

Al seguir estudiando y mejorando tu uso del español, esperamos que mires al mundo con ojos más iluminados que antes y que lo interpretes con más respeto y entendimiento. Y cuando visites países o lugares hispanohablantes, **que te portes bien** y que recuerdes el refrán: **adonde fueres, haz lo que vieres.**

ENCUESTA FINAL:

OPTION: Place the survey questions on a transparency and use as a basis for a class discussion.

Después de concluir la siguiente encuesta, compara tus respuestas con las de tus compañeros y comenten el curso.

Sí	No	No sé	
☐	☐	☐	He aprendido mucho de la cultura hispánica.
☐	☐	☐	Tengo ganas de seguir estudiando la lengua española.
☐	☐	☐	Tengo ganas de seguir estudiando la cultura hispánica.
☐	☐	☐	Creo que soy más tolerante de las diferencias entre personas de lo que era antes.
☐	☐	☐	Creo que tengo una visión más iluminada del mundo que antes.

 G-71 GRAMÁTICA
EL FUTURO USADO PARA EXPRESAR PROBABILIDAD (The future used to express probability)

The future tense can refer to the present time while adding the idea of probability or conjecture. For example:

Vosotros **querréis** descansar.	You *probably (must) want* to rest.
¿Dónde **estará** el paraguas? (E-16D)	I *wonder where* the umbrella *is.* (Where *do you suppose* the umbrella *is?*) (Where *can* [*could*] the umbrella *be?*)
Usted **estará** muy ocupado y **tendrá** otras cosas que hacer. (E-18B)	You *must be* very busy and [*must*] *have* other things to do.

English expresses these ideas by several means, as seen in the translations above. Spanish also has other expressions, such as **deber, me imagino,** and the adverb **probablemente.**

In an analogous manner, the conditional adds probability to ideas otherwise expressed in the imperfect.

—¿Dónde **estaría** entonces?	Where do you suppose she was then?
—**Estaría** en casa.	She was probably at home.
Serían las diez.	It was probably ten o'clock.

gestión = step, measure   desarme = disarmament

A-60 ACTIVIDADES
¿QUÉ LE PASARÁ A JORGE?

A. ACTIVIDAD PARA PAREJAS

A cada punto de la primera columna expresado por UNO, DOS responde con un comentario lógico de la segunda columna.

UNO

1. ¿Qué le pasará a Jorge? No vino hoy.

2. Es muy joven para casarse.

3. Se hace tarde, ¿no?

DOS

Tendrá unos veinte años.

Será la novia de Enrique.

Estará en casa.

Serán las once y media.

4. No conozco a la chica vestida de azul.

5. No veo a Luisa en ninguna parte.

6. Se ha ido de la fiesta muy temprano.

7. ¿Es **anciana** *(aged, old)* la mamá de Amelia?

8. ¿Por qué hace ese ruido el gato?

9. ¿Queda leche todavía?

10. ¿Cuándo llegó Carlos a México?

Estará enfermo.

Tendrá casi ochenta años.

Querrá salir.

Tendrá mucho sueño.

Habrá dos litros o más.

Hará casi un año.

B. PREGUNTAS PARA LA CLASE (O PARA PAREJAS)

Respondan con el tiempo apropiado si saben la información pedida; si no están seguros, usen el futuro de probabilidad.

1. ¿Cuantos años tiene doña Conchita?

2. ¿Quién es la chica que está con Antonio?

3. ¿Dónde está don Manuel? No lo veo en ninguna parte.

4. ¿Qué le pasa a Carlos?

5. ¿Cuántos años tiene Amelia?

6. ¿Quién es la niña que está con Justina?

7. ¿Qué hora es?

8. ¿Por qué no vino _____ hoy?

9. ¿Cuántos años tiene tu abuelo(-a)?

10. ¿Cuántos días quedan en el semestre?

G-72 GRAMÁTICA
CORRESPONDENCIA DE LOS TIEMPOS Y LOS MODOS *(Correspondence of tenses and moods)*

A. Indicative mood

We have not learned all the indicative tenses of Spanish; however, we do know most of the parts that make up tenses not practiced, particularly the progressive tenses (**estar** with the present participle) and the perfect tenses (**haber** with the past participle). The following text shows the relationships between the indicative tenses we have practiced. There is additional information in Apéndice III-2: Verbs.

PRESENT POINT OF VIEW	PAST POINT OF VIEW
AHORA	ENTONCES
Estoy aquí en la clase.	Ayer a estas horas **estaba** en casa.
ANTES (DE AHORA)	ANTES (DE ENTONCES)
Hoy **he estado** en varias partes.	Ese día **había estado** en varias partes.
He estado (Estuve) en la biblioteca por una hora.	**Había estado (Estuve)** en la librería por veinte minutos.
DESPUÉS (DE AHORA)	DESPUÉS (DE ENTONCES)
Mañana **voy a estar** aquí otra vez y **estaré** mejor preparado(-a).	Sabía que **iba a estar** en la clase otra vez y me decía que **estaría** mejor preparado(-a).

Note the correspondence between the two sets:

PRESENT	PAST
estoy	**estaba**
he estado (estuve)	**había estado (estuve)**
estaré	**estaría**
voy a estar	**iba a estar**

As long as we maintain one of these points of view, we use forms of that set without mixing forms from the other set.

When we report from a past point of view what was originally stated from a present point of view, generally we make a systematic change of each present form to the corresponding past form. The preterite is not restricted to a single point of view and can accompany forms of both sets.

B. Subjunctive mood and commands

OPTION: At your discretion, you may want to discuss the imperfect and pluperfect subjunctive forms as shown in Apéndice III-1: Verb Tenses Not Practiced in This Text. Feel free to provide the forms needed to complete the examples below.

We have practiced present subjunctive. There are additional subjunctive tenses: imperfect subjunctive, analogous to the imperfect indicative, and two perfect tenses, corresponding to present perfect and past perfect in the indicative. Logically, these tenses have their uses and Spanish would be incomplete without them. However, now that we have studied the fundamental concepts of the subjunctive mood, adding tenses later will not be so difficult a task. If you are able to use what we have practiced, you have a good foundation.

We also have done some work with command or imperative forms. There are no past forms because direct commands can refer only to the present or the future. The subjunctive mood and commands are closely related. Subjunctive forms are used for all direct commands except familiar affirmative (**háblame,** pero **no me hables** en inglés). All indirect commands use subjunctive (que te **ayude** Carlos). Now we add the fact that all direct commands when relayed or reported also require the subjunctive:

Example: Corre rápido a **decirle que venga.** (E-13B) (Run quickly and *tell her to come.*)

Contrast the following examples:

Statement: **Vas** conmigo. (*You're going* with me.)

Reported: Me dice que **voy** con ella. (She tells me *I'm going* with her.)

Command: **Ve** conmigo. (*Go* with me.)

Reported: Me dice que **vaya** con ella. (She tells me *to go* with her.)

CORRESPONDENCE OF TENSES

PRESENT POINT OF VIEW	PAST POINT OF VIEW
Quiero que **vayas** conmigo.	**Quería** que. . . .
Me **dice** que **vaya.** (Reported command)	Me **dijo** que. . . .
Vamos a comer antes que te **vayas.**	**Íbamos** a comer antes que. . . .
Busco a alguien que **hable** español.	**Buscaba** a alguien que. . . .

The sentences with a past point of view require imperfect subjunctive forms, which can be found in the appendices.

 *A-61 ACTIVIDADES*
¿QUÉ DIJERON?

PREPARATION:
Perform one or two
examples for the class
to see, before assign-
ing to pairs.

A. ACTIVIDAD PARA TRES PERSONAS

En las cuatro situaciones UNO llama a casa de TRES. DOS contesta y dice que TRES no está pero que volverá pronto. UNO deja un recado y después DOS se lo pasa a TRES. TRES puede hacer preguntas y comentarios al recibir el recado. Para practicar más, DOS da el recado dos veces, la primera en tiempo presente (Dice que . . .), cambiando sólo las personas. La segunda vez (Dijo que . . .) cambia también los verbos.

SITUACIÓN A   **UNO tiene cita con TRES, pero va a tardar un poco en arreglarse.**

UNO ¿Está ‾‾(TRES)‾?

DOS No, no está pero volverá muy pronto. ¿Quieres dejar un recado?

UNO Sí, gracias. **Habla** ‾‾(UNO)‾ (*This is* [UNO] *speaking*). Por favor, dile _____.

que llegué tarde a casa   que todavía tengo que ducharme que ya he cenado

que me estoy arreglando

que voy a hacer una llamada

y que estaré listo(-a) en diez minutos

(TRES vuelve a casa.)

DOS Tengo un recado de <u>(UNO)</u> para ti.

PRESENTE

Dice que llegó tarde a casa.

que ya ha _____

que se está _____

que todavía tiene que _____

que va a _____

y que _____ listo(-a) en _____

PASADO

Dijo que llegó (había llegado) tarde a casa.

que ya había _____

que se estaba _____

que todavía tenía que _____

que iba a _____

y que _____ listo(-a) en _____

SITUACIÓN B   UNO **está encargado(-a) de los arreglos de una fiesta.**

UNO Dile *(a TRES)* _____

que hablé con Roberto.

que todavía no he visto a Mariana.

que estoy haciendo el refresco ahora.

que todavía tengo que comprar los vasos de papel.

que voy a comprarlos **de paso** *(on the way)* a la fiesta.

y que estaré allí antes de las ocho.

SITUACIÓN C   **Varios estudiantes van a reunirse para estudiar juntos.** UNO **está haciendo los arreglos. Tiene información para** TRES.

UNO Dile *(a TRES)* _____

que saqué los libros de la biblioteca.

que he invitado a Diana y a Tomás.

que no he podido hablar todavía con Paco.

que estoy preparando unas cosas para comer.

que tengo que hablar con Pilar.

que voy a llamar otra vez a Paco.

que nos veremos a las siete en casa de Jorge.

SITUACIÓN D   **Inventen ustedes otras situaciones.**

UNO Dile *(a TRES)* _____

que volví (llegué, terminé de _____) hace <u>(tiempo)</u>.

que ya he _____ (que todavía no he _____).

que en este momento estoy <u>(gerundio)</u>.

que todavía tengo que _____.

que voy a _____.

que _____^{-é} (futuro) a las _____.

B. ACTIVIDADES PARA TRES PERSONAS

B1. UNO les da mandatos a DOS y TRES. TRES no presta mucha atención por estar distraído(-a) con otro asunto, y DOS tiene que repetirle todo lo que dice UNO.

UNO Háblenme en español.	Speak to me in Spanish.
TRES ¿Qué dice <u>(UNO)</u>?	What is <u>(UNO)</u> saying?
DOS (Dice) que le hablemos en español.	He/She says for us to speak to him/her in Spanish.

TRES *(Algún comentario)* UNO no es nuestro jefe. (Lo haremos con gusto.)

UNO Escriban las palabras difíciles.

1. Almuercen conmigo hoy.
2. Vayan conmigo al laboratorio.
3. No lleguen tarde mañana.
4. No se olviden de traer sus libros.
5. No se duerman en la clase.
6. Siéntense cerca de mí.

B2. Se van a reunir varios estudiantes para estudiar para el examen final. UNO habla por teléfono con DOS y le da varios mandatos. Después de la conversación telefónica, DOS le explica a TRES lo que pide UNO. TRES puede hacer comentarios.

UNO: **Llega** *(Come)* a mi casa antes de las cuatro.
(Después)

TRES: ¿Qué te dice (ha dicho) <u>(UNO)</u>?

DOS: Me dice (ha dicho) que llegue a su casa antes de las cuatro.

TRES: ¿Me invitas a acompañarte?

Lista de mandatos que UNO le da a DOS:

1. Habla con <u>(un chico)</u>.
2. Dile que nos vamos a reunir a las cuatro en mi casa.
3. Llama también a <u>(una chica)</u>.
4. Invítala a reunirse con nosotros.
5. Trae tus libros.
6. Pregúntale a la profesora (al profesor) qué debemos repasar.

C. ACTIVIDAD PARA GRUPOS DE CUATRO O CINCO PERSONAS

Varios estudiantes van a celebrar después de los exámenes finales. UNO es la (el) jefa(-e) y le explica a DOS lo que quiere que haga cada persona. Después DOS les da mandatos directos a los estudiantes del grupo.

UNO: Dile a Pepe que compre papas fritas.
(Después)

DOS: Pepe, compra papas fritas para la fiesta.
(Pepe responde lógicamente.)

UNO Dile a _____

1. que haga los arreglos para un lugar y lleve sillas. **(haz; lleva)**
2. compre pan y carne y prepare sandwiches para doce personas.
3. consiga una grabadora y traiga unas cintas buenas.
4. invite a <u>(otras personas)</u> y les diga lo que deben llevar.

¿Qué más quieren? ¿Algo para beber? ¿Unos juegos? ¿Más comida?

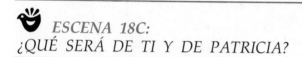

ESCENA 18C:
¿QUÉ SERÁ DE TI Y DE PATRICIA?

COMPREHENSION:
(Pages 582–583)
¿Qué ha llegado?
¿Qué momento? ¿Para
qué se prepara Carlos?
¿Qué cosas se han lo-
grado? ¿Qué era lo
que más deseaba?
¿Qué le ha propor-
cionado el curso de
estudios? ¿Qué ha ad-
quirido trabajando
con su tío? ¿Qué está
haciendo Carlos? ¿A
qué ha venido la
abuelita? ¿Va con mu-
chas ganas Carlos?
¿De qué se alegrará
Carlos? ¿De qué se en-
tristeció la abuelita?
¿Qué le pareció a la
abuelita la visita de
Carlos? ¿Qué será de
Carlos y de Patricia?

(Pages 584–585)
¿Qué arreglo tienen
Carlos y Patricia?
¿Qué consejo le da la
abuelita a Carlos? ¿A
qué hora salen del
aeropuerto? ¿De qué
se acordará Antonio?
¿Qué le pide la abue-
lita a Carlos? ¿Qué le
dice Patricia? ¿A qué
se refiere? (There is
no real answer; allow
students to surmise.)
¿Qué va a hacer ahora
Patricia? ¿Y luego?
¿Para qué va a viajar
Patricia? Según
ustedes, ¿cómo se
termina la historia
de Carlos y Patricia?

Ha llegado el momento. Carlos se prepara para volver a la Argentina. Con la ayuda de Patricia Moreno ha sacado pasaje para salir esta tarde. Se han logrado los propósitos de su estancia en México. Lo que más deseaba era conocer mejor a sus parientes mexicanos; ahora los conoce y los quiere mucho. El curso de estudios en la universidad le ha proporcionado la formación teórica y técnica que buscaba. Trabajando con su tío Manuel ha adquirido la experiencia práctica que necesitaba para completar su capacitación.

Carlos está en su cuarto ordenando sus cosas y haciendo las maletas. Tiene que tirar algunas cosas, papeles más que nada, porque no hay lugar para todo. La abuelita llama a la puerta; ha venido a hablarle en privado.

ABUELITA ¿Conque te vas y nos abandonas?

CARLOS Sí, abuelita, pero me voy con pocas ganas.

ABUELITA Aunque nunca me gustaron las despedidas, ya que has tomado la decisión de regresar, es mejor llevarla a cabo.

The moment has arrived. Carlos is preparing to return to Argentina. With the help of Patricia Moreno he has got a ticket to leave this afternoon. The purposes of his stay in Mexico have been accomplished. What he desired most was to get to know his Mexican relatives better; now he knows them and loves them very much. The course of studies in the university has provided him [with] the theoretical and technical training that he sought. Working with his uncle Manuel he has gained the practical experience he needed to complete his training.

Carlos is in his room sorting his things and packing his bags. He has to throw away some things, papers more than anything, because there isn't room for everything. Grandmother knocks at the door; she has come to talk to him in private.

So you're going off and abandoning us?

Yes, Grandma, but I'm going without really wanting to.

Although I never did like farewells, now that you have made the decision to return, it's best to carry it out.

ADAPTATION:
(Pages 582–583)
¿Se han logrado los propósitos de tu estancia aquí? ¿Qué te ha proporcionado tu curso de estudios aquí en la universidad? ¿También has podido adquirir la experiencia práctica que necesitas? ¿Conque te vas y nos abandonas? ¿Vas con pocas o muchas ganas? ¿A quiénes echarás de menos? ¿Sabemos adónde nos llevará el destino? ¿Te vas a casar pronto? ¿Cuándo?

(Pages 584–585)
¿Tienes algunos arreglos definitivos con tus amigos? ¿Te saldrá bien todo? ¿De qué te acordarás de tus experiencias este año? ¿Todos aquí han sido muy buenos contigo? ¿Qué vas a hacer ahora?

OPTION: Have students decide how the story might end. Discuss the options as a class.

CARLOS Tienes razón pero los echaré de menos a ustedes.

You're right, but I'll miss you all.

ABUELITA Y te alegrarás de ver a los tuyos, como también a mí me gustaría verlos.

And you'll be happy to see your family (yours), just as I would like to see them too.

CARLOS Es una lástima que no hayan podido venir.

It's a shame that they weren't able to come.

ABUELITA Yo no dije casi nada cuando se casó tu papá pero me entristecí mucho al pensar que mi único hijo y mis nietos vivirían tan lejos de aquí.

I hardly said anything when your father got married but I became very sad to think (on thinking) that my only son and my grandchildren would live so far from here.

CARLOS Comprendo, abuelita. Nunca sabemos adónde nos llevará el destino. Cuando mi padre se fue a la Argentina a estudiar medicina, estoy seguro de que no se imaginaba que se quedaría.

I understand, Grandma. We never know where destiny will take us. When my father went off to Argentina to study medicine, I'm sure that he didn't imagine he would stay.

ABUELITA Pero se quedó y nos hemos visto pocas veces. Por eso tu visita ha sido tan importante para todos nosotros.

But he did stay and we have seen each other few times. That's why your visit has been so important for all of us.

CARLOS Y tal vez aun más importante para mí. He logrado todo lo que quería lograr y mucho más.

And perhaps even more important for me. I have accomplished all that I wanted to accomplish and much more.

ABUELITA Veo que no te vas a casar en México como tu padre lo hizo allá, pero ¿qué será de ti y de Patricia?

I see that you're not going to get married in Mexico as your father did there, but what will become of you and Patricia?

CARLOS Veremos. No tenemos ningún arreglo definitivo. No estoy en condiciones de casarme pronto.

We'll see. We have no definite arrangement. I'm not in a position to get married soon.

ABUELITA No la pierdas.

Don't lose her.

CARLOS No quiero perderla pero tampoco puedo pedirle que me espere por mucho tiempo.

I don't want to lose her, but neither can I ask her to wait for me for very long.

ABUELITA Verás que todo saldrá bien. Bueno, veo que tienes mucho que hacer y no quiero que me veas llorar.

You'll see that everything will turn out all right. Well, I see that you have a lot to do and I don't want you to see me cry.

CARLOS Te veré en el aeropuerto, ¿verdad?

I'll see you at the airport, won't I?

ABUELITA Claro. ¿A qué hora salimos?

Of course. What time are we leaving?

CARLOS A eso de las dos.

At about two.

Muchos han venido al aeropuerto para despedir a Carlos.

Many have come to the airport to see Carlos off.

MARISA Adiós, primo. Te echaré de menos.

Good-bye, cousin. I'll miss you.

ANTONIO Me acordaré de todas las cosas que hemos hecho juntos.

I'll remember all the things we have done together.

SUSANA Durante este año has llegado a ser mi primo favorito.

During this year you have become my favorite cousin.

ABUELITA No te olvides de nosotros. Escríbenos de vez en cuando.

Don't forget us. Write us once in a while.

AMELIA Sí, no dejes de escribir.

Yes, don't fail to write.

CARLOS Tan pronto como llegue. Se lo prometo.

As soon as I get there. I promise you (it to you).

MANUEL Buen viaje. Salúdanos a todos.

[Have a] good trip. Say hello to everybody for us.

CARLOS Gracias, gracias por todo. Han sido muy buenos conmigo.

Thanks, thanks for everything. You have been very good to me.

PATRICIA Adiós, Carlos. Acuérdate de lo que te dije.

Good-bye, Carlos. Remember what I told you.

Todos se despiden abrazándose y besándose. Luego Carlos sube a bordo del avión.

    Marisa y Patricia caminan juntas hacia el coche.

They all hug and kiss each other to say good-bye. Then Carlos gets on board the airplane.

    Marisa and Patricia are walking together toward the car.

MARISA Yo siempre creí que algo

I always thought that something

distinto pasaría. ¿Qué vas a hacer ahora?	different would happen. What are you going to do now?
PATRICIA Por lo pronto me quedaré en México para ver cómo me siento dentro de un par de meses.	For the time being I'll stay in Mexico to see how I feel in a couple of months.
MARISA ¿Y luego?	And then?
PATRICIA Conocer México ha sido una experiencia tan llena de sorpresas y encantos que creo que voy a viajar un poco.	Getting to know Mexico has been an experience so full of surprises and delights that I think that I'm going to travel a little.
MARISA ¿Para olvidar?	To forget?
PATRICIA No, para conocer.	No, to get acquainted.
MARISA ¿Qué países te gustaría visitar?	What countries would you like to visit?
PATRICIA Varios. Por orden alfabético: Argentina, . . . y luego veré.	Several. In alphabetical order: Argentina, . . . and then I'll see.

Note that this verb form, **es una lástima que** *no hayan podido venir,* is the present perfect subjunctive, corresponding to the present perfect indicative **no han podido venir** or to the preterite **no pudieron venir.** The emotion of the main clause dictates the use of the subjunctive.

G-73 GRAMÁTICA
EQUIVALENTES DE **BECOME** *Y* **GET** *(Equivalents of **become** and **get**)*

Spanish requires many different verbs and expressions to handle the wide range of meanings of *to become* and *to get*. These include use of **ponerse, hacerse, volverse,** and **llegar a ser,** as well as additional verbs listed here.

1.   **Ponerse** plus adjectives of the type often associated with **estar.** Examples include:

La lluvia **se pone** más **fuerte.** (E-6A)
Antonio **se está poniendo impaciente.** (E-13C)
Siempre **me pongo nervioso** en los exámenes. (E-15D)
Pueden **ponerse cómodos.** (E-18A)

Adjectives and adjective phrases used frequently with **ponerse** include: **alegre, cómodo, contento, de acuerdo, en contacto** *(in touch)*, **enfermo, furioso** *(furious)*, **impaciente, nervioso, pálido, serio, triste, nostálgico** *(nostalgic, homesick)*.

2.   **Hacerse** plus nouns and also adjectives of the type frequently used with **ser.** With personal subjects it is generally used with complements that one can become through one's own efforts. For example:

Se hace tarde. (E-10C, E-15D)
Los García y los Lavalle **se han hecho** buenos **amigos.** (E-17A)
Nos hemos hecho más **responsables.** (E-18A)

Adjectives and nouns often used with **hacerse** include: **famoso, rico, viejo, tarde, médico, atleta** *(athlete)*.

3.   **Volverse** plus an adjective translates as *to become, turn.* One of the most frequent expressions is **volverse loco,** *to go (become) crazy.* For example:

Yo **me vuelvo loco** con la pronunciación. (E-15D)

4.   **Llegar a ser** translates literally as *to arrive at being, to come to be.* It is used with complements that represent a logical end to a series of events. Examples include:

Don Manuel **ha llegado a ser un hombre importante** en la organización. (E-15C)
Has llegado a ser mi primo favorito. (E-18C)

Examples of nouns and adjectives used with **llegar a ser** include: **presidente, gerente** *(manager)*, **director, famoso, importante.**

5.   **Ser de,** *to become of.* For example:

¿Qué será de ti y de Patricia?

6.   Many verbs express specific ideas of becoming or getting. (See also V-28 for additional verbs.)

arreglarse	*to get ready*	**entristecerse**	*to become, get sad*
complicarse	*to get complicated*	**romperse**	*to get broken*
conocerse	*to get acquainted*	**secarse**	*to get dry, to dry off*
enfermarse	*to get sick*	**bajar**	*to get out of (a vehicle)*
enfriarse	*to get cold*	**subir**	*to get into (a vehicle)*

7. Verbs that mean to acquire or receive include:

conseguir buenas localidades   *to get good seats*
obtener, lograr un empleo   *to get a job*
sacar buenas notas   *to get good grades*
recibir un regalo   *to get, receive a gift*
tener una carta   *to get a letter* (G-39)

8. The passive voice can often be rendered with *get*, which serves to distinguish the action (with **ser**) from the resulting state (with **estar**):

La puerta **fue cerrada.**   The door *was (got) closed.*

La puerta **estaba cerrada.**   The door *was [in a] closed [state].*

A-62 ACTIVIDADES
¿QUÉ SERÁ DE NOSOTROS?

OPTION: As a final communicative activity, interview several students in front of class to show how much they have learned from the course. They should be pleasantly surprised. Allow students to interview you as well.

A. MINIDIÁLOGOS PARA PAREJAS

UNO Algún día llegaré a ser director(a) de una empresa grande.

DOS Si no llegas primero a la **vejez** *(old age).*

UNO ¿Te pones nervioso(-a) en los exámenes?

DOS Lo que es peor, me pongo triste y enfermo(-a).

UNO ¿Qué ha sido de Ernesto?

DOS Se ha hecho rico y ya no se acuerda de nosotros.

UNO En el futuro voy a sacar mejores notas.

DOS ¿Te has puesto de acuerdo con tus profesores?

UNO Ayer tuve una carta de mi novio(-a).

DOS ¿Por eso te has puesto tan contento(-a)?

UNO Me estoy volviendo loco(-a) con los exámenes finales.

DOS Y yo me he aburrido.

UNO ¿Qué será de nosotros?

DOS Nos haremos viejos(-as).

(For additional vocabulary, see Apéndice I-13.)

B. PREGUNTAS PARA PAREJAS

1. ¿Algún día llegarás a ser importante y famoso(-a)? ¿Te harás famoso(-a) por tus propios **esfuerzos** *(efforts)?* Si dices que sí, ¿cómo lo lograrás?

2.   ¿Cómo te sientes cuando sales mal en un examen? ¿Te pones triste? ¿Te enojas? ¿Te pones más serio(-a)? ¿Te haces más responsable?

3.   ¿Te pones nervioso(-a) cuando hablas delante de la clase? ¿Qué puede hacer uno para no ponerse nervioso?

4.   ¿Qué te pasa si sales a la calle sin paraguas cuando está lloviendo?

5.   Si te has perdido alguna vez en una ciudad grande, ¿qué hiciste? ¿Qué puede hacer uno para no perderse?

6.   ¿Esperas obtener un buen empleo cuando termines tus estudios? ¿Obtuviste un empleo el verano pasado?

C. ACTIVIDAD PARA GRUPOS PEQUEÑOS (O PARA PAREJAS)

Completen las oraciones y comenten.

1.   Me pongo <u>(nervioso[-a], alegre, serio[-a], triste, furioso[-a])</u> cuando _____.

2.   Algún día llegaré a ser _____.

3.   Espero hacerme _____ antes de cumplir los _____ años.

4.   (A mí) Me gustaría conseguir (obtener) _____.

5.   Creo que me voy a volver loco(-a) si _____.

6.   **Por fin** (*finally*) me acostumbré a _____.

Un puesto de libros, revistas y periódicos en Madrid.

S-35 SUGERENCIAS
¿DE AQUÍ HASTA DÓNDE?

As you continue your studies in Spanish, you will encounter new vocabulary words and verb tenses that we have not introduced. You should, however, be well prepared to deal with these new tenses because you have mastered the four main concepts that you need in order to deal with new tenses. These four concepts include: 1) when to use simple versus compound verbs (*hablo* versus *estoy hablando* or *he hablado,* etc.); 2) when to use imperfect versus preterite; 3) when to use subjunctive versus indicative, and 4) when to use the future and conditional. With these tenses and concepts you will be able to handle any new tenses that you have not studied. Most new tenses are simply a recombination of the tenses you have already practiced.

Combining the conditional with **haber,** you create the conditional perfect tense, **habría hablado,** meaning *I would have spoken.* The future with **haber** creates the future perfect, **habrán llegado,** meaning *they will have arrived.* Putting together the imperfect subjunctive with **haber** allows you to create the pluperfect subjunctive, **si hubiera estudiado,** meaning *if I had studied.* These can be combined even further, for example with the progressive, to express ideas such as **si hubiera estado estudiando,** meaning *if he had been studying.*

Our approach has been to provide you with the fundamental principles of Spanish, a large vocabulary, and time to practice both. To get a feeling for the amount of material you have learned, take a few moments to reread some of the **Escenas** from earlier lessons. You should be pleasantly surprised. We wish you well in your future studies.

R-18 REPASO
¿QUÉ PASA CON NUESTROS AMIGOS?

AHORA   ¿Para qué están los chicos en el

AHORA   ¿Dónde están Amelia y Manuel? ¿Qué

AHORA   ¿Quién es el señor que está con

aeropuerto? ¿Qué está haciendo cada uno? ¿De qué lee Marisa en el periódico? ¿Cuáles son algunos de los problemas del mundo actual? ¿Qué les pide Susana?

ANTES   ¿Qué información les ha dado Antonio? ¿Quién compró el periódico? ¿Qué ha pasado durante la ausencia de Amelia y Manuel?

DESPUÉS   ¿Que hará Carlos posiblemente? ¿Qué va a ser de Patricia si Carlos se va?

cosas tienen que declarar?

ANTES   ¿Qué acaban de hacer? ¿Qué hicieron después que salieron de Barcelona?

DESPUÉS   ¿Qué harán ahora?

Carlos? ¿Qué acaban de hacer? ¿Qué clase de empleados busca para su compañía?

ANTES   ¿Qué ha recomendado el Sr. Gaona que Carlos haga cuando esté en Buenos Aires? ¿De qué hablaron en la entrevista? ¿Cuál fue una de las cosas más importantes en la experiencia de Carlos? ¿Cuánto tiempo duró la entrevista?

DESPUÉS   ¿Le van a hacer una oferta a Carlos? De trabajar Carlos para esta empresa, ¿qué podría aportar?

AHORA   ¿Qué está haciendo Carlos? ¿De qué hablan él y la abuelita? ¿Qué dice ella de Patricia? ¿Qué recomienda?

ANTES   ¿Cómo se sintió doña Conchita cuando su hijo decidió quedarse en Argentina? ¿Para quiénes ha sido importante la visita de Carlos?

DESPUÉS   Según la abuelita, ¿cómo saldrá el asunto de Carlos y Patricia?

AHORA   ¿De qué hablan Patricia y Marisa?

ANTES   ¿Quiénes fueron al aeropuerto a despedir a Carlos? ¿Qué le dijeron algunos? ¿Qué prometió Carlos? ¿Qué le dijo Patricia en el momento de despedirse?

DESPUÉS   ¿Escribirá Carlos como ha prometido? ¿Qué hará Patricia durante los próximos meses? ¿Qué será de ella y de Carlos?

REPASO DE VOCABULARIO

NOMBRES:

NIVEL A

G-69, V-54

el/la **atleta**	athlete
la **boda**	wedding
el **compromiso**	engagement
el **contacto**	contact
el **despacho**	office (private)
la **despedida**	farewell
la **desventaja**	disadvantage
la **droga**	drug
el/la **emplea-do(-a)**	employee
el **encanto**	charm, delight
el **esfuerzo**	effort
la **formación**	training
la **honradez**	honesty
la **humildad**	humility
la **introduc-ción**	introduction
el **laboratorio**	laboratory
la **lengua**	tongue; language
la **ley**	law
la **literatura**	literature
el **mostrador**	counter
el/la **optimista**	optimist
el **orden**	order
el/la **pesimista**	pessimist
el **respeto**	respect
el **retraso**	delay

NOMBRES:

NIVEL B

G-71

el **asesinato**	murder, assassination
la **capacitación**	training
el **funcionario**	official
la **inspección**	inspection
el **licor**	liquor
el **monopolio**	monopoly
la **moralidad**	morality
la **oferta**	offer

el **oficial**	officer
la **pega**	catch
la **plana**	page (newspaper)
el **político**	politician
la **recomenda-ción**	recommendation
el **soborno**	bribe

VERBOS:

NIVEL A

G-67, G-73

aumentar	to increase
defender (ie)	to defend
defenderse	to manage, get by
despedir (i)	to see off
despedirse (de)	to say good-bye (to)
durar	to last
llorar	to cry
matar	to kill
prometer	to promise
tirar	to throw (away)

VERBOS:

NIVEL B

abandonar	to abandon
aportar	to contribute
comprome-terse	to become engaged
escapar	to escape
interpretar	to interpret
motivar	to motivate
proporcionar	to provide
separar	to separate
solicitar	to apply for

ADJETIVOS:

NIVEL A

anciano(-a)	old, aged
capaz	capable
culto(-a)	cultured
deportivo(-a)	sport, sports
distinto(-a)	different, distinct

único(-a)	unique, only

ADJETIVOS:

NIVEL B

acusado(-a)	accused
alfabético(-a)	alphabetical
cínico(-a)	cinical
escolar	school
impotente	powerless
insensible	insensitive

ADV/PREP/CONJ:

NIVEL A

afuera	outside, outdoors
mediante	by means of

MODISMOS Y EXPRESIONES:

NIVEL A

V-53

al contrario	on the contrary
con respecto a	with respect (regard) to
el/la **recién casado(-a)**	newlywed
llevar a cabo	to carry out
ni siquiera	not even
ponerse de pie	to stand up

MODISMOS Y EXPRESIONES:

NIVEL B

aparte de	aside from
en privado	in private
la **luna de miel**	honeymoon
llevar ——— (tiempo) de retraso	to be ——— (time) late, behind schedule
ponerse en contacto con	to get in touch with

APÉNDICE I-1
Sentimientos (Feelings)

affectionate	amoroso(-a)	indifferent	indiferente
angry	enojado(-a); de mal humor	lousy	muy mal
		relaxed	relajado(-a)
awful	mal	sad	triste
bored	aburrido(-a)	sick	enfermo(-a)
cheerful	alegre	so-so	así, así; regular
confused	confundido(-a)	terrible	terrible
frustrated	frustrado(-a)	tired	cansado(-a)
happy	alegre; contento(-a)	worried	preocupado(-a)
horrible	horrible		

APÉNDICE I-2
Materias (Academic subjects)

acting	actuación	botany	botánica
advertising	publicidad	broadcasting	radiodifusión
aerospace studies	estudios aéroespaciales	building construction	construcción
Afrikaans	afrikaans	business administration	administración de comercio
agriculture	agricultura		
agronomy	agronomía	business education	enseñanza de comercio
algebra	álgebra		
American studies	estudios americanos	business management	administración de empresas
animal husbandry	ganadería		
anthropology	antropología	calculus	cálculo
Arabic	árabe	Cantonese	cantonés
archaeology	arqueología	ceramics	cerámica
architecture	arquitectura	chemical engineering	ingeniería química
art	arte		
ballet	ballet, baile	chemistry	química
Bible	Biblia	child psychology	psicología infantil
biochemistry	bioquímica	Chinese	chino
bioengineering	bioingeniería	choral music	música coreada
biology	biología	choreography	coreografía
biomechanics	biomecánica	cinematography	cinematografía
biophysics	biofísica	civil engineering	ingeniería civil

Materias (cont.)

classical civilization	civilización clásica
clinical psychology	psicología clínica
clothing	sastrería
coaching	entrenamiento
communications	comunicaciones
composition	composición
computer science	ciencia de las com- putadoras
correspondence course	curso por correspon- dencia
counseling	asesoramiento
dance	baile
Danish	danés o dina- marqués
dentistry	odontología
design	diseño o dibujo
dietetics	dietética
drafting	dibujo mecánico
drama	drama
drawing	dibujo
driver training	capacitación de con- ductor
Dutch	holandés
economics	economía política
education	enseñanza
educational adminis- tration	administración de enseñanza
educational psychol- ogy	psicología educativa
electrical engineering	ingeniería eléctrica
electronics	electrónica
elementary educa- tion	enseñanza primaria
engineering	ingeniería
English	inglés
English as a Second Language	inglés como se- gunda lengua
entomology	entomología
family relationships	relaciones familiares
farming	agricultura, gana- dería
Farsi	farsi, persa
fashion design	alta costura

finance	finanzas
fine arts	bellas artes
Finnish	finlandés
foreign languages	lenguas extranjeras
French	francés
genealogy	genealogía
general education	estudios generales
genetics	genética
geography	geografía
geology	geología
geometry	geometría
German	alemán
gerontology	gerontología
government	gobierno
graphic arts	artes gráficas
graphic communica- tions	comunicaciones grá- ficas
Greek	griego
health	salud
Hebrew	hebreo
Hindi	hindí
history	historia
home economics	economía doméstica
horticulture	horticultura
humanities	humanidades
Icelandic	islandés
illustration	dibujo
industrial design	dibujo industrial
industrial education	enseñanza industrial
Italian	italiano
Japanese	japonés
journalism	periodismo
Korean	coreano
Latin	latín
law	derecho
library science	bibliotecnia
linguistics	lingüística
literature	literatura
management	organización indus- trial
manufacturing tech- nology	tecnología de fabri- cación
mathematics	matemática
mechanical drafting	dibujo mecánico

Materias (cont.)

medicine	medicina
merchandising	comercio
microbiology	microbiología
military science	ciencia militar
mineralogy	mineralogía
modern dance	baile popular o moderno
multicultural education	enseñanza multicultural
music	música
Norwegian	noruego
nuclear engineering	ingeniería nuclear
nursing	curso de enfermera
nutrition	nutrición
optometry	optometría
painting	pintura, dibujo
paleontology	paleontología
Persian	persa, farsi
petrology	petrología
pharmacology	farmacología
philosophy	filosofía
photography	fotografía
physical education	educación física
physical science	ciencia física
physical therapy	terapia física
physics	física
physiology	fisiología
podiatry	podiatría
Polish	polaco
political science	ciencia política
Portuguese	portugués
printing	imprenta
psychology	psicología
public administration	administración pública
public relations	relaciones públicas
recreation	recreación
religion	religión
Russian	ruso
secondary education	enseñanza secundaria
secretarial training	capacitación de secretaria
Serbo-Croatian	servocroata
social psychology	psicología social
social work	asistencia social
sociology	sociología
Spanish	español
speech	oratoria
sports	deportes
statistics	estadística
study abroad	cursos en el extranjero
Swedish	sueco
teaching	enseñanza, pedagogía
technology	tecnología
Thai	tailandés
theater	teatro
tourism	turismo
translation	traducción, interpretación
travel and tourism	turismo
veterinary medicine	medicina veterinaria
Vietnamese	vietnamés
Welsh	galés
zoology	zoología

APÉNDICE I-3
El día de mi santo (My saint's day)

ABBREVIATIONS

ob. = Obispo (Bishop)
N. S. = Nuestra Señora (Our Lady)
ab. = Arzobispo (Archbishop)

Enero	Febrero	Marzo	Abril
1 Circuncisión	1 Ignacio	1 Rosendo	1 Balbino
2 Isidoro	2 Cándido	2 Simplicio	2 Francisco P.
3 Genoveva	3 Blas	3 Emeterio	3 Pancracio
4 Gregorio, ob.	4 Gilberto	4 Casimiro	4 Isidoro, ob.
5 Telesforo	5 Águeda	5 Eusebio	5 Irene
6 Los Santos Reyes	6 Dorotea	6 Olegario	6 Resurrección
7 Raimundo P.	7 Moisés	7 Tomás de A.	7 Epifanio
8 Severino	8 Juan de M.	8 Juan de Dios	8 Adela
9 Marcelino	9 Apolonia	9 Paciano	9 María C.
10 Guill, ob.	10 Escolástica	10 Melitón	10 Ezequiel
11 Higinio	11 Saturnino	11 Eulogio	11 León, P.
12 Benito	12 Eulalia	12 Gregorio M.	12 Victor
13 Gumersindo	13 Benigno	13 Leandro	13 Hermenegildo
14 Hilario	14 Cirilo y M.	14 Matilde	14 Justino
15 Pablo	15 Faustino	15 Raimundo F.	15 Anastasia
16 Marcelo	16 Onésimo	16 Heriberto	16 Fructuoso
17 Antonio, ab.	17 Silvino	17 Patricio	17 Aniceto
18 Beatriz	18 Simeón	18 Alejandro	18 Eleuterio
19 Canuto	19 Gabino	19 José	19 Hermógenes
20 Fabián	20 Ceniza	20 Niceto	20 Teodoro
21 Inés	21 Félix	21 Benito, ab.	21 Anselmo
22 Vicente	22 Pascasio	22 Deogracias	22 Sotero
23 Ildefonso	23 Florencio	23 Fidel	23 Jorge
24 Timoteo	24 Cuaresma	24 Catalina	24 Fidel de S.
25 Pablo	25 Cesáreo	25 Anunciación	25 Marcos Ev.
26 Policarpo	26 Néstor	26 Braulio	26 Cleto
27 Juan Cris	27 Toribio	27 Ruperto	27 Anastasio
28 Julián	28 Macario	28 Sixto	28 Prudencio
29 Francisco S.	29 Cayo	29 Eustasio	29 Pedro de V.
30 Martina		30 Ramos	30 Catalina
31 Marcela		31 Amadeo	

El día de mi santo (cont.)

ABBREVIATIONS

ob. = Obispo (Bishop)
N. S. = Nuestra Señora (Our Lady)
ab. = Arzobispo (Archbishop)

Mayo		*Junio*		*Julio*		*Agosto*	
1	Berta	1	Justino	1	Casto	1	Pedro Adv.
2	Atanasio	2	Erasmo	2	Martiniano	2	N. S. de los
3	Juvenal	3	Clotilde	3	Beltrán		Ángeles
4	Mónica	4	Saturnina	4	Laureano	3	Esteban
5	Pío V. P.	5	Corpus	5	Miguel S.	4	Domingo G.
6	Juan P. L.	6	Norberto	6	Isaías	5	N. S. de las
7	Estanislao	7	Paulina	7	Fermín		Nieves
8	Miguel A.	8	Medardo	8	Isabel	6	Justo
9	Gregorio N.	9	Feliciano	9	Cirilo	7	Cayetano
10	Antonino	10	Margarita	10	Amalia	8	Ciríaco
11	Máximo	11	Bernabé	11	Abundio	9	Román
12	Domingo C.	12	Onofre	12	Federico	10	Lorenzo
13	Pedro R.	13	Antonio de P.	13	Anacleto	11	Tiburcio
14	Bonifacio, M.	14	Basilio	14	Buenaventura	12	Clara
15	Isidro	15	Vito	15	Enrique	13	Hipólito
16	Juan N.	16	Aureliano	16	N. S. del Car-	14	Eusebio
17	Pascual	17	Manuel		men	15	Asunción
18	Venancio	18	Marcos	17	Alejo	16	Roque
19	Pedro C.	19	Gervasio	18	Sinforosa	17	Jacinto
20	Bernardino	20	Silverio	19	Vincente P.	18	Agapito
21	Secundino	21	Luis Gonz.	20	Elías	19	Luis, ob.
22	Emilio	22	Paulino	21	Daniel	20	Bernardo
23	Desiderio	23	Alicia	22	María Magda-	21	Juana
24	Robustiano	24	Juan Bautista		lena	22	Fabricio
25	Urbano	25	Guillermo	23	Apolinar	23	Felipe B.
26	Felipe Neri	26	Pelayo	24	Cristina	24	Bartolomé
27	Oliverio	27	Zoilo	25	Santiago	25	Luis, Rey
28	Agustín C.	28	León	26	Ana	26	Ceferino
29	Maximino	29	Pedro y Pablo	27	Pantaleón	27	José de C.
30	Fernando	30	Lucina	28	Nazario	28	Agustín, ob.
31	Petronila			29	Marta	29	Sabina
				30	Julieta	30	Rosa
				31	Ignacio L.	31	Ramón N.

El día de mi santo (cont.)

ABBREVIATIONS

ob. = Obispo (Bishop)
N. S. = Nuestra Señora (Our Lady)
ab. = Arzobispo (Archbishop)

Septiembre	Octubre	Noviembre	Diciembre
1 Gil	1 Remigio	1 Todos los San-tos	1 Natalia
2 Antolín	2 Ángeles C.		2 Bibiana
3 Serapia	3 Cándido	2 Los Fieles Di-funtos	3 Francisco J.
4 Cándida	4 Francisco A.		4 Bárbara
5 Lorenzo J.	5 Froilán	3 Valentín	5 Sabas
6 Fausto	6 Bruno	4 Carlos B.	6 Nicolás de B.
7 Regina	7 Marcos, P.	5 Zacarías	7 Ambroso
8 Adrián	8 Brígida	6 Severo	8 Purísma Con-cepción
9 Doroteo	9 Dionisio	7 Florencio	
10 Nicolás T.	10 Francisco B.	8 Severiano	9 Leocadia
11 Jacinto	11 Nicasio	9 Teodoro	10 N. S. de Loreto
12 Leoncio	12 N. S. de Pilar	10 Andrés A.	11 Dámaso
13 Eulogio	13 Eduardo	11 Martín, ob.	12 Sinesio
14 Ex. S. Cruz	14 Calixto	12 Renato	13 Lucía
15 Nicomedes	15 Teresa	13 Diego	14 Nicasio
16 Cipriano	16 Máxima	14 Serapio	15 Eusebio
17 Pedro	17 Ignacio M.	15 Eugenio	16 Valentín
18 Tomás	18 Lucas	16 Rufino	17 Lázaro
19 Genaro	19 Pedro Ale.	17 Gertrudis	18 Graciano
20 Eustaquio	20 Irene	18 Máximo	19 Nemesio
21 Mateo	21 Ursula	19 Isabel, r.	20 Domingo S.
22 Mauricio	22 María Sal.	20 Félix de V.	21 Tomás
23 Tecla	23 Pedro P.	21 Gelasio Papa	22 Demetrio
24 N. S. de Mercedes	24 Rafael	22 Cecilia	23 Victoria
	25 Crispín	23 Clemente	24 Delfín
25 Lope	26 Evaristo	24 Juan de la Cruz	25 Nac. de Nstro. Sr. Jesucristo
26 Justina	27 Vicente	25 Catalina	
27 Judith	28 Simón	26 Conrado	26 Esteban
28 Wenceslao	29 Narciso	27 Facundo	27 Juan Ap.
29 Miguel	30 Claudio	28 Gregorio	28 Inocentes
30 Jerónimo	31 Quintín	29 Saturnino	29 David
		30 Andrés	30 Anisia
			31 Silvestre

APÉNDICE I-4
Lugares (Names of Places)

at the temple	en el templo	in the garden, yard	en el jardín
at the synagogue	en la sinagoga	in (on the) bed	en la cama
at the park	en el parque	in class	en la clase
at (in) the pool	en la piscina	inside	adentro
in the hallway	en el corredor	near the television	cerca del televisor
in the bedroom	en el dormitorio	on the floor	en el suelo
	(cuarto, alcoba, re-	outside	afuera
	cámara, habita-	seated on the couch	sentado(-a) en el
	ción)		sofá
in the bathroom	en el cuarto de baño		

APÉNDICE I-5
Adjetivos para describir a personas (Adjectives for describing people)

aged	anciano(-a)	loving	amoroso(-a)
bold, daring	atrevido(-a)	new	nuevo(-a)
calm	calmado(-a)	old	viejo(-a)
careful	cuidadoso(-a)	patient	paciente
capable	hábil	proud	orgulloso(-a)
capricious	caprichoso(-a)	quiet	callado(-a)
cheerful	alegre	responsible	responsable
confident	confiado(-a)	sensible	sensato(-a)
easygoing	tranquilo(-a)	sensitive	sensible
emotional	emotivo(-a)	sentimental	sentimental
humble	humilde	serene	sereno(-a)
impatient	impaciente	serious	serio(-a)
inhibited	cohibido(-a)	small	pequeño(-a);
indifferent	indiferente		chico(-a)
irresponsible	irresponsable	tenacious	tenaz
nice	simpático(-a)	timid	tímido(-a)
large	grande	unfortunate	infeliz
lively	animado(-a)	unhappy	descontento(-a)

APÉNDICE I-6
País, nacionalidad y lengua (Country, nationality and language)

Afghanistan—Afganistán; afgano(-a); pushtu y persa

Africa—Africa; africano(-a); varios idomas

Albania—Albania; albanés(a) o arnaúte(-a); tosco y gueguí

Andorra—Andorra; andorrano(-a); catalán

Argentina—Argentina; argentino(-a); español

Australia—Australia; australiano(-a); inglés

Austria—Austria; austriaco(-a); alemán

Belgium—Bélgica; belga; francés y flamenco

Burma—Birmania; birmano(-a); birmanés

Bolivia—Bolivia; boliviano(-a); español, quechua y aymará

Brazil—Brasil; brasileño(-a); portugués

Bulgaria—Bulgaria; búlgaro(-a); búlgaro y turco

Cambodia—Camboya; camboyense o camboyano(-a); camboyano, tao y francés

Cameroon—Camerún; camerunense; francés e inglés

Canada—Canadá; canadiense; inglés y francés

Central Africa—República Centroafricana; centroafricano(-a); francés y sango

Ceylon—Ceilán; cingalés(a); cingalés, tamul e inglés

Chad—Chad; chadiano(-a); árabe, sara y francés

Chile—Chile; chileno(-a); español

China—China; chino(-a); chino y otros dialectos

Colombia—Colombia; colombiano(-a); español

Congo—Congo; congolés(a) o congoleño(-a); francés y dialectos sudaneses

Costa Rica—Costa Rica; costarricense; costarriqueño(-a); español e idiomas indígenas

Cuba—Cuba; cubano(-a); español

Cyprus—Chipre; chipriota; griego y turco

Czechoslovakia—Checoslovaquia; checoslovaco(-a); checo, eslovaco, húngaro y polaco

Denmark—Dinamarca; danés(a) o dinamarqués(a); danés

Dominican Republic—República Dominicana; dominicano(-a); español

Ecuador—Ecuador; ecuatoriano(-a); español

Egypt—República Arabe de Egipto; egipcio(-a), árabe; árabe

El Salvador—El Salvador; salvadoreño(-a); español

Ethiopia—Etiopía; etíope o abisinio(-a); amárico, amaburí, agau, somalí, árabe, italiano

Finland—Finlandia; finlandés(a) o finés(a); finés y sueco

France—Francia; francés(a); francés

Germany—Alemania; alemán(a); alemán

Ghana—Ghana; ghanata o ghanés(a); inglés, sudanés

Greece—Grecia; griego(-a), heleno(-a); griego

Guatemala—Guatemala; guatemalteco(-a); español

Guinea—Guinea; guineo(-a); dialectos sudaneses y francés

Guyana—Guyana; guyanés(a); inglés

Haiti—Haití; haitano(-a); francés

Holland—Holanda; holandés(a); neerlandés; holandés

Honduras—Honduras; hondureño(-a); español

Hungary—Hungaría; húngaro(-a); húngaro

Iceland—Islandia; islandés(a); islandés

Iran—Irán; iraní; persa, árabe, curdo

Iraq—Irak o Iraq; iraquí o iraqués(a); árabe, curdo, turco

Ireland—Irlanda; irlandés(a); inglés y gaélico

Israel—Israel; israelí; hebreo, yiddish, árabe

Pais, nacionalidad y lengua (cont.)

Italy—Italia; italiano(-a); italiano

Jamaica—Jamaica; jamaicano(-a), jamaiquino(-a); inglés

Japan—Japón; japonés(a) o nipón(a); japonés

Jordan—Jordania; jordano(-a); árabe

Korea—Corea (del Norte, del Sur); coreano(-a); coreano (chino y japonés)

Kuwait—Koweit; koweití; árabe

Lebanon—Líbano; libanés(a); árabe, francés

Liberia—Libería; liberiano(-a); inglés y dialectos sudaneses

Libya—Libia; líbico(-a); árabe

Malaysia—Malasia; malasio(-a); malayo, inglés e indonesio

Mexico—México; mexicano(-a); español

Mongolia—Mogolia; mogol(a); mogol

New Zealand—Nueva Zelanda; neozelandés(a); inglés y maorí

Nicaragua—Nicaragua; nicaragüense; español

Niger—Níger; nigerino(-a); dialectos sudaneses y francés

Nigeria—Nigeria; nigerio(-a); inglés y 300 lenguas y dialectos africanos

Norway—Noruega; noruego(-a), normandos; noruego

Pakistan—Pakistán; paquistano(-a) o paquistaní; urdú, bengalí e inglés

Panama—Panamá; panameño(-a); español

Paraguay—Paraguay; paraguayo(-a); español, guaraní

Peru—Perú; peruano(-a); español

Philippines—Filipinas; filipino(-a); inglés, tagalo o filipino, español

Poland—Polonia; polaco(-a) o polonés(a); polaco

Portugal—Portugal; portugués(a), lusitano o luso; portugués

Puerto Rico—Puerto Rico; puertorriqueño(-a); español

Rhodesia—Rhodesia; rhodesio(-a); inglés y dialectos bantúes

Romania—Rumania; rumano(-a); rumano, húngaro y alemán

Samoa—Samoa; samoano(-a); samoano e inglés

Saudi Arabia—Arabia Saudita; árabe; árabe

Scotland—Escocia; escocés(-a); escocés

Singapore—Singapur; singaporense; inglés, malayo, tamul

South Africa—República de Sudáfrica; sudafricano(-a); afrikaans, inglés

Sudan—Sudán; sudanés(a); sudanés, árabe, inglés, dialectos

Sweden—Suecia; sueco(-a); sueco

Switzerland—Suiza; suizo(-a); alemán, francés, italiano, romance

Syria—Siria; sirio(-a) o siríaco(-a); árabe

Thailand—Tailandia; tailandés(a); taí, chino y malayo

Tunisia—Túnez; tunecino(-a); árabe, francés y bereber

Turkey—Turquía; turco(-a); curdo, árabe, griego, armenio, castellano antiguo

Soviet Union—Unión Soviética; ruso(-a), soviético(-a); ruso, ucraniano, bielorruso, usbego, turcotártaro, kasako, armenio, georgiano, letón, lituano, yiddish, moroviano, y otros

United States—Estados Unidos de América; estadounidense, norteamericano(-a); inglés

Uruguay—Uruguay; uruguayo(-a); español

Venezuela—Venezuela; venezolano(-a); español

Vietnam—Vietnam; vietnamita; anamita, francés, laosiano y chino

Wales—Gales; galés(a); galés

Yugoslavia—Yugoslavia; yugoslavo(-a); servocroata, esloveno y macedonio

Zambia—Zambia; zambiano(-a); bantú, inglés, afrikaans

APÉNDICE I-7
Alimentos (Foods)

almonds	almendras	chop	chuleta	mineral water	agua mineral
apple	manzana	clams	almejas	mushrooms	hongos
apricot	chabacano, albaricoque	coconut	coco	mustard	mostaza
		cold cuts	fiambre	noodles	fideos
artichokes	alcachofas	cooked	cocido	octopus	pulpo
asparagus	espárragos	corn	maíz	olives	aceitunas
avocado	aguacate	corn (on cob)	elote	onion	cebollas
bacon	tocino	cream	crema	orange	naranja
banana	banana, plátano	cucumber	pepino	oysters	ostiones
		dates	dátiles	papaya	papaya
beans	frijoles, habichuelas, porotos	dessert	postre	peach	durazno
		duck	pato	pear	pera
		eggplant	berenjena	peas	guisantes, chícharos
beef	carne de res	eggs	huevos		
beefsteak	bistec	figs	higos	pecan	nuez
beer	cerveza	fish	pescado	pepper	pimienta
beet	betabel	flour	harina	pheasant	faisán
blackberry	zarzamora	fritter	buñuelo	pineapple	piña
brains	sesos	grape	uva	plums	ciruelas
bread roll	bolillo	grapefruit	toronja, pomelo	pomegranate	granada
bread	pan			pork rind, fried	chicharrón
brussels spouts	bruselas	green beans	ejotes, judías, habichuelas	pork	puerco, cerdo
buns, sweet	bizcocho				
butter	mantequilla, manteca	guava	guayaba	potato	papa
		honeydew melon	valencia	prawn	langostino
cabbage	col			prune	ciruela, pasa
cake	pastel	lard	manteca	pudding	budín
cantaloupe	melón	lemon	limón	pumpkin	calabaza
caramel custard	flan	lentil	lenteja	radishes	rábanos
		lettuce	lechuga	raisins	pasas (de uva)
carrot	zanahoria	lime	lima		
cauliflower	coliflor	liver	hígado	raspberries	frambuesas
celery	apio	lobster	langosta	raw	crudo(a)
cheese	queso	macaroni	macarrones	red snapper	huachinango
chicken (fried)	pollo (frito)	mango	mango	salad	ensalada
		mashed potatoes	puré de papas	salt	sal
chicken breast	pechuga	mayonnaise	mayonesa	sardines	sardinas
chili	chile	meat balls	albóndigas	sauce	salsa
chocolate	chocolate	milk	leche	sausage	chorizo, salchicha

Alimentos (cont.)		tomato	tomate, jito-mate	walnut	nuez de Castilla
shrimps	camarones	tuna	atún	watercress	berro
soup	sopa	turkey	pavo, gua-jolote	watermelon	sandía
stew	puchero			wheat	trigo
strawberries	fresas	turnips	nabos	yam, sweet potato	camote
syrup	almíbar	veal	ternera		
tangerine	mandarina	vinegar	vinagre	zucchini squash	calabacita

APÉNDICE I-8
Las religiones (Religions)

Christian	cristiano(-a)	Puritan	puritano(-a)	Islam	islam
Protestant	protestante	Quaker	cuáquero(-a)	pagan	pagano(-a)
Anglican	anglicano(-a)				

APÉNDICE I-9
Deportes y diversiones (Sports and entertainment)

card playing	jugar a los naipes	hunting	la caza, ca-cería	rowing	el remo
casino	el casino	ice skating	el patinaje sobre hielo	rugby	el rugby
chess	el ajedrez			skiing	el esquí
circus	el circo	judo	el judo	slot machine	la máquina tragape-rras
discotheque	la discoteca	miniature golf	el minigolf		
fencing	la esgrima			swimming	la natación
festival	el festival	mountain climbing	el alpinismo	track	el atletismo
fishing	la pesca			water polo	el polo acuá-tico
football	el fútbol americano	picnic	la excursión de campo	weightlifting	el levanta-miento de pesas
gymnastics	la gimnasia	polo	el polo		
hockey	el hockey	roller skating	el patinaje sobre rue-das	zoo	el parque zoológico
horseback riding	la equitación				

APÉNDICE I-10
El cuerpo (The body)

appendix	el apéndice	bowels	los intestinos	forehead	la frente
artery	la arteria	breast	el seno	gland	la glándula
bladder	la vejiga	cheek	la mejilla	heel	el talón
blood	la sangre	chin	la barbilla	intestine	el intestino
bone	el hueso	collarbone	la clavícula	jaw	la mandíbula

El cuerpo (cont.)

joint	la articula-ción	muscle	el músculo	tendon	el tendón
kidney	el riñón	nerve	el nervio	thumb	el pulgar
lip	el labio	rib	la costilla	tongue	la lengua
		skin	la piel	tonsils	las amígda-las
		spine	la espina		

Enfermedades y síntomas (Illnesses and symptoms)

abscess	el absceso	hemorrhoids	las hemo-rroides	rheumatism	el reuma-tismo
bite (dog)	la morde-dura	hay fever	la fiebre del heno	scald	la quema-dura
bite (insect)	la picadura	indigestion	la indiges-tión	stiff neck	la tortícolis
blisters	las ampollas	infection	la infección	sunstroke	la insolación
boil	el furúnculo	inflamma-tion	la inflama-ción	tonsilitis	la amigdali-tis
burn	la quema-dura	piles	las almo-rranas	ulcer	la úlcera
convulsions	las convul-siones	rash	la urticaria	whooping cough	la tos ferina
cramp	el calambre			wound	la herida
cut	la cortada				

APÉNDICE I-11
En un hotel (In a hotel)

balcony	el balcón	parking	el estacionamiento
blanket	la frazada	pillow	la almohada
blinds	las persianas	plug (electrical)	la clavija
clothes hanger	la percha	registration card	la tarjeta de registro
cold water	agua fría	too dark	demasiado oscuro
curtains	las cortinas	too high up	demasiado alto
elevator	el acensor	too large	demasiado grande
faucet	la llave	too noisy	demasiado ruidoso
hot water	agua caliente	too small	demasiado pequeño
key	la llave	view	la vista
lamp	la lámpara	view of the moun-tains	la vista de las mon-tañas
light bulb (is blown)	el foco (está fun-dido)	view of the street	la vista de la calle
mailbox	el buzón	voltage	el voltaje
outlet (socket)	el enchufe	window	la ventana

APÉNDICE I-12
El automóvil (Automobile)

alternator	el alternador	handbrake	el freno de mano
battery	la batería	headlights	los faros
brakes	los frenos	horn	la bocina, el claxon
bulbs	las bombillas	muffler	el silenciador
carburetor	el carburador	odometer	el cuentakilómetros
clutch	el embrague	parking lights	las luces de esta-
cooling system	el sistema de enfria-		cionamiento
	miento	radiator	el radiador
distributor	el distribuidor	seat	el asiento
electrical system	el sistema eléctrico	spark plugs	la bujías
exhaust pipe	el tubo de escape	speedometer	el velocímetro
fan	el ventilador	steering wheel	el volante
filter	el filtro	suspension	la suspensión
fuel pump	la bomba de gaso-	transmission	la transmisión
	lina	turn signal	el indicador
fuel tank	el tanque, depósito	wheels	las ruedas
gears	la caja de cambios	windshield	el parabrisas
	(de velocidades)	windshield wipers	el limpiaparabrisas

APÉNDICE I-13
Profesiones (Professions)

actor	actor	farmer	granjero(-a)
actress	actriz	foreman	capataz
administrative assis-	asistente administra-	governor	gobernador(a)
tant	tivo	lab technician	técnico(-a)
artist	artista	laborer	obrero(-a)
businessman	hombre de negocios	librarian	bibliotecario(-a)
businesswoman	mujer de negocios	manager	gerente
carpenter	carpintero(-a)	mason	albañil
chemist	químico(-a)	mayor	alcalde
clerk (office)	oficinista	mechanic	mecánico(-a)
clerk (sales)	dependiente	nurse	enfermero(-a)
computer program-	programador(a)	painter	pintor(a)
mer		plumber	plomero(-a)
cook	cocinero(-a)	police officer	policía
doctor	médico(-a)	politician	político(-a)
electrician	electricista	president	presidente(-a)
engineer	ingeniero(-a)	rancher	ranchero(-a)
executive secretary	secretario(-a) ejecu-	researcher	investigador(a)
	tivo(-a)	retailer	comerciante

Profesiones (cont.)
salesperson   vendedor(a)
scientist   científico(-a)
secretary   secretario(-a)
senator   senador(a)

shop owner   dueño(-a) de una
                       tienda
teacher   maestro(-a)
waiter   camarero
waitress   camarera

APÉNDICE II

APÉNDICE II-1
Pronunciation

The *Student Manual* treats pronunciation more completely, providing fuller descriptions, Spanish models, and oral exercises.

Letter	Name	Pronunciation
a	a	Similar to *a* in *father*.
b	be	The letter **b** has two variant pronunciations: 1) following a pause or **n** or **m**, like *b* in *boy*; 2) in all other situations, softer, with the lips scarcely touching.
c	ce	The letter **c** represents two sounds: 1) before **a, o** and **u**, similar to *c* in *cat* but without the breathiness (aspiration); 2) before **e** and **i**, in Latin America, like *c* in *cent*; in Spain, like *th* in *think*.
ch	che	Similar to *ch* in *child*.
d	de	The letter **d** has two variant pronunciations: 1) following a pause or **n** or **l**, similar to *d* in *dog* but with tongue tip on teeth; 2) otherwise, softer, like *th* in *mother*.
e	e	Similar to *e* in *they* but without the offglide (movement of the tongue) at the end.
f	efe	Like *f* in *father*.
g	ge	The letter **g** represents two phonemes: 1) before **e** and **i** it is identical to Spanish letter **j**, 2) before **a, o,** and **u** (including **gue** and **gui**) it has two related variants—following a pause or **n**, like *g* in *go*. In other cases, softer, with back of the tongue scarcely touching the back of the mouth.
h	hache	Silent except in **ch.**
i	i	Similar to *i* in *machine*.
j	jota	The sound of **j** reminds one of English *h* as in *he*, but **j** is produced in the same place as *k* of *kid*, with air forced through a narrow opening between the back of the tongue and the back of the mouth.
k	ka	The same sound as Spanish **c** before **a, o, u,** but without the breathiness (aspiration) of the English counterpart.
l	ele	Similar to *l* in *let*.
ll	elle	Similar to but more tense than *y* in *yes* for most dialects of Spanish. In Castilian Spanish, similar to *lli* in *million*.
m	eme	Like *m* in *met*.
n	ene	Like *n* in *not* unless followed by a consonant, in which case, it is pronounced in the same place as that consonant.

Letter	Name	Pronunciation
ñ	eñe	Similar to *ny* in *canyon*, but a single articulation.
o	o	Similar to *o* in *poke* but without offglide (movement of tongue) at end.
p	pe	Similar to *p* in *pet* but without breathiness (aspiration).
q	cu	The **q** appears only in the combinations **que** and **qui;** it represents the same sound as **c** before **a, o,** and **u.**
r	ere	A single tap of the tongue against the gum ridge except at the beginning of words and after **n, l,** or **s,** where it is a full trill of two or more taps. Before a pause or a consonant, the tap is more frequent although both sounds are correct.
rr	erre	Trill of two or more taps of the tongue against the gum ridge.
s	ese	Voiceless sibilant like *s* in *sip*. In many dialects it is voiced briefly (like *z* in *zip*) before voiced consonants.
t	te	Similar to *t* in *tap* but with tongue tip on upper incisors and without the breathiness (aspiration); never like *t* in *water*.
u	u	Similar to *u* in *rude* but with tongue even higher and lips more rounded.
v	ve	Same pronunciation as the letter **b.**
w	doble u	Similar to *w* in *water;* it occurs only in foreign words.
x	equis	Between vowels, a weak **k** sound followed by voiceless **s** (like *ss* in *hiss*). The **x** of **México** and **mexicano** is pronounced like the Spanish **j.**
y	y griega	Similar to but more tense than *y* of *yes;* same sound as **ll** in dialects other than Castilian.
z	zeta	In most dialects, the same sound as **s;** in Castilian, like *th* in *think*.

APÉNDICE II-2
Writing Spanish

Stress and the written accent

Spanish has simple and effective rules for indicating the stressed syllable of any word. Understanding these rules, you can stress correctly new words you read and place accent marks where needed on words you already know how to pronounce.

The first step is knowing what constitutes a syllable—a word in Spanish has as many syllables as it has vowels, diphthongs, or triphthongs. Note the following:

1. Each single vowel is the nucleus of a separate syllable: **se-ño-ri-ta, ma-ña-na, u-ni-ver-si-dad.** Note that a single consonant goes with the following vowel.

2. Certain vowel combinations constitute single syllables. The vowels **i** (spelled **y** at the end of words) and **u,** because of the ease with which they form diphthongs, are considered "weak;" **a, e,** and **o** are called "strong." The two weak vowels together or a weak vowel and a strong vowel, in any

order, constitute a diphthong: **ciu-dad**, **cui-da-do**, **muy**, **tie-nes**, **fa-mi-lia**, **ba-rrio**, **Bue-nos Ai-res**, **vein-te**, **cua-ren-ta**, **ner-vio-so**, **bien**, **quien**, **hoy**, **au-to-pis-ta**.

3.   A strong vowel between two weak vowels is a triphthong: **U-ru-guay**, **es-tu-diáis**.

4.   Adjacent strong vowels as well as accented **í** and **ú** with a strong vowel form separate syllables: **se-a**, **ve-o**, **lo-a**, **ca-os**, **ca-e**, **tí-o**, **pú-a**, **a-ún**, **o-í**, **le-í**, **pa-ís**.

Rules and exceptions

1.   Words ending in a vowel or in -n or -s stress the next-to-the-last syllable: **fa-*mi*-lia**, **ha-*blan***, **jo-*ven***, **do-*min*-go**, **vier-nes**, **ner-vio-so**, **cum-ple-*a*-ños**, **mu-*se*-o**, **pa-*se*-a**.

2.   Words ending in a consonant other than -n or -s stress the last syllable: **ha-*blar***, **es-cri-*bir***, **es-*toy***, **es-pa-*ñol***, **us-*ted***, **a-*bril***, **pro-fe-*sor***, **u-ni-ver-si-*dad***.

3.   Exceptions to these two rules have a written accent mark over the stressed vowel: **es-*tá***, **a-*quí***, **es-*tás***, **tam-*bién***, **in-*glés***, **a-*diós***, **bo-*lí*-gra-fo**, **Mé-xi-co**, **lá-piz**, **fá-cil**.

An accent mark is needed to show stress on a weak vowel beside a strong vowel: **dí-as**, **mí-o**, **ba-úl**, **pa-ís**.

The accent mark also serves to distinguish words spelled alike but with different meanings. All interrogative words have a written accent mark.

Unstressed:	Stressed:
tu *(your)*	**tú** *(you)*
mi *(my)*	**mí** *(me)*
si *(if)*	**sí** *(yes)*
que *(that)*	**qué** *(what)*
como *(like)*	**cómo** *(how)*

Punctuation

Spanish and English are very similar in punctuation. The principal differences include the following:

1.   An inverted symbol signals the beginning of a question or of an exclamation.

Y tú, ¿cómo es-tás?	And how are you?
¡Vamos rápido!	Let's go quickly!

2.   A dash indicates change of speakers in dialogue.

—**Hola, Luis. ¿Qué tal?**	"Hi, Luis. How are you?"
—**Bien, gracias. ¿Y tú?**	"Fine, thanks. And how are you?"

Capital letters

Spanish uses capital letters for proper names but lower case letters for certain words capitalized in English.

Names of languages as well as adjectives and nouns of nationality: **español** *(Spanish, Spaniard)*; **inglés** *(English, Englishman)*.

Names of the days and the months: **domingo** *(Sunday)*, **enero** *(January)*

APÉNDICE III

APÉNDICE III-1
Verb tenses not practiced in this text

Simple tense IMPERFECT SUBJUNCTIVE

Imperfect subjunctive forms are derived from the third-person plural of the preterite. Many common verbs have irregular preterites, but knowing the preterite of any verb, we can easily arrive at its imperfect subjunctive forms. **Quisiera,** which we have used, is the imperfect subjunctive of **querer.** It is derived in the following manner.

1. Select the third-person plural preterite of **querer: quisieron.**

2. Change **o** of ending to **a: quisieran.**

3. Replace plural **n** with other subject indicators.

quisiera	quisiéramos	(Note accent
quisieras	quisierais	mark)
quisiera	quisieran	

EXAMPLES

1. **hablaron → hablaran:**

   hablara, hablaras, hablara, habláramos, hablarais, hablaran

2. **comieron → comieran:**

   comiera, comieras, comiera, comiéramos, comierais, comieran

3. **fueron → fueran:**

   fuera, fueras, fuera, fuéramos, fuerais, fueran

   Although the imperfect subjunctive is not treated actively in the regular lessons, its two principle uses have been referred to.

1. It replaces the present subjunctive in noun, adjective, and adverb clauses when the point of view is in the past. See G-72 in Lesson 18.

Quiero que vayas.	Quería que fueras.
Es importante que vengas.	Era importante que vinieras.
Como antes que lleguen.	Comí antes que llegaran.
Busco un chico que me ayude.	Buscaba un chico que me ayudara.

2. It is used with **si** to state untrue conditions in the present or unlikely conditions in the future. We have expressed these ideas with **de** + an infinitive or the present participle. See G-58 in Lesson 15. Also, **ojalá (que)** with imperfect subjunctive expresses wishes about the present time.

De estar tú en su lugar,
Estando tú en su lugar, } ¿qué te gustaría?
Si tú estuvieras en su lugar,

Ojalá (que) **fuera** posible. (I wish it were possible.)

MINIDIÁLOGOS

—¿Necesitas que yo te ayude?	Do you need me to help you?
—Hace un rato necesitaba que me ayudaras, pero ya no.	A while ago I needed you to help me, but not now.
—¿Qué querías que hiciera?	What did you want me to do?

—Te iba a pedir que fueras a comprar algo.
I was going to ask you to go to buy something.

—¿Qué cosa?
What (thing)?

—No era nada.
It was nothing.

—Si yo lo supiera, lo haría con gusto.
If I knew, I'd be happy to do it.

—Gracias. De veras que no tiene importancia.
Thanks. Honestly, it isn't important.

—Ojalá que hubiera más tiempo.
I wish there were more time.

—Sí, hay tantas cosas que yo quisiera hacer.
Yes, there are so many things I would like to do.

—¿Qué haríamos si lloviera?
What would we do if it should (were to) rain?

—Haríamos la fiesta dentro de la casa.
We would have the party inside the house.

Perfect tenses

These tenses are composed of an appropriate form of the verb **haber** plus the past participle. Each one takes its name from the tense of **haber.** In general, their uses correspond to those of their English counterparts.

FUTURE PERFECT   *I will have spoken, eaten, done, said, returned*

Future of **haber** + past participle

habré	habremos	
habrás	habréis	hablado, comido, hecho, dicho, vuelto
habrá	habrán	

It has two principal uses:

1. It has the literal meaning, corresponding to English:

Habré terminado para el martes.
I will have finished by Tuesday.

2. It adds the idea of probability to ideas otherwise expressed in present perfect or preterite.

Ya ha comido (comió).
She has eaten (ate) already.

   With probability added:

Ya habrá comido.
She has probably eaten (probably ate) already.

MINIDIÁLOGOS

—¿A qué hora debo llamarte?
What time should I call you?

—Después de las ocho. Para entonces habré hablado con Paco y tendré la información.
After eight. By then I will have spoken with Paco and (I) will have the information.

—No veo a Lisa. ¿Habrá salido?
I don't see Lisa. Do you suppose she went out?

—Sí, salió hace un rato. Habrá ido a casa de sus primos.
Yes, she went out a while ago. She probably went to her cousins' house.

CONDITIONAL PERFECT   *I would have spoken, eaten, seen, put, broken*

Conditional of **haber** + past participle

habría	habríamos	
habrías	habríais	hablado, comido, visto, puesto, roto
habría	habrían	

The conditional perfect is used as in English, that is, principally to relate what would have happened under certain circumstances in the past.

MINIDIÁLOGO

—No lo compré; costaba demasiado.
I didn't buy it; it cost too much.

—Yo lo habría comprado a ese precio.	I would have bought it at that price.
—Me sorprendió tanto que no dije nada.	It surprised me so much that I didn't say anything.
—En es situación yo habría dicho algo.	In that situation I would have said something.

PRESENT PERFECT SUBJUNCTIVE *I don't believe he has spoken, eaten, come, discovered*

This tense replaces present perfect indicative and often the preterite when subjunctive is called for. English, having no exact counterpart, uses indicative for these ideas.

Present perfect of **haber** + past participle

haya	hayamos	
hayas	hayáis	**hablado, comido, venido, descubierto**
haya	hayan	

MINIDIÁLOGOS

—¿Han llegado los invitados?	Have the guests arrived?
—Dudo que hayan llegado.	I doubt that they have arrived.
—¿Terminaron el trabajo?	Did they finish the work?
—No lo sé pero espero que lo hayan terminado.	I don't know but I hope that they finished it.
—¿Alguno de ustedes ha visto esa película?	Has any one of you seen that film?
—No, aquí no hay nadie que la haya visto.	No, there's no one here who has seen it.

PLUPERFECT (PAST PERFECT) SUBJUNCTIVE *If I had spoken, known, gone, been*

Imperfect subjunctive of **haber** + past participle

hubiera	hubiéramos	
hubieras	hubierais	**hablado, sabido, ido, sido**
hubiera	hubieran	

This tense translates the English pluperfect (past perfect) for two principal meanings.

1.   With **si** to propose untrue conditions about the past, including expression with **ojalá (que)** *(I wish that)*.

Si hubieras estado allí, te habrías divertido.	If you had been there, you would have had a good time.

2.   To express the idea of the pluperfect when subjunctive is required.

Dudábamos que lo hubieran hecho.	We doubted that they had done it.
Buscaban a alguien que hubiera presenciado el robo.	They were looking for someone who had witnessed the robbery.

MINIDIÁLOGOS

—¿Qué les habrías dicho si hubieras estado allí?	What would you have said to them if you had been there?
—Si a mí me hubieran hablado así, no sé qué habría hecho.	If they had spoken to me in that way, I don't know what I would have done.
—¿Qué tal saliste?	How did you come out?
—Mal. Ojalá que hubiera estudiado más.	Poorly. I wish I had studied more.
—¿Sabías que ya se habían casado?	Did you know that they had already gotten married?
—Sí, lo sabía y me alegraba de que lo hubieran hecho.	Yes, I knew it and I was glad they had done it.

APÉNDICE III-2
Verbs

Sample English translations are given in third-person singular for **hablar.** Spanish tenses not practiced in the textbook are printed in italics.

ABBREVIATIONS

cond	conditional	*pr ind*	present indicative
fut	future	*pr par*	present participle
imp ind	imperfect indicative	*pr subj*	present subjunctive
imp subj	imperfect subjunctive	*pret*	preterite
past par	past participle		

Regular verbs—Nonpersonal forms

INFINITIVE:	**hablar** *(to speak)*	**comer** *(to eat)*	**vivir** *(to live)*
PRESENT PARTICIPLE:	**hablando** *(speaking)*	**comiendo** *(eating)*	**viviendo** *(living)*
PAST PARTICIPLE:	**hablado** *(spoken)*	**comido** *(eaten)*	**vivido** *(lived)*

Several verbs that are considered regular have irregular past participles: escribir → escrito, describir → descrito, romper → roto

Regular verbs—Personal forms

Simple tenses

Bracketed tenses at the left point out identical endings in two or more classes.

PRESENT INDICATIVE   he/she speaks (eats, lives), is speaking (eating, living), does speak (eat, live)

-a-	hablo	hablas	habla	hablamos	habláis	hablan
-e-	como	comes	come	comemos	coméis	comen
-i-	vivo	vives	vive	vivimos	vivís	viven

PRESENT SUBJUNCTIVE   *I want* him/her to speak (eat, live), *it is important that* he/she speak (eat, live), *I will go in order that* he/she may speak (eat, live)

-a-	hable	hables	hable	hablemos	habléis	hablen
-e-/-i- {	coma	comas	coma	comamos	comáis	coman
	viva	vivas	viva	vivamos	viváis	vivan

IMPERFECT INDICATIVE   he spoke (ate, lived), was speaking (eating, living), used to speak (eat, live), would speak (eat, live)

-a-	hablaba	hablabas	hablaba	hablábamos	hablabais	hablaban
-e-/-i- {	comía	comías	comía	comíamos	comíais	comían
	vivía	vivías	vivía	vivíamos	vivíais	vivían

PRETERITE   he/she spoke (ate, lived), did speak (eat, live)

-a-	hablé	hablaste	habló	hablamos	hablasteis	hablaron
-e-/-i-	comí	comiste	comió	comimos	comisteis	comieron
	viví	viviste	vivió	vivimos	vivisteis	vivieron

FUTURE   1) he/she will speak (eat, live); 2) he/she probably speaks (eats, lives), probably is speaking (eating, living)

-a-/-e-/-i-	hablaré	hablarás	hablará	hablaremos	hablaréis	hablarán
	comeré	comerás	comerá	comeremos	comeréis	comerán
	viviré	vivirás	vivirá	viviremos	viviréis	vivirán

CONDITIONAL   1) he/she would speak (eat, live); 2) he/she probably spoke (ate, lived), probably was speaking (eating, living), probably used to speak (eat, live)

-a-/-e-/-i-	hablaría	hablarías	hablaría	hablaríamos	hablaríais	hablarían
	comería	comerías	comería	comeríamos	comeríais	comerían
	viviría	vivirías	viviría	viviríamos	viviríais	vivirían

IMPERFECT (PAST) SUBJUNCTIVE   1) *I wanted* him/her to speak (eat, live), *I went in order that* he/she might speak (eat, live); 2) (contrary to facts or to expectations) *if* he/she spoke (ate, lived), were to speak (eat, live)

-a-	*hablara*	*hablaras*	*hablara*	*habláramos*	*hablarais*	*hablaran*
-e-/-i-	*comiera*	*comieras*	*comiera*	*comiéramos*	*comierais*	*comieran*
	viviera	*vivieras*	*viviera*	*viviéramos*	*vivierais*	*vivieran*

Regular verbs—Compound forms

Progressive tenses

Only the progressive tenses used in the textbook are listed. Future and conditional as well as subjunctive forms can also be used appropriately with the present participle.

PRESENT PROGRESSIVE   he/she is speaking (eating, living)

estoy { hablando / comiendo / viviendo }   estás { hablando / comiendo / viviendo }   está { hablando / comiendo / viviendo }

estamos { hablando / comiendo / viviendo }   estáis { hablando / comiendo / viviendo }   están { hablando / comiendo / viviendo }

IMPERFECT PROGRESSIVE he/she was speaking (eating, living)

estaba { hablando / comiendo / viviendo } estabas { hablando / comiendo / viviendo } estaba { hablando / comiendo / viviendo }

estábamos { hablando / comiendo / viviendo } estabais { hablando / comiendo / viviendo } estaban { hablando / comiendo / viviendo }

PRETERITE PROGRESSIVE he/she was speaking (eating, living) (spent some time speaking eating, living)

estuve { hablando / comiendo / viviendo } estuviste { hablando / comiendo / viviendo } estuvo { hablando / comiendo / viviendo }

estuvimos { hablando / comiendo / viviendo } estuvisteis { hablando / comiendo / viviendo } estuvieron { hablando / comiendo / viviendo }

PRESENT PERFECT PROGRESSIVE he/she has been speaking (eating, living)

he estado { hablando / comiendo / viviendo } has estado { hablando / comiendo / viviendo } ha estado { hablando / comiendo / viviendo }

hemos estado { hablando / comiendo / viviendo } habéis estado { hablando / comiendo / viviendo } han estado { hablando / comiendo / viviendo }

Perfect tenses

PRESENT PERFECT he/she has spoken (eaten, lived)

he { hablado / comido / vivido } has { hablado / comido / vivido } ha { hablado / comido / vivido }

hemos { hablado / comido / vivido } habéis { hablado / comido / vivido } han { hablado / comido / vivido }

PAST PERFECT (PLUPERFECT)   he/she had spoken (eaten, lived)

había $\begin{cases} \text{hablado} \\ \text{comido} \\ \text{vivido} \end{cases}$ habías $\begin{cases} \text{hablado} \\ \text{comido} \\ \text{vivido} \end{cases}$ había $\begin{cases} \text{hablado} \\ \text{comido} \\ \text{vivido} \end{cases}$

habíamos $\begin{cases} \text{hablado} \\ \text{comido} \\ \text{vivido} \end{cases}$ habíais $\begin{cases} \text{hablado} \\ \text{comido} \\ \text{vivido} \end{cases}$ habían $\begin{cases} \text{hablado} \\ \text{comido} \\ \text{vivido} \end{cases}$

FUTURE PERFECT   1) he/she will have spoken (eaten, lived); 2) he/she probably has spoken (eaten, lived), probably spoke (ate, lived)

habré $\begin{cases} \textit{hablado} \\ \textit{comido} \\ \textit{vivido} \end{cases}$ habrás $\begin{cases} \textit{hablado} \\ \textit{comido} \\ \textit{vivido} \end{cases}$ habrá $\begin{cases} \textit{hablado} \\ \textit{comido} \\ \textit{vivido} \end{cases}$

habremos $\begin{cases} \textit{hablado} \\ \textit{comido} \\ \textit{vivido} \end{cases}$ habréis $\begin{cases} \textit{hablado} \\ \textit{comido} \\ \textit{vivido} \end{cases}$ habrán $\begin{cases} \textit{hablado} \\ \textit{comido} \\ \textit{vivido} \end{cases}$

CONDITIONAL PERFECT   1) he/she would have spoken (eaten, lived); 2) he/she probably had spoken (eaten, lived)

habría $\begin{cases} \textit{hablado} \\ \textit{comido} \\ \textit{vivido} \end{cases}$ habrías $\begin{cases} \textit{hablado} \\ \textit{comido} \\ \textit{vivido} \end{cases}$ habría $\begin{cases} \textit{hablado} \\ \textit{comido} \\ \textit{vivido} \end{cases}$

habríamos $\begin{cases} \textit{hablado} \\ \textit{comido} \\ \textit{vivido} \end{cases}$ habríais $\begin{cases} \textit{hablado} \\ \textit{comido} \\ \textit{vivido} \end{cases}$ habrían $\begin{cases} \textit{hablado} \\ \textit{comido} \\ \textit{vivido} \end{cases}$

PRESENT PERFECT SUBJUNCTIVE   *I doubt that* he/she has spoken (eaten, lived), *that* he/she spoke (ate, lived); *it is important that* he/she has spoken (eaten, lived)

haya $\begin{cases} \textit{hablado} \\ \textit{comido} \\ \textit{vivido} \end{cases}$ hayas $\begin{cases} \textit{hablado} \\ \textit{comido} \\ \textit{vivido} \end{cases}$ haya $\begin{cases} \textit{hablado} \\ \textit{comido} \\ \textit{vivido} \end{cases}$

hayamos $\begin{cases} \textit{hablado} \\ \textit{comido} \\ \textit{vivido} \end{cases}$ hayáis $\begin{cases} \textit{hablado} \\ \textit{comido} \\ \textit{vivido} \end{cases}$ hayan $\begin{cases} \textit{hablado} \\ \textit{comido} \\ \textit{vivido} \end{cases}$

PLUPERFECT SUBJUNCTIVE   1) *I doubted that* he/she had spoken (eaten, lived), *it was important that* he/she had spoken (eaten, lived), *I wish* he/she had spoken (eaten, lived); 2) (contrary to fact) if he/she had spoken, eaten, lived

hubiera { *hablado / comido / vivido*	*hubieras* { *hablado / comido / vivido*	*hubiera* { *hablado / comido / vivido*

hubiéramos { *hablado / comido / vivido*	*hubierais* { *hablado / comido / vivido*	*hubieran* { *hablado / comido / vivido*

Stem-changing verbs

Verbs in -a- and -e-

---

pensar *to think, intend*

pr ind	pienso	piensas	piensa	pensamos	pensáis	piensan
pr subj	piense	pienses	piense	pensemos	penséis	piensen
command		piensa				

Like **pensar: sentar, cerrar**

---

perder (ie) *to lose*

pr ind	pierdo	pierdes	pierde	perdemos	perdéis	pierden
pr subj	pierda	pierdas	pierda	perdamos	perdáis	pierdan
command		pierde				

Like **perder: defender, entender, querer** (irregular in certain tenses)

---

contar (ue) *to tell*

pr ind	cuento	cuentas	cuenta	contamos	contáis	cuentan
pr subj	cuente	cuentes	cuente	contemos	contéis	cuenten
command		cuenta				

Like **contar: acostar, costar, almorzar, recordar, jugar**

---

volver (ue) *to return*

pr ind	vuelvo	vuelves	vuelve	volvemos	volvéis	vuelven
pr subj	vuelva	vuelvas	vuelva	volvamos	volváis	vuelvan
command		vuelve				

Like **volver: mover, llover, devolver, resolver, poder** (irregular in certain tenses)
Note: Certain of these verbs have irregular past participles: **volver** → **vuelto, devolver** → **devuelto, resolver** → **resuelto**

Verbs in -i-

---

sentir (ie, i) *to feel, regret*

pr par	sintiendo					
pr ind	siento	sientes	siente	sentimos	sentís	sienten
pr subj	sienta	sientas	sienta	sintamos	sintáis	sientan
pret	sentí	sentiste	sintió	sentimos	sentisteis	sintieron
command		siente				

Like **sentir: sugerir, preferir, requerir, divertirse**

---

dormir (ue, u) *to sleep*

pr par	durmiendo					
pr ind	duermo	duermes	duerme	dormimos	dormís	duermen
pr subj	duerma	duermas	duerma	durmamos	durmáis	duerman
pret	dormí	dormiste	durmió	dormimos	dormisteis	durmieron
command		duerme				

Like **dormir: morir**

---

pedir (i, i) *to request, ask for*

pr par	pidiendo					
pr ind	pido	pides	pide	pedimos	pedís	piden
pr subj	pida	pidas	pida	pidamos	pidáis	pidan
pret	pedí	pediste	pidió	pedimos	pedisteis	pidieron
command		pide				

Like **pedir: vestir, servir, repetir, seguir, conseguir, reír, sonreír**

Irregular verbs

The imperfect subjunctive is not given if only a spelling change is involved.

---

andar *to walk, go*

pret	anduve	anduviste	anduvo	anduvimos	anduvisteis	anduvieron
imp subj	anduviera	anduvieras	anduviera	anduviéramos	anduvierais	anduvieran

---

caer *to fall*

pr ind	caigo	caes	cae	caemos	caéis	caen
pr subj	caiga	caigas	caiga	caigamos	caigáis	caigan

---

conocer *to know, be(come) acquainted with*

pr ind	conozco	conoces	conoce	conocemos	conocéis	conocen
pr subj	conozca	conozcas	conozca	conozcamos	conozcáis	conozcan

construir *to construct, build*

pr ind	construyo	construyes	construye	construimos	construís	construyen

dar *to give, strike*

pr ind	doy	das	da	damos	dais	dan
pr subj	dé	des	dé	demos	deis	den
pret	di	diste	dio	dimos	disteis	dieron
imp subj	diera	dieras	diera	diéramos	dierais	dieran

decir *to say, tell*

pr part	diciendo					
past par	dicho					
pr ind	digo	dices	dice	decimos	decís	dicen
pr subj	diga	digas	diga	digamos	digáis	digan
pret	dije	dijiste	dijo	dijimos	dijisteis	dijeron
imp subj	dijera	dijeras	dijera	dijéramos	dijerais	dijeran
fut	diré	dirás	dirá	diremos	diréis	dirán
cond	diría	dirías	diría	diríamos	diríais	dirían
command	di					

estar *to be*

pr ind	estoy	estás	está	estamos	estáis	están
pr subj	esté	estés	esté	estemos	estéis	estén
pret	estuve	estuviste	estuvo	estuvimos	estuvisteis	estuvieron
imp subj	estuviera	estuvieras	estuviera	estuviéramos	estuvierais	estuvieran

haber *to have, there + to be*

pr ind	he	has	ha	hemos	habéis	han
pr subj	haya	hayas	haya	hayamos	hayáis	hayan
pret	hube	hubiste	hubo	hubimos	hubisteis	hubieron
imp subj	hubiera	hubieras	hubiera	hubiéramos	hubierais	hubieran
fut	habré	habrás	habrá	habremos	habréis	habrán
cond	habría	habrías	habría	habríamos	habríais	habrían

hacer *to do, make*

past par	hecho					
pr ind	hago	haces	hace	hacemos	hacéis	hacen
pr subj	haga	hagas	haga	hagamos	hagáis	hagan
pret	hice	hiciste	hizo	hicimos	hicisteis	hicieron
imp subj	hiciera	hicieras	hiciera	hiciéramos	hicierais	hicieran
fut	haré	harás	hará	haremos	haréis	harán
cond	haría	harías	haría	haríamos	haríais	harían
command	haz					

ir *to go*

pr part	yendo					
pr ind	voy	vas	va	vamos	vais	van
pr subj	vaya	vayas	vaya	vayamos	vayáis	vayan
imp ind	iba	ibas	iba	íbamos	ibais	iban
pret	fui	fuiste	fue	fuimos	fuisteis	fueron
imp subj	fuera	fueras	fuera	fuéramos	fuerais	fueran
command		ve				

oir *to hear*

pr ind	oigo	oyes	oye	oímos	oís	oyen
pr subj	oiga	oigas	oiga	oigamos	oigáis	oigan

poder *to be able*

pr par	pudiendo					
pr ind (**ue** stem change)						
pr subj (**ue** stem change)						
pret	pude	pudiste	pudo	pudimos	pudisteis	pudieron
imp subj	pudiera	pudieras	pudiera	pudiéramos	pudierais	pudieran
fut	podré	podrás	podrá	podremos	podréis	podrán
cond	podría	podrías	podría	podríamos	podríais	podrían

poner *to put, place*

past par	puesto					
pr ind	pongo	pones	pone	ponemos	ponéis	ponen
pr subj	ponga	pongas	ponga	pongamos	pongáis	pongan
pret	puse	pusiste	puso	pusimos	pusisteis	pusieron
imp subj	pusiera	pusieras	pusiera	pusiéramos	pusierais	pusieran
fut	pondré	pondrás	pondrá	pondremos	pondréis	pondrán
cond	pondría	pondrías	pondría	pondríamos	pondríais	pondrían
command		pon				

producir *to produce*

pr ind	produzco	produces	produce	producimos	producís	producen
pr subj	produzca	produzcas	produzca	produzcamos	produzcáis	produzcan
pret	produje	produjiste	produjo	produjimos	produjisteis	produjeron
imp subj	produjera	produjeras	produjera	produjéramos	produjerais	produjeran

querer *to want, wish, love*
pr ind (**ie** stem change)
pr subj (**ie** stem change)

pret	quise	quisiste	quiso	quisimos	quisisteis	quisieron
imp subj	quisiera	quisieras	quisiera	quisiéramos	quisierais	quisieran
fut	querré	querrás	querrá	querremos	querréis	querrán
cond	querría	querrías	querría	querríamos	querríais	querrían

saber *to know, find out*

pr ind	sé	sabes	sabe	sabemos	sabéis	saben
pr subj	sepa	sepas	sepa	sepamos	sepáis	sepan
pret	supe	supiste	supo	supimos	supisteis	supieron
imp subj	supiera	supieras	supiera	supiéramos	supierais	supieran
fut	sabré	sabrás	sabrá	sabremos	sabréis	sabrán
cond	sabría	sabrías	sabría	sabríamos	sabríais	sabrían

salir *to leave, go out, come out*

pr ind	salgo	sales	sale	salimos	salís	salen
pr subj	salga	salgas	salga	salgamos	salgáis	salgan
fut	saldré	saldrás	saldrá	saldremos	saldréis	saldrán
cond	saldría	saldrías	saldría	saldríamos	saldríais	saldrían
command	sal					

ser *to be*

pr ind	soy	eres	es	somos	sois	son
pr subj	sea	seas	sea	seamos	seáis	sean
imp ind	era	eras	era	éramos	erais	eran
pret	fui	fuiste	fue	fuimos	fuisteis	fueron
imp subj	fuera	fueras	fuera	fuéramos	fuerais	fueran
command	sé					

tener *to have*

pr ind	tengo	tienes	tiene	tenemos	tenéis	tienen
pr subj	tenga	tengas	tenga	tengamos	tengáis	tengan
pret	tuve	tuviste	tuvo	tuvimos	tuvisteis	tuvieron
imp subj	tuviera	tuvieras	tuviera	tuviéramos	tuvierais	tuvieran
fut	tendré	tendrás	tendrá	tendremos	tendréis	tendrán
cond	tendría	tendrías	tendría	tendríamos	tendríais	tendrían
command	ten					

traer *to bring*

pr ind	traigo	traes	trae	traemos	traéis	traen
pr subj	traiga	traigas	traiga	traigamos	traigáis	traigan
pret	traje	trajiste	trajo	trajimos	trajisteis	trajeron
imp subj	trajera	trajeras	trajera	trajéramos	trajerais	trajeran

valer *to be worth*

pr ind	valgo	vales	vale	valemos	valéis	valen
pr subj	valga	valgas	valga	valgamos	valgáis	valgan
fut	valdré	valdrás	valdrá	valdremos	valdréis	valdrán
cond	valdría	valdrías	vadría	valdríamos	valdríais	valdrían

venir *to come*

pr par	viniendo					
pr ind	vengo	vienes	viene	venimos	venís	vienen
pr subj	venga	vengas	venga	vengamos	vengáis	vengan
pret	vine	viniste	vino	vinimos	vinisteis	vinieron
imp subj	viniera	vinieras	viniera	viniéramos	vinierais	vinieran
fut	vendré	vendrás	vendrá	vendremos	vendréis	vendran
cond	vendría	vendrías	vendría	vendríamos	vendríais	vendrían
command	ven					

ver *to see*

past par	visto					
pr ind	veo	ves	ve	vemos	veis	ven
pr subj	vea	veas	vea	veamos	veáis	vean
imp ind	veía	veías	veía	veíamos	veíais	veían

Spelling changes

Certain changes are required because of Spanish spelling conventions; no sound change is involved.

ca → que, qué: buscar, sacar, marcar
gui → ga: seguir, conseguir
ga → gue: pagar
za → ce: empezar, comenzar, almorzar
ce → za: convencer
g → j: elegir

The **y** that replaces **i** of **-ió, -ieron, -iendo** following a vowel does reflect a stronger consonant quality: **cayó, construyó, oyeron, trayendo.** Infinitives ending in **a, e,** or **o** require an accent mark for endings **-iste, -imos, -ido: oímos, caíste, reído**

Note: **Dar** and **estar** are not irregular according to the rules given for present subjunctive, but they are listed here because of the required accent marks.

VOCABULARIO ESPAÑOL–INGLÉS

The vocabulary includes practically all words used in the text. Excluded are certain adverbs ending in **-mente** when the adjective form is listed and some regular past participles used as adjectives when the appropriate meaning is listed under the infinitive. Grammatical terms and certain words used in instructions and explanations are defined in a separate section.

Numbers in brackets designate lessons in which the word is introduced or changes level of activity. Boldfaced numbers indicate Level A.

The forms of verbs designated as irregular *(irr)* are found in the appropriate section of the appendices. Stem changes are indicated in parentheses: **pensar (ie), costar (ue).** Stem-changing verbs in **-i-** list the additional change for preterite, present participle, and present subjunctive second: **sentir (ie, i), dormir (ue, u).** The spelling change of **i** to **y** is also indicated in parentheses: **creer (y).**

ABBREVIATIONS

adj	adjective	*inf*	infinitive	*pl*	plural
adv	adverb	*intr*	intransitive	*prep*	preposition
conj	conjunction	*irr*	irregular	*pron*	pronoun
dim	diminutive	*m*	masculine noun	*tr*	transitive
f	feminine noun				

a

a to, at **[1]**, for **[5]**, on, from, in **[11]**; **— dos cuadras** two blocks away [9]

abajo down, downstairs [1]

abandonar to abandon [18]

abierto(-a) *(see* **abrir)** opened, open **[7]**

abrazar to embrace, hug [3]

abrazo *m* embrace, hug [1, 3]

abrigo *m* overcoat [6, 7]

abril *m* April **[1]**

abrir to open [2, 3]

abrochar to fasten [16]

absurdo(-a) absurd [6]

abuela *f* grandmother **[2]**

abuelita *f* *dim of* **abuela** [3]

abuelo *m* grandfather; *pl* grandparents **[2]**

abundante abundant [11]

aburrido(-a) *(see* **aburrir)** bored, boring [4, 7]

aburrir to bore; **—se** to get bored **[7]**

abusar (de) to molest [9]

acá here [16]

acabar to finish, end [6]; **— de** + *inf* to have just . . . ; to finish . . . *-ing* **[8]**; **acabarse** to run out; **se acabó** it's all gone [10]

acaso perhaps; **por si —** just in case [16]

accidente *m* accident [11, **17**]

acción *f* action [2, **5**]

aceite *m* oil [10]

aceituna *f* olive [15]

aceptar to accept [2, 8]

acera *f* sidewalk [13]

acerca de about [7, **17**]

acercarse (a) to approach, draw near [11]

acero *m* steel [18]

acertar (ie) to guess correctly [17]

aclarar to clear, clarify [17]

acompañar to accompany [8, **10**]

acontecimiento *m* event [17]

acordarse (ue) (de) to remember [8]

acostado(-a) *(see* **acostar)** lying down, in bed [7]

acostar (ue) to put to bed; **—se** to go to bed [7]

acostumbrado(-a) accustomed [7]

acostumbrarse to become accustomed [7]

actitud *f* attitude [12]

actividad *f* activity **[1]**

activo(-a) active [12]

acto *m* act; **salón de —s** assembly hall [12]

actual present, current [7]

actualidad *f* present; **en la —** at the present time [14]

actualmente at the present time [8]

acudir to come, go [15]

acueducto *m* aqueduct [13]

acuerdo *m* accord, agreement [3]; **de —**

agreed, all right **[4]; estar de — (con)** to agree (with) **[7]**

acusado(-a) accused [18]

adelante forward, up front [4]; come in [10]; **salir —** to come out ahead, on top [17]

ademán *m* gesture [12]

además *adv* besides, moreover [3, 5]; **— de** *prep* besides **[5]**

adentro within, inside [4]

adición *f* addition [5]

adiós good-bye **[1]**

adiosito *dim of* **adiós** [10]

adivinar to guess [4]

administración *f* administration [11, 12]

admirar to admire [3, 17]

admitir to admit [12]

adonde (to) where [1]

¿adónde? where (to)? **[2]**

adoptar to adopt [2]

adornar to decorate [16]

adorno *m* decoration [13]

adquirir (ie) to acquire [8]

aduana *f* customs [2, 18]

aduanero(-a) *m f* customs official [18]

aéreo(-a) air, aerial [2]

aeromozo(-a) *m f* flight attendant [16]

aeropuerto *m* airport [1, 2]

afable gracious [9]

afeitarse to shave **[7]**

aficionado(-a) *m f* fan, enthusiast [15]

afirmación *f* affirmation, statement [13]

afirmar to affirm [2]

afirmativo(-a) affirmative [6]

afortunado(-a) fortunate [12, 14]

afuera outside, outdoors **[8]**

agencia *f* agency [17]

agente *m* agent **[16]; — de tráfico** *m* traffic policeman [17]

agitado(-a) hectic [17]

agitar to agitate [3]

agosto *m* August **[1]**

agradable agreeable, pleasant [10]

agradar to please [10, 11]

agradecer (zc) to thank, be grateful for [7, 17]

agradecido(-a) grateful **[12]**

agregar to add [9]

agua *f* water [5, 6]

ahí there [11]

ahora now [1, 2]; **— mismo** right now **[6]; por —** for now [16]

ahorita right now [10]

ahorrar to save [12]

ahorro *m* saving **[12]**

aire *m* air [6]; **— acondicionado** air-conditioning [6, 16]; **al — libre** outdoors [17]

ajedrez *m* chess **[15]**

al (a + el) [1, 2]; **— + inf** upon + -ing **[7]; — año** after a year [9]

alacrán *m* scorpion [14]

albañil *m* mason [11]

albóndiga *f* meatball [14]

alcachofa *f* artichoke [14]

alcance *m* reach, range; **de largo —** long-range **[16]**

alcanzable reachable [8]

alcázar *m* castle [17]

alcoba *f* bedroom [2]

alcohol *m* alcohol [14]

alcohólico(-a) alcoholic [14]

alegrarse (de) to be glad (of, to) [3, 8]; **me alegro** I'm glad **[3]**

alegre cheerful, happy **[1]**

alegría *f* joy, cheerfulness [8]; **¡Qué—!** What a delight (joy)! **[8, 11]**

alejarse (de) to withdraw (from) **[12]**

alemán(-ana) *adj* German; *m* German (language); *m f* German (person) **[3]**

Alemania Germany **[3]**

alergia *f* allergy **[15]**

alfabético(-a) alphabetical [18]

alfabeto *m* alphabet [4]

alfarero(-a) *m f* potter [11]

álgebra *f* algebra [14]

algo *pron* something, anything [1, 2]; *adv* somewhat [7, 10]

algodón *m* cotton [18]

alguien someone [4]

alguno(-a) (algún) some, any [1, 4]

alimento *m* food **[10]**

alivio *m* relief **[11]**

alma *f* soul [11]

almacén (gran —) *m* department store [12]

almohada *f* pillow **[7]**

almorzar (ue) to eat lunch **[7]**

almuerzo *m* lunch **[7]**

alquilar to rent, hire [8, 13]

alquiler *m* rent **[12]**

alrededor (de) around [13, 17]

alrededores *m pl* outskirts [1]

altísimo(-a) very tall [10]

alto *m* stop; **¡— ahí!** Hold it there! [12]

alto(-a) tall **[2]**

altura *f* altitude, height [6]

alumno(-a) *m f* student [4]

allí there [1, 2]

amable kind, nice [1]

amanecer (zc) to dawn; **¿Cómo amaneciste?** How are you this morning? [4]

amar to love [2, 10]

amarillo(-a) yellow **[3]**

ambos(-as) *adj* both [13, 17]

americano(-a) American; **fútbol —** football [1]

amigo(-a) *m f* friend **[1]**

amistad *f* friendship [15]

amistoso(-a) friendly [9, 11]

amor *m* love **[9]; — propio** self-esteem [9]

amoroso(-a) amorous; **insinuación —** advance [12]

anaranjado(-a) orange **[3]**

anciano(-a) old, aged **[18]**

ancho(-a) wide **[12]**

andar *irr* to go, walk, move about; to run, work [1, 17]; **— en bicicleta** to ride (on) a bicycle **[5]**

anfitrión(-ona) host [10]

angelito *m* little angel [13]

angloparlante *m f* English speaker; *adj* English-speaking [4]

animado(-a) animated; **dibujos —** cartoons [13]

animal *m* animal [5]

animar to encourage **[10] —se a + inf** to make up one's mind + *inf* [14]

ánimo *m* spirit, mind [3]; **estado de —** state of mind [3]

aniversario *m* anniversary [6]

anoche last night **[8]**

anteayer day before yesterday **[8]**

anteojos *m pl* (eye)glasses **[12]**

antepasado *m* ancestor [9]

anterior earlier [10]

antes *adv* before, formerly [2, 3]; **— de** *prep* before **[5]; — (de) que** *conj* before **[14]; cuanto —** as soon as possible [10]

antibiótico *m* antibiotic [15]

antiguo(-a) ancient; former [13, 17]

antipático(-a) unfriendly, unpleasant [2]

anunciar to announce [1]

anuncio *m* commercial [11]; announcement [13]

año *m* year [1] **tener** . . . **—s** to be . . . years old [1]

apagar to put out, turn out [16]

aparato *m* set, device [7]

aparecer (zc) to appear [16]

aparte de aside from, besides [18]

apasionado(-a) intense [17]

apellido *m* surname [2, 11]

apenas scarcely, hardly [8]

aplazar to postpone [16]

aplicación *f* application [10]

aplicar to apply [8]

aportar to contribute [18]

apostar (ue) (a que) to bet (that) [5, 15]

apoyar to support, back up [8, 10]

apreciar to appreciate [10]

aprender to learn [2]; **— a** + *inf* to learn (how) to [14]

aprobado(-a) approved, passing [15]

apropiado(-a) appropriate [3]

aprovechar to take advantage (of) [8]

apto(-a) suitable [14]

apuntar to make a note (of) [16]

apunte *m* note [5, 15]

apurarse to hurry [14]

apuro *m* jam, tight spot [17]

aquel (aquella) that; **aquellos(-as)** those [4]

aquí here [1]; **por —** this way [2]; **— es donde** this is where [5]; **de — a un año** a year from now [15]

árbol *m* tree [5]

área *f* area [2]

argentino(-a) Argentine, Argentinian [2]

aritmética *f* arithmetic [1]

arpa *f* harp [13]

arquitectónico(-a) architectural [13]

arquitectura *f* architecture [2]

arrancar to start (a motor) [4]

arreglar to arrange (for), fix; **—se** to get ready [7]

arreglo *m* arrangement [16]

arriba upstairs, up, above [1]

arroz *m* rice [4]

arte *m* art [4]

artesanía *f* handicrafts [14]

artesano *m* craftsman [11]

artículo *m* article [7]

artificial artificial [15]

artista *m f* artist [11]

artritis *f* arthritis [15]

asaltar to assault, rob [9]

asar to roast [10]

ascensor *m* elevator [16]

asegurar to assure [11]

asesinar to murder [9]

asesinato *m* murder, assassination [18]

asesoramiento *m* advising [12]

así so, thus, like that, of the sort [2, 4]; **así, así** so-so, fair [1]; **— (es) que** so (it is that) [7]

asiático(-a) Asiatic [7]

asiento *m* seat [1, 2]

asignar to assign [7]

asistencia *f* attendance [10]

asistir (a) to attend [5]

asma *f* asthma [15]

asomarse to appear [10]

aspecto *m* aspect [14]

aspirina *f* aspirin [15]

asumir assume [12]

asunto *m* matter [6, 10]

asustado(-a) *(see* **asustar***)* startled, frightened [11]

asustar to frighten; **—se** to be(come) frightened [11]

atado(-a) tied [14]

atención *f* attention [10, 15]

atender (ie) to attend to [10]

aterrizaje *m* landing [16]

atleta *m f* athlete [18]

atletismo *m* track and field sports [15]

atracción *f* attraction; **parque de —es** amusement park [14]

atrasado(-a) behind; late [13, 14]

atún *m* tuna [10]

aula *f* classroom [10]

aumentar to increase [18]

aun even, still [6]

aunque although, even though, even if [5]

ausencia *f* absence [15]

auto *m* auto [4, 17]

autobús *m* bus [4, 11]

automático(-a) automatic [16]

automóvil *m* automobile [6]

autopista *f* freeway [1]

auxilio *m* help [17]

avanzar to advance [8]

avena *f* oats, oatmeal [1]

avenida *f* avenue [1, 4]

aventura *f* adventure [16]

avergonzado(-a) embarrassed [9]

averiguar to find out [4]

ave *f* bird; **—s** poultry [10]

avión *m* airplane [1]

avioneta *f* small airplane [17]

avisar to notify [9, 11]

ayer yesterday; **— por la mañana** yesterday morning [8]

ayuda *f* help [7]

ayudante *m f* assistant [15]

ayudar to help [2]; **— a** + *inf* to help + *inf* [14]

azafrán *m* saffron [15]

azotea *f* flat roof [13]

azúcar *m* sugar [10]

azul blue [2, 3]

azulejo *m* tile [11]

b

bache *m* chuckhole [17]

bachillerato *m* approximate equivalent of high school diploma [8]

bailar to dance [5]

baile *m* dance [5, 13]

baja *f* reduction [17]

bajar to go down; to get out of (a vehicle) [5, 11]

bajo(-a) short, low [2]; *prep* beneath, under [9]

banana *f* banana [10]

bancario(-a) *adj* bank, banking [8]

bancarrota *f* bankruptcy [17]

banco *m* bank [11]

banda *f* band; **— sonora** sound track [15]

bañar to bathe; **—se** to take a bath [7]

baño *m* bathroom [7]

bar *m* bar [17]

barato(-a) inexpensive; *adv* **vender —** to sell cheap [12]

barba *f* beard [12]

barbaridad *f* barbarity; **¡Qué —!** How awful! [11]

barco *m* ship, boat [6, 16]

barrio *m* neighborhood [1, 7]

barro *m* clay [18]

básico(-a) basic [8]

básquetbol *m* basketball [1, 8]

bastante enough, a lot (of); very, quite [2, 5]

bastar to suffice, be enough [14]

basura *f* trash, garbage [7]

batalla *f* battle [16]

baúl *m* trunk [4]

beber to drink [7, 11]

bebida *f* drink [7, 10]

beca *f* scholarship [12]

béisbol *m* baseball [1, 8]

Belén Bethlehem [16]

belleza *f* beauty; **salón de —** beauty salon [11, 12]

bello(-a) beautiful; **Bellas Artes** Fine Arts [4]

bendecir *irr* to bless; **que Dios te bendiga** God bless you [13]

beneficio *m* benefit [15]

benéfico(-a) beneficial [16]

besar to kiss [3]

beso *m* kiss [1, 3]

Biblia *f* Bible [16]

biblioteca *f* library [2]

bicicleta *f* bicycle [5]

bien well, very [1]; **está —** all right, OK [7]; **¡Qué —!** That's great! [3]; **más —** rather [2]

bienestar *m* welfare [6]

bienvenido(-a) welcome [3]; *f* welcome [13]

bigote(s) *m (pl)* mustache [12]

billete *m* bill (money) [16]

billetera *f* billfold [10, 18]

billón *m* trillion [6]

biología *f* biology [15]

bisabuelos *m pl* great-grandparents [17]

bistec *m* (beef)steak [12]

blanco(-a) white [3]

blusa *f* blouse [3]

boca *f* mouth [8, 12]

bocacalle *f* intersection [15]

bocadillo *m* sandwich; snack [6]

bocina *f* horn [17]

boda *f* wedding [6, 18]

boleto *m* ticket [11, 16]

bolígrafo *m* ballpoint pen [1]

bolsa *f* purse [4]; sack [5]

bolsa de mano handbag [16]

bolsillo *m* pocket [6]

bollo *m* bun [6]

bondad *f* goodness, kindness [3]

bondadoso(-a) kind [11]

bonito(-a) pretty [2]

bordado(-a) embroidered [13]

bordo: a — on board [16]

bosque *m* woods, forest [15]

bote *m* boat [7]; **— de remos** rowboat [9]

botella *f* bottle [18]

botones *m* bellboy [16]

brasileño(-a) Brazilian [3]

brazo *m* arm [11, 15]

breve brief [15]

broma *f* joke, jest [5, 16]; **en —** joking, in jest [5]

bronceado(-a) bronze-colored, tanned [7]

brújula *f* compass [9]

buceo *m* (skin) diving [15]

bueno (buen)(-a) good, kind [1]; well [2]; **lo —** the good thing, what's good [5]

burrito *m* little donkey [16]; filled tortilla [10]

burro *m* donkey [6]; filled tortilla [10]

busca *f* search [16]

buscar to look for, to seek [2]

búsqueda *f* search [16]

c

caballero *m* gentleman [16]

caballo *m* horse [5]

cabello *m* hair [3]

caber *irr* to fit (into) [4]

cabeza *f* head [15]; **dolor de —** headache [15]

cabo *m* end; **llevar a —** to carry out [17]

cacahuate *m* peanut [16]

cacharro *m* jalopy [17]

cada each, every [3]; **— dos días** every other day [17]

cadera *f* hip [15]

caer *irr* to fall; **— bien (mal)** (not) to suit [14]; **—se** to fall (down) [9]

café *m* coffee [6, 10]; cafe [15]; *adj* brown [3]

cafetería *f* cafeteria [3]

caja *f* box [7]; cash register, cashier's counter [14, 16]

cajero(-a) *m f* cashier, teller [12, 16]

cajuela *f* car trunk [17]

calculadora *f* calculator [12]

calefacción *f* heating [16]

calendario *m* calendar [1]

calentar (ie) to heat [10]

calentito(-a) nice and hot [10]

calidad *f* quality [14]

caliente hot [1, 6]

calificación *f* grade [7, 15]

calor *m* heat; **hacer —** to be hot (weather) [6]; **tener —** to be hot (persons) [6]

calvo(-a) bald [8]; **medio —** partly bald [12]

callado(-a) quiet, reserved [17]

calle *f* street [1, 3]

cama *f* bed [3, 7]; **— de matrimonio** double bed [16] **— y comida** room and board [12]

cámara *f* camera [13, 16]

camarero *m* waiter [10, 12]

camarón *m* shrimp [10]

cambiar to change, exchange [7]; **— de tema** to change the subject [9]; **—se de ropa** to change clothes [7]

cambio *m* change [6]; exchange (rate) [16]; **en —** on the other hand [13]

camello *m* camel [16]

caminar to walk [4]

camino *m* road, way [4]

camión *m* truck, bus (Mexico) [11]

camioneta *f* pickup [6]

camisa *f* shirt [3]

camiseta *f* T-shirt [3]

campo *m* country [5], field [15]; **día de —** picnic, outing [15]

canasta *f* basket [11]

cancelar to cancel [13]

cáncer *m* cancer [15]

canción *f* song [3]

cancha *f* court [15]

canoa *f* canoe [9]

canoso(-a) gray-haired [8, 12]

cansado(-a) tired; tiresome [3]

cansar to tire; **—se** to get tired [7]

cantante *m f* singer [13]

cantar to sing [1]

cantidad *f* [5, 12]

capa *f* cape [13]

capacitación *f* training [18]

capacitado(-a) trained [17]

capataz *m* foreman [17]

capaz capable [18]

capital *f* capital (city) [3]

capitán *m* captain [16]

capítulo *m* chapter [11]
cápsula *f* capsule [15]
capturar to capture [16]
cara *f* face [3]
característica *f* character-istic [2]
carbohidrato *m* carbohy-drate [10]
carga *f* cargo, load [11]; burden [12]
cargar to load, fill (with) [15]
caricatura *f* caricature [16]
cariño *m* affection, love [8]
carne *f* meat [3, 4]; — **de vaca** beef [10]; — **molida** ground meat [10]
carnicería *f* butcher shop [4]
caro(-a) expensive [10, 12]; *adv* **vender** — to sell high [12]
carrera *f* major, special-ization [4]
carreta *f* cart [6]
carretera *f* highway [17]
carta *f* letter [1, 3]
cartel *m* sign, poster [13]
cartón *m* pasteboard [18]
casa *f* house [1]; **a** — home [2]; **en** — at home [2]; — **de huéspedes** boarding house [12]
casado(-a) married [2, 7]
casarse (con) to marry, get married (to) [2, 7]
casi almost [1, 3]
casita *f* little house [3]
caso *m* case [3]; **hacer** — to pay attention [5]; **en** — **de** in case of [14]; **en** — **(de) que** in case that [14]
cassette *f* cassette [5, 13]
castaño(-a) brown, chestnut [3]
castillo *m* castle [13]
casualidad *f* chance; **por** — by chance [9]
casucha *f* shack [13]

catalán *m* Catalán [15]
catástrofe *f* catastrophe [17]
catedral *f* cathedral [11]
catolicismo *m* Catholi-cism [14]
católico(-a) Catholic [14]
catorce fourteen [1]
causa *f* cause; **a** — **de** because of [6]
causar to cause [3]
cazar to hunt [15]
cebolla *f* onion [10]
celebración *f* celebration [14]
celebrar to celebrate [8]
cementerio *m* cemetery [11]
cena *f* dinner, supper [4]
cenar to eat dinner [4]
centavo *m* cent [11, 12]
centenar *m* hundred [13]
centro *m* center, down-town [2]
cera *f* wax [15]
cerca *adv* near [3, 5]; — **de** *prep* near [3]
cercano(-a) close, near [9]
cerdo *m* pork, pig [10]
cereal *m* cereal [3]
cerebro *m* brain [15]
ceremonia *f* ceremony; **maestro(-a) de** —**s** master of ceremonies [13]
cereza *f* cherry [10]
cero *m* zero [1]
cerquita *dim of* **cerca** near [10]
cerrar (ie) to close [2, 4]
cerro *m* hill [6]
certeza *f* certainty [9]
certificado *m* certificate [8]
cerveza *f* beer [10]
césped *m* lawn [5]
cielo *m* sky [15]
ciento (cien) a (one) hundred [1]; **por** — percent [10]
cierto(-a) certain, true [1, 17]; **es** — it's true [1, 6]

cigarrillo *m* cigarette [16]
cinco five [1]
cincuenta fifty [1]
cine *m* movies [1, 4]
cínico(-a) cynical [18]
cinta *f* tape, ribbon [5]
cinturón *m* belt [9, 18]; — **de seguridad** safety belt [16]
círculo *m* circle [6]
circunstancia *f* circum-stance [14]
cita *f* date, appointment [9, 15]
citar to cite, quote [14]
ciudad *f* city [1, 2]
ciudadano(-a) *m f* citizen [16]
civil civil [3]; **estado** — marital status [3]
civilización *f* civilization [11]
clarinete *m* clarinet [1]
claro(-a) light, clear [3]; **¡Claro!** Of course! [5]; — **que sí** of course (it's so) [4]
clase *f* class [1], kind [13, 18]
clásico(-a) classical [1]
clave *f* key, code; — **de área** area code [10]
cliente *m* customer, client [10]
clima *m* climate [6]
clínica *f* clinic [12]
club *m* club; — **noc-turno** nightclub [14]
cobra *f* cobra [11]
cobrar to charge, collect; to cash [10, 12]; **llamar por** — to call collect [10]
cobro *m* charge; **llamada de** — **revertido** collect call [10]
cocer (ue) to cook, boil [7, 10]
coche *m* car [1, 2]
cochera *f* garage [5]
cocina *f* kitchen [1]
cocinar to cook [5]
cocodrilo *m* crocodile [11]

codo *m* elbow [15]; **ha-blar por los** —**s** to talk one's head off [17]
coincidir coincide [17]
cola *f* tail; **hacer** — to stand in line [1, 14]
colectivo *m* city bus (Ar-gentina) [11]
colegio *m* elementary school [9]
colgar (ue) to hang (up) [10]
colmo *m* summit; **para** — **de males** to top it off [11]
colonia *f* colony [4]
color *m* color [3]; **¿de qué** —**?** (of) what color? [3]
coma *f* comma [6]
comadrona *f* midwife [15]
combinación *f* combina-tion [10]
combinar to combine [11]
comedor *m* dining room [7]
comentar to comment (on) [11]
comentario *m* comment [14]
comenzar (ie) to begin [14]; — **a** + *inf* to be-gin + *inf*
comer to eat [1]; —**se** to eat up [10]; **aquí se come bien** the food is good here [12]; **algo de** — something to eat [14]
comestibles *m pl* grocer-ies [4]
cometa *m* comet [11]
cómico(-a) comical, funny [11]
comida *f* food [1]; meal, dinner [7, 10] — **ráp-ida** fast food [3]; **cama y** — room and board [12]
comisión *f* commission, fee [16]
comité *m* committee [13]

como as, like [3]; since, as [13]; — **si** as if [15]
¿cómo? how? [1]; what?, how is that? [2]; by what means?, in what manner? [16]; **¡Cómo canta!** How she sings! [11]; **¿Cómo es?** What is he/she like? [2]; — **no** of course [13]
cómodo(-a) comfortable [9, 17]
compadrazgo *m* system of godfather [14]
compañero(-a) *m f* companion [2]; — **de cuarto** roommate [1]
compañía *f* company [8, 15]
comparar to compare [3]
compartir to share [7]
complacer (zc) to please [13]
completar to complete, fill [4]
completo(-a) complete, full [2, 16] **por —** completely [14]
complicarse to become complicated [13, 18]
componer (*like* **poner**) to compose [17]
composición *f* composition [1, 3]
compra *f* purchase [11, 14]; **ir de —s** to go shopping [3, 14]
comprar to buy [1]
comprender to understand [1, 10]
comprensión *f* understanding [10]
comprometerse (con) to become engaged (to) [17]
compromiso *m* engagement [18]
compuesto(-a) compound, complex [9]; composed [17]
computación *f* computer science [8]
computadora *f* computer [3]

común(-unes) common [4, 13]
comunicar to communicate [8]
comunismo *m* communism [16]
comunista *m f* communist [16]
con with [1, 2]
concierto *m* concert [5]
concluir (y) to conclude [18]
concreto(-a) concrete [10]
condición *f* condition [5]
conducir (zc) to conduct [13]; to drive [5]; **licencia de —** driver's licence [5]
conductor *m* driver [17]
conectar to connect [4]
conferencia *f* lecture [10, 12]
confiado(-a) confident [8, 15]
confianza *f* confidence, trust [8, 10]
confitería *f* confectionary [4]
confites *m pl* sweets, candy [4]
confusión *f* confusion [17]
congelador *m* freezer [6]
congestión *f* congestion [15]
conjunto *m* music group [13]
conmemorar to commemorate [15]
conmigo with me [4]
conocer (zc) to know; to meet, become acquainted with [1, 4]; **—se** to get acquainted [9]
conocido(-a) *adj* (well-)known, familiar [10]; *m f* acquaintance [10, 17]
conque so [2]
conquista *f* conquest [14]
conquistador *m* conquistador, conqueror [11]

conseguir (i, i) to get, obtain [8, 12]
consejo *m* piece of advice [8]; *pl* advice, counsel [8, 10]
considerar to consider [2]
constante constant [16]
constipado(-a) stuffed up [9]
construido(-a) constructed [13]
construir (y) to build [14, 17]
consulta *f* consultation [15]
consultar to consult [15]
consultorio *m* doctor's office [15]
consumir to consume [12]
contacto *m* contact [18]; **ponerse en — con** to get in touch with [18]
contado: al — (with) cash [5]
contaminación *f* contamination [17]
contar (ue) to count [1]; to tell [4] **— con** to count on [8]
contenido *m* contents [16]
contento(-a) happy, pleased [1]
contestación *f* answer [10]
contestar to answer [1]
contigo with you [3, 6]
continental continental [10]
continuación *f* continuation; **a —** below, following [3]
continuar to continue [3, 13]
contra against [15]; **el pro y el —** the pros and cons [15]
contrabando *m* contraband [18]
contrario(-a) contrary; **al — ** on the contrary [18]

contratar to contract, hire [13]
contrato *m* contract [17]
control *m* control [14]; **— de seguridad** security check [16]
convencer to convince [10]
convenir (*like* **venir**) to be suitable [11]
conversación *f* conversation [1]
conversar to converse [3, 4]
convidar to invite, treat [12]
copia *f* copy [17]
copo *m* flake [18]
corazón *m* heart [15]
corbata *f* tie [14]
cordero *m* lamb [10]
cordial cordial [17]
correcto(-a) correct [6]
corredor *m* corridor [3]
correo *m* mail [11]; **oficina de —s** post office [11]
correr to run [5]; **salir corriendo** to go running out [8]
correspondencia *f* correspondence [18]
corrida *f* course; **— de toros** bullfight [14]
corrido *m* Mexican ballad [13]
cortaplumas *m* penknife [9]
corto(-a) short [3, 12]
cosa *f* thing [1]; **—s así** things like that [2]; **¿Qué—!** What do you know! [2, 11]
cosita *f* little thing; **otra —** something else [7]
costa *f* coast [2, 17]
costar (ue) to cost [4]; **¿Cuánto cuesta?** How much does it cost? [4]; **Me cuesta** + *inf* It's hard for me + *inf* [15]
costo *m* cost [6]; **— de la vida** cost of living [12]

costoso(-a) costly [15]
costumbre *f* custom [2, 12]
creación *f* creation [5]
crear to create [17]
crecimiento *m* growth [17]
crédito *m* credit [15]; tarjeta de — credit card [12, 16]
creencia *f* belief [11]
creer (y) to believe, think [1, 3]; Creo que sí I think so [1]
criada *f* maid [5]
criarse to be reared, grow up [9]
Cristo Christ; después de — A.D. [14]
criticar to criticize [10]
cruel cruel [11]
cruzar to cross [11]
cuaderno *m* notebook [1]
cuadra *f* block; a dos — two blocks away [11]
cuadro *m* picture, painting [7]
cual: el —, la —, los —es, las —es who, whom, which [16]; cada — each one [14]
¿cuál? which (one)?, what? [1, 16]
cualidad *f* quality [15]
cualquier(a) any, some, anyone [10, 15]
cuando when [2]
¿cuándo? when? [1]
cuanto(-a) all (the); en — a regarding [7, 14]
¿cuánto(-a)? how much? [1]; ¿cuántos(-as)? how many? [1]
cuarenta forty [1]
cuarto(-a) fourth [2]; *m* room [1]; quarter [13]
cuatro four [1]
cuatrocientos(-as) four hundred [6]
cubano(-a) Cuban [14]
cubierto(-a) (see cubrir) covered [7]; *m* place setting [12]

cubrir to cover [1, 7]
cuchara *f* spoon [10]
cuchillo *m* knife [10]
cuello *m* neck [15]
cuenta *f* bill [3]; check, account [12]; darse — (de) to realize [11]; tomar en — to take into account [12]; — corriente checking account [16]; — de ahorros savings account [16]; por tu (mi) — on your (my) own [17]
cuento *m* story [3]
cuerda *f* rope [9]
cuero *m* leather [10, 18]
cuerpo *m* body [15]
cuidado *m* care [6]; tener — to be careful [6]; no tengas — don't worry; con — carefully [14]
cuidarse to take care of oneself [15]
culpa *f* blame [14]; tener la — to be to blame [14]
culto(-a) cultured [18]
cultura *f* culture [3]
cumpleaños *m* birthday [1]
cumplir fulfill, carry out [13, 16]; — años to have a birthday [11, 14]
cuñado(-a) brother-in-law (sister-in-law) [8]
curandero *m* folk doctor [15]
curioso(-a) curious [16]
curso *m* course, class [8, 15]

ch

chaqueta *f* jacket [7]
charlar to chat [9, 12]
chau so long, ciao [4, 15]
cheque *m* check [11, 12]; pagar con — to pay by check [12]; — de viajero traveler's check [14, 16]
chequeo *m* check(up) [6]

chequera *f* checkbook [16]
chica *f* girl [1, 2]
chico(-a) small [8]; *m* boy; —s boys (and girls) [2]
chile *m* chili [7]
chileno(-a) Chilean [2]
chimpancé *m* chimpanzee [11]
chino(-a) Chinese [1]
chiste *m* joke [4]
chocante shocking, offensive [14]
chocar (con) to hit, run into [17]
chocolate *m* chocolate [1]
choque *m* accident, crash [17]

d

dama *f* lady [16]
dar *irr* to give [3, 6]; to hit [16]; — vergüenza to embarrass [9]; — un susto to frighten, startle [11]; — sueño to make sleepy [12]; me da igual it's all the same to me [12]; — un examen to take an exam [12]; — la mano to shake hands [3]; — se cuenta to realize
de of, from, as, about, with, in, for [1, 2]; ¿— quién? whose? [5]; más — more than [2, 5]; — + *inf* if [15]
debajo de under, below [10]
deber should, ought, must [3, 6]; to owe [7]
debido(-a) owed; — a due to [13]
débil weak [15]
decidido(-a) decided, determined [16]
decidir to decide [4, 14]; —se to make up one's mind [13]
décimo(-a) tenth [1, 2]

decir *irr* to say, tell [1, 4]; se dice one says (you say) [2]; quiere decir it means [2]; le dicen they call him/her [2]; es — that is (to say) [8]
decisión *f* decision [8]; tomar decisiones to make decisions [10]
declaración *f* declaration [5, 18]
declarar to declare [18]
decorar to decorate [13]
dedicación *f* dedication [17]
dedicar to dedicate [3]
dedo *m* finger [15]; — del pie toe [15]
defender (ie) to defend [10]; —se to manage, get by [18]
definición *f* definition [1]
definitivo(-a) definitive, final [16]
dejar to leave [7]; — de to stop [8, 14], to fail [18]; to let, allow [11, 14]
del (de + el) of the [1, 2]
delante de in front of [11]
delgado(-a) slender [2]
demandar to demand [10]
demás: los —, las — the others, the rest [10]
demasiado(-a) too much, too many [8, 17]; *adv* too much, too [4, 8]
demostrar (ue) to show, demonstrate [13]
dentro *adv* inside [5]; — de *prep* within, inside of [1, 5]
departmento *m* apartment [3]
depender (de) to depend (on) [9, 13]
dependiente(-a) *m f* clerk [14]
deporte *m* sport [1, 5]

deportivo(-a) sport, sports **[18]**
depositar to deposit [10]
depósito *m* deposit [16]; tank [17]
deprimente depressing [14]
deprimidò(-a) depressed [7, 8]
derecho(-a) right **[11]**; **a la derecha** to the right **[11]**; *adv* straight ahead **[11]**; *m* right **[12]**; **—s de aduana** duty [18]
desafío *m* challenge [12]
desagradar to displease [14]
desanimar to discourage **[10]**
desaprobado(-a) failing [15]
desarrollar to develop [11]
desarrollo *m* development [16]
desayunar(se) to eat breakfast [1, 7]
desayuno *m* breakfast **[1]**
descansar to rest **[7]**
descanso *m* rest, break **[15]**
descendiente *m f* descendent [17]
descenso *m* descent [16]
descolgar (ue) to unhook, lift (telephone receiver) [10]
descompuesto(-a) out of order [18]
desconocido(-a) unknown [8]
descremado(-a) low-fat, skim [10]
describir to describe [2]
descrito(-a) *(see* **describir***)* described [11]
descubierto(-a) *(see* **descubrir***)* discovered [17]
descubrimiento *m* discovery [6]
descubrir to discover [17]

desde *prep* since [2], from [1, **4**]; **— que** *conj* since [16]; **— luego** of course [14]
deseable desirable **[16]**
desear to desire [10, **14**]
desempleado(-a) unemployed [16]
desempleo *m* unemployment [16]
deseo *m* desire, wish **[8]**
desfile *m* parade [15]
desgracia *f* misfortune; **¡Qué —!** How unfortunate! **[11]**
desgraciadamente unfortunately **[17]**
deshonesto(-a) dishonest [8]
desierto *m* desert [17]
desnudo(-a) naked, nude [11]
despacio slowly **[2]**
despacho *m* office **[18]**
despedida *f* farewell [4, 18]
despedir (i, i) to see off; **—se (de)** to say good-bye (to) [1, **18**]
despegue *m* takeoff [16]
despensa *f* pantry **[7]**
despertador *m* alarm clock [7]
despertar(se) (ie) to wake up [6, **7**]; **— solo(-a)** to wake up by oneself [11]
despierto(-a) awake **[11]**
después *adv* afterward, later, next [1, **5**]; **— de** *prep* after [1, **5**]; **— (de) que** *conj* after [2, **5**]
desquitarse to get even [16]
destino *m* destiny [14]
destruir (y) destroy [14]
desventaja *f* disadvantage [18]
detalle *m* detail [9, **17**]
determinación *f* determination [5]
determinar to determine [12]

detrás de behind **[11]**
deuda *f* debt **[17]**
devolver (ue) to return [10, 11]
día *m* day **[1]**; **Buenos —s** Good morning **[1]**; **algún —** some day **[4]**; **todos los —s** every day [3, **4**]; **cada —** each day, every day **[8]**; **— del santo** saint's day [1]; **— feriado** holiday [15]; **ocho —s** a week [15]
diabetes *f* diabetes [15]
diablo *m* devil [13]
dialecto *m* dialect [15]
diapositiva *f* slide [9, 16]
diario(-a) daily **[7]**; *m* diary, journal [9], newspaper [10]
diarrea *f* diarrhea **[15]**
dibujar to draw, sketch [11]
dibujo *m* drawing [1, **3**]; **—s animados** cartoons **[13]**
diciembre *m* December **[1]**
dictar to dictate [3]
dicho(-a) *(see* **decir***)* said; **bien —** well said **[8]**; **mejor —** rather [17]; **dejar —** to leave word; **— y hecho** no sooner said than done [16]; *m* saying [17]
diecinueve nineteen **[1]**
dieciocho eighteen **[1]**
dieciséis sixteen **[1]**
diecisiete seventeen **[1]**
diente *m* tooth **[7]**
diez ten **[1]**
diferencia *f* difference **[2]**
diferente different **[2]**
difícil difficult **[4]**
dificultad *f* difficulty [11]
digno(-a) honorable, worth [11]
diligencia *f* diligence; **con —** diligently [10]
dinero *m* money **[1]**; **— en efectivo** cash **[16]**

Dios God [3]; **por —** for heaven's sake [7]
diplomado(-a) having a diploma [8]
dirección *f* address, direction **[1]**
directamente directly [10]
directo(-a) direct [16]
director(a) *m f* director [9]
dirigir to direct, lead **[16]**
disco *m* record [5]; dial, disk [10]
discoteca *f* discotheque [6, **14**]
disculpar to excuse [7]
discutir to argue, discuss [12]
disgusto *m* displeasure [17]
dispensar to excuse, pardon [12]
dispuesto(-a) willing, disposed [10, **12**]
disputa *f* dispute [12]
distancia *f* distance [3]; **de larga —** long-distance [8]
distinguir to distinguish [9]
distinto(-a) different [4, 18]
distraído(-a) distracted [16]
distrito *m* district [7]
diversión *f* entertainment [8, **14**]
divertido(-a) funny, enjoyable, fun **[11]**
divertirse (ie, i) to have a good time, enjoy oneself [7]; **¡Que te diviertas!** Have a good time! **[13]**
dividir to divide (up) [11]
doblar to turn **[11]**; to dub [15]
doble double **[16]**
doce twelve **[1]**
docena *f* dozen [11]
doctor(a) *m f* doctor **[1]**

doctorado m   doctorate [8]

documental m   documentary [17]

documento m   document [16]

dólar m   dollar [12]

doler (ue)   to hurt, pain [15]

dolor m   pain, ache [15]; — **de cabeza**   headache [15]

domar   to tame [11]

domicilio m   domicile, home [8]

domingo m   Sunday [1]

don   title of respect for men [2]

donador(a) m f   donor [10]

donde   where [2, 5]

¿dónde?   where? [1]

doña   title of respect for women [2]

dormido(-a) (see **dormir**)   asleep [7]; **quedarse** —   to fall asleep [8]

dormir (ue, u)   to sleep [4]; —**se**   to go to sleep, fall asleep [7]; — **como un tronco**   to sleep like a log [14]

dormitorio m   bedroom [2, 7]

dos   two [1]; **las** —   two o'clock [1]; **los/las dos**   both, the two [3]; **de** — **en** —   by two's, two by two [1]

doscientos(-as)   two hundred [1, 6]

drama m   drama [16]

droga f   drug [4, 18]

ducha f   shower [16]

ducharse   to shower [7]

dueño(-a) m f   owner [14]

dulce adj   sweet [18]; m pl   candy, sweets [4]

dulcería f   candy shop [4]

durante   during [2, 8]

durar   to last [4, 18]

durazno m   peach [10]

duro(-a)   hard, harsh [4];

adv   hard; **trabajar** — to work hard [6]

e

e   and (instead of y before the sound i) [3]

echar   to throw [8]; — **una siesta**   to take a nap [7]; — **de menos** to miss [8]; —**se**   to lie down [16]

economía f   economy [16]

económico(-a)   economical [6], economic [15]

edad f   age [3]; — **Media**   Middle Ages [13]

edificio m   building [11]

educación f   education [5, 15]

educar   to educate; —**se**   to become educated [11]

educativo(-a)   educational [8]

EE.UU. (Estados Unidos)   United States [17]

efectivo m   cash; **pagar en** —   to pay cash [12, 16]

efecto m   effect; —**s personales**   personal effects [16]

eficaz   effective [8]

ejemplo m   example [2]; **por** —   for example [2]

ejercer (z)   to practice [4]

ejercicio m   exercise [2]

ejército m   army [16]

el   the [1]; **un dólar** — **litro**   one dollar per liter [12]

él   he [2, 3], him [6]; **de** — his [5]

elección f   election [5]

electricidad f   electricity [5]

elefante m   elephant [4]

elegancia f   elegance [10]

elegante   elegant [9]

elegir (i, i)   to choose, elect [8]

eliminar   to eliminate [3]

elogiar   to praise [10]

ella   she [3]; her [6]; **de** — her, hers [5]

ellas   they [3], them [6]; **de** —   their, theirs [5]

ellos   them [1, 6], they [3]; **de** —   their, theirs [5]

embarazada adj   pregnant [9]

embargo: sin —   nevertheless, but [4]

emoción f   emotion [15]

emocionante   exciting [16]

empacar   to pack [14]

empanada f   meat pie, turnover [10]

emparedado m   sandwich [6]

empatado(-a)   tied (game) [15]

empezar (ie)   to begin, start [1, 4]; — **a** + inf to begin, start to + inf [4, 14]

empleado(-a)   used, employed [3]; m f   employee, clerk [16]

emplear   to employ [12]

empleo m   job, employment [4, 8]

empresa f   company, firm [3]

en   in, on; [1], at [3], into, about [6]; **de país** — **país**   from country to country [2]

enamorar   to court [12]; —**se (de)**   to fall in love (with) [14]

encaminado(-a) (see **encaminar**)   directed, channeled [12]

encaminar   to direct, put on the right road [12]

encantador(a)   charming, delightful [17]

encantar   to delight, charm [5]

encanto m   charm, delight [18]

encargarse (de)   to take charge (of) [13]

encender (ie)   to ignite [15]

encontrar (ue)   to find, encounter [3, 4]; —**se** to find oneself, be [4, 7]; —**se (con)**   to meet, run across [7]

encuesta f   survey, poll [3]

encuestar   to survey, poll [17]

endosar   to endorse [16]

enemigo m   enemy [11]

enero m   January [1]

enfermar(se)   to get sick [10, 18]

enfermedad f   illness, disease [15]

enfermera f   nurse [15]

enfermo(-a)   ill, sick [1]

enfriarse   to get cold [18]

engañar   to deceive [8, 10]

enojado(-a) (see **enojar**)   angry [7]

enojar   to anger [7]; —**se**   to get angry [7]

ensalada f   salad [4]

enseñar   to teach [2]; to show [11]; — **a** + inf to teach to [12, 14]

entender (ie)   to understand [2, 4]

entendido: tener —   to understand [13]

entendimiento m   understanding [18]

enterado(-a) (see **enterarse**)   aware, informed [14]

enterarse   to find out, become informed [9, 15]

entero(-a)   entire, whole [13]

entonces   then [2]

entrada f   ticket; admission [14]

entrar   to enter [1, 2]

entre   between, among [1, 2]

entregar   to deliver, hand to [7, 11]

entretanto   meanwhile [6]

entretener (*like* **tener**) to entertain, keep busy [13]

entrevista *f* interview [4]

entristecerse to become sad [18]

entusiasmo *m* enthusiasm [11]

enviar(í) to send [14]

época *f* era, epoch [8]

equilibrio *m* balance [9]

equipaje *m* luggage [6]; **— de mano** hand luggage [16]

equipo *m* equipment [3, 15], team [11, 15]

equitación *f* horseback riding [15]

equivocado(-a) (*see* **equivocarse**) mistaken [7]

equivocarse to make a mistake [7]

erróneo(-a) erroneous [10]

error *m* error [16]

escala *f* scale [7]; **hacer —** to make a stop [16]

escalera *f* stairs [8]

escalofrío *m* chill [15]

escaparse to escape [18]

escena *f* scene [1]

escoba *f* broom [7]

escoger to choose [5, 14]

escolar *adj* school [18]

escolástico(-a) scholastic [7]

escorpión *m* scorpion [7]

escribir to write [1, 2]

escrito(-a) (*see* **escribir**) written [7]

escritura *f* deed [7]

escuadrón *m* squadron [7]

escuchar to listen (to) [5]

escuela *f* school [2]; **— primaria** elementary school [15]; **— secundaria** secondary (high) school [15]

ese, esa that [4]; **esos(-as)** those [4]

ése, ésa that (one) [4]; **ésos(-as)** those [4]

esfuerzo *m* effort [18]

eso *pron* that [1, 4]; **por —** for that reason, that's why [1, 2] **a — de** + *time* at about [6]

espacio *m* space [7]

espalda *f* back [11, 15]

España Spain [3]

español(a) (*adj*) Spanish [3]; *m* Spanish (language) [1]; *m f* Spaniard [3]

especial special [4]; **en —** especially [13]

especialidad *f* specialty [10]

especializado(-a) specialized [4]

especializarse to major, specialize [12]

especialmente especially [4]

específico(-a) specific [7]

espectacular spectacular [7]

espectáculo *m* spectacle, event [12]; **centro de —s** special events center [12]

espectador *m* spectator [7]

espejo *m* mirror [18]

espera *f* wait; **sala de —** waiting room [1]

esperanza *f* hope [12]

esperar to wait (for) [2]; to hope [4]

espiritual spiritual [7]

espléndido(-a) splendid [7]

esposa *f* wife [1, 2]

esposo *m* husband [2]; *pl* husband and wife [2]

esquí *m* ski, skiing [8, 15]; **— acuático** water skiing [15]

esquina *f* corner [11]

establecer (**zc**) to establish [14]; **—se** to settle [17]

estación *f* season [6]; **— de servicio** service station [11, 12]

estacionado(-a) parked [4]

estacionamiento *m* parking [12]

estadio *m* stadium [12]

estado *m* state [3]; **los —s Unidos** the United States [3]

estadounidense (North) American [3]

estampilla *f* stamp [11]

estancia *f* stay [4, 17]

estanque *m* pool [9]

estar *irr* to be [1, 3]; **— para** to be about to [6]; **— de** to (serving) as [9]

estatua *f* statue [7]

estatura *f* height [3, 16]

este, esta this [1, 4]; **estos(-as)** these [1, 4]

este *m* east [9]

éste, ésta this (one), the latter [4]; **éstos(-as)** these [4]

estéreo *m* stereo [4, 7]

estilo *m* style [5]; **al —** in the style [10]; **por el —** of the sort [11]

esto *pron* this [4]; **en —** at this point [4]

estómago *m* stomach [15]

estrecho(-a) narrow [17]

Estrellita *f* little star (*title*) [13]

estreñido(-a) constipated [9]

estreñimiento *m* constipation [15]

estricto(-a) strict [9]

estudiante *m f* student [1]

estudiantina *f* group of student minstrels [13]

estudiar to study [1]

estudio *m* study [4]

estupidez *f* stupidity [7]

étnico(-a) ethnic [17]

europeo(-a) European [7]

evento *m* event [13]

exactamente exactly [12]

exacto(-a) exact [15]

exagerar to exaggerate [9]

examen *m* exam(ination) [1, 2]; **dar (sufrir) un —** to take an exam [6]

examinar to examine [15]; **—se** to take a test [12]

excedente *m* surplus [17]

exceder to exceed [17]

excelente excellent [7]

excepto except [17]

exclamación *f* exclamation [11]

excluir (y) to exclude [13]

excusa *f* excuse [13]

excusado *m* toilet [9]

exigente demanding, tough [11]

exigir to demand [17]

existir to exist [8]

éxito *m* success [6]; **tener —** to be successful [6]

expediente *m* file [11]

experiencia *f* experience [8]

explicar to explain [6, 11]; **—se** to make oneself clear [14]

expresar to express [8]

extenso(-a) extended, extensive [2]

externo(-a) external, foreign [17]

extranjero(-a) *adj* foreign [10]; *m f* foreigner [12]; **al —** abroad [11]

extraño(-a) strange [6, 15]

f

fábrica *f* factory [9, 15]

fabricación *f* manufacture [18]

fabricar to manufacture [3, 17]

fabuloso(-a) fabulous [15]

facción *f* faction [17]; *pl* features [12]

fácil easy **[4]**
facilitar to facilitate [16]
fácilmente easily, with ease [7]
facturar to check [1, **16**]
facultad *f* school, department [4]
falda *f* skirt **[3]**
falso(-a) false [2]
falta *f* lack **[15]; hacer —** to be needed [10, **11**]
faltar to miss, be missing (lacking) [2, **11**]; **faltaban quince minutos para las siete** it was fifteen to seven [11]; **— a la clase** to miss class **[15]**
fallas *f pl* Valencian celebrations [15]
fama *f* fame [12]
familia *f* family [1, **2**]; **en —** with one's family [8]
familiar *adj* family [13]; *m f* family member, relative [8, **14**]
famoso(-a) famous [6]
fantasía *f* fantasy [10]; **joyas de —** costume jewelry [10]
fantástico(-a) fantastic **[13]**
farmacéutico(-a) *m f* pharmacist [15]
farmacia *f* pharmacy [4, **12**]
faro *m* headlight [17]
fascismo *m* fascism [16]
fascista *m f* fascist [16]
favor *m* favor **[2]; por —** please **[2]; (hacer el) — de** + *inf* please **[10]**
favorable favorable [15]
favorito(-a) favorite [6, **10**]
fe *f* faith **[17]**
febrero *m* February **[1]**
fecha *f* date **[1]**
federal federal [7]
felicitar to congratulate [12, **13**]
feliz happy [8, **13**]
feo(-a) ugly **[2]**

feriado(-a): día — holiday [15]
feroz ferocious [12]
festejar to celebrate [18]
festival *m* festival [14]
festivo(-a) festive [13]
ficha *f* token [10]
fideos *m pl* noodles **[10]**
fiebre *f* fever **[15]**
fiel faithful [5]
fiesta *f* party **[1]; hacer una —** to give a party [13]
figura *f* figure [16]
fijar to fix, set [16]; **—se (en)** to notice [7, **12**]
fijo(-a) fixed, set [14, **15**]
fila *f* row, line [5]
filosofía *f* philosophy [4]
fin *m* end [4]; **— de semana** weekend **[4]; por —** finally [14]
final final [6]
firmeza *f* firmness [14]
física *f* physics [4]
físico(-a) physical [7]
flauta *f* flute [13]
flojo(-a) lazy **[11]**
flor *f* flower **[5]**
folklórico(-a) *adj* folk [13]
forma *f* form, way, manner [6, **14**]
formación *f* training **[18]**
formal *adj* formal [3]
formalidad *f* formality [6]
formar to form [2]
formulario *m* form [11]
fortuna *f* fortune, luck **[16]**
forzoso(-a) forced [17]
foto(grafía) *f* photo(graph) [4, **10**]; *f* photography [16]
fracaso *m* failure [16]
fractura *f* fracture [16]
francamente frankly [1, **2**]
francés(-esa) *adj* French **[3];** *m* French (language) [2, **3**]
Francia France **[3]**
franco(-a) frank [2]

frase *f* phrase, sentence [4]
frazada *f* blanket [18]
frecuencia *f* frequency [4]; **con —** frequently [6] **con poca —** infrequently [4]; **¿Con qué —?** How often? **[8]**
frecuente frequent [4]
frecuentemente frequently [9]
freír (i) to fry **[10]**
frenético(-a) frantic, wild [9]
frente *m* front [5]; **al —** in front [5]; **en — de** in front of [16]; *f* forehead **[12]**
fresa *f* strawberry **[10]**
fresco(-a) cool, fresh **[5]; fresco** *m* cool(ness) **[5]; hacer —** to be cool **[6]**
frijol *m* bean [2]
frío(-a) cold [1, **6**]; *m* cold, coldness **[6]; hacer —** to be cold **[6]**
frito(-a) fried **[4]**
frontera *f* border [8]
frontón *m* game similar to racquetball [15]
frustrado(-a) frustrated [8]
fruta *f* fruit **[4]**
fuego *m* fire [15]; **—s artificiales** fireworks [15]
fuente *f* source [12]
fuera de outside (of) [7, **17**]
fuerte *adj* strong **[2];** *adv* hard **[6]**
fuerza *f* strength, force **[15]**
Fulano de Tal John Doe, so-and-so [10]
fumar to smoke [9]
función *f* performance, function [13, **14**]
funcionar to work, function **[15]**
funcionario *m* official [18]
furioso(-a) furious [18]

fútbol *m* soccer; **— americano** football [1]
futuro(-a) *adj* future [8]; *m* future [15]

g

galón *m* gallon [12]
galleta *f* cracker, cookie [1, **4**]
ganado *m* cattle [8]
gana *f* desire [6]; **tener —s (de)** to want (to), feel like **[6]**
ganar to win, earn [4, **5**]
ganga *f* bargain [11]
garganta *f* throat; **dolor de —** sore throat [15]
gas *m* gas **[12]**
gasolina *f* gasoline [6, **17**]
gastar to spend (money) **[5]**
gasto *m* expense **[12]**
gato *m* cat [5]; car jack [17]
general general [4]; **por lo —** generally [4, **7**]
generalmente generally [3]
género *m* genre, kind [16]
generoso(-a) generous [10, **11**]
gente *f* people [1, **2**]; **mucha —** a lot of people [2]
geografía *f* geography [15]
gerente *m* manager [15, **16**]
gesto *m* gesture [8]
gigantesco(-a) gigantic [15]
gimnasia *f* gymnastics [15]
gimnasio *m* gymnasium [12]
giro *m* draft; **— postal** money order [12]
gobernar (ie) to govern [12]
gobierno *m* government [12]
gol *m* goal [8, **15**]

golf *m*   golf [8]

golpe *m*   blow, strike **[16]**

golpear   to strike, hit **[16]**

goma *f*   rubber [18]

gordo(-a)   fat **[2]**

gorila *m*   gorilla [11]

gozar (de)   to enjoy [9]

grabadora *f*   recorder **[7]**

grabar   to record [15]

gracia *f*   grace [10]; *pl* thank-you, thanks **[1]**; **hacerle —**   to strike as funny [9]

gracioso(-a)   funny [9]

grado *m*   degree [10]

graduarse (ú)   to graduate [8, **15**]

gráfico *m*   graph, chart [8]

gramática *f*   grammar [1]

grande, gran   large, big, great **[1]**

granjero *m*   farmer [11]

gratitud *f*   gratitude [10]

grave   serious [15, **17**]

gripe *f*   flu, grippe **[15]**

gris   grey **[3]**

gritar   to shout **[9]**

grito *m*   shout [16]

grosería *f*   vulgarity, rudeness; coarse word [14]

grosero(-a)   vulgar, crude [9, **14**]

grupo *m*   group [1, **5**]

guapo(-a)   good-looking **[2]**

guaraní *m*   Paraguayan monetary unit [16]

guardar   to put away, keep [6, **10**]

guerra *f*   war [4]

guía *f*   guide [15], guidebook [17]; **— telefónica**   telephone directory [5]

guisante *m*   pea [10]

guitarra *f*   guitar [4, **13**]

guitarrón *m*   large guitar [13]

gustar   to be pleasing; to like [1, **5**]; **me gustaría**   I would like **[4]**

gusto *m*   pleasure [1]; **el — es mío**   it's my pleasure [1]; **mucho — en conocerte(lo/la)**   I'm pleased to meet you **[5]**; **con (todo) —**   gladly, with (much) pleasure [5, **8**]; taste [5, **14**]; **de buen —**   in good taste [5]

h

haber *irr*   to have, be [1, **10**]; **hay, había, hubo, ha habido**   there is (are), was (were), has been (have been) **[10]**; **— de**   to be (supposed) to **[10]**; **hay que**   it is necessary **[10]**

habichuela *f*   bean [10]

hábil   skillful, able [15]

habilidad *f*   ability [14]

habitación *f*   room [11, **16**]

habitante *m f*   inhabitant [5]

hábito *m*   habit [17]

habitual   habitual [13]

habla *f*   speech [9]; **de — española (hispana)**   Spanish-speaking [8]

hablar   to speak, talk [1]; **habla Fulano de Tal**   this is John Doe (speaking) **[10]**

hacer *irr*   to make, do [1, **4**]; to cause [11, **14**]; to be (weather) **[6]**; **hace** + *time*   for [1, **6**], ago [3, 8]; **desde hace tres años**   since three years ago; **— el favor (de)**   please **[10]**; **— falta**   to be needed [10, **11**]; **—se**   to become, get [10, **18**]; **se hace tarde**   it's getting late **[10]**; **—se amigos**   to become friends [17]

hacia   toward [4]

hacienda *f*   ranch [8]

haló   hello (telephone) [10]

hambre *f*   hunger [1]; **tener (mucha) —**   to be (very) hungry **[6]**

hamburguesa *f*   hamburger sandwich **[4]**

hasta *prep*   to, as far as [1]; until [2, **14**]; **— mañana (luego)**   see you tomorrow (later) [2]; *adv*   even **[12]**; **— que** *conj*   until [9, **14**]

hay *(see* **haber***)*   there is (are) **[1]**

hecho(-a) *(see* **hacer***)*   done, made **[7]**; **dicho y —**   no sooner said than done [16]; *m*   fact [10]; **de —**   in fact [10]; **el — de que**   the fact that [17]

helado *m*   ice cream [4, **6**]

hemisferio *m*   hemisphere [6]

heredar   to inherit [15]

hermana *f*   sister **[2]**

hermano *m*   brother [1, **2**]; *pl*   brothers (and sisters) **2**

hermoso(-a)   beautiful [4, **9**]

herramienta *f*   tool **[18]**

hervir (ie, i)   to boil [10]

hidalgo *m*   nobleman [16]

hielo *m*   ice [6]

hija *f*   daughter **[2]**

hijo *m*   son [1, **2**]; *pl*   sons (and daughters), children **[2]**

hipopótamo *m*   hippopotamus [11]

hispánico(-a)   Hispanic [4]

hispano(-a)   Spanish, Hispanic [3]; **de habla hispana**   Spanish-speaking [8]

hispanohablante *adj*   Spanish-speaking [2]; *m f*   Spanish speaker [3]

historia *f*   history; story [1, **4**]

historial *m*   record; **— médico**   medical history [15]

hocico *m*   snout [11]

hogar *m*   home **[12]**

hoja *f*   sheet [1]; leaf [9]

¡Hola!   Hi! **[1]** hello [9]

hombre *m*   man **[2]**

hombro *m*   shoulder [15]

honor *m*   honor [14]

honradez *f*   honesty **[18]**

hora *f*   hour, time **[1]**; **¿Qué — es?**   What time is it? **[1]**; **¿A qué —?**   At what time? **[1]**; **es hora de**   it's time to [1]; **ya es —**   it's time [2]; **— de Buenos Aires**   Buenos Aires time [9]

horario *m*   schedule **[15]**

horror *m*   horror [15]; **¿Qué —!**   How horrible! **[11]**

hospital *m*   hospital [15]

hospitalidad *f*   hospitality [10]

hotel *m*   hotel [4, **11**]

hoy   today **[1]**; **— día**   today, nowadays [14]

huésped *m*   guest; **casa de —es**   boardinghouse [12]

huevo *m*   egg **[3]**

humanidad *f*   humanity [16]

humanismo *m*   humanism [16]

humano(-a)   human [11]

humildad *f*   humility [12, **18**]

humilde   humble **[11]**

humo *m*   smoke [16]

¡Huy!   Darn!, Ouch! [6]

i

idea *f*   idea [4], **la menor —**   the slightest idea [4]

ideal   ideal [16]

idealista *m f*   idealist [16]

idéntico(-a)   identical [11]

identificar   to identify [17]

idioma *m*   language [2]

iglesia *f*   church [2]

igual   equal, (the) same [3]; — que   the same as [3]; dar — to be the same [12]

igualmente   the same (to you) [8]

ileso(-a)   unharmed [17]

iluminado(-a)   enlightened [18]

imaginar(se)   to imagine [6, 11]

imitar   to imitate [3]

impacientarse   to become impatient [7]

impaciente   impatient [13, 16]

impar   uneven [1]

impermeable *m*   raincoat [9]

importancia *f*   importance [2, 6]

importante   important [2, 8]

importar   to be important, to matter [3, 11]

imposible   impossible [7, 12]

impotente   powerless [18]

impresión *f*   impression [10]

impresionante   impressive [17]

impresionar   to impress [9]

impreso(-a)   printed [16]

impresor *m*   printer [3]

incapacidad *f*   incapacity [17]

incentivo *m*   incentive [17]

incluir (y)   to include [16]

incómodo(-a)   uncomfortable [3]

incompleto(-a)   incomplete [6]

inconveniente *m*   drawback, objection [13]

indecisión *f*   indecision [16]

independencia *f*   independence [6]

independiente   independent [12]

indicar   to indicate [2]

indígena *m f*   native [14]

indio(-a)   Indian [7]; *m f*   Indian [7]

indiscreción *f*   indiscretion [11]

individualmente   individually [13]

inesperado(-a)   unexpected [14]

inflación *f*   inflation [4]

influencia *f*   influence [12]

información *f*   information [3]

informática *f*   data processing; computer science [3]

ingeniería *f*   engineering [9]

ingenioso(-a)   ingenious [16]

Inglaterra   England [3]

inglés(esa)   English [3]; *m*   English [1]

ingrediente *m*   ingredient [10]

ingreso *m*   income [12]

iniciar   to initiate [15]

inmigración *f*   immigration [3]

inmóvil   motionless [16]

innecesariamente   unnecessarily [17]

inolvidable   unforgettable [9]

inoxidable   rustless, stainless [18]

inquieto(-a)   restless, anxious [11]

inscribirse   to enroll [15]

insensible   insensitive [18]

insignificante   insignificant [16]

insinuación *f*   suggestion [12]

insistir (en)   to insist (on) [5]

inspección *f*   inspection [18]

instalación *f*   installation; *pl*   facilities [12]

instante *m*   instant [15]

instituto *m*   institute [17]

instrucción *f*   instruction; *pl*   directions, instructions [5, 17]

instrumento *m*   instrument [8]

insuficiente   insufficient [17]

insulto *m*   insult [11]

integrante   integrating; parte — integral part [17]

integridad *f*   integrity [6]

inteligente   intelligent [2]

intención *f*   intention [12]

intento *m*   intention, attempt [9]

interés *m*   interest [4, 12]

interesado(-a)   interested [2]

interesante   interesting [2]

interesar   to interest; to concern [11]

interior   interior; ropa — underwear [9]

interlocutor *m*   speaker [3]

internacional   international [2]

internista *m f*   internist [12]

interpretar   to interpret [18]

interrumpir   to interrupt [12]

interrupción *f*   interruption [7]

íntimo(-a)   intimate, close [13]

introducción *f*   introduction [18]

inventar   to invent [3, 17]

investigar   to investigate [3]

invierno *m*   winter [6]

invitación *f*   invitation [3, 4]

invitado(-a) *m f*   guest [9, 13]

invitar   to invite [4]

inyección *f*   shot; poner una —   to give a shot [15]

ir *irr*   to go [1, 4]; —se   to go away, leave [3, 7]; — a + *inf*   to be going to [1, 7]; — por   to go for [3]; vamos a   let's [2]; vámonos   let's go [10]; que te vaya bien   may it go well for you [13]

irónico(-a)   ironic [15]

italiano(-a)   Italian [1, 3]; *m*   Italian (language) [3]

itinerario *m*   itinerary [15]

izquierdo(-a)   left [11]; a la izquierda   to the left [11]

j

jabón *m*   soap [7]

jactarse   to brag [5]

jalapeño(-a)   from Jalapa, Mexico [7]

jamón *m*   ham [4]

Japón (el)   Japan [3]

japonés(-esa)   Japanese [3]; *m*   Japanese (language) [3]

jardín *m*   garden [5]

jazz *m*   jazz [17]

jefe(-a) *m f*   boss, chief [13]

Jesucristo   Jesus Christ [16]

Jesús   Jesus [16]

jirafa *f*   giraffe [11]

jonrón *m*   home run [8]

joven   young [2]; *m*   young man [2]; *f*   young woman [2]; jóvenes   young people [1, 2]

jovencito(-a)   *dim of* joven [10]

joya *f*   jewel [4]; —s de fantasía   costume jewelry [10]

joyería *f*   jewelry shop [4]

jubilación *f* retirement [18]

juego *m* game [15]

jueves *m* Thursday [1]

jugador(a) *m f* player [15]

jugar (ue) (a) to play [1, 4]

jugo *m* juice [4]

julio *m* July [1]

junio *m* June [1]

juntar to bring together [15]

junto(-a) united; *pl* together [3, 9]; **junto a** *adv* next to, beside [2, 11]

justamente just [15]

justo(-a) just, fair [9]

k

kilo *m* kilo(gram) [12]

kilometraje *m* distance in kilometers (mileage) [17]

kilómetro *m* kilometer [1]

l

la the [1]; her, you, it [2, 4]

labio *m* lip [12]

laboratorio *m* laboratory [7, 12]

lácteo(-a) *adj* dairy, milk [10]

lado *m* side [1]; **al — de** beside [1, 11] **por todos —s** everywhere [15]

ladrillo *m* brick [18]

lago *m* lake [9]

lágrima *f* tear [17]

lámpara *f* lamp [7]

lana *f* wool [18]

lápiz *m* pencil [1]

largo(-a) long [3]

las the [1]; them, you [3, 4]

lástima *f* shame, pity [11]

lastimarse to get hurt [9]

lata *f* can [7]; nuisance, bore [11]

lateral *adj* side [4]

latino(-a) Latin [1]

latinoamericano(-a) Latinamerican [7]

lavaplatos *m* dishwasher [9]

lavar to wash [7]; **—se las manos** to wash one's hands [7]

laxante *m* laxative [15]

le (to) him, her, you, it [2, 5]

lección *f* lesson [1]

leche *f* milk [4]

lechería *f* dairy [4]

lechuga *f* lettuce [10]

lector(a) *m f* reader [15]

lectura *f* reading [4]

leer to read [1]

lejos *adv* far, far away [3] **— de** *prep* far from [5]

lengua *f* tongue; language [18]

lenguaje *m* language [14]

lentamente slowly [12]

león *m* lion [11]

leopardo *m* leopard [11]

les (to) them, you [1, 5]

lesión *f* injury [17]

letra *f* letter [7, 11]; words, lyrics [13]

letrero *m* sign [15]

levantado(-a) up, out of bed [7]

levantar to pick up, raise [2]; **—se** to get up [7]

ley *f* law [13, 18]

libertad *f* freedom, liberty [9]

libra *f* pound [12]

libre free [4]

librería *f* bookstore [4, 12]

libro *m* book [1]

licencia *f* license [5]

licenciado *m* lawyer (title) [13]

licenciatura *f* approximate equivalent of bachelor's degree [8]

licor *m* liquor [18]

ligeramente lightly [4]

ligero(-a) light [7, 16]

límite *m* limit [16, 17]

limón *m* lemon, lime [10]

limonada *f* lemonade [10]

limpiabotas *m* shoeshine boy [9]

limpiaparabrisas *m* windshield wiper [9]

limpiar to clean [7, 10]

limpieza *f* cleaning, clean-up [12, 13]

limpio(-a) clean [12]

lindo(-a) pretty, nice [10]

línea *f* line [6, 10]

liso(-a) straight; smooth [12]

lista *f* list [2, 7]

listo(-a) ready [1]; bright, sharp, clever [2]

literario(-a) literary [16]

literatura *f* literature [16]

litro *m* liter [4, 12]

lo it, him, you [2, 4], the [5]; **— de** the matter of, what belongs to [5]; **— tuyo** what is yours, the matter concerning you [5]; **— que** what, that which [1, 5]

localidad *f* seat, place, ticket [10]

loco(-a) crazy [6]; *m* crazy man [6]; **volverse —** to go crazy [15]

lógicamente logically [18]

lógico(-a) logical [4]

lograr to achieve, get [6, 18]; to succeed in [14]

lomo *m* back (of an animal) [11]

los the [1], them, you [3, 4]

lotería *f* lottery [13]

lucha *f* struggle, fight [15]

luego then, next [1, 4]; **hasta —** so long, until later [2]; **— de** *prep* after [16]

lugar *m* place [2, 7]; **en — de** instead of [4]; **tener —** to take place [15]

lujoso(-a) luxurious [1]

luna *f* moon [18]; **— de miel** honeymoon [18]

lunes *m* Monday [1]

luto *m* mourning [14]

luz *f* light [1]

ll

llamada *f* call [8, 10]; **— telefónica** telephone call [10]; **— de larga distancia** long-distance call [8, 10]; **— de cobro revertido** collect call [10]

llamar to call [1, 2]; to knock [18]; **—se** to be named, be called [1, 5]

llamativo(-a) loud, gaudy [14]

llanta *f* tire [17]; **— de repuesto** spare tire [17]

llave *f* key [4, 16]

llegada *f* arrival [2]

llegar to arrive [1]; **— a ser** to become [16]

lleno(-a) full [7]

llevar to take, carry, wear, have [3], **—se . . . años a** to be . . . years older than [9]; **— un diario** to keep a diary [9]; **— una vida** to lead a life [13]; **— una hora de retraso** to be an hour behind schedule [18]; **—se** to take along [16], to get along [18]; [16]; **— a cabo** to carry out [17, 18]

llorar to cry [18]

llover (ue) to rain [3, 4]

lluvia *f* rain [6, 7]

m

machismo *m* machismo [12]

macho *m* he-man [12]

madera *f* wood [15, **18**]

madre *f* mother [**2**]

madrileño(-a) *m f* native of Madrid [9]

madrugada *f* dawn, early morning [9]

maduro(-a) mature [8]

maestría *f* master's degree [8]

maestro(-a) *m f* teacher [8, **9**]

magnífico(-a) great, magnificent [12]

maíz *m* corn [**18**]

mal *adj* ill, bad [**6**]; *adv* badly [**6**]; *m* evil, misfortune, sickness, harm [11, **15**]

maleta *f* suitcase [**1**]; hacer la — to pack one's bags [15]

maletero *m* trunk [17]

maletín *m* briefcase, small suitcase [16]

malicioso(-a) malicious [9]

malo(-a) bad, mean, evil [**2**]

maltratar to mistreat [**10**]

mamá *f* mom [**1**]

mamacita *f* *dim of* mamá [10]

mañana *f* morning [**1**]; *adv* tomorrow [**1**]; hasta — until tomorrow, see you tomorrow; de la — A.M. [**1**]; por la — in (during) the morning [**4**]; pasado — day after tomorrow [1, **4**]; — mismo tomorrow for sure [**10**]; ayer por la — yesterday morning [**8**]

manco(-a) maimed [16]

mancha *f* blemish [12]

Mancha (La) flat, arid region of central Spain [16]

mandar to command, order [7, **14**]; to send [8, **11**]

mandado *m* command [10, **16**]

mandolina *f* mandolin [13]

manejar to drive [1, **11**], to handle, manage [16]

manera *f* manner, way [**3**]; de igual — in the same way [15]

mano *f* hand [2, **7**]; — de obra labor [11]

manso(-a) gentle, tame [5]

mantel *m* tablecloth [**10**]

mantener *(like* tener*)* to maintain, support [3, **12**]; —se en forma to keep in shape [15]

mantequilla *f* butter [**10**]

manual *m* manual [7]; *adj* manual [11]

manzana *f* apple [**4**]; city block [16]

mapa *m* map [9, **16**]

maquillaje *m* makeup [**7**]

maquillarse to put on makeup [**7**]

mar *m* sea [6]; sobre el nivel del — above sea level [6]

maravilloso(-a) marvelous [15]

marcar to mark [8]; to dial [10]

mareado(-a) dizzy [15]

mareo *m* dizziness [15]

margarina *f* margarine [**10**]

mariachi *m* typical Mexican band [13]

marianismo *m* veneration of the Virgin Mary [12]

marido *m* husband [2, **9**]

mariscos *m* seafood [**10**]

marrón brown [**3**]

martes *m* Tuesday [**1**]

martillo *m* hammer [13]

marzo *m* March [**1**]

más more, most [**2**]; — de more than [2, **5**]; más tarde later [1]; no — que only, just [11] more [**5**]

matar to kill [15, **18**]

matemáticas *f pl* mathematics [1]

materia *f* subject [15]

material *m* material [18]

materno(-a) maternal [11]

matrícula *f* registration, tuition [12]

matricularse to register [**11**]

matrimonio *m* married couple [**17**]; marriage [18]; cama de — double bed [16]

mayo *m* May [**1**]

mayor older, oldest; larger, largest [2, **4**]

mayoría *f* majority, greater part [7]

me me, to me [1, **4**], myself [**7**]

mediados: a — de about the middle of [17]

mediano(-a) medium, average [1]

medianoche *f* midnight [7]

mediante by means of [16, **18**]

medias *f pl* hose, stockings [9, **18**]

medicamento *m* medication [15]

medicina *f* medicine [**4**]

médico *m* doctor [1, **3**]; *adj* médico(-a) medical [15]

medio(-a) half [**1**]; ir a medias to go fifty-fifty [12]; *m* means; por — de by means of [16]; de buenos —s well-to-do [10]; *adv* — desnudo half-naked [11]

mediocre mediocre [8]

mediodía *m* noon [3, **4**]

mejilla *f* cheek [**12**]

mejor better, best [**3**]; a lo — maybe, perhaps [7]; — dicho rather [17]

mejorar to improve [13]

mejorcito *dim of* mejor [10]

melón *m* melon, cantaloupe [10]

memorizar to memorize [3]

mencionar to mention [10]

menor younger, youngest; smaller, smallest [**4**]

menos less; minus [**1**]; es la una — diez it's ten to one [**1**]; echar de — to miss [**8**]; por lo — at least [**13**]; a — que unless [**14**]

mentir (ie, i) to lie [6]

menú *m* menu [**12**]

menudo: a — often [1, **6**]

mercado *m* market [13, **14**]

mercancía *f* merchandise [14]

merienda *f* snack, lunch [7]

mermelada *f* jam; marmalade [10]

mes *m* month [**1**]; por — per month [6]

mesa *f* table [**1**]

mesita *f* small table [**7**]

meta *f* goal [6, **11**]

metal *m* metal [**18**]

meter to put (in) [11], make (gol, canasta) [15]; —se to put oneself [14]

metro *m* meter; subway [6]

mexicano(-a) Mexican [1, **3**]

México Mexico [**1**]

mezcla *f* mixture [16]

mezclar to mix [**10**]

mi my [**1**]

mí me [3, **6**]

miedo *m* fear [5, **6**]; tener — to be afraid [**6**]

miel *f* honey; luna de — honeymoon [18]

miembro *m* member [1, **3**]

mientras while [1, **4**]

miércoles *m* Wednesday [**1**]

migración f migration [7]

mil thousand [4, 6]

milagro m miracle [11]

milímetro m millimeter [16]

militar military [4]

millón m million [5, 6]; **mil millones** one billion [6]

mimo m spoiling [17]

minero m miner [11]

miniatura f miniature [16]

mínimo(-a) minimum [13]

minoridad f minority [6]

minuto m minute [1, 7]

mío(-a) my, (of) mine [1, 5]

mirar to watch, look at [1, 2]

misa f mass [14]

miscelánea f miscellany [18]

miseria f misery, poverty [15]

mismo(-a) same, self [2, 13]; **lo — que** the same as [2]; **de mi —** about myself [3]; **lo —** the same thing [5]; **yo —** I myself [12]; **aquí —** right here [13]

mitad f half [15]

mixteca Mixtec, an Indian people of Mexico [13]

mochila f backpack [1, 3]

moda f fashion; **de —** in style, popular [13]

modales m pl manners [10]

modelo m model, pattern [1]

moderno(-a) modern [1, 5]

modestia f modesty [12]

módico(-a) moderate [12]

modo m way, manner, mode [3]; **al — hispánico** in the Hispanic

manner [7], **de — que** so [13]; **de este —** in this way [15]

mojado(-a) wet [7]

mojar to wet [7]; **—se** to get wet [5, 7]

mole m a Mexican chile sauce [10]

molestar to bother, annoy [8, 10]

molido(-a) ground (from **moler [ue]**, to grind) [10]

momentáneamente momentarily [17]

momento m moment [1, 3]; **en este —** at this moment [1, 8]

monasterio m monastery [17]

moneda m coin [10, 16]

monetario(-a) monetary [17]

monitor m monitor [2]

monopolio m monopoly [18]

montaña f mountain [6]

montón m pile, heap [7]

monumento m monument [4]

morado(-a) purple [3]

moralidad f morality [18]

moreno(-a) dark, swarthy [3]

morir(se) (ue, u) to die [7]

moro(-a) m f Moor [14]

mostrador m counter [18]

mostrar (ue) to show [16]

motivar to motivate [18]

motivo m motive, reason; **con — de** on the occasion of [12]

moto f from **motocicleta** [8]

motocicleta f motorcycle [6]

motoneta f motor scooter [6]

motor m motor, engine [17]

mover(se) (ue) to move [11]

movimiento m movement [12]

mozo m waiter [10]

muchacha f girl [1]

muchacho m boy, fellow [1]; pl boys (and girls) [2]

muchísimo(-a) very much [9]

mucho(-a) much, a lot [1]; **muchos(-as)** many [1]

mudanza f move [16]

mudarse to move [9]

mueble m (piece of) furniture [6]; pl furniture [7]

mueca f face, grimace [12]

muela f back tooth [15]

muerte f death [16]

muerto(-a) (see **morir**) died, dead [7]

muestra f sample, example [12]

mujer f woman [2]

multinacional multinational [3]

mundo m world [3, 5]; **todo el —** everyone [6]

muñeca f wrist [15]

mural m mural [11]

museo m museum [11, 14]

música f music [1, 3]

musical musical [13]

muslo m thigh [15]

muy very [1]

n

nacer (zc) to be born [9]

nacimiento m birth [6]; Nativity scene [16]

nacional national [2]

nacionalidad f nationality [3]

nada pron nothing, (not) anything [1, 6]; adv at all [1]; **de —** you're welcome [1]; **— más** only, that's all [1, 7]

nadar to swim [5]

nadie nobody, no one, (not) anybody [4]

naranja f orange [4]

nariz f nose [8, 12]

narración f narration [11]

natación f swimming [15]

natural natural [2]

naturaleza f nature [11]

naturalmente naturally [2]

náusea f nausea; **tener —s** to be nauseous [15]

navaja f pocketknife [18]

Navidad f Christmas [6, 16]

navideño(-a) adj Christmas [16]

necesario(-a) necessary [1, 5]

necesidad f need, necessity [6, 14]

necesitar to need [1, 4]

negar (ie) to deny [13]

negativo(-a) negative [6]

negociar to negotiate [14]

negocio m (piece of) business; pl business [2, 11]; **hombre de —s** businessman [11]

negro(-a) black [3]

nena f baby girl [2]

nene m baby boy [2]

nervioso(-a) nervous [1]

neumático m tire [17]

nevar (ie) to snow [6]

ni nor, or [6]; **ni . . . ni** neither . . . nor [4, 6]; **— aun** not even [6]

nieta f granddaughter [2]

nieto m grandson; **—s** grandsons (and granddaughters), grandchildren [2]

nilón m nylon [18]

ninguno(-a) (ningún) none, not any, no one [6]

niña *f*   child, girl **[2]**
niño *m*   child, boy; **pl** boys (and girls), children **[1, 6]**
nivel *m*   level **[1, 6]**
no   no, not **[1]**; **¿no?** right?, isn't it so? **[2]**
noche *f*   night **[1]**; **Buenas noches**   Good evening, night **[1]**; **las ocho de la —**   eight o'clock at night **[1]**; **por la —**   in the evening **[4]**; **esta —**   tonight **[4]**; **de —**   at night **[6]**
Nochebuena *f*   Christmas Eve **[16]**
nocturno(-a) *adj*   night **[14]**
nombre *m*   name, noun **[1]**
nordeste *m*   northeast **[9]**
normal   normal **[7]**
normalmente   normally **[7]**
noroeste *m*   northwest **[9]**
norte *m*   north **[2, 9]**
norteamericano(-a) (North) American **[3]**
nos   us **[3, 4]**, to us **[5]**, ourselves **[7]**
nosotros(-as)   we **[2, 3]**, us **[6]**
nostálgico(-a)   nostalgic, homesick **[18]**
nota *f*   grade, note **[6, 14]**
notable   notable **[15]**
notar   to note, notice **[3]**; **se nota**   one sees, notices **[3]**
noticia *f*   news item; *pl* news **[8]**
novecientos(-as)   nine hundred **[6]**
novela *f*   novel **[3]**
noveno(-a)   ninth **[1, 2]**
noventa   ninety **[1]**
novia *f*   girlfriend, sweetheart, fiancée **[2]**; bride **[18]**
noviazgo *m*   courtship **[9]**
noviembre *m*   November **[1]**

novio *m*   boyfriend, sweetheart, fiancé **[2]**, groom **[2]**; *pl* bride and groom **[18]**
nublado(-a)   cloudy, clouded **[1, 6]**
nuestro(-a)   our **[1, 5]**
nueve   nine **[1]**
nuevo(-a)   new **[1]**; different, other **[17]**; **de —** again **[16]**
nuez *f*   nut, walnut **[10]**
número *m*   number **[1]**
nunca   never, (not) ever **[4]**; **más que —**   more than ever **[15]**

o

o   or **[1, 2]**; **o . . . o**   either . . . or **[6]**
objeto *m*   object **[14]**
obligación *f*   obligation **[4]**
obligatorio(-a)   obligatory **[4]**
obra *f*   work, play (drama) **[14]**; **mano de —**   labor **[11]**
obrero(-a) *m f*   worker **[11]**
obscenidad *f*   obscenity **[6]**
obsequio *m*   gift **[10]**
observar   to observe **[3]**
obstáculo *m*   obstacle **[9]**
obstante: no —   nevertheless, in spite of **[6]**
obtener *(like* **tener***)* to obtain, get **[18]**
ocasión *f*   occasion **[8]**
octavo(-a)   eighth **[1, 2]**
octubre *m*   October **[1]**
ocupado(-a)   busy, occupied **[2]**
ocurrir   to happen, occur **[13]**; **—se**   to occur (an idea) **[13]**
ochenta   eighty **[1]**
ocho   eight **[1]**
ochocientos(-as)   eight hundred **[6]**
odiar   to hate **[10]**

odio *m*   hate, hatred **[15]**
oeste *m*   west **[9]**
ofender   to offend **[10]**; **—se**   to be offended **[12]**
oferta *f*   special, bargain **[12]**; offer **[18]**
oficial *m*   officer **[18]**
oficina *f*   office **[2]**; **— de correos**   post office **[11, 12]**
ofrecer (zc)   to offer **[9]**; **—se**   to volunteer **[16]**
oído *m*   ear (inner), hearing **[15]**
oír *irr*   to hear **[2, 6]**; **se oye**   one hears **[8]**
ojalá   I hope **[4, 13]**
ojo *m*   eye **[3]**
oler (hue)   to smell **[10]**
olvidar   to forget **[9]**; **—se**   to be forgotten **[10, 16]**; **se me olvidó**   it slipped my mind **[10]**
olla *f*   pot **[18]**
once   eleven **[1]**
ondulado(-a)   wavy **[12]**
opción *f*   option **[8]**
ópera *f*   opera **[14]**
operación *f*   operation **[15]**
operador(a)   operator **[10]**
opinar   to think **[11]**
opinión *f*   opinion **[3]**
oportunidad *f*   opportunity **[6, 12]**
optativo(-a)   optional **[12]**
optimista   optimistic **[18]**; *m f*   optimist **[18]**
opuesto(-a)   opposite **[17]**
oración *f*   sentence **[4]**
oral   oral **[1]**
orden *f*   order (request) **[12]**; *m*   order (arrangement) **[2, 7]**
ordenador *m*   computer **[13]**
ordenar   to sort, order **[18]**
oreja *f*   ear **[12]**
organización *f*   organization **[15]**
organizar   to organize **[3]**

órgano *m*   organ **[13]**
orgulloso(-a)   proud **[17]**
orientación *f*   orientation **[8]**
origen *m*   origin **[5]**
original   original **[15]**
oro *m*   gold **[18]**
os   you, to you **[4]**; yourselves **[7]**
oscuro(-a)   dark **[3]**
oso *m*   bear **[15]**
otoño *m*   autumn, fall **[6]**
otro(-a)   other, another **[1]**; **— cosa**   something else **[2]**; **(los) unos a (los) —s**   each other **[9]**

p

paciencia *f*   patience **[11]**
paciente *m f*   patient **[15]**
padre *m*   father **[1, 2]**; *pl*   parents **[1, 2]**
paella *f*   paella (Valencian rice dish) **[10]**
pagar   to pay (for) **[4, 5]**
página *f*   page **[2]**
país *m*   country, nation **[2]**
paja *f*   straw **[16]**
palabra *f*   word **[2]**
palacio *m*   palace **[4]**
pálido(-a)   pale **[15]**
palo *m*   stick **[16]**
pan *m*   bread **[3, 4]**
panadería *f*   bakery **[3, 12]**
panecillo *m*   roll **[1]**
pantalón *m*   pants, slacks *(also pl)* **[3]**
pantera *f*   panther **[11]**
pantorrilla *f*   calf **[15]**
papa *f*   potato **[4]**; **no saber ni —**   not to know beans **[17]**
papá *m*   dad **[1]**
papel *m*   paper **[1]**; role **[5]**
papeleo *m*   red tape, paperwork **[16]**
papelería *f*   stationery store **[4]**
paperas *f pl*   mumps **[15]**

papi *m* Dad [9]
paquete *m* package **[7]**
par *adj* even [1]; *m*
  pair, couple [9]; **un —
  de** a couple of **[9]**
para to, for, in order to
  [1, **2**], by [4, **6**]; **—
  que** in order that, so
  (that) [13, **14**]; **no ser —**
  not so as to [15]
parabrisas *m* windshield
  [9]
paracaídas *m* parachute
  [9]
parada *f* bus stop **[11]**
paraguas *m* umbrella
  [5, **6**]
parar to stop [4, 17]; to
  stay **[16]**
parasol *m* parasol [9]
parecer (zc) to seem, ap-
  pear [2, **5**]; **¿Qué te pa-
  rece . . . ?** What do
  you think of . . . ? [4];
  ¿No te parece? Don't
  you think so? **[13]**; **si te
  parece** if it's all right
  with you; **—se a** to
  resemble, look like
  [8, **12**]
parecido(-a) similar;
  alike **[12]**
pared *f* wall [1]
pareja *f* partner, pair **[1]**
paréntesis *m pl* paren-
  theses [8]
pariente *m f* relative **[2]**
parque *m* park [6, **14**];
  — de atracciones
  amusement park **[14]**
parte *f* part [3]; **por otra
  —** on the other hand
  [3]; **en todas —s**
  everywhere [5, **6**]; **en
  alguna —** somewhere
  [6]; **en otra —** some-
  where else [6]; **¿De —
  de quién?** Who is call-
  ing? [10]
partera *f* midwife [15]
participante *m f* partici-
  pant [12]
participar to participate
  [3]

particular particular,
  private [16]; **en —**
  particularly [12]; **nada
  de —** nothing in par-
  ticular **[14]**
partida *f* certificate [16]
partido *m* match, game
  [1, **15**]
parto *m* childbirth [15]
pasa *f* raisin [10]
pasado(-a) *adj* past, last
  [8]; **el año —** last year
  [8]; **— mañana** day af-
  ter tomorrow [1, **4**];
  m past [8]
pasaje *m* fare, ticket [16]
pasajero(-a) *m f* passen-
  ger [2]
pasaporte *m* passport
  [16]
pasar *intr* to pass (by),
  go; to happen, be the
  matter [1, **2**]; **¿Qué
  pasa?** What's happen-
  ing, going on? What's
  the matter? [2, **4**]; **¿Qué
  te pasa?** What's the
  matter with you? **[11]**;
  pase(n) go ahead;
  come in [2, 13]; *tr* to
  pass [10]; **¿Me pasas el
  pan?** Will you pass
  me the bread? **[10]**; to
  spend (time) [9]; to
  show (a film) **[14]**; to
  suffer (cold, hunger)
  [6]; **—lo bien** to have
  a good time [13]; **¡Que
  lo pases bien!** Have a
  good time! [13]
pascuas *f pl* Easter [14]
pasear(se) to go for a
  walk, ride **[7]**; **— a ca-
  ballo** to go horseback
  riding [7]
paseo *m* walk, ride [3],
  dar un — to take a
  ride, walk [6]; **de —**
  for a walk [3]
paso *m* step, pace [10]; **a
  — de tortuga** at a
  snail's pace [17]; **de —**
  on the way [18]
pastel *m* pie, cake [4]

pastelería *f* pastry shop
  [4]
pastor *m* shepherd [16]
pata *f* foot [11]
paterno(-a) paternal [3]
patinar to skate [15]
patio *m* patio **[7]**
pausa *f* pause [3]
pavo *m* turkey [10]
payasada *f* clownish act
  [9]
paz *f* peace [13]
pecho *m* chest, breast
  [15]
pediatra *m f* pediatrician
  [12]
pedido *m* request [10]
pedir (i, i) to request,
  ask for [2, **4**]; **— pres-
  tado(-a)** to borrow [17]
pega *f* catch[18]
pegar to hit **[16]**
peinarse to comb one's
  hair **[7]**
pelado(-a) broke [15]
pelar to peel **[10]**
película *f* film [1]
peligro *m* danger **[17]**;
  fuera de — out of
  danger **[17]**
pelirrojo(-a) redheaded
  [7]
pelo *m* hair [2, **3**]; **to-
  marle el —** to pull
  someone's leg [8]
pelota *f* ball **[5]**
peluquería *f* barber-
  shop **[12]**
pena *f* hardship, trou-
  ble; **valer la —** to be
  worthwhile [14]
pendiente *m* earring [10]
penetrar to penetrate
  [14]
penicilina *f* penicillin
  [15]
pensar (ie) to think [3,
  4]; to plan, intend **[4]**;
  — en to think about
  [4]; **tener pensado** to
  have planned [10];
  **¿Qué piensas de
  . . . ?** What do you
  think of . . . ? **[15]**

peón *m* hired hand, la-
  borer [17]
peor worse, worst **[3]**
pequeño(-a) small, little
  [1]
pera *f* pear [10]
perder (ie) to lose **[7]**,
  to waste (time) [10];
  —se to get lost **[7]**
perdido(-a) lost **[7]**
perdón *m* pardon **[2]**;
  ¡Perdón! Pardon me!
  [2]
perdonar to pardon [7]
peregrino *m* pilgrim[16]
perfectamente perfectly
  [5]
perfecto(-a) perfect **[16]**
periódico *m* newspaper
  [3]
periodista *m f* reporter
  [17]
período *m* period [4]
permanente permanent
  [5]
permiso *m* permission
  [2]; **con —** excuse me
  [2]; permit [16]
permitir to permit [10,
  14]
pero but **[1]**
perro *m* dog **[5]**
persona *f* person **[2]**;
  llamada de — a —
  person-to-person call
  [10]
personaje *m* character
  [16]
personal personal [1]
personalidad *f* personal-
  ity [11]
personalismo *m* person-
  alism [8]
personificar to personify
  [11]
pertenecer (zc) to belong
  [2]
pesa *f* weight; **levantar
  —s** to lift weights [15]
pesadilla *f* nightmare
  [11]
pesado(-a) heavy [3, **5**]
pésame *m* sympathy,
  condolences [17]

pesar *m* regret; **a —
de** in spite of [5]
pescadería *f* fish market
[4]
pescado *m* fish [4, **10**]
pescar to fish [**15**]
peseta *f* peseta (mone-
tary unit of Spain) [16]
pesimista *adj* pessimistic
[**18**]; *m f* pessimist [**18**]
peso *m* peso (monetary
unit) [**4**]; weight [9]
petróleo *m* petroleum,
oil [17]
piano *m* piano [4]
picante hot, spicy [10]
picar to sting, bite [10]
pie *m* foot [**7**]; **de —**
standing [7]; **ponerse
de —** to stand up
[**18**]; **a —** on foot [9];
de —s a cabeza from
head to foot [117]
piedra *f* stone, rock [**10**]
piel *f* skin, hide [7, **15**]
pierna *f* leg [11, **15**]
pieza *f* piece [16]
píldora *f* pill [15]
pimienta *f* pepper [10]
piña *f* pineapple [10]
piñata *f* piñata [13]
pinchazo *m* blowout [17]
pintar to paint [17]
pintoresco(-a) pictur-
esque [14]
pintura *f* painting [17]
piso *m* floor, story [5, **8**]
pista *f* track, course [15]
pizarra *f* (black)board [1]
pizza *f* pizza [4]
placer *m* pleasure [4]
plan *m* plan [4, **8**] **— de
estudios** course of
study, curriculum [15]
plana *f* page (newspa-
per) [18]
planear to plan [3, **13**]
planificación *f* planning
[13]
plano *m* map (city) [17]
plantear to set forth,
state [14]
plástico *m* plastic [**10**];
de — plastic [**18**]

plata *f* silver [**18**];
money [15]
plátano *m* banana [10]
plato *m* plate, dish
[6, 7]; **— principal**
main dish [**10**]
playa *f* beach [6, **15**]
plaza *f* plaza [9]
pleno(-a) full; **— ve-
rano** mid-summer [6]
pluma *f* pen [1]; feather
[18]
pluriempleo *m* moon-
lighting [16]
población *f* population
[17]
poblano(-a) from Puebla
[10]
pobre poor (without
means) [**2**]; poor (to be
pitied) [17]
pobreza *f* poverty [15]
poco(-as) little (amount),
pocos(-as) few [**1**];
adv little, not very [9];
un — a little [**3**]; **un
— de** a little [**4**]; **den-
tro de —** shortly,
soon [6]; **— a —** little
by little [**10**]; **por —**
almost [10]
poder (ue) *irr* to be able,
can, may [2, **4**]; **¿Se
puede?** May I? [**7**]; **se
puede** you (one) can
[6]; *m* power [12]
poesía *f* poetry [3]
poliéster *m* polyester
[18]
política *f* politics [1]
político *m* politician [18]
político(-a) political [17]
pollo *m* chicken [**4**]
poner *irr* to put, place,
set, turn on [**4**]; **—se**
to put on [**7**], to begin
[9], to get, become
[15, **18**]
popular popular [6]
popularidad *f* popularity
[6]
poquito(-a) little bit [10]
por for, through, by
[2, **17**]; in, through,

during, because of, on
account of [**6**]; **¿—
qué?** why? [**4**]; **no te-
ner — qué?** not to have
a reason [7]; **— hacer**
yet to be done [12]; **—
aquí** this way [2]
porcelana *f* china, por-
celain [18]
porción *f* portion, serv-
ing [10]
poroto *m* bean [2]
porque because [3, **6**]
portaequipaje *m* (car)
trunk [17]
portarse to behave [**8**]
portería *f* goalpost [14]
portugués(-esa) *adj* Por-
tuguese [3]; *m* Portu-
guese (language) [3]
posada *f* inn, lodging
[16]; **—s** Mexican
Christmas custom [16]
posibilidad *f* possibility
[3, **12**]
posible possible [2, **4**];
todo lo — everything
possible [**8**]
posición *f* position [11]
positivo(-a) positive [10]
postal postal [12]
postre *m* dessert [**10**]
práctica *f* practice [14]
practicante *m f* intern,
assistant [16]
practicar to practice
[1, **2**]
práctico(-a) practical [**8**]
precio *m* price [**4**]
precioso(-a) precious,
lovely [**10**]
precisamente precisely,
just [14]
preferencia *f* preference
[4]
preferir (ie, i) to prefer
[**4**]; to choose [**14**]
pregunta *f* question [**1**];
hacer —s to ask ques-
tions [1, **2**]
preguntar to ask [1, **5**]
prenda *f* garment [18]
prendedor *m* pin,
brooch [10]

preocupado(-a) worried
[**7**]
preocuparse to worry,
be concerned [6, **7**]
prepa (preparatoria) *f*
prep school [8, 15]
preparación *f* prepara-
tion [8]
preparado(-a) prepared
[**2**]
preparar to prepare [**1**];
—se to prepare one-
self, get ready [**7**]
preparativos *m pl* prepa-
rations [9, **13**]
preparatoria (prepa) *f*
prep school [8]
presencia *f* presence [10]
presenciar to witness
[15]
presentación *f* presenta-
tion, introduction [1]
presentar to introduce,
present [1, **5**]; **—se** to
appear, present oneself
[9]
presente *m* present [2]
presidente *m* president
[4]
prestación *f* benefit [18]
préstamo *m* loan [**12**]
prestar to lend [**6**]
presumido(-a) conceited
[**9**]
presupuesto *m* budget
[**12**]
pretexto *m* pretext, ex-
cuse [13]
prima *f* cousin (female)
[**2**]
primario(-a) elementary
[**8**]; *f* elementary
school [8]
primavera *f* spring [**6**]
primero(-a) (primer)
first [1, **2**]
primo *m* cousin (male)
[**2**]; *m pl* cousins [**2**]
principal principal,
main [4, **8**]
principio *m* beginning
[3]; **al —** at first [3]; **a
—s de** near the begin-
ning of [16]

prioridad *f* priority [6]

prisa *f* hurry, haste [6]; **tener —** to be in a hurry [6]; **darse —** to hurry [11]

prisión *f* prison [16]

privado: en — in private [18]

pro: el — y el contra the pros and cons [15]

proa *f* bow (of a ship) [16]

probabilidad *f* probability [12]

probablemente probably [5]

probar (ue) to test, taste, try [10]; to prove [16]; **—se** to try on [14]

problema *m* problem [3]

procesión *f* procession [16]

producir (zc) *irr* to produce [3]

producto *m* product [4, 10]

profesión *f* profession [12]

profesional professional [13]

profesor(a) *m f* professor, teacher [1]

profundo(-a) deep [17]

programa *m* program [1, 2]

programar to program [11]

prohibir to prohibit [14]

prójimo *m* fellow being [13]

promedio *m* average [15]

promesa *f* promise [16]

prometer to promise [9, 14]

promulgar to promote [11]

prontito *dim of* **pronto** [10]

pronto soon [2, 3]

pronunciación *f* pronunciation [15]

pronunciar to pronounce [2]

propina *f* tip [10, 12]

propio(-a) own [4, 5]

proponer (*like* **poner**) to propose [15]

proporcionar to provide [18]

propósito *m* purpose [13]; **buenos —s** good resolutions [15]; **a — ** by the way [4, 8]

protección *f* protection [12]

proteger to protect [12]

proveer (y) to provide [11]

provincia *f* province [4]

proximidad *f* proximity [6]

próximo(-a) next [11]

proyecto *m* project [10]

prueba *f* quiz [2]

psicología *f* psychology [15]

publicar to publish [5]

público(-a) public [5]; **en —** in public [12]

pueblo *m* town [5]

puente *m* bridge [13, 17]

puerta *f* door [1]

puerto *m* port [6]

pues well [4]

puesto(-a) (*see* **poner**) placed, set, on [10]; *m* stand, shop [4, 9]; position, job [9]

pulmón *m* lung [15]

pulsera *f* bracelet [10, 18]

punto *m* point [5, 15]; period [6]; **en —** sharp, on the dot [9]

puntualidad *f* punctuality [13]

puré *m* purée; **— de papas** mashed potatoes [10]

puro(-a) pure, nothing but, only [17]

q

que that, which [1, 5]; who, whom [2, 5]; than [3, 5]; **lo —** what, that which [1, 5]; **el (la) —** the one that, **los (las) —** the ones (those) that; which, who, whom [5; *also* 17]

¿qué? what? [1]; **¡qué!** what (a)!, how! [3, 11]; **¿— tal?** How are you? How is (was) it? [1]; **¿por —?** why? [4]; **¡— va!** nonsense! [5]

quedar to remain, be left, be, fit [11]; **—se** to stay [7]; **—se dormido(-a)** to fall asleep [7]

queja *f* complaint [14]

quejarse to complain [5, 14]

quemar to burn [15]

querer (ie) *irr* to want, love [2, 4]; to try, refuse [9]; to be willing, will [5, 10]; **— decir** to mean [2]

querido(-a) dear, beloved [4]

queso *m* cheese [4]

quien who, whom [1, 17]; **a —** (to) whom [17]

¿quién? who? whom? [2]; **¿a —?** whom? [4]; **¿a — (le)?** (to) whom? [5]; **¿de quién?** whose? [5]; **¿— habla?** Who is calling?

químico(-a) chemical [12]

quince fifteen [1]

quinientos(-as) five hundred [6]

quinto(-a) fifth [2]

quiosco *m* kiosk [10]

quitar to take away [7, 10]; **—se** to take off [7]

quizá(s) perhaps, maybe [7, 9]

r

radio *m* radio [4, 7]

ranchero *m* rancher [8]

rancho *m* ranch [8]

ranura *f* slot [10]

rápidamente rapidly [1]

rápido(-a) *adj* rapid, fast [2]; *adv* rapidly, fast [2]

raqueta *f* racket [8]

raro(-a) rare, strange [6]; **¡Qué —!** How strange! [6]

rata *f* rat [11]

rato *m* short time, while [1, 7]; **al —** after a short while [4, 9]

razón *f* reason; **tener —** to be right [6]

real real [16]

realidad *f* reality; **en —** in fact [3]

realista realistic; *m f* realist [16]

realizar to accomplish [10]

rebajar to lower [14]

recado *m* message [10]

recámara *f* bedroom [2]

recepción *f* front desk [16]

recepcionista *m f* receptionist [15]

receta *f* prescription, recipe [15]

recetar to prescribe [15]

recibir to receive, get [1]

recibo *m* receipt [17]

recién recently; *m f* **— casado(-a)** newlywed [18]

reciente recent [10]

recoger to pick up [16]

recomendación *f* recommendation [18]

recomendar (ie) to recommend [12, 15]

recompensa *f* reward [17]

reconocer (zc) to recognize [9]

recordar (ue) to remember [2, 4]; to remind [8]; to remind of [12, 17]; **si mal no recuerdo** if my memory serves me [10]

recorrido *m* journey, run [16]
recreo *m* recreation [12]
recuperación *f* recovery [17]
recuperar(se) to recover [17]
recurrir (a) to resort (to) [14]
rechazar to refuse, reject [16]
red *f* net, network [8]
redondo(-a) round [12]
referirse (ie, i) (a) to refer to [12]
reflejar to reflect [14]
refrán *m* saying, proverb [14]
refresco *m* cold drink, soda pop [7, 10]
refrigerador *m* refrigerator [5, 6]
refrigerio *m* refreshment [13]
regalar to give as a gift [11]
regalo *m* gift, treat [9]
regar (ie) to scatter [16]
regatear to bargain [14]
regateo *m* bargaining [14]
regazo *m* lap [10]
región *f* region [10]
regional regional [15]
registrarse to register [4]
regla *f* rule [6]; **en —** in order [10]
regresar to return [2]
regreso *m* return [9]; **de —** on the return [9]
regular fair, so-so [8]
regularidad *f* regularity [14]
reír(se) (i, i) to laugh [8, 9]
relación *f* relation [9]
relatar to relate, tell [12]
religión *f* religion [14]
religioso(-a) religious [14]
reloj *m* clock, watch [1]
relojería *f* watchmaker's shop [4]
remar to row [9]

remo *m* oar [9]
Renacimiento *m* Renaissance [14]
rendido(-a) exhausted [16]
reñido(-a) hard-fought [15]
reparación *f* repair [17]
reparar to repair, fix [17]
repasar to review [2]
repaso *m* review [1]
repente: de — suddenly [6]
repetir (i, i) to repeat [2, 4]
representación *f* representation [16]
representante *m f* representative [17]
representar to represent [5]
repuesto: de — spare [17]
requerir (ie, i) to require [10]
requisito *m* requirement [15]
reserva *f* reservation [16]
reservación *f* reservation [16]
reservar to reserve [10]
resfriado *m* cold [15]
resistir to resist [12]
resolver (ue) *(like* **volver)** to solve, resolve [14]
respecto: (con) — a concerning, with respect to [17, 18]
respetar to respect [10]
respeto *m* respect [18]
responder to respond [2, 11]
responsabilidad *f* responsibility [8]
responsable responsible [3]
respuesta *f* answer [1]
restante remaining [10]
restar to subtract [1]
restaurante *m* restaurant [3]
resultado *m* result [7]
resultar to turn out [14]
retraso *m* delay [18]

retrato *m* portrait [8]
reunión *f* meeting, reunion [16]
reunirse to meet, get together [13]
revertido(-a) reversed [10]
revisar to check, look over [11]
revista *f* magazine [3]
revuelto(-a) stirred; **huevos —s** scrambled eggs [4]
rey *m* king [16]; **Reyes Magos** Three Wise Men [16]
rico(-a) rich [2]; delicious [10]
rincón *m* (inside) corner [12]
rinoceronte *m* rhinoceros [8]
riquísimo(-a) very delicious [10]
risa *f* laugh, laughter [11]; **dar —** to make someone laugh [11]
rizado(-a) curly, curled [12]
robar to rob, steal [9, 16]
rock and roll *m* rock and roll [3]
rodeado(-a) surrounded [6]
rodilla *f* knee [15]
rojo(-a) red [2, 3]
rollo *m* roll (of film) [16]
romano(-a) Roman [13]
romanticismo *m* romanticism [16]
romanticista *m f* romanticist [16]
romántico(-a) romantic [9]
romper to break, tear [7]; **—se** to get broken [18]
ron *m* rum [10]
ropa *f* clothing, clothes [1, 2]; **— interior** underwear [9]
ropero *m* closet, wardrobe [4]

rosado(-a) pink [3]
roto(-a) *(see* **romper)** broken, torn [7]
rubio(-a) blond [2]
rugby *m* rugby [8]
ruido *m* noise [6, 13]
ruina *f* ruin [11]
rumbo *m* direction [16]; **— a** headed for [16]
rural rural [6]
Rusia Russia [3]
ruso(-a) Russian [3]; *m* Russian (language) [3]
ruta *f* route [12]
rutina *f* routine [7]

s

sábado *m* Saturday [1]
sábana *f* sheet [7]
saber *irr* to know (how), find out [1, 4]; **que yo sepa** as far as I know [13]
sabor *m* flavor [10];
saborear to taste [10]
sabroso(-a) tasty, delicious [10]
sacapuntas *m* pencil sharpener [9]
sacar to take out, get [6]; **— notas** to get grades [6, 15]; **— fotos** to take pictures [12]
saco *m* coat [3]
sacrificar to sacrifice [11]
sal *f* salt [10]
sala *f* living room [2, 6]; **— de clase** classroom [1]; **— de espera** waiting room [1]
salario *m* salary [5]
salida *f* departure [2]; exit [9]
salir *irr* **(de)** to go out, leave [1, 5, 6]; come (turn) out [4, 11]; **— bien** to pass, come out well [4]; **— a** to turn out like someone [12]; **— con** to go out with [1, 5] **— corriendo** to come running out [8]

salón *m* hall, salon [13]; **— de belleza** beauty salon [11]

salsa *f* sauce [10]

salud *f* health [15]

saludable healthful [10]

saludar to greet [1]

saludo *m* greeting [1]

sandalia *f* sandal [3]

sandía *f* watermelon [10]

sandwich *m* sandwich [4]

sano(-a) healthy [9]

santo *m* saint [1]

sarampión *m* measles [15]

satisfacción *f* satisfaction [17]

satisfecho(-a) satisfied [8, 10]

se (to) oneself [7]; to him, to her, to you, to them [12]; one [10]; **se puede** one can [12]

secar to dry [7, 10]; **— se** to get dry [7]

sección *f* section [7]; **— de (no) fumar** (no) smoking section [16]

seco(-a) dry; **lavar en —** to dry clean [18]

secretaria *f* secretary [11]

secreto *m* secret [13]

secundario(-a) secondary [8]; *f* secondary school [8]

sed *f* thirst [6]; **tener —** to be thirsty [6]

seda *f* silk [18]

seguida: en — right away, immediately [5, 6]

seguir (i, i) to follow, continue [3, 4]; to keep on [4, 6]; **— una carrera** to major [11]; **— derecho** to continue straight ahead [11]

según according to [1, 9]

segundo *m* second [15]

segundo(-a) second [2]

seguramente surely [6]

seguridad *f* safety; **cinturón de —** safety belt [16]

seguro(-a) sure, certain [1, 8]

seis six [1]

seiscientos(-as) six hundred [6]

seleccionar to select [1]

selectivo(-a) selective [4]

semáforo *m* traffic light [17]

semana *f* week [1]; **fin de —** weekend [4]

semejanza *f* similarity [12]

semestre *m* semester [7]

sencillo(-a) simple [13]; single [16]

sensato(-a) sensible [9]

sensible sensitive [9]

sentado(-a) (*see* **sentarse**) seated, sitting [2, 7]

sentarse (ie) to sit down [1, 7]

sentido *m* feeling, sense [8]

sentimental sentimental [11]

sentimiento *m* sentiment, feeling [17]

sentir (ie, i) to feel, regret [7, 17]; **—se** to feel + *adj/adv* [6, 7]

seña *f* signal; *pl* directions [11]

señal *f* signal; **— para marcar** dial tone [10]

señalar point out [1]

señor *m* man, gentleman, Mr., sir [2]; *pl* Mr. and Mrs. [1]

señora *f* lady, wife, Mrs., madam [1, 2]

señorita *f* young lady, Miss [3]

separación *f* separation [14]

separar to separate [18]

separatista separatist [17]

septiembre *m* September [1]

séptimo(-a) seventh [1, 2]

ser *m* being [17]; *v irr* to be [1, 3]; **— de** to

be from [3], to be (made) of [18], to become of [18]; **soy yo** it's me [3]

serio(-a) serious [9, 11]; **en —** seriously [11]

servicial helpful [11]

servicio *m* service [4], restroom [17]

servilleta *f* napkin [10]

servir (i, i) to serve [4, 10]; **— de** to serve as [14]; **para —le** at your service [11]

sesenta sixty [1]

setecientos(-a) seven hundred [6]

setenta seventy [1]

sexto(-a) sixth [2]

si if, whether [1, 2]

sí yes [1]; **— que** indeed [10]; *to emphasize verb* [2]

siempre always [4, 6]

siesta *f* siesta, nap [7]; **echar una —** to take a nap [7]

siete seven [1]

siglo *m* century [14, 17]

significar to mean, signify [2]

siguiente next, following [2]; **al año —** the next year [8]

silla *f* chair [7]

sillón *m* armchair [7]

simbólico(-a) symbolic [15]

simpático(-a) friendly, nice, likeable [2]

simple simple [18]

simplemente simply [4]

simplificar to simplify [13]

sin *prep* without [3]; **— que** *conj* without [14]

sinceramente sincerely [10]

sinfonía *f* symphony [17]

sino but [2]; **no sólo . . . — (también)** not only . . . but (also) [2]

síntoma *m* symptom [15]

siquiera even; **ni —** not even [10, 18]

sirvienta *f* maid, servant [5]

sistema *m* system [2]

sitio *m* place [9]

situación *f* situation [7]

situado(-a) located, situated [8]

soborno *m* bribe [18]

sobre *m* envelope [7]; *prep* about, over [2, 6]; **— todo** above all, especially [6]

sobresaliente outstanding [15]

sobrina *f* niece [2]

sobrino *m* nephew; *pl* nephews (and nieces) [2]

social social [6]

socialismo *m* socialism [16]

socialista *m f* socialist [16]

sociedad *f* society [6]

socio *m* associate, partner [13]

sociología *f* sociology [1]

socorrer to assist, aid [16]

sofá *m* sofa, couch [3, 7]

sol *m* sun; **hacer —** to be sunny [6]

solamente only [4]

solemne solemn [18]

soler (ue) to be accustomed to [11]

solicitar to apply for [18]

solicitud *f* application [10]

solo(-a) alone [2, 3]

sólo only [1, 4]

solución *f* solution [14]

sombrerería *f* hat store [4]

sombrero *m* hat [4]

sonar (ue) to sound, ring [6, 10]

sonido *m* sound [15]

sonoro(-a) *adj* sound [15]; **banda —** sound track [15]

sonreír(se) (i, i) to smile [12]

soñar (ue) (con) to dream (about) [4, 11]; **— despierto(-a)** to daydream [11]

sopa *f* soup [4]

soportar to stand, put up with [10]

sorprender to surprise [16]

sorpresa *f* surprise [1, 11]

sostener *(like* **tener***)* sustain, hold [10]

su his, her, their, your, its [1, 5]

suave soft, smooth [14]

subir to go up, rise [1, 2]; **— al coche** to get into the car [1, 18]

sublime sublime [16]

subordinación *f* subordination [12]

subterráneo(-a) subterranean [12]

subtítulo *m* subtitle [15]

sucesivamente successively; **y así —** and so forth [14]

suceso *m* event, happening [10]

sucio(-a) dirty [12]

sucursal *f* branch (office) [15]

sudeste *m* southeast [9]

sudoeste *m* southwest [9]

suegro *m* father-in-law; *pl* parents-in-law [4]

sueldo *m* salary [16]

suelo *m* floor [16]

suelto *m* (loose) change [16]

sueño *m* sleep [6], dream [11]; **tener —** to be sleepy [6]

suerte *f* luck [3]; **tener (mala) —** to be (un)lucky [6]; **¡Qué —!** How lucky! [3]

suéter *m* sweater [2, 3]

suficiente sufficient [4]

sufrir to suffer [12]; **— un examen** to take an exam [12]

sugerido(-a) suggested [2]

sugerir (ie, i) to suggest [12]

sumar to add [1]

súper *m* super, premium grade gasoline [17]

superarse to better oneself [11]

superior superior [12]

superiordad *f* superiority [6]

supermercado *m* supermarket [4]

supervisión *f* supervision [13]

suplicar to request [16]

suponer *(like* **poner***)* to suppose [1]

supremo(-a) supreme [12]

supuesto: por — of course [1, 13]

sur *m* south [2, 9]

suroeste *m* southwest [5]

susto *m* scare, fright [11]; **dar un —** to startle [11]

suyo(-a) (of) his, hers, theirs, its, yours [4, 5]

t

tacaño(-a) tight, stingy [11]

tal such, such a [5]; **— cosa** such a thing [5]; **¿Qué —?** How are you? how? [1, 3]; **— vez** perhaps [7, 14]; **¿Qué — si . . . ?** How about if . . . ? [13]; **con — (de) que** provided that [14]

talentoso(-a) talented [13]

talón *m* coupon, stub [16]

talla *f* size [14]

tamal *m* tamale [12]

tamaño *m* size [6]; **de — regular** medium-sized [6]

también also, too [1, 2]

tampoco neither, (not) either [3, 6]

tan so, as [2, 3]; **— . . . como** as . . . as [3, 5]; **— pronto como** as soon as [14]; **— . . . que** so . . . that [5]

tango *m* tango [13]

tanto(-a) so (as) much, so (as) many [1, 2]; **— . . . como** as much (many) . . . as, as well as, both . . . and [5, 9]; **— mejor** all the better [15]; *m* point [15]; **al — de** up to date on [15]

tapa *f* cover [10]

taquería *f* taco stand [15]

tardar (en) to delay, take time in [4, 10, 14]

tarde *f* afternoon, evening [1]; **buenas tardes** good afternoon [1]; **por la —** in the afternoon [4]; *adv* late [1]; **más —** later [1]; **— o temprano** sooner or later [17]; **se hace —** it's getting late [10]; **dormir hasta —** to sleep late [5]

tarea *f* task, assignment, homework [1, 2]

tarifa *f* rate, fare [16]

tarjeta *f* card [12]; **— de crédito** credit card [12]; **— de embarque** boarding pass [16]; **— de turista** tourist card [18]

tarta *f* pie [10]

tatarabuelos *m pl* great-great-grandparents [17]

taxi *m* taxi [16]

taxímetro *m* taxi [6]

taza *f* cup [10]

te you, to you [1, 4], yourself [1, 7]

té *m* tea [10]

teatro *m* theatre [12, 14]

técnico(-a) technical [15]

Tejas Texas [5]

tejedor *m* weaver [11]

tela *f* cloth [9, 18]

tele *f* TV [14]

telefónico(-a) *adj* telephone [5]

teléfono *m* telephone [1]

telegrama *m* telegram [10, 17]

televisión *f* television [1]

televisor *m* television set [3]

tema *m* theme, subject [4, 9]

temer to fear [11, 14]

temor *m* fear [11]

temperatura *f* temperature [6]

templado(-a) temperate [6]

temporada *f* season, period [6]

temprano early [1, 6]

tender (ie) spread out, hang out [13]

tenedor *m* fork [10]

tener *irr* to have, hold [1, 4], to get [9]; **— que** to have to [1, 4]; **— mucho que hacer** to have a lot to do [6]; **¿Qué tienes?** What's the matter with you? [1]; **aquí lo tienes** here it is [10]; **— entendido** to understand [12]

tenis *m* tennis [1, 3]

tenor *m* tenor [13]

tensión *f* tension [15]

tentar (ie) to tempt [14]

teórico(-a) theoretical [18]

tercero(-a) (tercer) third [2]

terminar to finish [4]; **— de +** *inf* to finish + *-ing* [14]

terrible terrible [11]

territorio *m* territory [11]

texto *m* text; **libro de —** textbook [11]

tez f complexion [3]

ti you [6]

tía f aunt [2]

tiempo m time [1], weather [6]; **hace mucho —** for a long time [1, 6], a long time ago [3, 8]; **¿Qué — hace?** How is the weather? [6]; tense [9]; period, half [15]

tienda f store [4, 12]

tierra f land [11]

tigre m tiger [11]

timbre m (door)bell [6, 13]

tío m uncle; pl uncles (and aunts) [2]

típico(-a) typical [10, 14]

tipo m type [4]

tirado(-a) pulled [6]

tirar to throw (away) [13, 18]

toalla f towel [7]

tobillo m ankle [15]

tocadiscos m record player [9, 13]

tocar to play (a musical instrument) [4]; **—le a alguien** to be someone's turn, fall to someone's lot [9, 11]

todavía still, yet [1, 2]

todo(-a) all [1, 2]; every [14]; **sobre —** above all, especially [6]; **de —** (some) of everything [4, 6]; pron everything, all [1]; m pl everyone [1]

tomar to take, drink, eat [1, 2]; **—le el pelo a alguien** to pull someone's leg [8]; **— en cuenta** to take into account [12]

tomate m tomato [4]

tono m tone; **— para marcar** dial tone [10]

tonto(-a) adj silly, dumb [2]; m f fool, idiot [16]

toro m bull [14]; **corrida de —s** bullfight [14]

toronja f grapefruit [10]

torta f cake [4]

tortilla f tortilla; **— española** omelet [10]

tortuga f tortoise; **a paso de —** at a snail's pace [17]

tos f cough [15]

total m total [12]

trabajador(a) hard-working [11]

trabajar to work [1]; **— duro** to work hard [6]

trabajo m work, job [2]

tradición f tradition [3]

tradicional traditional [5]

traducción f translation [7]

traer irr to bring, carry [3, 6]

tráfico m traffic [16]

tragedia f tragedy [15]

traje m suit [3], outfit [15]

trámite m transaction [8]; step; procedure [12]

tranquilizante m tranquilizer [15]

tranquilo(-a) calm, tranquil [5, 15]

tránsito m traffic [5]

transporte m transportation [6, 12]

trasero(-a) back, rear [4]

trasladarse to transfer [13]

traslado m transfer [16]

trasnochar to keep late hours [17]

tratamiento m treatment [15]

tratar to treat [10]; **— de** to try to [2, 8]; to deal with, be a question of [10, 16]

través: a — de through [13]

travesura f mischievous act [9]

trece thirteen [1]

treinta thirty [1]

tren m train [6]

tres three [1]

trescientos(-as) three hundred [6]

trigo m wheat [18]

tripulación f flight crew [16]

triste sad [1]

trombón m trombone [13]

trompeta f trumpet [13]

tronco m log, trunk [14]

tu your [1, 5]

tú you [1, 3]

tuba f tuba [13]

tuberculosis f tuberculosis [15]

tuna f group of student minstrels [13]

turista m f tourist [3]

turístico(-a) adj tourist [17]

turnarse to take turns [1]

turno m turn [12, 16]; **estar de —** to be open, on duty [15]

tuyo(-a) yours, of yours [1, 5]; **los tuyos** your people, family [4]

u

u or (before sound o) [4]

Ud. (see usted)

últimamente lately [7]

último(-a) last [2]; **por —** finally [18]

único(-a) only [4, 14]; **lo —** the only thing [14]; unique [18]

unido(-a) united, close [8]

uniforme m uniform [14]

universidad f university [1, 2]

universitario(-a) adj university [8]

universo m universe [17]

uno(-a) (un) a, an, one [1]; pl some [1]; **la una** one o'clock [1]

uña f fingernail [15]

urbano(-a) urban [12]

urgente urgent [6]

usado(-a) used [3]

usar to use [2]

usted (ustedes) you [1, 3]; **hablar de —** to address using polite forms [8]

útil useful [2]; m pl school supplies, equipment [12]

uva f grape [10]

v

vaca f cow; **carne de —** beef [10]

vacaciones f pl vacation [13, 15]; **estar de —** to be on vacation [15]; **— de verano** summer vacation [15]

vacío(-a) empty [7]

vainilla f vanilla [10]

valenciano(-a) Valencian [15]

valer irr to be worth [10]; **más vale** it is better [10]; **¿Cuánto vale?** How much is it worth? [14]

valor m value [14]

valle m valley [6]

variable variable [13]

variación f variation [4]

variado(-a): lo — que es how varied it is [10]

variar to vary [14]

varicela f chicken pox [15]

variedad f variety [7]

varios(-as) several [1]

vascuence Basque [6]

vasito m little glass [10]

vaso m drinking glass [6]

vecino(-a) neighboring [16]

veinte twenty [1]

vejez f old age [18]

vela f candle [16]

vendar to bandage; **— los ojos** to blindfold [16]

vender to sell [3]

venida f coming [13]

venir irr to come [1, 6]; **— bien** to be welcome [10]; **que viene** next [4]

venta *f* sale **[14]**

ventaja *f* advantage [5, **14]**

ventana *f* window **[1]**

ventanilla *f* teller's window [16]

ver *irr* to see [1, **4]; (vamos) a ver** let's see **[2]; tener que — con** to have to do with [7]; **te veo cansado** you look tired [6]; **se ve** you can see, it is evident **[8]; nos vemos** I'll see you **[15]**

verano *m* summer **[6]**

verdad *f* truth [1]; **¿verdad?** isn't that so?, right?, isn't she? [1]; **es — ** that's right, it's true [10]; **de —** really [14]

verdadero(-a) real, actual [9]

verde green **[3];** dirty, off-color [13]

verdulería *f* greengrocery [4]

verdura *f* vegetable **[4]**

vergüenza *f* shame, embarrassment; **tener —** to be embarrassed **[6]; dar —** to embarrass [9]; **¡Qué —!** How embarrassing! Shame on you! **[11]**

verso *m* verse [13]

vestido(-a) (*see* **vestir**) dressed **[7];** *m* dress **[3]**

vestir to dress [3]; **—se** to get dressed **[7]; — de negro** to dress in black [14]

vez *f* time [1, **2]; a veces** at times, sometimes [1, **2]; a la —** at the same time [2]; **otra — ** again **[2]; esta —** this time [2]; **una — por semana** once a week [5]; **una — más** once again [6]; **alguna — ** ever, sometime **[6]; algunas veces** sometimes **[6]; rara —** seldom, rarely **[8]; de — en cuando** once in a while **[8]**

viajar to travel [1, **2]**

viaje *m* trip, journey **[1]; ¡buen —!** bon voyage! [1]; **hacer un —** to take a trip [1, **16]**

viajero *m* traveler; **cheque de —** traveler's check [16]

viceversa vice versa [18]

vida *f* life **[4],** living [12]; **el costo de la —** the cost of living [12]; **así es la —** that's life **[4]**

video *m* video [5]

videocassettera *f* VCR [12]

vidrio *m* glass [18]

viejo(-a) old **[2],** of long standing [17]

viento *m* wind **[6]; hacer —** to be windy **[6]**

viernes *m* Friday **[1]**

villancico *m* Christmas carol [16]

vinagre *m* vinegar [10]

vino *m* wine **[10]**

viola *f* viola [13]

violín *m* violin [6]

violoncelo *m* cello [13]

virgen *f* virgin [16]; **la Virgen María** the Virgin Mary [16]

visa *f* visa [16]

visado *m* visa [18]

visión *f* vision [18]

visita *f* visit [1, **2]; estar de —** to be visiting, on a visit [2, **9]**

visitar to visit **[2]**

visto: por lo — apparently [5]

vitamina *f* vitamin [15]

viuda *f* widow [2]

vivienda *f* housing [4]

vivir to live [2, **3]; aquí se vive bien** life (living) is good here [10]

vivo(-a) bright, lively, alive **[3]**

vólibol *m* volleyball [8]

volver (ue) to return

[3, **4]; — a + *inf* to** . . . again [7, **14]; —se** to turn [7], to become [18]; **—se loco(-a)** to go crazy **[15]**

vosotros(-as) you [2, **3]**

votar to vote [5]

voz *f* voice [7, **13]; en — alta** aloud [7]

vuelo *m* flight **[1]**

vuelta *f* turn [16]; **dar — a** to turn, spin **[16]; dar — a la derecha** to turn to the right **[17]**

vuestro(-a) your **[5]**

y

y and **[1]; ¿y . . . ?** how about . . . ? **[1]**

ya already, now [1, **2]; — no** not any more, no longer **[4]**

yerno *m* son-in-law [8]

yo I, me **[1]**

yogur *m* yogurt [10]

z

zanahoria *f* carrot **[10]**

zapatería *f* shoestore [4]

zapato *m* shoe **[3]**

Zócalo (el) central plaza of Mexico City [4]

zoológico(-a) zoological; **parque —** zoo [14]

GLOSSARY OF GRAMMATICAL TERMS

Adjective *(Adjetivo)*   A word or phrase used to modify a noun. We distinguish several subclasses:

>**Descriptive** *(Calificativo)*   *casa bonita, muchachos simpáticos*
>**Limiting** *(Determinativo)*   *muchos hombres, otras chicas*
>**Demonstrative** *(Demostrativo)*   *estas cosas, ese cuaderno*
>**Possessive** *(Posesivo)*   *sus amigos, un primo mío*

Adjective clause   A clause that functions as an adjective, modifying a noun or a noun equivalent: *tengo un primo que ha estudiado ruso; necesitamos una persona que sepa ruso.*

Adverb *(Adverbio)*   A word or phrase used principally to modify verbs, adjectives and other adverbs. The largest group is formed from adjectives with the ending *-mente: habla francamente, canta bien, nunca estudian, llegaron ayer, sales temprano, muy bien, una cosa algo fea.*

Adverbial clause   A clause that functions as an adverb: *leo alguna novela cuando tengo tiempo; me voy tan pronto como termines.*

Agree *(Concordar* [ue]*)*   To be formally compatible, said of noun–adjective, noun–pronoun and subject–verb combinations.

Agreement *(Concordancia)*   Compatibility in gender and number of an adjective with the noun it modifies *(casa bonita, muchachos altos)* or of a pronoun with the noun it represents *(compro una manzana y la como)*. Also, compatibility in person and number of a verb with its subject *(tú hablas, ellos hablan).*

Antecedent *(Antecedente)*   The word or idea represented by a pronoun: *el coche que tengo, compré una manzana y la comí.*

Article *(Artículo)*   The term used for the words *un, una, unos, unas* (indefinite articles) and *el, la, los, las* (definite articles).

Aspect *(Aspecto)*   The way in which an action is seen or the point from which it is observed. Our principal concern with aspect is in selecting imperfect or preterite to refer to actions and states in the past.

Clause *(Oración)*   A group of related words having a subject and personal verb: *dice que lo sabe.*

Command *(Mandato)* **verb form**   Verb forms used to give direct commands. *Tú* and *vosotros* use imperative mood forms for affirmative commands. Other commands employ subjunctive forms.

Conjugate *(Conjugar)*   To make appropriate modifications in a verb form for the use and meaning intended.

Conjunction *(Conjunción)*   A word used to join words or groups of words. There are two principal types: coordinating and subordinating. Coordinating conjunctions join elements of equal grammatical rank: *Carlos y Antonio, quieren ir pero no pueden, alto o bajo.* A subordinating conjunction joins a dependent clause to a main clause. The most frequent subordinating conjunction is *que: creo que están aquí; quieren que yo vaya; es cierto que lo saben.* Other examples include *porque, cuando, aunque, tan pronto como, después (de) que, hasta que,* and *para que.*

Direct object *(Complemento directo)*   The receiver of the action of a transitive verb: *tomamos el desayuno, conozco a Carlos, los veo.*

First person *(Primera persona)*   The person or persons speaking, *yo* and *nosotros,* and the verb and pronoun forms corresponding to these subjects.

Gender *(Género)*   The designation of nouns and pronouns as masculine *(el libro, él, lo)* or feminine *(la casa, ella, la).* Certain forms have neuter gender: *esto, eso, lo que.*

Imperfect indicative *(Imperfecto de indicativo)*   The past tense that describes actions and states as still in progress at the time of reference: *a las tres de la tarde dormíamos; yo estudiaba cuando llamaste; entonces yo vivía con mis padres.*

Indicative *(Indicativo)*   The mood in verb forms used to ask questions *(¿Cuándo vienen?, ¿Quién lo hizo?)* and make statements *(vienen hoy, Juan lo hizo).*

Indirect command   A command expressed to someone other than the one who is to carry it out: *que vengan todos (have all come), que Dios te bendiga (may God bless you).*

Indirect object *(Complemento indirecto)*   The person, or less frequently the thing, that has some interest in an action other than being the subject or the direct object. This interest can often be expressed with the prepositions to, for or of: *le doy los boletos a Jorge, me hicieron una fiesta, les piden dinero, te gustó, se nos olvidó.*

Infinitive *(Infinitivo)*   The nonpersonal verb form ending in *-r,* corresponding to the English form with to: *comer (to eat).*

Intransitive verb *(Verbo intransitive)*   A verb whose meaning is complete without a direct object: *salí temprano, van a la escuela, volviste a casa.*

Irregular verb *(Verbo irregular)*   A verb for which some or all of the forms differ from the patterns of verbs designated as regular, such as *hacer, poner, ir,* and *ser.*

Linking verb   A verb that links a subject with a noun to identify it or an adjective to describe it. The principal linking verbs are *ser* and *estar.*

Mood *(Modo)*   A distinction made in verb forms to indicate whether an action or state is conceived as a fact, expressed by the indicative mood *(yo voy),* or as hypothetical, expressed by the subjunctive mood *(quieren que yo vaya).* The imperative mood is used for affirmative commands for *tú* and *vosotros (di algo),* but most commands in Spanish use the subjunctive mood *(no digas nada, diga usted algo).*

Nonpersonal verb form *(Formas verbales no personales)*   A verbal form that does not have a subject indicator. There are three, the infinitive and the present and past participles.

Noun *(Nombre)*   A word that names something—a person *(muchacha)*, animal *(perro)*, thing *(coche)*, place *(ciudad)*, action *(paseo)*, idea *(tiempo)*, or quality *(belleza)*.

Noun clause   A dependent clause that functions as a noun within a principal clause, such as its subject *(es verdad que van)*, direct object *(quiero que te quedes)* or object of a preposition *(me di cuenta de que no iban)*.

Number *(Número)*   With reference to nouns, pronouns and adjectives, the concept of being singular *(coche grande, le, ella)* or plural *(casas bonitas, las, ellos)*.

Passive voice *(Voz pasiva)*   The form of the verb that tells what is done to the subject rather than what the subject does. The direct object of an active sentence becomes the subject of a passive sentence: *ella cerró la puerta → la puerta fue cerrada por ella.*

Past participle *(Participio pasado)*   The Spanish nonpersonal verb form that usually ends in *-do*. Its uses correspond to those of the English past participle. Combined with forms of *haber*, it produces the perfect tenses: *he comido, habías trabajado.* As an adjective, it agrees with what it modifies: *puerta cerrada, Amelia y Manual están casados.*

Perfect tenses *(Tiempos perfectos)*   Compound verb tenses formed by the combination of the auxiliary verb *haber* and the past participle. Each tense takes its name from the tense of *haber*: present perfect—*he comido*; past perfect (or pluperfect)—*habías salido.*

Personal (or conjugated) verb form *(Verbo personal)*   A verb form whose ending specifies a subject—*comimos, tengas, hablo, tuvieron, vaya.*

Preposition *(Preposición)*   A word or phrase that relates a noun or a noun equivalent to another word: *salen a las dos, están en casa, vivo cerca de aquí, ceno después de la clase, tiempo para estudiar, fácil de hacer.*

Present participle *(Gerundio)*   The Spanish nonpersonal verb form that ends in *-ndo* and corresponds to the English form in *-ing* used as an adverb: *sale corriendo; aprendo mucho escuchando.* It also combines with forms of *estar* to produce the progressive tenses: *estoy comiendo; estaban durmiendo.*

Preterite *(Pretérito)*   The past tense that focuses on the beginning or the completion of actions or states: *lo conocí la semana pasada; estudiaste tres horas; estuvieron en casa todo el día.*

Progressive tenses *(Tiempos progresivos)*   Compound verb tenses formed by the combination of the auxiliary verb *estar* and the present participle. Each tense takes its name from the tense of *estar*: present progressive—*estoy trabajando*; imperfect progressive—*estábamos comiendo.*

Pronoun *(Pronombre)*   A word that stands for a noun or represents a person or thing. Personal pronouns often have different forms for different functions.

    Subject   *yo no voy, tú eres buena, ella está en casa*
    Direct object   *lo veo, nos quieren, las traje*
    Indirect object   *le gusta, me hablan*
    Reflexive   *se ponen la ropa, se fue, te quedas*
    Prepositional   *es para mí, hablan de ti*

Reciprocal pronoun *(Pronombre recíproco)*   A plural reflexive pronoun that states the mutual relationship of two or more people: *se conocen bien (they know each other well); nos vemos más tarde (we'll see each other later).*

Reflexive pronoun *(Pronombre reflexivo)*   An object pronoun that represents the same person or thing as the subject: *yo me llamo Carlos (I call myself Carlos); ustedes se levantan temprano, te lavas las manos.*

Regular verb *(Verbo regular)*   A verb whose forms follow a systematic pattern and can be derived by analogy with the forms of a model verb. *Hablar, comer,* and *vivir* are examples of regular verbs.

Relative pronoun *(Pronombre relativo)*   A pronoun that links an adjective clause to a word (the antecedent) in the main clause. English examples are *who, whom, which,* and *that.* The most frequent relative pronouns of Spanish are *que* and *quien: Carlos es el joven que habla con Marisa; me gusta el disco que me regalaste; Marilú es la chica de quien hablo.*

Second person *(Segunda persona)*   The person or persons spoken to. Spanish has four sets of second-person verb and pronoun forms, those corresponding to the familiar *tú* and *vosotros,* and those belonging to formal *usted* and *ustedes,* which are identical to the third-person forms.

Stem-changing verb *(Verbo que cambia la raíz)*   A verb that has a systematic change in the last vowel of the stem: *pensar → pienso, dormir → durmieron, vestir → vistiendo.*

Stress   Degree of emphasis given to a syllable or a word. Object pronouns have separate unstressed forms *(lo, me, te)* and stressed forms *(a él, a mí, a ti).*

Subject *(Sujeto)*   The word or group of words about which a verb makes a statement. Personal verb forms in Spanish include an indicator of the subject, sometimes the only expression of the subject in a sentence *(las chicas salen, voy ahora).*

Subjunctive *(Subjuntivo)*   The mood, occurring principally in dependent clauses, which describes desired or hypothetical actions or states: *quiero que me ayudes; es posible que no lo sepan; voy para que me vean.* The subjunctive is also used in both direct and indirect commands.

Third person *(Tercera persona)*   Persons (or things) about whom one speaks and the verb and pronoun forms used to refer to them. *Va, tienen, los,* and *él* are third-person forms.

Transitive verb *(Verbo transitivo)*   A verb that takes a direct object to complete its meaning: *leemos libros, hacía preguntas, fabrican coches.*

Verb *(Verbo)*   A word that denotes existence, action, or occurrence. In this work, the term generally refers to personal or conjugated forms.

COPYRIGHTS AND ACKNOWLEDGMENTS

INDEX

Spanish words are in boldfaced type; English words as equivalents of Spanish are in italic type. Main entries in English begin with a capital letter; subentries are in lower case. All numbers refer to pages. Examples are from the Escenas. The entries Cognates, Culture, Study Tips, and Vocabulary list the contents of the sections of the text titled Cultura, Sugerencias, and Vocabulario.

ABBREVIATIONS

com	command	indir	indirect	pres	present
cond	conditional	inf	infinitive	pret	preterite
dir	direct	obj	object	prog	progressive
fut	future	part	participle	subj	subjunctive
imp	imperfect	perf	perfect	vs	versus
indic	indicative